U0920946

# 鄯善年鉴

# SHANSHAN YEARBOOK

中 共 鄯 善 县 委 员 会<br>鄯 善 县 人 民 政 府 主办
鄯善县地方志编纂委员会编辑室 编

·2021·

图书在版编目（CIP）数据

鄯善年鉴. 2021 / 鄯善县地方志编纂委员会编辑室编. -- 北京：方志出版社, 2022.12
ISBN 978-7-5144-5206-8

Ⅰ. ①鄯… Ⅱ. ①鄯… Ⅲ. ①鄯善县 – 2021 – 年鉴 Ⅳ. ①Z524.54

中国版本图书馆CIP数据核字（2022）第258200号

责任编辑：张　颢
责任校对：张玉霞
责任印制：梅中英
出 版 者：方志出版社
地　　址：北京市朝阳区潘家园东里 9 号（国家方志馆4层）
邮　　编：100021
网　　址：http://www.zgfzcb.cn
发　　行：方志出版社图书营销中心（010-67110500）
印　　刷：河南和印印务有限公司
开　　本：889毫米×1194毫米　1/16
印　　张：23
字　　数：596千字
版　　次：2022年12月第1版
印　　次：2022年12月第1次印刷
定　　价：180.00元

# 编辑说明

一、《鄯善年鉴（2021）》是以马克思列宁主义、毛泽东思想、邓小平理论、“三个代表”重要思想、科学发展观、习近平新时代中国特色社会主义思想为指导，坚持辩证唯物主义和历史唯物主义的立场、观点和方法。旨在按年度反映鄯善县的物质文明、政治文明、精神文明、生态文明建设的历程，全面记述鄯善县政治、经济、军事、文化和社会建设等方面的基本情况，为认识、研究、开发、建设鄯善县提供翔实资料和历史借鉴，为领导科学决策、指导工作提供可靠依据，为读者提供多种信息服务，为编史修志积累宝贵的资料。

二、《鄯善年鉴（2021）》是由鄯善县委、县人民政府主办的地方综合性年鉴。

三、《鄯善年鉴（2021）》设29个部类，依次为：特载、大事记、鄯善概览、中共鄯善县委员会、鄯善县人民代表大会、鄯善县人民政府、政协鄯善县委员会、纪检 监察、法治、军事、群众团体、农业、工业、商贸 旅游、财政 税务、金融、经济管理与监督、城乡建设 环境保护、交通 邮政 通信、科技 气象 地震、教育、文化 体育 传媒、卫生与健康、社会 生活、乡（镇、场）建设、驻鄯单位、机构负责人名录、人物 荣誉、附录。

四、《鄯善年鉴（2021）》以部类为单元，采用条目式记事本末体。部类（类目）下列分目和条目，共分3个层次，条目为基本文体。

五、《鄯善年鉴（2021）》突出资料的权威性和完整性，所采用的图片、国民经济和社会发展资料、数据均以各部门、单位上报资料及鄯善县统计公报为准。除个别数据，本期年鉴中的综合性资料、数据截止日期为2020年底。因统计口径等原因，当有关部门所用个别数据与统计局统计资料不一致时，均以统计局数据为准，采用者请予注意。

六、全书除特别说明外，“市委”均指中共吐鲁番市委员会，“县域内”意为该条目中的统计数据包括中央、自治区、吐哈油田等驻鄯善企业。

# 《鄯善年鉴（2021）》编纂委员会



# 《鄯善年鉴（2021）》编辑人员

# 《鄯善年鉴（2021）》撰（组）稿人名单

（排名不分先后）

| | | | | | | | |
|---|---|---|---|---|---|---|---|
| 艾合旦木 | 蔡晓娟 | 蔡园园 | 陈　晨 | 陈　艳 | 陈　烨 | 陈建文 | 陈晓菊 |
| 陈愿媛 | 程　蕾 | 代永凤 | 戴新元 | 樊　梅 | 冯琦淳 | 付莹虹 | 顾文雅 |
| 古再丽努尔·芒尼科 | | 郭桂花 | 海里其汗·卡德尔 | | 何嘉威 | 何小勇 | 洪　权 |
| 侯圣宏 | 胡　洁 | 胡建军 | 胡居刚 | 胡志鑫 | 黄春梅 | 黄卫玲 | 黄先东 |
| 居文莉 | 柯文忠 | 柯玉环 | 雷丽君 | 李　玮 | 李　云 | 李城荥 | 李军福 |
| 李坤峰 | 李亚萍 | 李艳荣 | 李元梅 | 李智勇 | 刘　博 | 刘少军 | 刘新江 |
| 鲁萍萍 | 路　芳 | 路　伟 | 路灵玲 | 吕卫卫 | 罗　娟 | 马　军 | 马　玲 |
| 马爱文 | 马超慧 | 马瑞丽 | 马晓丽 | 玛依热 | 牟　彤 | 穆志莲 | 倪　伟 |
| 努尔孜也 | 彭　明 | 钱爱玲 | 钱祥飞 | 秦建花 | 热孜万古丽 | 任亚香 | 茹仙古丽 |
| 石雅萍 | 史培艳 | 史淑婷 | 司建忠 | 宋美珠 | 苏欢欢 | 孙朝燕 | 孙露萍 |
| 孙政红 | 汤晓庆 | 陶　凯 | 陶　欣 | 田承杰 | 田桂香 | 田文晶 | 汪志伟 |
| 王　宁 | 王常义 | 王多琴 | 王文豪 | 魏　丽 | 魏　巍 | 吴　玲 | 吴　涛 |
| 吴翠艳 | 吴海波 | 吴珊珊 | 夏　炎 | 肖　磊 | 谢　燕 | 徐文龙 | 许　娟 |
| 杨　霞 | 杨　夏 | 杨　勇 | 杨成军 | 杨昊章 | 杨加新 | 杨培玉 | 杨学金 |
| 杨艳英 | 杨燕妮 | 姚　栋 | 姚　琦 | 依尼哈木·阿不杜艾拉 | | 于爱忠 | 余欢欢 |
| 岳　霆 | 张　晨 | 张　华 | 张　昆 | 张恩涛 | 张浩龙 | 张建花 | 张金龙 |
| 张世强 | 张西林 | 张新成 | 张勇莉 | 张志兴 | 赵冬梅 | 赵乾辉 | 赵红军 |
| 赵新建 | 赵长云 | 朱国华 | 朱红英 | 朱静怡 | 朱晓龙 | 左合热古丽·奥斯曼 | |
| 邹瑞华 | | | | | | | |

# 数字鄯善·2020

|  |  |
| --- | --- |
| 面积 | 3.95万平方千米 |
| 镇 | 7个 |
| 乡 | 3个 |
| 场 | 1个 |
| 社区居委会 | 30个 |
| 村民委员会 | 70个 |
| 年末人口 | 22.14万人 |
| 乡村人口 | 14.97万人 |
| 地下水可用量 | 1.70亿立方米 |
| 县境年平均气温 | 12℃ |
| 年末耕地面积 | 1.50万公顷 |
| 林业用地面积 | 8.62万公顷 |
| 草地面积 | 20.49万公顷 |
| 全县生产总值 | 152.28亿元 |
| 地方属生产总值 | 125.23亿元 |
| 第一产业增加值 | 21.61亿元 |
| 第二产业增加值 | 81.27亿元 |
| 第三产业增加值 | 49.34亿元 |
| 一般公共预算收入 | 17.21亿元 |
| 一般公共预算支出 | 32.25亿元 |
| 农业机械总动力 | 24.39万千瓦 |
| 农业总产值 | 34.40亿元 |
| 工业企业增加值 | 53.14亿元 |
| 地方工业增加值 | 28.12亿元 |
| 建筑业总产值 | 13.39亿元 |
| 造林面积 | 666.67公顷 |
| 社会消费品零售总额 | 15.83亿元 |
| 旅游业收入 | 35.87亿元 |
| 农村居民人均纯收入 | 16092元 |
| 城镇居民人均可支配收入 | 37393元 |
| 葡萄产量 | 67.03万吨 |
| 棉花产量 | 545吨 |
| 蔬菜产量 | 2.26万吨 |
| 瓜类产量 | 25.09万吨 |
| 肉类产量 | 7657吨 |
| 牛奶产量 | 480吨 |
| 禽蛋产量 | 431吨 |
| 水产品 | 57吨 |
| 天然原油 | 157.01万吨 |
| 天然气 | 3.16亿立方米 |
| 原油加工量 | 44.95万吨 |
| 铁矿石原矿 | 263.04万吨 |
| 生铁 | 10.93万吨 |
| 铁精粉 | 85.35万吨 |
| 工业硅 | 24.47万吨 |

|  |  |
| --- | --- |
| 硅橡胶 | 8.5万吨 |
| 黄金 | 331千克 |
| 铅锌粉 | 1488吨 |
| 铜精粉 | 7798吨 |
| 铜金属含量 | 347吨 |
| 铜箔 | 2234吨 |
| 钢材 | 9.85万吨 |
| 粗钢 | 1.68万吨 |
| 粗苯 | 574吨 |
| 型煤 | 13.12万吨 |
| 焦炭 | 43.27万吨 |
| 石墨及碳素制品 | 2.17万吨 |
| 石油沥青 | 26.3万吨 |
| 水泥 | 19.65万吨 |
| 轻芳烃 | 2.03万吨 |
| 重芳烃 | 14.5万吨 |
| 轻烧氧化镁 | 5587吨 |
| 发电量 | 54.75亿千瓦时 |
| 建筑用天然石料 | 11.98万立方米 |
| 花岗岩板材 | 27.95万平方米 |
| 商品混凝土 | 5.13万立方米 |
| 葡萄酒 | 1121千升 |
| 个体工商户 | 19910户 |
| 农民专业合作社 | 509家 |
| 客运周转量 | 812.27万人/千米 |
| 铁路客运量 | 27.32万人次 |
| 铁路货运量 | 115.46万吨 |
| 固定电话 | 37442部 |
| 移动电话 | 163595部 |
| 互联网用户 | 93447户 |
| 接待旅游者 | 579.49万人次 |
| 中小学校 | 52所（含教学点） |
| 幼儿园 | 74所 |
| 各类专职教师 | 4878人 |
| 在校中学生数 | 14199人 |
| 在校小学生数 | 24670人 |
| 在园幼儿 | 12454人 |
| 医疗机构 | 161个 |
| 社会民办医疗机构 | 71家 |
| 医疗病床 | 915张 |
| 卫生专业技术人员 | 1222人 |
| 城乡居民医疗保险 | 18.28万人 |
| 新建富民安居房 | 5281套 |
| 棚户区改造 | 739套 |

# 重要会议

2020年1月2日，鄯善县召开中共鄯善县第十届委员会第六次全体（扩大）会议

# “访惠聚”驻村工作

2020年6月5日，鲁克沁镇木卡姆村工作队为考生送“爱心袋”

2020年5月4日，鄯善镇滨沙社区工作队组织团员青年参观民族团结教育基地

2020年8月26日，鄯善镇田园社区工作队中秋走访慰问群众

2020年6月5日，鄯善镇蒲昌路社区工作队为群众讲述中国传统节日端午节习俗

东巴扎乡艾孜拉村工作队邀请技术员为村民讲解葡萄栽培技术

鄯善镇双水磨社区工作队“七一”慰问困难党员

连木沁镇布拉克阿勒迪村工作队表彰村优秀党员

辟展镇树柏沟村工作队“七一”组织村各族干部群众升国旗

鄯善镇太阳岛社区工作队为辖区老人上门解读体检报告

达朗坎乡玉旺克尔村工作队向小学生发放用电宣传手册

鄯善镇滨沙社区工作队重阳节组织志愿者陪老人聊天

达朗坎乡乔克塔木村工作队向村民开展普法宣传

# 精准扶贫

帮扶干部入户走访

移风易俗，帮扶干部为村民送餐桌

贫困家庭富余劳动力填写合盛硅业就业意向书

鄯善县人社局举办村技能培训班，开展政策宣传和典型宣讲

贫困家庭妇女组建姐妹务工队，实现家门口勤劳务工增收

鄯善县表彰奖励建档立卡贫困户稳定就业脱贫

驻鄯企业爱心捐赠助力赛尔克甫村脱贫攻坚

鄯善县协调吐哈油田公司提供50个扶贫岗位 助力贫困家庭实现持续稳步增收（图为鲁克沁镇就业工人欢送仪式）

鲁克沁镇阿曼夏村群众采挖大芸增加收入

县财政专项扶贫项目——机电井更新

鄯善县迪坎镇易地扶贫搬迁新居

鲁克沁镇三个桥村建立家门口扶贫就业基地

# 农业发展

2020年5月18日，鄯善县委副书记、县长直播带货

2020年10月26日，鄯善县召开农村确权和产权制度改革工作推进会

哈密瓜丰收了

特色农产品展销

葡萄干筛选生产线（果叔）

新疆果业鄯善葡萄干市场（鄯善果叔生态农业有限公司）

林业生态旅游观光园

防沙治沙梭梭生态林建设

机械化收割玉米饲料

鄯善县柯柯亚河西河坝树柏沟村至栏杆村段中小河流治理项目

鄯善县柯柯亚大型灌区配套改造工程

草原管护员在禁牧区巡查

葡萄架式改造项目促进农业增效农民增收

# 工业建设

新疆美汇特年产40万吨煤焦油加氢项目三期工程建设投产

鄯善县泰玺实业有限公司捣固焦及球墨铸管生产基地

新疆美汇特石化产品生产装置全景

鄯善合盛硅业股份有限公司工业硅和有机硅生产基地

鄯善红山光伏产业园

鄯善县三川建材有限公司水泥生产车间

鄯善万顺发新能源科技有限公司脱重单元技术改造项目建成

# 城乡发展

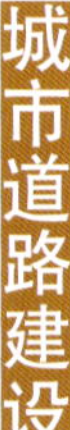

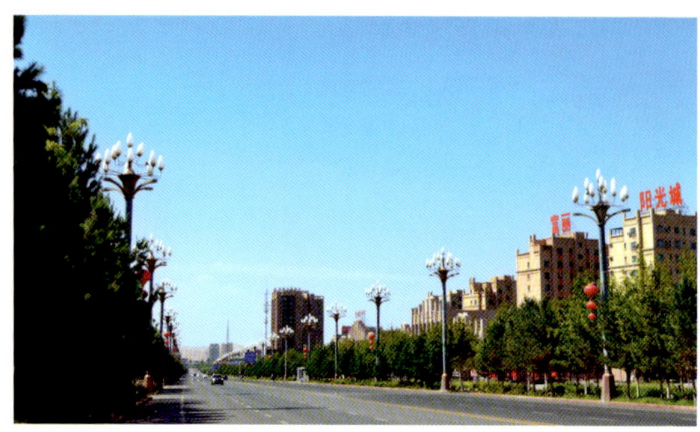

## 城市道路建设

蒲昌大道

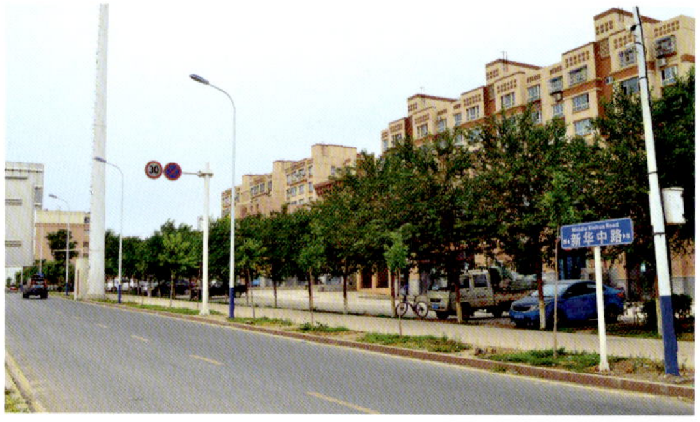

新华中路

文明路

幸福路

## 农村公路建设

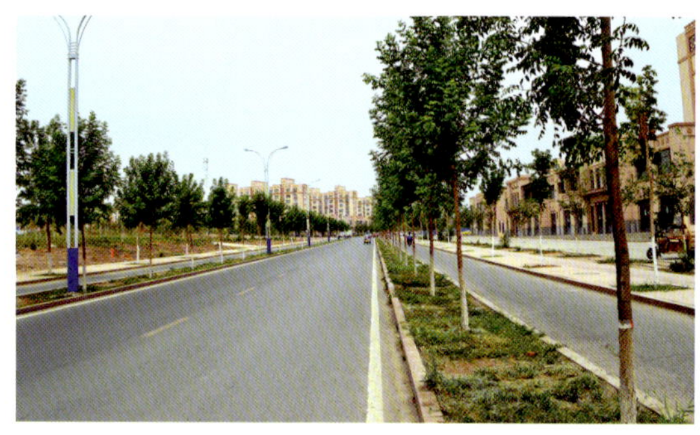

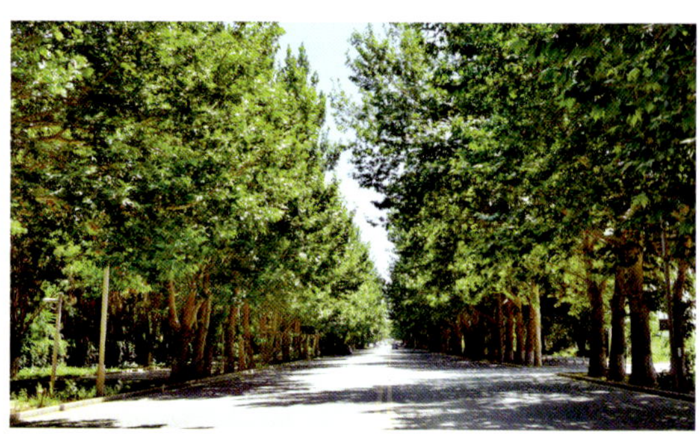

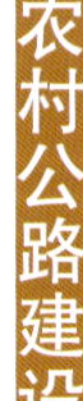

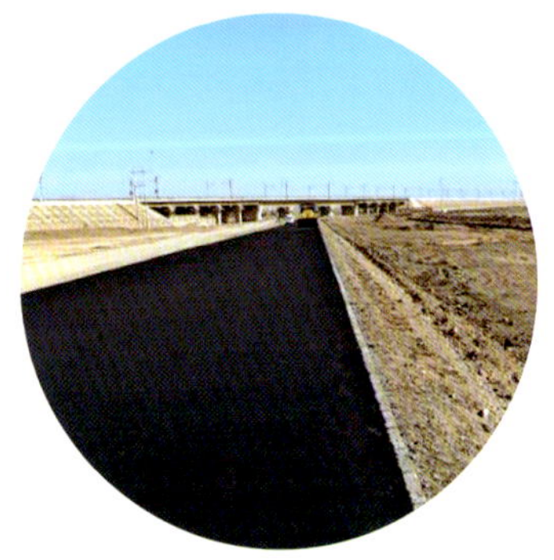

鄯善县双水磨林场——火车站酿酒基地公路建设

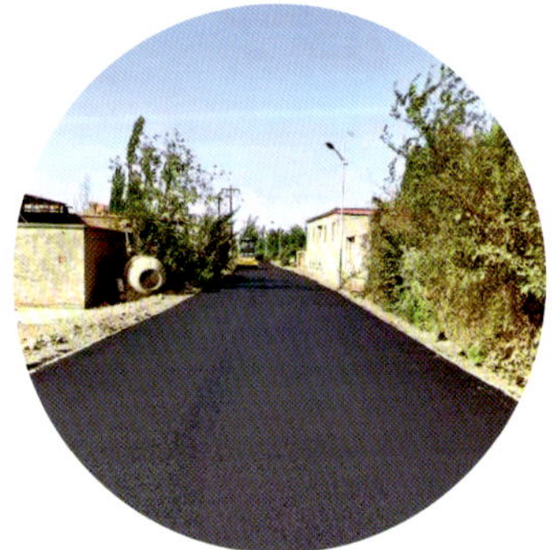

鄯善县双水磨林场——林场5队公路建设

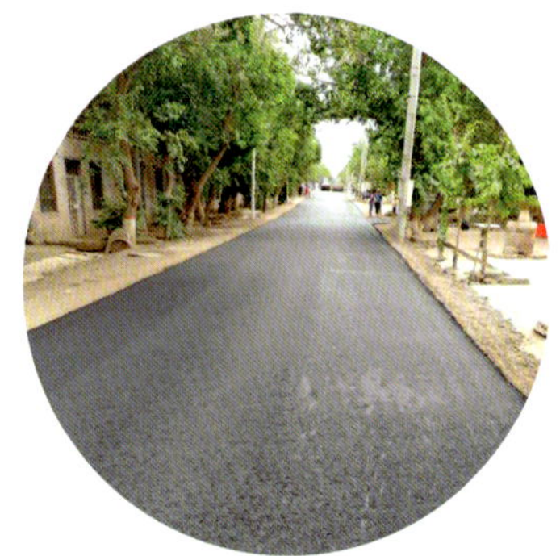

鄯善县吐峪沟乡道路硬化项目建设

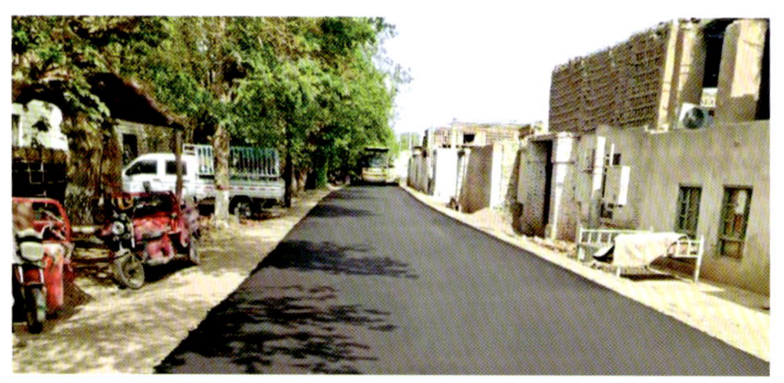

鄯善县达浪坎乡阿扎提村道路建设

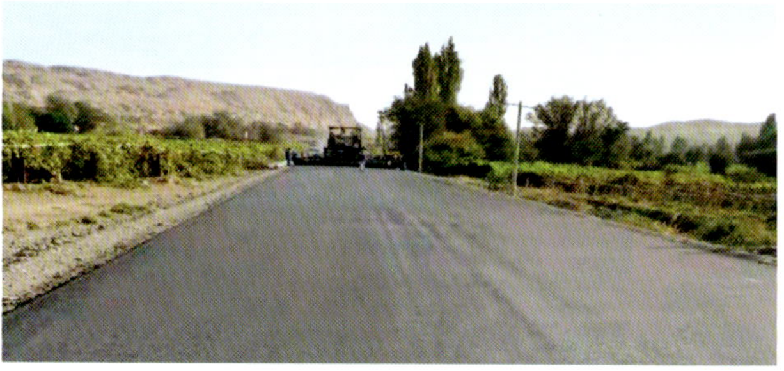

鄯善县双水磨林场——栏杆鲜食葡萄基地公路建设

## 鄯善县老旧小区改造项目建设

鸿雁小区住宅外墙改造建设

二号小区停车场建设

## 鄯善县棚户区改造项目基础设施建设

金玫瑰小区绿化

银玫瑰小区绿化

银玫瑰小区内休闲设施建设

瀚海小区外配套基础设施建设

# 教育卫生

2020年11月16日，县育才学校开展红领巾主题队日活动

2020年6月23日，第二课堂学生科技兴趣小组活动

2020年3月23日，县中心小学新冠疫情防控后正式复课

2020年6月20日，中考期间落实新冠疫情防控工作

2020年1月15日，县育才学校“红梅赞”主题教育歌舞剧

2020年7月19日，自治区副主席程振山（左二）到鄯善县人民医院调研新冠疫情防控工作

2020年11月29日，自治区副主席孙红梅（中）到鄯善县人民医院调研发热门诊及留观医院建设

2020年2月8日，鄯善县人民医院3名护士代表鄯善县驰援武汉抗击新冠疫情

2020年6月2日，鄯善县人民医院PCR实验室通过验收

2020年2月8日，鄯善县卫健系统欢送县人民医院3名护士驰援武汉抗击新冠疫情

2020年9月16日，鄯善县发热留观医院改造完成

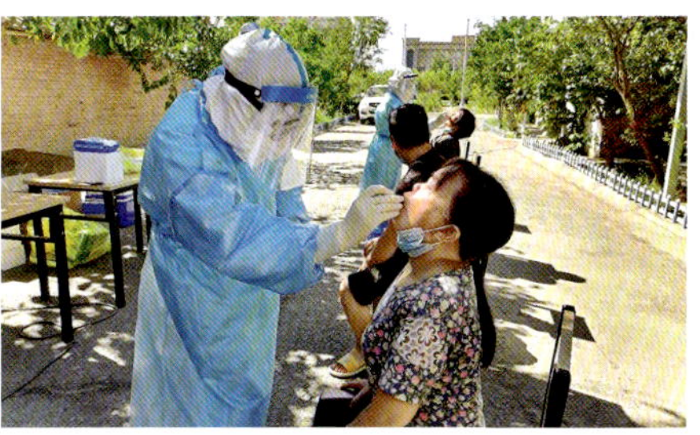

核酸采样

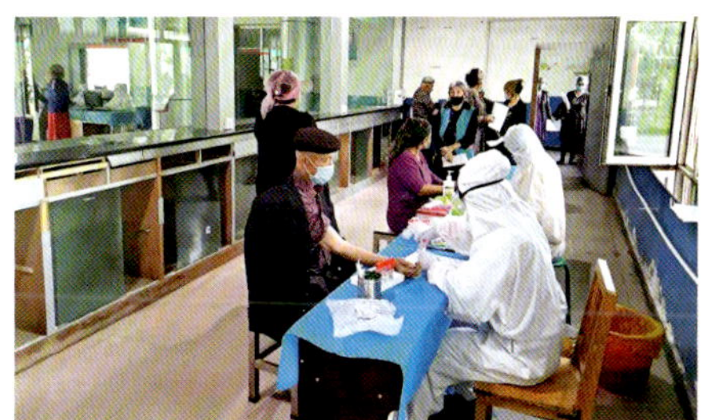

全民健康体检

# 社会民生

2020年4月9日，鄯善县人民法院诉讼服务中心旅游巡回法庭挂牌

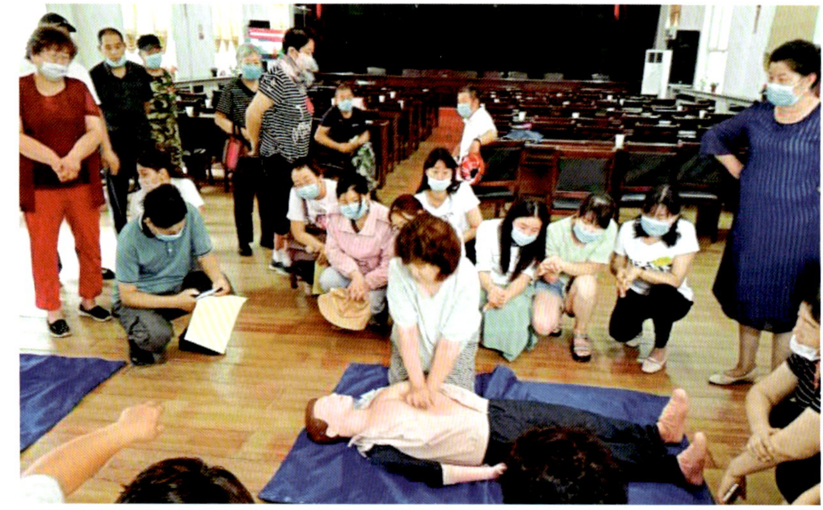

2020年7月10日，县红十字会开展紧急救护培训

2020年5月6日，吐鲁番市退役军人事务局，鄯善县退役军人事务局为抗战老战士王志贵庆百岁生日

2020年10月24日，鄯善县退役军人事务局为抗美援朝老战士发放抗美援朝70周年纪念章

2020年1月14—15日，鄯善县遇30年来最大的一次降雪天气（图为志愿者开展扫雪活动）

5G基站建设

2020年6月26日，鄯善县公安局开展“国际禁毒日”宣传

2020年9月18日，吐鲁番公路管理局联合鄯善分局开展抗洪演练

# 文化旅游

2020年11月30日，鄯善县图书馆、文化馆为鲁克沁分馆授牌

木卡姆文艺演出

民间赛马叼羊活动

2020年11月，鄯善县11人制足球场项目竣工

2020年7月8日，库木塔格景区夜楼兰演出

沙海与新城　　沙漠与绿洲

吐峪沟黄黏土民居

欢乐沙谷

中国滨沙之城鄯善县

## 沙湖冰嬉

沙漠水世界

# 目　录

## 特　载



## 大事记



## 鄯善概览

### 区域　区划



### 自然环境



### 自然资源



### 国民经济和社会发展

# 中共鄯善县委员会

## 重要会议



## 调研考察



## 重要决策决议



## 县委办公室工作



## 组织工作



## 宣传工作



## 统战工作

## 机关党建



## 机构编制



## 党校教育



## 史志工作



## 关爱青少年工作



## 网信工作



# 鄯善县人民代表大会

## 综　述



## 重要会议



## 职权行使



# 鄯善县人民政府

## 综　述

## 重要会议



## 重要决策、决议



## 政府办公室（扶贫开发办）工作



## 机关事务管理



## 应急管理



## 消防救援



# 政协鄯善县委员会

## 概　况



## 重要会议



## 职能工作



# 纪检　监察

## 机构建设

## 党风廉政建设



## 行政执法监察



# 法　治

## 政法委与综合治理



## 公　安

### 鄯善公安



### 吐哈公安



## 检　察



## 法　院

### 司法行政



## 军　事

### 人民武装



### 人民防空



### 驻鄯武警中队



## 群众团体

### 鄯善县总工会



### 共青团鄯善县委员会



### 鄯善县妇女联合会

## 鄯善县科学技术协会



## 鄯善县工商业联合会



## 鄯善县残疾人联合会



## 鄯善县红十字会



## 鄯善县文学艺术界联合会



# 农　业

## 农业农村工作



## 畜牧业



## 种植业

## 农产品加工业



## 林草业



## 水利建设



## 农牧业机械管理



## 农业广播电视教育



## 农业技术推广

## 农村经济发展



# 工 业

## 综 述



## 能源产业



## 矿产资源开采加工业



## 化工产业



## 重点生产企业



## 纺织服装产业



## 电力供应

## 工业园区　工业基地建设

### 鄯善工业园区



### 鄯善石材工业园区



### 工业基地



# 商贸　旅游

## 招商引资



## 商贸流通及商务运行



## 主要商贸流通企业

## 烟草专卖



## 供销合作社商业



## 旅 游

### 综 述



### 库木塔格沙漠风景名胜区



# 财政 税务

## 财 政



## 税 务



# 金 融

## 银行业

### 中国人民银行鄯善县支行

## 统计服务



## 审计监督



## 自然资源管理



## 国土资源执法监察



## 市场监督管理

### 南山矿区管理



## 城乡建设　环境保护

### 住房和城乡建设综述



### 市政建设



### 公用事业建设



### 市容市貌管理



### 保障性安居住房建设



### 房地产管理



### 建筑业管理



### 城市管理

### 住房公积金管理



### 生态环境保护



## 交通　邮政　通信

### 公路交通

#### 综　述



#### 公路管理



#### 路政管理



#### 道路运输管理

## 铁路交通

### 鄯善站客运



### 鄯善北站高铁客运



### 吐哈站高铁客运



### 鄯善站货运



## 邮 政



## 通 信

### 中国电信股份有限公司鄯善分公司



### 中国移动通信集团新疆有限公司吐鲁番市鄯善县分公司



### 中国联合网络通信有限公司鄯善县分公司



# 科技 气象 地震

## 科 技



## 气 象

## 地 震



# 教 育

## 综 述



## 重点学校

### 鄯善县中心幼儿园



### 鄯善县中心小学



### 鄯善县育才学校



### 鄯善县第一中学



### 鄯善县第二中学



### 鄯善县职业高中（技工学校）

# 文化　体育　传媒

## 文化　体育



## 广播　电视



## 图书发行



# 卫生与健康

## 综　述



## 卫生健康服务



## 人口生育服务



## 卫生监督

## 疾病防控



## 妇幼保健



## 社区卫生服务



## 重点医疗机构

### 鄯善县人民医院



### 鄯善县维吾尔医医院



# 社会　生活

## 人事管理

## 劳动就业



## 劳动监察



## 就业服务



## 社会保障



## 医疗保障



## 民政事务



## 退役军人事务

# 乡（镇、场）建设

## 鄯善镇



## 辟展镇



## 连木沁镇



## 七克台镇



## 火车站镇



## 东巴扎回族乡



## 鲁克沁镇



## 吐峪沟乡

### 迪坎镇



### 达朗坎乡



### 园艺场



## 驻鄯单位

### 中国石油吐哈油田公司



### 新疆维吾尔自治区葡萄瓜果研究所



### 新疆地矿局地质一大队



## 机构负责人名录

## 人物　荣誉

### 人　物



### 荣　誉



## 附　录



## 索　引

# 特 载

## 在中共鄯善县第十届委员会第八次全体（扩大）会议上的讲话

孙 忠

（2021年1月9日）

同志们：

这次会议的主要任务是：高举习近平新时代中国特色社会主义思想伟大旗帜，深入贯彻党的十九大和十九届二中、三中、四中、五中全会精神，贯彻落实中央经济工作会议和第三次中央新疆工作座谈会精神特别是习近平总书记重要讲话精神，贯彻落实自治区党委九届十次、十一次全会、经济工作会议和市委一届九次全体（扩大）会议精神，完整准确贯彻新时代党的治疆方略，牢牢扭住新疆工作总目标，回顾总结“十三五”工作，谋划部署今年和今后一个时期工作，动员全县广大党员干部不忘初心、牢记使命，只争朝夕、砥砺前行，奋力推进鄯善社会稳定和长治久安，为建设团结和谐、繁荣富裕、文明进步、安居乐业、生态良好的新时代鄯善新篇章而不懈奋斗。

下面，我代表县委常委会，讲几点意见：

**一、提高政治站位，坚定坚决落实以习近平同志为核心的党中央决策部署**

（一）深入学习贯彻党的十九届五中全会精神，准确把握新发展阶段的实践要求。党的十九届五中全会描绘我国未来发展的宏伟蓝图，作出应对变局、开辟新局的顶层设计，明确中国的“新坐标”，在党和国家发展进程中具有全局性、历史性意义。要深刻领会“十四五”时期经济社会发展指导方针、精神实质、核心要义、创新观点、实践要求，掌握内在逻辑和相互关系，全面提升战略运作能力，抢占制高点、把握主动权，实现经济行稳致远、社会安定和谐。要深刻认识我国主要矛盾变化带来的新特征新要求，深刻认识错综复杂的国际环境带来的新矛盾新挑战，遵循“五个坚持”重要原则，牢牢把握推动高质量发展主题，自觉把新发展理念贯穿经济社会发展全过程和各领域，找准在新发展格局中的角色、功能和定位，推动质量变革、效率变革、动力变革，努力实现经济行稳致远、社会安定和谐、人民生活更美好。

（二）深入学习贯彻中央经济工作会议精神，坚定信心育新机开新局。中央经济工作会议全面体现党的十九届五中全会精神，习近平总书记的重要讲话深刻阐释了事关全局和长远发展的重大问题，深刻总结了我们党在严峻挑战下做好经济工作的五方面规律性认识，对做好今年经济工作的总体要求、政策取向、主要目标、重点任务作出全面部署，通篇贯穿辩证唯物主义和历史唯物主义世界观、方法论，是习近平新时代中国特色社会主义经济思想的一篇经典文献。要准确把握发展大势，从讲政治的高度做好经济工作，善于用政治眼光观察和分析经济社会问题，增强忧患意识，坚持底线思维，坚定必胜信心，牢牢把握经济工作主动权，严密防范各种风险挑战，巩固拓展疫情防控和经济社会发展成果，更好统筹发展和安全，确保“十四五”开好局、起好步。

（三）深入学习贯彻第三次中央新疆工作座谈会精神，完整准确贯彻新时代党的治疆方略。2020年9月25日至26日，以习近平同志为核心的党中央召开第三次中央新疆工作座谈会，从战略和全局高度谋划推进新时代新疆工作，具有重大的现实意义和极其深远的历史意义。习近平总书记发表重要讲话，充分肯定了第二次中央新疆工作座谈会以来的成绩，全面分析了新疆工作面临的新形势，系统阐释了新时代党的治疆方略的丰富内涵，明确提出了当前和今后一个时期新疆工作的指导思想、目标任务、方针政策和战略举措，全面部署了推动新疆社会稳定和长治久安的重点工作，是新中国成立以来我们党治疆稳疆兴疆理论的结晶和升华，是引领新疆工作在错综复杂中守正创新、在矛盾风险中胜利前进的强大思想武器，是指导新时代新疆工作的纲领性文献。必须深刻领会习近平总书记对新时代党的治疆方略的深刻阐述，深刻领会习近平总书记对新疆长治久安重点工作的战略安排，深刻领会习近平总书记对加强党的集中统一领导的部署要求，牢牢把握核心要义和精神实质，把新时代党的治疆方略学深悟透、学懂弄通，坚定不移沿着习近平总书记指引的正确方向前进。

自治区党委、市委高度重视党的十九届五中全会、中央经济工作会议和第三次中央新疆工作座谈会精神特别是习近平总书记重要讲话精神的学习贯彻，对学习宣传贯彻工作作出安排部署。全县各级党组织和广大党员干部要增强“四个意识”、坚定“四个自信”、做到“两个维护”，坚定坚决地把习近平总书记重要讲话精神学习宣传好、贯彻落实好，确保以习近平同志为核心的党中央决策部署在鄯善落地落细落实、见实效。

**二、扭住总目标，新时代党的治疆方略落地生根、开花结果**

第二次中央新疆工作座谈会以来，县委深入贯彻落实习近平总书记重要讲话、重要指示精神和新时代党的治疆方略，在自治区党委、市委坚强领导下，团结带领全县各族干部群众，求真务实、真抓实干，一项任务一项任务地落实、一件事情一件事情地办好，经济社会发展和民生改善取得了前所未有的成就，“十三五”各项目标顺利完成，呈现出社会稳定、人民安居乐业的良好局面，为迈向长治久安奠定了坚实基础。“十三五”的鄯善，实现了社会大局稳定持续向好，成功侦破了一批危安案件，打掉了一批犯罪团伙，抓获了一批犯罪分子，群众安全感明显增强、对长治久安的信心明显增强。实现了综合实力快速跃升，全县生产总值突破150亿大关，是2015年的1.68倍；公共财政预算收入17.21亿元，是2015年1.56倍；地方工业增加值28.1亿元，翻了一番多，地方属关键经济指标“五连增”。实现了脱贫攻坚决定性胜利，5个自治区级贫困村于2016年脱贫出列，贫困发生率由2014年的6.28%降到2019年的零，贫困户人均纯收入由2014年的2467元增加到2020年的11297元，年均增速30.9%。实现了人民生活持续改善，城镇居民人均可支配收入年均增速7.2%，农村居民人均可支配收入年均增速9.5%，各族群众有了更多获得感、幸福感、安全感。实现了城乡面貌新气象，新型城镇化建设迈上新台阶，城乡基础设施和公共服务体系不断健全，城乡面貌大变样。实现了民族团结花常盛，平等团结互助和谐的社会主义民族关系情谊植根鄯善，中华民族共同体意识深入人心。获自治区民族团结进步示范县，连续两届成功创建自治区双拥模范县。实现了文化事业大繁荣，中华文化主体地位日益巩固，群众文化获得感、幸福感、认同感更足，群众性精神文明创建活动蓬勃开展，累计七届成功创建自治区文明县城。实现了民主法治新水平，法治鄯善建设不断推进，各族人民依法充分享有广泛的政治、经济、文化、社会权利，思想观念和法治意识发生了深刻变化，爱国统一战线巩固发展。实现了蓝天、碧水、净土保卫战和农村人居环境整治四大标志性战役阶段性胜利，生态环保理念深入人心，空气质量优良达标率达73.1%，较2016年上升16.3个百分点，县级集中式饮用水水源水质达标率和地表水水质达标率均达100%。实现了党的建设坚如磐石，"两学一做"学习教育常态长效，"不忘初心、牢记使命"主题教育成果巩固深化，全面从严治党取得显著成效。"十三五"时期获各类集体荣誉表彰293个（国家级40个、自治区级148个、市级105个）。

——"十三五"的鄯善，是社会大局最稳定的时期。全县上下深入贯彻反恐维稳"组合拳"，标本兼治、综合施策，2017年重获"自治区优秀平安县"，6个乡镇成功创建"自治区优秀平安乡镇"，平安创建"三率一感"接近百分百，自治区优秀平安县含金量更高。社会治安案件、刑事案件发案率历史最低。扫黑除恶满意度测评位列全市第一。"1—3分钟"快速反应圈质效明显，城区"秒级警务"基本实现，警务站便民服务获得群众点赞。县委、县人民政府被评为全市唯一获"维稳双联户创建工作先进集体"。县融媒体中心成为全疆首批接入"石榴云"平台。"十三五"收官的2020年，鄯善县坚持警钟长鸣、警惕常在、常抓不懈，社会大局持续稳定。以市域社会治理现代化试点城市创建为契机，探索推进政治、法治、德治、自治、智治体系一体建设，维稳指挥中心和综治中心规范化实体化。辟展镇、吐峪沟乡成功创建"自治区优秀平安乡镇"。辟展派出所入列自治区级"枫桥式公安派出所"候选名单。严打斗争成果有效巩固，扫黑除恶"六清"见底。一批群众的烦心事、操心事、揪心事及时解决，各族群众发自肺腑地感党恩、听党话、跟党走。"鄯善好地方"App率先在全疆取得互联网新闻信息服务许可证。新时代文明实践活动广泛开展，群众性精神文明创建更深入，社会主义核心价值观深入人心。

——"十三五"的鄯善，是综合经济实力显著提升的时期。坚定不移贯彻新发展理念，以供给侧结构性改革为主线，抓住党中央特殊支持的机遇和社会稳定释放的红利，农业现代化扎实推进，林果业提质增效，哈密瓜和无核白鲜葡萄国家绿色食品原料标准化生产基地续展工作顺利通过农业农村部现场考核验收。工业经济由一油主导向多元驱动转型，谋划实施合盛硅业、美汇特、万顺发等一批引领性、带动性、标志性的产业项目，实现了价值链中低端向中高端跃升。实施旅游兴县战略，全域旅游多点开花，库木塔格沙漠AAAAA级景区创建稳步推进，库木塔格沙漠入选全国最美沙漠。"十三五"收官的2020年，鄯善县坚持统筹兼顾、化危为机、精准精细，经济发展质量稳步提升。农业现代化扎实推进，新疆果业鄯善果叔生态有限公司特色农产品加工基地和特色农产品交易电商服务基地项目落地，全疆最先进的仓储式、信息化、一站式联运葡萄干交易平台效益凸显，葡萄产业发展质量和效益双提升。以葡萄为主的特色林果业提质增效，建成74个葡萄标准化示范园，斗鸡、黑羊、驴等独特产业规模持续扩大，粮经饲结构不断优化，猪、鸡、牛、羊饲养量稳步增加。国家重点能源建设项目、西部首座储气库群项目建设顺利，全国首个轻质油砂油矿项目成功开采，石油基地焕发新生。全国最大的合盛硅业煤电硅新材料循环经济产业园项目顺利投产。国有企业与上市民企合作持续深化，新疆中镁与新疆地矿局第一地质大队合资成立新疆中镁金源公司，高端镁制品及镁基蓄热新材料生产线项目全面开工建设，集菱镁矿开采、镁砖加工、采暖装备制造于一体的新兴产业集群粗具规模。库木塔格矿区总体规划顺利获得国家发改委批复，七克台矿区煤矿项目开工建设，煤炭开发已形成规模。中直能源煤炭铁路装车专线建成通车，集仓储、配送、信息于一体的汇宇石材物流园投入使用，全县货运能力突破5000万吨大关。企业升规创历史最高，骨干企业扩规提速。新疆鄯善工业园区、鄯善石材工业园区双双荣评自治区级优秀工业园区。开发建设滨沙大道，培育打造了一批主题小镇、康养医疗旅游新业态，旅游产业逐渐向实体经济转变。鄯善成为全疆6家自治区全域旅游示范区之一。蓝天、碧水、净土保卫战连战连捷，中央环保督察反馈问题整改取得实效，两个省级工业园区污水处理厂、城镇污水提标改造工程建成投用，县第二次全国污染源普查领导小组办公室被国务院第二次全国污染源普查领导小组办公室评选为表现突出集体。

——“十三五”的鄯善，是脱贫攻坚取得决定性胜利的时期。坚持把贫困群众迈向小康社会、一起过上好日子作为脱贫攻坚的出发点和落脚点，贯彻精准扶贫精准脱贫基本方略不动摇，“两不愁三保障”成果持续巩固，2017年、2019年代表全市接受自治区脱贫攻坚成效交叉考核。2019年自治区脱贫攻坚成效考核综合评价结果为“好”。“十三五”收官的2020年，鄯善县坚持保持定力、督战结合、巩固成果，农业兴农村美农民富。聚焦精准扶贫、精准脱贫，以前所未有的高度和力度，尽锐出战，攻城拔寨，专项扶贫、行业扶贫、社会扶贫互为补充的大扶贫格局更巩固。调整充实县四套班子领导任指挥长、县乡村三级和社会力量齐参与各脱贫攻坚巩固提升前方指挥部，县处级领导包联督导贫困村、关注村、面上村全覆盖，县乡村三级帮扶干部认真履责，算清直接实惠账、发展机会账、条件改善账、帮扶主体账，实现有转移就业条件家庭100%就业，扶贫项目全部竣工，2020年自治区扶贫项目绩效目标被自治区评为优秀。建立绿、黄、橙、红四色防止返贫新贫监测预警机制，综合社会保障措施应享尽享、兜住底线。推进巩固拓展脱贫攻坚成果与乡村振兴有效衔接，大力实施“五个振兴”，稳步推进“千万工程”，农村生活垃圾“村收集、镇转运、县处理”基本实现，群众生活习惯更科学、更卫生。鄯善县代表吐鲁番市迎接自治区农村人居环境整治三年行动验收并顺利通过，全国农村清洁行动先进县成果巩固。

——“十三五”的鄯善，是各族群众得实惠最多的时期。践行以人民为中心的发展思想，民生建设投入连续“五连增”。就业规模逐年扩大，零就业家庭持续动态清零，城镇登记失业率控制在3%以内；幼儿园保障适龄儿童应入尽入，高中阶段教育、职业教育、城乡义务教育一体化发展迈上新台阶。连续四年实施中高考考生营养补助政策，应届中高考考生享受营养补助全覆盖；养老保险、社会救助、基本医疗保险和大病保险全覆盖，城乡低保应纳尽纳；在全疆率先成立退役军人服务中心及退役军人服务站；高质量完成棚户区改造、安置小区新建工作，各族群众实现了“有住房”到“住得好”；建成新支北三路、瓜香路等市政道路，打通了三纵十二横交通路网，光纤网络和4G城乡全覆盖，率先建设5G基站，天然气入户率达到95%以上，新改建农村公路423.3千米，农村公路里程1600千米，开通21条城乡公交线路，行政村公路和公交车通达全覆盖；城市新增绿地14.95公顷，建成区绿地率达37.69%，人均6.23平方米，国家园林县城创建成果更巩固。持续强化生产安全、食品安全，连续6年获“吐鲁番市安全生产先进集体”。“十三五”收官的2020年，鄯善县坚持回应期盼、倾力实施、全面发力，民生改善持续增进。本级财政支出79%以上用于保障改善民生，全力做好高校毕业生、城乡富余劳动力、困难群体就业，均超额完成目标任务。学前到高中国家通用语言教育全覆盖。中小学各学科教研成果比赛斩获市级以上荣誉95项。“先诊疗后付费”“一站式”结算便捷群众就医，慢性病补贴应享尽享，城乡居民主要健康指标明显提升。实施老旧小区改造，全市安居富民工程建设竞赛活动综合排名第一。山南供水片区及连木沁镇供水片区合并联网，山南四乡镇15万群众喝上了洁净安全的自来水。建管养用“四好农村路”，实现行政村通达全覆盖，获自治区“四好农村公路示范县”。

——“十三五”的鄯善，是各族群众最团结和睦的时期。坚持以铸牢中华民族共同体意识为主线，“民族团结一家亲”和民族团结联谊活动深入开展，各族群众交往交流更交融，“三个离不开”“五个认同”和中华民族共同体意识深入人心。互嵌式居住村（社区）效果明显，民族团结进步模范单位扎实推进，实现空间互嵌向经济、社会、文化和心理互嵌转变。全面贯彻党的宗教工作基本方针，驻村管寺工作扎实开展，宗教教职人员培训成常态，宗教活动场所硬件设施更完善。“十三五”收官的2020年，“放管服”改革持续深化。

——“十三五”的鄯善，是对口援疆综合效益最显现的时期。充分用好对口援疆平台，先后9批182名援疆队员倾情建设第二故乡，衡阳市坚持80%以上援疆资金用于民生建设，实施湖南援疆项目34个，援疆资金累计投入超5亿元，“红石榴·疆品入湘”惠民工程走向深入，产业援疆、文化援疆、医疗援疆、教育援疆取得了显著成绩，开创了立体式、全方位援疆新模式。“十三五”收官的2020年，鄯善县坚持精准援疆、深化内涵、拓宽领域，援疆成果持续巩固扩大。衡阳市第九批援疆工作队牢记职责使命，一心向鄯、扎根鄯善、奉献鄯善，实施援疆项目24个，到位资金1.41亿元，建设速度快，项目竣工率、资金到位率100%。“疆品入湘”力度空前，牵线助销哈密瓜等农产品1000余吨，创历史新高。医疗、教育“组团式”援疆取得新成效。投资100万元在衡阳建成“一县一特”鄯善专馆，成为最受青睐的专馆。

——“十三五”的鄯善，是全面从严治党成果最卓著的时期。党的建设全面加强，树立大抓基层的鲜明导向，村党组织领导下的第一书记统筹各支力量工作机制推进有力，建成一批村级阵地，村（社区）平均运转经费是全疆规定标准的两倍以上；维稳双联户长报酬翻一番。反恐维稳、脱贫攻坚等一线干部得到提拔重用。党政纪处分期满表现优秀干部提拔或重用，为举报不实的干部澄清正名，1名干部适用容错纠错办法免于追责。持续巩固拓展系列主题教育、中央八项规定精神成果以及“基层减负年”成果，干部作风明显好转，2019年基层减负工作成效全市第一。运用监督执纪“四种形态”第一种形态成为常态。持续强化家风建设，连续4年召开“家庭助廉”活动，自治区纪委高度肯定。“十三五”收官的2020年，鄯善县坚持坚守初心、勇担使命、常抓不懈，党的建设坚强有力。第一书记统筹各支力量机制作用不断深化，基层各支力量和工作高效统筹。软弱涣散基层党组织全部晋位升级。社区“大党委”机制不断深化，“乡镇派单、部门接单”机制运行顺畅，城市基层党建水平显著提升。非公有制企业党组织实现应建尽建。新发展党员扎实推进。重视老干部和关心下一代委员会工作。老党员、老干部、南疆任职干部、支教教师家属走访慰问全覆盖，解决公安干警、乡村教师两地分居。运用容错纠错、考评奖励、澄清防范、回访关爱等机制，常态化“回访”受处分干部全覆盖。“现身说纪”，身边事教育身边人更有效。基层减负成果持续巩固，基层更有感。

——“十三五”的鄯善，是健康鄯善加快补齐短板力度最大的时期。坚持人民至上、生命至上，大力实施全民健康国家发展战略，连续5年实施全民免费健康体检，居民健康档案建档率100%，在全疆率先试点紧密型医共体建设，全国首个县域模式胸痛中心建成运行，县乡村远程会诊综合体系全覆盖，医疗、医保、医药联动改革向纵深开展，基本医保和分级诊疗制度日益完善，结核病患者有效救治100%，慢性病补贴应享尽享，山南医疗中心建成使用，乡村医疗技术服务水平大幅提升。“十三五”收官的2020年，是极不平凡的一年，鄯善县走过了一段患难与共、共克时艰的历程。面对突如其来的新冠疫情，全县上下闻令而动，各族干部群众勠力同心、披荆斩棘，同时间赛跑、与病魔较量，打响疫情防控的人民战争、总体战、阻击战。按照“外防输入、内防反弹”总体策略，守好“三道门”，健全“八项监测预警机制”，全民核酸检测两天内全覆盖，构筑起“多点触发、多渠道监测预警”的坚固防线。建成东疆片区设施最先进的留观医院，得到国家卫健委和自治区督导组的高度肯定。统筹疫情防控和经济社会发展，企业及个体工商户复工复产100%、优惠政策应享尽享。

这些成绩来之不易、弥足珍贵，根本在于习近平总书记的掌舵领航和以习近平总书记为核心的党中央坚强领导，在于新时代党的治疆方略特别是社会稳定和长治久安总目标的正确指引，是自治区党委、市委坚强领导的结果。离不开湖南省和衡阳市的倾力帮扶、无私援助，离不开驻鄯部队的鼎力支持、共建共享，离不开各乡（镇、场）、县直部门单位、驻鄯单位的同心同向、携手共进，离不开乡村一线“访惠聚”驻村工作队队员、驻村管寺管委会干部、村“两委”班子成员、乡镇干部、村（社区）警务室干警、后盾单位下派干部“六支力量”的辛勤耕耘、默默奉献，离不开疫情防控一线白衣天使、下沉干部、村（社区）干部、志愿者的逆行出征、英勇无畏，离不开离退休老干部和社会各界的广泛支持、建言献策，更加离不开全县各族群众的守望相助、辛劳付出。每个人都了不起。在此，我代表县委，向所有为鄯善稳定发展作出贡献的同志们、朋友们，表示衷心的感谢、致以崇高的敬意！

居安思危、安不忘危。在总结成绩的同时，必须清醒地看到，维护社会稳定的基础还不牢固，经济社会发展还存在不少困难和挑战，民生领域还有薄弱环节，作风建设还需加强，基层基础有待提高。问题是时代的声音，也是前进的动力。只要全县人民团结一心、众志成城，顽强拼搏、奋发进取，不回避问题、不等靠观望，以坚定的意志从容应对各种困难挑战，以务实的态度研究化解各类矛盾问题，就一定能够续写新篇章、夺取新胜利。

**三、精准把握形势，开启全面建设社会主义现代化新征程**

“十四五”时期，是我国全面建成小康社会、实现第一个百年奋斗目标之后，乘势而上开启全面建设社会主义现代化国家新征程、向第二个百年奋斗目标进军的第一个五年，也是鄯善巩固社会稳定成果、推动高质量发展、迈向长治久安的关键五年。全县各族人民必须提高政治站位，深入学习贯彻习近平总书记重要讲话、重要指示精神，科学把握新形势、新任务和新要求，从全局谋划、细微处着手，苦干实干拼命干，续写新时代大美鄯善新篇章。

今后五年，我们要坚定扛起使命责任，奋力推进社会稳定和长治久安。要以学习贯彻第三次中央新疆工作座谈会精神为主线，把贯彻落实新时代党的治疆方略作为一项重大政治任务，牢牢扭住社会稳定和长治久安总目标，坚持依法治疆、团结稳疆、文化润疆、富民兴疆、长期建疆，紧紧围绕社会稳定和长治久安来谋划推进工作，保持社会大局持续稳定长期稳定，推动各项工作再上新台阶。

今后五年，我们要准确把握发展形势，着力在识变应变求变中育先机开新局。立足继往开来的时代方位，机遇和挑战并存，就鄯善县而言，“十四五”仍处于重要的战略机遇期，发展优势和机遇更加凸显。站位全局看，有党中央关心关怀、各类政策叠加增效、对口援疆优势独特、区位优势明显、资源转化潜力巨大、稳定红利充分释放、人心凝聚提振预期的历史机遇、特殊优势，发展的战略动能将更加强劲。顺应大势看，鄯善在构建新发展格局中具有重要链接作用，丝绸之路经济带核心区建设、新一轮西部大开发战略实施在鄯善县交汇叠加，产业加速向西部转移，将加快推动资源优势转化为经济优势、区位交通优势转化为产业发展优势、人文历史优势转化为文旅融合优势。透视自身看，强力推动产业加速转型，一批重大项目落地、积聚成势，有利于高质量发展的因素聚集，完全有底气、有能力、有信心实现更大作为。坚持正确的历史观、大局观、发展观，善于积势蓄势谋势，在准确识变、科学应变、主动求变中开辟发展新境界，努力实现更高质量、更有效率、更加公平、更可持续、更为安全的发展。

今后五年，我们要科学确定奋斗目标，努力推动美好蓝图转化为生动现实。自治区党委、市委全面贯彻党的十九届五中全会精神，提出了“十四五”经济社会发展的主要目标，同时展望了2035年远景目标。谋划好鄯善“十四五”发展，必须立足新发展阶段、贯彻新发展理念、构建新发展格局，在国家和自治区、吐鲁番大格局、大目标、大战略中找准定位，把着眼未来应该干、能够干、必须干的事情办好，努力实现经济发展取得新成效、改革开放迈出新步伐、民族团结实现新加强、社会文明程度得到新提高、生态文明建设实现新进步、民生福祉达到新水平、社会稳定开创新局面、社会治理效能得到新提升“八个新”目标，推动实现更有利于长治久安的根本性变化，到2035年鄯善县与全疆全国同步基本实现社会主义现代化。

当前和今后一个时期的指导思想是：坚持以习近平新时代中国特色社会主义思想为指导，全面贯彻党的十九大和十九届二中、三中、四中、五中全会精神，贯彻落实中央经济工作会议和第三次中央新疆工作座谈会精神，贯彻落实自治区党委九届十次、十一次全会经济工作会议和市委一届九次全体（扩大）会议精神，完整准确贯彻新时代党的治疆方略，牢牢扭住社会稳定和长治久安总目标，统筹推进“五位一体”总体布局，协调推进“四个全面”战略布局，坚持依法治疆、团结稳疆、文化润疆、富民兴疆、长期建疆，坚定不移贯彻新发展理念，以维护社会稳定为前提，以做好民族宗教工作为重点，以在发展中改善民生为基础，以推进治理体系和治理能力现代化为保障，多谋长远之策，多行固本之举，奋力开创鄯善社会稳定和长治久安新局面。

2021年，是建党100周年，是“十四五”开局之年，做好今年工作意义重大。要聚焦新时代党的治疆方略、坚持“三新”原则、强化“三个统筹”、抓好“三件大事”，落实自治区党委“十项重点工作”，在新的一年推动各项工作取得新成效。

同志们，功崇惟志、业广惟勤。上述目标的确定，既是放眼未来、科学谋划的“施工图”，也是勇于挑战、担当实干的“责任状”。全县上下要保持坚如磐石的信心、锐意进取的韧劲，知责于心、担责于身、履责于行，扛起时代重任、展现硬核担当，在全面建设社会主义现代化新征程上谱写鄯善新篇章。

**四、坚持警钟长鸣，保持社会大局持续稳定长期稳定**

（一）扎实推进维稳法治化常态化。深入贯彻习近平法治思想，坚持依法治疆，推进维稳工作向规范精细常态转变。牢固树立法治意识、法治思维，充分发挥法治固根本、稳预期、利长远的重要作用，善于运用法治精神，在法治轨道上防范风险、打击犯罪、处理问题、化解矛盾，在法律框架内保护群众合法权益、处理人民内部矛盾、惩治各类犯罪、维护政治安全，扎实开展政法队伍教育整顿，把全面依法治国的要求落实到工作各个领域。坚持总体国家安全观，始终把维护以政权安全、制度安全为核心的国家政治安全放在第一位，持续打好“三场硬仗”“一场人民战争”、做到“三个联动”，推动行之有效的措施制度化、长效化。

（二）扎实推进群众工作精细化常态化。必须做到联系服务群众常态化。用好干部常态化包联帮扶机制，既着力解决思想问题、宣传政策法律，又帮助解决困难，真心实意感党恩、听党话、跟党走。必须推动群众困难诉求及时就地解决。践行新时代“枫桥经验”，推行领导干部“下访式”工作机制，加强干部日常入户走访，发挥群众矛盾纠纷调解办公室作用，将矛盾解决在萌芽状态、化解在基层。必须有效组织动员群众参与社会治理。推进市域社会治理现代化试点工作，夯实“党建领善、政府主善、社会协善、群团促善、法治保善、文化润善、智慧助善、群众向善”的社会治理体系，打造共建共治共享的社会治理格局，提升平安鄯善质量和水平。

（三）扎实推进网络管理长效化常态化。坚持正能量是总要求、管得住是硬道理、用得好是真本事，完善网络综合治理体系，强化网上防范、反制、管控、打击措施，管住网上、落查网下，坚决防范打击网上各类渗透破坏活动，构筑网络安全屏障。加强网络内容建设，做强网上正面宣传，培育积极健康、向上向善的网络文化，营造清朗网络空间。

**五、坚持慎终如始，抓紧抓实抓细常态化疫情防控措施**

做好疫情防控是经济社会发展的最有力保障。全面贯彻坚定信心、同舟共济、科学防治、精准施策总要求，大力弘扬伟大抗疫精神，坚持科学、精准、依法、有效防控，守好战疫成果、绷紧防疫之弦，奋力夺取抗疫斗争全面胜利。必须坚持常态化监测预警。落实“四早”要求，用好八项监测预警机制，增强快速检测能力、早期监测预警能力、应急处置能力。必须织密织牢疫情防护网。坚持关口前移和网格化管理相结合，依法防控、科学防控、精准防控，坚决守好“三道门”。必须从严从细做好冬春季疫情防控。把外防输入作为重中之重，常态化核酸检测，全面加强环境监测消杀，严防死守、确保安全。必须加强个人防护宣传教育。广泛宣传普及疫情防控常识，教育群众养成科学佩戴口罩、勤洗手、保持社交距离等卫生习惯和生活方式，大力开展爱国卫生运动，筑牢疫情防控坚固防线。

**六、加强民族团结，铸牢中华民族共同体意识**

以铸牢中华民族共同体意识为主线，不断巩固各民族大团结。必须强化中华民族共同体意识教育。将中华民族共同体意识教育纳入党员干部、青少年、社会教育，教育引导各族干部群众树立正确的马克思主义“五观”。深入挖掘和有效运用各民族交往交流交融的历史事实、考古实物、文化遗存，更好以史育人、以史明智。坚持分级联创、精准创建，深化开展民族团结进步创建，推进民族团结模范单位创建，健全民族团结进步教育常态化机制，举全县之力争创全国民族团结进步示范县。必须持续深化“民族团结一家亲”和民族团结联谊活动。坚持重在平时、重在交心、重在行动、重在基层，坚持线上线下相结合，用好结对子、勤走访、相互学、多活动、真帮扶、重激励等载体，常态化开展民族团结联谊活动，组织开展衡鄯中小学生“手拉手”联谊活动，引导各族群众多层次多方位多形式走动互动，让各民族像石榴籽一样紧紧抱在一起。必须加快构建各民族互嵌式社会结构和社区环境。进一步构建互嵌式居住格局，通过棚户区改造、村改居、进城落户等方式，引导各族群众互嵌式混合居住，让各族青少年从小学在一起、玩在一起、成长在一起。把全面加强国家通用语言文字教育作为关键性、基础性工作来抓，大力营造学习使用国家通用语言文字的氛围。

**七、贯彻新发展理念，持续推动经济高质量发展**

发展是新疆长治久安的重要基础。要紧紧扭住新发展理念推动高质量发展，坚持稳中求进工作总基调，坚持一产上水平、二产抓重点、三产大发展，深化供给侧结构性改革，做好“六稳”工作、落实“六保”任务，加快推动经济体系优化升级，不断提高经济质量和核心竞争力。

（一）全力构建现代化产业体系，推动经济高质量发展。以产业基础高级化、产业链现代化为重点，打造石油化工、煤炭煤化工、硅基新材料三大百亿产业和钢铁及装备制造、石材及新型建材两大50亿级产业集群，构建具有较强竞争力和鄯善特色的现代化工业产业体系。聚力石油化工产业发展促提升。支持吐哈油田稳产增效，力争油气当量上300万吨。加快页岩气、油砂油等非常规能源的勘探开发，推动中国安华集团琼坎儿孜、老东湖矿区油砂油非常规能源开发项目建设。加强油地融合发展，继续推进吐哈油田属地注册和混合所有制改革。加快国家重点能源建设项目、西部首座储气库群吐哈油田温吉桑55.9亿立方米储气库群项目建设，将鄯善县打造成为全疆重要的石油化工产业基地和油气储备基地之一。培育煤炭煤化工产业求突破。加快推进库木塔格、沙尔湖矿区2个千万吨级大型露天矿开发建设，建设七克台、库木塔格、沙尔湖矿区三大环保节约型煤炭矿区，力争新增煤炭产能2820万吨。重点加快七克台矿区资源整合区150万吨/年、120万吨/年项目建设。加快推动“疆电外送”第四通道前期工作，争取外送10×66万千瓦超临界机组电源工程落地。大力发展煤化工产业，力争140万吨/年煤制烯烃多联产示范项目纳入国家“十四五”发展规划；推动湘煤库木塔格1号矿1000万吨产能纳入国家产能规划，合盛600万吨煤热解、陕煤40亿方煤制气项目落地，把鄯善县建成新疆重要的煤炭煤化工转化基地、疆煤外运基地。推进硅基新能源新兴产业大发展。发挥合盛硅业龙头企业作用，加快推进合盛二期40万吨工业硅和40万吨有机硅及下游深加工项目，推动“煤电硅材”一体化发展上新水平，重点发展含硅合金、有机硅、单晶硅等新材料，打造国家级的硅基新材料产业基地和“世界硅都”。以“建设风光储一体化示范基地”为目标，开展新能源储能试点示范，大力推进风光火储油气一体化项目，重点加快推进新疆猛狮睿达风光储、油气尾气发电大数据处理中心一体化运行项目，加快推进增量配网改革试点项目，促进中节能、中电投、华能、合盛平价上网项目开展前期工作，打造新疆重要的新能源产业基地。力促钢铁及装备制造业转型强后劲。围绕石油天然气化工、煤炭煤电煤化工、硅基新材料、新能源等重点发展产业，引进一批油田机械、煤机组装、矿山机械、风电、光伏发电装备等装备制造企业，推动传统装备制造业向高端装备制造业转型升级，打造新疆重要的装备制造产业聚集区。延伸石材及新型建材产业链条增活力。利用辽宁中镁和新疆地矿局第一地质大队混合所有制改革优势，加快辽宁中镁金源公司一期年产3万吨重烧镁砂、电熔镁砂、系列镁砖项目建设，推进洁镁20万吨优质镁原料生产线项目建设，谋划中镁二期16万吨镁制品项目投建达产，启动中镁50万吨系列镁基材料产业规划，实现投资、产值“双50亿”，打造“西部镁都”。合理优化石材产业布局，在迪坎园区规划石材初加工基地，引导和推动石材企业逐步向迪坎园区转移，实现石材产品资源地就地加工。加快实施石材产业转型升级，逐步支持企业向超薄板材、复合板材、异型雕刻等高端产品转型。加大石材产品创新，发展基于云服务和大数据平台等互联网的个性化定制、众包设计等新型制造模式，着力打造中亚最大的石材生产加工集散中心和石材大数据中心，让“中亚石都”名扬海内外。

（二）大力实施乡村振兴战略，全面做好新时代“三农”工作。巩固拓展脱贫攻坚成果与乡村振兴认识、观念、规划、措施、政策、产业、机制、体制上“八个衔接”，以产业、人才、文化、生态和组织“五大振兴”为抓手，着力打造“产业兴旺、生态宜居、乡风文明、治理有效、生活富裕”的美丽乡村。以“八个衔接”为抓手。健全完善防止返贫监测帮扶机制，保持现有帮扶政策总体稳定，做到“四个不摘”“八个不变”。建立农村低收入人口稳定帮扶机制，持续发展壮大扶贫产业，加强产业发展基础设施建设，加大易地扶贫搬迁后续扶持力度，确保脱贫后能发展、可持续。扎实做好脱贫人口稳岗就业，加大对脱贫人口职业技能培训力度，积极引进东中部劳动密集型企业，增加就业岗位，提升就业质量。以产业振兴为引领。发挥农业资源优势，聚焦“三特产品”，开展“一乡一特”“一村一品”全产业链创建，大力发展葡萄、葡萄叶、哈密瓜、肉苁蓉、桑葚、生鲜肉食品业等特色农产品精深加工，突出葡萄酒产业，支持一批酒庄做大做强，打造特色葡萄酒知名品牌，构建特色酒庄产业群，塑造“鄯善——中国大漠特种葡萄酒古都”形象。以一、二、三产业融合发展为目标，大力培育休闲观光农业、智慧农业等新产业新业态，发展农业+旅游，打造全疆农村产业融合发展示范区、乡村休闲旅游集聚区、医养健康产业示范区。以人才振兴为关键。将人才振兴作为乡村振兴的关键，强化农业科技服务，实施科技特派员制度，加大新型职业农民培训和农业科技推广，建立社会人才服务乡村机制，培育一批“土专家”“田秀才”，激励各类人才在农村广阔天地大施所能、大显身手。以文化振兴为基石。将文化振兴作为乡村振兴的铸魂工程，以社会主义核心价值观为引领，完善农村公共文化服务体系，持续移风易俗，培育优良家风、文明乡风，在塑形铸魂上引领乡村文明新气象。以生态振兴为支撑。稳步推进“千万工程”，有效结合新时代爱国卫生运动，持续推进农村人居环境整治，因地制宜开展村庄绿化亮化、农村厕改，强化生活垃圾收集处理、生活污水治理，不断改善农村居民生产生活环境。以组织振兴为保障。抓基层、打基础，人财物向基层倾斜，持续强化阵地建设，持续实施“头雁工程”和村干部及后备力量能力素质提升工程。

（三）塑造鄯善服务新品牌，推动现代服务业高质量发展。稳步推进以旅游业、现代物流业为主导，商贸、金融为支撑，咨询、信息、康养产业为增长点的服务业发展体系，形成与新型工业化相配套、与新型城镇化相协调、与城乡居民需求相适应的发展格局。大力实施旅游兴县战略。坚持把康养旅游作为加快全域旅游发展的重要方向，重点抓好库木塔格AAAAA级景区创建和质量提升工程以及乡村旅游提质扩面，扩大“中国最美沙漠”“滨沙之城”影响力，围绕滨沙大道建设，引入市场化机制，引进一批康养旅游企业、打造一批康养旅游示范基地、开发一批康养旅游新业态，推动旅游与农业、工业、健康、体育、休闲、养生、葡萄酒、馕等产业深度融合，“过境游”升级为“过夜游”，实现旅游“淡季不淡、旺季更旺”。加快酒庄一条街、木卡姆街、楼兰老街等商圈、生活圈盘活，营造“吃住行游购娱一体”的全域旅游消费环境。集中优势打造“沙”系列、“康养”系列、“葡萄”系列、“哈密瓜”系列、“十二木卡姆”系列产品，发展文创组合打包产品体系，开发极具鄯善特色的“必购旅游商品”。采取“线上+线下”

精准营销模式，依托新媒体、网络大V、OTA平台以及线下葡萄节、杏花节、沙漠越野比赛等活动，全方位推介鄯善丰富的旅游资源和核心旅游产品，提升鄯善旅游品牌形象。推动由“旅游+”向“+旅游”转变，积极推进川渝商会商业综合体、旅游集散中心、嘉年华等一批文旅综合体项目建设，提升城市承载力和品位质量，将旅游产业打造成富民富财的产业，着力打造新疆重要的旅游目的地和游客集散地以及国家级全域旅游示范县。加快发展现代物流业。依托中直能源，整合铁路专用线路、货场等资源，争取将中直能源鄯善县智慧物流园项目纳入自治区发展规划，将工业园区打造成多式联运综合物流中心；依托合盛硅基新材料产业基地，引进和培育一批现代物流企业，将石材园区打造成疆内重要的物流集散地；依托鄯善县丰富优质的煤炭资源，加快推进煤炭交易市场配套基础设施建设，打造新疆重要的煤炭交易中心；积极融入乌吐区域经济一体化大物流，加快建设山南葡萄、哈密瓜特色农产品交易市场，打造特色农副产品物流园区，把鄯善县建设成“联通南北疆、辐射全国、远触中亚”的重要物流枢纽和现代物流中心。大力发展城市经济。抓住自治区党委旅游兴疆战略有利契机，对城市土地现状再研究、再规划、再审视，加快发展产业地产、旅游地产、房地产、商圈开发，不同区域土地配置不同种类的资源，宜农则农、宜商则商、宜游则游。全面推进电子商务业。建立健全电商配套服务体系，引导农业生产企业和经营主体应用电子商务销售葡萄、哈密瓜等农产品，推动农产品基地、流通企业、加工企业、批发市场、专业合作社等开展网上交易，打造国家级电子商务示范县。

（四）全面深化改革开放，激发经济发展新动力新活力。坚定不移推进改革，坚定不移扩大开放，提高资源配置效率，持续增强发展动力和活力。推动重点领域改革突破。加速推进园区体制机制改革，实行“二园归一”的集约化管理体制，推进“权责一体”的运行机制。按照“布局集中、产业集中、特色鲜明、产城融合”的原则，明确园区功能定位，优化产业布局，形成分工合作、错位互补、服务完善、具有明显竞争优势的园区企业集群。深化“放管服”改革，提高“一网通办”水平，围绕“一件事”推进标准建设和流程再造，加快实现“最多跑一次”或“一次不用跑”。加速国有经济布局优化和结构调整，分层分类推进县属国有企业混合所有制改革，探索“吐哈油田+地质一大队+地方国有企业”的合作模式，成立合资公司，共同开发县域非常规能源，形成风险共担、利益共赢的格局。开创开放合作新格局。以“丝绸之路经济带”核心区建设和兰新高铁新疆段“公交化运行”机遇以及吐鲁番机场作为乌鲁木齐第二机场改造提升为契机，发挥鄯善县在乌吐都市圈独特的区位、产业、资源、环境优势，加快发展铁路、公路枢纽多式联运，全面融入“乌鲁木齐1小时经济圈”，打造丝绸之路经济带核心区商贸物流产业集聚区和休闲度假旅游目的地。充分利用石博会、亚欧博览会、农博会等国际知名展会，展示和销售特色产品，努力提高优势产品国际竞争力。围绕煤炭煤化工、硅基新材料、装备制造等重点产业，开展产业链招商和经济技术贸易合作，力争一批体量大、品质好的大企业大项目落地鄯善，增强经济发展后劲。

（五）推进以人为核心的新型城镇化，加快城乡融合发展。围绕建设田园城市，强化规划引领，统筹布局生产、生活、生态空间，使更多群众享有安全健康、较高品质的城市生活。实施城市提升行动，围绕打造文化街区、旅游街区、休闲街区，把历史风貌和文化元素融入现代城市，实施市政设施、道路管网、停车场建设和老旧小区改造，全面提升城市公共服务供给水平。坚持以城带乡，推动产城融合发展，稳步实施棚户区和城中村改造，促进城乡基础设施统一规划、建设和管理，吸引更多的农民进城务工、融入城市、转变为市民，实现人口与产业协同集聚、产业发展与城镇建设有机融合。

（六）突出抓好生态环境保护和建设，持续改善生态环境质量。健全生态环境保护机制。严禁“三高”项目进鄯善，守住生态保护红线、环境质量底线和自然资源利用上线；实行最严格的水资源管理制度，严守水资源勘探利用控制、用水效率控制和水功能区限制纳污“三条红线”。持续强化环境治理。继续深入打好污染防治攻坚战，持续治理大气、水、土壤污染，严格危险废物环境管理，推进多污染物协同控制和区域协同治理，使良好的生态环境成为最普惠的民生福祉。加强生态保护建设。全面落实河湖长制、林长制，开展大规模绿化行动，加大植树种草力度，加强湿地保护修复，继续实施退耕还林还草、退牧还草和退地还水，推动集中式饮用水水源地环境保护，推进荒漠化和水土流失综合治理，加强野骆驼自然保护区、防风固沙生态林区保护建设，对生态严重退化区域实行封禁封育管理。推动绿色低碳发展。实施生态环境准入清单管理，完善生态环境保护、节能减排约束性指标管理，优化能源消费结构，加快发展节能环保、清洁生产产业，发展绿色建筑，积极倡导简约适度、绿色低碳的生活方式。

**八、扎实改善民生，不断满足人民对美好生活的需要**

民生连着民心，民心汇聚民力。坚持以人民为中心的发展思想，大力实施惠民工程，用真金白银的投入、看得见摸得着的实惠，暖民心、安民心、聚民心。千方百计扩大就业。全面落实“稳就业”政策，着力抓好城乡富余劳动力转移就业，高校毕业生、退役军人、困难群体多渠道就业，城镇零就业家庭24小时动态清零，努力让城乡居民实现更加充分、更高质量就业。实施职业技能提升和高职扩招提质行动，有效缓解结构性就业矛盾。拓展增收致富渠道。大力发展劳务经济，完善农民就业服务维权机制，多措并举增加农村居民收入。落实纾困惠企和就业创业扶持政策，健全企业项目与促进就业联动机制，鼓励和支持纺织服装、农副产品深加工、林果、馕、葡萄酒、旅游等劳动密集型产业，扩大就业容量，千方百计让城乡居民的“腰包”越来越鼓、日子越过越好。全面实施教育提升。坚持教育优先发展，巩固学前教育普及普惠发展成果，确保4～6岁学前儿童幼儿园应入尽入。进一步改善义务教育办学条件，加大困难家庭学生帮扶力度，促进义务教育优质均衡发展，大力培养德智体美劳全面发展的社会主义建设者和接班人。推进高中阶段学校多样化发展，提高教育办学质量，努力办好人民满意的教育。加强职业教育产教融合、校企合作，进一步提升产教协同育人效果。大力弘扬尊师重教的社会风尚，抓好师德师风建设、专业素质提升、教师管理改革，着力建设一支高素质专业化教师队伍。大力实施全民健康。持续开展城乡居民免费健康体检，不断完善疾病预防控制体系、公共卫生应急物资保障体系，合理布局医疗资源，满足各族群众疾病预防和救治需要。大力推进紧密型医共体建设，加快县人民医院分院附属工程、传染病楼等项目建设，实施县维吾尔医医院应急医疗救治能力提升和门诊住院综合楼建设项目，持续加大基层卫生资源投入，完善三级医疗卫生服务网络，加大重大传染病、重点地方病、职业病防治救治力度，推动全科医生为重点的基层医疗卫生人才队伍建设，不断提升基层医疗条件水平。深化“医疗、医保、医药”三医联动，有效缓解群众看病难、看病贵。优化生育政策、提高人口质量。持续完善社保扩面。大力实施全民参保计划，完善城乡低保、养老保险、医疗保险、工伤保险、生育保险、社会救助等制度，扩大城乡居民人身意外伤害保险、城镇职工大病保险覆盖面，完善城乡居民最低生活保障标准动态调整机制，推进有意愿的农村“五保”老人实现集中供养。落实特殊困难群体兜底保障，对生活困难的失业人员及时纳入社会救助范围。持续实施安居保障。稳步实施城镇棚户区和城中村改造，加快培育发展住房租赁市场，巩固提升农村安居工程，建立多主体供给、多渠道保障的住房供应体系，促进房地产市场平稳健康发展。稳妥推进煤改电。用好市场化专项交易电采暖到户电价政策，推进增量配电网项目建设，打造电价洼地。实施电网改造升级，探索清洁取暖替代工程，尊重群众意愿，一户一策、有序推进，构建新型“绿色”越冬方式，让更多群众享受“电气化新疆”成果。持续深化对口援疆。努力在经济援疆、产业援疆、智力援疆、交往交流交融等方面实现更大突破。丰富援疆内涵，以打造“红石榴”品牌为主线，深入推进“疆品入湘”工程，加大教育和医疗人才“组团式”援疆力度，推动对口援疆工作向深度发力。

加大公共安全保障。落实安全生产责任制，健全完善行业安全稳定风险评估、化解和管控机制，加大应急物资储备力度，强化综合实战演练，坚决遏制重特大公共安全事故。狠抓食品安全工作，促进“从田间到餐桌”全产业链贯通和安全监管，确保“舌尖上的安全”。高度重视和科学防控公共卫生风险，健全完善重大疫情防控体制机制，补齐公共卫生短板，完善传染病疫情和突发公共卫生事件监测系统，全面提升早发现和应急处置能力。

**九、加强党的领导，为实现总目标提供坚强保证**

实现社会稳定和长治久安，关键在党，关键在人。要认真贯彻新时代党的建设总要求，践行新时代党的组织路线，以党的政治建设为统领，着力深化理论武装，着力夯实基层基础，着力推进正风肃纪，不断把各级党组织建设得更加坚强有力。

（一）始终把党的政治建设摆在首位。把坚决做到“两个维护”作为首要任务，自觉提高政治站位、把准政治方向、坚定政治立场，增强“四个意识”、坚定“四个自信”、做到“两个维护”，始终在思想上政治上行动上同以习近平同志为核心的党中央保持高度一致。严明党的政治纪律和政治规矩，把讲政治的要求贯穿到落实总目标的全过程，严格执行新形势下党内政治生活若干准则，增强党内政治生活的政治性、时代性、原则性、战斗性。深入推进政治监督常态化、具体化，强化对执行政治纪律、落实党中央重大决策部署、落实全面从严治党主体责任的监督，扎实做好巡视巡察整改“后半篇”文章，推动“两个维护”落实到行动上。

（二）加强领导班子和干部队伍建设。坚持好干部标准和民族地区干部政治标准，常态化识别干部政治素质，把维护祖国统一、反对民族分裂的思想认识和实际表现放在第一位，真正把敢于负责、勇于担当、善于作为、实绩突出的优秀干部选出来、用起来，让想干事、肯干事、能干成事的干部有更好用武之地，严肃查处干部队伍中的“两面人”，净化干部队伍。加大干部培养培训力度，加强少数民族干部队伍建设，强化思想淬炼、政治历练、实践锻炼、专业训练，注重在重大工作、重大斗争第一线培养干部、锤炼干部，着力培养一支理论功底扎实、政策把握到位、实践能力强的干部队伍。坚持党管人才原则，扎实做好育才、引才、聚才、用才工作，大力培养使用引进各方面人才。坚持严管与厚爱结合、激励与约束并重，健全完善关爱干部机制，对各族干部政治上激励、工作上支持、待遇上保障、生活上关心、心理上关怀，激励他们扎根鄯善、奉献鄯善。

（三）加强党的基层组织建设。坚持把抓基层、打基础作为固本之举，突出抓好党支部标准化规范化建设，全面强化基层组织政治功能和组织力。持续在村（社区）一级用力，扎实开展新时代“访惠聚”驻村工作，深化社区“大党委”机制，推进基层党建示范点建设，巩固完善“网格化+便民警务站+双联户”治理机制，不断增强基层党组织的政治领导力、思想引领力、群众组织力、社会号召力。发挥好第一书记统筹各支力量工作机制作用，以提升组织力为重点抓好基层建设各项工作，推动服务和管理力量向基层倾斜。注重从致富能手、优秀妇女、返乡大学生、退役军人中发展党员，完善“青年专干”选拔培养机制，积极培育村级后备力量。全面提升基层党建工作质量，统筹推进机关、学校、国企、非公、公立医院等领域基层党建工作，持续整顿软弱涣散基层党组织，把基层党组织建设成为服务群众、维护稳定、反对分裂的坚强战斗堡垒。坚持正确选人用人导向，做好县乡党委和村（社区）“两委”换届，推动基层组织全面进步、全面过硬。

（四）持之以恒正风肃纪。坚定不移落实中央八项规定及其实施细则精神，严格执行自治区党委“十要十严禁”，坚持纠“四风”和树新风并举，破除特权思想和歪风邪气，培育公私分明、亲清分开、为民务实、尚俭戒奢新风正气。持续巩固基层减负成果，把基层干部从无谓事务中解脱出来、从无用材料中解放出来，引导党员干部以良好精神状态抓落实。加强纪律教育，内化于心、外化于行，使遵规守纪成为党员干部的自觉习惯。

（五）深入推进党风廉政建设和反腐败斗争。坚持一手抓反分裂斗争、一手抓党风廉政建设和反腐败斗争，坚持严的主基调，咬住责任、抓住要害，把主体责任和监督责任一贯到底，巩固发展反腐败斗争压倒性胜利。突出政治监督、强化日常监督，推进纪律监督、监察监督、派驻监督、巡察监督统筹衔接、有机贯通、相互协调。深化运用监督执纪“四种形态”特别是“第一种形态”，抓早抓小、防微杜渐。把整治群众身边腐败和不正之风作为重中之重，整治民生领域的“微腐败”、惩处包庇黑恶势力的“保护伞”、清除妨碍惠民政策落实的“绊脚石”，切实维护群众利益。

同志们，征途漫漫，惟有奋斗。让我们更加紧密地团结在以习近平同志为核心的党中央周围，坚持以习近平新时代中国特色社会主义思想为指导，深入贯彻落实党的十九大和十九届二中、三中、四中、五中全会精神，贯彻落实中央经济工作会议和第三次中央新疆工作座谈会精神特别是习近平总书记重要讲话精神，按照自治区党委、市委部署要求，全面贯彻新时代党的治疆方略，不忘初心、牢记使命、砥砺前行，扎实推进鄯善社会稳定和长治久安，以优异成绩庆祝建党100周年！

中国滨沙之城——鄯善县

# 大事记

## 1月

**2日** 中共鄯善县委十届六次全体（扩大）会议在县影剧院大礼堂召开。会议深入学习贯彻习近平新时代中国特色社会主义思想和党的十九大、十九届二中、三中、四中全会及中央经济工作会议精神，贯彻落实习近平总书记关于新疆工作系列重要讲话和重要指示批示精神，深入贯彻落实新时代党的治疆方略、特别是社会稳定和长治久安总目标，按照自治区党委九届八次全会、经济工作会议和市委一届七次全体（扩大）会议部署，回顾总结鄯善县2019年工作，研究部署2020年工作。会议由县委常委会主持，县委书记孙忠作讲话。

**9日** 政协鄯善县十三届五次会议在鄯善县政府三楼会议室开幕，10日闭幕。会议应出席150人，实到120人。会议通过政协鄯善县十三届五次会议关于政协鄯善县第十三届常委会工作报告决议、政协鄯善县十三届常委会关于四次会议以来提案工作情况报告决议、政协鄯善县第十三届委员会第五次会议政治决议。

**10日** 鄯善县十七届人大五次会议开幕，11日闭幕。会议应出席代表171人，实到158人。会议表决通过并批准关于政府工作报告的决议、鄯善县2019年国民经济和社会发展计划执行情况与鄯善县2020年国民经济和社会发展计划的决议、鄯善县2019年财政预算执行情况和鄯善县2020年财政预算的决议。同时，会议表决通过并批准关于鄯善县人大常委会工作报告的决议、鄯善县人民法院工作报告的决议、鄯善县人民检察院工作报告的决议，大会还选举产生1名县人大常务委员会副主任、4名人大常务委员会委员和1名县监察委员会主任。

**14日21时至15日8时** 鄯善县及部分乡镇迎来2020年第一场中到大雪，是近30年来最大一次降雪天气。气象部门数据显示，县城降水量为10.5毫米，城区积雪深度为10厘米，山区积雪深度约为13厘米。恰勒坎渠首降水量为6.4毫米，柯克亚水库北降水量为10.2毫米，其余区域也出现不同程度的降水量。

**18日** 县退役军人事务局召开迎新春退役军人座谈会，现场为52名2019年自主就业的退役军人一次性发放183.4万元经济补助金。

**18—20日** 鄯善县开展为期3天的“爱心”鲜羊肉投放工作，计划投放“爱心”鲜羊肉50吨，投放价格为52元/千克（市场均价65元/千克，让利13元/千克）此次“爱心”鲜肉来源于昌吉、木垒、鄯善县等地。全县设立5个乡镇15个投放点，其中鄯善镇4个、鲁克沁镇6个、连木沁镇2个、吐峪沟乡1个、七克台镇2个。预计50吨“爱心”鲜羊肉受益群众1.5万户，4.5万人。

**21日** 鄯善县召开疫情防控工作会议，成立由县委书记任组长、县长及四套班子分管领导任副组长、各乡（镇、场）和相关部门主要领导为成员的领导小组，下设指挥部，县委书记任指挥长，内设8个专项工作组，从各部门抽调311名干部充实到各组及各防控点，建立指挥协调防控体系。

## 2月

**4日** 鄯善县产科护士长胡艳平、呼吸内科护士长于宏艳、ICU重症监护室副护士长张伟娜3名白衣天使加入新疆第二批援助湖北医疗队，共同抗击新型冠状病毒感染的肺炎。

## 3月

**10日** 鄯善县汽车客运站恢复乡镇的往返客运班线。公交车和出租车逐步开始运营，当日，4条公交线路的18辆公交车以及200辆出租车恢复正常运营。鄯善县鹏博时代商厦、滨沙购物广场等多家商场相继恢复营业。

**14日** 中共鄯善县第十届委员会第七次全体（扩大）会议召开。县委常委会主持会议，县委书记孙忠作讲话，县委委员、候补委员出席会议。

**15日** 鄯善县在迪坎镇、达朗坎乡分别开展杏树高效栽培培训会。邀请新疆农业科学院副研究员就鄯善县特色林果整形修剪、果园肥水管理、病虫害防治进行现场培训和指导。

**23日** 鄯善县52所学校38000多名中小学生告别最长寒假，错峰入校，开启“开学第一天”。

**27日** 鄯善县召开2020年深化医药卫生体制改革工作会议及2020年脱贫攻坚健康扶贫工作会议。

**是日** 鄯善县召开中国共产党鄯善县第十届纪律检查委员会第五次全体会议。

**是月** 鄯善县被中央农办、农业农村部评为全国村庄清洁行动先进县。

**是月** 鄯善县申报国家240万农机购置补贴全额到账，对2020年从事农业生产的农民个人、农机专业户以及直接从事农业生产的农机作业服务组织等给予补贴。

**是月** 鄯善县辟展镇获自治区2019年度优秀平安乡镇荣誉。

## 4月

**9日** 鄯善县人民法院在诉讼服务中心旅游巡回法庭挂牌成立。

**25日** 鄯善县首次使用机动车检验标志电子化。

**29日** 零时起兰新高铁动车组列车正式实行电子客票，鄯善北站旅客刷身份证进站。

**30日** 鄯善县在东巴扎后梁村召开全县农村人居环境整治工作现场观摩推进会。

**是月** 鄯善县在城区西环路与城区主路相连的公园路、南门路、克其克路、公正路、新华路、光明路、幸福路、红光路、沙园路路口新增9处红绿灯交通信号灯，全部投入使用。

**是月** 鄯善县开通侏罗纪恐龙博物馆至库木塔格景区的5路公交线路。设立14个公交站点，在库木塔格景区西门始发站与1路公交车无缝衔接，在侏罗纪恐龙博物馆终点站与8路公交车无缝衔接。

## 5月

**18日** 鄯善县委副书记、县长尼加提·尼亚孜走进吐峪沟乡洋海湾社区举办网络直播活动直播间，推广鄯善县特色农产品，助力农民致富增收。

## 6月

**12日** 县妇联在鲁克沁镇其那巴格村开展“美丽庭院示范一条街”创建工作现场推进会，助力贫困村改善人居环境，引导贫困户养成文明健康的生活方式。

**20—23日** 中考期间，鄯善县财政按照每生50元的标准，为2813名中考学生派送礼包，发放营养补助金140650元。

**是月** 鄯善县被自治区民族事务委员会命名为“2020年第一批自治区民族团结进步示范区示范单位”。

## 7月

**是月** 新疆维吾尔自治区农业厅、新疆维吾尔自治区市场监督管理局向鄯善县颁发《农产品质量安全检测机构考核合格证书》（CATL证书）和《检验检测机构资质认定证书》（CMA证书），鄯善县农产品质量安全检验检测站正式取得“双认证”。

## 9月

**18日** 鄯善县召开巡察工作会议暨十届鄯善县委第十轮巡察工作动员部署会议

**是月** 鄯善县被自治区文化和旅游厅命名为“新疆维吾尔自治区全域旅游示范区”。

## 10月

**6日** 鄯善县库木塔格沙漠出现海市蜃楼景象。

**11日起** 全县1509名人口普查指导员和普查员走街串巷，深入群众家中，对全县53994套建筑物逐家逐户进行摸底调查。全县划分普查区109个，普查小区1068个，标绘建筑物53994座；选聘“两员”1509名，其中普查员1251名，普查指导员258名，开展各类培训131场次。

**是月** 国庆黄金周期间，鄯善县接待游客46.29万人次，较上年同期增长9.54%，带动综合旅游消费4.14亿元。库木塔格景区、吐峪沟景区本地游客占比45.7%，疆内游客占比41.9%，疆外游客占比12.4%。

**是月** 湖南省衡阳县向鄯善县捐赠110万元防疫物资和1.2万只价值10万元的N95口罩，助力鄯善县秋冬新冠防控及流感预防工作。

## 11月

**1日** 新疆中镁高温材料有限公司基系列产品生产项目在鄯善县动工建设。

**是日** 鄯善县农村信用合作联社存款突破40亿元。

**6日** 鄯善县联社召开鄯善农商银行创立大会暨第一次股东大会。

**是月** 鄯善县人民医院通过中国房颤中心基层版认证。

**是月** 鄯善县争取到落实2020年保障性住房安居工程配套基础设施中央预算内投资2873万元。用于支持鄯善镇2020年银玫瑰小区外棚户区改造配套基础设施建设、鄯善县公共租赁住房基础设施建设和新城片区（二期）改造配套基础设施建设。

## 12月

**是月** 鄯善县启动文化馆、图书馆分管制建设，为13个试点单位授牌。

**是年** 全县落实义务教育阶段寄宿生生活补助、非寄宿生生活补助605.59元，落实普通高中国家助学金234.06万元，落实普通高中建档立卡等免学费35.321万元，落实湖南援疆助学金42.6万元。

（黄春梅）

# 鄯善概览

## 区域　区划

**【位置　面积】** 鄯善县位于天山东段博格达峰南麓，吐鲁番盆地东部，地处北纬41°12′~43°33′，东经89°30′~91°54′，与木垒县、奇台县、哈密市、吐鲁番市、若羌县、尉犁县相邻，西北距乌鲁木齐市287千米，东距哈密市324千米，南距若羌县450千米，北距奇台县290千米、木垒县220千米。县境东西宽约190千米，南北长约250千米，总面积3.95万平方千米，其中戈壁、沙漠、山地占总面积的92%，平原绿洲占总面积的2.3%，盐碱地占总面积的5.7%。

**【沿革　区划】** 自汉代开始，鄯善就是中国领土不可分割的一部分。汉宣帝神爵二年（前60），西汉王朝中央政权设置西域都护府，鄯善正式纳入中国版图。汉代至清代，鄯善县境先后归属西汉、东汉、东晋、西凉、唐、宋、元、明、清不同的中央王朝或地区政权，历代中央政权都对县境行使着管辖权。清光绪二十八年（1902），设鄯善县。鄯善建县后，先后隶属吐鲁番直隶厅、迪化道、焉耆道、迪化专区。1949年10月16日，鄯善县和平解放。1950年3月，中国共产党鄯善县委员会建立。鄯善县先后隶属迪化专区和更名后的乌鲁木齐专区管理。1958年4月，鄯善县划属自治区直属县；1970年1月，鄯善县隶属哈密地区；1975年7月1日，鄯善县隶属吐鲁番地区。2015年10月，吐鲁番地区改为吐鲁番市（撤地改市），鄯善县隶属吐鲁番市。2020年，鄯善县辖3乡7镇1个园艺场、70个行政村、30个社区居民委员会。

**【人口　民族】** 2020年，全县总人口为221407人，比上年下降0.91%。其中，城镇人口71746人，占总人口的32.4%；乡村人口149661人，占总人口的67.6%；维吾尔族人口167265人，占总人口的75.55%；汉族人口42903人，占总人口的19.38%；回族及其他少数民族人口11239人，占总人口的5.07%。2020年，出生人口1797人，比上年下降42.14%；出生率8.00‰，人口自然增长率0.96‰。

## 自然环境

**【地形　地貌】** 鄯善县三面环山，一面临近世界海平面最低点的艾丁湖，全境地势东北高西南低，形成坡度缓平的倾斜面。北部因为搭界于天山，山高坡陡，南部为大漠戈壁和丘陵带，相对平缓。全境地势高山区最高峰为4110.7米，最低处在吐鲁番市艾丁湖东部，低于海平面153米。地势地形构造为：火焰山占总面积的7.3%，南戈壁和觉罗塔格山占总面积的64.4%，沙山沙漠占10.7%，火焰山以北至天山的戈壁带占总面积的9.6%，平原绿洲只占2.3%，另有5.7%是盐碱地。县境内有天山、觉罗塔格山、火焰山、库木塔格山、喀拉伊迪塔格山主要山脉，有二唐沟河、柯柯亚河、坎尔其河三大水系，有东天山南麓洪积扇和火焰山南洪积扇两个洪积扇，有火焰山以北平原戈壁区和火焰山以南平原戈壁区两大平原绿洲。

【气候】 鄯善县属于典型的大陆性暖温带荒漠气候区。其主要气候特点是：四季分明、夏季炎热、冬季寒冷，春季升温迅速，秋季降温快，降水稀少，气候干燥，热量丰富，光照充足，无霜期长，昼夜温差大，春夏多大风风沙天气。多年平均气温12.2℃；1月平均气温-9.2℃，极端最低气温-26.3℃（1978年1月23日）；7月平均气温29.4℃，极端最高气温46.5℃（2000年7月11日、12日）。平均气温年较差38.6℃，最大日较差27.5℃（1978年8月18日）。年平均日照时数3132.9小时，最多3324.8小时（1990年），最少2940.2小时（1985年）。无霜期年平均204天，最长246天（2006年），最短177天（1992年）。

年平均降水量27.7毫米，山区多于平原，北部多于南部，火焰山以南平原地区降水最少。年平均降水日数为18.4天，最多32天（1998年），最少为11天（1985年及1986年）。极端年最大降水量76.8毫米（1998年），极端年最少降水量12.6毫米（1985年）。降水主要集中在每年6月至8月，占全年总降水量的48%，8月最多。年均总蒸发量在2300毫米以上。

主要自然灾害有大风、局地洪水、低温霜冻、高温、干旱等。大风的出现概率71.9%，一般每年都有大风灾害发生，主要集中在春季的3月下旬至5月上旬，最早发生日期为2月28日（2007年），最迟日期是6月2日（2004年），最严重的一次发生在2010年4月23—24日，全县6乡5镇遭大风袭击，4266.67公顷葡萄、2333.33公顷西甜瓜、4200公顷棉花，0.45万座温室大棚受损。局地洪水年发生概率为48.4%，年平均0.5次，出现最早的日期是3月8日（1998年），出现最迟的日期是8月17日（2011年），多以山洪、阵发性暴雨、堤坝决堤等形式产生。

2020年，年平均气温正常略偏低，降水正常略偏多，终霜期和入夏期明显偏早，开春期偏晚，入秋期偏晚，初霜期偏晚，入冬期偏早。年平均气温为12℃，较历年偏低0.2℃，极端最高气温为41.3℃，出现在8月25日，极端最低气温为-21.2℃，出现在2月1日。酷热日数（日极端最高气温≥40℃的日数）为11天，比历年偏少4天，比2019年偏少14天；炎热日数（日极端最高气温≥35℃的日数）为86天，比历年同期偏多11天，比2019年偏少3天。年降水量为28.0毫米，比历年偏多1.4%，年降水偏多但时空分布不均，山北偏多、山南偏少，一日最大降水量为10.5毫米，出现在1月15日。大风、沙尘天气偏少，2020年大风日数为4天，较历年偏少0.9天，比2019年偏多2天。

## 自然资源

【水资源】 鄯善县是一个水资源缺乏地区，可利用的水源分地表水和地下水两部分。地表水水资源主要发源于天山山脉的二唐沟河、柯柯亚河和坎尔其河。补给水源为冰雪融水，山区降水和部分泉水补给。河流自北向南流入平原区，由于柯柯亚河和坎尔其河上游建库截流，在洪水期有部分水从河床通过，其他地表水多通过渠道引水引入灌区，河道中无常年地表径流。2020年，鄯善县水资源总量3.03亿立方米，其中地表水年径流量2.43亿立方米，地下水资源量0.599亿立方米；水资源可利用总量3.58亿立方米，其中地表水可利用量1.88亿立方米地下水可利用量1.7亿立方米。

【土地资源】 2020年，第三次全国土地资源调查显示，鄯善县总面积为395.49万公顷。其中，农用地37.61万公顷，占土地总面积的9.51%；建设用地3万公顷，占土地总面积的0.76%；未利用地354.88万公顷，占土地总面积的89.73%。在农用地中，耕地面积1.31万公顷。

【森林资源】 2020年，全县林地面积86150.49公顷，其中乔木林面积2715.05公顷，占3.15%；疏林地面积276.71公顷，占0.32%；灌木林地面积57664.87公顷，占66.94%；未成林造林地面积739.70公顷，占0.86%；其他林地24754.16公顷，占28.73%。葡萄15713.33公顷，森林覆盖率为1.63%。

平原地区主要树种为杨、榆、沙枣、桑、杏、核桃等；山区主要树种有针叶云杉、毛柳、桦树、苦杨、花楸等，并有党参、贝母、麻黄、甘草等药用植物；河谷次生林有杨、柳、胡桃等；荒漠植被主要在北部山区前沿冲积扇、七克台镇、辟展乡、迪坎尔乡、达朗坎乡、吐峪沟乡等，荒漠植被有骆驼刺、红柳、芦苇、苦豆子、老鼠瓜、胖姑娘、白刺、盐蒿等。

【草场资源】 鄯善县天然草场总面积为20.49万公顷，分为冬、夏草场和部分春秋草场。其中，夏草场面积4.09万公顷，冬草场面积约12.53万公顷（实际利用草场面积11.4万公顷）；春秋草场面积4.77万公顷，位于木垒县境内，东自秦哥达，西到水泉，北自芨芨湖，南到博斯坦、郎萨、阿其苏。春秋草场是鄯善县牧区牲畜接羔育幼繁育基地，是牧区畜牧业健康发展的重要保障。

【野生动物资源】 鄯善县境内野生动物主要分布在沿天山一带的北山林区以及南戈壁一带。分布于北山林区的国家一级保护野生动物主要有：雪豹、棕熊、北山羊。国家二级保护野生动物主要有：马鹿、盘羊、兔、雪鸡、岩鸽、呱啦鸡。分布于南戈壁一带的国家一级保护野生动物主要有：野骆驼、北山羊。国家二级保护野生动物有：鹅喉羚、盘羊、秃鹫、雪鸡。在鄯善县境内还分布有金雕、灰鹤、蓑羽鹤、天鹅、鹳等鸟类。

【矿产资源】 鄯善县跨越哈萨克斯坦（准噶尔地块）板块和塔里木板块两个地质构造单元，区内地层发育较齐全，沉积建造多样，地质构造复杂，岩浆活动频繁，变质作用明显，成矿地质条件极为有利，因而形成十分丰富的矿产资源。已发现矿种有40个，其中金属矿10种；非金属矿30种，探明可开采的矿床（点）10余处。鄯善县具有优势的矿产有：石油、天然气、黄金、花岗岩、铁矿、钠硝石、钾盐、煤等矿藏，铜、铅、锌、硫铁矿、熔剂石灰岩、铸石原料等具潜在远景。从分布空间整体上看，鄯善县北部山区以铜矿为主，中北部的吐—哈盆地内以煤、石油、天然气、盐类等能源矿产为主；中南部以金、银、铜、铁、铅锌矿产为主，具有化工、建筑原料矿产并重的特点。经“八五”“九五”和“十五”期间的开发，初步形成包含石油化工、有色金属采选、建材、无机盐化工、能源的资源型工业体系。

## 国民经济和社会发展

【综述】 2020年，鄯善县全县耕地面积15040公顷，其中粮食播种面积251公顷，棉花播种面积364公顷，瓜果类播种面积8017公顷，蔬菜播种面积637公顷。葡萄种植面积17167公顷。鄯善县是以生产葡萄、棉花和哈密瓜为主的经济作物区。

2020年，全县完成生产总值152.28亿元（地方属125.23亿元），比上年增长1.8%。其中：第一产业增加值21.67亿元，比上年增长3.3%；第二产业增加值81.27亿元，比上年增长7.1%；第三产业增加值49.34亿元，比上年下降5.9%。

【农业】 2020年，全县完成农林牧渔服业总产值34.40亿元，比上年增长4.7%。其中：种植业产值29.49亿元，林业0.42亿元，牧业3.30亿元，渔业0.01亿元，农林牧渔服务业1.17亿元。主要农产品产量：棉花545吨，葡萄67.03万吨，瓜果类25.09万吨，蔬菜2.26万吨。肉类总产量7657吨，牛奶480吨，禽蛋431吨，水产品57吨。年内完成人工造林面积715公顷。年末拥有农业机械总动力243941.34千瓦。

【工业和建筑业】 2020年，全县规模以上工业企业59家。规模以上工业企业完成总产值145.72亿元，实现工业增加值53.14亿元，比上年下降0.1%，其中地方属规模以上工业增加值28.12亿元，同比增长6.1%。主要工业产品产量：铅锌粉1488吨，工业硅24.47万吨，轻烧氧化镁5587吨，硅橡胶8.5万吨，轻芳烃2.03万吨，重芳烃

14.5万吨，铜箔2234吨，型煤13.12万吨，碱性红（1：1）80吨，天然原油157.01万吨，铁矿石原矿263.04万吨，水泥19.65万吨，发电量54.75亿千瓦时，铜精粉7798吨，铁精粉85.35万吨，粗苯574吨，天然气31599万立方米，铜金属含量347吨，建筑用天然石料119767立方米，葡萄酒1221千升，原油加工量44.95万吨，石油沥青26.3万吨，焦炭43.27万吨，商品混凝土51324立方米，天然花岗石建筑板材27.95万平方米，石墨及碳素制品2.17万吨，生铁10.93万吨，粗钢1.68万吨，钢材9.85万吨，黄金331千克。

建筑业完成总产值13.39亿元，建筑企业施工房屋建筑面积21.8万平方米，竣工面积19.42万平方米。

**【固定资产投资】** 2020年，全社会固定资产投资比上年增长5.1%。完成邮电通信业务收入2.43万元，其中通信业务收入2.06亿元。年末固定电话用户63734户，移动电话用户155231户，计算机互联网用户87819户。社会消费品零售总额15.83亿元。接待旅游者579.49万人次，比上年减少38.92%；带动旅游综合消费35.87亿元，比上年减少60.98%；全县各景区接待游客29.1万人次，门票收入0.023亿元。一般公共预算收入17.21亿元，一般公共预算支出32.25亿元。年末金融机构本外币各项存款余额131.2亿元，各项贷款余额79.69亿元。

**【文化、卫生】** 2020年，全县拥有各类专业技术人员5737人，其中中级以上2398人。中等专业学校1所——鄯善县职业高中、在校学生1091人。全县有各级各类中小学校51所，其中完全中学3所、初级中学3所、九年一贯制学校16所、完全小学28所，教学点1个（吐峪沟乡团结坎教学点）；在校普通高中生3905人，在校初中学生10294人、在校小学生24670人。有幼儿园74所（其中公办69所、民办5所），在园幼儿12454人。各类专职教师4878人。当年全县教育经费79816.22万元，教育基建投资3810万元。

全县有医疗机构161个，公立医疗机构88所，其中县级公立医院2个（县人民医院、县维吾尔医院），1家妇幼保健机构、1所疾控中心，乡（镇）卫生院10个（含2个中心卫生院），村卫生室60个；社区卫生服务中心1所（火车站卫生院加挂社区卫生服务中心），社区卫生服务站14个（其中社会力量举办社区卫生服务站6所）。企业医疗机构2个（吐哈石油医院、合盛硅业医务室）。社会民办医疗机构71家，其中民营医院5家，门诊部1家，个体诊所65家。全县医疗机构有职工总数1546人，其中卫生技术人员1222人〔执业医师325人、执业助理医师183人、注册护士503人、药师（士）46人、技师（士）70人、其他人员95人〕。全县医疗机构拥有病床915张，其中公立医疗机构750张（二级医疗机构445张，基层医疗机构305张），个体及民办营利性医院165张。

**【人民生活和社会保障】** 鄯善县城镇居民人均可支配收入37393元，农村居民人均可支配收入16092元。在岗职工年均货币工资地方属80616元。

2020年底，鄯善县新增就业人员3252人。年末城镇登记失业人数1772人，登记失业率3%。截至年底，全县参加城镇职工基本养老保险39531人，参加城乡居民基本养老101746人，参加城乡居民医疗保险182830人，参加职工医疗保险32840人，参加生育保险24641人，参加工伤保险29520人，参加失业保险23014人。全县有2507户6144人得到政府最低生活保障救济1839.39万元，其中城市居民290人、农村居民5854人。

（黄春梅）

# 中共鄯善县委员会

## 重要会议

**【中共鄯善县第十届委员会第六次全体（扩大）会议】** 2020年1月2日，召开鄯善县委十届六次全委（扩大）会议。会议深入学习贯彻习近平新时代中国特色社会主义思想和党的十九大、十九届二中、三中、四中全会及中央经济工作会议精神，贯彻落实习近平总书记关于新疆工作的重要讲话和重要指示精神，贯彻落实新时代党的治疆方略、特别是社会稳定和长治久安总目标，按照自治区党委九届八次全会、经济工作会议和市委一届七次全体（扩大）会议部署，回顾总结2019年工作，部署2020年工作。

**【鄯善县“不忘初心、牢记使命”主题教育总结大会】** 2020年1月13日，在党委视频会议室召开鄯善县“不忘初心、牢记使命”主题教育总结大会。贯彻习近平总书记在中央“不忘初心、牢记使命”主题教育总结大会上的重要讲话精神，学习贯彻自治区党委、市委主题教育总结大会有关部署，全面系统总结鄯善县主题教育，巩固深化主题教育成果，教育引导党员干部以主题教育为新的起点，重整行装再出发，奋力推进鄯善各项事业再上新台阶。

**【中共鄯善县第十届纪律检查委员会第五次全体会议】** 2020年3月27日，在党委视频会议室召开，以习近平新时代中国特色社会主义思想为指导，深入贯彻党的十九大、十九届二中、三中、四中全会精神，全面落实十九届中央纪委四次全会，自治区纪委九届五次全会，市委一届七次、八次全体（扩大）会议，市委一届五次全会，以及十届县委六次全委（扩大）会议部署，总结2019年鄯善县纪检监察工作，部署2020年任务。

**【鄯善县委常委会会议】** 1月16日，鄯善县委召开常委会（扩大）会议59次，研究疫情防控、经济运行、脱贫攻坚、稳定发展、人事任免、干部考核等有关事宜。

1月21日，鄯善县委召开第3次常委会（扩大）会议，会议传达学习习近平总书记对做好新型冠状病毒感染的肺炎疫情防控指示精神，并对近期稳定工作进行再安排、再部署、再强调。

1月23日，鄯善县委召开第4次常委会（扩大）会议，再次传达学习习近平总书记对新型冠状病毒感染的肺炎疫情作出的重要指示精神，贯彻落实全国新型冠状病毒感染的肺炎疫情防控工作电视电话会议精神及自治区党委、市委1月23日常委（扩大）会议精神，对疫情防控工作进行再安排、再部署、再强调。

1月30日，鄯善县委召开第5次常委会会议，再次学习贯彻《自治区党委关于认真学习贯彻习近平总书记重要指示精神和中央通知要求切实加强党的领导坚决打赢疫情防控阻击战的通知》，并对当前疫情防控工作再要求、再强调、再部署。

2月28日，鄯善县委召开第8次常委会（扩大）会议，传达学习习近平总书记2月26日在中央政治局常务委员会上的重要讲话精神和中共中央组织部《关于各级党组织就党员自愿捐款加强指导服务，支持新冠肺炎疫情防控工作的通知》，并对鄯善县疫情防控工作和党员自愿捐款等相关事宜进行安排部署。

3月7日，鄯善县委召开第10次常委会（扩大）会议，学习习近平总书记在决战决胜脱贫攻坚座谈会上的重要讲话精神，贯彻3月7日自治区党委常委（扩大）会议精神、自治区疫情防控工作指挥部视频调度会议精神和市委常委（扩大）会议精神，研究部署鄯善县贯彻落实工作。

3月10日，鄯善县委召开第11次常委会（扩大）会议，学习3月10日习近平总书记在湖北省考察新冠肺炎疫情防控工作时的重要讲话精神，并对鄯善县疫情防控工作进行再安排、再部署。

3月21日，鄯善县委召开第12次常委会（扩大）会议，专题研究部署经济发展、脱贫攻坚、社会稳定等工作。

3月27日，鄯善县委召开第13次常委会会议，会议研究《2019年度（绩效）考核评优定等报告》《干部任免职（级）提案》，听取《在中共鄯善县第十届纪律检查委员会第五次全体会议上的工作报告》，并集体研究近期疫情防控工作。

3月28日，鄯善县委召开第14次常委会（扩大）会议，传达学习3月27日中共中央政治局会议精神、习近平主席在二十国集团领导人应对新冠肺炎特别峰会上的重要讲话精神，传达学习自治区党委常委（扩大）会议精神以及市委会议精神，并集体研究部署全县疫情防控、脱贫攻坚、经济发展、社会稳定等工作。

4月3日，鄯善县委召开第15次常委会（扩大）会议，传达学习自治区关于中央第六巡视组开展脱贫攻坚专项巡视“回头看”及国家脱贫攻坚成效考核等方面反馈意见整改动员会议精神，研究《进一步强化脱贫攻坚巩固提升前方指挥力量的实施方案》，听取负责包联督导村的10名县领导近期脱贫攻坚巩固提升情况汇报和全县脱贫攻坚工作要点，对当前及下一阶段脱贫攻坚巩固提升工作进行再动员、再部署、再安排。

4月3日，鄯善县委召开第16次常委会会议，会议研究《关于加快推进七克台矿区资源事合区二号整合井田项目前期工作的请示》《关于鄯善县农牧产品冷链物流中心项目的请示》《干部提案相关事宜》《县委常委分工》等事宜。

4月18日，鄯善县委召开第20次常委会会议，会议传达学习《自治区党委办公厅关于进一步深入学习习近平总书记关于扶贫工作重要论述的通知》，研究县委组织部提交的《干部提案》，研究扶贫办提交的《鄯善县贯彻落实中央第六巡视组开展脱贫攻坚专项巡视“回头看”等四方面反馈意见整改方案》《鄯善县贯彻落实自治区2019年扶贫开发工作成效考核反馈问题整改方案》，并对近期工作进行安排部署。

4月22日，鄯善县干部大会暨鄯善县委第21次常委会（扩大）会议，传达学习《习近平总书记在中央扶贫开发工作会议上的讲话》《汪洋同志在脱贫攻坚约谈会议上的讲话》《胡春华同志在南疆调研督战脱贫攻坚工作时的讲话》精神，就统筹做好疫情防控、经济社会发展等重点工作进行再安排、再部署。

5月4日，鄯善县委召开第22次常委会会议，会议研究《鄯善县安全生产委员会成员单位安全生产工作职责》《关于设立中共鄯善县紧密型县域医疗卫生共同体总院委员会的方案》，听取《关于推荐优秀村（社区）聘用干部纳入地方性编制的报告》《关于申报鄯善县2020年地方政府新增专项债券项目的报告》《关于申报鄯善县申请2020年3月新增中央投资项目的报告》《关于鄯善县2020年农村道路工程项目建设的报告》，并就相关工作进行研究部署。

5月7日，鄯善县委召开第23次常委会（扩大）会议，传达学习5月6日自治区党委常委（扩大）会议精神和《自治区党委办公厅印发〈关于紧紧围绕社会稳定和长治久安总目标加强城市基层党建工作的意见〉的通知》，听取相关单位一季度经济运行情况，审议《鄯善县进一步深化党建引领基层治理“乡镇派单部门接单”工作机制》《鄯善县进一步深化社区“大党委”建设工作机制》《鄯善县进一步深化在职党员到社区报到工作机制》，并就统筹推进“1+3”重点工作作安排部署。

6月6日，鄯善县委召开第25次常委会（扩大）会议，就学习贯彻落实好全国“两会”精神和习近平总书记重要讲话精神进行安排部署。

9月9日，鄯善县委召开第34次常委会（扩大）会议，研究《鄯善县人民政府与新疆旅游投资集团合作协议书》《鄯善县人民政府与合盛硅业股份有限公司投资协议书》，听取《鄯善县疫情防控期间经济发展情况汇报》，审议《鄯善县党委（党组）书记联系党支部工作制度》，并就统筹推进常态化疫情防控和经济社会发展工作再安排再部署。

9月19日，鄯善县委召开第37次常委会会议，研究鄯善县委工作情况汇报、修建方舱发热门诊、推荐全国模范职工之家、全国模范职工小家相关事宜。

10月14日，鄯善县委召开第39次常委会（扩大）会议，研究《关于鄯善县康养服务中心改建项目相关事宜的请示》《关于排水改扩建二期（污水处理厂）技改项目的请示》《关于鄯善县饮用水水源保护区划分、变更和撤销相关事宜的请示》《关于提高城管协管员工资待遇的请示》《鄯善县残联组织专项改革实施方案》等相关事宜，并对全县疫情防控工作再强调、再安排、再部署。

10月15日，鄯善县委召开第40次常委会（扩大）会议，传达学习《习近平总书记在第三次中央新疆工作座谈会上重要讲话》《自治区党委九届十次全体会议》精神及市委第219次常委（扩大）会议精神，并安排部署全县学习宣传贯彻工作。

10月24日，鄯善县委召开第42次常委会（扩大）会议，通报喀什地区疏附县新冠肺炎疫情情况，传达学习10月24日自治区疫情防控工作视频会议精神和市疫情防控工作视频会议精神，传达学习10月22日《中共中央政治局常委会》精神、10月23日《习近平总书记在纪念中国人民志愿军抗美援朝出国作战70周年大会上的讲话》，并就贯彻好会议精神和抓好当前疫情防控工作再安排、再部署、再强调。

10月29日，鄯善县委召开第43次常委会会议，研究事业单位机构改革相关事宜。

11月30日，鄯善县委召开第49次常委会（扩大）会议，研究通过《鄯善县党委（党组）运用监督执纪“第一种形态”实施细则（试行）》《2020年鄯善县党风廉政建设和反腐败工作考核实施方案》，并就近期重点工作再强调、再部署。

12月5日，鄯善县委召开第53次常委会会议，研究调整领导分工，部署全县统计工作，对近期疫情防控重点工作再安排再部署。

12月7日，鄯善县委召开第54次常委会（扩大）会议暨鄯善县国民经济和社会发展第十四个五年发展规划务虚会，会议学习中国共产党第十九届中央委员会第五次全体会议公报、传达市委《关于吐鲁番市“十四五”规划编制情况专题汇报会议纪要》、通报鄯善县“十四五”对口援疆规划项目情况和鄯善县“十四五”发展规划纲要编制工作情况，研究讨论《鄯善县国民经济和社会发展第十四个五年规划》（征求意见稿），科学谋划“十四五”时期全县经济社会发展工作。

12月9日，鄯善县委召开第55次常委会会议，研究《关于推选2020年度全国三八红旗手（集体）的请示》，并就做好当前疫情防控工作再安排、再部署。

12月21日，鄯善县委召开第56次常委会会议，会议通报鄯善县新绿葡农业科技发展有限责任公司及鄯善县军融工贸有限责任公司相关情况，研究《关于推荐兼任鄯善县新绿葡农业科技发展有限责任公司党支部书记、董事长人选报告》《关于推荐兼任鄯善县军融工贸有限责任公司董事长、总经理人选报告》《干部提案（科级事业单位更名）》，并对相关工作进行安排部署。

12月31日，鄯善县委召开第59次常委会（扩大）会议，会议听取2020年安全生产工作情况汇报，全面加强生态环境保护坚决打好污染防治攻坚战工作情况汇报，贯彻执行中央八项规定精神及其实施细则和自治区党委、市委相关实施办法开展情况汇报、意识形态工作情况汇报、脱贫攻坚工作情况汇报、计划生育工作情况汇报、食品安全工作情况汇报。

## 调研考察

**【中央、国家部委领导到鄯善县调研、考察】** 4月1—3日，中央调研组侍俊一行调研鄯善县基层社会治理、基层组织政权建设、民族宗教、“访惠聚”驻村、群众工作、一二三产共融合发展、乡村振兴等工作情况。

8月1日，中央来鄯督导组雷正龙一行调研鄯善疫情防控工作和相关措施、执行等情况。

8月5日，国家卫健委督导组一行调研鄯善疫情防控措施、经济社会发展和脱贫攻坚等各项重点工作。

**【湖南省、市领导到鄯善县调研、考察】** 9月20日，湖南省委组织部副部长带领导演组到鄯善县调研援疆项目建设、援疆干部队伍建设、美丽乡村建设等情况。

10月20日，湖南省党政代表团到鄯善县调研援疆工作开展、援疆项目建设慰问援疆干部等情况。

**【自治区领导及驻地企业到鄯善县调研、考察】** 3月18日，自治区林科院调研组到鄯善县对林果业提质增效情况调研。

3月22日，自治区动物卫生监督所带领春季重大动物疫病防控督导调研组到鄯善县对高致病性禽流感、非洲猪瘟、春季集中免疫、疫苗储存等重大动物疫病防控等工作开展调研。

3月26日，新疆供销集团、新疆果业集团、大西部旅游公司考察团到鄯善县调研旅游资源开发情况、景区运营情况、项目规划、建设情况等。

4月9日，自治区卫生健康委员会调研组到鄯善县就厕改工作开展专项调研。

5月12日，自治区政法建设调研组到鄯善县调研基层司法所阵地规范化建设、队伍建设、矛盾纠纷调解、重点人员安置帮扶等情况。

5月15—17日，新疆社科院调研组到鄯善县调研农牧民就业创业点、农牧民技工学校等开放落实情况。

5月27日，自治区党员教育中心调研组到鄯善县调研党员教育和就业培训工作开展情况。

7月13—14日，自治区党委统战部调研组到鄯善县调研民族团结工作、社区互嵌式社会结构和社区环境及城市民族工作。

9月4日，自治区团委调研组到鄯善县调研乡镇团委团建工作、青年创业等工作情况。

10月27日，自治区党政专用通信网络安全专项检查指导组到鄯善县调研保密电话服务保障情况、视频会议系统管理情况。

11月27—29日，自治区党委组织部抓党建基础调研组到鄯善县调研乡村换届、乡村支部建设等工作。

**【吐鲁番市领导到鄯善县调研、考察】** 6月8日，吐鲁番市委主要领导到鄯善县调研脱贫攻坚巩固提升、群众工作、基层派出所建管用、棚户区改造、开工项目建设情况等。

6月25—26日，吐鲁番市委主要领导到鄯善县调研防控演练预警机制、疫情防控、安全稳定等工作。

## 重要决策决议

**【县委印发的重要决定、意见、通知】** 4月18日，鄯善县印发《鄯善县贯彻落实中央第六巡视组开展脱贫攻坚专项巡视“回头看”等四方面反馈意见整改方案》的通知（鄯党发〔2020〕13号）。

是日，印发《关于调整中共鄯善县委常委工作分工的通知》（鄯党发〔2020〕15号）。

9月27日，印发《关于推动全面从严治党、县乡党委主体责任、纪委监督责任贯通联动的实施方案》的通知（鄯党发〔2020〕30号）。

**【县委办公室印发的重要决定、意见、通知】** 5月14日，印发《关于贯彻落实习近平总书记在全国公安工作会议上重要讲话精神的具体措施及分工方案》的通知（鄯党办〔2020〕7号）。

7月5日，印发《关于印发〈2019—2023年鄯善县党员教育培训工作规划〉的通知》（鄯党办〔2020〕9号）。

7月17日，印发《鄯善县委2020年度党风廉政建设和反腐败工作任务分工方案》的通知（鄯党办〔2020〕11号）。

是日，印发《鄯善县第二十二个党风廉政教育月活动实施方案》的通知（鄯党办〔2020〕12号）。

是日，印发《鄯善县关于贯彻落实〈党委（党组）落实全面从严治党主体责任规定〉工作台账》的通知（鄯党办〔2020〕14号）。

8月17日，印发《关于成立自治区赴鄯善县疫情防控工作督导组反馈问题“闭环式”整改落实工作专班的通知》（鄯党办〔2020〕15号）。

9月9日，印发《鄯善县关于深入开展信息发布专项整治工作细化落实方案》的通知（鄯党办〔2020〕17号）。

9月24日，中共鄯善县委办公室 鄯善县人民政府办公室印发《鄯善县国有企业退休人员社会化管理实施方案》的通知（鄯党办〔2020〕18号）。

9月27日，印发《关于调整鄯善县人民武装委员会暨国防动员委员会成员的通知》（鄯党办〔2020〕19号）。

9月27日，印发《鄯善县党委（党组）意识形态工作责任制责任清单》《县委领导班子成员落实意识形态工作责任清单》《县委重大意识形态舆情事件应急处置预案》的通知（鄯党办〔2020〕20号）。

10月29日，印发《鄯善县第一给排水公司转企改制工作方案》的通知（鄯党办〔2020〕26号）。

是日，印发《鄯善县供热公司转企改制工作方案》的通知（鄯党办〔2020〕27号）。

是日，印发《鄯善县科技开发服务站撤销工作方案》的通知（鄯党办〔2020〕28号）。

是日，印发《鄯善县建筑材料试验室转企改制工作方案》的通知（鄯党办〔2020〕29号）。

是日，印发《鄯善县广电网络中心转企改制工作方案》的通知（鄯党办〔2020〕30号）。

是日，印发《鄯善县房地产交易中心转企改制工作方案》的通知（鄯党办〔2020〕31号）。

是日，印发《鄯善县推进基层整合审批服务执法力量及规范乡镇机构改革设置工作方案》的通知（鄯党办〔2020〕32号）。

12月7日，印发《鄯善县营造更好发展环境支持民营企业改革发展的实施方案》的通知（鄯党办〔2020〕36号）。

12月10日，印发《鄯善县党委〈党组〉运用监督执纪“第一种形态”实施细则〈试行〉》的通知（鄯党办〔2020〕37号）。

是日，印发《关于鄯善县科级事业单位更名及调整隶属关系的通知》（鄯党办〔2020〕39号）。

是日，印发《鄯善县融媒体中心 县广播电视台职能配置、内设机构和人员编制规定》的通知（鄯党办〔2020〕40号）。

是日，印发《鄯善县发展和改革委员会（鄯善县粮食和物资储备局）职能配置、内设机构和人员编制规定》的通知（鄯党办〔2020〕41号）。

12月5日，印发《关于设立鄯善县社区矫正委员会的通知》（鄯党办〔2020〕42号）。

## 县委办公室工作

**【基本情况】** 鄯善县委办公室机构规格为正科级，加挂县委政策研究室、县档案局牌子。保留县档案馆，作为县委办公室所属科级事业单位。鄯善县委办公室设文秘科、秘书一科、秘书二科、文书科、信息科、督查室、政策研究室、法规科、综合科、行政保卫科（总值班室）、财务科、翻译和老干部工作科、档案监督指导科13个内设机构。将县委全面深化改革委员会办公室、县委财经委员会办公室、县委国家安全委员会办公室设在县委办公室，下设国家安全科、改革科、财经科。管理县委党史研究室、县委机要保密局（县密码管理局、县国家保密局、县保密技术服务中心）、县委专用通信局、县委信息中心、机关办公服务中心。

【文秘翻译】 2020年，县委办公室按照党政机关公文处理条例、规范来文、发文工作制度流程，共起草各类上报、下发文件378份，全年起草各类总结汇报材料81份，各类讲话、发言、经验交流117份。

【机要收发】 2020年，机要收发按照公文处理条例和文电审批程序，规范收发文工作流程，做好文件催办和流转跟踪管理，提高公文流转效率。按照程序落实200余件万余份密级文件登记、传阅、清退、销毁等各环节，实现公文处理全过程安全保密、快速高效。年内，中央、自治区、市级来文登记、承办、传阅、催办、归档640余件（其中自治区党委公文传输系统来文80件400余份），按照程序销毁密级文件2万余份，清退上级文件600余份，重新整理文书档案上千件，录入文书档案目录1000余条，其他各类目录800余条。对2020年度以县委、县委办名义下发的700余份红头文件、领导批示件等各类文件进行整理归档。按照密级文件管理制度为自治区巡视组提供各类文件资料。执行印章使用审批程序，做到规范用章。做好2020年度400余份内部刊物的发放及2021年度各单位党委内部刊物的征订、统计、上报工作。

【信息工作】 2020年，信息工作紧贴县委中心工作，坚持从大处着眼把握方针政策、小处着手凸显细节亮点，深挖党的建设、疫情防控、经济发展、脱贫攻坚、社会稳定各工作方面的新思路、新举措、好经验，努力提供全方位、多领域、多角度的信息服务。健全完善信息奖惩、约稿、培训和重大紧急信息报送制度，实行《鄯善县党委信息报送奖励办法（试行）》及《鄯善县重大紧急信息报送工作机制》，下发《鄯善信息工作通报》2期，全年采编各类刊物530期。2020年，鄯善县党委信息工作全市排名第一。

【督查工作】 2020年，督查工作围绕县委中心工作、重要会议、主要领导安排部署等方面开展专项督查，开展专项督查、书面督办、电话督办61次，及时向县委领导反馈督促检查呈报28期，办理领导批示件452件，办结率100%，办理市委办督查室《督办通知》19件，办结率100%。联合相关部门单位开展专项督查12次。严格会风会纪督查，开展各类会风会纪督查90余次，切实端正会风。

【机要保密】 2020年，机要密码工作遵循《吐鲁番市密码电报使用和管理规定》，落实密码电报收发登记签发、双人双岗值班制度，电报随批随办，全年累计收发3500余份，未发生漏发、漏办、压误事故。推进党委信息化和电子政务建设，完成县维稳指挥部电子政务内网接入工作，做好编委编制实名制系统、纪委信访受理系统、组织部大组工网、民宗统战电子政务网、县委信息督查报送系统、自治区公文传输县委电子公文落地打印系统管理维护。推进涉密领域国产化安全可靠替代工程，涉密计算机配备“三合一”安全防护软件已安装286套。全年，开展宣传教育22场次，受教育人员2000余人，印制、配发带有保密警示语的标签5000余份，编印发放宣传单1000份单位印制、配发带办公设备分类标识和警示标语3000余份，坚持保密专项检查与常态化检查交错开展，重点单位、重点部门保密隐患排查全覆盖。

【专用通信】 2020年，县委专用通信局按照县委部署，做好每日21时自治区疫情指挥部调度服务保障工作。对各乡（镇、场）党政专用视频会议设备和红机电话网络定期进行排查和检修，对各乡（镇、场）党政专用视频会议系统操作员定期进行专业技能培训。联合机要保密局、县委督查科对保密会议全程落实保密措施，从源头杜绝失密泄密事件发生。2020年，保障国务院、自治区、市委、县委、县直各单位各级电视电话会议686

场次；全年服务保障红机电话18次。

【档案管理】 2020年，县档案局梳理出3项实现“最多跑一次”行政审批与公共服务事项，并在鄯善政务服务网进行更新，方便群众办事；召开精准扶贫档案管理现场会，对全县各单位、各乡镇、行政村200余名档案业务人员从归档及管理要求、整理标准等方面开展业务培训，指导协助县扶贫办整理2014—2019年档案材料3000余件；开展对各乡（镇、场）村（社区）农村土地承包经营权确权登记颁证“回头看”档案指导工作，做到应归尽归；为编史修志、工作查考、经济建设和广大市民维护合法权益提供档案服务202人次216卷（件）；接收4045件档案进馆。

【综合协调】 2020年，县委办公室按照中央八项规定及其实施细则和公务接待管理办法，遵从有利公务、务实节俭、严格标准、简化礼仪、高效透明的原则，科学拟定接待工作方案，统筹协调各相关单位扎实做好考察点准备、安全保卫、食宿、车辆等各环节的准备工作，确保每个环节有人管、每项工作有人负责，顺利完成中央、内地省市、自治区地州市和吐鲁番市相关领导到鄯考察、调研等公务活动的相关服务协调工作，协调好县委领导考察、调研、慰问等活动。

县委国安办结合“4·15”全民国家安全教育日，借助鄯善零距离、平安鄯善等官方公众号、鄯善电视台录播、抖音短视频制作等平台以及发放宣传挂图、各单位宣传栏、LED屏、横幅等载体，年内上报各类国家安全工作信息15篇、综合专报3篇、专题风险评估报告2篇。鄯善县7篇信息被市委国安办采用，列市直单位及区县前列。

县委财经办落实新发展理念，督促各成员单位落实县委经济工作会议确定的各项决策，协调各成员单位抓好经济运行调度，针对年内疫情防控实际情况，召开3次经济运行协调会，对全县经济形势分析研判，制定应对方案，实现经济社会发展稳中有进。

县委改革办围绕全县发展大局，突出问题导向，聚焦群众期盼，统筹协调，精心组织，出台《鄯善县委全面深化改革委员会2020年工作要点及任务分工》，明确改革任务，细化37项具体改革工作职责。筹备召开县委全面深化改革委员会会议，研究部署全县改革工作推进，协调解决改革推进中的困难和问题，细化2020年县委全面深化改革工作考核细则，强化考核督导，促进各改革领域工作。

（杨 夏）

## 组织工作

【基本情况】 中共鄯善县委员会组织部（以下简称县委组织部）机构规格为正科级，2019年机构改革后对外加挂县委老干部局、县公务员局牌子。县委组织部内设办公室、信息调研室、组织一科、组织二科（基层办）、组织三科（新兴组织科）、干部科、公务员科、人才工作科（援疆工作科）、干部教育科、干部监督科、老干部工作科。隶属管理县农村党员干部现代远程教育管理中心〈党员电化教育管理中心〉、县党员互助基金管理办公室、县委党代表联络站、县老干部活动中心、县关心下一代工作委员会办公室，代管县“访惠聚”办、县解决群众热难点问题办公室等11个科室。2020年12月，根据中共吐鲁番市委机构编制委员会《关于市、区（县）党委组织部加挂党委非公有制经济组织和社区组织工作委员会牌子的通知》（吐党编委〔2020〕3号），在县委组织部加挂“中共鄯善县委员会非公有制经济组织和社会组织工作委员会”牌子。

【党组织情况】 2020年，鄯善县有党组织559个，其中党委18个，工委9个，总支15个，支部477个，党组40个。机关事业单位党委7个，乡（镇、场）党委11个，机关单位党总支5个，事业单位党总支10个；机关单位党支部70个，事业单位党支部148个，国有企业党支部13个，非公企业党支部43个，社会组织党支部9个，社区党支部29个，建制村党支部70个，其他95个。

**【党员概况】** 2020年，鄯善县有党员12471人，其中女性党员4531人，占36.33%；少数民族党员7980人，占63.99%。①从业结构：在岗职工党员5814人，占46.62%，农牧民党员4546人，占36.45%，离退休党员1609人，占12.90%，其他党员502人，占4.03%。②学历结构：大学本科以上3026人，占24.26%；大专学历3431人，占27.51%；中专、高中学历2821人，占22.62%；初中及以下3193人，占25.60%。③年龄结构：30岁以下795人，占6.37%；31～40岁2853人，占22.88%；41～50岁4056人，占32.52%；51～60岁2636名，占21.14%；61～70岁1290人，占10.34%；71岁及以上841人，占6.60%。

全年新发展党员420人。其中，女性205人，少数民族257人，大专及以上学历241人，35岁及以下249人，农牧民党员170名，发展疫情一线党员21人。

**【干部队伍概况】** 2020年，鄯善县县处级干部42人，其中县处级正职5人，县处级副职37人；男性38人，女性4人；汉族27人，维吾尔族11人，回族4人。乡科级干部616人，其中：乡科级正职272人，乡科级副职343人；男性499人，女性117人；汉族396人，维吾尔族181人，回族33人，其他民族6人。援疆科级以上干部7人（其中，处级干部2人，科级干部5人）；自治区下派挂职干部3人（处级干部1人）；市下派挂职干部1人；县下派挂职干部70人。公务员（参照公务员）1650人，其中公务员1352人，参照公务员298人；男性1063人，女性587人；汉族827人，少数民族823人。12月21日，根据事业单位机构改革需要，对涉改单位33名干部进行重新任命。

**【援疆干部人才】** 2020年，鄯善县第九批援疆干部人才总计28人，其中党政干部人才7人，专业技术人才21人（医疗11人、教师4人、其他6人）。党政干部有：蒋长富，任县委副书记、教育工作委员会书记，衡阳市委副秘书长；邹燕娇，任县委常委、县人民政府党组成员、副县长，县委教育工作委员会副书记，衡阳市社科联党组成员、副主席；黎勇军，任县委组织部副部长、一级主任科员，耒阳市委办公室副主任、一级主任科员；胡玉良，任县财政局党委委员、副局长，衡阳市纪委监委纪检监察干部监督检查室副主任；徐湘湘，任县发展和改革委员会副主任，衡阳市财政投资评审服务中心副主任；王涛，任县教育局党委委员、副局长，衡阳市第十四中学副校长；李孟炎，任县文化体育广播电视和旅游局党组成员、副局长，衡阳市衡南县宝盖镇党委副书记。专业技术人才如下：蒋涛，任新疆鄯善工业园区管委会干部，衡阳市交通质量监督管理处质量监督科副科长；王靖，任县委宣传部新闻宣传和对外联络科科长，衡阳日报社总编辑助理、主任记者；陈晓舞，任县融媒体中心（广播电视台）编导，衡阳有线电视台副台长（衡阳电视都市频道副总监）、记者；刘慧玲，任县融媒体中心（广播电视台）记者，衡阳市衡东县融媒体中心新媒体中心副主任、记者；杨志伟，任县自然资源局测绘地理信息管理科副科长，衡阳市衡阳县自然资源局工程股干部、城市规划师；欧阳旭莲，任县卫生健康委员会医政科科员，衡阳市衡阳县中医医院质控科副主任；欧奇林，任县人民医院内三科副主任，衡阳市南华大学附属第二医院心血管内科副主任医师；曾志青，任县人民医院外三科副主任，衡阳市南华大学附属第一医院神经外科副主任医师；阳君武，任县人民医院外一科副主任，衡阳市第一人民医院普通外科副主任；刘晓日，任县人民医院儿科副主任，衡阳市南华大学附属南华医院儿科主任；曾义，任县人民医院医学影像科副主任，衡阳市中心医院放射影像科医生；聂革菲，任县人民医院妇科副主任，衡阳市妇幼保健院产科一病区副主任；马昕，任县人民医院病理科副主任，衡阳市南华大学附属第一医院病理科主治医师；周俊，任县人民医院眼科副主任，衡阳市南华大学附属第二医院眼科副主任医师；蒋福生，任县人民医院内二科副主任，衡阳市南华大学附属南华医院神经内科副主任医师；欧阳世杰，任县维吾尔医医院中医科副主任，衡阳市中医医院针灸推拿特色治疗部主治医师；曾伟志，任县维吾尔医医院骨科副主任，衡阳市中心医院骨科二病区副主任；伍卫星，任县第二中学高一年级历史教师，衡阳市田家炳实验中学历史教师；肖春美，任县第二中学高二年级思想政治教师，衡阳市第一中学政治教师；罗华容，任县第二中学高二年级英语教师，衡阳市第二中学英语教师；黄海艳，任县第二中学高三年级语文教师，衡阳市第二十六中学高中语文教师。

【人才工作】 2020年，鄯善县完成对全县人才计划项目调查摸底及县机关事业单位高层次人才统计，全县符合条件高层次人才634人，主要在医疗、教育领域。完成全县中长期人才发展规划纲要（2010—2020年）实施情况评估。

推进各领域人才队伍建设，开展“外派”育才工作，选派5名党政机关、融媒体宣传领域干部人才前往衡阳市跟班学习，选派1名专业技术，骨干作为中组部2020年“西部之光”访问学者候选人。

优化援疆人才服务。建立人才公寓长效服务机制，加强配套设施建设，安装健身器材、充电桩位，建设篮球场，完善绿化工程，打造舒适、宜居的生活环境；召开第八批援疆干部人才表彰大会，对表现优异的17名援疆干部人才授予“鄯善县优秀援疆干部人才”称号，28名第八批援疆干部人才期满返湘。完成衡阳市第九批30名援疆干部人才进鄯安置及6名支教教师期满返湘工作。

完成4名中组织部选派中期轮换援疆教师、34名“万名教师支教计划”援疆教师进疆开展为期2年的教育援疆，进鄯安置工作。第三批13名柔性援疆医学专业技术人才进疆，开展为期6个月的医疗援疆工作。

调整全县2020年人才交流交往培养项目内容，实施建设贫困村远程教育培训平台，转线下干部人才交流交往为线上远程视频交流交往学习培训。与县发改委对接，提出鄯善县“十四五”干部人才援疆项目，组织干部人才轮训，推进人才队伍建设。

【干部管理】 2020年，县委组织部加强干部政治素质考察，树立正确用人导向。年内，调整干部155人次，提拔和使用干部39名，其中33名基层一线、维稳一线成绩突出的干部被提拔使用，占提拔总人数的84.6%。

强化考核结果运用，落实精准考核，奖惩分明的激励约束机制。完成2019年度乡科级领导班子和领导干部（绩效）考核和党群系统一般干部考核。在考核定等工作中，优先将评优名额向基层、维稳一线等干部倾斜，10名乡（镇、场）党政正职评优；51名公务员连续3年考核优秀记三等功。对2名工作不在状态、落实工作不到位的干部给予提醒谈话。

培养选拔优秀年轻干部，建立健全疫情防控、脱贫攻坚等一线年轻干部培养链条，做好选派优秀年轻干部交流任职和挂职锻炼。选派10名年轻干部到乡镇、经济、稳定等重要工作部门锻炼，培养干部在急难险重、服务群众最前沿摔打历练、增长才干。落实扶贫援助人才支援工作。按照自治区区内协作扶贫通知要求，选派1名优秀年轻干部于赴阿瓦提县委统战部挂职锻炼。确保县乡扶贫干部队伍稳定，对扶贫专干基本情况进行登记备案，实行动态监管，明确任何单位和部门都不准随意抽调扶贫干部。登记备案县乡两级扶贫专干89名。

【干部监督】 2020年，县委组织部加强干部全方位管理和监督，结合疫情防控工作需要，规范领导干部外出报批报备工作，审核备案领导干部外出请销假报备348人次，备案县直机关企事业单位干部职工请销假600多人次。按照自治区党委组织部选人用人专项检查组反馈意见，制定《自治区党委组织部选人用人专项检查反馈意见整改方案》，对能立即整改的问题，立即整改到位；对需要长期关注的问题，明确责任领导和责任人，全力抓好巡视整改。

落实日常关心关爱干部慰问制度。2020年，在肉孜节、古尔邦节、中秋节慰问干部117人次，发放慰问金6.3万元。为选派到南疆任职和阿瓦提县开展扶贫援助工作的15名干部干部购买人身意外伤害保险。为全县各卡点、车站、酒店和警务站参与疫情防控工作人员发放工作补贴150万元。

【公务员管理】 2020年，县委组织部做好公务员职务与职级并行工作，对符合条件的村（社区）第一书记、书记、“访惠聚”工作队员和驻村管寺管委会干部等基层一线干部优先晋升。年内，全县335名公务员晋升职级。2020年底，启动鄯善县21家参公涉改单位进行首次职级晋升工作。按干部管理权限，做好2020年一般干部年度考核工作，考核公务员（参照公务员）1080名，事业单位工作人员432名，挂职股级干部51名。坚持将评优比例向乡（镇、场）和疫情防控一线倾斜，疫情防控一线抽调干部评优比例提高至30%。2020年，公务员（参照公务员）退休50名，党群系统事业人员退休4名（含工勤2名），公务员（参照公务员）辞职6名。

【干部教育培训】 2020年，县委组织部围绕全县中心工作任务，开办第三期村（社区）干部能力素质培训班，集中培训57名国语水平较低的基层干部，提升综合素质。落实“网训”，督促县处级干部、各乡（镇、场）党政正职、党校教师参加2020年新疆干部网络学院培训学习。选派45名干部赴自治区党委党校（行政学院）、市委党校（行政学院）参加各类专题培训班。邀请乌鲁木齐市第四人民医院心理健康咨询专家，连续5周、每周2天到鄯善县开展心理健康咨询培训服务，为8个乡镇63名乡镇班子成员、村（社区）第一书记、“访惠聚”驻村工作队员等基层干部做心理健康咨询。围绕脱贫攻坚、民族团结、安全生产等重点工作，邀请自治区、市、县各级专家采取现场授课与远程视频授课相结合的方式，为各部门单位1200余名业务骨干开展专题培训。组织全县各单位在编在岗干部通过小鱼易连App参加十九届四中全会视频培训，由市委党校6名教师开展专题授课，教育引导各级干部深入学习贯彻党的十九届四中全会精神，培训15400余人。

【党员远程教育】 2020年，县党员干部现代远程教育中心发挥终端站点的网络平台作用，开展培训学习2400余场次，受教育党员干部群众10万余人次。利用党员远程教育视频会议培训系统开展各类会议培训130余场次，实时将县委重点工作的安排部署传达至村（社区）基层党组织。制定《2019—2023年鄯善县党员教育培训工作规划》，印发《2020年鄯善县党员干部现代远程教育教学资源制作计划》，完成56个优质资源课件报送。建立“菜单式”教学服务模式，组建由21名优秀党政领导干部、党建经济农业类业务骨干、基层党员干部组成的专兼职党员教育师资队伍。完成“党员教育之星”推荐，有6名优秀“操作之星”相继在自治区党员教育平台展示。援鄂医护人员胡艳平先进事迹展播片《春天的日记》，在“共产党员网”全国党员干部现代远程教育平台、新疆卫视《奋进新时代》党员教育电视栏目、昆仑网展播并获2020年自治区党员教育“奋进新时代”系列展播片“优秀作品”奖；买买提·吾斯曼民族团结先进事迹微视频《达朗坎儿子娃娃》，在昆仑网“我是一颗石榴籽”微视频专栏、新疆党员教育微信平台等展播，获2020年自治区党员教育“我是一棵石榴籽”系列微视频“好作品”奖；优秀共产党员公益片《老骥伏枥》在昆仑网专栏、新疆党员教育微信平台等展播，获2020年自治区党员教育“做新时代合格共产党员”系列公益片“十佳作品”奖。

【机关党建】 2020年，县委组织部加强县直机关党建工作规范化建设，落实“三会一课”制度和主题党日活动，规范党内组织生活，贯彻《中国共产党支部工作条例（试行）》《中国共产党党员教育管理工作条例》《中国共产党党和国家机关基层组织工作条例》，依托“三会一课”“主题党日”加强对党员的学习教育，开展党的十九大精神、习近平新时代中国特色社会主义思想等内容学习研讨78场次，集中开展党的十九届五中全会精神学习周活动，各支部书记讲党课95场次。向各支部党员发放《习近平谈治国理政第三卷》《第三次中央新疆工作座谈会》等书籍2400余册，组织400余名党员干部参加第三次中央新疆工作座谈会精神宣讲会。按照自治区党委机关党建质量提升三年攻坚行动计划，培树先进机关党支部16个、“巩固提升”党支部31个、“提档升级”党支部4个。全年调、改、补、换届党支部班子30个。吸收预备党员26人，按期转正24人，培养重点发展对象34人、入党积极分子79人，递交入党申请书74人。将机关党建工作与脱贫攻坚、民族团结一家亲等重点工作相结合，组织机关党员干部定期走访所联系的建档立卡贫困户、开展民族团结联谊等活动，在推动机关党建在脱贫攻坚、维护社会稳定和促进民族团结等工作中走在前、做表率。

【学校党建】 2020年，县委组织部加强党对教育工作的全面领导。落实党组织领导下的校长负责制，优化党组织设置，年内撤销学校联合党支部6个，新成立独立党支部15个。组织91名学校党组织书记开展党建业务知识培训，组织学习815场次1945名党员参与。1100余名党员参加疫情防控相关工作，党员干部捐款捐物22.75万元，选派73名心理咨询教师，为全县73医学观察点的群众提供心理疏导服务，开展讲座3场。成立疫情防控工作专班，设立10个工作组，建立“三级包联”工作机制，19名县领导、68名乡镇领导、35名教育局机关干部包联126所校园指导工作。

【新兴组织党建】 2020年，根据中共吐鲁番市委机构编制委员会《关于市、区（县）党委组织部加挂党委非公有制经济组织和社区组织工作委员会牌子的通知》（吐党编委〔2020〕3号）精神，县委组织部加挂“中共鄯善县委员会非公有制经济组织和社会组织工作委员会”牌子。加强和改进非公有制经济组织和社会组织党建工作，提升党的组织和工作覆盖质量，根据吐鲁番市《关于在全市开展非公有制经济组织和社会组织党建工作情况摸底排查的通知》（吐市组电明字〔2020〕10号）要求，成立鄯善县两新组织摸排专班，对全县开展两新组织党建工作情况展开摸底排查工作，组建非公经济党组织68个，覆盖“三有”企业138家，覆盖率达到80.23%；组建社会组织党组织35个，覆盖社会组织73家，覆盖率达到47.09%。针对3个软弱涣散非公企业党组织具体问题，按照坚持“一支部一策”要求，制定整顿方案，同步建立整改台账，开展软弱涣散党组织整顿，规范新兴组织党建工作。

【农村基层党建】 2020年，县委组织部夯实农村基层党建工作，优化改善村“两委”班子，选强用好第一书记，调整轮换村（社区）第一书记20名，调整村党支部书记8名、110名其他村“两委”干部，培养村级储备干部253名。持续整顿软弱涣散党组织。强化“四个一”包联整顿责任，对2019年集中整顿情况“回头看”，确保按期整改到位。由包联县领导带队，对照软弱涣散基层党组织具体表现，逐村排查，确定后进村（社区）7个，软弱涣散村（社区）党组织2个。调整党支部书记2名，村干部3名，解决群众反映集中的热难点问题8件。以村级组织“星级化”创建工作为抓手，打造11个基层党建示范点。加强村级阵地建设，提升村组阵地规范化管理水平。争取150万元自治区设施配套专项资金，改善赛尔克甫村、杏花村、吐峪沟村阵地设施。争取项目资金100万元，实施鲁克沁镇三个桥村、吐峪沟乡杏花村2个项目，扶持和发展壮大村级集体经济。

抓党建促脱贫攻坚统筹推进。全县26名党（工）委书记、479名党支部以“脱贫攻坚”为主题讲专题党课，激发党员干部担当作为和奋斗激情。健全贫困村“五个一”包联体系，落实县、乡领导班子成员和包联单位联系贫困村机制。选优配强贫困村第一书记、支部书记和“两委”班子，补充10名地方编干部到贫困村，为贫困村新增村干部21

名，贫困村扶贫专干均达到7人以上，其他有扶贫任务的非贫困村不少于3人，优化贫困村整体干部队伍。印发《鄯善县选树农村致富带头人工作实施方案》，根据选树标准，对拟选树的267名致富带头人进行审定。培养选树262名在产业增收、经商创业、技术推广、劳务经济致富带头人。

【城市基层党建】 2020年5月28日，印发《鄯善县进一步深化城市基层党建有关工作机制》的通知。县委组织部组织6次社区第一书记学习中央、自治区关于城市基层党建工作相关文件及各地州市典型经验做法。督促优化乡镇机构，鄯善镇围绕综合治理、行政执法、社会事务、统战民宗等方面，设置“四中心”机构，建立第一书记统筹社区各支力量工作机制，将常态化驻社区各支力量划分为3—4个职能组，明确各职能组包片包块责任，形成高效统筹的工作机制。

深化社区网格化管理。科学划分社区辖区网格203个，将13家职能部门和106名执法人员按照相应执法片区纳入社区网格，深化党建+治理“双网融合”。注重在网格党小组上发展“志愿者”爱心服务、“红袖章”文明劝导、“百事通”政策宣传、“夕阳情”文化活动等功能性党小组，收集各类信息911条，调解家庭邻里矛盾105件，志愿服务22358次，实现线索在网格收集、问题在网格解决、服务在网格落实。

深化社区“大党委”工作机制。强化社区党组织在区域各项事务中的统筹和协调功能，完善月工作例会、季度联席会议，推进社区与辖区单位党组织、两新党组织开展“契约化”共建，115家县直部门单位和企事业单位与社区挂钩联系，签订共建协议147份，召开工作例会和党建联席会议12场次。组织13家职能单位按要求成立应急小组，设立应急电话，95家单位指定1名班子成员具体负责统筹、联系和落实，推行“派单接单”机制。各社区充分发挥阵地作用，创新社区服务群众方式，扩展服务内容。打造“便民驿站”“六点半课堂”“零距离托老”等便民服务品牌，在网格上建立居民活动点，开展“家门口”代办服务、“家门口”公益服务、“家门口”特色服务、徒步工作巡访等便民服务。

【疫情防控组织体系建设】 2020年，面对突如其来的新冠疫情，鄯善县建立纵向到底、横向到边的组织网络，为疫情防控提供组织保障。县委组织部指导各级党组织在防控一线组建临时党支部4个、疫情防控党员先锋队52支，党员志愿者服务队20支，全覆盖组建非公企业党组织、社区网格党小组，做到党的工作在哪里，党的组织覆盖就推进到哪里。深化党员干部联系服务群众工作，全县10482名党员通过网络、微信等方式为疫情防控工作捐款113.99万元。落实在职党员“双报到”工作制度，全县1885名党员响应党的号召，向党组织报到，向村（社区）靠拢，认领各类服务岗位850个，参与辖区志愿服务，担当抗疫一线的战斗员、宣传员、信息员，全力支持村（社区）打好疫情防控阻击战，为群众提供物品采购、送医救治等贴心服务12.3万余次。下拨疫情防控专项资金62.6万元。其中，中央组织部从中管党费、自治区党委组织部从自治区留存党费、市委组织部从市管留存党费中分别安排专项资金30万元，县委组织部从县管留存党费中安排专项资金32.6万元，将党费划拨给基层，用于支持新型冠状病毒的肺炎疫情防控工作，做到专款专用。

【群众工作】 2020年，全县各级党组织落实各项防疫措施常态化，做好群众思想教育，引导群众强化“五个认同”。健全“两个责任体系”，落实群众工作“包干制”和长效帮扶机制，按照分批集中下沉原则，2600余名机关干部和常态化驻村力量参与入户走访，常态化开展政策宣传、掌握社情民意、排查风险隐患、协调解决困难诉求四项任务。建立县领导“驻点式”帮带解决群众困难诉求机制，由县领导带队到矛盾问题集中的乡村蹲点，确保问题不累积、矛盾不积压。年内，收集群众热难点问题798个，解决762个，办理中36个，办结率95.4%。62名第一书记、书记亲自上阵，利用抖音、微博、微信公众号等平台，代言促销本村农特产品，累计销售瓜果蔬菜1000余吨，销售额1000余万元。响应消费扶贫号召，累计发动5186名党员干部购买扶贫产品155.5万元，帮助2000户贫困户、低收入家庭增收。

**【老干部工作】** 2020年，全县有离休干部4人，离休干部遗孀23人，全县退休干部2964人，离退休工委下辖9个党支部，退休党员503人。做好离退休党员教育管理工作，为9个离退休党支部征订《中办通讯》《党建研究》《离退休党支部参考》《新疆日报》《老年康乐报》《吐鲁番日报》等报刊，4名卫生医疗系统退休干部自愿参与县委疫情防控重点工作，25名离退休支部党员活跃在社区一线协助开展防控工作，离退休党员自发捐款19300元。为9个离退休党支部购买发放价值1万元的口罩、消毒液、洗手液等疫情防控物资。发挥老年体协、老年舞蹈队、合唱团带动作用，引领老党员居家抗疫。组织40名健身爱好者参加自治区体育局举办的居家云健身“运动汇”活动，有10人分别获得自治区级二、三等奖和鼓励奖。

落实老干部政治待遇。组织10名离退休干部代表参加鄯善县十届六次全委扩大会议；召开2次51名退休老干部座谈会，征求老干部意见建议25条。为全县4名离休干部征订两报一刊，为自行订报刊的每名老干部按照每人150元报销报刊费，为居住在本地的21名县处级退休干部每人征订一份《吐鲁番日报》。

落实老干部生活待遇。建立离休干部健康随访机制，每月会同县医院医生走访4名离休干部，对老党员身体状况、合理用药、健康饮食进行指导，及时协调联络困难诉求和政策答复7件。为居住在本地的离退休县处级领导干部订制蛋糕和鲜花送生日祝福。春节、“七一”期间走访慰问离退休老党员131人，慰问去世干部2人，送去慰问金3500元；看望生病住院老干部2人，合计发放慰问金68000元。

**【“访惠聚”工作】** 2020年，推进“访惠聚”驻村工作，压实各级工作责任。42名县处级领导履行包联责任，带头包联维稳复杂村、扶贫重点村，每2个月至少到联系乡村蹲点指导工作一次，帮助理清工作思路，协调解决驻村工作中遇到的问题。乡镇党委履行直接责任，抓好驻村工作队日常服务管理，强化日常工作督促落实。各部门单位按照“队员当代表、单位作后盾、一把手负总责”的要求，落实“周末书记”职责，发挥部门优势，集中力量和资源支持“访惠聚”工作。

选优配强“访惠聚”驻村工作队伍。2020年，全县派驻工作队99个，派出工作队员530人，其中市派176人，县派354人；县处级干部18人，乡科级干部99人。在自治区统一选派工作队员的基础上，增派16名干部参与“访惠聚”驻村工作，充实一线干部力量。由自治区“访惠聚”办统一安排，为所有驻村工作队员购买人身意外保险，督促乡镇和后盾单位为工作队改善工作和生活环境，按时发放工作队员驻村生活补助835万元，拨付工作队为民办实事经费230万元，强化基层保障。

落实激励关爱机制。2020年，对符合职级晋升条件的76名驻村干部予以晋升职级，慰问因家庭变故或有重大疾病的工作队员10名，发放慰问金3000元。督促各派出单位配备标准化村级食堂，为驻村干部和基层干部打造舒适的工作环境。发挥后盾单位作用。各派出单位每周安排一名领导班子成员到村（社区）履行“周末书记”职责，指导工作、解决问题。利用部门的资源优势，动员各方力量，为包联村（社区）争取资金、项目、技术、培训等方面支持，帮助改善基础设施、解决群众实际困难、增强农民致富本领。

利用“鄯善最远一家人”微信平台，开展正能量的宣传，营造舆论氛围。完成自治区“访惠聚”办公室各类信息约稿、“五个100”典型材料和抖音微视频等任务。2020年，全县上报各类信息2635篇，报送脱贫攻坚微视频4个，其中被新疆“访惠聚”“最远一家人”等自治区、市级媒体报道鄯善“访惠聚”工作936篇。

【“党旗映天山”主题党日活动】 2020年，结合中国共产党成立99周年，开展“党旗映天山”主题党日系列活动，479个基层党支部组织1.2万余名党员、发展对象及入党积极分子参加升国旗仪式、重温入党誓词，100名党支部书记现场讲党课；下拨19.3万元对108名老党员、生活困难党员、村（社区）老骨干、因公殉职、维稳斗争中牺牲党员干部家属、自治区优秀共产党员进行慰问。

（余欢欢）

## 宣传工作

【基本情况】 县委宣传部对外加挂县人民政府新闻办公室牌子。不再保留单设的县精神文明建设指导委员会办公室，县精神文明建设指导委员会办公室职责划入县委宣传部。将县文化体育广播影视局［县新闻出版局（县版权局）］的新闻出版、电影管理职责划入县委宣传部，对外保留县新闻出版局（县版权局）牌子，县委宣传部统一管理新闻出版和电影工作。下辖精神文明建设指导委员会办公室（国防教育办）、对外宣传办公室（加挂“政府新闻办公室”牌子）、县委理论教育讲师团、文化市场管理办公室（打黄扫非办）、出版科（电影科）等6个办公室1个讲师团。2020年，县委宣传部内设办公室、意识形态工作科、文明创建科、新闻宣传和对外联络科、理论科、审读科（打黄扫非办公室）、出版科（电影科）7个办公室。县社会科学联合会、县文学艺术界联合会与宣传部合署办公。

【宣传工作】 2020年，县委宣传部指导优化改善鄯善新闻节目制作，全年《鄯善新闻》采编、播出新闻52期1066余条，为吐鲁番电视台发稿145条。“鄯善零距离”微信平台制作365期，发布信息2900余条；“鄯善融媒体抖音”平台发布信息620条。县民族团结展馆，接待县域内外群众参观2千人次。获吐鲁番市理论“云宣讲”比赛二等奖1名、三等奖1名、优秀奖5名，鄯善县委宣传部获得优秀组织奖。获得吐鲁番市“脱贫奔小康，党恩永不忘”主题演讲比赛一等奖1名，优秀奖3名。

2020年，建立完善6条采访线30余个点位，吸引更多的媒体记者来鄯善采访推介鄯善。向上级主流媒体推送鄯善县各类新闻信息稿件。全年，在国家级、自治区、市级新闻媒体发布信息稿件1134篇，其中国家级234篇，自治区级340篇，市级560篇；《新疆鄯善县：十万亩沙漠大芸开花 沙里掏“宝”促增收》《新疆鄯善 库木塔格沙漠连续出现海市蜃楼奇观》等20篇信息在中央电视台“新闻直播间”“朝闻天下”“午夜新闻”等栏目播出。拍摄制作《新疆鄯善县：异地扶贫搬迁“点亮”小康生活》等47篇作品，入选《学习强国》平台。接待中央广播电视总台、新华社、新疆广播电视台、新疆杂志社等媒体10批次，编辑、记者150余人。中央电视台《中国影像方志》栏目拍摄录制《中国影像方志——鄯善篇》在中央电视台科教频道播出。

【宣传员队伍建设】 2020年，县委宣传部抓好业务培训力度，制定《鄯善县宣传思想战线开展增强“脚力、眼力、脑力、笔力”教育实践工作细化方案》，组织各乡（镇、场）宣传委员和党（工）委分管宣传工作的人员举办培训2期60余人次。派一名机关干部和6名基层干部参加自治区宣传干部培训学院学习审读业务和宣讲业务。开展乡镇宣传文化人员培训2次培训1200人次。选派县融媒体中心3名专业技术人员赴湖南衡阳市融媒体中心学习。

【文化阵地建设】 2020年，县委宣传部提升“扫黄打非”基层工作站规范化、标准化建设水平，规范完善162个基层工作站点的工作制度。辟展镇树柏沟村获自治区“扫黄打非”进基层示范点。

【文化市场监管】 2020年，县委宣传部严把审读关，挖掘整理的民间艺术作品《吐鲁番潘吉尕木卡姆》歌词、全县100余张各类宣传栏等进行审读，并提出审读意见。组织文旅局、公安局、市场监督管理局等“扫黄打非”领导小组主要成员单位，对印刷行业、出版物发行单位进行检查4次，检查打字复印店56家，书店36家次，印刷厂27家次，农家书屋、村级阅览室72家次，延缓年度核验音像制品店1家，注销“僵尸”书店4家，质疑盗版教辅用书抽样3本，送上级相关部门鉴定；对存在安全隐患、登记台账不规范等问题的3家书店下发限期整改通知书，并督促整改，做到及时清理文化垃圾，确保全县文化市场健康。

【精神文明创建】 2020年，县委宣传部开展新一轮自治区文明县城创建复验工程，制定下发创建方案、测评体系，普及宣传创建知识，在电视、“鄯善零距离”微信平台开办“创建进行时”专栏、专题。年内，国家级文明单位库木塔格沙漠风景名胜区、新疆地矿局第一地质大队；国家级文明村镇鄯善镇、连木沁镇巴扎村顺利通过复验，新推荐申报国家级文明村辟展镇乔克塔木村于2020年11月通过验收并授牌。新申报及申请复验的自治区级文明单位26个，文明乡镇2个，文明村9个，自治区级文明校园10所均被命名。鄯善县于2020年12月通过自治区文明县城复验。

【新时代文明实践中心试点建设】 2020年，县委宣传部建立新时代文明实践中心1个、实践所11个、实践站99个、志愿服务队278支18117人。召开现场观摩推进会2次、座谈会5次，组织各乡（镇、场）宣传委员、宣传干事进行观摩学习和交流经验。坚持打造文明实践鄯善品牌。实施乡风文明孵化工程，打造“嘉伟兰新时代文明实践站”“花儿艺术传承驿站”“爱心加油站”“书画培训驿站”等志愿服务品牌。播放红色电影65场次，受众5480人；278个志愿服务点开展文明实践活动16680次，帮助群众1000余人次。疫情期间，志愿服务工作队参与村（社区）文明志愿服务，做好超市代购送货、消毒、卫生清理等服务1万余人次，以实际行动发扬新时代文明精神，将新时代文明实践的关怀送至各族群众中。

（李城荥）

## 统战工作

【基本情况】 鄯善县委统战部成立于1953年。1993年7月至2001年3月期间，县委统战部、县民宗委、县工商联合署办公。2001年3月，三家单位分开办公。2017年2月县委统战部、县民宗委合署办公。2019年3月，机构改革后成立鄯善县委员会统一战线工作部（县民族宗教事务局），是中共鄯善县委员会主管统一战线工作的职能部门，为正科级，统一管理民族宗教工作，对外挂县民族宗教事务局牌子。统一管理侨务工作，对外挂县人民政府侨务办公室牌子。设办公室、统战科、民族科、宗教一科、宗教二科、新的社会阶层人士统战工作科（无党派人士和党外知识分子工作科、非公有制经济工作科）6个科室及县驻村管寺工作领导小组办公室、县民族团结进步创建工作领导小组办公室、县“去极端化”工作领导小组办公室3个临时办公室。

【宗教教职队伍建设】 2020年，县委统战部强化宗教教职人员队伍建设，通过加强伊斯兰教教职人员思想政治教育，突出政治教育和国家通用语言培训。年内，县、乡、村三级组织爱国宗教人士政治理论学习128场次，参加632人次。选派69名教职人员参加各级伊斯兰教经学院政治培训。

【关心关爱宗教人士】 2020年，县委统战部加强对爱国宗教人士的保护和关爱。落实爱国宗教人士保护措施，确保爱国宗教人士人身安全。落实医疗保险、养老保险、大病保险、人身意外保险和生活困难的爱国宗教人士享受低保等保障措施，及时发放爱国宗教人士生活补助。定期安排基层组织了解外出培训宗教人士家庭实际困难，帮助解决农业生产缺少人力等困难，对家庭有困难的基层组织能够经常性帮助解决基本生活物资，送去关心关爱。按照程序聘用新疆伊斯兰教经学院9名毕业生为宗教教职人员。

【宗教活动场所管理】 2020年，县委统战部常态化开展工作指导及安全隐患大排查、大检查，进行专题研判。检查清真寺周边，清理乱堆乱放情况，防止发生火灾隐患。有针对性地强化对民管组织的安全培训，提高应对突发事件的处突能力和应变水平。驻村管寺干部坚持每次礼拜活动前对宗教活动场所及配备设施进行安全检查，发现问题及时解决。落实外来人员登记、核查等安检制度，严禁携带违禁物品进入清真寺，压实“谁检查，谁登记，谁整改，谁负责”的责任，确保宗教活动场所安全。落实宗教活动场所修建审批权限和逐级审批程序。按照《宗教事务条例》规定，对申报重建、维修的宗教活动场所的建设计划和资金来源进行审核。2020年，有3座宗教活动场所通过审批维修。

**【宗教活动管理】** 2020年，县委统战部贯彻党的宗教工作基本方针政策，坚持20字工作原则，依法保障信教群众正常宗教需求。坚决治理非法宗教活动，维护民族团结、宗教和谐、社会稳定和国家安全。按规定篇目和内容进行卧尔兹宣讲，杜绝宗教人士利用讲经解经宣扬极端宗教思想、煽动暴力活动，确保宗教活动依法依规开展。鄯善县领取《伊斯兰教务活动手册》620本，其中汉文350本、维吾尔文270本。主要发放至全县各宗教活动场所、驻村管寺管委会及宗教教职人员手中，并开展为期1周的集中学习，该手册已成为开展相关宗教活动的指导性教材。

**【“两项制度”落实】** 2020年，县委统战部成立以县委副书记为组长、县委常委为副组长的宗教工作领导小组，宗教工作领导小组对“两项制度”工作实施监管职责。制定下发《鄯善县进一步贯彻落实〈领导干部联系宗教活动场所和与宗教人士谈话制度〉工作实施方案》、完善鄯善县领导干部联系宗教活动场所和与宗教人士谈话制度，除抽调重点工作组的31名县处级领导均有安排联系任务。坚持县处级领导干部联系宗教活动场所、与宗教人士谈话每月不少于2次；乡科级干部联系宗教活动场所与宗教人士谈话每月不少于4次。每次联系活动都填写走访谈话记录卡。县宗教工作领导小组办公室（县委统战部）每周五对“两项制度”落实情况进行常态化督查，并以电话提醒、工作提示等方式督促工作落实。同时将督查结果与各部门、各单位民族团结、综合治理、精神文明、绩效考评挂钩，与干部考核考评挂钩。

**【“民族团结”关爱活动】** 2020年，县委统战部加强领导，明确责任，确保“民族团结一家亲”和民族团结联谊活动各项工作任务落到实处。坚持常态化开展结亲走访入户活动，按照干部职工每2个月不少于5天的要求持续开展走访结亲户。在重大节假日期间，安排干部分批次全员开展结亲活动。2020年，各级干部群众走访见面15.31万户/次；办实事好事1.498万件，捐款229.55万元，惠及各族群众14.63万户，举办联谊活动9298场次，参加人数27.51万人。确定县级民族团结进步示范单位68家，选树13家单位推荐吐鲁番市第一批民族团结进步示范单位。

推动建立各民族互嵌式的社会结构和社区环境。选树达朗坎乡英坎村、辟展镇栏杆村、鄯善镇鸿雁社区等“相互嵌入式”村（社区）的典型做法，在电视、广播、网络等各种媒体介质进行宣传。截至年底，全县多民族嵌入式居住村（社区）有84个，占全县村（社区）的84.8%。2020年，结合年度考核结果，综合乡（镇、场）意见，开展民族团结推荐表彰工作。推荐自治区级“民族团结一家亲”和民族团结联谊活动先进集体1个、先进个人11名。推荐评选市级“民族团结一家亲”和民族团结联谊活动先进集体1个、先进个人11名。

**【党外人士管理】** 2020年，县委统战部做好新的社会阶层代表人士管理服务工作，深化对新的社会阶层代表人士教育、引导，发挥新的社会阶层代表人士的作用。年内，摸排上报各行业、领域党外人士80人，摸排党外少数民族代表人士31人。配合上级选派新的社会阶层代表人士、党外人士和少数民族代表人士9人参加赴湖南社会主义学院学习培训。

**【侨务工作】** 2020年，县委统战部开展侨情调查摸底，配合做好第七次人口普查工作，更新归侨侨眷台账，实行动态管理，摸排出侨属146人。申报“侨胞之家”建设项目，申请专项资金3万元，推进“侨胞之家”建设。截至年底，鄯善县“侨胞之家”建成并投入使用。

（魏　薇）

## 机关党建

【党组织和党员情况】　2020年，县委直属机关工委下属党总支3个、党支部48个。有党员1055名（预备党员31名），其中女性党员438名，占党员总数的41%；少数民族党员427名，占党员总数的40%；大专以上学历党员956名，占党员总数的91%；35岁以下党员203名，占党员总数的19%，退休党员150名，占党员总数的14%。

【自身建设】　2020年，县机关工委贯彻新时代党的治疆方略，把学习贯彻习近平新时代中国特色社会主义思想作为首要政治任务，制定下发《2020年鄯善县委直属机关党建工作要点》。建立工委班子成员联系支部制度，全年联系支部检查指导60场次，下发整改通知书20期，完成支部工作手册审阅2次，纠正各类问题120个。讲党课12场次，召开工委班子会议32次。将党建工作日常指导、定性评价与定量评估有机结合，根据党建工作日常督查情况核定年度绩效考核分数，使党建业务同考核。

【组织建设】　2020年，县直机关工委督促所属党组织调优配强党支部设置，完成换届选举党支部15个，按期换届完成率100%，调、改、补党支部班子15个，转接党员组织关系257人。针对党建基础工作薄弱的党支部，采取先进带后进的方式，通过观摩学习、座谈会等形式查找不足、补齐党建工作短板。

以党建工作为抓手，深入开展“让党中央放心、让人民群众满意的模范机关”创建活动，力促党建与业务工作、脱贫攻坚、维护稳定深度融合相互促进。教育引导机关党员干部发挥党员先锋模范作用。

【党建常规工作】　2020年，县直机关工委落实党支部工作条例，抓好“三会一课”规范化常态化落实。严把党员入口关，举办为期3天的发展对象培训班，99名入党积极分子和发展对象参加培训。年内，递交入党申请书74人，入党积极分子79人，重点发展对象34人，吸收预备党员26人，转正24人。

【党员教育培训】　2020年，县直机关工委坚持学习教育常态化、制度化，用好“学习强国”“法宣在线”等平台，发放《简明新疆地方史》、《习近平谈治国理政》第三卷、《第三次中央新疆工作座谈会》等书籍2400余册，组织机关开展第三次中央新疆工作座谈会精神宣讲会2场次400余名党员干部参加。举办党务干部培训班2期，其中支部书记培训班1期，党建专干培训班1期，对51个党（总）支部、190余名党务工作者进行专题培训。

【党费收缴使用】　2020年，县直机关工委规范党费收缴，开展党费收缴新平台专项培训。全年收缴党费25.5万元。为新成立的政务服务中心党支部下拨1万元党费用于支部配套建设。

【主题实践活动】　2020年，县直机关工委在七一期间，督促指导48个所属党（总）支部开展“党旗映天山”主题党日系列活动，参加党日活动党员784人，参加“七一”升国旗活动227人。各党（总）支部通过组织党员干部集中学习、参加“七一”升国旗、重温入党誓词、为预备党员佩戴党徽、开展“对党忠诚，做合格党员”专题党课、观看警示教育片、志愿服务助力脱贫攻坚，对广大党员干部进行党性教育。慰问退休党员和疫情防控一线干部等活动。年内，工委开展3次慰问400余名党员干部，发放慰问品及慰问金5.3万余元。

（鲁萍萍）

## 机构编制

【基本情况】　中共鄯善县委机构编制委员会办公室成立于1985年2月。1991年3月，鄯善县人民政府编制委员会更名为鄯善县人民政府机构编制委员会。1993年，根据机构改革时鄯善县人事劳动局“三定”方案，县机构编制委员会办公室为科级建制，核定行政编制4名。2000年3月，成立编办党支部。2000年8月，成立鄯善县事业单位登记管理局，与编办两块牌子，一套人员。2012年10月政府机构改革，鄯善县机构编制委员会办公室更名为中共鄯善县委机构编制委员会办公室。2019年，党政机构改革，将县机构编制委员会改为县委机构编制委员会，作为县委议事协调机构，归口县委组织部管理。

2020年，全县有机构406个，其中县直机构313个，行政89个，事业224个（全额209个，差额10个，自收自支5个）；乡镇机构93个，行政10个，事业83个（全额73个，差额10个）。全县核定编制7253名，其中行政编制1329名（县直行政1024名，乡镇行政305名），事业编制5924名，其中参照公务员管理单位46个，核定事业编制272名，工勤事业编127名。

**【事业单位编制管理】** 2020年，推进事业单位改革，制定下发《鄯善县科级事业单位更名及调整隶属关系的通知》（鄯党办〔2020〕16号）及《鄯善县股级事业单位更名及调整隶属关系的通知》（鄯党编办〔2020〕22号），科级事业单位更名调整隶属关系38个，股级事业单位更名调整隶属关系48个。

推进公益类事业单位改革。根据中共吐鲁番市委员会机构编制委员会《关于下达鄯善县中小学教职工编制和幼儿园教职工人员总量的通知》（吐党编委〔2020〕9号），鄯善县委编办会同县教育局按照自治区中小学、幼儿园编制核定标准，以中小学、幼儿园学生数和班级数为依据，核定下达鄯善县中小学教职工编制总数。

**【经营类事业单位改革】** 2020年，县委编办推进经营类事业单位改革。根据《自治区经营类事业单位改革工作方案》，对全县6家经营类事业单位实地摸底调研。10月29日，县委常委会审议通过鄯善县房地产交易中心、鄯善县广电网络中心、鄯善县建筑材料试验室、鄯善县供热公司、鄯善县第一给排水公司5家经营类事业单位转企改制。撤销鄯善县科技开发服务站1家经营类事业单位。

**【机构编制管理】** 2020年，县委编办加强对全县部门单位机构编制、实有人数的动态管理，每月工资基金审批时，根据干部调整、人员调动、职级晋升、退休等变动情况，及时更新机构编制实名制信息库，做到机构编制、实有人员数据准确无误。及时修改系统里信息，将全县地方性事业人员和幼儿教师全部录入系统。落实机构编制统计信息月报、季报和年报制度。

**【机构设置和调整】** 2020年12月，全县新成立组建机构5个。分别是鄯善县融媒体中心（县广播电视台）、鄯善县交通运输综合行政执法大队、鄯善县文化市场综合行政执法队、鄯善县农业综合行政执法大队、鄯善县市场监管综合行政执法队。改革撤销鄯善县教育督导室和鄯善县计划节约用水办公室2个科级单位。将鄯善县水库的移民管理职责调整到鄯善县水利局；鄯善县委组织部加挂党委非公有经济组织和社会组织工作委员会的牌子。

机构升格及更名2个科级单位，分别是鄯善县政务服务中心更名为鄯善县政务服务和公共资源交易中心，机构规格由副科级调整为正科级，由政府办公室管理调整为县政府直属部门；鄯善县妇幼保健和计划生育服务中心机构规格由副科级调整为正科级。新组建鄯善县维稳指挥中心、鄯善县党群服务中心等8个科级单位。

**【乡镇机构改革】** 2020年，县委编办按照自治区文件要求，制定下发《鄯善县推进基层整合审批服务执法力量及规范乡镇机构改革设置工作方案》，各乡镇统一设置5个综合性办公室；各乡（镇）事业单位，实行以乡（镇）管理为主、县直部门业务指导的管理体制，统一设置6个事业服务中心。强化乡镇社会安全监督管理、综合执法职责；健全乡镇社会事务办公室、村镇规划建设发展中心、自然资源所、综合行政执法队等工作体系；规范乡镇社会保障（民政）服务中心、加挂退役军人服务站牌子。

从各乡镇事业单位中为各乡镇综治中心（网格化服务中心）调剂人员编制41名。

【行政执法体制改革】 2020年，县委编办实施好自治区建立市场监管、生态环境保护、文化市场、交通运输、农业5个领域综合执法队伍指导意见，推进鄯善县5个领域综合执法队伍机构编制工作，整合行政执法队伍。组建鄯善县农业综合行政执法大队、鄯善县文化市场综合执法队、鄯善县市场监管综合行政执法队和鄯善县交通运输综合行政执法大队。调剂编制115名，人员95人。其中生态环境局属市垂管，生态环境执法大队的组建由市委编委负责下发；涉及执法队伍的人员编制目前保持现状，待中央统一明确政策意见后，逐步加以规范。

【事业单位登记与年检】 2020年，完成事业单位年检295个，其中变更登记事业单位44个，注销6个，办理行政单位统一信用代码证10个。

（陈 烨）

## 党校教育

【基本情况】 鄯善县委党校属经费全额预算管理事业单位，2020年，有干部职工11人。内设办公室、教研室、财务室等机构。建成多媒体教室2间，培训基地1处（大学生创业园），面积2000余平方米。

【干部教育培训】 2020年，县委党校开办为期4个月的“鄯善县第三期村（社区）能力素质提高培训班”，实行封闭寄宿管理，全县各乡（镇、场）、社区干部56人参加培训。协助职业高中举办1期计算机技能培训班50余人次；协助县委组织部举办1期入党发展对象培训班50余人次。

【教学与教研】 2020年，县委党校强化一线师资理论培训，优化师资资源配置，强化教师队伍建设。年内，安排4名干部在自治区党委党校（行政学院）参加“全疆党校（行政学院）系统深化教学创新研讨班”“全疆党校（行政学院）系统深化科研创新研讨班”“十九届五中全会精神及第三次中央新疆工作座谈会精神”线上培训班。围绕习近平总书记系列讲话精神以及当前重点学习的十九大及十九届四中全会精神、第三次中央新疆工作座谈会精神等专题，强化实践锻炼，参加县委宣传部宣讲团巡回基层宣讲。与湖南省衡阳市委党校结对，搭建教学研讨、学术交流学习的平台，支持县党校教育培训、教学研究。

2020年鄯善县委党校宣讲情况一览表

表1

| 序号 | 时间 | 宣讲内容 | 宣讲对象 | 人数 | 组织单位 |
|---|---|---|---|---|---|
| 1 | 6月6日 | 深入学习习近平新时代中国特色社会主义思想 | 入党发展对象 | 50人 | 组织部、党校 |
| 2 | 6月7日 | 学习《党章》 | 入党发展对象 | 50人 | 组织部、党校 |
| 3 | 7月1日 | 不忘初心、砥砺前行，做合格共产党员 | 援疆干部 | 20人 | 援疆办 |
| 4 | 7月8日 | 建档立卡贫困户“一户一个明白人”培训 | 建档立卡贫困户 | 30余人 | 鲁克沁木卡姆村 |
| 5 | 7月9日 | 建档立卡贫困户暨低保户感恩教育讲座 | 贫困户、低保户 | 20余人 | 鲁克沁木卡姆村 |
| 6 | 9月25日 | 民族团结是新疆各族人民的生命线 | 大学生志愿者 | 35人 | 团县委 |
| 7 | 10月15日 | 学习贯彻习近平新时代中国特色社会主义思想 | 党支部书记、支委成员、党建专干 | 200人 | 机关工委 |

续表1

| 序号 | 时间 | 宣讲内容 | 宣讲对象 | 人数 | 组织单位 |
|---|---|---|---|---|---|
| 8 | 11月28日 | 第三次中央新疆工作座谈会及十九届五中全会精神宣讲 | 乡镇、村干部 | 120人 | 宣传部 |
| 9 | 11月29日 | 第三次中央新疆工作座谈会及十九届五中全会精神宣讲 | 乡镇、村干部 | 160人 | 宣传部 |
| 10 | 11月30日 | 第三次中央新疆工作座谈会及十九届五中全会精神宣讲 | 乡镇、村干部 | 130人 | 宣传部 |
| 11 | 12月1日 | 第三次中央新疆工作座谈会及十九届五中全会精神宣讲 | 乡镇、村干部 | 200人 | 宣传部 |
| 12 | 12月4日 | 第三次中央新疆工作座谈会及十九届五中全会精神宣讲 | 乡镇、村干部 | 800人 | 宣传部 |
| 13 | 12月7日 | 学习贯彻习近平新时代中国特色社会主义思想 | 乡镇、村干部 | 670人 | 组织部　基层办 |

（张建花）

## 史志工作

**【基本情况】** 2019年3月机构改革，将县委党史资料征集小组办公室更名为县委党史研究室，作为县委直属事业单位，保留县地方志编纂委员会编辑室牌子（两块牌子、一套人员），属县委办公室管理。负责鄯善县党史资料编研、年鉴资料、县志资料征集与编纂工作；指导全县史志编纂工作；为县委、县政府及其他部门单位、县域外单位提供资料查阅及咨询服务。

**【年鉴编纂与发行】** 2020年，县委党研室做好《鄯善年鉴》（2020年刊）150余家单位年鉴文字、图片资料的收集及全书50万余字的编辑工作。同时补充收集《鄯善年鉴》（2018年刊、2019年刊）部分单位年鉴资料。完成吐鲁番市、鄯善县审阅及稿件补充修改校对的二审二校工作，并提交至出版社审定待出版发行。

**【年鉴供稿】** 2020年，完成《新疆年鉴》（2020年刊）和《吐鲁番年鉴》（2020年刊）鄯善县部分的地情资料上报工作，计5万余字。

**【二轮县志编修】** 2020年，做好第二轮《鄯善县志》（1996—2015年）补充修改工作。承编人员继续对第二轮《鄯善县志》（1996—2015年）评审会后三十五个编178章667节130万余字的书稿补充修改，并将书稿提交吐鲁番市地方志编委会及自治区地方志编委会审定，通过吐鲁番市地方志编委会初审及治区地方志编委会终审。

**【史志资政育人】** 2020年，县委史志办为县委、县政府及各相关部门提供县情文献和地情资料查阅参考50余次；做好《吐鲁番市志》《高昌区志》书稿审读工作，并提出修改意见；为吐哈公安编修行业志举办相关知识专题讲座1次。

（黄春梅）

## 关爱青少年工作

**【基本情况】** 鄯善县关心下一代工作委员会（以下简称关工委）是以离退休老干部、老战士、老专家、老教师、老模范（简称“五老”）为主体，党政有关部门和群团组织负责人参加，以关心青少年健康成长为目的的群众性工作组织。县关心下一代工作委员会办公室为副科级，参照国家公务员管理，核定事业编制2名。2020年，有工作人员2名。

【组织建设】 2020年，鄯善县有关工委（关工小组）214个，其中县关工委1个，乡（镇、场）关工委11个，行政村69个，社区24个，县直单位25个，中小学校67个，国企6个，民营企业11个。参加青少年关爱活动的农村“四老”人员和城镇“五老”人员2288人，其中骨干力量1265人。县关工委驻会老同志2人，讲师16人。形成县、乡、村、社区、学校、企业、单位青少年关爱工作网络。

【宣传实践活动】 2020年，县关工委常态化开展“传承红色基因，争做时代新人”“党史国史教育”主题教育实践活动。以习近平新时代中国特色社会主义思想为指导，落实《新时代公民道德建设实施纲要》和《新时代爱国主义教育实施纲要》，加强青少年思想道德建设，深化青少年爱国主义教育，关心青少年健康成长和倡导良好家庭家教家风，教育和引导青少年自觉做维护民族团结、传承红色基因的表率，帮助青少年扣好人生第一粒扣子。年内，关工委到乡镇（场）为村民和学校师生开展宣讲活动24场次，24500多人次受教育。联合县教育局评选表彰青少年民族团结进步教育“大手拉小手”6个先进集体、18个先进个人和10名吐鲁番市“新时代好少年”评选学习宣传活动。先后开展青少年发展、青年致富能手发挥作用，脱贫攻坚、关工组织建设和教育基地等小型调研活动13次。打造“红色”教育基地，完成鲁克沁镇三个桥村、达朗坎村英坎村2个吐鲁番市关心下一代教育基地创建和授牌仪式。

【助力脱贫攻坚】 2020年，县关工委开展科技下乡“扶智”，组织常年在基层一线从事葡萄技术管理的县农技中心老专家深入吐峪沟潘碱坎、碱滩砍村为扶贫户开展葡萄修剪、病虫害防治、施肥等田间管理技术培训50余人次。文化下乡“扶志”，组织老干部宣讲团赴迪坎尔镇迪坎尔村、吐峪沟乡吐峪沟村、幸福村“培养良好生活习惯，崇尚文明家风”——助力脱贫攻坚宣讲3场次，受教育150余人。开展走访调研，对“十百双千”五老关爱行动中“双带”农村致富青年在脱贫攻坚中发挥作用进行调研，了解基层关工委和致富能手在脱贫攻坚中发挥示范带头作用情况。当好县委、县政府脱贫攻坚参谋助手。

（罗　娟）

## 网信工作

【基本情况】 鄯善县委网络安全和信息化委员会办公室于2017年3月组建，5月正式成立。2019年3月机构改革，设立县委网络安全和信息化工作委员会，作为县委的派出机关，设在县委网络安全和信息化委员会办公室。实行一个机构、一套人马、三块牌子，即鄯善县委网络安全和信息化委员会办公室、鄯善县委网络安全和信息化工作委员会与鄯善县互联网办公室合署办公，列入县委机构序列，级别为正科级。县网信办内设网络管理综合科、网络应对科2个科室；下设网络举报中心、网络舆情中心、网络应急中心3个事业单位。2020年，有在职人员14人。

【网络安全管理】 2020年，县委网信办组织全县各单位通过网络设备的日常巡检、漏洞升级修复补丁、安装杀毒软件等多种方式增强网络安全防护能力，指导督促相关单位修复高危漏洞、低危漏洞。

【网络安全宣传】 2020年，县委网信办组织全县网民参与“网络安全宣传周”“新疆好网民　传播正能量”等活动，获评自治区“网络安全宣传周先进单位”。指导策划拍摄的《抠脚大汉变美女，网络诈骗现形记》微视频在湖南省委网信办“网络安全公益微视频征集评选活动”中获三等奖；选送作品《海比布——养驴走上致富路》荣获自治区党委网信办“同奔小康·幸福新疆”新媒体传播竞赛人气奖。组织全县网络宣传员转发宣传“网信鄯善”微信公众平台发布自治区党委、市委、县委时事政治、疫情防控等正面宣传稿件3096篇，阅读转发达92万余人次。县委网信办获得吐鲁番2020年度网络宣传工作先进集体，获自治区级优秀个人16人、市级优秀个人8人。

【网络安全培训】 2020年，县委网信办通过集中培训、跟班学习、一对一、面对面、网上指导等多种方式，对网络宣传员，进行App注册和使用、网络宣传引导等内容的培训。

【互联网党建】 2020年，县委网信办落实网站准入机制，强化网站主体责任，坚持“谁开办、谁主管、谁负责”原则。召开新媒体人士座谈会，签订责任书和承诺书，强化自媒体的管理，提高网站党务工作者、新媒体人士的法治意识、营销理念和运营水平。指导的库木塔格沙漠电商网站被评为10家“自治区互联网领域党建示范点”之一，获5万元专项资金；“鄯善零距离”微信公众号、“鄯善县融媒体中心”官方微博、“鄯善好地方”App率先在全疆取得互联网新闻信息服务许可证。

（顾文雅）

鄯善县旅游文化广场

# 鄯善县人民代表大会

## 综 述

**【县十七届人大常委会委员】** 委员：孙忠、苏涛、艾乃斯·艾力（维吾尔族）、戚静涛、杨学金、顾永华（2020年1月11日任）、殷继报、高海洋（2020年1月11日任）、吴铁梁（2020年1月11日任）、帕提古丽·依米提（女，维吾尔族）、热扎克·阿布都（维吾尔族，2020年1月11日任）、印保国、钟魁、木合它尔·哈山（维吾尔族）、艾合买提·铁木尔（维吾尔族）、吐尔洪·阿不都热西提（维吾尔族）、阿力木·尤努斯（维吾尔族）、阿里木·阿布都热合曼（维吾尔族）、赛买提·卡德尔（维吾尔族）、阿同古丽·阿不力米提（维吾尔族）。

**【基本概况】** 鄯善县第十七届人民代表大会由6个类别代表171人，选举产生人大常委会委员20人，其中主任1人，副主任4人。截至2019年底，有代表169人，主任1人，副主任3人，常委会组成人员16人。

2020年，县人民代表大会常务委员会常委会，内设办公室、法制工作委员会、财经工作委员会、教科文卫工作委员会、代表人事工作委员会5个机构。有干部职工19人。

2020年，县人大常委会全年召开常委会会议6次，开展视察检查11次，听取和审议“一府一委两院”专项工作报告及重大事项报告20项，提出审议意见73条，作出决议决定4项。

## 重要会议

**【鄯善县第十七届人民代表大会第五次会议】** 鄯善县第十七届人民代表大会第五次会议：鄯善县第十七届人民代表大会第五次会议于2020年1月9日至1月11日在鄯善县影剧院召开，会期3天。出席会议的正式代表171人，实际出席158名，列席人员55人，县委书记孙忠出席会议并作重要讲话，县委副书记、县长尼加提·尼亚孜作《政府工作报告》。会议审议鄯善县2019年国民经济和社会发展计划执行情况及2020年计划草案报告，审查和批准鄯善县2019年国民经济和社会发展计划执行情况及2020年计划报告；审议鄯善县2019年财政预算执行情况和2020年财政预算草案的报告，审查和批准鄯善县2019年财政预算执行情况和2020年财政预算的报告；听取和审议县人大常委会工作报告、县人民法院工作报告、县人民检察院工作报告，并作出相应决议。

会议期间，代表联名提出议案、建议、批评和意见47件。其中，农业、畜牧、林业、水利类6件，占总数的12.76%；工交、城建、环保类22件，占总数的46.8%；商贸、财政、金融0件，占总数的0%；科教文卫、广播电视类8件，占总数的17.02%；政府工作、民政、劳动人事等其他综合类11件，占总数的23.40%。意见和建议内容涉及经济建设、科教文卫、民生和法律等各个方面。县政府按照分级负责、归口办理的原则，分别交由22家单位承办和4家单位协办。

【鄯善县人大常委会会议】

鄯善县人大常委会会议：2020年，召开十七届人大常委会会议6次。

十七届人民代表大会常务委员会第23次会议于2020年1月7日在县人大常委会会议室召开。会议听取和审议补选代表资格的审查报告，研究县第十七届人大五次会议有关事项。

十七届人大常委会第24次会议于2020年1月14日在县人大常委会会议室召开。会议审议县人大常委会关于接受沈青松、热扎克·马义提辞去市人大代表职务的决定（草案），补选吐鲁番市一届人大代表。

十七届人大常委会第25次会议于2020年2月13日在县人大常委会会议室召开。会议研究关于接受热比娅·吾斯曼同志辞去县十七届人大常委会副主任、人大代表职务请求的议案。

十七届人大常委会第26次会议于2020年9月9日在县人大常委会会议室召开。会议集中学习《关于印发〈认真贯彻落实习近平总书记重要批示精神以强监督坚决制止餐饮浪费行为九条措施〉的通知》（新纪办发〔2020〕23号）、习近平总书记在纪念中国人民抗日战争暨世界反法西斯战争胜利75周年座谈会上的讲话精神、习近平总书记在全国抗击新冠肺炎疫情表彰大会上的讲话精神；研究人事任免议案；听取和审议县人民政府关于脱贫攻坚巩固提升专项工作报告，并进行满意度测评；听取和审议县生态环境局关于2019年鄯善县环境状况和环境保护目标完成情况报告，并进行满意度测评；听取和审议县发改委关于项目建设工作情况报告，并进行满意度测评；听取和审议县农业农村局关于农牧业生产和农村人居环境整治工作情况报告，并进行满意度测评。

十七届人大常委会第27次会议于2020年9月29日在县人大常委会会议室召开。会议传达学习第三次中央新疆工作座谈会精神和习近平总书记关于“坚决制止餐饮浪费行为”的重要指示精神；研究人事任免议案；听取和审议县人民政府关于鄯善县2020年地方政府债务限额及预算调整方案的报告；听取和审议县人民政府关于鄯善县2020年抗疫特别国债预算调整方案的报告；听取和审议2019年本级财政预算执行和其他财政收支情况的审计报告；审查和批准鄯善县2019年县本级财政决算草案的报告、批准鄯善县2019年县本级财政决算；听取县人民政府关于十七届人大五次会议代表议案建议办理情况的报告，并进行满意度测评；听取县人民政府关于鄯善县2020年上半年国民经济和社会发展计划情况的报告、关于鄯善县2020年上半年财政预算执行情况的报告，并进行满意度测评；听取县教育局关于学校新冠肺炎疫情防控工作和教育教学工作开展情况报告、县文化和旅游局关于全域旅游发展和融媒体中心建设情况报告、县人力资源和社会保障局关于劳动力就业培训和转移就业情况报告，并进行满意度测评。

十七届人大常委会第28次会议于2020年12月11日在县人大常委会会议室召开。会议传达学习陈全国书记在吐鲁番调研时的讲话精神、党的十九届五中全会精神、习近平总书记关于宪法的重要论述和我国宪法的修改；听取和审议县人民法院扫黑除恶专项斗争和案件执行工作情况报告、县人民检察院刑事法律监督工作情况报告、县公安局扫黑除恶专项斗争工作情况报告、县卫健委关于疫情防控工作情况报告，并进行满意度测评；听取和审议县住建局工作情况报告、市场监管局工作情况报告，并进行满意度测评。

## 职权行使

【依法监督】 2020年，鄯善县人大常委会坚持正确监督、有效监督，聚焦新冠肺炎疫情对经济发展的影响依法开展监督，推动经济发展平稳有序。听取和审议2020年国民经济和社会发展计划执行情况和2020年项目建设情况报告，对服务企业工作进行专题调研，建议县政府在抓好常态化疫情防控前提下，统筹推进经济社会发展，落实落细各项惠企政策，把疫情影响降到最低，推动企业复工复产、达产增效。加强财政预算审查监督，听取和审议财政预决算、预算执行和调整、国有资产管理情况等报告，对《中华人民共和国会计法》《中华人民共和国预算法》实施情况进行检查，要求县政府及财政部门加强财政预算和绩效管理，加强国有资产管理，促进国有资产保值增值，努力克服新冠肺炎疫情带来的收支矛盾压力。严格控制债务风险，及时对地方政府债务限额进行审查批准。坚持审计问题整改监督，听取和审议县政府审计工作及审计查出问题整改情况的报告，紧盯审计监督查出的问题跟踪督办，推动问题整改落实。围绕生态环境保护，听取和审议县人民政府环境状况和环保目标完成情况工作报告，配合市人大开展2020年天山环保行执法检查，实地查看水源地保护、草场保护、污水处理等工作，监督推进生态环境保护工作见效。围绕公共医疗卫生，对医共体建设和医疗保险工作进行专题调研，听取相关部门工作情况报告，提出促进县人民医院建设和基层卫生人才引进，加强基层卫生服务能力提升的建议，保障各族群众在家门口就能“看得上病”“看得起病”“看得好病”。围绕乡村振兴战略，对农产品精深加工和葡萄产业发展情况、葡萄产业提质增效、乡村旅游发展、民宿工作情况进行视察调研，大力推动特色农产品发展，推进乡村旅游与相关产业深度融合，助力形成乡村振兴战略新格局。充分发挥常委会“审议意见”效力，在每次审议专项报告前，均围绕审议议题开展视察调研，确保常委会组成人员在会上提出有思考、有见地、有针对性的审议意见，会后形成高质量的“审议意见书”交“一府一委两院”及相关部门办理，并通过跟踪督办强化部门对常委会审议意见的执行力。全年向政府及部门转交“审议意见书”2份、审议意见28条，得到政府及部门的高度重视和整改落实。始终将满意度测评作为有效监督手段，通过对专项报告和部门工作报告进行现场票决制满意度测评、现场宣布测评结果，对扫黑除恶专项斗争、刑事法律监督、项目建设、学校疫情防控和复学复课、新冠肺炎疫情形势下农业生产等13项工作报告进行满意度测评，切实达到“测”出压力、“评”出动力的效果。

**【代表工作】** 2020年，县人大常委会通过加强代表培训，搭建履职平台，激发履职活力，深化和拓展代表工作，发挥人大代表主体作用，发挥代表反映民意、汇聚民智、化解矛盾、促进和谐的桥梁纽带作用。加强代表培训，组织各级人大代表学习宣传贯彻习近平总书记关于坚持和完善人民代表大会制度的重要思想，收看全国人大常委会举办的党的十九届四中全会精神、美丽中国建设、完善中国特色社会主义法律体系专题、计划预算审查监督专题视频讲座，提升代表现代治理理念和生态文明建设理念；按期为各级人大代表免费寄送《新疆人大》杂志，安排代表轮流列席人大有关会议，参加常委会组织的视察调研、执法检查等活动，扩大代表有序政治参与。强化阵地建设，激发代表履职动力。根据自治区人大和市人大关于加强人大代表“家、室、站”建设的意见，在全县建成人大代表工作室1个、乡镇和村（社区）代表联络站91个，畅通代表联系群众、依法履职的渠道；落实代表激励机制，为连任三届的6名人大代表发放补助73800元，加强对代表的关心关爱，对生病住院代表及时慰问关怀；健全完善代表联络站工作制度、代表联系群众制度、人大代表述职评议制度等7项制度，规范代表活动程序。深化拓展“双联系”制度，密切常委会组成人员与代表、代表与群众的联系，通过代表走访群众、接待群众等活动和人大监督工作，提升代表为民履职实效。

**【议案、建议督办】** 2020年，县人大常委会强化督办机制，促进代表建议有效落实。健全代表建议督办机制，通过重点督办、领导领办和专项视察、听取办理情况汇报、满意度测评等形式，多措并举促进代表建议办理落实。县十七届人大五次会议代表建议共47件，在“一府一委两院”的高度重视下，全部办理答复完毕，代表满意率和基本满意率达100%，人民群众的获得感不断增强。

【人事任免】 2020年，县人大常委会坚持党管干部与人大依法任免有机统一，执行任职资格审查、任职表态发言、审议票决、宪法宣誓的任命程序，使党组织推荐的人选通过法定程序成为国家机关的领导干部。年内，任命国家机关工作人员7人、免职6人，任命人民陪审员28人，补选市人大代表2人，组织宪法宣誓7人次。加强任后监督，通过常委会听取任命干部履职报告和向主任会议提交书面履职报告两种形式，对25名人大任命的领导干部进行履职监督。

【指导基层人大工作】 2020年，县人大常委会重视乡镇人大工作，采取业务指导、相互交流、专题培训等方式，提升乡镇人大工作水平。落实常委会领导包片联系指导乡镇人大工作制度，每季度召开1次乡镇人大主席联席会议，交流工作经验，推进工作落实；邀请乡镇人大主席列席常委会议和参加视察调研、执法检查，加强乡镇人大工作。

【信访工作】 2020年，县人大常委会把信访工作作为密切联系群众、倾听群众呼声、实施有效监督的重要渠道，加大信访工作力度。开展县领导信访接待和人大涉法涉诉信访接待，化解信访矛盾纠纷，受理人民群众来信来访34件72人次，按照集体行使职权、分级负责、归口办理、事后监督的原则，办结34件，对一批涉法涉诉信访案件进行重点督办，维护群众合法权益。常委会领导带领解决群众困难诉求巡回工作组，深入鲁克沁镇、吐峪沟乡，对团结关爱户困难问题和诉求全覆盖摸排并解决，年内解决群众困难问题482件。

【民主法治建设】 2020年，县人大常委会贯彻党的十九届四中全会关于坚持和完善人民代表大会制度新要求，与“一府一委两院”同步推进依法治县进程，把人民代表大会制度优势转化为县域治理效能。聚焦宪法法律宣传，以宪法宣传为重点，在人大系统开展宪法系列宣传活动，为贯彻实施宪法营造良好社会环境。组织全县各级人大代表600余人收看全国人大常委会举办的民法典视频专题讲座，让民法典走进代表心中。聚焦治理能力建设，听取和审议县人民法院、公安局扫黑除恶专项斗争情况汇报，配合市人大对出租房屋管理情况进行专题调研，协调处理涉法涉诉信访案件34件。宣传引导人大代表在“七五”普法、“扫黑除恶”专项斗争、综治平安建设和信访维稳等工作中发挥示范引领作用。聚焦审判工作，组织人大代表实地到鲁克沁法庭、连木沁法庭对基层法庭建设情况进行调研，了解基层法庭基础设施建设、人员配备、审判工作以及便民、利民服务等情况，就基层法庭建设提出意见建议，推进基层法庭建设。聚焦检察工作，听取和审议县检察院刑事法律监督工作情况报告，在肯定检察院工作的同时，要求检察院加强对侦查、立案、审判、刑罚执行等各环节的监督，防止“以罚代刑”“有案不立”等问题出现。聚焦执法检查，对《中华人民共和国安全生产法》等5部法律法规实施情况进行执法检查，督促政府及相关部门、单位、企业、重点场所全面落实法律法规。

【脱贫攻坚工作】 2020年，县人大常委会始终把助力全县脱贫攻坚作为第一政治责任、第一民生实事，在精准施策、持续发力、凝聚共识中发挥人大作用。围绕就业扶贫、产业扶贫、环境卫生整治、巩固拓展脱贫攻坚成果与乡村振兴有效衔接等重点任务，落实每年听取脱贫攻坚工作报告制度，在常委会上2次听取审议县人民政府关于脱贫巩固提升专项工作报告并进行满意度测评。组织人大代表对产业扶贫、就业扶贫工作专题调研，加强视察调研和审议意见的跟踪督办，推动脱贫巩固提升重点任务落实。开展“助力脱贫攻坚——人大代表在行动”主题活动，举办“代表大讲堂”活动10余场次。组织各级代表集中学习习近平总书记关于扶贫工作系列重要讲话精神和自治区党委、市委、县委脱贫攻坚重大决策部署，宣传引导人大代表发挥岗位优势，通过法律政策宣传、种养殖培训、农产品销售、吸纳就业、出资捐款等形式，助力脱贫攻坚。全年，参与脱贫攻坚的各级人大代表320人，吸纳就业300人，出资捐款170万余元。

【疫情防控】 2020年，县人大常委会把坚定坚决打赢疫情防控人民战、总体战、阻击战作为检验初心和使命的一场大考，全力推动疫情防控各项措施的落实。第一时间动员部署，多次召开专题会议，传达学习中央、自治区党委、市委、县委关于疫情防控工作的最新指示精神。向各级人大代表发出倡议，宣传引导代表当好“战斗员”“监督员”“示范员”“宣传员”。充分发挥人大监督职能，市、县人大联动对传染病防治法、野生动物保护法和《全国人大常委会关于全面禁止野生动物非法交易、革除滥食野生动物陋习、切实保障人民群众生命健康安全的决定》实施情况检查；对部分乡镇卫生院、学校落实常态化疫情防控措施检查调研，听取审议县卫健委、教育局、市场监管局等部门落实疫情防控责任情况报告，听取农业农村局、交通局、人社局等部门统筹推进农业生产、项目建设、道路建设和交通运输、政策落实等情况报告，推动相关部门按照疫情防控要求，统筹推进疫情防控和经济社会发展。发挥代表优势作用，号召全县各级人大代表发挥密切联系群众的优势，主动参与疫情防控工作。各级各族人大代表立足各自岗位，带头落实并宣传疫情防控各项措施，带头参与爱心捐赠、志愿服务，代表捐款捐物20余万元，提出疫情防控建议60余条，435名各级人大代表从事一线防疫工作，以实际行动践行人大代表的使命担当。

（杨学全）

库木塔格沙漠

# 鄯善县人民政府

## 综 述

**【“十三五”期间政府工作】** 2020年，是鄯善县全面建成小康社会和“十三五”规划的收官之年。过去的五年，县人民政府在市委、市政府和县委的坚强领导下，坚持以新时代党的治疆方略为指引，坚持稳中求进工作总基调，坚持新发展理念，围绕自治区党委“1+3”工作部署和市委、县委系列决策部署，统筹推进经济社会平稳向好发展，社会大局持续和谐稳定，完成“十三五”确定的各项目标任务。

“十三五”以来，鄯善县千方百计稳增长，综合经济实力显著提升。坚持稳中求进总基调，经济社会实现高质量发展，经济总量不断扩张，全县生产总值突破150亿大关，人均水平跃居全疆中上游、全市前列，地方工业增加值较“十二五”末翻了一番，地方属关键指标实现“五连增”。“十三五”末，实现生产总值152.28亿元，较“十二五”末增长58.63亿元，增长1.65倍；工业企业增加值53.14亿元，较“十二五”末增长30.86亿元，增长1.67倍，其中地方实现工业增加值28.12亿元，较“十二五”末增长15.55亿元，增长2.24倍。“十三五”时期累计完成投资483.23亿元，完成“十三五”规划目标的112.4%。“十三五”末，一般公共预算收入完成17.21亿元，较“十二五”末增长6.21亿元，增长1.56倍；社会消费品零售总额实现15.83亿元，较“十二五”末增长2.33亿元，年均增长1.28倍；城镇居民人均可支配收入37393元，较“十二五”末增长10608元，年均增速7.18%；农村居民人均可支配收入16354元，较“十二五”末增长5987元，年均增速9.5%。

“十三五”以来，鄯善县聚焦落实总目标，社会大局持续稳定向好。始终坚持警钟长鸣，警惕常在，常抓不懈、久久为功，坚决打好维稳“组合拳”，成功破获一批危安案件，打掉一批涉黑涉恶团伙。立体化、智能化、信息化社会防控体系从有到优，社会治安案件、刑事案件发案率逐年下降，6个乡镇成功创建“自治区优秀平安乡镇”，自治区优秀平安县含金量更高。民族宗教和谐和睦，各族群众交往交流交融氛围愈加浓厚，感党恩、听党话、跟党走意识深入人心，鄯善县获自治区民族团结进步示范县，连续两届获自治区“双拥模范县”。

“十三五”以来，鄯善县不遗余力提质效，经济发展迈上新台阶。紧紧围绕一产上水平、二产抓重点、三产大发展，大力推进一、二、三产融合发展，经济发展质量和效益稳步提升，一、二、三产结构比例由2015年的13.46：66：20.54调优为11.51：57.42：31.07（2019年）。各类市场主体增至19900户。规上企业增至55家。农业提质增效，完成葡萄架式改造6666.67公顷，6800公顷哈密瓜和11333.33公顷无核白鲜葡萄国家绿色食品原料标准化生产基地续展工作通过农业农村部审核验收，鄯善县被中国园艺学会西甜瓜专业委员会评为

"中国哈密瓜之乡"；以大芸为主的优势特色产业不断壮大，梭梭套种大芸达4333.33公顷；牛羊存栏量由"十二五"末的35万头（只）激增至102.3万头（只）；连续三年获自治区农田水利基本建设"天山杯"竞赛"先进县市综合奖"。工业转型升级，由一油主导向多元驱动转型，产业集群发展的现代化工业布局初步形成，煤炭煤化工蓄势待发，铸造及装备制造业加快转型，硅基、镁基产业异军突起，合盛硅业主板成功上市，实现全市零的突破，石材园区、工业园区双双获"自治区优秀工业园区"。旅游"井喷"发展，库木塔格国家AAAAA级景区创建工作迈出坚实步伐，景区获"新疆景区品质服务年度大奖"，星空客栈捧得"新疆民宿创意年度大奖"，库木塔格沙漠入选全国最美沙漠。建成海市蜃楼观景点、沙漠水世界、新龙门客栈越野基地，打造全域旅游新业态，"十三五"期间接待游客、旅游综合收入较"十二五"分别增长2.8倍、13.2倍。

"十三五"以来，鄯善县尽锐出战抓扶贫，脱贫攻坚取得决定性成就。紧扣"两不愁三保障"，按照"六个精准""七个一批""三个加大力度"要求，坚持靶向攻坚，精准施策，脱贫攻坚取得决定性胜利，2436户9281人全部脱贫，5个自治区级贫困村全部退出，建档立卡贫困户人均纯收入由2014年的2467元增至2020年的11297元，年均增幅30.9%，贫困人口生活越来越好，2017年、2019年代表全市接受自治区脱贫攻坚成效交叉考核，2020年自治区脱贫攻坚成效考核综合评价结果为"好"（位列44个有扶贫任务非贫困县第3位）。

"十三五"以来，鄯善县持之以恒守底线，生态环境明显改善。始终坚守发展和生态两条底线，着力打好蓝天、碧水、净土保卫战，空气质量优良达标率73.1%，较2016年上升16.3%，饮用水水源地和地表水水质达标率均达100%，重金属减排量下降8.2%；全力推动节水型社会达标建设，退地减水3893.33公顷，节水面积7733.33公顷；扎实推进防沙造林，三北防护林工程造林4333.33公顷，退耕还林1133.33公顷，沙化治理9000公顷，城市绿化覆盖率达40.2%，鄯善县先后获全国生态建设突出贡献先进集体、国家卫生县城、国家园林县城、全国防沙治沙先进集体荣誉称号；推进农村人居环境治理，创建美丽庭院14302户，建设美丽庭院示范一条街19条，累计完成农村改厕35066座，农村人居环境整治三年行动通过自治区验收，鄯善县被评为"全国村庄清洁行动先进县"。

"十三五"以来，鄯善县竭尽全力惠民生，各族群众获得感更加充实。始终坚持人民至上理念，大力改善民生福祉，财政投入民生占比超70%，累计支出106.14亿元，是"十二五"的1.45倍。坚持就业优先，新增就业1.85万人次，转移农村富余劳动力9.2万人次，农民工、复转军人、高校毕业生等重点群体就业得到有效保障；教育资源供给不断扩大，补充教师2335名，新建幼儿园44所，学前三年毛入园率100%，义务教育巩固率达到95.61%，国语教学实现全覆盖，职业教育迈向纵深发展，连续4年实施应届中高考学生50元/人营养补助政策；县乡村医共体统筹更加紧密，山南医疗中心建成投用，乡镇、村（社区）卫生院、卫生室建设标准化率100%，城乡内就诊率达90%以上，连续5年开展全民免费健康体检，居民健康档案建档率100%；在全疆率先成立退役军人服务中心及服务站；城乡居民养老保险标准提高到145元，城市和农村最低生活保障标准分别提高到6000元和4300元/人/年；9个乡镇设立图书馆、文化馆分馆，109个综合性文化服务站覆盖乡村，免费向农牧民发放"户户通"、机顶盒53760套（台），基本实现收视全覆盖，让群众享受更多文化惠民成果。

"十三五"以来，鄯善县协调并进提品质，城乡面貌焕然一新。坚持规划先行引领城市发展，建城区面积达到28.79平方千米，城镇化率提高至34%，东、西环路全面通车，城区"三纵十二横"交通路网基本形成；新改建农村公路423.3千米，村组巷道硬化到户100%，实现村村通，开通21条城乡公交线路，行政村公交车通达全覆盖；山南及连木沁镇供水片区合并联网，新建改造农村供水管网170千米，15万名群众喝上洁净安全的自来水；改造污水管网13.05千米、农村电网720千米，完成棚户区改造14985套，改造老旧小区123栋，新建小区29个，建设安居富民房12820套，人民居住环境大幅改善。2020年，鄯善县不断推进城乡均衡发展，投资2.5亿元，开工5个市政建设项目；完成棚户区改造12.86万平方米，建设保障性住房342套，建成安居富民房5281套，3919户15676人喜迁新居；完成七克台镇农村安全饮水工程，鄯东片区供水得到保障；完成7个乡镇农网升级改造工程，开工建设750千伏变电站工程，用电结构进一步优化；新建农村公路49.08千米，成功创建自治区“四好农村公路”示范县。

“十三五”以来，鄯善县携手共进添动力，对口援疆成果丰硕。始终把对口援疆作为推动经济社会发展的不竭动力，产业援疆、人才援疆、教育援疆、医疗援疆综合效益日益凸显。援疆资金投入超5亿元，实施湖南援疆项目34个，山南三乡一镇农村安全饮水巩固提升工程、鲁克沁排水工程等一批惠民项目纷纷建成落地，504名援疆干部人才助力鄯善社会稳定、支援经济社会发展。

“十三五”以来，鄯善县与时俱进促改革，发展活力不断增强。坚持统筹推进各项政务改革，县、乡政府机构改革如期完成，事业单位管理体制全面理顺，事业单位转企改革全面完成，经营性事业单位应转尽转，机关事业单位养老保险制度改革和国有企业退休人员社会化管理政策全面落实；迪坎乡、辟展乡撤乡设镇；农业水权水价综合改革、公立医院综合改革、乡镇站所管理体制改革稳步推进；“放管服”改革扎实推进，网上办理事项由518项增加到745项，政务服务事项网办率达99.8%，最多跑一次事项提升至99%。

“十三五”以来，鄯善县驰而不息转作风，政府自身建设逐年加强。坚持政治引领，深入开展“两学一做”学习教育、“不忘初心、牢记使命”主题教育，驰而不息纠正“四风”“四气”；坚持依法行政，大力推行行政执法“三项制度”，扎实开展“七五”普法，顺利通过自治区“法治政府”验收；坚持从严治党，自觉接受人大法律监督、政协民主监督和社会舆论监督，办理市、县人大议案建议326件、政协提案388件，办结率逐年提升；坚决贯彻中央八项规定精神，持续强化政府部门执行力，政府公信力明显提升。

**【2020年政府工作】** 2020年，是鄯善县全面建成小康社会和“十三五”规划的收官之年，是成功应对疫情防控、脱贫攻坚、防汛抗旱等多重挑战的“大考”之年。面对经济社会发展形势深刻复杂变化，全县人民坚定信心不动摇、咬定目标不放松，取得疫情防控和经济社会发展双胜利。

2020年，全县实现生产总值152.28亿元。工业企业增加值53.14亿元，其中地方工业增加值28.12亿元。全社会固定资产投资完成75.71亿元。一般公共预算收入完成17.21亿元。社会消费品零售总额实现15.83亿元。城镇居民人均可支配收入37393元，农村居民人均纯收入16092元。

2020年，鄯善县坚决落实维稳常态化措施，社会治安防控体系不断健全，扫黑除恶专项斗争成果不断巩固，社会治安案件、刑事案件发案率历史最低，平安创建“三率一感”接近百分百，县委、县人民政府被市委评为“维稳双联户”创建工作先进集体。开展“民族团结一家亲”和民族团结联谊活动，促进干群关系深度交融。推进安全生产、防灾减灾救灾体制机制改革，确保安全生产形势持续平稳向好，安全生产事故指标实现“四下降”，事故总量较“十二五”末下降61%，连续六年获得市级安全生产先进单位。立足“防大汛、抢大险、救大灾”，组织干部群众上下同心，成功抵御雪灾、旱涝灾害冲击，保障人民群众生命和财产安全。

2020年，鄯善县稳步推进乡村振兴，突出农业产业发展，建成葡萄标准化示范基地2200公顷，74个村级示范园全部挂牌，实施葡萄架式改造118.45公顷；完成牛羊育肥

102.3万头（只），发展斗鸡5万羽，生猪存栏1.2万头；创建自治区级农业龙头企业4家，鄯善果叔公司特色农产品加工基地和电商服务基地项目全面投产，引进新疆佰草1万吨/年大芸及系列中草药加工生产项目，以大芸为药材成分的医药生产加工基地粗具规模；新疆黄金叶子公司6000吨/年、鄯善达尼希农民合作社7000吨/年腌渍葡萄叶深加工项目建成投产，产品远销保加利亚、澳大利亚、希腊等国。鄯善县培优育强支柱产业，突出项目引领带动，招商引资到位资金预计完成73.2亿元，比上年增长16.08%；争取到中央预算内投资、地方政府新增债券及特别国债资金20.39亿元，150个固投支撑项目实现投资既定目标；谋划包装“十四五”项目502个，总投资2230.8亿元；中镁16万吨/年高端镁制品等项目开工建设，合盛硅业14万吨/年混炼硅橡胶等14个项目投产增效，全国首个15万吨/年轻质油沙油项目试开采成功，中直能源9千米煤炭铁路装车专用线建成通车，华越型煤等14家企业升规入统，工业总量持续扩大；库木塔格矿区总规、沙尔湖矿区总规及环评、七克台矿区120万吨/年、150万吨/年2个矿区建设项目获得国家核准、评审；金汇选冶100万吨热轧型材项目备案手续获国家发改委和工信部认可；石材工业园区增量配电网项目取得电力业务许可证；尖西菱镁矿等4个探矿权在自治区成功挂牌出让，为地方工业蓄势发展增添强大动力。鄯善县倾力打造全域旅游，突出强基础扩容量，车师酒庄成功创建国家AAA级景区，楼兰酒庄被评为“新疆首批工业旅游示范基地”，赛尔克甫村、吐峪沟村入选中国传统村落名录，鄯善县被命名为“自治区全域旅游示范区”；投资4653万元，新建、改造足球场、柯柯亚古堡等文旅项目6个，滨沙大道全面开工建设；新建旅游厕所5座、停车场3处、5G基站3座；开辟旅游线路4条，新增民宿7家，完成2家酒店三星级复核，旅游服务能力进一步增强；提升“微笑服务”质量，开展“一部手机游鄯善”营销宣传，网宣关注量激增；落实景区门票优惠等政策，力促旅游经济回暖，国庆、中秋双节期间，接待游客数、旅游收入分别比上年增长9.54%、0.48%。

2020年，鄯善县聚焦精准扶贫、精准脱贫，全面打好脱贫攻坚总攻战，31个扶贫项目全部竣工，扶贫项目绩效考核被自治区评为优秀；开发就业岗位1747个，发放就业创业补贴476.1万元，实现有劳动能力贫困户全部稳定就业，梭梭接种大芸等优势产业带动就业2200余人，1192户享受生态补偿分红受益；277名贫困家庭学生教育资助政策全覆盖，1950人新享受兜底政策应保尽保；设立消费扶贫生活馆，引导社会各界帮助购买、销售农产品4046万元；优先配置398.2万元，不断改善扶贫安置区生产生活条件，发展庭院经济每户增收1000余元，确保贫困户稳得住、能致富；推动脱贫攻坚与乡村振兴有效衔接，脱贫攻坚成果更加巩固。

2020年，鄯善县全面打好生态治理攻坚战，中央和自治区环保督察交办反馈的15项39条整改任务全部销号；坚决落实“六控”措施，划定高污染燃料禁燃区2.65平方千米，完成39家重点管理、19家简化管理排污许可证核发和860个登记管理备案工作，完成植树造林666.67公顷、封育2000公顷、沙障建设60公顷、围栏58千米；扎实开展人居环境整治，完成“四上”20201户、“三区分离”12791户，开展庭院绿化12773户，建设村庄绿化示范村20个，完成农村改厕20212座，改厕工作在全市名列前茅。

2020年，鄯善县倾心倾力保障民生，全力推进稳岗就业，组织各类职业技能培训15710人次，扶持创业带动就业2550人，组建施工队伍253支2837人，创收4224.96万元，实现农村富余劳动力转移就业19559人次，城镇新增就业3252人，零就业家庭动态为零；坚持优先发展教育，采购学校图书39.7万册，建成县二中综合教学楼等8个基础配套设施项目，193名新聘幼师全部上岗，城乡师资实现均衡配置，充分利用“互联网+教育”模式，确保疫情期间停课不停学；大力保障人民健康，实施“先诊疗后付费”和“一站式”结算服务16833人次，新改建方舱发热门诊等6个项目，连木沁镇卫生院业务用房、东巴扎乡卫生院业务综合楼建成投用，10个乡镇卫生院配套附属设施建设完成；持续加大社会保障，发放各类社会救助补贴4024.32万元，社会保险参保率达95%，建成残疾人康复中心、连木沁镇农村幸福大院；实施暖心惠民工程，为5282户低收入家庭发放暖心煤5855吨，投放节日爱心鲜肉108.74吨，受益群众4.5万人，人民享受更多发展成果。

2020年，鄯善县不断推进城乡均衡发展，投资2.5亿元，开工5个市政建设项目；完成棚户区改造12.86万平方米，建设保障性住房342套，建成安居富民房5281套，3919户15676人喜迁新居；完成七克台镇农村安全饮水工程，鄯东片区供水得到保障；完成7个乡镇农网升级改造工程，开工建设750千伏变电站工程，用电结构进一步优化；新建农村公路49.08千米，成功创建自治区“四好农村公路”示范县。

2020年，对口支援效益持续放大，第九批援疆工作队199名干部人才接续援鄯，援助资金1.41亿元，实施项目24个，教学楼、干部周转房等一批援疆项目投入使用，“儿童保健门诊”项目建成运行，填补医疗领域“儿童保健”空白；第三批14名柔性援疆医疗专家坐诊乡镇卫生院，补齐基层医疗业务技术短板；“疆品入湘”牵手“甜蜜事业”帮助销售哈密瓜1000余吨，鄯善农产品成功入驻衡阳消费扶贫公共服务平台，帮助销售农产品3154.94万元，捐赠110万元防疫资金和10万元防疫物资，助力鄯善县抗疫工作，衡鄯之情再度升温。

2020年，鄯善县坚持目标导向、需求导向，持续提升政务服务水平，政务服务中心自助服务、“集成服务”等平台作用发挥凸显，接待办事群众12.6万人次，受理服务事项87084件；推进工程建设项目审批制度改革，完成46项县级确认审批事项，工程项目审批压缩到120个工作日以内；全面完成3个试点乡镇农村土地承包经营权确权登记颁证工作；不动产登记登薄量6056件；农村宅基地及集体建设用地使用权核发证书33521宗；创新温室资产盘活处置工作，拍卖温室341座；鄯善农信社顺利改制为农商银行。

2020年，鄯善县始终坚持把政治建设放在首位，依法履行政府职责，办理人大议案建议54件、政协提案88件，办复率100%；办理国务院“互联网+督查”和市、县长信箱103件，一批群众关注的热难点问题得到有效解决；持续落实基层减负各项措施，文件和会议分别精简10.2%、2.78%；严格预算管理，“三公经费”下降5%；政府治理能力、治理水平显著提升。

2020年，面对突如其来的新冠疫情，鄯善县坚持慎终如始、主动作为，累计投入2.56亿元，率先在全市建成4个消杀中心、日检测能力1万管的核酸检测实验室，免费核酸检测384.4万人次，为18.96万群众发放140万盒（副）药剂。为1787名医务人员、干部购买保险，为一线抗疫工作者发放补贴150万元，落实40—80元/人/天的营养餐标准，2440名工作人员在医学观察点贴心服务，79名心理咨询师每天24小时热线服务群众。千方百计保障生产生活物资正常供应，“点对点”服务企业复工复产，规上企业应复尽复，个体工商户有序开业，中小学、幼儿园教育教学有序恢复。严格落实自治区28项70条及19项40条政策，为中小微企业和个体工商户减免税1.76亿元，发放贷款17.45亿元，展期、续贷、延期2.63亿元，降低用电、用气成本1466.48万元，减免房租8075户2535.9万元。减免市政公用基础设施配套建设费4401.87万元，有效激活市场主体活力。在这场大战大考中，鄯善县始终把人民群众生命安全和身体健康放在第一位，1886名医务工作者舍身抗疫、不辱使命，3名优秀医护人员逆行出征、驰援武汉，5990名干部职工、党员先锋队、志愿者冲锋战斗在最前沿，全县各族群众众志成城，舍小家为大家，用负重前行守护岁月静好，3次疫情防控阻击战连战连捷。

## 重要会议

**【县政府常务会议】** 2020年1月16日，召开县人民政府2020

年第一次脱贫攻坚专题常务会议，会议就2020年自治区、市级财政专项扶贫资金项目计划有关事宜进行专题研究。

2020年1月16日，召开县人民政府2020年第一次政府常务会议，会议就鄯善县职业高中转设为鄯善县中等职业技术学校、春博会筹备、成立旅游产业发展领导小组、银鑫城市信用社划拨土地使用权办理土地变更登记等有关事宜进行专题研究。

2020年2月12日，召开县人民政府2020年第二次政府常务会议，会议就《鄯善县突发公共卫生事件应急预案》《鄯善县突发公共卫生事件医疗卫生救援应急预案》《鄯善县新冠肺炎疫情防控期间企业复工工作方案》《鄯善县新冠肺炎疫情防控期间春季时令蔬菜和肉类生产保障供应工作方案》《鄯善县新冠肺炎疫情防控期间生活物资保障工作方案》、关于建立县级应急成品粮储备机制等有关事宜进行专题研究。

2020年2月24日，召开县人民政府2020年第三次政府常务会议暨第二次脱贫攻坚专题会议，会议就鄯善县与阿瓦提县2020年区内协作扶贫协议书有关事宜进行专题研究。

2020年3月6日，召开县人民政府2020年第四次政府常务会议，会议就城区供水管网设施建设等21个项目申报中央预算内资金进行专题研究。

2020年3月20日，召开县人民政府2020年第五次政府常务会议暨第三次脱贫攻坚专题会议，会议就2020年扶贫项目建设进度及资金支付有关事宜进行专题研究。

2020年3月29日，召开县人民政府2020年第六次政府常务会议，会议听取安居富民工作情况汇报，就棚户区改造项目进行专题研究。

2020年4月26日，召开县人民政府2020年第七次政府常务会议，会议学习新疆维吾尔自治区政府消防工作联席会议精神，听取重点项目进展工作情况汇报，就鄯善县2020年度地质灾害防治方案、城市减免生活垃圾清运费等有关事宜进行专题研究。

2020年4月26日，召开县人民政府2020年第四次脱贫攻坚专题常务会议，会议就2020年扶贫项目和水库移民项目进展情况及资金支付情况、2020年中央（第二批）财政专项扶贫资金项目计划、易地扶贫搬迁后续巩固提升工作情况等有关事宜进行专题研究。

2020年5月31日，召开县人民政府2020年第五次脱贫攻坚专题常务会议，会议就2020年中央、自治区、市级财政专项扶贫资金项目进展情况、中央财政专项扶贫资金（奖励资金）申报项目、鄯善县巡视反馈意见整改工作情况等有关事宜进行专题研究。

2020年6月15日，召开县人民政府2020年第八次政府常务会议，会议就关于重新确认鄯善县七克台矿区资源整合区二号整合井田开发业主、转让鄯善县长草东勘查区探矿权、鄯善县梧桐沟西菱镁矿等5个拟设探矿权进行公开出让等有关事宜进行专题研究。

2020年6月25日，召开县人民政府2020年第九次政府常务会议，会议就鄯善县安全生产专项整治三年行动实施方案、鄯善县农村宅基地及集体土地建设用地确权登记发证工作实施方案、关于鄯善县农村宅基地确权登记发证工作的公告、鄯善县立体停车场收费、原划拨土地补办土地出让手续等有关事宜进行专题研究，会议听取鄯善县近期就业工作进展情况汇报。

2020年6月25日，召开县人民政府2020年第六次脱贫攻坚专题常务会议，会议就2020年财政专项扶贫资金项目进展情况有关事宜进行专题研究。

2020年8月10日，召开县人民政府2020年第十次政府常务会议，会议就七克台镇石油联合站东砂石料2号矿采矿权实施公开挂牌出让、新疆吐哈石油勘探开发有限公司企业改制土地权属变更登记八宗地土地面积核减、收回吐哈油田部分国有土地使用权、国有资产处置、鄯善县执法办案中心建设项目资金筹措、排水改扩建二期（污水处理厂）技术改造等有关事宜进行专题研究。

2020年9月6日，召开县人民政府2020年第十一次政府常务会议，会议就鄯善县2020年农村乱占耕地建房问题整治工作方案、鄯善县人民政府与合盛硅业股份有限公司投资协议书、鄯善县人民政府与新疆旅游投资集团投资协议书等有关事宜进行专题研究。

2020年9月6日，召开县人民政府2020年第六次脱贫攻坚专题常务会议，会议就鄯善县近期贫困人口实现增收巩固脱贫成果进展情况进行专题研究。

2020年9月13日，召开县人民政府2020年第十二次政府常务会议，会议就关于调整2020年抗疫特别国债预算、2020年县本级政府债务限额及预算调整、2019年财政决算报告、2020年上半年财政预算执行情况、鄯善县国土空间总体规划（2020—2035年）编制实施方案、鄯善县自然资源局近期挂牌出让、协议出让土地情况、鄯善县国有企业退休人员社会化管理工作方案等有关事宜进行专题研究。

2020年9月19日，召开县人民政府2020年第十三次政府常务会议，会议就鄯善县人民政府与新疆中镁高温材料有限公司投资协议相关事宜进行专题研究。

2020年10月2日，召开县人民政府2020年第十四次政府常务会议，会议就将审计局办公楼及火车站四处资产进行处置、鄯善县康养服务中心改建项目、鄯善县房地产市场平稳健康发展、鄯善县饮用水水源保护区划分、变更和撤销等有关事宜进行专题研究。

2020年10月7日，召开县人民政府2020年第十五次政府常务会议，会议就排水改扩建二期（污水处理厂）技改项目建设、三座拟新建加油站调整规划、鄯善县人民政府与新疆华电火洲能源有限公司签订综合能源基地建设战略合作、鄯善县土地报批、土地供应、协议出让及民生工程项目建设占用永久基本农田调整补划、进一步实行最严格的水资源管理制度、井电双控计量设施开展运行维护等有关事宜进行专题研究。

2020年10月24日，召开县人民政府2020年第十六次政府常务会议，会议就推进鄯善石材工业园区增量配电网项目有关事宜进行专题研究。

2020年11月6日，召开县人民政府2020年第十七次政府常务会议，会议就鄯善县土地报批、挂牌出让、划拨用地、临时用地及补办土地出让手续、智慧三农云服务平台框架合作协议、新疆吉祥鸟服饰有限公司、吐鲁番新葡王酒业有限公司、鄯善县万国鸿业房地产开发有限公司、鄯善县世纪诚通房地产开发有限公司、鄯善金马房地产开发有限公司建设项目予以人防整治销号等有关事宜进行专题研究。

2020年11月25日，召开县人民政府2020年第十八次政府常务会议，会议就鄯善县节水行动实施方案、鄯善县申报2021年中央预算内投资项目、鄯善县人民政府与新疆猛狮睿达新能源科技有限公司风光储+油气尾气发电+大数据处理中心一体化运行项目合作框架协议书、关于开展鄯善县农村房屋安全隐患排查整治工作实施方案、畜牧养殖设施农用地备案、中国安华集团有限公司与新疆新业国有资产经营（集团）有限责任公司项目投资协议书等有关事宜进行专题研究。

## 重要决策、决议

**【县人民政府作出重要决策、决定、通知】**

《关于调整鄯善县人民政府县长 副县长 党组成员工作分工的通知》（鄯政函〔2020〕9号）。因人事变动和工作需要，经县政府党组会议研究，对县人民政府领导工作分工重新进行调整，以便工作联系。

《关于印发〈鄯善县扶桑绵粉蚧疫情处置实施方案〉的通知》（鄯政发〔2020〕28号）。针对吐鲁番市发生扶桑绵粉蚧侵入棉田，依据自治区新植检〔2010〕39号文件要求，以《新疆扶桑绵粉蚧疫情监控工作方案》《新疆扶桑绵粉蚧疫情应急处置方案》和《吐鲁番市扶桑绵粉蚧疫情应急处置预案》为依据，结合鄯善县实际情况，特制定《鄯善县扶桑绵粉蚧疫情处置实施方案》。

《印发〈关于开展鄯善县农村房屋安全隐患排查整治工作实施方案〉的通知》（鄯政发〔2020〕65号）。为贯彻自治区决策部署，全面落实自治区人民政府《印发〈关于开展自治区农村房屋安全隐患排查整治工作实施方案〉的通知》（新政发〔2020〕45号）和吐鲁番市人民政府《印发〈关于开展吐鲁番市农村房屋安全隐患排查整治工作实施方案〉的通知》（吐政发〔2020〕72号）要求，切实消除鄯善县农村房屋安全隐患，保障各族农牧民群众的生命财产安全，结合实际，制定本实施方案。

《关于调整鄯善县人民政府党组成员工作分工的通知》（鄯政发〔2020〕70号）。因人事变动和工作需要，经县政府党组会议研究，对县人民政府领导工作分工重新进行调整，以便工作联系。

**【县人民政府办公室印发重要实施方案、工作方案】**

《鄯善县节水型社会达标建设实施方案》（鄯政办发〔2020〕6号）。为深入贯彻节水优先方针，全面推进节水型社会建设，实现水资源高效利用，促进经济社会可持续发展。依据自治区水利厅《关于开展县域节水型社会达标建设的通知》（新水办政资〔2017〕18号）文件要求，结合鄯善县水资源实际，特制定本实施方案。

《鄯善县治理车辆超限超载工作联合执法实施方案》，（鄯政发〔2020〕8号）。为进一步加强全县公路治超体系和治理能力建设，减少和预防道路交通事故，切实保障人民群众生命财产安全，有效遏制货运车辆超限超载势头，打击非法运输行为，确保鄯善县公路安全、完好、畅通。根据《中华人民共和国公路法》《公路安全保护条例》《新疆维吾尔自治区货物运输车辆超限超载治理办法》等法律规章和自治区人民政府办公厅《自治区关于加强全区公路治超体系和治理能力建设的实施意见》（新政办发〔2020〕9号）、吐鲁番市人民政府办公室《关于印发〈吐鲁番市治理车辆超限超载工作联合执法实施方案〉的通知》（吐政办〔2020〕12号）等文件要求，结合鄯善县实际，制定本实施方案。

《鄯善县落实国家耕地保护督察反馈问题整改方案》（鄯政办发〔2020〕9号）。按照自治区自然资源厅《关于加快推进耕地保护督察反馈问题整改工作的通知》（新自然资办函〔2020〕16号）和吐鲁番市人民政府办公室《转发市自然资源局〈关于落实国家耕地保护督察反馈问题的整改方案〉的通知》工作要求，为扎实推进国家自然资源督察发现问题整改和卫片执法工作，确保按时完成整改任务，严肃查处违法违规用地行为，现结合鄯善县实际，特制定本方案。

《鄯善县自然资源统一确权登记工作实施方案》（鄯政办发〔2020〕11号）。为落实党中央、国务院关于生态文明建设的决策部署，推进鄯善县自然资源资产产权制度改革，根据自然资源部、财政部、生态环境部、水利部、国家林业和草原局联合印发的《自然资源统一确权登记暂行办法》（以下简称《办法》）、自治区人民政府办公厅印发的《新疆维吾尔自治区自然资源统一确权登记工作方案》以及吐鲁番市人民政府办公室印发的《吐鲁番市自然资源统一确权登记工作实施方案》，开展鄯善县自然资源统一确权登记工作。现结合鄯善县实际，制定以下方案。

《鄯善县高污染燃料禁燃区划定工作实施方案》（鄯政办函〔2020〕6号）。为进一步改善环境空气质量，保障人民群众身体健康，依据《中华人民共和国大气污染防治法》及国家、自治区“打赢蓝天保卫战”工作要求，按照《吐鲁番市2020年大气污染防治工作计划》安排部署，结合鄯善县实际，制定本方案。

《2020年鄯善县30万吨/年以下煤矿分类处置实施方案》（鄯政办函〔2020〕7号）。为贯彻落实国家、自治区、吐鲁番市关于深化供给侧结构性改革的总体部署，推动煤炭行业“上大压小、增优减劣”和产业结构调整，按照自治区人民政府《关于印发新疆维吾尔自治区30万吨/年以下煤矿分类处置工作方案的通知》（新政办函〔2020〕23号）、吐鲁番市人民政府《关于印发吐鲁番市30万吨/年以下煤矿分类处置工作方案的通知》（吐政办函〔2020〕74号）等文件要求，结合鄯善县实际，特制定本方案。

《鄯善县“十四五”规划编制工作方案》，（鄯政办函

〔2020〕9号）。“十四五”时期，是我国由全面建成小康社会向基本实现社会主义现代化迈进的重要时期，也是新疆实现社会全面稳定、推动经济高质量发展的关键时期。鄯善县面临巩固和持续推进社会稳定和长治久安，适应社会矛盾新变化，转变发展方式和深化改革等一系列历史任务，编制实施好“十四五”规划意义重大。为做好鄯善县“十四五”规划编制工作，特制定本方案。

《鄯善县农村宅基地及集体建设用地确权登记发证工作实施方案》（鄯政办发〔2020〕15号）。为进一步规范农村宅基地管理、推进农村不动产统一登记工作，根据《中共中央、国务院关于坚持农业农村优先发展做好“三农”工作的若干意见》（中发〔2019〕1号）、《国土资源部关于进一步加快宅基地和集体建设用地确权登记发证有关问题的通知》（国土资发〔2016〕191号）、《自然资源确权登记局关于进一步做好农村不动产确权登记工作的通知》（自然资登记函〔2019〕6号）及《关于印发鄯善县农村地籍调查及集体建设用地使用权确权登记发证工作实施方案的通知》（鄯政办发〔2014〕113号）文件精神，切实做好全县农村宅基地及集体建设用地确权登记发证工作，推进农村土地制度改革要求，现结合鄯善县实际，制定本工作方案。

《鄯善县全面推进基层政务公开标准化规范化工作实施方案》（鄯政办发〔2020〕16号）。基层政府直接联系服务人民群众，是党中央、国务院决策部署和自治区党委、人民政府工作部署的重要执行者。全面推进基层政务公开，对于坚持和完善基层民主制度，密切党和政府同人民群众联系，加强基层行政权力监督制度，提升基层政府治理能力具有重要意义。根据《国务院办公厅关于全面推进基层政务公开标准化规范化工作的指导意见》（国办发〔2019〕54号）和《关于印发自治区全面推进基层政务公开标准化规范化工作实施方案的通知》（新政办发〔2020〕25号）要求，结合鄯善县实际，制定本实施方案。

《鄯善县城镇人口密集区危险化学品生产企业搬迁改造实施方案》（鄯政办函〔2020〕11号）。根据《国务院办公厅关于推进城镇人口密集区危险化学品生产企业搬迁改造的指导意见》（国办发〔2017〕77号）、《关于印发新疆维吾尔自治区城镇人口密集区危险化学品生产企业搬迁改造实施方案的通知》（新政办发〔2018〕31号）、《关于鄯善县万鑫乙炔气体有限公司等3家企业纳入自治区城镇人口密集区危险化学品生产企业搬迁改造范围的通知》（新政办函〔2020〕82号）文件有关要求，加快推进鄯善县城镇人口密集区危险化学品生产企业搬迁改造工作，降低城镇人口密集区安全和环境风险，有效遏制危险化学品重特大事故，保障人民群众生命财产安全。现结合鄯善县实际，制定本实施方案。

《关于印发鄯善县房地产市场两方案一目标的通知》（鄯政办发〔2020〕18号）。为全面贯彻落实党的十九大、中央经济工作会议和全国住房和城乡建设工作会议精神，完善住房供给体系，提高公共服务能力，因地制宜，实行“一城一策、精准施策”，确保鄯善县房地产市场逐步向价格合理、供求平衡、保障多元、风险可控、预期平稳的健康状态发展，结合鄯善县实际，制定本方案。

《鄯善县国省道 城市道路 农村公路压覆坎儿井情况摸排及安全隐患排查整治工作方案》（鄯政办发〔2020〕19号）。为贯彻落实习近平总书记关于安全生产工作的重要批示指示精神，进一步落实好市委、市政府关于道路交通安全的工作部署，最大限度防范和化解道路交通安全隐患，提升道路安全水平，按照市安委办《关于开展国省道、城市道路、农村公路压覆坎儿井情况摸排及安全隐患排查整治工作的通知》（吐安办明电〔2020〕37号）要求，特制定本方案。

《鄯善县2020年城乡居民两险征收工作实施方案》（鄯政办发〔2020〕20号）。2019年，在县政府主导、各乡（镇、场）密切协作下城乡居民养老保险、医疗保险费（以下简称“两险”）实现平稳有序征收，现面临2020年城乡居民两险的集中征收，为保障城乡居民合法权益，确保两险后续工作稳妥推进，特制定本方案。

《鄯善县文化馆　图书馆总分馆制建设实施方案》（鄯政办发〔2020〕21号）。为贯彻落实文化部等五部委《关于推进县级文化馆、图书馆总分馆制建设指导意见》的通知》（文公共发〔2016〕38号）文件精神，发挥鄯善县文化馆、图书馆整合公共文化资源、提高公共文化服务效能、拓展优质资源有效延伸的作用，按照《关于印发〈吐鲁番市县级图书馆、文化馆总分馆制建设实施方案〉的通知》（吐市文旅字〔2020〕32号）要求，结合鄯善县实际，现就推进文化馆、图书馆（以下简称“两馆”）总分馆制建设工作，制定本实施方案。

《鄯善县节水行动实施方案》（鄯政办发〔2020〕22号）。为贯彻落实《新疆维吾尔自治区节水行动实施方案》，推动全社会节水，全面提升水资源利用效率、促进高质量发展，依据《关于印发吐鲁番市节水行动方案的通知》文件要求，结合本县水资源实际，制定本实施方案。

《鄯善县第一次全国自然灾害综合风险普查工作方案》（鄯政办发〔2020〕23号）。为深入贯彻落实习近平总书记关于防灾减灾救灾和自然灾害防治重要论述精神，贯彻落实《国务院办公厅关于开展第一次全国自然灾害综合风险普查的通知》（国办发〔2020〕12号）和自治区人民政府办公厅《关于印发自治区第一次全国自然灾害综合风险普查工作方案的通知》（新政办发〔2020〕51号）要求，切实做好鄯善县第一次自然灾害综合风险普查工作，制定本方案。

（岳　霆）

## 政府办公室（扶贫开发办）工作

**【基本情况】**　鄯善县人民政府办公室为正科级。2019年3月机构改革，县人民政府办公室的法制工作职责整合至司法局，县人民政府办公室不再挂县人民政府法制办公室牌子；将应急管理职责整合至应急管理局；将县信访局的职责划入县人民政府办公室。加挂县人民政府外事办公室、县信访局、县扶贫开发办公室、电子政务管理中心、政务服务中心牌子。中共鄯善县委员会外事工作委员会办公室设在县人民政府办公室，接受县委外事工作委员会的领导，承担县委外事工作委员会办公室具体工作。2020年，县人民政府办公室内设秘书一科、秘书二科、文书科、信息科、督查科、综合科、扶贫业务科、产业扶贫科、统计监督考核科、翻译科、行政科、政务服务办公室、外事科、信访工作科14个科室。

**【文秘翻译】**　2020年，县政府办文秘翻译工作围绕聚焦聚力总目标，落实自治区党委工作部署及办公室中心工作，起草《2020年政府工作报告》、领导讲话、主持词、会议纪要等各类文件、汇报材料400余份，处理中央、自治区、市、县各类文件材料600余件。承办县政府常务会议、党组会议等各类会议200余场次。全年翻译政府工作报告、领导讲话、汇报、文件等各类资料20余万字。

**【督查工作】**　2020年，政府办公室强化督查职能，督察工作坚持自查与抽查相结合、书面与实地相结合、经常与定期相结合、单项与综合相结合，突出重点项目建设、市直目标责任书考核、县政府中心工作及主要会议和领导批示等重点督办事项，确保县委、县政府重大决策部署和重点工作任务落到实处。全年下发督办通知6期；办理吐鲁番市第一届人民代表大会第六次会议人大代表议案、建议7件；办理鄯善县第十七届人民代表大会第五次会议人大议案、建议47件；办理政协吐鲁番市第一届委员会第六次会议政协委员提案28件；办理政协鄯善县第十三届委员会第五次会议委员提案60件；办理国务院“互联网+督查”、市县长信箱103件；征集全国、自治区、吐鲁番市三级人大议案建议、政协提案各13件，其中全国1件，自治区7件，吐鲁番市5件。配合县人大代表、政协委员开展重点民生项目建设、“美丽乡村”建设、脱贫攻坚项目等工作视察。

【信息工作】 2020年，鄯善县政府办公室信息工作围绕县委、县政府中心工作，多方收集整理乡镇、部门和单位各项工作，多种形式收集人大代表、政协委员及社会各界人士的建议意见，综合梳理有价值的信息，将一些建设性的意见报告县委、县政府，确保领导决策的科学性。紧贴政府中心工作，围绕项目建设、工业发展、城乡建设、招商引资、乡村振兴、民生工程、脱贫攻贤和群众关注的热点问题，把调查研究做在前面，及时报送苗头性、倾向性、预测性信息和带有全局性的综合信息，增强参政议政的针对性和实效性，为政府决策提供全方位、多领域、多角度的信息服务，全年收集整理各类信息2612条，编辑、审核政务信息333期、《信息专报》102篇。

【机要收发】 2020年，县政府机要收发实行机要电报、文件专人负责制，严格收发、登记、呈阅、转办等机要工作程序，运用电子公文OA系统，与自治区人民政府、市政府进行无纸化传输，提高机要电报、文件办理时效和质量。全年办理国务院、自治区、市级、县级文件收文2118件，发文758件。在全体干部职工中开展保密法教育培训，进行保密知识测试，提高全办人员的保密意识。按照保密委要求规范机要室机防、人防设施。

【外事侨务】 2020年，县外事工委办县做好出国、出境审批、申报审批手续的服务工作，严把因公临时出国（境）年度计划报批关和日常审核关。根据市外办要求，做好外事接待工作。做好新冠肺炎疫情防控工作，参加自治区疫情防控调度会40余场次，协调做好外籍人员回国的劝导工作，做好1名外籍人员户口注销和延迟签证办理工作。

【信访接待受理】 2020年，县人民政府信访接访大厅接访和网上受理信访事项553件824人次，接待大厅受理信访事项211件482人次，其中个人访174件265人次，集体访37件217人次；初访164件、重访47件。

信访信息系统受理网上信访事项342件362人次（国家信访局投诉31件、自治区信访局投诉44件、市信访局投诉25件，本级录入207件，领导信箱35件）。

引导群众参与网上评价397条。电话回访满意度测评320次，信访部门及时受理率100%，群众对信访部门参评率为98.25%、满意率97.61%；责任部门及时受理率100%，对责任单位的参评率为88.53%，满意率为81.25%。

2020年，中联办通过网上信访平台向鄯善县交办重复信访事项146件，国家交办116件，其中106件为涉及“温商贷”信访事项，10件为普通案件；自治区交办30件，其中15件为“温商贷”信访事项，15件为普通案件。办结119件，超额完成81.5%。

【政务服务】 2020年，县政务服务中心推进政务服务事项向基层延伸，完成102个乡（镇、场）、村、社区的架构信息、10个乡（镇、场）电子政务外网的接通、授权向基层延伸服务事项13个。组织全县30余个单位开展一体化政务平台业务培训8次。在自治区一体化政务平台上发布依申请政务服务事项540项，公共服务类事项169项。督促指导各单位认领电子证照96个，电子印章采集申领34个，电子证照历史数据汇集1万余个。在自治区一体化平台上汇集“好差评”数据800余个，满意率99%以上，处理新疆政务服务网上咨询投诉处理600余条，投诉咨询及时回复率80%以上。全年，政务服务中心受理事项87084件（含承诺件），办结87029件，提供线上、电话、现场咨询服务6300余次，接待群众12.6万人次，日均接待群众约1200余人次。

【电子政务】 2020年，县人民政府办公室加强政府网站监控和管理，把公开透明作为政务工作的基本制度。年内，依托政府网站主动公开信息906条，政务微博204条，政务信息微信公众号发布372条，提高政府信息公开质量和实效，提升公信力，保障公民的知情权、参与权、监督权。加强电子政务外网监管，年内完成全县34县直部门和11各乡镇的电子政务外网链通，保障政务服务一体化平台平稳运行，确保网络和信息安全，全年无网络安全事故发生。

（岳　霆）

【扶贫项目】　项目建设情况：2014年至2020年全县实施扶贫项目145个。主要投向畜禽养殖30个，防渗渠14个，林下经济12个（梭梭林），道路建设10个，技能培训8个，机电井更新7个，安全饮水项目5个，鲜食葡萄场地5个，小额贷款贴息4个，夜市4个，畜禽棚圈2个，卫星工厂2个，住房安全建设1个，其他项目41个（易地搬迁、住房安全、就业市场、项目管理费等项目），累计受益贫困户12247户31890人（累加数据）。

2014年至2020年全县中央、自治区、市、县累计下拨扶贫资金15228.65万元，其中：中央扶贫资金8413万元，自治区扶贫资金1477万元，市级扶贫资金2191.65万元，奖励资金539万元，县级扶贫资金2608万元。

项目资金分年度统计：2014年，鄯善县实施财政专项扶贫项目16个，中央扶贫资金到位514万元。其中，畜禽养殖类项目7个、实用技术培训项目3个、自来水入户项目2个、林下经济项目1个、住房安全建设项目1个、防渗渠建设项目1个。

2015年，鄯善县实施财政专项扶贫项目13个，中央扶贫资金到位478万元。其中，畜禽养殖类项目6个、实用技术培训项目3个、林下经济项目1个、防渗渠项目1个、住房安全建设项目1个、小额贷款贴息项目1个。

2016年，鄯善县实施财政专项扶贫项目28个，到位资金3119万元。其中，中央扶贫资金到位790万元、自治区扶贫资金到位29万元、市级配套到位资金300万元、县级配套资金2000万元；有畜禽养殖项目5个、畜禽棚圈项目2个、小额贷款贴息项目1个、基本农田建设项目2个、林下经济项目2个、夜市项目2个、就业市场项目2个、安全饮水项目2个、项目管理费项目2个、易地搬迁项目1个、农贸市场项目1个、预制厂项目1个、鲜食葡萄场地项目1个、奇石合作社项目1个、沙漠特色洗浴建设项目1个、实用技术培训项目1个、两免小额信用贷款风险补助金项目1个。累计受益户4936户（因存在1个贫困户同时享受多个扶贫项目的情况），实际户数为2782户10903人。

2017年，鄯善县实施财政专项扶贫项目14个，到位资金1436万元。其中，中央扶贫资金到位782万元、市级配套400万元、县级配套254万元；有畜禽养殖项目5个、夜市项目2个、林下经济项目1个、实用技术培训项目1个、农贸市场项目1个、农家乐项目1个、基本农田建设项目1个、项目管理费项目1个、小额贴息贷款项目1个（县级小额贴息贷款）。累计受益户3590户（因存在1个贫困户同时享受多个扶贫项目的情况），实际户数为2788户10813人。

2018年，鄯善县实施财政专项扶贫项目24个，到位资金1320万元。其中，中央扶贫资金到位805万元、市级配套330万元、县级配套185万元；畜禽养殖项目7个、林下经济项目3个、葡萄架式改造项目3个、防渗渠建设项目3个、低质土地治理项目2个、卫星工厂项目2个、安全饮水项目1个、鲜食葡萄场地项目1个、小额贷款贴息项目1个（县级小额贴息贷款）、项目管理费1个。累计受益户3826户（因存在1个贫困户同时享受多个扶贫项目的情况），实际户数为2778户10825人。

2019年，鄯善县实施财政专项扶贫项目19个，到位资金3043.65万元。其中，中央扶贫资金到位1903万元、自治区扶贫资金到位310万元、市级扶贫资金到位661.65万元、县级配套169万元；防渗渠建设项目4个、机电井更新项目2个、林下经济2个、村级道路建设2个、村级门面房建设项目2个、低产田改造项目1个、葡萄架势改造项目1个、致富带头人项目1个、扶贫车间项目1个、鲜食葡萄场地1个、葡萄晾房建设项目1个、小额贴息贷款1个（县级小额贴息贷款）。累计受益户1411户（因存在1个贫困户同时享受多个扶贫项目的情况），实际户数为2778户10825人。

2020年，鄯善县实施财

政专项扶贫项目31个，到位资金5318万元。其中，中央扶贫资金到位3141万元、自治区扶贫资金到位1138万元、市级扶贫资金到位500万元，奖励资金539万元；防渗渠建设项目5个、机电井更新项目7个、道路建设8个、葡萄架势改造项目1个、鲜食葡萄场地1个、葡萄晾房建设项目2个、雨露计划项目1个、环卫设施项目3个、林下经济2个、其他项目1个。累计受益户5975户（因存在1个贫困户同时享受多个扶贫项目的情况），实际户数为2444户9353人。

（王文豪）

**附：**

## 2016—2020年度鄯善县扶贫工作总结

打好精准脱贫攻坚战是党的十九大提出的三大攻坚战之一，事关党的宗旨，事关人民福祉，是全面建成小康社会的底线目标，是必须完成的政治任务。近年来，鄯善县坚持以习近平新时代中国特色社会主义思想为指导，全面贯彻落实党的十九大和十九届二中、三中、四中、五中全会和第三次中央新疆工作座谈会精神，贯彻落实习近平总书记关于扶贫工作的重要论述，贯彻落实习近平总书记在中央决战决胜脱贫攻坚座谈会上的讲话，贯彻落实全国扶贫开发工作会议和党中央关于脱贫攻坚各项决策部署，贯彻落实自治区九届九次、十次全体会议精神，聚焦“两不愁三保障”突出问题，围绕“扶真贫、真扶贫”“下足绣花功夫”“越到最后时刻越要响鼓重锤”的具体要求，落实“六个精准”，推进“七个一批”，推动“三个加大力度”，将脱贫攻坚工作向纵深推进，在实践中不断补短板、强弱项、抓创新，经过五年的全力以赴、奋发实干、持续用力，辖区困难群众的生活水平显著提高，全面完成脱贫攻坚各项任务。鄯善县五年脱贫攻坚工作情况如下：

### 一、基本情况

鄯善县2016年5个自治区级贫困村整体出列，村集体收入达297.27万元，2436户9281人贫困人口全部脱贫。2017年、2019年鄯善县代表全市接受自治区脱贫攻坚成效交叉考核。2019年自治区脱贫攻坚成效考核综合评价结果为“好”（位列全疆44个有扶贫任务的非贫困县第10位），奖励扶贫项目资金539万元，2020年扶贫项目绩效考核被自治区评为优秀。

近年来，鄯善县先后获全国文明县城、国家园林县城、国家卫生县城、全国村庄清洁行动先进县、全国生态建设突出贡献先进集体、全国防沙治沙先进集体、全国健康促进县、全国水利系统先进集体、全国计划生育优质服务先进县、鄯善县“9·5铁路爆炸案专案组”被公安部记“集体一等功”、三北防护林体系建设先进集体等国家级荣誉，自治区优秀平安县、自治区文明县、休闲观光农业示范县、自治区双拥模范县、农业产业化先进县、民政工作先进县、保障性住房建设先进县、科技进步目标责任制工作先进单位、自治区创先争优活动先进县（市）党委、党委信息先进集体（名列全疆第五）、农田水利“天山杯”竞赛先进县、自治区城市市容环境卫生先进集体、自治区信访工作先进集体等自治区级荣誉称号。

### 二、五年工作取得的成效

（一）全县上下紧盯目标，减贫目标任务全面完成。五年来，鄯善县始终坚持把“村出列、户脱贫”作为脱贫攻坚的主体，减贫目标任务圆满完成。2016年以来，5个自治区级贫困村退出，2019年底12户47人脱贫，累计脱贫建档立卡贫困人口2436户9281人，实现所有建档立卡贫困人口全部脱贫，贫困发生率由2014年的6.28%降到2019年的零。

（二）全县上下众志成城，凝聚起脱贫战贫强大合力。五年来，鄯善县始终坚持把强化党的领导作为决战贫困的有力保障，全县上下打赢脱贫攻坚战的信心不断增强。各级党员干部、央企、国企、民营企业和企业家撸起袖子、握紧拳头，坚持与县委同心、与政府同力、与人民同行，把决战决胜脱贫攻坚作为当前最大的政治任务，全力以赴投身脱贫攻坚主战场，在决战决胜中贡献力量、体现担当。全县74家企业、98家县直单位、6589名干部（含扶贫专干）参与扶贫，“一对一”“多帮一”帮扶贫困户，带领村集体经济增收，带领贫困户致富，5个贫困村集体经济收入全部超过50万元，实现“空壳村”清零。

（三）全县上下全力攻坚，群众生产生活条件不断改善。五年来，鄯善县始终坚持把“一超过两不愁三保障”作为基本准则贯穿始终，贫困群众全部实现不愁吃、不愁穿，义务教育、基本医疗、住房安全得到全面保障。90%以上的家庭得到产业和就业帮扶，有劳动能力的贫困劳动力实现全部就业，生产经营性收入和工资性收入家庭占比89.4%以上，贫困户人均纯收入由2014年的2467元增加到2020年的11297元，年均增长30.9%，显著超越脱贫线标准。农村安居富民、棚户区改造等项目实施成效显著，12820套安全住房建成并投入使用，包括贫困户在内的所有农户全部住上安全房，居住条件得到全面改善。建立健全从学前教育、义务教育到高中（含中职）、大学（含高职）教育全学龄段资助体系，发放各类教育救助资金6734.88万元，受益学生35899人次，不让一名贫困学生失学辍学。家庭医生签约服务率、基本医保、大病保险参保率和慢性病签约、随访服务率均达到100%，贫困户看病不再难。

（四）全县上下凝心聚力，扶贫产业发展后劲持续增强。五年来，鄯善县始终坚持把产业扶贫作为稳定增收致富奔小康的根本之策，群众收入明显增加。全县建立葡萄标准化示范园2200公顷，建立村级示范园74个，村级示范园全部挂牌；建成葡萄精品观光园3个、杏精品观光园2个、桑精品观赏园1个。发展梭梭林接种肉苁蓉4333.33公顷，年产量6000吨，1525户享受大芸分红收益114.33万元。建设集中养殖场14个，圈舍122座。发展涉农企业及合作社44家，国家级农业产业化龙头企业1家，自治区级农业产业化龙头企业4家，市级农业产业化龙头企业13家。新疆果业鄯善果叔特色农产品加工基地和特色农产品交易电商服务基地项目建成投用，全疆先进的仓储式、信息化、“一站式”联运的葡萄干综合交易平台效益初显。

（五）全县上下尽心竭力，创业就业扶贫氛围越发浓厚。五年来，鄯善县始终坚持把创业就业作为提升脱贫质量的治本之基，让贫困户脱贫之路走得更顺畅。县政府与吐哈油田、合盛硅业、美汇特等重点企业建立直接供求机制，搭建双向选择平台，搭建起外出就业、就近就业的“外联内引”就业平台，通过落实落细各项创业就业扶贫政策、提升就业技能、创业带动就业等措施，让贫困户开启脱贫增收“薪生活”，确保有劳动能力、就业意愿的贫困劳动者100%实现创业就业。2016年以来，累计转移就业13526人次，其中稳定就业7869人次，灵活就业4970人次，自主创业687人次，逐步实现创业就业精准扶贫规模化、稳定化、常态化。

（六）全县上下群策群力，乡村综合治理成效显著。五年来，鄯善县始终坚持把乡村综合治理作为脱贫攻坚提升的保障，社会面的防控能力不断增强。“1～3分钟”快速反应圈助力社会面动态掌控能力不断提升。“网格长”“联户长”不断优化完善，筑牢乡村群防群治维稳防控网格。人民调解组织更加健全，作用发挥更加有效，各类矛盾纠纷和信访苗头化解在萌芽状态，实现赴乌进京上访“零控制”。“一部八中心”、“9+X”平台、视频监控及视联网高效运行。深入开展“平安创建”活动，加大扫黑除恶力度，立案的涉恶势力案件全部审结，重新获“自治区优秀平安县”称号，6个乡镇创建为“自治区优秀平安乡镇”，乡村综合治理成效更加显现。

（七）全县上下面貌一新，美丽幸福新鄯善帷幕将启。五年来，鄯善县始终坚持把基础建设作为民生改善的重要手段，全县基础设施日益完善。2016年以来，累计投入19.21亿元修建完善水、电、路、村级组织阵地、校舍、卫生院等基础设施。建成村级阵地159个、幼儿园44所、便民服务中心159处、文化体育活动场所159处、卫生院（室）70所。新改建农村道路667.07千米，改造农村电网324千米，宽带网络全覆盖，广播电视全部入户，客运班车村村通，所有行政村均达到“五通七有”。“千村示范、万村整治”工程深入推进，完成“三区分离”12791户，农田防护林建设217.07公顷，村庄绿化556.93公顷，庭院绿化12773户255.4公顷，清理林带4563.6千米，建成35066座卫生户厕，实现无害化卫生厕所全覆盖。所有贫困村人居环境干净整洁，生产生活条件不断改善，基本公共服务主要领域指标接近全国平均水平，群众获得感、幸福感不断增强。

**三、主要做法**

这些成绩的取得得益于党中央、自治区党委、政府和市委、市政府的正确领导，得益于各级督查巡察组的精心指导，得益于全县各族干部群众的奋斗拼搏，也得益于全县上下始终秉承“一盘棋”的工作理念，做实“临战准备”，铆足“决战状态”，坚定“决胜信心”，以“黄沙百战穿金甲，不破楼兰终不还”的如磐意志坚决打赢脱贫攻坚战。

（一）坚持以压实责任为根本要求，统筹攻坚用力，组织指挥体系健全到位。

1.提高思想认识，领导精力更聚焦。县委、县政府持续强化扶贫理论学习，坚持以县委中心组理论学习为示范引领，强化理论与实践相结合，推动指导实践。县委、县政府将中央、自治区党委、市委的各项目标任务放在案上、挂在墙上、排在日程上，包联督导、挂牌督战，坚持不定时实地督查，每月调度统筹。2016年以来，县委先后研究部署脱贫攻坚工作36次，召开扶贫开发领导小组会议21次，脱贫攻坚项目推进会议25次，其他各类脱贫攻坚工作推进会议118次。先后制定印发《关于全力打赢精准扶贫脱贫攻坚战的实施方案》《鄯善县脱贫攻坚“十三五”规划》《鄯善县脱贫攻坚巩固提升方案》等指导文件，明确各阶段脱贫攻坚工作任务，细化工作措施，确保脱贫攻坚重心不移、目标不偏、靶向不散。

2.坚持高位推动，责任体系更明晰。全面落实“自治区负总责、市县抓落实、乡村抓落地”要求，履行脱贫攻坚党委主体责任，成立由县委书记、县长任“双组长”的扶贫开发领导小组、四套班子领导挂帅指挥的14个脱贫攻坚前方指挥部和16个脱贫攻坚巩固提升专项组，为脱贫攻坚奠定强有力的组织领导基础；配置县委副书记、人大常委会副主任、政府副县长、政协副主席各一名为分管领导，县政府确定一名专职领导，调剂6名科级干部组建县扶贫办领导班子，对有扶贫任务的8个乡镇各配备1名扶贫专职副书记，47家扶贫开发领导小组成员单位明确一名扶贫专职领导，统一选派13名县处级干部、75名科级干部及21名表现优秀的后备干部担任村（社区）第一书记，确保层层有人抓落实。强化三级书记抓扶贫，县委书记示范带动遍访贫困村，乡镇党委书记、村党支部书记（第一书记）贫困对象遍访率100%，形成示范引领，同频共振，合力攻坚的工作格局。

3.加强工作统筹，脱贫基础更牢固。一是统筹维护稳定与脱贫攻坚。坚持紧紧围绕社会稳定和长治久安总目标，做到两手抓、两手硬，坚持正确处理好维护稳定与脱贫攻坚的关系，既挖“乱根”、又拔“穷根”，通过维护稳定为脱贫攻坚营造良好社会环境，通过脱贫攻坚为社会稳定奠定坚实群众基础。二是统筹疫情防控与脱贫攻坚。面对严峻的疫情防控形势，县委、县政府坚决贯彻落实自治区党委部署要求，一手抓疫情防控，一手抓脱贫攻坚，做到疫情防控和脱贫攻坚一体安排、一体推进，切实抓好稳岗就业、产业扶贫、消费扶贫、项目建设等重点工作，坚决把疫情影响降至最低。三是统筹推进全面脱贫与乡村振兴有效衔接。研究制定《鄯善县关于接续全面脱贫与乡村振兴有效衔接的工作方案》，进一步巩固脱贫攻坚成果，建立解决相对贫困长效机制，缓解相对贫困，缩小区域差距，增强发展动能，促进农业全面升级、农村全面进步、农民全面发展，推动向实现共同富裕、乡村振兴迈出坚实步伐。

4.强化组织建设，脱贫堡垒更坚固。大力开展“抓党建、促脱贫”活动，坚持“建队伍、强保障、优作风、促脱贫”的工作方针。全面保障村级组织运转经费，在落实大村15万元、中村10万元、小村5万元“访惠聚”专项经费的基础上，县财政为每个村平均拨付20万元工作经费，10万元服务群众专项经费，健全完善村组干部待遇保障机制，在原有村“两委”干部基本月报酬的基础上，实现正职增加至4356元/月，副职3629元/月，县财政全额承担农牧民身份村干部养老保险、医疗保险和人身意外伤害保险。发展农牧民党员862名，致富带头人291名，整顿提升软弱涣散党组织16个。建立以政治品行、扶贫实效为导向的用人机制及干部选拔任用，累计选派第一书记167名，提拔使用扶贫战线干部35人。

5.强化执纪监督，考核问效更精准。坚持把脱贫攻坚工作作为衡量工作成效的“第一标尺”，将脱贫攻坚与单位、个人绩效考核、评先评优等直接挂钩。健全容错纠错机制，把脱贫攻坚实绩作为选拔任用干部的重要依据，进一步激励和推动广大干部在脱贫攻坚中勇于担当作为。制定出台《鄯善县扶贫领域监督执纪问责工作办法（试行）》《关于进一步加强扶贫领域监督执纪问责工作的实施方案》等文件，形成党委负第一责任，纪委监委负监督责任，行管部门负监管责任，乡（镇、场）负直接责任的共同治理扶贫领域腐败和作风问题工作机制。

（二）坚持以巡视整改为政治任务，抓紧抓实抓细，脱贫质量成色更足。突出问题导向，把问题整改作为脱贫攻坚的重中之重，以问题整改的实效提升脱贫质量。一是上下联动整改解决问题。成立县委书记和县长任组长的整改工作领导小组，以上率下、带头整改，严格落实乡镇、部门“一把手”责任制，直面问题，逐一梳理、核实和研判，逐项整改，做到不留死角，确保在整改落实上见真章、动真格、求实效。二是“点面”结合整改自查发现问题。结合中央、自治区巡视反馈问题，组织开展“大排查、大走访、大调研”活动和“地毯式全覆盖”核查、“回头看、回头查、回头帮”等专项活动，县领导带头示范，深入乡到村、到户到人、到事到项目，通过点对点调研排查，查找梳理脱贫攻坚方面的突出问题和扶贫领域作风建设方面的问题，逐一明确整改措施，落实整改责任，拉条挂账、对单销号抓整改。三是“改立”结合整改上级交办问题。坚持“当下改”和“长久立”相结合，把上级交办问题作为整改主线，多措并举、标本兼治，分门别类制定针对性的整改方案，按照“一个问题、一套措施、一名责任领导，整改一件销号一件”的要求，逐一明确整改责任、整改措施和整改期限，做到问题不查清不放过、责任不落实不放过、整改不到位不放过、群众不满意不放过，确保中央、自治区党委巡视交办的问题以及中央、自治区考核通报指出的问题在规定的时间节点内全面整改落实到位。2016以来中央巡视反馈问题、专项巡视指出突出问题和共性问题以及国家、自治区成效考核反馈问题281项整改任务已全部整改到位。

（三）坚持以产业扶持为主攻方向，突出精准发力，增收渠道稳步拓展。治贫之本在于产业，产业兴则百姓富，贫困户实现稳定脱贫，关键要靠产业支撑。将培育脱贫产业摆在突出位置，坚持把产业发展作为巩固脱贫成果、提升脱贫成效的根本之策，实施一批关乎长远发展的扶贫项目。在种植、养殖、加工、电商、旅游等方面多管齐下，通过政府主导推动、龙头企业带动、合作组织互动、能人大户联动、干部帮扶促动等方式带动群众增收。一是大力提升传统产业效益。持续实施葡萄架式改造，完成贫困户葡萄架式改造506.67公顷，贫困户葡萄架式改造全面完成，助力贫困户每亩降低成本500元左右，葡萄产量、品质、价格明显提升；推动林果业朝规模化、标准化方向发展，打造5个贫困村葡萄标准化生产示范基地84公顷。二是拓宽农产品销售渠道。发展“互联网+扶贫”，建设乡镇电商服务站4个，贫困村电商服务点5个，打通淘宝、天猫、京东等网售平台，实现网售回馈农民稳定收入来源，线上销售农副产品545吨758万元，受益贫困户358户。三是坚持做大做强特色产业。依托本级扶贫龙头企业和畜牧养殖基地，提高现有集中养殖场和圈舍利用率，推广“企业+基地+农户育肥”模式，鼓励引导贫困户发展养殖成本低、繁殖快、短期育肥肉鸡、斗鸡、羊等品种，累计发放扶贫羊8838只，扶贫鸡31万羽。依托沙产业发展，因地制宜，推动梭梭接种大芸，大力宣传大芸品牌力度，培育消费市场，建立利益联结机制，1525户贫困户享受大芸分红收益实现脱贫致富，5月7日，中央电视台新闻直播间报道鄯善县决战决胜脱贫攻坚新闻（新疆决战决胜脱贫攻坚十万亩沙漠大芸开花　沙里淘“宝”促增收），推广梭梭套种项目经验，促进贫困群众增收。坚持把生态环境建设与产业开发相结合，全县退耕还林面积230.33公顷，1192户贫困户享受生态补偿金462万元，平均每户增收3875元。四是提升产业化水平。引进新疆果业、汇川、遂达、黄金叶子等农产品加工企业投资建厂，新疆黄金叶子6000吨葡萄叶加工项目建成，产品远销保加利亚、澳洲、希腊等地，葡萄、哈密瓜、大芸、葡萄叶等特色林果、中药材产业链不断延伸，带贫益贫能力显著增强。五是完善品牌农业营销体系。大力实施“走出去”战略，按照“政府搭台、企业唱戏、市场运作、各方支持”的思路，协助企业在内地设立销售网点300余个，农产品品牌初步覆盖北京、上海、广州、深圳等全国各省市。六是挖掘乡村旅游潜力。深化“旅游+”发展战略，围绕库木塔格沙漠、吐峪沟大峡谷、鲁克沁镇柳中古城、迪坎镇温泉、辟展镇彩门村等乡村旅游景点，促进农业观光、采摘体验、民俗文化、酒庄文化与旅游业融合发展，打造富有地域特色的乡村旅游项目。举办以“杏花节”“春博会”等为主题的乡村旅游节庆活动，做优乡村旅游，开辟3条乡村旅游扶贫线路，建成乡村民宿、客栈252家，累计带动贫困劳动力就业1000余人次。通过优化种植业结构、加快养殖业发展、农产品精深加工、发展乡村旅游，鄯善县产业扶贫呈现蓬勃发展之势。

（四）坚持以就业创业为根本途径，克服疫情影响，稳定增收信心。实施就业优先政策，减负、稳岗、扩就业并举，坚持三次产业联动，坚持有组织就业和个人创业相结合，搭建就业信息平台，用好一、二、三产业岗位，稳住提升原有岗位，开发保洁、保绿、保安、护林、护路、护草等各类公益性岗位，组织农民及贫困人口返岗复工、上岗就业，实现人岗对接，确保有劳动能力贫困户家庭“一户一人”就业，做到人人有事干、有钱赚。一是提升技能帮助就业。搭建技能培训平台，通过发放生活费补助、免学费等方式鼓励贫困户子女主动参加职业技能培训；不定期开展的“送技下乡”“冬季攻势”“巾帼决战脱贫 共建美丽乡村”等专项行动，增强贫困户留守人员家门口创业就业“造血”功能。2016年以来，累计开展贫困人口培训12167人次。二是托底安置保证就业。针对无法离乡、无业可创的贫困劳动力，根据实际工作需求，开发村级公路保洁、治安巡逻等扶贫公益岗位500余个，安置就业1267人次，实现“转移就业一人、带动脱贫一家”的目标。三是政企联动促进就业。加大部门、企业对接力度，搭建双向选择平台促进人岗精准匹配，多渠道开发岗位吸纳贫困人口就业，依托两大工业园区吐哈油田、合盛硅业等大企业、大集团，采取“工业园区+龙头企业+贫困户”的模式提供稳定就业岗位，有针对性开展送岗下乡和专场招聘活动，及时掌握企业劳务用工需求，开发就业岗位3801个，稳定就业5436人次。四是就近就地转移就业。在设施农业基地、哈密瓜基地、安居房建设工程等领域提供灵活就业岗位，并实施致富带头人奖励、干部一帮一带动促进就业措施，奖励144名劳务经纪人3.91万元，实现灵活就业4970人次。五是扶持政策激励就业。落实就业激励奖励政策，激发群众创业就业热情，发放就业政策补贴538人525.75万元；发放一次性自主创业补贴75人121.3万元；召开全县贫困人口就业表彰大会，对稳定就业一年以上的35名贫困劳动力和6名夫妻进行表彰奖励，共发放奖励资金6万元。六是生态扶持带动就业。选聘115名建档立卡贫困人员为生态护林员、护草员，累计发放工资166.8万元，实现稳定就业。

（五）坚持以设施完善为

有效补充，加大资金投入，硬件要素不断提升。把脱贫攻坚与乡村振兴战略紧密结合起来，加快推进贫困村基础设施建设，提升基本公共服务，为实施乡村振兴战略补齐短板、奠定基础。将资金保障作为打好脱贫攻坚的先手棋，政府用于民生福祉相关资金连续五年增长，在道路建设、危房改造中，政府补助力度持续加大。投入2.16亿元新改建农村道路，农村公路四通八达，全县村组道路通畅率100%；投入4320万元实施农村安全饮水巩固提升工程，安全饮水全部得到保障；加大投入实施农村危房改造力度，农村人口安全住房得到全面保障；投入2.19亿元全面提升乡镇配网供电能力，贫困人口用电安全有可靠保障；投入1.47亿元实施新改建村级办阵地、村级和小组活动场所，配备便民服务中心、村民活动中心，配套警务室、卫生室相关设施，实现所有行政村“五通七有”全覆盖。各行政村供电保障、光纤网络、4G网络实现100%，农村交通建设、卫生厕所改造、饮（用）水安全保障、住房安全保障等“两不愁三保障”硬件要素持续改善。

（六）坚持以医疗救助为治标之策，织密健康“一张网”，实现医疗保障全覆盖。深入实施健康扶贫工程，做到乡乡有卫生院，村村有卫生室，实现小病不出乡，大病不出县。一是强化队伍建设。组建90支309人的家庭医生服务团队，贫困户家庭医生签约全部覆盖，乡镇卫生院专业技术人员占总职工比80%以上，实现辖区标准化村卫生室和合格村医全覆盖，打造出一支“行走在贫困户路上”的基层健康扶贫工作队伍。二是强化医疗保障。乡镇卫生院和村级卫生室全部达到标准化建设要求，基层服务能力有效提升，实现国家基本药物制度实施全覆盖，县域内村卫生室配备基本药物不低于80种。三是践行精准服务。全面摸排农村贫困人口健康状况并建立健康档案，累计落实653名患大病人口分类救治和动态管理，1115人建档立卡贫困户慢性病患者签约覆盖率100%，随访率100%。四是落实政策保障。全面实施“先诊疗后付费”和“一站式”结算服务，累计享受政策57743人次2.27亿元，其中建档立卡贫困户6134人次1207.3万元；城乡居民基本医疗保险参保率100%；大病集中救治30个病种712人次；“光明扶贫工程”补助129人次7.75万元；全民免费体检实现100%全覆盖。

（七）坚持以教育为摆脱贫困治本之计，不断整合资源，构建贫困学生关爱机制。以保障义务教育为重点，全面落实教育扶贫政策。加强贫困乡村教师队伍建设，完成农村双语幼儿园、义务教育学校标准化建设。自2017年起，落实自治区农村学前三年免费教育经费保障机制，落实国家统一城乡义务教育“两免一补”政策，实施贫困家庭普通高中、中职国家助学金和免学费政策。建立从学前教育至高等教育的资助体系，全县2803名建档立卡贫困家庭学生教育资助政策实现全覆盖，贫困家庭学前儿童全部纳入农村学前三年免费教育经费保障，对因残不能入学儿童送教上门（全县因残无法就学97人，其中建档立卡贫困人口10人），实现建档立卡贫困家庭子女就学应助尽助，不漏一人，确保贫困家庭学生有学上、上得起学，阻断贫困代际传递。与此同时，按照“一生一策”原则，帮扶干部主动跟踪贫困高校毕业生就业情况，并提供就业信息和就业指导等服务，确保实现就业。五年来，累计投入教育领域资金4.37亿元，新改建校舍15.78万平方米，农村幼儿园44所，农村义务教育薄弱学校（办学点）办学条件得到显著提升。

（八）坚持以预警监测为基本防线，“兜”住最困难群体，“保”住最基本生活。聚焦巩固脱贫成果，紧盯“四个不摘”“八个不变”要求落实情况，制定印发《鄯善县防止返贫致贫监测预警和动态帮扶办法》，精准帮扶、综合施策、标本兼治，化解返贫致贫风险。对2019年识别的13户48人脱贫不稳定人口和27户114人边缘易致贫人口，由35名县级领导直接包联帮扶，实现转移就业44人，发展产业111人，享受退耕还林、草原补贴71人，人均纯收入均达5000元以上。同时，运用大数据平台，围绕收入和“三保障”做好风险预警监测，及时录入因病、因残、因学、因灾、因失业及支出骤增、收入骤减等信息，做到村每半月比对一次、县每月监测一次，进行风险预警评级、分层研判会商，做到早发现、早预警、早帮扶、早阻断，切实落实帮扶责任，确保不返贫不致贫。全县584户1162人纳入兜底保障范围，398人享受残疾人“两项补贴”政策，实现应保尽保、应退尽退、应享尽享。

（九）坚持以易地扶贫搬迁为有力抓手，做好“后半篇文章”，确保脱贫攻坚务实、脱贫过程扎实、脱贫结果真实。全面完成“十三五”易地扶贫搬迁任务，按照“搬得出、稳得住、能致富”总体目标，加大后续扶持工作力度，制定后续产业扶持实施方案，精准落实一户一策，通过扎实做好产业扶持、转移就业、公共服务、完善基础设施等后续扶持措施，确保搬迁群众安居与乐业并重、搬迁与脱贫同步。全县完成易地搬迁52户192人，搬迁户危房拆除和复垦复绿率100%，完成葡萄架式改造19.86公顷，配建养殖棚圈52座，建设庭院藤架52座，建设葡萄晾房52座，养殖牲畜346头（只），劳动力转移就业44户58人，实现搬迁群众稳得住、有就业、能致富目标。

（十）坚持以资金投入为增长动力，实施精细管理，发挥带贫益贫作用。严格落实《国务院扶贫办关于进一步做好县级脱贫攻坚项目库建设的通知》文件精神，按照“村申报—乡（镇）审核—县级审定”程序，有序有效推进全县脱贫攻坚项目建设，坚持县领导包联推进，明确分工，压实责任，安排1名扶贫办科级干部、1名审计干部、1名纪检干部和行业部门干部跟踪协调服务扶贫项目。2016年以来，累计投入各级财政扶贫资金1.62亿元，累计实施扶贫项目116个。加强扶贫资产规范管理，对全县2014年以来实施的各类扶贫项目进行全面清查，共清查扶贫资金项目169个，涉及资金1.76亿元，形成资产项目80个，涉及资金0.95亿元。2020年，全县到位中央、自治区、市财政扶贫资金5381万元，实施扶贫项目31个，全部完工并投入使用，已支付5174.05万元，资金支付率97.3%。累计发放扶贫小额贷款2033笔6269.47万元，其中2020年发放扶贫小额贷款404笔609.53万元，未产生逾期风险，全县符合条件的贫困户实现“贷得到、用得好、还得上、稳脱贫”目标。通过项目资金和扶贫贷款的扶持，贫困户“造血”功能明显增强，为全县贫困户脱贫致富插上腾飞的翅膀。

（十一）坚持以汇聚社会力量为强劲动力，争取各方参与，营造“大扶贫”浓厚氛围。一是深化定点扶贫和结对帮扶。坚持完善脱贫攻坚“五个一”全覆盖包联工作体系，每个贫困村至少有1个上级部门单位结对帮扶、1个援疆省市帮扶共建、1名县级领导干部定点联系、1名第一书记驻村领导、1个“访惠聚”工作队驻村工作，实现所有贫困村包联帮扶全覆盖，实现干部结对帮扶全覆盖。“十三五”期间，全县95个部门单位、3545名干部常态化开展定点帮扶和结对帮扶，实现县、乡、村三级干部帮扶贫困户全覆盖。二是深化援疆扶贫，牢牢把握国家关于“对口支援坚持向基层、民生、农牧民倾斜”的原则，着力在支持脱贫攻坚、基层组织建设、产业合作等方面协同发展。“十三五”期间，落实援疆资金80%以上用于保障和改善民生的要求，大力推进民生项目建设。累计实施援疆扶贫项目24个，援疆扶贫资金4.28亿元，占比总投资84.43%。三是深化区内协作扶贫，每年召开联席会议，累计支持产业发展资金200万元，物资合计150万元，选派5名优秀少数民族干部到阿瓦提县党政部门开展挂职学习交流，25名优秀幼师进行挂职学习，40名优秀教师开展支教工作，15名优秀医务人员开展技术交流学习，组织10家用人企业赴阿瓦提县开展专题招聘会，每年为阿瓦提县建档立卡贫困劳动力预留100个就业岗位。四是深化社会扶贫，引导社会力量履行社会责任，深入开展结对帮扶、“互联网+社会扶贫”、“百企帮百村”、爱心人士扶贫活动。组织引导非公企业和工商界人士，通过产业联村、项目带村、捐助帮村等形式与贫困村和重点关注村开展深度合作与对接，先后调整74家企业包联贫困村、关注村，捐款捐物折合资金3000余万元；通过“社会扶贫网”完成贫困户注册2346人，爱心人士注册3236人，爱心捐助1860次。五是深化消费扶贫，坚持把消费扶贫作为脱贫攻坚的重要抓手，通过建专馆、专区，召开新闻发布会等方式，大力拓宽扶贫产品的销售渠道，提高产品竞争力与知名度，为高质量脱贫提供强有力保障。组织好产销对接，认定7家企业15种特色农副产品，产品价值总量0.87亿元，设立50个农产品销售网点和38个电商店，推动线上线下销售，确保农产品增值、农民增收。库木塔格景区消费扶贫生活馆投入使用，对具备条件的扶贫产品销售区进行规范改造，计划年底建成10个消费扶贫专区。2020年，动员社会力量直接购买和帮助销售农产品5443.36万元。

（十二）坚持以扶志扶智为重要手段，激发内生动力，提升群众幸福感、获得感。坚持扶贫同扶志、扶智相结合，加快补齐脱贫群众“精神短板”，成立激发群众内生动力专班，把脱贫攻坚与“民族团结一家亲”联谊活动、人居环境整治、美丽庭院建设、倡导文明生活方式等结合起来，帮助算清直接实惠账、发展机会账、条件改善账、帮扶主体账，实现物质帮扶与精神帮扶同频共振。结合典型宣传教育，深入挖掘自力更生、勤劳致富脱贫典型，持续加大脱贫巩固重点工作和先进典型宣传报道。制作《全面小康一个都不能少》等典型宣传片、采访宣传“21233”帮扶单位和爱心企业50余家、刊发扶贫信息500余篇、勤劳致富典型100多人，脱贫攻坚相关宣传稿件被CCTV-13新闻频道、“学习强国”、中国新闻网、《中国日报》、《中国县域经济报》、《新疆日报》、天山网、昆仑网、《吐鲁番日报》等媒体采用170余篇次。

2020年是鄯善县脱贫攻坚收官大考之年，是对按时高质量打赢脱贫攻坚战的大考、与全国同步全面建成小康社会的大考、实现“十三五”规划圆满收官的大考。这场大考，既是对鄯善县委和县政府、对每个党员干部的大考，也是对各领域各行业各方面、对每一个人的大考，完成此次大考责任重大、使命光荣。下一步鄯善县将进一步强化政治担当、履行政治责任，聚焦新时代党的治疆方略，全面落实好自治区党委各项部署工作，善始善终，善作善成，在强产业、稳就业、促增收上持续用力，将巩固拓展脱贫攻坚成果同实施乡村振兴战略有机衔接，全面补齐建成小康社会短板，努力让农业强起来、让农村美起来、让农民富起来，确保在全面小康路上一个都不少、一个也不掉队，向上级党委和全县26万各族群众交出一份满意答卷。

（县扶贫办）

## 机关事务管理

**【基本情况】** 县机关事务管理中心（原接待管理中心）成立于2001年3月，负责接待管理工作。于2003年2月，在接待管理中心的基础上成立县机关事务管理中心，隶属县人民政府直接管理。受县人民政府委托，对四套班子物资采购、车辆维修管理、公务接待、党政机关办公用房、公共机构节能工作实行集中统一管理。根据主要职能，内设4个职能股（室）。2020年12月，更名为鄯善县机关事务服务中心。

**【公务接待】** 2020年，县机关事务管理中心按照中央“八项规定”、自治区“十项规定”要求，遵守“有利公务、务实节俭、严格标准、简化礼仪、高效透明、尊重少数民族风俗习惯”的工作原则。落实疫情防控就餐规定，按照每桌就餐人数不超过5人，就餐以自助餐形式为主。公务接待执行用餐标准，完成疫情期间自治区指导组、自治区兵地联合第三督导组以及市委督导组等各级指导组、督导组公务接待工作。截至年底，接待来宾312批次，接待宾客2479人次，无超标浪费现象，接待费用比上年下降1.4%。

**【车辆管理】** 2020年，县机关事务管理中心完成防疫工作车辆调配，统筹调配全县机关事业单位车辆，调配车辆22

辆。按照“统一管理、定向保障”的原则对县四套班子56辆车辆跟踪管理，及时为56辆车办理车辆审验和定期保养，确保车辆性能安全可靠，做好车辆服务保障。开展车辆自查整治，对各乡镇、各单位的登记上报情况逐车逐项对照审查、核实，确保全县公务用车信息登记完整无遗漏。

**【办公用房管理】** 2020年，县机关事务管理中心完成防疫指挥部办公用房调配，确保防疫指挥部的及时成立。对民政局综合楼办公室进行临时调配，调配办公用房43间，其中办公室16间、宿舍25间、其他用房2间。开展办公用房消防设计审查验收问题专项整治，对县市场监督管理局办公楼、融媒体中心办公楼等4家未完成消防设计审查验收单位，督促施工主体单位按规定时间提供消防验收相关材料，督促相关单位完成消防验收。将全县党政机关办公用房数据录入自治区办公用房管理平台系统，推进办公用房管理信息化管理。抽查全县40余家单位办公用房，合格率98%。

**【公共机构节能管理】** 2020年，县机关事务管理中心按自治区工作任务要求全县党政机关完成节约型机关创建30%的比例。对全县党政机关进行节约型机关创建初选，对全县20家单位实地调研指导申报工作，推进节约型机关创建工作。督促指导县法院、县人民医院开展自治区级节约型示范单位创建。

（赵乾辉）

## 应急管理

**【基本情况】** 鄯善县应急管理局于2019年3月2日组建挂牌成立，是县人民政府正科级单位。将安全生产监督管理局的职责，以及县人民政府办公室的应急管理职责、县公安局消防管理职责、县民政局救灾职责、县国土资源局的地质灾害防治、县水务局的水旱灾害防治、县畜牧兽医局的草原防火、县林业局的森林防火相关职责、县地震局的震灾应急救援职责、县煤炭工业管理局的指导煤矿救护和协调煤矿事故应急救援工作职责，防汛抗旱、减灾、抗震救灾、森林防火等指挥部（委员会）的职责整合，组建县应急管理局。作为县人民政府工作部门，按照中央和自治区党委、市委有关改革部署实施，不再保留县安全生产监督管理局。县安全生产委员会办公室设在县应急管理局，与县应急管理局一套人马、两块牌子。主要负责指导各乡（镇、场）、园（矿）区及各部门应对安全生产类、自然灾害类突发事件和综合防灾减灾救灾工作，负责安全生产综合监督管理和工矿商贸行业安全生产监督管理工作。

县应急管理局内设办公室、应急指挥协调科、宣传教育和科技规划科、防灾减灾救灾和物资保障救援科、火灾管理科、法制和事故调查科（行政许可科）、危险化学品安全监督管理科、安全生产基础科、安全生产委员会办公室综合科9个科室。下辖矿山救护队和安全生产执法监察大队2个二级单位。

鄯善县应急管理局监管企业213家。其中，非煤矿山4家，石油天然气企业4家，选厂尾矿库企业20家；工贸企业20家；石材加工企业73家，建材企业13家，机械企业8家，轻工企业7家，砖瓦企业2家；危险化学品企业62家（其中加油站44家，生产企业9家，经营储存企业9家）。

2020年，全县发生各类生产安全事故9起，死亡7人，受伤10人，直接经济损失24.4万元。与上年同期相比事故起数下降18%，死亡人数上升40%，受伤人数上升42%，直接经济损失下降1.8%。全年未发生重大、较大事故。通过持续开展安全生产大检查，纵深推进安全生产集中整治，持续释放高压严管信号，金属非金属矿山、危险化学品等重点行业领域均保持安全生产“零事故”。鄯善县人民政府连续7年被吐鲁番市评为“安全生产先进单位”。

**【安全生产责任落实】** 2020年，县应急管理局调整安委会成员单位和防震减灾领导小组，召开4次安全生产、防灾减灾救灾专题部署会，制定《鄯善县安全生产委员会成员单位安全生产工作职责》，层层签订安全生产目标责任书，细化任务分工，压实监管责任。在重点时段分析安全生产形势，并指导、监督和协调各乡镇、各成员单位开展安全生产大检查6次，检查企业、人员密集场所、建筑工地1054家，排查安全隐患1003条，责令当场整改428条，责令限期整改隐患575条。开展危险化学品、道路交通、消防、城市建设等13个重点行业领域安全生产专项整治三年行动，制定具体实施方案，压实工作责任，推动专项整治工作落实。开展重点行业领域安全检查167次，检查企业453家/次，排查安全隐患2486条，整改2097条，整改率85%。整合执法资源，遏制道路交通领域事故多发态势，加大现场执法力度。查处各类交通违法行为30820起，其中无证驾驶633起，酒驾328起，超速1929起，其他违法行为27930起。路警联合巡逻治超活动检查370辆大型货运车辆，发现并查处7起超限运输行为。推进“两客一危一货”等重点车辆源头风险“清零”工作，检查“两客一危”企业63家，下发整改通知书8份，查处超载70起，“百吨王”23起。

【应急救援体系建设】 2020年，县应急管理局强化应急预案修订、应急演练。督促指导各部门、各企业加快应急预案修订，发布专项预案2个。督促指导各单位、企业开展应急预案演练763次。依托鄯善汽摩协会，成立一支专业野外搜救救援队“蓝鹰救援队”，发展民间救援力量，强化应急救援队伍建设。

【危化企业安全监管】 2020年，县应急管理局强化危化品重大危险源监管。对10家重大危险源企业、53个重大危险源开展隐患排查，排查出安全隐患273条，下达执法文书15份。完成53个重大危险源实时监控接入，实现自治区、市、县三级实时在线监测。持续开展专家查隐患，委托19批42名自治区专家对33家危化品、冶金工贸等重点生产企业实施解剖式安全生产检查、隐患排查，累计排查安全隐患608条，下发整改指令书33份，做到查隐患、抓整改、促安全。强化分级分类监管，完善重大风险分析研判制度和重大隐患挂牌督办制度，对重点行业领域开展安全风险辨识评估，对3家存在重大隐患企业，报请县政府挂牌督办，完成整改销号摘牌。开展有限空间专项检查，摸排涉及酒窖、压力容器等有限空间作业企业127家，督促企业建立有限空间管理台账，强化有限空间作业安全风险管控。推进19家企业消防设施验收，完成消防云平台验收销号，完成率100%。

【安全生产监管】 2020年，县应急管理局制定安全生产专项整治三年行动方案，成立由县政府主要领导任组长，各分管县领导任副组长，各相关单位主要负责人为成员的专项整治工作领导小组，抽调专人成立工作专班，推进专项整治三年行动。明确危化品、道路交通、消防、城市建设等13个重点领域牵头单位和责任单位，督促制定部门专项整治方案，压实责任。每月上报“一情况两清单”，对排查隐患坚持边查边改、立查立改。开展重点行业领域安全检查167次，检查企业453家，排查安全隐患2486条，整改2307条，整改率92.8%。

【违法行为查处】 2020年，县应急管理局按照《自治区安全生产严格执法十项措施》要求，开展危化品领域重点检查“两重点一重大”、加油站、硝酸铵存储等企业执法检查。检查企业251家次，排查隐患2259条，立案处罚8家，约谈8家企业主要负责人。

【非煤矿山安全监管】 2020年，县应急管理局开展非煤矿山领域防范化解尾矿库安全风险行动，检查企业121家次，下发整改指令书121份，查出安全隐患735条，整改735条，整改率100%。查处2起工贸领域生产安全事故，对3家事故单位和11名责任人行政处罚132万元。

【工贸企业安全监管】 2020年，县应急管理局重点检查冶金工贸领域金属冶炼、涉粉尘、煤制气等企业。检查企业121家次，下发整改指令书45份，排查隐患656条，已整改656条，整改率100%。

【安全生产培训】 2020年，县应急管理局开展“5·12”防灾减灾日和安全生产月安全生产教育培训。向群众普及防灾减灾和安全生产知识，提升全民安全防范意识和自救互救能力。为249家企业安全管理人员、从业人员1.1万人免费开展线上培训，做到持证上岗。邀请3名自治区安全生产专家来鄯为3家企业及全县党政领导干部开展安全生产专题培训。

【防灾减灾救灾】 2020年，县应急管理局建立防灾减灾救灾应急联动和应急信息共享机制，做好极端天气预警监测和信息发布，全年发布预警信息133期，及时提醒广大群众、企业做好防范措施。印发《2020年鄯善县防灾减灾救灾工作要点》，要求各乡镇、各部门高度重视当前防灾减灾和应急救助工作，主动做好防范应对。做好灾害性天气防范救灾工作。针对7月24日七克台镇洪涝灾害，县政府主要领导一线指挥，科学处置，组织2756名干部群众和社会各界力量，调集82辆抢险车和2.1万条编织袋开展抢险救灾，最大限度减少人民群众财产损失。强化隐患排查治理，定期对4座水库、3个地质灾害点进行检查，做好全县水库、地质灾害防治工作。加快防灾减灾信息员队伍建设，推进防灾减灾工作信息化网络化管理。摸排各乡镇和村级灾害信息员123人上报系统。开展冬春救助摸排统计，梳理摸排冬春困难群众。年内，有9667户38367名困难群众需要救助。其中，口粮救助2612人，衣被救助8人，取暖救助35743人。

（王常义）

## 消防救援

【基本概况】 鄯善县消防大队成立于1996年，位于鄯善县新城东路1379号，下设一个消防救援站，占地面积8150平方米。新执勤楼于2013年8月建设，于2014年11月投入使用。消防大队原隶属吐鲁番市消防救援支队，目前大队共有44人（其中干部10人，24人消防员，1人消防文员，辅助类消防员6人）。有消防救援车辆6辆（其中水罐消防车3辆、泡沫消防车1辆）、抢险救援车1辆、32米登高平台车1辆，共计载水40吨，载泡沫3吨。担负着吐鲁番市鄯善县防火监督、火灾扑救、维稳处突以及以抢救人员生命为主的救援任务。2018年11月9日，习近平主席在人民大会堂向国家综合性消防救援队伍授旗并致训词。此次授旗标志着消防队伍从部队（武警）系列分离，整建制划归应急管理部，鄯善县公安消防大队更名为鄯善县消防救援大队。

【火灾处理和抢险救援】 2020年，县消防救援大队接警出动359起，其中火灾扑救212起，抢险救援28起，社会救助10起，公务执勤93起，其他16起，出动队伍359次，共出动车辆611辆次，出动人员3058人次。

2020年鄯善县火灾事故4项指标一览表

表2

| 火灾起数 | 死人 | 伤人 | 损失折款（万元） | 起火原因 | | | | | | | |
|---|---|---|---|---|---|---|---|---|---|---|---|
| | | | | 电气火灾 | 生产作业类火灾 | 生活用火不慎 | 吸烟 | 玩火 | 自燃 | 放火 | 其他 |
| 212 | 0 | 0 | 1260.6 | 58 | 6 | 76 | 6 | 2 | 16 | 0 | 48 |

【宣传培训】 2020年，县消防救援大队利用“双微”平台、抖音每日原创编发、推送消防常识，还有LED显示屏、滚动广告牌、电视台等发布火灾防范动态。创作农村防火宣传视频5部，被总队微信公众平台推送并转发，观看量达20万余次。举办首届沙漠消防运动

会，利用消防宣传车亮相打造“流动型”宣传阵地。5143人注册“新疆消防微课堂”小程序在线答题活动，发挥乡镇派出所、社区基层组织优势，开展贴近群众、贴近实际的消防宣传活动，发放各类消防宣传资料5000余份。

【监督检查】 2020年，县消防救援大队争取政府支持，县领导先后调研和指导消防工作8次，听取专题汇报9次。各级党政领导牵头，住建、公安、市场监管、文化和旅游、应急管理、消防等部门组成联合执法组，对辖区商业综合体、易燃易爆场所、高层建筑以及棉花企业等开展消防安全专项检查30余次。开展今春明春火灾防控专项治理、生命通道消防安全专项整治、消防安全三年专项行动治理、人员密集场所消防安全整治。检查社会单位784家，发现火灾隐患461处，督促整改火灾隐患452处，下发责令整改通知书247份，下发行政处罚决定书28份，临时查封单位2家，罚款7.5万元。开展建筑消防设施“三化”和消防安全“四个能力”建设，落实辖区49家需划线的重点单位63个住宅小区均完成消防车通道标线的标识化管理。联合相关职能部门进行突击检查20余次，电视台开展隐患曝光8次，交管平台曝光32次，批评教育违章停车231余人次，罚款5389元。

【行业消防安全管理】 2020年，县消防救援大队与公安派出所、便民警务站开展帮扶指导和业务培训20余次。向卫健、工信、市场、交通、民政、公安等行业部门发送疫情期间火灾风险提示函15份，推动行业部门履职尽责。对企业员工开展“三会”培训，实地服务指导检查340家次。依托消防物联网对1300家次消防安全重点单位进行“线上远程”跟踪指导服务，通过短信提醒单位500家次，电话询问700家次，督改隐患270余处。

【公共消防基础设施建设】 2020年，县消防救援大队新建市政消火栓25个，推广安装独立式感烟火灾探测报警器300个，开展智慧消防建设，17家社会单位接入平台，实现消防设施动态监测；截至2020年底，辖区乡镇配备消防车48辆（含洒水车改造简易消防车），专职消防人员156人。

【消防队伍建设】 2020年，县消防救援大队推进“践行训词精神，担当神圣使命，坚持五个不动摇”主题教育活动，举办主题教育系列的文化活动。利用板报橱窗、短信平台、微博微信、抖音等各类媒介，累计发布图文信息50余条，阅读量达500万人次；编发工作简报24期，制作主题教育专题展板2块，挖掘推树“身边的榜样”3人。

抓队伍管理，落实每日交接班制度、周例会制度，定期研判当前队伍管理教育形势，开展“条令纲要学习”“车辆安全专项整治”“队伍安全集中排查整治”“五无一创”专项活动，排查事故隐患28处。出台政府辅助类消防员管理规定。强化练兵氛围，吸取近年来作战训练安全事故教训，每月开展议训，召开训练安全座谈讨论会11次。灭火救援攻坚组培训7人次，轮训中队指挥员2人次，参加总队冬训视频考核1次。年内，完成辖区危险化学品生产和储存场所的“一厂一册”建立，开展石油化工拉动演练3次、水域救援拉动3次、地震救援拉动4次、24小时自我保障训练1次、通信拉动14次、大风天灭火救援拉动5次、专业绳索培训1期、桌面预案复盘推演10次；开展防消联勤12次、与鄯善县蓝鹰救援队联合开展沙漠救援3次；开展大（中）队作战训练安全理论授课6次、完成重点单位预案108份，完成率84%；分岗位开展装备器材“五知一能”训练88次，开展车辆装备测试2次。对指战员装备器材掌握情况定期考核，提升指战员装备运用能力。

（马超慧）

# 政协鄯善县委员会

## 概　况

【政协鄯善县第十三届委员会常务委员会委员】（分民族、按汉字姓名笔画排列）

（一）汉族（19名）

王平、王强、王泉虎、李咏红（女）、叶元申（女）、朱景忠、刘文涛、刘婧（女）、苏莉（女）、谭玉军、李颖（女）、李桂峰、邹艳平、张志、陈国杰、丁文刚、郎玖发、龚贤发、崔永国

（二）维吾尔族（8名）

艾乃斯·努尔、白克力·马木提、买买提·卡米力、阿不力提甫·阿不力米提、哈木提·沙吾提、夏依买旦·司马义、买买提·赛甫、斯地克·吾买尔

（三）回族（1名）

马春军

（四）满族（1名）

关莉（女）

【基本情况】　政协鄯善县第十三届委员会由中共界、经济界、民营工商界、科技界、农牧界、文化艺术界、教育界、卫生界、工人界、政法人武界、群众团体界、社会福利界、民族宗教界13个界别委员161名。政协鄯善县第十三届委员会内设办公室、专门委员会工作科2个科室。

## 重要会议

【政协主要会议政协鄯善县第十三届委员会第五次会议】　中国人民政治协商会议鄯善县第十三届委员会第五次全委会议于2020年1月9日至10日举行。会议审议并通过艾乃斯·努尔主席代表鄯善县十三届政协常务委员会所作的工作报告、马春军副主席所作的提案工作情况的报告；会议完全赞同鄯善县人民政府工作报告、鄯善县人民法院工作报告、鄯善县人民检察院报告、鄯善县2019年国民经济和社会发展计划执行情况及2020年计划（草案）报告、鄯善县2019年财政预算执行情况及2020年财政预算（草案）报告。

【政协常委会】　2020年1月8日，县政协召开第十三届委员会常务委员会第16次会议。会议审议通过《关于召开政协鄯善县第十三届委员会第五次全委会议的决定》，《政协鄯善县第十三届委员会第五次全委会议议程》草案，《政协鄯善县第十三届委员会第五次全委会议日程安排》草案，《政协鄯善县第十三届委员会第五次全委会议执行主席建议名单》、《政协鄯善县第十三届委员会第五次全委会议秘书长、副秘书长建议名单》，《政协鄯善县第十三届委员会第五次全委会议分组审议组长、副组长建议名单》，《提案审查委员会建议名单》，《政协鄯善县第十三届委员会第五次全委会议特邀人员建议名单》，《政协鄯善县第十三届委员会第五次全委会议列席人员建议名单》，《政协鄯善县第十三届委员会常务委员会工作报告》审议稿和《政协鄯善县第十三届委员会常务委员会关于四次会议以来提案工作情况的报告》审议稿。会议表

决拟增补政协委员建议人选，讨论拟增补政协常委、补选秘书长建议人选。

## 职能工作

**【政治协商】** 2020年，县政协组织政协常委和委员紧紧围绕县委十届六次全体（扩大）会议提出的目标任务，视察调研、建言献策、收集整理社情民意75条，为实现鄯善县社会稳定和经济发展献计出力。就全面打赢脱贫攻坚战、加强农村基层党组织建设召开2次专题议政性常委会会议，形成《充分发挥职能作用 助力夺取脱贫攻坚战全面胜利》《新时期加强农村基层党组织建设的思考》等调研文稿2篇，为县委、县政府全面打赢脱贫攻坚战，助力农村基层党组织建设提供决策参考。

**【民主监督】** 2020年，县政协常委会组织委员对县农村人居环境整治情况、脱贫攻坚工作、提案办理情况等开展调研视察活动6次。推荐23名政协委员担任相关部门的特邀监督员、32名政协委员参加检察院“检察开放日”和法院现场执行活动、1名政协委员参加县发改委农村自来水定价听证会、16名政协委员参加脱贫攻坚成效评估工作，委员们以做好群众利益守护人为己任，自觉履行民主监督职责。

**【提案办理】** 2020年，县政协把助推县委政府惠民政策举措的落实作为提案工作的重点，收集委员提案144件，审查立案60件，其中《关于在西环路安装红绿灯的建议》《关于加强鄯善县预防性侵害未成年人工作的建议》等提案得到落实。发挥政协提案“直通车”作用，向市政协报送提案5件，向自治区政协报送提案8件，向全国政协报送提案2件，助力县社会稳定和经济发展。

**【服务县委】** 2020年，县政协常委会把疫情防控作为最为紧迫的政治任务，牢固树立“人民至上、生命至上”的理念，落实常态化疫情防控措施，完成县委交办的各项工作任务。各族各界政协委员累计为疫情防控捐款捐物达5.6万元。

在维护稳定中勇挑重担。县政协落实维护稳定“一岗双责”“两项制度”，督促指导联系乡（镇、场），常委会班子成员落实县委各项维稳措施，与基层一线干部一起抓好社会面管控，在查漏洞、补短板、除隐患上下功夫，确保社会大局长期稳定。

在服务群众中凝心聚力。县政协落实包联督导责任，政协班子成员担任指挥长、副指挥长的3个贫困村全部如期实现摘帽、退出、脱贫。协调帮扶单位和企业为鲁克沁镇三个桥村、其那巴克村、赛尔克甫夏村协调解决帮扶资金、项目资金、物资等折合人民币231.58万元；引领政协委员履行社会责任，为建档立卡贫困户、困难户在脱贫攻坚、人居环境整治、改厕中捐款捐物70余万元。各界别政协委员充分发挥优势，开展义诊、送文化下乡和各类慰问活动，累计捐款捐物55.6万余元。

在推动发展中主动作为。县政协协助县委、县政府完善住房保障体系建设，推进政务服务中心高效运行，推行“政务服务+互联网”，实现群众办事只进一扇门、最多跑一次；聚焦农村卫生厕所、美丽庭院建设、环境卫生整治、乡村振兴、文明风尚；参与政府法治、金融监管和招商引资工作，防范化解互联网金融行业风险，推进金融扶贫工作，发挥金融支持服务实体经济发展。

（胡居刚）

# 纪检 监察

## 机构建设

【基本情况】 落实中央关于深化监察体制改革的部署和自治区党委工作要求，将县监察局的职责，以及县人民检察院查处贪污贿赂、失职渎职、预防职务犯罪等反腐败相关职责整合，组建县监察委员会，同县纪律检查委员会合署办公，履行纪检、监察两项职责，实行一套工作机构、两个机关名称。不再保留县监察局。鄯善县纪律检查委员会与监察委员会合署办公，履行纪检、监察两项职能，为正科级行政单位，内设机构11个，1个派出纪检监察工委，6个派驻纪检监察组，巡察办1个，巡察组4个。

【纪检监察队伍建设】 2020年，县纪委监委推进机关党支部规范化设置，结合干部人事调整，对机关党支部及时改选，落实“三会一课”“主题党日”等制度和活动。履行选人用人政治责任，提名考察调整纪委监委班子成员5人，推荐提拔使用优秀年轻干部5人，采取招录、选调等方式补充人员力量6人，解决“空编缺员”问题。开展纪法“大练兵”，制定年度全员培训工作方案，采取“线上+线下”结合方式，常态化开展“一周一考、一月一练、一季一讲、一年两赛”大练兵竞赛活动。运用“四跟一带一驻双挂”，推动干部培训工作取得实效。全年，开展集中学习培训44场次、1600余人次。年内，对5名履职不力、落实疫情防控不到位的纪检监察干部问责处理。

【纪检监察体制改革】 2020年，县纪委监委深化“三项”改革。落实重大事项请示报告制度，推进“双重”领导体制具体化、制度化、程序化。加强对乡镇纪委（监察办）的领导和指导，制定下发《鄯善县纪委监委派出乡镇纪委（监察办）人员分工》，建立对乡镇工作季度点评制度，提升乡镇纪委（监察办）职能有效发挥和制度规范运行能力。制定《鄯善县纪委监委“乡案县审”联审会商工作规定（试行）》，建立乡案县审联审会商、片区联动协作办案机制。落实“四种形态”分析研判、案件质量评查，执行案件报批报备、咨询答复等制度，强化审理“出口”“关口”作用。坚持审查调查与安全工作一体推进，突出抓“走读式”谈话安全，常态化开展监督检查，每季度开展一次审查调查安全自查自纠，筑牢审查调查安全底线。年内，开展案件质量自查自评3次，“走读式”谈话91人次，实现“双安全”“零事故”。

【纪检监察举报平台建设】 2020年，县纪委监委投入20余万元资金，完善纪检监察内网、电子政务外网建设，依托原有纪检监察内网在信访室、党风政风监督室等12个部室建设完成12台纪检监察内网计算机，依托电子政务外网向7个派驻（出）纪检监察组（工委）、10个乡（镇、场）纪委（派出监察办）正式分设运行检举举报平台处置子平台和部署应用检举举报平台基层版。

## 党风廉政建设

**【党风廉政宣教】** 2020年，县纪检委常态化加强党员干部思想道德和党纪国法教育。开展第22个党风廉政教育月活动。通过县融媒体中心播放《兴安岭上》等红色教育片以及组织纪检监察系统深入学习加思来提·麻合苏提、李淼同志先进典型事迹，对58名新任职科级领导干部进行集中廉政谈话，向844名科级干部发送节日廉洁短信3次2532条，做到警钟长鸣。

开展“清风满天山”讲故事大赛。做实干部警示教育，梳理18个扶贫领域微腐败典型案例，督促指导县、乡两级分层次分系统分职级开展以案促改。全年下发案例通报34起35人，召开警示教育大会亮相说纪8场次46人次。

**【“四风”问题整治】** 2020年，县纪检委深化整治形式主义、官僚主义，全年查处形式主义、官僚主义问题38件，问责处理57人，其中党纪政务处分51人、诫勉谈话6人。印发《关于对全县公务用车、办公用房和党员干部操办婚丧喜庆事宜开展常态化监督检查的方案》，持续纠治享乐主义、奢靡之风，针对反复出现、普遍发生的突出问题，督促相关部门健全作风建设长效机制，坚决防止“四风”反弹回潮，持续释放越往后盯得越紧、执纪越严的强烈信号，年内查处享乐主义、奢靡之风问题2件3人。

**【不正之风和腐败问题查处】** 2020年，县纪委监委持续深化扶贫领域专项整治。坚持联席会议、联合督导制度，压实“三个责任”，对受理的扶贫领域问题线索坚决做到全面处置、动态清零。年内，处置扶贫领域问题线索144条，问责处理65人，其中党纪政务处分18人、处理47人。制定《鄯善县纪委监委2020年深化整治损害群众利益问题重点任务及责任分工》，分行业分领域深入排查，督促解决教育医疗、生态环保、食品药品安全等方面侵害群众利益问题。全面梳理“小微权力”清单63个，组织25个职能部门编制“小微权力”工作办理流程图74张，规范“小微权力”运行。

按照“清理全覆盖、整改零放过、督导多方位”的工作要求，逐村逐户逐卡大力开展“一卡通”专项整治。年内，发现涉及惠民惠农补贴资金问题线索348条，立案38件，问责处理62人，追回资金39.1万元。坚持把扫黑除恶同基层“拍蝇”结合起来，加强与政法机关协同配合，建立整改清单化调度、整改销号、整改资料台账管理等制度，对涉黑涉恶案件背后的腐败问题线索“零放过”。自扫黑除恶专项斗争开展以来，收集问题线索135件，办结率100%，给予党纪政务处分31人，处理21人；查处涉黑恶势力“保护伞”1人，公职人员腐败问题2人；倒查党委、政府主体责任和监管责任，问责党组织5个，问责干部21人。

## 行政执法监察

**【监督检查】** 2020年，县纪委监委严肃党的政治纪律特别是反分裂斗争纪律，深挖彻查“两面派”“两面人”。年内，查处违反政治纪律案件4件4人，用铁的纪律维护党的团结统一。推进疫情防控和经济社会发展监督检查，全年问责处理落实疫情防控不力干部379人，给予党纪政务处分48人。制定《鄯善县党委（党组）运用监督执纪“第一种形态”实施细则（试行）》，压实党委（党组）管党治党的主体责任和书记第一责任人责任，协助党委（党组）规范运用第一种形态处置1179人次。建立党风政风部门牵头、纪检监察部门和派驻机构参与，有效衔接巡察监督的联动监督机制，抓实近距离常态化监督，累计派员参加各综合监督单位民主生活会51次、“三重一大”会议77次，下发纪检监察建议书22份，反馈并推动整改问题111条。年内，运用“四种形态”处置260人次，占比为48.46%、40%、4.61%、6.92%。充分运用容错纠错、考评奖励、澄清防范、回访关爱等机制，做好37名受处分干部跟踪“回访”工作，为4名受到诬告的干部澄清正名。

【政治巡察】 2020年，县委巡察围绕“三个聚焦”，对标上级巡察工作安排，在原有4个巡察组的基础上，组建2个机动组，推进对十届县委第九轮3个县直单位、15个村（社区）和第十轮27个村（社区）的巡察工作。发现并反馈问题389个，移交问题线索20件，立案查处2人，收缴违纪款115.25万元。健全“双反馈、双整改、一督促”工作机制，加大巡察整改督办和问责力度，针对2018年以来逾期未完成整改任务的19个单位下发督办函，推动30余条督办问题见底生效。制定《关于对县委巡察组作风纪律情况开展后评估的办法（试行）》《规范巡察反馈工作意见》等11个制度文件，建立巡察机构、县纪委监委、相关职能部门协作配合机制，实现信息共享、优势互补、力量整合，把贯通融合的要求落实到巡察工作全过程。

【案件查办】 2020年，县纪检委保持反腐败高压态势，紧盯重要领域、重点岗位，突出重点削存量、减增量。年内，处置问题线索249件，立案212件，给予党纪政务处分133人，移送检察机关5人。深化标本兼治，坚持重大案件一案一剖析、一案一通报，研究分析发案规律、突出问题，推动以案促改常态化。针对监督检查和审查调查发现的生态环保、富民安居和审批监管、管党治党等方面问题，及时督促相关职能部门堵塞漏洞、补齐短板。制定下发《关于推动全面从严治党县、乡党委主体责任、监委监督责任贯通联动的实施方案》，压实全县各级党组织管党治党政治责任；建立《扶贫资金公告公示责任制度》，监督做好扶贫资金安全使用。

【信访接访办理】 2020年，县纪委监委信访室收到群众来信、来访、来电、网络举报等各类举报投诉107件，处置107件，其中受理群众来信16件次，接待群众来访47件（60人次），接听来电21件次，网络举报23件次。业务范围外76件，无实质内容1件，向举报人指明解决问题的正确途径或与相关部门联系解决。涉及违纪的30件信访举报件及接收市纪委信访室转交举报件37件，按程序移送相关科室和乡（镇、场）纪委办理。

（路　伟）

2020年7月21日，鄯善镇县科级领导干部进行德廉测试

# 法 治

## 政法委与综合治理

【基本情况】 1984年8月25日，成立鄯善县委政法委员会。2002年，根据《中共鄯善县政法委员会机关职能配置、内设机构和人员编制方案》（鄯党办〔2002〕79号）文件通知规定，县委政法委员会是县委领导和管理政法工作的职能部门，县社会治安综合治理委员会是协助县委、县政府领导县社会治安综合治理工作的常设议事机构。县委政法委员会机关与县社会治安综合治理委员会办公室合署办公。2017年8月，鄯善县机构编制委员会下发的鄯机编委〔2017〕5号文件《关于鄯善县县乡综治中心机构设置有关事宜的通知》规定，鄯善县社会治安综合治理委员会办公室挂牌“鄯善县综治中心”。下设“鄯善县网格化服务管理中心”，机关规格相当副科级。

2019年机构改革，不再设立县社会治安综合治理委员会及其办公室、县委维护稳定工作领导小组及其办公室，有关职责交由县委政法委员会承担。不再设立县委防范和处理邪教问题领导小组及其办公室，有关职责交由县委政法委员会、县公安局承担。县委政法委员会主要负责协调指导各相关部门做好反邪教工作，分析研判有关情况信息并向县委提出政策建议，协调处置重大突发性事件等。县委政法委机关内设办公室、综治业务室、执法监督室、反邪教办公室、维稳业务室5个职能科室。

【社会治安综合治理】 2020年，县政法委依托鄯善县作为全市市域社会治理现代化试点城市契机，坚持县委统一领导，政法委牵头抓总，成立以县委书记、县长为双组长的市域社会治理现代化试点城市创建工作领导小组，制定《鄯善县关于开展市域社会治理现代化试点工作实施方案》，明确各成员单位职责任务和工作目标，结合平安鄯善建设、“枫桥式公安派出所”创建等，健全完善“党建领善、政府主善、社会协善、群团促善、法治保善、文化润善、智慧助善、群众向善”“八鄯”社会治理体系，探索推进政治、法治、德治、自治、智治体系建设。

【社会面防控】 2020年，县政法委坚持“一手抓疫情防控、一手抓维护稳定”，以三级维稳指挥体系为中枢，党政军警兵民协调联动，精准把握政策、统筹谋划安排，压实三级维稳力量政治责任，优化整合专群力量，抓实三级指挥体系科学化、制度化、实战化运用，确保三级维稳体系力量不减、方向不偏、精力不散，保证各项措施落实到位。健全综治精准防控机制，强化社会面整体防控，管好社会面。坚持每日研判，精准分析社会面形势，以便民警务站为依托的车巡步巡结合、专群结合、显隐结合的社会面巡控网，压实“网格长”“联户长”责任，落实“1～3分钟”快速反应圈，提升社会面动态掌控能力。管好重点领域、重点部位、重点场所。定期组织行业监管部门召开联席会议，压实从业单位主体责任、行业监管责任和属地管理责任，常态化督导指导重点物品和物流寄递行业、新业态等安全监管措施落实，做到无缝隙、无盲区、无空白点，确保绝对安全。持续完善以“小三级”应急演练机制为依托的县、乡、村组和相邻乡、村组间双向联勤联动工作机制，加大乡、村两级武装拉动密度和频次。年内，县委政法委加大县、乡、村三级综治中心实体化、制度化、规范化运行，压实领导责任制，建立健全值班备勤、视频调度、工作例会、情况报告等制度，确保全县综治中心的各项工作高效有序开展。

【严打专项工作】 2020年，县政法委保持专班力量不减、队伍不散，用足用活“圆桌会议”机制，加快推进案件攻坚办理，确保严打不松劲，打掉一批危安犯罪团伙和骨干分子，清除影响社会稳定的重大隐患。

【扫黑除恶专项斗争】 2020年，县政法委围绕“有黑扫黑、有恶除恶、有乱治乱”工作原则，完善压实问题线索集中排查、研判、移送、反馈、处置快速反应机制，坚决打好专项斗争主动仗。持续围绕重点领域（行业）及乱点乱象，常态化开展线索摸排。集中时间精力，抽调精兵强将，成立工作专班，开展扫黑除恶工作，按期保质保量交出“线索清仓”“逃犯清零”“案件清结”“伞网清除”“黑财清底”“行业清源”6张业绩清单。深化案件攻坚，持续强化人员、经费、技术等组织保障，严把案件事实关、证据关、程序关、法律适用关，突出“政策协同”“工作联动”，坚持和完善“圆桌会议”“案件会商”“捕诉合一办案”“提前介入”“三长负责制”等工作制度，及时会商疑难案件、分歧事项、法律适用等问题，形成侦、诉、审工作合力，确保各类案件依法快侦、快破、快诉、快审、快判。2020年，涉黑恶势力案件全部审结，实现黑恶积案清零，净化社会风气，消除重大安全隐患，扫黑除恶专项斗争满意度测评居全市之首。

【流动人口服务管理】 2020年，县政法委定期召开流动人口服务管理研判会，落实“369”“两头抓、双向管”“一采二核三推四研五管”等制度，加快探索研究制定出租房屋和流动人口服务管理新模式、新办法、新制度，提升出租房屋和流动人口动态精准服务管理水平。

【涉法涉诉】 2020年，县委政法委践行新时代“枫桥经验”，建立健全人民调解组织113个、充实调解人员716人，实现人民调解工作在全县各工作领域、各层级的全覆盖。持续发挥3个由公检法主要领导为组长的矛调指导组，定期开展矛调形势分析研判会，落实县、乡、村矛盾纠纷“三级联调”，压实“属地管理”和“谁主管谁负责”责任，确保将各类矛盾纠纷和信访苗头化解在萌芽状态。发挥乡镇和村（社区）心理咨询室作用，为乡村群众开展心理咨询，化解思想疙瘩。

【平安鄯善创建】 2020年，县政法委把平安创建工作作为维护稳定工作的重中之重，持续开展宣传发动，调动各族群众参与平安建设的积极性。织密织牢乡村平安创建网格，提升平安创建水平，巩固平安创建成果。成立指导组，定期深入各乡（镇、场）对平安建设和综治基础业务工作开展情况进行指导检查。截至年底，全县创建自治区优秀平安乡镇6个、平安家庭57375户、平安店铺6868户、平安单位137个、平安学校（幼儿园）121个、平安医院14所、平安宗教场所73所、平安企业86个、平安景区2个。年内，鄯善县委、县政府获吐鲁番市维稳双联户创建先进集体，自治区优秀平安县，平安创建“三率一感”近百分百。

【铁路护路联防】 2020年，县委政法委（护路办）每月梳理分析研判铁路护路安全隐患，督促沿线各乡镇落实护路联防各项措施并及时整改各类问题隐患。针对乌鲁木齐铁路局集团公司检查反馈的问题线索，制定整改措施，整改率100%。开展铁路护路宣传教育，各乡镇铁路护路联防分队、铁路公安派出所结合铁路安全宣传“五进”和铁路护路联防大反思、大整治、大检查等活动，确保铁路安全畅通。

（牟　彤）

# 公　安

## 鄯善公安

**【基本情况】** 2020年，鄯善县公安局内设机构34个，有公安分局、综合科室、实战大队、派出所（警务室）、监管机构（看守所、拘留所），便民警务站等机构。

**【“枫桥式公安派出所”创建】** 2020年，鄯善县公安局根据公安部、公安厅和市公安局关于活动的部署，将争创“枫桥式派出所”作为夯实基层基础工作的重要抓手，纳入党委重要议事日程，制定创建推进计划、方案推进创建工作。年内，辟展镇、迪坎镇、高铁北站3个新建派出所投入使用，杏花村、幸福村5个新建警务室全部搬迁入住，硬件设施全部配备到位。截至年底，全县派出所告别危房，警务室都有新建阵地。选取七克台、双水磨、辟展、鲁克沁、连木沁5个派出所为“枫桥式派出所”创建试点，形成“全局示范”的品牌效应。各派出所重点突出打造“一个亮点”，开展“比、学、赶、超”创建活动。

**【治安管理】** 2020年，县公安局坚持突出重点、以面保点，探索建立“便民警务站+派出所+警务室+社区”联勤联动工作机制，完善“两站+三警”查缉勤务和“四种快速接处警”模式。在城区重点警务站推行实训基地建设，助推便民警务站实战练兵，提升应急处置能力。在市委政法委统一常态化武装拉动的基础上，分山南、山北两个片区，每日不定时开展2次军警联合武装拉动，震慑各类不法分子，增强人民群众安全感。发挥治安卡点作用，落实“重点查、查重点”工作要求，坚决防止可疑车辆、可疑人员、可疑物品流入流出的同时，针对敏感节点、重点时期，在城区及部分乡镇重点路段设立流动盘查点，根据车流量、人流量和辖区实际开展盘查工作，过滤各类不稳定因素。2020年，治安卡点检查过往车辆25.6万余辆，排查比对过往人员43.8万人次。

2020年，县公安局在抓好应急处突和基本功训练，依托县维稳指挥部和110指挥中心，开展测警拉动演练，检验基层一线“1分钟、3分钟”快速反应和联勤联动应急处置能力，优化警力布局、熟悉处置流程、提升处置能力。年内，开展大型演练128场6654人，完成三次自治区维稳指挥部拉动演练任务。同时，常态化开展“十户联防”拉动演练，提升辖区群众联防自保能力，震慑各类不法分子。

**【依法打击违法犯罪】** 2020年，县公安局始终坚持以人民为中心，依法严厉打击各类违法犯罪活动，维护人民群众合法权益。年内，立各类案件2229起，比上年下降12.3%。始终保持严打高压态势，坚持凡恐必打、主动出击、露头就打，持续加大对在手案件、线索的审讯深挖力度，并坚持“五不漏”原则，打掉一批危安案件。

**【经济侦查】** 2020年，县公安局持续加大经济犯罪情报信息搜集、研判工作力度，年内经济案件与上年持平，涉案金额171.04万元，挽回经济损失59.04万元，追损率34.5%。

**【打击涉毒案件】** 2020年，县公安局以涉毒工作为重点，坚持力度不松、措施不减、标准不降，重拳出击，坚决铲除毒瘤、肃清毒害，年内涉毒案件破案率100%。

**【防诈骗宣传】** 2020年，全县电信诈骗案件比上年增加15.5%。县公安局立足电信网络诈骗打击和防范工作新形势，坚持以问题为导向，精准施策，主动作为，开展防电信诈骗宣传活动，构建全民反诈、全社会反诈新格局。

**【扫黑除恶】** 2020年，县公安局落实上级有关扫黑除恶专项斗争系列工作会议精神，研究制定系列配套方案和制度，细化任务、明确责任，多次牵头召开全县、全局扫黑除恶专项斗争推进会，统一思想认识，凝聚共识。扫黑除恶以来，全县立恶势力犯罪案件14起，抓获各类违法犯罪嫌疑人211人，破获各类刑事案件436起、治安案件15起，查封、扣押、冻结资产3134.02万元。

【查处各类涉疫违法案件】 2020年，县公安局面对突如其来的新冠疫情，发挥公安职能作用，牵头做好来鄯返鄯人员服务引导工作。疫情防控期间，查处涉疫刑事案件2起、行政案件7起。协助市场监管部门查处哄抬物价、未明码标价等违法案件14起。

【矛盾纠纷排查调处】 2020年，县公安局结合“百万警进千万家”活动，开展矛盾纠纷排查化解工作。年内，开展入户走访、宣传教育1.14万余人次，排查各类矛盾纠纷672件，化解588件，移交相关部门协调解决84件。

【危爆物品管控】 2020年，县公安局加强民用爆炸物品和烟花爆竹管控，落实“三防”措施，加强实时监控。联合安监、质监、工商等相关部门开展检查28次，下发整改通知书11份。严格易制爆危险化学品管控，推动落实易制爆化学品备案登记、实名销售、可疑情况报告等措施，定期开展联合督导检查，确保易制爆危险化学品管控到位。发动群众主动上缴枪支弹药等危爆物品，主动检举揭发涉枪涉爆线索。

【户籍服务管理】 2020年，县公安局根据全国第七次人口普查工作统一部署要求，组织各派出所对辖区户籍人口进行全面清理，开展户口清理核对216442人，69225户；摸排常住户口待定人员103人，其中持证未落户10人（现已解决落户2人）；出生未报户口46人（现已解决落户8人）；重复户口44人；应销未销户口192人；户口变更及更正项目61083项；摸排人户分离2680人；摸排暂住人口29762人（其中新增暂住人口9359人），清理整顿户籍工作成效明显。

深化流动人口服务管理。全面推广电子居住证使用，截至2020年底，全县有警综平台推送符合办理电子居住证人员23931人，其中已办理18034人、暂不办证5897人（不符合6个月以上办理条件或警综平台已注销人员等）。

【交通安全管理】 2020年，县公安局以交警为主，各派出所、警务室、便民警务站等各警种力量为辅，对重点路段、重点车辆不间断开展巡查检查工作，严治“三超一疲劳”“酒驾”等严重交通违法行为，加大交通隐患排查、现场执法、安全宣传，有效防止重特大交通事故的发生。针对四、五月道路交通事故高发态势，市公安局统一安排部署，抽调16名民警8辆警车，专职负责高速和国省道路24小时不间断巡逻。

2020年，查处各类交通违法行为24820起（无证驾驶121起、酒驾119起、超载93起、违法停车940起、超速565起、闯禁行104起、其他违法行为22878起），排查各类道路交通安全隐患42处。全县辖区立案交通事故29起与上年同期相比下降6.45%、死亡5人下降37.50%、受伤24人比上年下降14.29%、直接经济损失1.781万元比上年下降18.08%。

（田承杰）

## 吐哈公安

【基本情况】 2019年1月，吐鲁番市机构改革，吐哈公安局正式更名为吐鲁番市公安局吐哈公安分局，正县级行政单位。内设17个机构，其中综合管理机构4个，执法勤务机构9个，派出所3个，监管机构1个。

【社会面防控】 2020年，吐哈公安分局以实战为导向，持续强化便民警务站“1—3分钟”快速处置硬性要求，提高街面见警率、管事率、盘查率。全年投入各类巡逻警力3600人次、警车950辆次，核查可疑车辆312辆、可疑人员560人。以7个油区便民警务站为依托，组织警力深入油田单位对疫情防控、维稳安保、安全生产等工作进行督导检查，同时联合油田保卫力量定期对油气管线开展武装巡护行动，确保油区绝对安全。年内，检查油田单位2307家次，发现问题86处，当场整改60处，下发隐患整改通知书26份；联合油田保卫部门出动警车161辆次、警力588人次，开展输油气管线武装巡护161次4000余千米，确保油区各项安全生产活动平稳有序。

【刑事侦查】 2020年，吐哈公安分局立各类刑事案件与上年同期相比下降8.25%；破案数与上年同期相比下降32%。

【电信诈骗侦查】 2020年，吐哈公安分局立电信诈骗案件上年同期相比上升21%，涉案资金317万元与上年同期相比下降52%。破案7起，与上年同期相比上升16.6%。追回损失305万元（含年前涉案资金），与上年同期追回损失相比上升120%。止付、查询、冻结涉案银行账户356个，梳理涉案账户资金明细数万余条，冻结涉案资金320余万元。

【流动人口服务管理】 2020年，吐哈公安分局管辖辖区常口人数1976户4301人。以“百万警进千万家”和“第七次人口普查”活动为契机，开展流动人口、出租房屋大排查。落实流动人口动态管理服务机制，按照“369”工作机制，落实“来时登记、走时注销”的工作要求，年内辖区在册登记流动人口16243人，全部建档造册，逐人见面谈话。推行出租房屋旅店式管理模式，落实备案制度，年内登记备案出租房屋4099间，实现承租人第一时间报备、第一时间核查、第一时间纳入管理的工作成效，确保出租房屋规范管理，依法承租。

【交通安全管理】 2020年，吐哈公安分局开展“一盔一带”“打通生命通道”等交通安全整治行动，加大辖区各类车辆的管控力度，深入辖区16家运输企业开展安全检查和宣传教育，与企业负责人签订责任书，明确主体责任，层层压实行车责任。全年查处酒驾违法犯罪行为24起，其中饮酒驾驶12起，醉酒驾驶12起，立案交通事故5起比上年下降55%，受伤5人比上年下降67%，直接经济损失0.07万元比上年下降84%。加强交通安全宣传，以“亮尾工程”等专项活动为抓手，深入辖区中小学校、运输企业、包联村等重点管理单位和人员密集场所，通过发放宣传资料、网上宣传，举办交通安全知识讲座等方式开展交通安全宣传，全年集中开展交通安全宣传教育8场次，发放各类宣传单2000份，受教育人数达5000人，增强了群众交通安全意识。

【疫情防控管理】 2019年，吐哈公安分局在吐哈高铁、鄯善铁路两个站台配备专职警力，针对突如其来的新冠疫情配合政府防疫人员做好测温、消毒、核查、劝返等工作，核查上下车旅客62685人。增设疫情防控临时卡点，核查过往车辆人员，排查各类车辆167512辆次395442人次。开展市场经济秩序检查，打击整治哄抬物价等违法行为，配合市场监管等部门检查农贸市场、商超、鸡鸭鱼店等重点区域632家次。按照监管场所疫情防控要求，每日对羁押场所不少于3次的全面消毒，不定期对羁押人员进行测温，确保疫情不在监管场所传播。

【危爆物品管控】 2020年，吐哈公安分局以“打击整治枪爆违法犯罪”专项行动为契机，加大对各类枪支弹药、管制刀具、射钉枪弹、烟花爆竹等重点要素的收缴管控力度，督促相关单位严格落实实名登记和异常情况报告制度。

【物流寄递业管理】 2020年，吐哈公安分局开展物流寄递业安全检查，落实“三个100%”硬性要求，检查物流寄递业83次、下发整改通知书19份。

【大型机械设备管理】 2020年，吐哈公安分局落实专人管理、专人操作、定点停放等制度，登记摸排危险品运输车283辆，大型货车453辆，工程机械车辆161辆，全部造册建档，集中停放。

【联勤联动和应急处突】 2020年，吐哈公安局建立完善局机关、驻外单位、便民警务站及油田保卫力量、周边警力联勤联动机制，完善各类应急处置预案。与吐哈高铁派出所、鄯善站铁路派出所签订《关于进一步加强路地公安机关转警联动相关工作协议》。针对油区偏远散单位，巩固与高昌区公安局、鄯善县公安局、示范区公安分局、鲁克沁公安分局的联动机制，与15个派出所、46个警务站（室）常态化开展联合应急处突演练，确保油区安全。全年开展各类应急处突演练345次，出动警力2800余人次，车辆800余辆次，提升辖区治安防范能力和应急处置水平。

（吕卫卫）

## 检察

【基本情况】 2020年，鄯善县人民检察院内设办公室、政治部、第一检察部、第二检察部、第三检察部5个职能机构。修订《鄯善县人民检察院党组工作规则》《鄯善县人民检察院谈心谈话和约谈制度》《鄯善县人民检察院绩效考核及奖金分配实施办法（修订稿）》《鄯善县人民检察院关于提升黑恶势力犯罪案件办理质效的工作办法》等8项制度（办法、方案），形成用制度管理、按制度办事、靠制度管人的长效工作机制。全年承办批捕案件和公诉案件正确率100%。

【刑事检察】 2020年，县人民检察院依法打击危害人民群众生命财产安全的各类刑事犯罪，全力维护社会稳定。受理审查逮捕各类刑事犯罪39件54人，批准逮捕29件39人，批准逮捕准确率100%；提起公诉587件668人，均得到有罪判决。贯彻宽严相济刑事政策，最大限度地减少和化解不稳定因素，对涉嫌犯罪依法无逮捕必要的犯罪嫌疑人决定不批捕5人，证据不足不批捕12人，对犯罪情节轻微、依法可不判处刑罚的决定不起诉32件48人。未发生错诉、漏诉的现象，没有超期羁押的案件，没有被法院改变定性的案件，没有被法院判无罪的案件，起诉正确率100%。

坚持“一个不放过、一个不凑数”的办案底线，提起公诉涉黑涉恶犯罪案件11件133人，不起诉11人，案件在2020年6月前全部结清。受理监察委移送职务犯罪案件7件7人，提起公诉5件5人。落实认罪认罚从宽制度，适用认罪认罚案件599件675人，适用认罪认罚率92.7%，认罪认罚案件量刑建议采纳率90.99%。

【公益诉讼检察】 2020年，县人民检察院履行法律赋予检察机关的新职能，聚焦破坏生态环境和资源、侵占国有土地、破坏文物古迹保护等损害国家利益和社会公共利益的行为，通过诉前程序推动行政管理部门履职纠错。行政公益诉讼案件立案50件，向相关部门发出检察建议50份，均整改完毕，维护国家利益和社会公共利益。办理一件非诉调解案件选为自治区典型案件向全区发布。

【控告申诉检察】 2020年，县人民检察院落实以人民为中心的发展思想，推进市域治理现代化。依法办理群众各类来信来访13件14人，立案监督4件4人。3个月内，办理过程或结果答复率100%。无群体上访、涉检上访案件。无刑事赔偿案件。加强司法救助工作，主动从检察机关办理的案件中发现符合司法救助条件的案源，向上级检察院申请，确保应当救助的当事人依法得到及时救助。为2户因交通肇事导致困难家庭申请司法救助金11.6万元，助其解决家庭生活及子女就学困难。

【监所检察】 2020年，县人民检察院把确保监管场所绝对安全稳定作为首要任务，对发现安全隐患提出口头检察建议9次，提出书面检察建议9次。监督纠正判处实行未执行刑罚5人。乡镇司法所开展社区矫正和见外执行检察工作，发出检察建议5份。

【未成年人检察】 2020年，县人民检察院出台《鄯善县保护未成年人“一站式”办案机制工作办法（试行）》，成立未成年被害人“一站式”取证救助中心。联合公安局、法院、教育局、妇联等9家单位召开未成年人犯罪记录封存推进会，推动侵害未成年人犯罪案件强制报告制度在鄯善县落实。落实检察官担任法制副校长制度，全年开展“法治进校园”活动13次，用心保护未成年人成长。开展以“放飞梦想 护航青春”为主题的法律宣传教育活动。开展第十七个宪法法律宣传月暨“防控疫情 法治同行”专项法治宣传，受教师生4500余人。联合县教育局、县市场监督管理局共同开展校园周边环境及食品安全专项检查，消除安全隐患8处。办理未成年人犯罪案件批捕10件13人，批准逮捕2件3人，提起公诉8件10人，依法维护未成年人合法权益。

【案件管理检察】 2020年，县人民检察院坚持“公开是原则，不公开是例外”的工作标准，召开案件公开审查听证会21场次。推动“两微一端”新媒体建设，全年公开案件程序性信息644条，起诉书494份，不起诉决定书60份，重要案件信息11条，使检察权在阳光下运行。

【检察改革】 2020年，县人民检察院推进检察人员分类管理改革，对人员岗位进行调整，新任命中层领导3名。启动第二次招录聘用制书记员工作，招录5人。坚持院领导带头办案相关规定，全年办理刑事案件70件80人，检察长列席法院审判委员会13次。

（许 娟）

## 法 院

【基本情况】 2020年，鄯善县人民法院内设立案庭（诉讼服务中心）、刑事审判庭、民事审判庭、行政审判庭（综合审判庭）、执行局、审判管理办公室（研究室）、政治部、综合办公室（司法警察大队）8个机构，派出法庭5个（实际启用2个）。

【刑事审判】 2020年，县人民法院刑事案件结案率达99.50%，比上年上升3.15%。贯彻宽严相济刑事政策，确保刑事案件司法公正。坚持“严打”方针不动摇，对严重危害社会秩序的暴力犯罪给予严厉打击。快立快审快判抗拒疫情防控措施、涉疫诈骗等犯罪行为。保持反腐败高压态势不放松，依法严惩受贿案件，打击充当恶势力“保护伞”的职务犯罪行为。

【民商事审判】 2020年，县人民法院民商事案件结案率达99.92%，比上年上升2.65%。依法审理交通事故、侵权纠纷、劳动争议等关系群众切身利益的案件，注重保护民生权益。深化家事审判改革，加大对妇女儿童及老年人合法权益的保护力度。开通涉企案件绿色通道，快速高效帮助6家涉诉企业渡过难关，妥善审结物业纠纷287件，为企业营造公平、竞争、诚信的市场环境，促进企业健康发展。加大民商事纠纷调解力度，调解、撤诉率78.31%，妥善化解矛盾。

【案件执行】 2020年，县人民法院开展涉民生案件专项集中执行活动。依托人民调解组织在执行立案前调解易执结案件，力争做到当天受案、当天结案，执结率达到99.57%，比上年上升3.22%，执行到位资金11591.38万元。首次运用悬赏公告、集中搜查等方式，全力以赴完成“黑财清底”目标任务，涉恶案件执结率达到89.36%，执行标的到位率达到71.69%。加强失信惩戒彰显执行威慑，发布失信被执行人名单257人次，限制高消费558人次，敦促近17%的被执行人主动履行生效判决。

【诉讼服务】 2020年，县人民法院审查、登记立案数比上年增长43.77%。推进“两个一站式”建设，升级改造诉讼服务大厅，为当事人提供导诉、立案、保全等诉讼事务“一站式”办理。作为全疆六家民商事案件繁简分流试点法院之一，落实“分调裁审”机制要求，办案数量比上年增长26.23%。履行市域社会治理现代化试点工作职责，搭建“诉调对接”工作平台，运用“人民调解+司法确认”无缝对接解决纠纷，以司法确认方式结案773件。

【司法体制改革】 2020年，县人民法院推进司法人员分类管理改革，法官、审判辅助人员、司法行政人员各归其位、各尽其责。完善审判权力和责任清单，“让审理者裁判，由裁判者负责”成效显现，执法办案效率稳步提升，法定审限内结案率达到99.95%。灵活组建执行团队，实现人均结案比上年上升39.32%。推进聘用制书记员改革，有效缓解辅助人员短缺压力。院庭长回归办案一线，带头办理重大疑难复杂案件占案件总数的71.83%，示范引领效果显著。

【司法公开】 2020年，县人民法院建立案件全流程发布机制，向当事人公开案件信息4613件，面向社会发布裁判文书5773篇，网络直播庭审458件，让司法经得起检视。运用法院微信公众号发布信息856条，阅读量7.9万人次，人民陪审员参审案件881件，做到让人民参与司法、监督司法。依法接受检察机关法律监督，落实检察长列席审判委员会制度，邀请检方列席19次，参与讨论案件40件，维护司法公正。

【审判队伍建设】 2020年，县人民法院以习近平同志为核心的党中央决策部署、习近平总书记关于新疆工作、政法工作、法院工作的重要讲话和重要指示精神，引领广大党员、干警牢记司法为民初心、勇担公正司法使命。开展“百日大练兵”系列活动，加强司法能力建设。开展民法典实施的学习宣传动员部署、培训讲座等活动，提升干警履职尽责能力。常态化开展司法巡查、审务督察，持续抓作风建设。

（朱静怡）

## 司法行政

【基本情况】 2020年，鄯善县司法局内设办公室、政工科、社区矫正管理科、安置教育工作科、法治科（行政执法监督科）、普法与依法治理科（依法治县办公室）、基层工作管理科、公共法律服务科（法律援助中心）8个科室。下设乡镇司法所10所、法律服务所11所，法律服务工作者37名；律师事务所5所，执业律师25名；公证处1处，执业公证员5名；全县人民调解委员会106个，各级人民调解员546名。

【法治政府建设】 2020年，县司法局召开鄯善县行政执法“三项制度”工作推进会。成立鄯善县推行“三项制度”领导小组，制定下发《鄯善县全面推行“三项制度”实施方案》和《鄯善县落实“三项制度”的工作报告》，规范行政执法。起草县委全面依法治县委员会2020年工作要点，结合县域实际，围绕法治鄯善建设，推进法治政府建设，健全工作机制，完成自治区法治政府迎检工作。加强行政复议和行政应诉工作，推进行政复议规范化建设，健全行政复议案件审理机制，畅通行政复议渠道，依法受理、审理行政复议案件，提高行政复议办案质量。围绕县委、县政府重大决策部署，把好法律关，参与重点项目，审查政府及部门合同。检查规范性文件，下发规范性文件备案通知2件。

【公共法律服务】 2020年，县司法局加强平台建设，在全县10个乡镇96个村（社区）建成公共法律服务站和工作室，实现公共法律服务建设的全覆盖。年内，全县法律服务所代理案件206件，提供法律咨询1272人次，代写法律文书273份。组织律师参与公益服务活动。对接企业法律服务需求，开展民营企业法治体检，帮助企业查找法律风险点21个，解答企业法律问题咨询32件。深入村建筑工地、劳动密集场所，参与开展农民工劳动合同普查。

【法律援助】 2020年，县司法局设立退役军人法律援助工作站，使全县法律援助工作站增加到21个。受理法律援助案件228件，受援人涉及农民工的11件，涉及残疾人的4件，涉及妇女的52件，涉及未成年人的4件，涉及老年人的2件，涉及建档立卡贫困户的1件。建立法律援助值班律师制度，配合检察院组织律师参与刑事案件认罪认罚速裁程序试点工作，为认罪认罚的犯罪嫌疑人、刑事被告人提供法律咨询、申请变更强制措施等法律帮助，对检察机关定罪量刑建议提出意见，为犯罪嫌疑人签署认罪认罚具结书做现场见证累计306件399人次。

【人民调解】 2020年，全县建立乡镇、村社区人民调解委员会106个546名调解员（乡镇本级调委会10个86人、村级调委会71个357人、社区调委会25个103人），形成全覆盖、无盲区的网格化矛盾纠纷调处工作格局。设立医疗、物业、劳动纠纷等行业性、专业性调解委员会11个调解员63人；法院、派出所、交通事故等调解室14个调解员58人，建设人民调解组织，解决本行业领域的矛盾纠纷。及时发放人民调解补助经费，审核通过540件案件，发放补贴金额27780元。学习“枫桥经验”，开展矛盾纠纷的排查化解，全县各级矛调组织调处各类矛盾纠纷932件，调处931件，涉及金额2206.52万元；开展矛盾纠纷排查化解398次，预防纠纷64件。

**【社区矫正】** 2020年，县司法局开展审前调查评估，出具客观完整的调查评估意见书与调查评估意见表，为开展社区矫正工作奠定基础。完善社区矫正工作流程，开展社区矫正对象接收和期满解矫宣告及社区矫正期满转安置帮教工作，及时完善工作档案，做到不脱管、不漏管。依托电子信息管理平台，加强信息化管理，及时录入工作档案。根据实际情况，组织工作人员、志愿者，有序开展矫正对象集中教育、思想汇报、公益劳动，进行季度评议鉴定。强化社区矫正对象的学习培训和宣教工作。落实衔接制度，强化分类管理。开展刑罚执行一体工作，落实分析研判工作，召开分析研判会，处理违纪违规人员。召川贯彻《社区矫正法》推动鄯善县社区矫正工作交流会。建立社区矫正心理咨询室，聘请2名心理咨询师，对全县社区矫正对象开展心理健康教育、心理矫治。

**【普法宣教】** 2020年，县司法局制定《鄯善县2020年普法依法治理工作要点》，组织全县各部门（单位）开展宪法及重点法律法规宣传活动，推动“谁执法谁普法”普法责任制落实，推进领导干部、青少年、基层群众法治教育。组织各执法普法单位工作人员、人民调解员、法律服务工作者等深入村（社区），开展法治宣传教育活动。组织100余人的普法志愿者队伍和600余人的法律明白人，开展普法宣传。发挥“访惠聚”驻村工作队、驻村管寺干部、村党支部第一书记、下沉包村干部、村（社区）法律顾问及后盾单位的作用，开展宪法法律法规知识宣传活动190余场次，受教育群众达20万余人次。通过鄯善县零距离、鄯善县长治久安、网信鄯善、鄯善最远一家人等各级微信公众平台及时发布法律法规知识，方便各族干部群众阅读学习。开展以案释法。撰写报送典型案例34篇；制作并参赛“互联网不是法外之地”主题抖音微视频3部。

加强公职人员法治教育，组织学习单位有140余家，机关“一把手”开展与法同行宣讲140余场次，受教育人员达4.5万人次。加强青少年法治教育，全县各中小学校利用网络及课堂进行法治宣讲170余场次，受教育学生达3万余人次。加强对公共交通工具、运输场站内的宪法、疫情防控法治的宣传，发放宪法宣传册（单）4.5万余份，受教育群众达5万人次。

组织全县各级干部职工学法300余场次，受教育公职人员1.5万余人次。组织年度无纸化学法考试，应参考单位145家，实际参考单位143家，参考率98.6%；应参考人数7525人，实际参加考试6223人，参考率82.7%；及格人数6201人，未及格人数22人，及格率82.41%；全县平均成绩70.95分。

加强法治文化阵地建设，推进基层法治宣传，打造县级法治文化广场1个、法治主题文化公园1个，楼兰老街——法治文化街1条。以点带面，示范引领，对第一批获评全国民主法治示范村称号的连木沁镇巴扎村和第六批获评全国民主法治示范社区的鄯善镇鸿雁社区进行复验，通过司法部验收。

疫情防控法规宣传。2020年，发送疫情防控法律法规宣传短信46条，通过微信平台等短信服务平台发布疫情防控法律法规宣传资讯270余条。开展疫情防控法律法规知识宣传活动69场次，解答法律咨询1400余人次。征集制作以“防控疫情、法治同行”为主题的宣传微视频8部。

**【扫黑除恶专项斗争】** 2020年，司法局落实“扫黑除恶”各项工作措施，整合法律服务资源，协调指导各乡（镇）司法所、法律服务所、律师事务所开展“扫黑除恶”专项法律咨询和法律服务。全县各单位

（部门）张贴悬挂宣传标语（横幅）2200余条；各类各级微信公众平台发布“扫黑除恶”专项知识问答点击率3.6万余人次；组织“扫黑除恶”专项法治宣传活动86场次，受教育人数达19万余人次；发放法治宣传资料5万余册；解答法律咨询2000余人次。完善律师事务所结案管理制度、报告备案制度、集体研究制度和档案管理制度，加强对律师代理涉黑涉恶等案件的备案管理。

【基层法律服务】 2020年，全县基层法律服务所代理案件206件，提供法律咨询1272人次，代写法律文书273份。开展法律服务“进乡镇、进社区、进村组”活动，各基层法律服务工作者参与人民调解128件，调解128起，成功率100%，调处的矛盾纠纷涉及当事人267人，提供法律援助24件次。

（陈晓菊）

鄯善县警保联动进农村，助推“一盔一带”安全守护行动

# 军　事

## 人民武装

【思想政治工作】　2020年，县人武部组织学习习近平新时代中国特色社会主义思想，以“传承红色基因、担当强军使命”为己任，落实党委中心组每月1个主题和每周四晚上理论学习制度，不断加强思想提纯。突出抓好军队体制改革等方面的政策宣讲和教育引导工作。

【战备工作】　2020年，县人武部从严抓好战备计划修订、战备演练、战备值班、战备库室建设和物资管理工作。坚持党委议训制度不放松，部机关带头组训参训，组织民兵分批次全封闭集训，提高应急应战和组训施教能力。加强战斗精神培育，培塑精武标兵和改革强军典型，激发练兵热情。着眼常态维稳需要和应急维稳需求，随时做好处置应急突发事件准备，维护辖区社会大局稳定。在疫情防控工作中，组织大批次民兵协助社区担负卡点管控、体温检测、物资运送等任务，确保群众正常的生活秩序。

【安全管理】　2020年，人武部坚持常态依法治军，抓从严治军，夯实部队安全稳定基础。抓各种制度落实，筑牢官兵思想防线，切实打牢安全发展根基。坚持从一日生活制度抓起，落实查人查铺查哨制度，确保人员管理不失管失控。做好经常性思想政治教育，帮助全体官兵牢固树立安全发展理念，突出解决官兵现实思想问题和实际困难，及时化解矛盾。坚持抓好安全稳定工作不动摇，坚持从严要求不动摇，坚持督导检查不动摇，杜绝影响安全稳定问题的发生。注重官兵点滴养成，强化官兵的法纪观念，确保人人、时时都在组织管理教育中。2020年，县人武部实现“双无”目标，被军分区表彰为2020年度安全管理工作先进单位。

【征兵工作】　2020年，县人武部坚持以确保兵员质量为核心，以依法征兵为重点，做好征兵组织准备、宣传发动、调查摸底工作。推行征兵工作网络化管理，严格体格检查和政治考核等工作，严把定兵关口，精选优质兵员，落实廉洁征兵规定，完成征兵任务。

【双拥共建】　2020年，县人武部围绕社会稳定和长治久安的目标，发挥自身优势，按照地方所需、群众所盼、部队所能的思路，倾心开展服务，促进军政军民团结。组织“民族团结一家亲”活动，党委委员与贫困户结成一对一帮扶对子，开展走访慰问、捐款捐物、农忙时节开展助民劳动等活动10余次；结合重大节日、纪念日走访慰问“四老”人员25人次，解决实际困难20余件。先后与5个社区、13家企事业单位签订共建协议，开展共建活动和国防教育。开展“大手拉小手、真情系校园”活动，组织懂维吾尔语、汉语的10名官兵担任校外辅导员，每月为驻地幼儿园和小学进行辅导。为鲁克沁镇阿曼夏学校捐赠5000元学习用具，为中心幼儿园捐赠一批图画书籍。组建驻勤点理论宣传小分队，开展党的方针政策、“五观”教育等宣讲10场次、发放宣传手册1000余册，受教群众2000余人。

（张浩龙）

## 人民防空

**【人防工程建设审批管理】** 2020年，县人防办加强对民用建筑项目的审批管理，依法开展易地建设费的征收。年内通过工改系统审批人防工程许可业务20项，其中结合建设3项，易地建设项目12项。按照“应建必建，以收促建”的原则，结合工改网审批平台，对新建项目严格审批，做到新建项目应办人防率达到100%。

**【人防法治化建设】** 2020年，县人防办履行人防法律法规赋予的职能职责，变行政管理为依法管理，将人防工作纳入法制化轨道。制订法制工作计划，加强执法人员的学习和培训，提高执法水平，规范执法程序。

**【人防工程项目监管】** 2020年，县人防办组织全县有关人防工程的主体单位负责人召开安全生产工作会议，部署安全生产工作。成立检查小组对人防工程施工场地进行日常监管，组织人防专项检查2次，定期不定期安全生产检查8次。持续开展火灾隐患排查整治活动。对施工场地的人防工程，要求建设单位及施工单位安排专人巡查现场，排查各类安全隐患。

**【人防专项治理】** 2020年，县人防办开展人防专项治理。将2016—2019年收取人防易地建设费的项目，出具需配建人防设计意见单，将应配建人防面积配建至施工项目方，督促建设项目完成整改。督促相关单位完成2013—2015年的15个项目整改，提供整改资料，提交吐鲁番市人防办。

按照《吐鲁番市住建局关于人防专项治理工作的通知》精神，县人民政府召开会议，并形成决议，对新疆吉祥鸟服饰有限公司、吐鲁番新葡王酒业有限公司建设的项目享受招商引资和酒庄建设相关减免政策，不予追办人防审批手续，做销号处理；对鄯善金马商业街建设项目做销号处理由县住建局推送县人民法院进行司法强制执行；对鄯善世纪诚通房地产开发有限公司、鄯善县万国鸿业房地产开发有限公司先做销号处理，待公司在经济缓解后，补交应建人防易地建设费或后期建设项目中按规定补建应配建人防工程。对鄯善县恒瑞房地产开发有限责任公司开发的鄯善县老城区楼兰嘉苑住宅小区、台台村幸福住宅小区项目，加大督促力度，完成项目整改。

（司建忠）

## 驻鄯武警中队

**【基本情况】** 2020年，武警鄯善县中队以依法从严治警为目标，完成以执勤、处突、维稳为中心的各项工作任务，维护鄯善县的社会安全稳定，保障全县各族人民安居乐业。

**【执勤处突】** 2020年，中队完成上级领导到鄯善调研考察、鄯善县人大、政协两会、鄯善县维稳处突综合演练以及“网格化”巡逻等安全警戒任务；完成临时性押解、机动备勤等勤务工作；完成鄯善县维稳、常态化担负鄯善“网格化”巡逻和临时警卫等勤务工作。强化安全意识，加强战备演练，建强安全设施，增进联防建设，确保执勤目标的无过失和社会安全稳定。

**【拥政爱民】** 2020年，中队参加驻地经济建设，到共建单位开展法律知识讲座，开放警营进行国防教育，利用节假日与共建单位开展联谊活动，丰富文化生活，增进警民情谊。定期到县委、县政府、政法委、公安机关等地走访、主动汇报工作；县委、县政府、公安机关领导定期深入中队看望慰问官兵、指导中队规划建设、传授经验、体验警营生活，促进了双拥工作开展。

（段亚都）

# 群众团体

## 鄯善县总工会

【基本情况】 鄯善县总工会成立于1964年10月。2020年，鄯善县总工会内设有综合办公室、困难职工帮扶中心2个科室。

【基层工会组织】 2020年，全县有基层工会组织553个，会员31376人，其中女性会员9167人、农民工会员8797人、女性农民工会员1780人。

【职工合法权益维护】 2020年，县总工会配合禁毒办在人流集中地开展禁毒宣传活动。通过发放宣传单、现场咨询等形式提醒居民要“珍爱生命，拒绝毒品”。开展“安康杯”竞赛活动，向各基层工会发放安全生产知识竞赛试题，并提出相关工作要求，动员各单位参加。做好法律宣传，采用实体、网络、电话和走乡入企等方式向广大职工宣传《中华人民共和国工会法》《中华人民共和国劳动法》等法律法规，提高农民工的依法保护权益意识。

【扶贫帮困】 2020年，县总工会困难职工帮扶中心帮扶困难农民工285户，发放资金82.08万元。把生活救助、大病救助和节日救助有机结合，为全县各族困难职工办实事、办好事、解难事。截至年底，分批次为生活困难职工85户发放救助资金18.2万元，其中医疗救助40户，发放救助金12万元；生活救助45户，发放救助金6.2万元。“金秋助学”工程捐助31人，发放救助金16.18万元。对在档困难职工和困难农民工417户发放疫情补贴83.4万元。对鲁克沁镇三个桥村发展家门口就业基地，支持帮扶资金13.2万元；推进农村“四上”（做饭上灶台，吃饭上餐桌，学习上书桌，睡觉上床）工作，帮扶50张桌子、200个凳子；为苏贝希夏村赠送33吨煤价值14850元。

【慰问活动】 2020年，县总工会开展慰问疫情防控一线及各行各业职工，送去慰问品、慰问金15.53万元。开展夏送清凉活动，给环卫工人、公安干警、疫情防控等一线工作人员送去防暑降温用品价值3.7万元。

【劳模推荐及管理】 2020年，县总工会按照劳模评选标准对全县符合劳动模范条件的人选向上级主管部门进行推荐，对已当选的各级劳动模范按照《鄯善县劳动模范管理暂行办法》实施动态管理。建立劳动模范集体和个人信息档案资料，了解掌握劳动模范个人的身体状况、思想状况和日常生活中的实际困难，并对有困难的劳动模范发放慰问金和生活困难补助金。年内，获评国家级表彰的工人先锋号（集体）1个、自治区级表彰的模范职工小家（集体）1个、自治区级表彰的模范职工之家（集体）1个、自治区级表彰的劳动模范（个人）3个。

鄯善县获国家级、自治区级表彰的集体一览表

表3

| 序号 | 单位 | 荣誉称号 | 授奖单位 |
| --- | --- | --- | --- |
| 1 | 新疆硝石钾肥有限公司工业试验厂动力车间检修班 | 全国工人先锋号 | 全国总工会 |
| 2 | 新疆库木库塔格纺织集团有限公司设计部工会小组 | 自治区级模范职工小家 | 新疆维吾尔自治区总工会 |
| 3 | 新疆东部合盛硅业有限公司工会委员会 | 自治区模范职工之家 | 新疆维吾尔自治区总工会 |

鄯善县获自治区级表彰的劳动模范一览表

表4

| 序号 | 姓名 | 性别 | 工作单位 | 荣誉称号 | 授予单位 |
| --- | --- | --- | --- | --- | --- |
| 1 | 马利克·吾买尔 | 男 | 鄯善县东巴扎乡艾孜拉村党支部 | 劳动模范 | 新疆维吾尔自治区人民政府 |
| 2 | 张海军 | 男 | 楼兰酒庄有限公司 | 劳动模范 | 新疆维吾尔自治区人民政府 |
| 3 | 陶国峰 | 男 | 鄯善县华裕选冶有限责任公司 | 劳动模范 | 新疆维吾尔自治区人民政府 |

**【“职工之家”建设】** 2020年，县总工会为达朗坎乡政府、商工局、应急管理局3家基层工会拨付活动经费3万元；为鹏润物业、连木沁同心社区、公安局（4个派出所）、第二排水公司、税务局等7单位购置体育健身器材，价值19.63万元，丰富基层工会干部职工的文化生活。

**【职工文体活动】** 2020年，县总工会与县妇联联合开展“颂党恩 听党话 跟党走”感恩教育主题演讲比赛，全县17名选手参加演讲比赛。

（蔡园园）

## 共青团鄯善县委员会

**【基本情况】** 1951年12月成立中国新民主主义青年团鄯善工作委员会，1952年9月中国新民主主义青年鄯善县委员会成立，1957年8月中国共产主义青年团鄯善县委员会（简称团县委）成立。2020年，团县委有基层团委（团工委）20个，其中乡（镇、场）团委11个、学校团委5个、其他事业单位团委4个。团总支15个、团支部（团总支）423个；专职团干部146名、兼职团干部974名，团员8768名［其中学校团员3772名，乡镇（场）4046名，其他机关事业单位905名，国有及非公企业15名、其他30名］。

**【团组织建设】** 2020年，鄯善团县委坚持工作例会制度，召开5次工作例会督导3次。将团建工作纳入党建工作考核，明确各级团建工作指导员的职责。落实团小组长月报酬待遇，规范基层共青团工作，强化基层团组织建设，整顿软弱涣散团组织，增强基层团组织影响力和号召力。做好督、导结合，抓好团员意识教育，增强团员组织归属感。

**【青少年思想教育】** 2020年，团县委为1200余名留守儿童、贫困家庭子女过“共青团爱心生日”。拉近孩子与家长、政府和党团组织的情感距离，让他们感受温暖，学会感恩。举办2020年青少年模拟法庭大赛，组织各基层团（队）组织依托各种纪念日、“宪法宣传月”等契机，开展以预防青少年违法犯罪为主题的法制教育宣传活动300余场次，覆盖青少年3800余人。加大少先队员民族团结教育和爱国主义教育，促进各族少年儿童之间的交流、交往、交融。组织100余名少先队员、辅导员开展“民族团结一家亲”融情实践营活动。

**【少工委工作】** 2020年，县

少工委召开中国少年先锋队鄯善县第六次代表大会，团市委、团县委、县教育局领导出席大会并讲话，选举产生团县委书记李桂峰等7名新一届县少工委委员。在教育系统召开3次共青团、少先队专题工作会议，组织2次少先队辅导员专业技能培训，明确学校党建带团建、从严治团（队）及自治区共青团、少先队改革实施各项工作职责任务。组织44所小学4332名小学生举行少先队全童入队仪式。开展选拔“吐鲁番市少先队工作室”活动，鄯善县2名优秀教师入选。

【青年志愿服务活动】 2020年，团县委搭建吐鲁番红巴拉多葡萄销售平台，邀请自治区团委、团巴扎通过直播带货的方式帮助农民销售葡萄干150余箱500千克11000元。组织辖区团员青年、返乡学生开展志愿服务活动，对辖区缺乏劳动力的贫困家庭的庭院、路边街道、公园内外等环境卫生进行整治，开展各类活动305场次，5000余人次参加。

【大学生西部计划志愿者管理】 鄯善县自2004年实施西部计划志愿者项目以来，有13批324名大学生西部计划志愿者在鄯善县各行各业及不同的岗位上服务。鄯善县项目办（团县委）做好西部计划大学生志愿者教育、培训、安全管理工作。为2020年新来的志愿者统一发放“8件套”床上用品和一些生活必需品并承担所有房屋的物业管理费。向组织申请水、电、暖、天然气齐全的梧桐苑公租房10套，为每套住房配备基础设施及相应的生活必需品。假日期间，加大关怀力度，为每名志愿者购买慰问品，为志愿者创造安心的工作和生活环境。

【返乡学生假期社会实践活动】 2020年，团县委引导各基层团组织1350多名团员青年、返乡大学生组成340支志愿服务互助组、青年突击队、鄯善县志愿者联盟等，开展入户宣讲，帮助贫困户进行环境卫生整治，修缮院落、打扫内务、解决春耕生产、慰问孤寡老人等志愿服务活动420余场次。动员全县优秀返乡大学生开展“红领巾小课堂”活动，全县11个乡（镇、场）开展“红领巾小课堂”活动80余场次，受益儿童930余人。

【希望工程】 2020年，团县委通过湖南“芙蓉学子”“国酒茅台”等爱心资助项目，实施对贫困村、贫困家庭、贫困学生的资助帮扶。对13名建档立卡贫困家庭子女学业资助65000元。

【主题活动】 2020年，团县委组织各级团员青年学习习近平总书记重要讲话精神和关于新疆工作指示批示精神。每周参与“青年大学习”线上主题团课，线下开展“青春因磨砺而出彩，人生因奋斗而升华”特别主题团日活动，每期覆盖人数7300余人。引导各基层团组织带领广大青少年参加学习343场次，覆盖15000余人。

节日期间，团县委为吐峪沟乡苏巴什村的贫困子女送去儿童运动鞋24双，价值1200元。征集全县58个贫困儿童的“微心愿”，并在“共青团鄯善县委员会”公众号公示，寻找有爱心的“圆梦大使”为建档立卡贫困户、低保户家庭子女圆梦送温暖，有30多人认领暖冬心愿，金额6000元。

开展以“缘分天空”为主题的线上交友活动，为广大青年群体提供交流认识、发展友谊、寄托情感的平台。截至年底，交友信息浏览量1000余次，报名200余人。

通过“共青团鄯善县委员会”微信公众号及时转发、宣传、推送上级各类惠民政策、就业岗位招聘信息，发布信息360余条，最高浏览人数12000多人。评选“青年创业致富能手”“优秀脱贫攻坚青年互助组”“农村创业致富好青年”，建立鄯善县青年创业联盟，树立先进典型。

（张世强　邹瑞华）

## 鄯善县妇女联合会

【基本情况】 2020年，鄯善县妇女联合会为正科级建制，参照公务员管理的行政单位。内设行政办公室、妇儿工委办公室、信访维权办公室等3个科室。下设基层乡（镇、场）妇联11个，村（社区）妇联99个，有各级妇女宣传员343人。

【妇女组织建设】 2020年，县妇联加强妇女组织自身能力建设，完善妇联组织建设。以县妇联为统领，指导完善乡（镇、场）妇联11个，村（社区）妇联99个，选配各级妇女宣传员343个。以县妇联维权办为中心在11个乡（镇、场）、99个村（社区）设立妇女维权工作站，畅通妇女信访维权渠道。加大对各级妇联干部的培训，年内县妇联以会代训，开展基层妇联干部业务培训7次，培训妇联干部600余人次；组织各级妇联干部参加自治区妇联“学思践悟”大讲堂5场次，参加妇联干部500余人次；组织全县妇联干部参加市妇联和市中级人民法院联合举办的“民法典”专题解读培训。

【妇女儿童维权】 2020年，县妇联维权办完善维权工作机制，畅通维权渠道。加大维权知识宣传。以“三八”维权月活动为契机，发放各类法律维权宣传资料3万余册。在全县各个乡（镇、场）妇联、村（社区）设立“妇女维权工作站”，开通“8381388”妇女维权热线。年内，各级妇联解决家庭矛盾纠纷364件，其中县级38件、基层妇联326件。

【妇女创业就业】 2020年，县妇联加大妇女就业技能培训，引导妇女创业就业，脱贫攻坚。各级妇联引导各族妇女学习法律、政策、技术、文化，特别是对国家通用语言文字的学习。通过宣传创业就业相关政策、组织县域内优秀女企业家、创业女能手、女种植养殖大户、女脱贫致富能手等妇女创业成功人士，加入县妇联巾帼宣讲团，用她们自己创业的典型事迹，增强各族妇女的创业就业信心，激励广大妇女争当创业先锋，用实际行动实现人生价值。拓展培训渠道，为妇女创业就业提供服务。年内，县妇联与县人社局、农机推广中心、职业技能培训学校、家门口就业基地、手工艺品合作社等单位取得联系，重点对农村妇女、进城务工妇女和城镇失业妇女开展实用技术培训、职业技能培训和创业培训，参加各级培训妇女7346人，领取由人社局发放创业补贴的妇女21人。用好妇联扶持妇女创业就业项目资金，为全县有一定创业经历和规模需要发展的7名创业妇女发放创业拓展循环资金8万元，为20名建档立卡贫困妇女发放创业启动帮扶资金4万元。

【主题活动】 2020年，县妇联以活动为载体，开展“评选树模”活动。召开各级“美丽庭院”建设现场推进会20余场次，开展评比活动18场，评比表彰“美丽庭院”典型示范群众代表、优秀村干部、党员、妇女宣传员等236人。评选推荐市级最美家庭18户、县级最美家庭100户。

开展各类宣讲活动43场次、各类文化活动7场次、竞赛活动3场次、国语学习50场次。利用民族团结教育月、母亲节等节点，举办以“感恩伟大母亲”为主题的实践活动21场次。联合县总工会组织各族妇女干部职工开展“颂党恩、听党话、跟党走”感恩教育主题演讲比赛，以各类文化活动，渗透现代文化思想。

【宣传教育】 2020年，县妇联开展“巾帼决战脱贫 共建美丽乡村”宣讲活动，联合县委宣传部深入贫困村开展脱贫攻坚、美丽庭院、人居环境整治等方面的宣传教育。开展“巾帼决战脱贫 共建美丽乡村”宣讲活动14场次，培训妇女600余人。联合县委宣传部开展“脱贫攻坚”大宣讲8场次，受教育人数500余人。开展环境卫生整治140余场次。制作发放“美丽庭院示范一条街”宣传资料、宣传牌等52000余份（个），发放宣传品460余个（件）。各乡镇、村（社区）妇联通过集中宣讲、入户指导、检查评比等形式，对农户尤其是示范一条街的农户开展集中宣讲150余场次、培训群众1.5万余人次；入户宣传2万户次4万余人次。

开展维护妇女权益的法制宣传教育活动。与维权联席会议成员单位利用“三八维权月”、综治宣传月、民族团结教育月、“6·26”国际禁毒日等时段进行全县各乡镇场视频大宣讲，发放《中国人民共和国婚姻法》《中华人民共和国妇女权益保障法》及《中华人民共和国反家庭暴力法》宣传手册等资料2.7万余份。开展

"青少年保护法"知识讲座20场次1.3万余人。在各乡（镇、场）向广大群众宣传法律知识300余人。

【文明创建活动】 2020年，县妇联在全县范围内开展寻找"最美家庭"、创建"美丽庭院"活动。加大"美丽庭院"建设工作推进力度。层层召开"美丽庭院"建设推进会20场，入户宣传创建"美丽乡村"1000余次，发放美丽乡村建设工作倡议书6000余份，发动群众16余万人次。全县完成美丽庭院创建达标户14302户，创建率41.44%；挂牌10102户，挂牌率70.90%。完成全县10个建档立卡贫困村、9个人居环境示范村"美丽庭院示范一条街"创建验收。开展"晒晒我家院子"活动。各乡（镇、场）妇联每天从示范街中选取一户，在巾帼微信群中宣传。

【贫困妇女儿童帮扶关爱】 2020年，全县各级妇联组织、妇女群众捐款捐物53万余元支持疫情防控工作。县妇联关心关爱妇女600人，慰问资金5万元；关心关爱儿童44名，慰问资金1.9万元。各基层妇联慰问妇女儿童900余名，送去慰问品、慰问金等12万余元。

资助贫困女大学生20人6万元；为16名贫困女学生申请到"春蕾计划"项目资金，其中6名大学生每人3000元、10名高中生每人2600元；利用"爱心一元捐"资助贫困女大学生15人，每人4000元；给予14名贫困中小学生每人给予500元的一次性救助；"六·一"儿童节深入鲁克沁镇赛尔克甫夏村，对20名贫困小学生进行走访慰问，发放慰问品4000元。

"扶贫日"，深入贫困村贫困妇女儿童家庭7户，给她们送去暖心毛衣、毛巾、茶具等慰问品价值1000元，动员各基层妇联为孤寡、贫困、残疾妇女捐款捐物5000余元。

利用2020年"爱心一元捐"临时救助资金，为全县20名贫困妇女发放500—1000元临时救助，发放1.5万元临时救助金。为34名身患"两癌"的贫困妇女申请救助，其中17名妇女获得"两癌"救助金各1万元。

【"两纲"实施】 2020年，县妇儿工委办加大妇女儿童工作力度，推进"两纲"目标落实。迎接"两纲"终期评估检查，推动《中国妇女发展纲要2011—2020》《中国儿童发展纲要2011—2020》实施，明确成员单位职能职责，深化对全县妇女儿童工作的思想认识，组织鄯善县妇儿工委成员单位召开"两纲"实施工作会议、参加自治区妇儿工委举办的"两纲"专题培训讲座，为2020年的"两纲"终期验收做好准备。做好"两纲"档案资料的整理归档。通过广播中播出《中国妇女发展纲要2011—2020》《中国儿童发展纲要2011—2020》等有关法律法规，宣传青春期、新婚期、孕期、育儿期、更年期生殖保健知识。印发4万份宣传册发放给各乡（镇、场），提升群众对"两纲"工作的知晓率。

（谢　燕）

## 鄯善县科学技术协会

【基本情况】 鄯善县科学技术协会为县委领导下的从事科学技术普及工作的群众团体，业务上接受上级科协指导，正科级建制，参照公务员管理的事业单位，内设1个办公室。主要开展"科技之冬"培训、"科普大篷车七进"、青少年科技教育工作、"基层科普行动计划"等工作。

【科普宣传】 2020年，县科协开展全国科普日系列科普活动。协同市科协科普大篷车深入吐峪沟乡团结村、鲁克沁镇、三个桥村开展科技下乡活动，为农牧民开展科技方面的实用技术咨询。发放《知识—力量》《科学与生活》科普杂志以及葡萄栽培实用技术等宣传册5000余册。

【青少年科技教育活动】 2020年，县科协组织全县中小学师生参加自治区第三十四届青少年科技创新大赛。组织选送27件作品参加第34届自治区青少年科技创新大赛，有14件作品获奖。其中，青少年科技创新竞赛项目城镇台台尔中心小学1件获二等奖、1件获三等奖，县中心小学2件获三等奖。少年儿童科学幻想绘画竞赛项目县育才学校获二等奖1件、三等奖7件（县青少年活动中心2件、县中心小学3件、二中1件、连木沁镇二中1件）。县青少年活动中心的3件作品获第34届全国青少年科技创新大赛少年儿童科学幻想绘画二等奖1件、三等奖2件。鄯善县中心小学被评为第六批自治区青少年科技活动特色学校，鄯善县城镇台台尔中心小学科技活动特色学校被评为首批自治区青少年科技活动示范学校，两所学校由自治区科协分别奖励2万元。

**【“基层科普行动计划”项目奖补资金】** 2020年，县科协实施“基层科普行动计划”项目，争取项目资金7万元。

**【精准扶贫专家服务行动项目申报】** 2020年，县科协巩固鄯善县科技助力精准扶贫活动成果，持续开展精准扶贫专家服务行动，争取项目2个，资金4万元。

**【科普E站建设】** 2020年，县科协构建线上线下相结合的科普信息化服务新阵地，解决科学传播“最后一公里”，实现科普服务的精细分类、精准推送，贴近实际、贴近生活、贴近群众开展科普服务。完成鄯善县15个科普E站（村、学校、社区）建设场所55英寸电视机安装。

**【全民科学素质调查】** 2020年，县科协与市科协共同在3个社区、4个村，每个村（社区）选取10人实地面访，现场答题，开展全民科学素质调查。

（孙露萍）

## 鄯善县工商业联合会

**【基本情况】** 鄯善县工商联（商会）为正科级事业单位，参照公务员管理，有编制5名，其中领导职数2人，常务副会长1名、副会长1名，内设办公室1个。2020年，工商联有干部职工8人；党支部1个，有正式党员7名。

**【参政议政】** 2020年，县工商联针对民营经济主体贷款难、融资难开展专项调研1次，撰写《关于民营企业融资问题的调研报告》；开展民营企业参与混合所有制改革情况专项调研1次，经与县国资委、发改委等部门对接，县域规模以上企业暂无混合所有制改革企业。推荐自治区级、市级、县级民营企业及民营企业家先进精准扶贫企业及个人和优秀党员等候选人，组织非公经济代表人士参加县检察院学法用法、法律宣传开放日活动2次。

**【非公有制经济服务】** 2020年，县工商联做好民营企业服务，对接会员企业了解用工需求，汇总企业所需人才、工种类型上报市工商联，有对口人才第一时间推荐企业；通过走访调研宣传各种信息和国家的政策、方针、路线，以及上级召开的各类会议精神，使企业能够了解掌握国家及县委政府出台的优惠政策。发挥非公有制经济领导小组作用，优化营商环境责任分工和放宽管制要求，同各非公经济领导小组成员单位签订目标责任书，督促各单位履职尽责。

**【公益事业】** 2020年，县工商联开展“百企帮百村”工作，会员企业鄯善三川建材有限公司为鲁克沁镇阿曼夏村捐赠水泥30吨价值1万余元；楼兰酒业有限公司为迪坎村捐赠10万元；华裕选冶有限公司为鲁克沁镇赛尔克甫村捐款20万元、新疆天拓伟业建筑安装有限责任公司为鲁克沁镇赛尔克甫村20万元。其他企业捐款现金120余万元，桌子80张，椅子300个，床10张，水泥20吨，空调20台，复印机、口罩、消毒液等各类物品。鼓励会员企业“以购代帮”，督促企业主动履行社会责任，中国黄金集团新疆金滩矿业有限公司、鄯善县金兰矿业开发有限责任公司、鄯善宝地矿业有限责任公司等，购买扶贫户羊、鸡、鸽、蔬菜等各类物品总价值31万余元。

（路　芳）

## 鄯善县残疾人联合会

**【基本情况】** 鄯善县残疾人联合会机构规格为正科级建制事业单位（参照公务员管理），核定事业编制6名，其中领导职数2名，工勤1名。下属1

个残疾人就业所，有全额事业编4名。2020年，有干部职工11人，其中参照公务员管理6人、全额事业编制5人。

2020年，全县各乡（镇、场）、村（社区）均建立残疾人联合会组织。各乡（镇、场）配备专职理事长，各社区配备残协主席。全县持有残疾证人5216人，其中一级残疾人1044人、二级残疾人1503人、三级残疾人1261人、四级残疾人1408人。全年征收残疾人保障金504万元。

**【残疾人管理】** 2020年，县残联全面完成5450名残疾人基础信息核查及录入工作，其中入户调查3420人、电话调查2030人。全年办理残疾证1450人，其中男性844人、女性606人，农业户口1236人、非农业户口214人。

**【康复关爱工程】** 2020年，县残联开通线上“儿童康复在线指导”系列免费课程，56名残疾儿童家长接受网上康复指导4000人次，有12名残疾儿童到定点康复机构进行康复训练，为4名视力残疾的儿童适配眼镜等助视器，为2名残疾儿童适配助听器。对符合条件的462名患有精神疾病患者提供免费服药。为80名精神残疾人开展托养照护服务。全县315名残疾适龄儿童送学上门87人、随班就读192人、就读特殊教育学校35人，在外地康复训练1人。协调市医院精神智力鉴定专家对374名残疾人开展上门服务；协调县人民医院专家对461名残疾人上门服务，减轻残疾人负担13万余元。

**【残疾人就业与培训】** 2020年，县残联在疫情期间为1个盲人按摩机构、144名自主创业的残疾人发放补贴44万元。年内，残疾人就业106人，其中公务员9人、事业编31人、新安置残疾人公益性岗位42人、临聘人员11人，其他就业24人，完成年度任务的221%。

**【残疾人辅助器具发放】** 2020年，县残联为200余名残疾人发放辅助器具200余件。为5所学校和15个便民警务站赠送轮椅25辆，为木卡姆社区发放轮椅5辆、拐杖10件。

**【残疾人社会保障】** 2020年，县残联落实建档立卡残疾人医疗保险补贴制度，为409名建档立卡残疾人补助医疗保险7.37万元。为全县建档立卡贫困户409人，解决公益性岗位34人，稳定就业26人，自主创业17人，灵活就业121人，兜底保障176人。

**【扶贫帮困】** 2020年，县残联做好困难群众残疾群众临时救助。疫情防范期间，为全县特困残疾人681户送去米面油、63户残疾人送去煤炭等价值17.61万元，为70户送去慰问金2.51万元。对生活困难残疾人给予临时救助6人，发放救助金0.27万元。

慰问特殊学校学生35名，送去水杯、画笔、画册等慰问品价值2000元。对吐峪沟乡碱滩坎村贫困户进行慰问、现场义诊，发放语音电饭煲、烧水壶、闪光门铃、写字板等辅助器具36件，为50名贫困残疾人发放米面油等慰问品价值6000元。

**【残疾人两项补贴发放】** 2020年，县残联有享受“两项补贴”40400人次，发放金额404.15万元。其中生活补贴11825人次118.38万元、护理补贴28575人次285.77万元；补发生活补贴960元、护理补贴600元。

**【宣传工作】** 2020年，县残联到各乡（镇、场）宣传残疾人，各项民生项目及优惠政策8场次700多人参加培训；依托“助残日”“爱耳日”契机，发放宣传单2000余份、惠残手册10560余册、悬挂标语5条。收看全国自强脱贫和助残扶贫先进事迹网络报告会12场次100余人次，宣传残疾人助残先进典型1人。

（杨成军）

## 鄯善县红十字会

**【基本情况】** 鄯善县红十字会成立于1995年1月，为参照公务员管理的全额拨款的正科级单位，属社会团体性质的机构，隶属卫健委党委管理。2020年，编制5人，有领导2名、一般干部3名。

【宣传工作】 2020年，县红十字会依托世界红十字会日、应急日、预防艾滋病日等契机，组织志愿者走进社区、乡村、街头开展防灾减灾应急救护知识宣传活动。年内，举办防灾减灾安全知识讲座1次，进行应急救护宣讲4次，发放应急救护、大病救助基金及艾滋病等宣传资料1000余份。利用微信平台加大对“三献”工作宣传，扩大社会知晓率。

【社会救助】 2020年，县红十字会做好以“红十字博爱送万家”为主题的扶贫济困活动。冬季，将募集到的价值12000元的150件新棉衣、裤子捐赠给泽日甫村生活困难的村民。开展“下基层、走亲戚、送温暖”走访慰问生活困难群众活动，发放慰问物品价值4000余元。年内，接收2名先天性心脏病贫困患儿家庭的申请。新增造血干细胞捐献志愿者19人，器官捐献者11人，眼角膜捐献志愿者2人。

【社会募捐】 2020年，县红十字会发动社会各界爱心人士为鄯善县抗击疫情捐款捐物，开展防疫款物募捐工作。通过设置固定接受捐赠点、上门服务收取捐赠和通过网络、微信等方式接受捐赠。年内，接受捐赠210.27万元，其中捐款155.04万元，物资价值55.23万元，支出155.04万元，使用率100%。所有捐赠物资收支使用由县审计局、财政局同步跟进审计，捐赠款物账目清晰，接收使用程序规范，在鄯善县政务网进行公示，接受社会各界监督。

（马晓丽）

## 鄯善县文学艺术界联合会

【基本情况】 2006年4月，鄯善县文学艺术界联合会（简称县文联）成立，核定参照公务员编制2个，在职3人，与县委宣传部合署办公。2010年3月，县文联办公场所迁至“我的田园——鄯善县文学艺术创作基地”。截至2020年，县文联下设美术家协会、书法家协会、摄影家协会、作家协会、音乐舞蹈家协会、收藏家协会6个文艺群众团体，吸纳鄯善县文学、文艺各领域骨干作家、画家、艺术家500余人，其中国家级书法家2人，中国民间文艺有家协会会员2人。

【专业文艺协会】 2020年，县文联直管专业协会6个，县书法家协会有国家级会员2人、自治区级会员22人，县级会员32人；美术家协会有国家级会员1人，自治区会员7人，县级会员23人；摄影家协会有自治区级会员2人，县级会员46人；作家协会有自治区级会员10人，县级会员108人；音乐舞蹈家协会有县级会员45人。民间文艺家协会2人，其中国家级民间文艺家协会会员2人。年内，新加入新疆书法家协会会员1人、新疆美术家协会会员1人、中国民间文艺家协会会员1人。

【文化艺术活动】 2020年，县文联组织各协会艺术家赴园艺场，连木沁镇，七克台镇、鄯善镇各社区开展“我们的中国梦——文化进万家”活动，送去春联1500余副、福字500余个，送去书画作品150余幅。组织各协会以迎新年及“共克时艰·抗击疫情”为主题开展文艺创作，创作各类文艺作品260余幅（篇），其中文学作品近30余篇（首）3万余字；美术作品100余幅，书法作品60幅，剪纸作品27幅，摄影作品10幅。筹备举办“复兴路上·小康生活”脱贫攻坚主题书法美术摄影展。县文联下属书法家、美术家、摄影家协会的会员，创作投稿参展作品共202幅，其中书法、美术作品152幅，摄影作品50幅，鄯善县本土艺术家用不同的艺术形式展现鄯善县经济社会发展取得的成绩。

【文化艺术成果】 2020年，县文联各协会成果斐然。

书法家协会：会员马忠明书法及篆刻作品入展新疆文联“众志成城，抗击疫情”主题创作作品展5次，入展“明月出天山——书法诗词中的新疆”展览1次；何键书法作品入展全国“北庭雅集”第六届书法作品展1次，入展新疆书法家协会抗疫作品展3次，入展“明月出天山——书法诗词中的新疆”展览1次；李述聪书法作品入展新疆文联“众志成城，抗击疫情”作品展3次；崔荣华书法作品入展新疆文联“众志成城，抗击疫情”主题创作作品展1次。

美术家协会：会员杨晓定美术作品入选“马提尼”国际水彩画展1次，入展新疆美术家协会主题创作作品选集1次，入展新疆文联“众志成城，抗击疫情”作品展8次；季爱林美术作品入选新春送祝福新疆展览1次，入展新疆文联“众志成城，抗击疫情”作品展5次；赵春雷美术作品入展“众志成城，抗击疫情”新疆美术作品展3次，入展自治区文化厅文化馆“抗击疫情 与爱同行”美术原创展1次；赵陆江美术作品入展2020年乌鲁木齐市迎新年画展1次，入选新疆美协抗疫主题展2次，入展《水彩之友》读者作品展示窗展览7次；沈文斌美术作品入展，新疆文联“众志成城，抗击疫情”主题创作作品展2次；朱立果美术作品入展2020年自治区美术教师作品巡展1次。

作家协会：组织作家协会会员创作作品20余篇，在《吐鲁番报》、鄯善生活小助手等报刊和公众号发表。

民间文艺家协会：会员季玉兰剪纸作品入展“中国剪纸精品集——抗击疫情卷”展览1次，入展新疆文联、新疆民协展览16次，入展中国西部“最美小康路”“第十五届中国民间优秀工艺美术作品”展览1次；王柏芹剪纸作品入展全国抗击疫情作品展1次，入展全国帮困帮扶剪纸大赛1次。

摄影家协会：季化领摄影作品在自治区摄影展入展1次，入展吐鲁番市摄影展5次。

音乐舞蹈家协会：组织音乐舞蹈家协会会员举办大型舞台演出“我向往五星红旗”歌舞晚会、新年音乐会“启航”“高歌新时代·启航新征程”教师戏曲歌舞网络春节联欢晚会。

**【文化艺术交流】** 2020年，鄯善县文化艺术界联合会与吐鲁番市文化艺术界联合会联合开展“我们的中国梦”鄯善县文化采风活动。配合自治区文联和中国文联作家协会在鄯善县开展文化采风活动。组织4次疆内艺术家民间交流活动。

**【获得荣誉】** 2020年，民间文艺家协会会员季玉兰剪纸作品《逆行天使》在《中国剪纸精品集——抗击疫情卷》被评为优秀作品，并入选《中国剪纸精品集》纪念版；季玉兰剪纸作品“楼兰之韵”参加新疆第二届迎春年画作品展，获一等奖；王柏芹2幅剪纸作品《抗击疫情》《平安》获全国抗击疫情作品优秀奖，被抗击疫情精品集收录；1幅剪纸作品《人情地灵》获全国帮困扶贫剪纸大赛优秀奖，被帮困扶贫剪纸精品集录入。

音乐舞蹈家协会王红霞老师的节目“我和我的祖国”“民族团结 共圆梦想”被新疆广播电视台2020年新疆优秀特长生春晚录播，编导的古筝器乐合奏《喜洋洋》因表现优秀别被授予最佳编导奖，参演学员获金奖，并获最佳组织奖。

在第34届自治区科协举办的科幻画比赛中，美术家协会赵陆江老师指导的学生温馨获三等奖，赵陆江获优秀辅导奖。

（古再丽努尔·芒尼科）

# 农　业

## 农业农村工作

【基本情况】　鄯善县农业农村局于2020年2月28日挂牌成立，是县人民政府工作部门，由县委原农办、原畜牧局、原农业局、原农机局农机安全监理站、原财政局农业综合开发办、原水利局农田水利等单位职能整合成立，为正科级行政单位，加挂鄯善县畜牧兽医局牌子。县委农村工作领导小组办公室设在县农业农村局，接受县委农村工作领导小组的直接领导，承担县委农村工作领导小组具体工作。县农业农村局贯彻落实党中央关于“三农”工作的方针政策和决策部署以及自治区党委、市委、县委工作要求，在履行职责过程中坚持和加强党对“三农”工作的集中统一领导。

县农业农村局下属县畜禽品种改良站、县农业综合执法大队、县种子管理站、县动物卫生监督所4个事业单位。其中，县畜禽品种改良站，机构核定为股级的全额事业单位；鄯善县农业综合执法大队，机构核定为副科级的全额事业单位；鄯善县种子管理站，机构核定为副科级的参照公务员管理事业单位；鄯善县动物卫生监督所，机构核定为副科级的全额事业单位。

【农业生产综述】　2020年，全县实现农村经济总收入419096.36万元，比2019年同期增加36247.79万元，比2019年增长9.47%；农牧民人均纯收入达到17593.4元，比2019年同期增加1421元，比2019年增长8.79%。第一产业实现收入356620.50万元，比2019年增长11.2%，第二产业实现收入33245.86万元，比2019年增长1%；第三产业实现收入29230.00万元，比2019年增长0.02%。2020年，全县各种农作物种植面积约10120.01公顷，其中棉花406.67公顷、大田哈密瓜6806.67公顷、大田西瓜1020公顷、蔬菜873.33公顷、青贮饲料786.67公顷、玉米206.67公顷、其他特色类作物20公顷。大田蔬菜生产总面积326.67公顷，总产量1.23万吨；全县种植哈密瓜6806.67公顷，其中精品哈密瓜达2000公顷，累计销售商品哈密瓜约16.39万吨，西瓜5.32万吨；春秋两季温室种植7446座，总产量2.85万吨。粮食玉米种植任务133.33公顷，实际种植玉米206.67公顷，完成任务的1.55倍；完成牛羊育肥102.3万头只，100.29%完成任务；发展吐鲁番黑羊2.1万只，105%完成任务；发展斗鸡养殖5.046万羽，100.92%完成任务；发展驴养殖0.51万头，102%完成任务。严格落实第二轮草原生态保护补助奖励政策，发放农牧民草原奖补资金1919.395万元，受益农户957户3680人。全县注册登记挂牌大型工程机械设备1437台，检验474台，办理转移、变更、注销等手续223台；开展拖拉机年度检验1063台，使用年限到期办理注销2541台。

【农业种植结构】　2020年，全县各种农作物种植面积约10120公顷。加强蔬菜生产供应各环节跟踪监测，做好产销对接确保鄯善县在疫情期间蔬菜稳定生产、供应安全，累计销售蔬菜2.22万吨。

【农业产业化发展】　2020年，鄯善县加大农产品产业化政策性扶持力度，做好涉农企业协调服务。召开协调会，牵线搭桥，为企业解决融资难、员工少等问题。年内，召开企业协调会3次，开展各项优惠政策宣传500余次，发放宣传手册60余份，根据自治区八部门出台的40条扶持性政策，涉农企业在疫情防控期间享受优惠政策减免金额201.37万元。

县农业农村局围绕特色产业发展，做好培育壮大龙头企业工作。新申报市级龙头企业1家（鄯善县果叔生态农业有限公司）、自治区级龙头企业2家（车师酒庄、汇川农业），全部通过审批。全县农业产业化龙头企业18家，其中国家级1家，自治区级4家，市级13家。做好企业服务，通过提供贴息贷款项目资金支持、召开银企对接会，按照上级贴息贷款项目要求，筛选符合条件的5家企业与银行对接办理贷款事宜，贷款资金合计5000万元。推进涉农企业复工复产，企业带动贫困人员51人就业，其中本地建档立卡贫困户31人，外地20人。引导企业参展第二十二届中国（湖南）农业博览会，县国家级龙头企业楼兰酒业的20种90瓶葡萄酒参展；筛选本地特色农产品新鲜哈密瓜30箱（西洲密25号10箱，西洲密17号20箱）；品种鲜葡萄35种，87箱435千克；无核白葡萄100箱200千克。建立企农利益联结机制。组织16个涉农企业与10个贫困村建立帮扶关系。楼兰酒业为吐峪沟村捐款10万元；绿奥合作社给赛尔克甫村捐赠空调20台；绿人食品公司给吐峪沟杏花村捐赠空调2台和10桶食用油；遂达农民专业合作社发挥网销优势，帮助鲁克沁镇、吐峪沟乡农民销售西红柿30余吨，带动15户农户增收15万余元，捐款捐物共计29.9万余元。

依托新疆果业带动，加快果品产业发展。公司依托新疆果业集团资源优势：线上借助新疆林果网B2B平台，在淘宝、京东商城等多家知名网站开设网上专卖店30多家，销售网络覆盖国内全网。“线下”依托连锁销售网络和“西域果园”、“果叔”著名商标的品牌形象，在北京、上海、广州、深圳、长春、成都、武汉、重庆等人中城市的9个“西域果园”展示直销中心设有专区、专柜；在北京、上海、广州等一线城市建立6个物流配送分仓，全国商超系统设有专区专柜2000多个；在乌鲁木齐、广州、武汉新建48家果叔社区体验店；与中国石化签订非油品业务战略合作协议，入驻中国石化15个省份11000家易捷便利系统店。构建“顺畅有序、配送灵活、保鲜供应、四季销售”的全国销售网络体系。运用电商批发、仓储保鲜、电子交易结算、供应链金融等新型为农服务方式，将鄯善果叔生态农业有限公司打造成集鄯善县特色农产品展示体验中心、电子交易中心、食品安全中心和供应链金融服务中心于一体的电商平台与实体服务结合的新型农产品集散中心。

依托产业优势，推进葡萄酒庄产业深度融合发展。立足于优越的区位优势、独特的气候条件和悠久的葡萄酒历史文化，楼兰、新葡王、车师农产品加工龙头企业大多进行农产品的初加工和开发产品的精深加工，将葡萄制成酿酒葡萄，借助葡萄酒“产业发展、质量提升”的有利契机，延伸葡萄酒庄产业的向旅游、文化、商贸、物流等产业发展，实现种植、生产、旅游等一、二、三产业融合发展。2020年，为酒庄企业争取贴息贷款16万元。引导服务车师酒庄、汇川农业2家涉农企业申报自治区级龙头企业，果叔生态1家企业申报市级龙头企业。开发地方名优特产品，把扶持区域地标的农产品品牌作为农业结构调整的一个主攻方向。树立农业品牌意识，加强农产品原产地保护和质量安全追溯，提高农产品竞争力。“楼兰”牌葡萄酒被国家工商总局商标局认定为“中国驰名商标”，获得“新疆著名商标”荣誉，楼兰古堡是G20峰会指定备用酒；被中国食品安全年会组委会评为2018—2019年食品安全诚信示范单位。全县注册农产品商标60余个，其中楼兰、新葡王、车师等品牌具有一定影响力。楼兰、新葡王牌葡萄酒获新疆名牌产品等多种荣誉称号；此外，楼兰小古堡获2019年新疆特色农产品上海展销会金奖，鄯善县葡萄酒的市场知名度和美誉度得到提高。

**【农业发展项目管理】** 2020年，县农业农村局围绕县农业发展重点做好在建项目管理和项目储备。在建项目落实各项惠农补贴资金和项目资金3120.63万元，用于秸秆综合利用项目、地膜回收利用项目、蔬菜育苗中心建设—水肥一体化项目、农村人居环境整治项目、千村示范项目（5个村）、村级服务示范站点建设项目、现代农业生产体系建设项目、动物疫病防治项目等重点项目建设。辟展镇柯柯亚新村畜牧养殖项目建设羊圈80座，享受补助资金144万元；粮改饲项目带动全县212户共收贮青贮饲料3.067万吨，落实项目资金153.35万元。

加强项目储备和申报工作，储备发展现代农业类、特色畜禽养殖类、农村人居环境整治类等8个类别项目42个，储备项目申请资金19.5亿元。做好县固定资产投资10个项目包联跟踪服务。其中，新建项目2个，储备转新开工项目8个，年度投资目标7247.72万元。落实“十二五”以来高标准农田清查评估工作。联合县财政局、自然资源局、水利局分工协作，共同推进，对“十二五”以来高标准农田、土地整治、农田水利项目进行全面清查、评估、上图入库。完成各部门35个项目数据的汇总上报和系统录入，为后期农田建设项目精准管理提供依据。在全市两县一区率先完成任务，并协助其他区县开展数据录入和上图入库工作。

**【农产品销售】** 2020年，县农业农村局健全销售体系，在百度、淘宝、京东商城、易购、58同城、《新疆都市报》等各大网络平台和报刊及微信平台，发布上千条信息，有几万人次浏览量，取得可喜成效。2020年以来，全县累计葡萄干销售总量约10万吨，总销售额116700万余元。其中，葡萄绿干约6.3万吨，销售额约94500万元；葡萄红干约3.7万吨，销售额22200万余元。同时，以一线城市为主、二线城市为辅的原则在北京、上海、广州、深圳、厦门、长沙、杭州等28个省市建立营销网点75个，众多企业、合作社与沃尔玛、家乐福、北京首航、衡阳湘江百货等超市建立“农超对接”，鄯善葡萄、葡萄干等农产品打入“来伊份”“五芳斋”“浙江华为亨”等知名企业，在京东、天猫、阿里巴巴、拼多多等网站也建立销售平台。初步形成布局较为合理、特色较为突出的农产品销售市场体系。

推进农村电商平台建设。完成连木沁镇、吐峪沟乡和达朗坎乡3个乡（镇）级电商服务站建设，建成21个村电商服务点。引导连木沁镇特来客葡萄干加工厂、绿宝葡萄干加工厂、连木沁遂达农产品专业合作社等7家企业，通过建立自己的企业网站或开设网店的形式开展电子商务工作。开展电商服务人才培训，结合“三冬”培训活动，开展电子商务培训，累计培训800余人。做好电商平台合作建设。鄯善县与中国电信、阿里巴巴集团合作，在鲁克沁镇迪汗苏村、连木沁镇尤库买里村建立葡萄标准化示范基地66.67公顷。做好“互联网+”农产品出村进城工程试点县申报。联合鄯善县果叔生态农业有限公司、协调县商工局开展“互联网+”农产品出村进城工程试点县申报工作。累计制作抖音视频17个；撰写信息简报18条；制作宣传片3部、宣传手册1350余册，发放宣传函400份。

年内，全县线下销售商品哈密瓜16.39万余吨、西瓜5.32万余吨、葡萄干7.61万余吨、葡萄叶子5100余吨，杏子2200余吨、桑葚150余吨、线上销售哈密瓜700余吨、葡萄干1300余吨。打通鄯善县农产品销往湖南的销售渠道，促进“疆品入湘”。通过援疆优势渠道销售哈密瓜1500余吨、葡萄干300余吨。

**【农产品质量安全监管】** 2020年，县农业农村局抓好农产品质量安全，开展“送法下乡”活动，组织执法人员深入基层开展农产品质量安全宣传，发放《中华人民共和国农产品质量安全法》《国家明令禁止的农药》等宣传资料1.6万余份，有效提高农民识假辨假能力。

在全县推进试行食用农产品合格证制度，组织监管人员、检测人员、农民合作社、种植养殖大户300余人次参加农业农村部合格证制度解读线上培训2次。向广大生产者、消费者发放告知书0.6万份，提高经营者知晓率，种植养殖生产主体开具合格证0.2万余张，附带合格证上市农产品3.23万吨。完成农产品质量安全定量检测236个，其中蔬菜质量安全定量检测188个，水果质量安全定量检测24个，畜产品质量安全定量检测24个，合格率100%。全县完成定性速测样品5765个，合格率100%。配合自治区开展农产品监测抽样10次，其中监督抽查4次，水果专项2次，绿色原料基地2次，农科院科研项目西甜瓜抽样检测2次，监测合格率均100%。农产品质量安全检验检测站取得自治区"双认证"，即"检验检测机构资质认定证书"和"新疆维吾尔自治区农产品质量安全检测机构考核合格证书"。

2020年，对全县种子、农药、肥料、农膜等农产品质量安全开展拉网式排查，出动执法人员724人次，检查农资经营户85家，立案18起，结案18起，没收农药1284瓶（袋），依法上缴罚没款金额6.537万元。组织农资经营户开展培训1期参加100余人。

**【农业产业促脱贫】** 2020年，县农业农村局把脱贫攻坚作为重大政治任务、第一民生工程，及时成立巩固提升专班4个，召开专题会议16次，落实各项目标任务。开展林果业、畜牧养殖以及电商等各类培训23场次，培训建档立卡贫困户1696人次，各项指标完成率100%。落实产业指导措施，从村级防疫员以及林业技术人员中选聘产业发展指导员，建立稳定包联关系，为全县10个贫困村配置产业指导员20名。开展指导培训84场次1854人次。发挥龙头企业带动贫困村企农利益联结机制，组织16家涉农企业与10个贫困村建立帮扶关系，累计捐款捐物达30万元。组织24家涉农企业收购贫困户葡萄干0.17万吨，消费978万元。

**【惠农资金补贴】** 2020年，县农业农村局落实惠农资金补贴工作，召开专题会议5次，通过电话抽查、实地查看反复核查发放人员信息，抽查发放农户1135户，抽查率35%（要求抽查率不低于30%）。抽查发现疑似问题164个，并督促乡镇核实信息，完成整改，杜绝瞒报、冒领、套取国家惠农补贴资金等违规违纪违法问题发生，确保惠农补贴落到实处。年内，全县通过"一卡通"发放耕地地力保护补贴350.04万元，补贴面积6033.95公顷，受益群众3556户。其中，发放2020年补贴资金340.33万元，补贴面积5862公顷，受益群众3404户；补发2019年第二批、第三批补贴资金9.71万元，补贴面积171.95公顷，受益群众152户。

落实第二轮草原生态保护补助奖励政策，以"一卡通"系统按时保质保量发放农牧民草原奖补资金1919.4万元，受益农户957户3680人，其中发放禁牧补助资金1740.72万元，天然草场实施禁牧面积19.34万公顷；发放草畜平衡奖励178.68万元，草畜平衡化管理草场4.77万公顷，全部发放到位。

**【农牧民实用技术培训】** 2020年，县农业农村局县委下达农牧民实用技术培训任务35000人次，实际完成196场次35099人次，其中畜牧养殖技术培训、村级防疫员培训，完成47场次7486人次，完成率超额0.28%。依托"科技之冬"开展林果科技培训，完成林果业标准化种植管理、病虫害防治、葡萄架式改造等培训会、现场会120场次，培训人数12500人次，发放培训资料3000余份。开展"安全生产月"宣传咨询活动，出动宣传车3次、监理人员11人次，悬挂横幅2条、图片展板8块。开展法律、法规咨询2次，解答群众疑问40余个，发放宣传资料2500余份、反光标识3850条，直接受教育群众5000余人次；组织大型工程机械设备企业负责人培训班1期，参加人员103人。举办线上线下农资经营、农机法规、执法检疫、农产品追溯、食品合格证制度解读等各类培训班7期，培训农资经营户、农机操作人员、种植养殖大户700余人次。在全县推进试行食用农产品合格证制度，组织2次由监管人员、检测人员、农民合作社、种植养殖大户300余人次参加农业农村部合格证制度解读线上培训，向广大生产者、消费者发放告知书6000份。在贫困村开展培训11场1168人次，提升贫困户脱贫致富技能。

【农村人居环境整治】 2020年，鄯善县实施乡村振兴战略，改善农村人居环境。发挥牵头、协调作用。召开市级现场推进会1场次、县级推进会2场次，各乡镇累计召开推进会40余场次，推动农村人居环境整治工作有序落实。落实市委、县委关于“厕所革命”的重要部署，引导农户按照“三防两有”标准要求，使用便捷、成本低、耐用的厕所。农村改厕任务20212座，已建成20212座，完成任务率100%。2018—2020年改厕任务35066座，已建35066座户厕，完成三年任务的100%。农村“厕所革命”项目中央下拨资金1212.72万元，全部拨付至各乡镇。牵头组织卫健委、住建局、市场监督管理局成立验收专班，开展农村改厕验收，连续抽验新建户厕4328座。

2020年，实施“千村示范”项目，涉及七克台镇南湖村、东巴扎乡后梁村、达朗坎乡乔亚村、吐峪沟乡杏花村、迪坎镇玉尔门村5个村，到位项目资金250万元。推进庭院环境整治，完成“三区分离”（生活区、养殖区、种植区分离）农户12791户。引导群众做到睡觉上床、做饭上灶台、吃饭上饭桌、学习上课桌，完成“四上”农户20201户，实现农村生活垃圾“户集、村收、镇转运、县处理”的有效治理目标，明显改善群众居住环境和生活方式。

【农机和大型工程机械监管】 2020年，全县注册登记挂牌大型工程机械设备1437台。年内，新注册登记114台，检验765台，比2019年增长15%；核发大型工程机械设备操作证279本，操作证年度审验1014本，比2019年增长30%。办理转移、变更、注销等手续252台；办理拖拉机新报户77台，开展拖拉机年度检验796台，使用年限到期办理注销238台，发放拖拉机驾驶证74本，驾驶员换证112本，办理驾驶证年度审验1286本，比2019年增长18%；办理转移、补证等手续87个。加大执法力度，消除安全隐患。开展执法检查460余次，出动执法人员1400余人次，检查拖拉机和大型工程机械设备4036台次，比2019年增长21%；联合公安、交警、交通运输等部门开展联合执法9次，检查大型工程机械设备和农业机械145台次，处理违规违法17台次；开展大型工程机械设备行业督查42次，整改隐患83个；开展农机安全宣传活动。结合“安全生产月”开展宣传咨询活动，共出动宣传车3次，深入乡（镇、场）巴扎进行宣传，出动监理人员11人次，悬挂横幅2条、图片展板8块，开展法律、法规咨询2次、解答群众疑问40余个，发放宣传资料2500余份，反光标识3850条，直接受教育群众达5000余人次。举办大型工程机械设备的企业负责人培训班1期，参加人员103人。规范农机市场秩序，对16家农机维修、销售企业（店铺）进行督导检查、宣传，防止假冒伪劣农机产品流入市场，全年检查102家次，比2019年增长20%。加大老旧拖拉机报废更新力度，全年报废拖拉机238台。依法开展违法违规案件查处。全年办结各类违法、违规案件33起，处罚5.75万元。大型工程机械设备安装卫星定位管制终端设备工作正在筹备当中。2020年未发生农机安全事故。

（陈建文　王　虹）

## 畜牧业

【畜牧业品种改良】 2020年，县畜牧业品种改良，完成黄牛冷配509头，引进吐鲁番黑公羊290只、杜泊种公羊130只。

【畜禽养殖废弃物资源化利用】 2020年，全县养殖合作社及养殖大户对畜禽废弃物采取粪污全量收集还田、固体粪便堆肥还田，推进畜禽养殖废弃物资源化利用工作。做好全国第二次畜禽规模养殖场污染源普查，加强养殖场粪污处理设施的基建改造，完成粪污设施建设38座，畜禽粪污综合利用率达81%，超出任务1%，大型规模养殖场粪污处理设施配套率达100%，超出任务5%。

【动物疫病防控】 2020年，全县调入牛、羊口蹄疫A-O二价疫苗32万毫升，羊三联四防疫苗1.4万只份，羊痘5万只份，猪口蹄疫疫苗7万毫升，高致病性禽流感（H5N1+H7N9）疫苗11万毫升，新城疫禽流感二价冻干疫苗20万羽份，小反刍兽疫疫苗7万头份，消毒药25箱。完成牛口蹄疫免疫0.33万头，羊口蹄疫免疫15.14万只，猪口蹄疫免疫1.3万头，羊小反刍兽疫补免10.17万只，禽流感免疫3.88万羽，鸡新禽二联苗0.8万羽，鸽子新禽二联苗免疫4.22万只。

开展春、秋两季免疫抗体水平检测工作。春季集中免疫抗体水平检测，采集鸡血清905份，免疫抗体水平监测高致病性禽流感（H5N1）905份，平均抗体水平89.9%；检测高致病性禽流感（H7N9）905份，平均抗体水平90.9%；采集羊血清1090份，检测口蹄疫1090份，平均抗休水平79.17%，检测布病750份，均为阴性；采集猪血清80份，检测口蹄疫80份，平均抗体水平96%。

秋季动物防疫抗体监测采样口蹄疫600份，小反刍360份，猪瘟180份，布病300份，牛结核病400份，马50份（送检），马鼻疽20份（送检），禽流感H7N9型700份，H5N1型700份，鸡新城疫400份（送检），狂犬病50份（送检）。经检测免疫抗体水平达73%，超出国家标准（70%）3%。

落实“非洲猪瘟”防控工作。完成畜禽病原学监测和流行病学调查和病原学采样送检工作，送检猪非洲猪瘟血样80份。定期对生猪养殖场进行检查，督促屠宰场、养殖场（户）开展环境消杀，定期上报生猪情况，掌握非洲猪瘟疫情动态，全年未发生非洲猪瘟疫情。

【屠宰检疫、产地检疫】 2020年，全县开展畜禽产地检疫15.1万头（只、羽），屠宰检疫6.68万头（只、羽），无害化处理病害动物产品2.33吨；开展瘦肉精抽检1668份；开展畜禽落地监管，调入畜禽1945批次53.71万头（只、羽）。开展动物及动物产品运输车辆备案748辆；开展打击野生动物非法交易和依法打击涉野违法犯罪滥食野生动物整治，对县域涉野生动物饲养场所摸排26次39家，排查特种养殖动物1059头只、羽。开展执法检查，严厉打击养殖、屠宰、兽药经营各环节违法违规行为，出动执法车辆160次，执法人员402人次，养殖环节监管执法检查143家次，屠宰环节监管执法检查310家次，兽药经营环节监管执法检查102家次，养鱼环节监管执法检查34家次，建立监督检查记录131份，下达责令整改通知书53份，立案查处违法案件1起，收缴罚款1950元。全县无畜产品安全事件发生。

【饲草料保供】 2020年，县畜牧部门做好畜禽、饲草料保供，协调调运饲草料178车次5870吨，调运活禽活畜46车次。协调解决牛羊育肥贷款1570.6万元。落实农牧场改革，完成农牧场企业化改革清产核资、债务剥离、公司改制，推进社会职能移交及国有农牧场改革。

（陈建文）

## 种植业

【基本情况】 2020年，全县各种农作物种植面积约10120公顷。加强蔬菜生产供应各环节跟踪监测，做好产销对接确保鄯善县在疫情期间蔬菜稳定生产、供应安全，累计销售蔬菜2.22万吨。全县林果业总面积18466.67公顷，挂果面积17460公顷，全县林果产品总产量为67.67万吨，累计销售收入18.23亿元，特色林果业总产值22.05亿元，较2019年增长0.76亿元。

【大田西瓜、甜瓜种植】 2020年，鄯善县春季种植大田哈密瓜0.33万公顷、西瓜0.102万公顷，良种覆盖率达92%以上，由于气候原因，病虫害发生较轻，膨瓜期遇高温天气，西甜瓜品质好于往年。受疫情影响，经济效益与往年相比跌幅较大。

秋季种植哈密瓜0.378万公顷，良种覆盖率达99%以上，受新冠疫情影响，哈密瓜生长关键时期管理跟不上，影响部分哈密瓜田产量与品质，每亩收入在2000—8000元。秋季哈密瓜累计销售6.98万吨，其中线上销售307.88吨，线下销售约6.95万吨。销售秋季商品哈密瓜的94%，累计销售额2.2亿元。

**【大田蔬菜种植】** 2020年，全县春季种植大田蔬菜289.3公顷，主要种植洋葱、豇豆、莲花白、西兰花等作物，供货期从4月底到6月底；秋季种植大田蔬菜31.7公顷，以大白菜、豇豆等作物为主，供货期在9月底到11月初，良种覆盖率达92%以上。

**【设施农业种植】** 2020年，鄯善县春提早种植温室4309座，种植率达98.3%，主要种植辣椒、豇豆、甜瓜、番茄等作物，良种覆盖率达90%以上。秋延晚原温室种植3392座，种植率达84.5%，主要种植各种叶菜、豇豆、辣椒、芹菜等作物，良种覆盖率达99%以上。在全县建立设施农业示范棚7座（其中鲁克沁镇2座、吐峪沟乡2座、辟展镇2座、七克台镇1座）。

**【特色林果业种植】** 葡萄 全县葡萄种植面积15713.33公顷，挂果面积15513.33公顷，果品总产量67.03万吨，销售收入17.52亿元，总产值21.33亿元。其中，鲜食葡萄产量8.41万吨，累计销售8.41万吨，平均价格为5.5元/千克，销售收入4.58亿元；制干葡萄57万吨，制成葡萄干近12万吨，销售平均价格为16元/千克，销售收入12.98亿元；酿酒葡萄产量1.42万吨，销售酿酒葡萄1.42万吨，销售均价2.5元/千克，销售收入0.35亿元。

杏 全县杏树种植面积1153.33公顷，挂果面积933.33公顷，果品总产量2817吨，平均价格为7元/千克，销售收入1645万元，总产值1645万元。

石榴 全县石榴种植面积195公顷，挂果面积195公顷，果品总产量2486吨，平均价格为15元/千克，销售收入3729万元，总产值3729万元。

核桃 全县核桃种植面积537公顷，挂果面积457公顷，果品总产量616吨，平均价格为15元/千克，销售收入924万元，总产值924万元。

红枣 全县红枣种植面积1113公顷，挂果面积223公顷，果品总产量542吨，平均价格为18.7元/千克，销售收入830万元，总产值830万元。

其他林果 全县桑树种植面积2公顷，挂果面积2公顷，果品总产量3吨，平均价格为5元/千克，销售收入1.5万元，总产值1.5万元。

（马　玲　陈建文）

## 农产品加工业

**【基本现状】** 2020年，鄯善县全县累计发展较具规模的涉农企业及合作社54家（含酒庄企业6家），其中农业产业化龙头企业18家（国家级1家、自治区级4家、地区级13家）。有农副产品加工行业暨涉农企业和合作社48家，其中：

葡萄干 加工企业及合作社39家（含精深加工企业13家）。企业11家，合作社28家。产能14.5万吨，年交易销售量8.2万余吨。获得新疆农字号品牌企业有1家（绿人食品有限公司），获得新疆农业名牌产品1个（绿人葡萄干）。

哈密瓜 加工企业2家，哈密瓜酒加工企业1家（鄯善西域冰雪果业有限公司），哈密瓜干加工企业1家（吐鲁番四季鲜果业有限公司）；年产能1600吨，产量60吨。

大芸 加工合作社1家；从事大芸保健酒、大芸酱、大芸蜜、大芸切片等产品的开发和销售，年均销售肉苁蓉450吨、肉苁蓉种子2~3吨，年均销售额850万元。

葡萄叶子 加工企业2家，新疆黄金叶子食品有限公司年产能1.3万吨，产量5100吨。以葡萄叶子加工为主，产品销往希腊等西方国家。

桑葚 加工企业1家（鄯善莫萨巴依特色农业高科技开发有限公司），年加工产能60吨，产量5万瓶。

棉花 加工厂1家，产能6000吨，2020年销售额1亿元左右。

畜牧产品 加工厂有2家，分别为鄯善县绿洲金光牛羊定点屠宰场和鄯善工业园区正丰畜牧有限公司生猪定点屠宰场。今年计划建设2家畜产品加工企业（鄯善县绿洲金光牛羊畜产品加工有限公司牛羊屠宰场建设项目、鄯善县伟恒畜牧有限公司牛羊肉精深加工项目）。

农业产业化组织从业人数达到4230人，带动农户数为10133户。

【葡萄保鲜及葡萄干加工】 2020年，鄯善县生产制干葡萄57万吨，制成葡萄干12万余吨。全县有葡萄干加工企业及合作社39家（精深加工企业13家）。企业11家，合作社28家。产能14.5万吨，年交易销售量8.2万余吨。绿人食品有限公司获得新疆农字号品牌企业，“绿人”葡萄干获评新疆农业名牌产品。

【葡萄酒酿造】 2020年，全县有投产的葡萄酒加工企业6家（楼兰酒业、新葡王酒业、车师酒业、赤亭酒庄、诺兰、西美），年产能3.21万吨，年加工量1.9万吨，年销售量0.4万吨，酿酒葡萄产值1.42亿元。全县注册农产品商标60余个，其中楼兰、新葡王、车师等品牌具有一定影响力。

【葡萄叶深加工】 2020年，鄯善县新建葡萄叶深加工项目2个，总投资0.8238亿元，年度计划投资0.18亿元。新疆黄金叶子食品有限公司6000吨/年葡萄叶深加工项目。新建年处理6000吨葡萄叶子生产加工车间、腌渍设备及1.5万立方米小型污水处理厂等配套设施，总建筑面积7576平方米。2020年建设办公楼578平方，值班室、锅炉房、功能件等建筑物全部完工，建设硬化场地5000平方，棚子3000平房，外网工程等。鄯善县达尼希农产品农民专业合作社年产7000吨腌渍葡萄叶深加工项目。总建筑面积6400平方米，新建年产7000吨腌渍葡萄叶深加工生产线，建设生产区3400平方米、生活办公区3000平方米，水泥地面及水、电、暖、消防等配套设施。后期，鄯善县大力培育该企业将葡萄叶子产业向精深加工方向发展，制作成葡萄叶粽子、罐头等。辐射带动壮大全县葡萄叶子产业。

（王 虹）

## 林草业

【基本情况】 鄯善县林草局是主管林业工作的政府行政职能部门，主要负责全县林草、造林绿化及生态修复建设的组织指导和监督管理、林草科学技术的推广与应用、森林资源和野生动物资源的保护管理等工作职责。鄯善县林草局下属县林业有害生物防治检疫局后更名为林业有害生物防治检疫站、县林果业技术推广服务中心（副科）、县草原站（副科），内设办公室、生态保护修复科、资源管理科、林果业管理科（副科级别）、林业有害生物防治检疫局（副科级别）科室，截至2020年底，全县有专职护林员51人，护草员16人。

2020年，全县完成造林绿化666.67公顷，其中农田防护林33.33公顷，经济林94公顷，生态林539.33公顷，完成任务的100%；完成架势改造147.53公顷，领导领办、创办示范园19个373.53公顷，观光采摘园建设6个，开展以葡萄为主的林果技术培训9321人次。完成鲜食葡萄销售8.41万吨，累计销售额45837.146万元。开展林业有害生物统防统治7次，完成各类林业病虫防治面积109.55万亩次，累计组织农民群众2万人次，出动机械1.1万台次，防治使用药剂32.3吨，投入防治资金1911万元，林业有害生物防治率达100%，成灾率达0.023‰。

2020年，在全县范围内设置489个林业有害生物监测点，实施监测面积累计16.53万公顷，监测覆盖率达100%，累计开展林业有害生物防治8.75万公顷，全县未发生重大林果病虫害。完成产地检疫面积43.5万公顷，检疫苗木107.9万株，调运复检苗木89.7万株，发放“检疫合格证书”40份，完成森林植物检疫登记年检40份，检疫率和复检率达100%，开展联合执法检疫检查1次。

【林政资源】 鄯善县全县林地面积86150.49公顷，其中乔木林面积2715.05公顷，占3.15%；疏林地面积276.71公顷，占0.32%；灌木林地面积57664.87公顷，占66.94%；未成林造林地面积739.70公顷，占0.86%；其他林地24754.16公顷，占28.73%。

【造林绿化及林木管护】 2020

年，鄯善县完成造林666.67公顷，其中农田防护林33.33公顷，经济林94公顷，生态林539.33公顷，完成任务的100%；按照自治区村庄绿化美化项目要求，完成18个村（包括10个贫困村）村庄绿化，使用各类果树及绿化苗木、花卉等65万株，完成投资360万元（每个示范村投入20万元）。

【葡萄标准化建设】 2020年，全县建设葡萄标准化生产示范基地2200公顷，建立领导领办、创办特色林果标准化示范园19个373.53公顷。全县完成葡萄架式改造1866.67公顷。

【精品观光园建设】 2020年，全县打造6个精品葡桑杏观光园。截至年底，在辟展乡、鲁克沁镇、连木沁镇建立葡萄精品观光园3个，在迪坎镇建立杏精品观光园2个，在吐峪沟乡建立桑精品观赏园1个。

【特色林果业】 截至2020年底，全县林果业种植总面积18466.67公顷，挂果面积17460公顷，全县林果产品总产量为67.67万吨，累计销售收入18.23亿元，特色林果业总产值22.05亿元，较2019年增长0.76亿元。全县葡萄种植面积15713.33公顷，挂果面积15513.33公顷，果品总产量67.03万吨；杏树种植面积1153.33公顷，挂果面积933.33公顷，果品总产量2817吨；石榴种植面积195公顷，挂果面积195公顷，果品总产量2486吨；核桃种植面积537公顷，挂果面积457公顷，果品总产量616吨；红枣种植面积1113公顷，挂果面积223公顷，果品总产量542吨；其他林果（桑树）种植面积2公顷，挂果面积2公顷，果品总产量3余吨。

【林果科技培训】 2020年，县林草局结合科技之冬培训，完成葡萄标准化种植管理、病虫害防治、葡萄架式改造等培训会、现场会78场次，培训9321人次，发放培训资料3000余份。

【森林资源保护管理】 2020年，落实森林资源管理目标责任制。成立以县长为组长、分管副县长任副组长的保护和发展森林资源目标管理责任工作领导小组，制定并签订《鄯善县人民政府保护发展森林资源目标责任书》，将森林案件、植树造林、林木采伐、林木管护、森林防火和病虫害防治纳入乡（镇）政府绩效考核范围。

加强国家级公益林、天然草场的管护。县国家级公益林面积4.55万公顷，天然草场面积24.07万公顷。2020年，全县聘用国家级公益林管护人员52名，其中监管员4名、管护人员48名，人均管护面积875公顷；护草员16名，其中建档立卡贫困户2名。按照国家林业局《建设项目使用林地审核审批管理办法》做好征占用林地、草场审核审批工作。完成建设项目使用林地报批手续2起，申办征占用草场情况3起。

【林木采伐】 2020年，鄯善县加强林政资源管理，严守生态红线。年内，林木采伐限额4669立方米，林草窗口服务大厅受理林木采伐许可证申请155份，采伐蓄积量615.5立方米，林木采伐未超标。

【林业执法】 2020年，县林草局结合鄯善县森林督查工作，与森林派出所将督查和森林案件查处一起排查。年内，查处森林案件31起，其中盗伐林木2起，滥伐林木14起，毁坏林木11起，改变林地用途4起。

开展野生动物保护工作。县林草局设立2个卡点及6个监测站点，配备25名护林员，年内查处非法猎捕猎野生动物案件2起，救助野生动物32只。

【林业有害生物防治检疫】 2020年，县林草局完成各类林业病虫防治面积109.55万亩次。其中，林果业完成葡萄蛀果蛾飞机防治面积1.67万公顷，药剂人工防治面积5.64万公顷，累计飞行264架次，使用石硫合剂2305吨。在全县范围内设置489个林业有害生物监测点，完善县、乡、村的三级监测体系。筹集资金1468.6万元，开展迷向丝防治的葡萄地16317.55公顷，完成防治覆盖的要求。

开展全县范围内春季苗木生产单位、企业和个人及开展实地调查和苗木产地检疫工作及木材经营加工企业森林植物检疫登记年审。发放苗圃“检疫合格证书”40份，产地检疫面积43.5公顷，检疫苗木107.9万株，检疫合格率达100%，未发现检疫性有害生物。检疫要求书79份，调运复检89.7万株，调运原木木材800立方米，复检率达100%。完成森林植物检疫登记年检40份。

【生态补偿扶持政策落实】 2020年，全县完成10个贫困村村庄绿化和庭院绿化。完成贫困村梭梭接种大芸93.33公顷。落实生态补偿扶持政策，将建档立卡贫困户优先录用为公益性岗位护林员，聘用建档立卡脱贫巩固户25人，增加贫困户家庭收入。按照脱贫攻坚要求，坚持新一轮（2018—2020年）退耕还林工程优先向贫困户倾斜，全县贫困村享受退耕还林面积230.33公顷、涉及贫困户1192户，兑现惠民补助462万元。

【防沙治沙】 2020年，县林草局完成新疆鄯善县2019年度东湖国家沙化土地封禁保护区项目的建设，建设沙障60公顷，围栏3.5千米。通过发展梭梭接种肉苁蓉，促进沙产业发展。年内，新接种肉苁蓉554.67公顷，全县梭梭接种肉苁蓉面积4333.33公顷，年产肉苁蓉6500吨。

【苗木培育】 2020年，全县育苗面积36.33公顷，产苗量1694190株，其中长枝榆39945株、小叶白蜡48067株、裂叶榆1388株、白榆12747株、红叶海棠6479株、葡萄294536株、金叶榆26122株、圆冠榆3551株、毛桑257245株、毛杏92580株、小白杏18086株、苹果6327株、沙枣70403株、桃子20139株、梭梭1063865株、其他32710株。

2020年，发放各类苗木49519株，其中黑美人葡萄44270株、红叶海棠160株、小叶白蜡171株、长枝榆252株、法国梧桐189株、库尔勒香梨992株、杏树1830株、核桃318株、榆叶梅503株、香花槐124株、馒头柳250株、火炬74株、紫叶稠李104株、圆冠榆10株、裂叶榆82株、卫矛30株、垂柳100株、红瑞木60株。

【苗木抚育管护】 2020年，县林业站做好苗圃地各类苗木的抚育管护。嫁接黑桑300株，定值黑美人葡萄15730株，修剪各类苗木2万多株，预防病虫害打药2次，苗圃地除草3次，各类苗木浇水19次，确保苗木健壮生长。造林期间做好各苗圃苗木质量抽查验收工作，杜绝不合格苗木用于造林。加强林木种苗入县备案工作，确保苗木无病虫害，杜绝检疫对象入县。

【饲草料生产储备】 2020年，全县投入饲草种植资金20余万元，购进苜蓿等优质饲草种子11吨，农牧民自筹自购种子10吨，其中玉米3吨，高粱4吨，大力士3吨。利用春季科技下乡活动，发放优良饲草料种植技术宣传单2110份。完成饲草种植总面积667.83公顷，正播333.83公顷，复播334公顷。其中，甜高粱种植面积120.33公顷、苜蓿种植面积107.3公顷、玉米206.9公顷、高粱233.3公顷。县林草局派技术人员对农牧民种植饲草收割加工、储备工作，对牧民从种植饲草到草料收割粉粹、加工制作青贮进行全程技术服务，提高饲草料利用率。截至年底，累计储备饲草28.75万吨，其中农牧民自己储备饲草15.5万吨，从外调麦草11.2万吨，外调青贮草2.05万吨，确保全县饲草有序供应。

【草原监管】 2020年，县林草局提高草原监理和草原管护人员综合素质，规范行政执法和管护行为。举办2次草原监理人员和草原管护员培训班，3名草原监理员和16名草原管护员参加培训，学习《中华人民共和国草原法》《自治区实施〈草原法〉办法》和相关的法律、法规。依照法律程序开展草原执法和草原管护工作。

【草原动态监测】 2020年，县林草局在分析2019年全年草原监测工作数据的基础上，对5个草场类型、7个监测样地、20余个样方，完成采集植物标本113颗，拍照植物图片156张的草原动态监测工作。

【草原生态保护宣传】 2020年，县林草局加强草原相关法律法规的宣传。引导全社会关注草原生态保护工作，让牧民群众理解保护草原资源和生态环境的重要性，增强保护建设草原的自觉性和主动性。重点宣传草原生态保护补助奖励机制政策主要内容、战略意义、补助奖励标准、实施办法等。宣传草原确权承包及基本草原划定工作的重要意义。通过宣传使广大农牧民群众了解政策内容，了解党中央、国务院对牧区牧民的关怀和对草原生态保护工作的重视，使中央政策深入人心、家喻户晓。

【草原生物灾害预测预报防治】 2020年，县草原监理部门在全县范围内设置7个草原有害生物监测点（草原管护站），完善草原站、草原管护员、牧民三级监测体系建设，实施监测面积累计19.34万公顷，监测覆盖率达98%；实行监测工作“周报制”及监测数据“零报制”。年内，北山天然草场草原有害生物预测预报12次，小面积发生虫类螽斯、草原小蝗虫等。年内，开展草原有害生物（螽斯）防治2次，组织牧民群众28人次，出动机械6台/18次，防治使用药剂0.3吨，完成各类草原病虫防治面积133.33公顷。草原有害生物防治率达98%。

【草原生态保护及补助奖励机制】 2020年，对全县牧民群众采取多种形式深入宣传国家实施第二轮草原生态保护补助奖励机制的主要内容、战略意义、补助奖励标准、实施办法等。让牧区牧民充分了解这项草原生态补助奖励政策精神、了解党中央、国务院对牧区牧民的关怀和对草原生态保护工作的重视，使中央政策深入人心、家喻户晓。通过宣传教育，让牧民群众理解保护草原资源和生态环境的重要性。县草原生态保护补助奖励机制领导小组办公室拟定《鄯善县2020年度落实草原生态保护补助奖励机制实施方案》。2020年，全县有禁牧草原19.34万公顷，草畜平衡草原4.76万公顷，全县有草原补助奖励资金1919.4万元。完成牧民银行账户核对变更并公示，确保完成草原补奖款财政一卡通系统安全汇入牧民账户。

【草原防火】 2020年，全县各乡镇场设立草原防火责任区，草原管护员为责任区的防火责任员，签订防火责任书，建立防火制度。强化监督，落实草原防火责任制，制定草原防火预案。全年对草原火灾易发区开展24次防火检查，及时发现火灾隐患及时消除，年内全县未发生一起草原火灾。

【退耕还草】 2020年，鄯善县退耕还草建设项目项目期限为期三年（2018年至2020年），实施地块为333.33公顷（非基本农田）优质饲草种植任务。全县累计完成退耕还草项目333.53公顷，2020年完成退耕还草种植任务252.37公顷，项目总投资500万元，到位资金500万元。

（洪　权）

## 水利建设

【基本情况】 鄯善县水利局是主管鄯善县水行政的县人民政府组成部门，正科级行政、事业单位。内设行政办、河湖管理与水旱灾害防御科、规划建设科、水资源管理与政策法规科、节水型社会办公室、改水办、节水办等科室，辖鄯善县水管总站和3个流域管理所及农村饮水安全工程管理站。

【规划编制及项目立项】 2020年，完成鄯善县农村饮用水安全巩固提升工程项目立项；完成鄯善县农村安全饮用水维修养护工程项目立项；完成2019年鄯善县移民项目资金辟展乡柯柯亚村、卡克托尔村人畜饮水安全巩固提升二期工程立项；完成鄯善县柯柯亚河西河坝树柏沟村至栏杆村段中小河流治理项目立项；完成吐鲁番市艾丁湖生态治理工程——2020年鄯善县柯柯亚大型灌区配套改造工程项目立项；编制完成《鄯善县“十四五”农村供水保障规划》。

【水利扶贫攻坚】 2020年，全县46363户172326人的农村居民（其中包括全县建档立卡贫困户2436户9281人）入户通水率达100%，供水保证率达98%以上。实现安全供水650万立方米，水费收入1300万元。县委、县政府投入扶贫资金1236万元，更新贫困村机电井51眼；投入扶贫资金1121万元对贫困村47.7千米斗渠、农渠进行维修，做好贫困村农田水利设施建设。

【水政水资源管理】 2020年，

县水利局实行总量控制定额管理。落实定额用水管理制度，对灌溉土地面积及性质进行复核，重新核定许可水量。完成农业2678眼机电井分证工作。实行计划用水管理，建立重点监控用水单位名录，明确用水量指标。执行取水许可制度，建设项目取水许可审批均按要求开展水资源论证。实行超定额累进加价制度，发挥价格对水资源配置的调节作用，促进节约用水和可持续利用，提高用水效率。对全县农业机电井、企业机电井安装“井电双控”计量设施，水资源管理人员通过农田灌溉智能取水系统平台准确掌握机井用水量、用电量和运行时间，进行远传监控和自动禁止取水，实现地下水统一管理。通过工程节水、制度节水、水价改革、退灌减水、机井封填和水源置换等措施，逐步削减超采量，全县地下水超采现象有所缓解，做好地下水管理和保护。严格水资源有偿使用。征收水利规费2602.38万元，其中水土保持补偿费21.92万元，水资源费2555.81万元，其中工业796.52万元，农业1759.29万元，清欠水资源补偿费24.65万元，全部上交县财政，用于水资源节约、保护和管理。年内，完成水价成本监审工作，召开水利工程供水及农村自来水价格调整听证会，通过水价调整方案，推进水价改革。

**【灌溉管理】** 2020年，鄯善县水利局根据各乡镇农作物种植结构及种植面积重新核定全县农业灌溉用水量，制订配水计划，各农民用水者协会筹措资金，宣传动员广大群众节约用水、参与斗、农渠维护改造，完善供水到户配套设施，保障供水到户工作的顺利开展，通过农民用水户协会管理及供水到户的农田灌溉面积90%以上。干渠、支渠统一由三河流域管理所进行管理；末级渠系改造和管理交由农民用水者协会，提高灌溉水利用系数，调动广大农民群众参与水利工程建设，提高农民自觉缴费意识，通过三河流域联网渠道向工农业共配地表水7497万立方米，其中农业配水5645万立方米，工业配水1393万立方米，生态供水450万立方米，收缴水费1244万元。

**【水利工程项目建设】** 2020年，县水利局开工建设吐鲁番市艾丁湖生态治理工程——2020年鄯善县柯柯亚大型灌区配套改造工程项目。项目总投资6861.4万元，项目对完善渠系网络，提升信息化、自动化管理水平，提高项目区水资源利用率、降低农民水费支出、加强生态补水一定的作用。项目区位于鄯善县辟展镇、鲁克沁镇、吐峪沟乡、达朗坎乡、迪坎镇。项目新建艾丁湖应急生态补水渠道18.55千米，设计流量为0.8立方米/秒；新建及改造灌区内支、斗渠63.07千米及其附属建筑物，分布在鄯善县辟展镇、鲁克沁镇、吐峪沟乡、达朗坎乡及迪坎镇；新建高效节水工程133.33公顷低压管道工程；新建信息化系统一套，包括渠道自动计量设施2套、闸门控制系统2套、可视化指挥调度系统1套。

**【农村改水工程】** 2020年，县水利局实施2020年鄯善县山南三乡一镇饮用水安全巩固提升工程，该项目为县援疆水利重点民生工程，于3月初全面启动复工建设，工程建设日处理能力10万立方米/天水厂1座，总投资1.04亿元，其中援疆资金8200万元，累计完成投资8400万元。年内，主体建筑施工全部完成，水处理设备安装完毕，进行设备调试。

实施2020年鄯善县农村饮水安全巩固提升工程，该项目总投资800万元，资金来源为中央预算内资金，新建原水预沉设施1套及水厂附属建筑物更新改造，新建供水管道18千米，项目于2020年4月25日开工建设，6月30日完工，已通水运行。

2020年，分两批实施鄯善县农村安全饮用水维修养护工程，到位资金386万元，资金来源为中央预算内资金，更新改造11处供水管道及水厂附属建筑物，工程全部完工并正常投入使用。

实施2019年鄯善县移民项目资金辟展乡柯柯亚村、卡克托尔村人畜饮用水安全巩固提升二期工程，工程投资323.5万元。通过实施农村安全饮用水巩固提升工程，解决供水设备及供水管线老化、故障率高等问题，提升供水保证率、供水质量。

【水旱灾害防御】 2020年，县水利局编制《鄯善县山洪灾害防御预案》《鄯善县防洪抗旱预案》《超标准洪水预案》等各类预案，制定《鄯善县2020年应急抗旱实施方案》《关于贯彻落实习近平总书记重要指示精神全力做好当前防汛抗旱工作的方案》等，为工作落实提供理论遵循和指导方向。争取上级资金20万元，在汛前、汛中分别对前期建设的自动雨量站、视频站、图像站等站点进行维护。发放宣传手册300余份，明白卡323张，提升群众防灾自救能力。储存防汛防洪物资铁丝9.5吨、编织袋13.5万条、防洪片网3600平方米、救生绳3条（100米/条）、雨衣70件、救生衣100件、应急手电93把，将物资发放至各流域站所。

2020年，针对全县出现的旱情，精准合理调配水资源。按照先满足责任田用水，后满足集体土地、国有开发土地用水，先灌溉葡萄地，后灌溉白地、林地的原则，实现有序供水。对各乡（镇、场）辖区内所有机电井科学合理的统一调配，实行跨自然村、行政村调水，联调联控灌溉缺水区，落实农业节水措施。新打应急抗旱井41眼，强化应急抗旱井管理。和气象部门加大协作力度，关注天气变化过程，精准预设点位，科学实施人影作业，实施人工增雨作业，增加入库流量。4月至7月中旬，实施人工增雨作业8次，增加上游来水量，缓解旱情影响。全年，累计投入抗旱资金1006.8万元。

【河（湖）长制】 2020年，县委、县政府推进河（湖）长制工作，召开4次专题会议，对河（湖）长制工作进行部署，层层传导压力，压紧压实责任链条，总河湖长对柯柯亚河、坎尔其河、七克台沟进行巡河，推动河湖长制工作纵深发展。开展手机App巡河工作，完成县级河湖长巡河66次，乡镇级河湖长巡河223次，完成率达100%。开展河湖“清四乱”行动，在全县范围开展河道专项检查，整改并销号乱堆问题3个，其中柯柯亚河辟展镇段乱堆问题2个，二塘沟河达朗坎乡段乱堆问题1个；完成二塘沟河连木沁镇段暗访督查1个问题的整改销号工作。开展河湖岸线规划工作。全县需要进行河湖岸线规划的河流6条，编制完成坎尔其河、柯柯亚河道，红土山沟、七克台沟、七克台东沟、红山口沟水域岸线保护规划、管理范围划定报告，并取得报上级主管部门批复。完成二塘沟河左、右岸实地勘界测量40余千米，完成11个控制测量点的布设；委托相关专业机构编制柯柯亚河生态水量目标制定与保障方案，编制完成柯柯亚河2020—2024年河道采砂规划，并取得上级主管部门批复。针对出现的旱情，在做好地表水水资源科学合理调配的同时，最大限度做好生态用水的补充和配给。2020年，通过水库下泄水量730万余立方米，生态供水450万立方米。

【节水型社会建设】 2020年，县水利局成立鄯善县节水型社会达标建设工作领导小组明确各成员单位职责，制定创建方案，细化创建工作目标任务。召开鄯善县节水型社会达标建设工作推进会，16家成员单位参加。召开2次节水型社会创建培训会议，对42家县直单位、47家规上企业和部分居民小区物业公司进行培训，确保参与县域创建的工作人员熟悉节水创建工作流程，为开展县域节水创建工作奠定基础。

召开鄯善县退地减水工作推进会，全县各乡镇、自然资源局等相关单位参加，压紧压实责任。2020年，完成全县退地减水任务455.4公顷。

在全县教育系统各学校、幼儿园开展“节水校园”活动，宣传县水资源现状及节约用水知识。在鄯善新闻、鄯善县零距离等新闻媒体上持续播发节约用水小常识等相关内容，营造全社会节水氛围。

【安全生产】 2020年，县水利局加强安全生产监督管理，逐级签订《安全生产目标管理责任书》，责任领导与项目负责人签订安全生产责任书，项目法人与各施工单位和监理单位签订安全生产责任书。实施鄯善县柯柯亚河西河坝树柏沟村至栏杆村段中小河流治理项目。该工程新建防洪堤8.2千米，项目总投资为2950万元，其中申请中央水利发展资金2065万元。该项目建成后，可保证河道行洪通道畅通安全，防止洪水冲刷、淹没农田及村庄，减轻洪水影响，改善人居条件，提高两岸居民的生活安全感。截至年底，水利系统未发生一起安全生产事故，无人员伤亡，无火灾，无道路交通，无水利公共安全事故。

（陈　晨）

## 农牧业机械管理

**【基本情况】**　鄯善县农机局是隶属鄯善县人民政府管理的全额事业单位，行政级别为正科级。下设鄯善县农机化技术推广站、鄯善县农机化技术学校2个事业单位。2020年12月10日鄯善县农牧业机械管理局更名为鄯善县农业农村机械化发展中心，由县人民政府直属调整为县农业农村局管理，其他机构编制事宜维持不变。

**【农机拥有量】**　2020年，全县农机总动力达22.75万千瓦。拖拉机拥有量2082台，其中，大中型拖拉机1621台，小型拖拉机461台；拖拉机配套农具拥有量8000部，其中大中型2072，小型1814部；种植业耕整机133台，其中田园管理机136台；机引犁4464台，旋耕机428台，深松机4台，机引耙985台，联合整地机3台，地膜覆盖机5台；播种机789台，其中精少量播种机585台；农用排灌动力机械2681台5.653万千瓦；农用水泵2452台，节水灌溉类机械3112套；植保机械1621台；割晒机62台，其他收获机械89台；青饲料收获机3台，牧草收割机30台，秸秆粉碎还田机53台，秸秆捡拾打捆机3台；机动脱粒机122台；保鲜储藏设备55台；温室7089543平方米，卷帘机10629台，加温设备3560台；农产品初加工动力机械685台0.735万千瓦；农产品初加工作业机械589台，其中油料加工机械151台，棉花加工机械241台，果蔬加工机械125台；畜牧养殖机械405台，其中饲草料加工机械395台，挤奶机8台，剪毛机2台；林果业机械967台，其中挖坑机40台，果树修剪机926台，开沟机120台；农田基本建设机械530台，其中推土机52台，挖掘机140台，装载机338台。

2020年，农机固定资产原值51456万元，农业机械原值52964万元，农业机械净值43141.75万元。

**【农田作业机械化水平】**　2020年，全县林果业种植面积18230.67公顷，机械中耕面积7292.27公顷，机械施肥面积520公顷，机械植保面积18230.67公顷，机械修剪面积301公顷。畜牧业收获饲草总量104915吨，机械收获饲草量95400吨，机械化饲草料加工量104915吨，机械饲喂家畜数量17500个，机械清粪家畜数量565个，机械挤奶家畜数量160个。机耕设施农业面积708.95公顷，机械灌溉施肥设施面积638.1公顷。机械脱出农产品数量4742吨，其中肉类798吨，蛋类270吨；机械清选农产品数量107449.2吨，其中水果97172.2吨，蔬菜6603吨；机械保质农产品数量226549.3吨，其中肉类6972.3吨，蛋类270吨，乳类670吨。全县机耕、机播、机收机械化程度分别为100%、31.72%和10.06%。

**【农机化服务】**　2020年，全县有农机化作业服务组织11个，其中农机专业合作社11个81人，农机户10375人；拥有农机修理点7个（三级）；农机经销企业2个，农机经销点23个。

**【农机经营效益】**　2020年，县农机局实现农机化总收入10725万元，其中农机化作业收入10301万元，农机维修收入171万元，其他收入253万元；成本与费用6107.3万元，其中服务成本与费用5750万元，管理与财务费用312万元，其他费用45.3万元。利润总额4617.7万元。

**【农机购置补贴】**　2020年，县农机局争取国家农机购置补贴资金285万元。根据地县委（扩大）会议提出的强农战略目标，结合鄯善县农业产业结构实际，购机补贴资金使用主要侧重于补贴林果业机械，同时发展节水农业、畜牧养殖、特色作物机械。通过精心组织、严格管理、规范操作，实施完成313.47（上年度结余

28.47万元）万元，占全年计划的109%。农机深松35万元，完成63.47万元的土地作业补助。262台（套）机具享受到国家补贴，其中大中型拖拉机137台，配套农具120台，粉碎机2台，混合机1台，保鲜库2座。直接受益农户达148户。

【农机化新技术推广】 2020年，县农机局申报“葡萄生产管理机械化技术推广项目”获吐鲁番市农机局支持。召开2次现场会，其中1次葡萄生产机械化演示会，现场演示葡萄埋藤、植保、施肥、运输、修剪等机械化作业300余人观摩，辐射带动全县1.29万公顷葡萄种植生产管理向机械化生产技术迈进；1次秋翻冬灌现场会，推动鄯善县农业机械化的发展。

（彭　明）

## 农业广播电视教育

【基本情况】 新疆农业广播电视学校鄯善县分校（简称县农广校）成立于1985年，是一所成人职业中等专业学校。2003年鄯善县农广校成立“农业科技教育培训中心”，2008年鄯善县农广校被评为全国百强校之一。鄯善县农广校学校占地面积1008平方米，学校有计算机房2间，办公室10间，档案资料室1间，科技直通车1台，设立卫星小站1个。

【教务教学】 2020年，县农广校完成与新疆大学、塔里木大学联办大专、本科班毕业生的后续服务工作。完成与塔里木大学联办班2016级24人（法律事务专业12人、畜牧兽医专业7人、学前教育5人）、2017级20人（法律事务13人、学前教育4人、农业经济管理1人、农业水利工程1人、园艺1人）毕业生资料完善，31人取得毕业证，13人因资料原因未拿上毕业证，后续已完善，确保全部学员均可拿上毕业证。完成与新疆大学联办班2018级39人（法律事务32人、本科法学7人）毕业生资料的填写，保证2016级、2017级36人取得毕业证书。完成全日制中等职业教育2016级果蔬花卉专业17名学员资料收集，确保17名毕业生取得自治区农广校毕业证。与乌鲁木齐、哈密农广校对接搭建平台与吉林大学联合开办大专、本科学历教育班。

【高素质农民培育】 2020年，县农广校与自治区农广校对接，与第三方达成协议，对全县具有较高种、养殖专业生产经营水平的新型农业经营主体带头人遴选摸底，确定鲁克沁镇阿曼夏村50人，三个桥村、其那巴格村50人，连木沁镇阿克墩村50人，连心小区50人四个教学点。完成自治区农广校和吐鲁番市农业农村局高素质农民培育新型经营主体带头人200人的培训任务。主要培训内容葡萄栽培技术、病虫害防治知识、农业生产经营、奶牛高效养殖、农村法律法规、美丽乡村建设等有关知识。在连木沁镇阿克墩村教学点和连心小区教学点，为参加培训的100名学员发放手机，让培训学员通过手机App学习相关农业科技知识。通过20天的培训、考核和理论考试，200名学员全部合格并获取高素质农民培训合格证书。

【农民实用技术培训】 2020年，县农广校利用“三冬”农牧民大培训活动，开展农牧民实用技术培训。配合人事部门在辟展镇大东湖村、鄯善镇蒲昌路社区、达朗坎乡、迪坎镇、鲁克沁镇、吐峪沟乡和连木沁镇开展21场次767人建档立卡贫困户的培训。开展科技大培训，在各乡镇开展葡萄栽培技术、葡萄施肥方法、赤霉素的使用和化肥使用方法等方面实用技术现场培训22场次1996人，帮助农民提高葡萄栽培技术，增收致富。

（李军福）

## 农业技术推广

【基本情况】 鄯善县农业技术推广中心的前身是鄯善农业技术推广站，成立于1955年2月，全额事业单位。主要承担全县农业生产新品种、新技术、新模式引进推广以及田间试验示范、技术培训与指导、植物检疫、农资市场监管、病虫害综合防治等技术服务工作。下辖4个专业站（园艺、栽培站、植保站、土肥站），有害生物预警监测实验与土壤分析试验中心各1座。

【农作物病虫鼠害测报】 2020年，县农技推广中心制定全年农作物病虫鼠害测报工作，固定测报工作人员，掌握农作物病虫发生动态。全年开展春季主要病虫害越冬基数调查1次，温室和大田农作物病虫害普查5次，棉田杂草调查监测1次，早春蚜虫、叶螨虫源基数调查1次，发布病虫情报15期、病虫动态10期、植保工作调度情况报表13期、植保信息16期、农作物病虫害发生防治情况月报表7期、周报20期、旬报12期，在鄯善镇巴扎村布置1处农田鼠害TBS防控系统，上报农区鼠害调查表7期。3月起，启动虫情测报灯，每周开展5种地老虎的监测，在全县玉米、高粱和甜瓜地设置草地贪夜蛾监测点11处次，每周进行草地贪夜蛾监测，未发现该害虫。

【病虫害绿色防控示范区建设】 2020年，鄯善县建设病虫害绿色防控示范区86.7公顷。在迪坎镇卡儿孜库勒村建立大田哈密瓜病虫害绿色防控示范区33.3公顷，示范区采用抗病品种、轮作倒茬、清洁田园、滴灌技术等农业、物理绿色植保综合防控技术。完成秋季深耕晒垡15天，苗期及伸蔓期各喷施高效低毒药剂春雷霉素、氨基寡糖素、特福利、阿克泰1次，进行病虫害防治，设置黄板800张，甜菜夜蛾诱捕器150套，杀虫灯4套，示范区比对照少用药2次，用药量减少20%。在辟展镇大东湖温室蔬菜病虫害绿色防控示范面积20公顷，示范区采用抗病品种、轮作倒茬、清洁田园、低温冻棚、高温闷棚、滴灌技术等农业防治措施、黄（蓝）板诱杀等物理防治措施、性诱技术等生物防治措施和统防统治等绿色植保综合防控技术。完成高温闷棚15天，设置甜菜夜蛾诱捕器150套，黄板600片，生长前期喷施生物制剂印楝素两次，有效控制病虫害发生。

【农作物病虫鼠害防治】 2020年，鄯善县农作物病虫鼠害防治面积1.82万公顷次，开展病虫鼠害统防统治0.33万公顷，完成秋延晚温室低温冻棚3000座和药剂处理508座，防治面积0.03万公顷。

扶桑绵粉蚧防治 7月，县农技推广中心在辟展镇大东湖片区温室内发现扶桑绵粉蚧，及时制定防治方案，快速处置温室4171座次、花卉9975盆次，保证防治防控成效。

苹果蠹蛾防治 县农技推广中心在辟展镇马场梨园设置苹果蠹蛾监测点，监测面积5.1余公顷，悬挂诱捕器3套。3月始定期开展疫情监测工作，4月10日首次监测到该害虫（成虫），其中4.7公顷发生级别为1级，0.33公顷发生级别为1—3级，防治2.7公顷。2020年上报监测结果12期，疫情月报7期。

葡萄蛀果蛾防治 县农技推广中心在达朗坎乡阿扎提村葡萄地里设置葡萄蛀果蛾监测点，监测面积6.67公顷，悬挂诱捕器3套。4月初定期开展疫情监测工作，4月7日首次监测到该害虫（成虫），有效防治，上报监测结果12期。

瓜类果斑病防治 县农技推广中心对园艺场巴格农场片区大田哈密瓜制种田和周边哈密瓜开展细菌性果斑病定期监测，田间调查4次，未发现检疫性有害生物。并针对3.33公顷大田哈密瓜制种基地开展产地检疫工作。

马铃薯甲虫防治 县农技推广中心开展田间和市场马铃薯甲虫普查工作。全年开展田间普查2次，调查茄科作物地块及温室，种植年限在5年以上的地块，对茄科作物全面调查统计。市场调查从县域以外调入的马铃薯和茄子开展，对两个农贸市场调查茄子1批次5个摊位，土豆1批次5个摊位。通过检疫监测调查，未发现检疫性有害生物。

鼠害绿色防治 年内，为东巴扎乡前街村和城镇沙园路社区发放鼠夹200个。为鲁克沁镇赛尔克甫村贫困户发放鼠夹100个、粘鼠板200个、黄板10000片、印楝素等生物制剂80千克，用于鼠害统防统治工作。在山南四乡镇发放鼠药920千克，毒饵盒500个，完成秋季农区鼠害绿色防治面积0.03万公顷。在巴扎村建立农田鼠害绿色防控与统防统治融合示范区33.3公顷，在温室、荒地、葡萄、棉花四交错地带应用TBS技术，设置毒饵站综合灭鼠，控制鼠害的发生。

【植物产地检疫】 2020年，县农技推广中心开展植物病虫害检疫防疫及种苗、花卉市场监管，保障用种安全，防止检疫性病虫草害的传播蔓延。在全县范围内开展以花卉市场、育苗基地和植物产品销售大户为重点的植物检疫检查活动3次；对园艺场巴格农场片区大田哈密瓜制种田甜瓜生长繁育的幼苗期、授粉期、成熟期开展4次田间登记调查，开展产地检疫，未发现检疫性有害生物。年内，于5月25日至6月24日，开展哈密瓜调运检疫，签发调运检疫证书1522份，调运检疫哈密瓜3.96万余吨。

【设施农业生产】 2020年，鄯善县春提早计划种植温室4383座，实际种植温室4309座，种植率达98.3%，主要种植辣椒、豇豆、甜瓜、番茄等作物，良种覆盖率达90%以上。秋延晚原计划种植温室4012座，种植3392座，种植率达84.5%，主要种植各种叶菜、豇豆、辣椒、芹菜等作物，良种覆盖率达99%以上，受新冠肺炎疫情和植物疫情的影响，该种植率比2019年同期低。针对各主要育苗点开展温室蔬菜育苗和西甜瓜育苗技术跟踪服务58次，下发技术资料1500份。在设施农业、大田蔬菜生长关键节点，组织技术人员开展标准化生产、水肥管理、病虫害防治巡回指导服务150多场次，培训群众1000余人次。全县建立设施农业示范棚7座，其中鲁克沁镇2座、吐峪沟乡2座、辟展镇2座、七克台镇1座，通过培训、实地观摩等方式辐射带动周边农户设施农业标准化、高效化生产。引进设施农业新品种8个，其中辣椒品种2个、番茄品种2个、黄瓜品种2个、小型番茄品种2个。建立新品种引进试验温室3座。

【精品西瓜、甜瓜标准化种植】 2020年春季，全县种植大田哈密瓜0.33万公顷，西瓜0.102万公顷，良种覆盖率达92%以上，由于气候原因，病虫害发生较轻，膨瓜期遇高温天气，西甜瓜品质好于往年，由于受疫情影响，经济效益与往年相比跌幅较大。秋季种植哈密瓜0.378万公顷，良种覆盖率达99%以上。年内，在鲁克沁、吐峪沟、达朗坎、迪坎4个乡镇建立精品哈密瓜标准化生产示范田4个，建立西瓜标准化种植示范田1个，通过进行合理化轮作、精准化施肥、科学化防治等相关培训，引领带动农户进行西甜瓜标准化、高效化生产。

【科技示范户遴选】 2020年，县农技推广中心制定《鄯善县基层农技推广体系改革与建设项目实施方案》。开展示范户遴选工作，确保筛选出生产技术相对过硬、科技意识强、能起到示范带头作用的农户作为示范户，协助基层农技队伍开展试验示范推广。开展示范户的培养，成立A、B岗分别承包山南山北各两户示范户，将技术指导工作落实到人，在农业生产的重要时节和关键环节，对示范主体开展手把手、面对面的技术指导和咨询服务。发放物化补贴，对遴选的125示范户进行物化补贴，平均每位示范户发放8袋肥料，发放施可丰复合肥料1000袋。召开科技示范户专场培训3场，培训科技示范户250人次，培训基层技术人员81人次，以科技示范户为核心开展农民农业生产技术培训，以点带面推动农业新技术、新成果推广应用。开展125户科技示范户开展技术员对科技示范户服务满意度调查3次服务满意的调查，发现问题及时反馈，确保技术员服务到位。

【测土配方施肥】 2020年，鄯善县测土配方施肥推广面积2.6万公顷，推广率达95%以上。配置4台智能配肥机，配套测土配方仪器设备4套，与智能配肥机同时使用，增加智能配肥的精准性。采集100个土样，开展田间肥效试验，探索测土配方施肥技术的使用情况，校正全县葡萄、甜瓜的肥料配方，高效推广应用测土配方施肥技术。

实施化肥减量增效项目。按照项目要求，结合全县实际要求达到测土配方施肥技术覆盖率95%以上，建设1个以上化肥减量技术服务示范片，示范片面积666.7公顷，其中444.4公顷为哈密瓜化肥减量增效种植示范区，133公顷为葡萄化肥减量增效种植示范区。示范区每年总施有机肥1.2万吨，总增施商品有机肥300吨，减少化肥使用50吨（每亩化肥用量减少5千克，每亩减少化肥施用量3%），化肥利用率提高到40%以上。

【耕地保护与质量提升监测】 2020年，县农技推广中心开展耕地保护与质量提升项目监测工作。完成28个耕地保护与质量提升监测点位，新增4个耕地保护与质量提升监测点位，按要求对28个点位及1个地级长期定位检测点土样调查取样。按照“统筹规划、区域设点、综合试验”的要求，制定1个田间试验示范点，在秋季温室蔬菜田间试验，进行有机肥试验。

【智能水肥一体化生产】 2020年，全县大田西甜瓜、大田蔬菜、设施蔬菜水肥一体化面积0.87万公顷，新增哈密瓜智能水肥一体化266.7公顷，哈密瓜种植肥料利用率从43%提高到45%。

【科技项目实施】 2020年，县农技推广中心申报实施国家、自治区级项目4项。其中，实施国家级“2020年基层农技推广体系改革与建设补助”项目，落实项目资金49万元；实施自治区“旱作节水农业技术推广中心推广”项目，落实项目资金148万元；实施“农业资源保护与生态建设”项目，落实项目资金115.2万元；实施“2020年自治区化肥减量增效示范”项目，落实项目资金110万元。

【农业科技培训】 2020年，县农技推广中心以农业增效、农民增收为目标，结合鄯善县农业生产实际和基层乡镇的技术需求，开展以设施农业标准化生产、大田哈密瓜标准化栽培、葡萄高产优质化生产、病虫害综合防治、测土配方施肥等为内容的各类现场培训98场次，培训干部群众8000多人次。在葡萄生产关键节点，开展以葡萄修剪、水肥管理、鲜食化生产、测土配方施肥、病虫害综合防治为主要内容的现场培训8场次，培训农民400多人次。

（戴新元）

## 农村经济发展

【基本情况】 鄯善县1990年3月成立县、乡两级农村合作经济经营管理服务站，乡镇农业经济管理服务站人员工资、经费由乡镇政府统一管理。1997年7月根据鄯政发〔1997〕44号《〈关于印发鄯善县农村合作经济组织集体资金管理办法〉》的通知，各乡镇农经站上交由县农经站统一管理。2003年，鄯善县全面推行农村会计委托代理制，全县9个乡镇全部成立农村会计服务中心，67个行政村的财务均实现农村会计服务中心委托代理，并实现会计电算化。2004年4月，鄯善县农村合作经济经营管理服务站更名为鄯善县农村合作经济经营管理局（简称农经局），隶属县农业局管理，为副科级建制全额事业单位。具有行政执法、行政监督、行政管理职能，担负着全县农民减负监督管理、农村土地承包经营管理、农村集体财务管理和审计、农村集体经济统计等职能。2006年，鄯善县农经局机关参照公务员管理，核定编制人数14名，下属鄯善镇农经站、东巴扎乡农经站、迪坎乡农经站、辟展乡农经站、七克台乡农经站、连木沁镇农经站、鲁克沁镇农经站、达朗坎乡农经站、吐峪沟乡农经站9个事业单位。2017年6月，乡镇站所机构改革，农经局保留参公编制人员10人，事业编制人员人事、工资关系全部划转至各乡镇人民政府，农经局只履行业务指导职责。2019年，鄯善县农经局有参公编制10人。2020年12月，根据鄯党办〔2020〕39号文件，鄯善县农村合作经济经营管理局更名为鄯善县农村合作经济发展中心，由县农业农村局管理，其他机构编制事宜维持不变。

【农村经济情况统计监测】 2020年，县农村合作经济发展中心围绕实现农业经济总收入增长目标任务，做好农村收益分配预测和决算工作。2020年，全县实现农村经济总收入419096.36万元，较上年同期增加36247.79万元，比上年增长9.47%；农牧民人均纯收入达到17593.4元，较上年同期增加1421元，比上年增长8.79%。其中，第一产业实现收入356620.50万元，比上年增长11.2%，占农村经济总收入419096.36万元的85.09%；第二产业实现收入33245.86万元，比上年增长1%，占总收入的7.93%；第三产业实现收入29230.00万元，比上年增长0.02%，占总收入6.97的%。

**【农村土地经营确权】** 2020年，县农村合作经济发展中心按照自治区农确办关于印发《自治区关于开展农村承包地确权登记颁证“回头看”的工作方案》要求，对鄯善县确权工作试点乡镇（2015年6月鄯善县农村土地确权工作启动，按照国家下达13.7万亩的确权任务，选取在连木沁镇、七克台镇、达朗坎乡开展试点。至2018年5月确权成果数据通过农业部验收）。进行全面“回头看”，通过制定方案、业务培训、聘请测绘单位开展数据勘误修正、成果数据让农户最终确认等工作，夯实鄯善县农经权登记颁证的确权成果。2020年，完成3个乡镇26个行政村、139个村民小组、14413户农村土地经营权颁证工作，完成率达100%。同时，对确权试点乡镇“回头看”检查，并按照档案整理规范化要求进行分类整理，完成档案电子扫描。

全县还需确权的乡镇有辟展镇、鄯善镇、鲁克沁镇、迪坎镇、东巴扎乡、吐峪沟乡6个乡镇，涉及45个行政村、202个村民小组、3.01万户、1.03万公顷应确权面积。受疫情影响，截至2020年底，完成各标段收集整理测绘资料、航飞及正射影像图制作，完成入户摸底调查2.03万户，完成农户家庭成员信息和承包地块信息录入，完成率达82%；完成地块调查9226.67公顷，完成率达89%；完成0.61万户的信息确认，完成率达24%。

**【农村集体资产清产核资】** 2020年，县农村合作经济发展中心开展2018年度至2019年度农村集体资产清产核资工作，分两次在山南和山北对各乡镇、村、组清产核资业务骨干集中培训220余人。通过以会代训的形式，对乡镇、村参加清产核资工作的人员进行业务培训，掌握“三资”管理的政策规定以及开展工作的方法和措施，为清产核资工作奠定基础。全县完成336个单位的清产核资主体任务，占有清产核资任务单位数的100%，其中村级72个、组级264个；清查核实资产总额6.47亿元，其中经营性资产1109万元；清查核实集体土地总面积2.89万公顷，其中农用地面积2.45万公顷；村级、组级清产核资确认登记数据100%录入全国农村集体资产清产核资管理系统。

**【农村土地承包管理】** 2020年，县农村合作经济发展中心化解矛盾，依法处理土地纠纷。年内，累计受理调处农村土地纠纷4起，其中信访局转办案件1起，乡镇土地确权纠纷3起；办结4起，其中书面答复2起，口头调解2起。

根据《农业农村部办公厅关于开展2019年农村土地承包经营纠纷调解仲裁考评工作的通知》的要求，按照自治区农业农村厅安排，做好2020年的农村土地承包经营纠纷调解仲裁自治区考评资料准备工作。

**【村级财务管理】** 2020年，县农村合作经济发展中心完成全县村级债务基本情况摸底调查。全县73个行政村（社区、牧业队）摸底调查出资产总额64666万元，其中经营性资产总额为1093万元；集体总收入5060万元，集体总支出5149万元，债务总额10296万元；逾期无法偿还的债务312万元，当年新增债务250万元，账外应付工程款4350万元，其中用于道路建设的452万元，用于人居环境建设的502万元。

开展壮大村集体经济收入统计，全县73个行政村（包括村改居社区）和1个牧业队中5万元以下的有18个行政村，占全县总数的24%；5万元以上的村有56个行政村，占全县总数的76%。开展村级财务审计工作。对村财务收支、资产、资源清理处置发包情况、专项资金使用情况和惠农补贴发放情况等实地审计。对审计中发现的问题及时督促整改。

**【农村集体产权制度改革】** 2020年，按照（吐市农领办字〔2020〕3号）《吐鲁番市全面推开农村集体产权制度改革试点工作方案》精神，鄯善县委、县政府成立由县长任组长的领导小组，农村合作经济发展中心作为主要成员单位，制定《鄯善县全面推开农村集体产权制度改革试点工作方案》上报县政府。10月3日，召开全县农村集体产权制度改革工作动员大会，对全县推进工作进行安排。宣传农村集体产权制度改革政策，发放宣传单5万余份，发放工作流程200册，发放宣传手册200册，悬挂横幅160条，营造改革氛围。县产改办（设在农村合作经济发展中心）聘请北京中农信达信息技术有限公司专家，组织县、乡、村、组负责人、业务人员等338人开展农村集体产权制度改革工作业务培训。制定下发《鄯善县稳步推进农村集体产权制度改革试点工作实施意见》及《鄯善县农村集体产权制度改革确认农村集体经济组织成员身份的指导意见》。

截至2020年底，全县农村集体产权制度改革工作成员身份界定阶段，完成摸底汇总户数41567户，完成率达82.69%；完成摸底汇总人口147787人，完成率达83.67%。完成33个村首次摸底公示27679户，完成率55.07%；完成首次摸底公示94855人，完成率达53.71%。完成6个村二次摸底公示，确认成员3071户9516人。

**【农民专业合作社建设】** 2020年，全县在工商部门登记注册农民专业合作社总数达到509家，其中农产品合作社种植260家，养殖合作社175家，农机合作社15家，手工艺品合作社39家，食品加工合作社11家，其他类型合作社9家；合作社注册资金68675万元，有成员7704人。

2020年，争取到自治区农民合作社扶持资金20万元。县农村合作经济发展中心组织国家级合作社开展项目申报，经审查和实地查看，确定鄯善县遂达果业农民专业合作社承担2020年自治区农民合作社项目。定期对合作社项目进度和资金使用情况进行监管，按时上报项目进度，确保项目实施规范、资金使用安全。按照《自治区农民专业合作社示范社创建标准》，做好自治区级示范社监测。农村合作经济发展中心对13家自治级农民合作社示范社开展摸底调查和重新评定，全部符合示范社创建标准的合作社取缔自治区示范社资格。

做好家庭农场名录系统信息录入填报。按照《农业农村部办公厅关于做好家庭农场名录系统信息填报和监测有关工作的通知》的要求，将家庭农场9项基本信息填报至全国家庭农场名录系统。将符合条件的333个种养大户、专业大户等规模农业经营户纳入家庭农场范围并填报到名录系统。

开展农民专业合作社示范社创建。推荐鄯善县新希望设施农业专业合作社申报国家级示范社，会同鄯善县水利局、鄯善县林业和草原局、县供销联社、县发展改革委员会、县财政局、县税务局、县市场监督管理局等部门联合审定，完成国家级示范社申报。

**【农村固定观察点调查】** 2020年，县农村合作经济发展中心开展全国农村固定观察点的常规调查工作。根据上级要求，按时完成连木沁镇汉墩坎村80户的“农户统计年报”入户调查和村表填报。根据中共中央政策研究室农业部农村固定观察点办公室下达任务，对全国固定观察点连木沁镇汉墩坎村80户农户开展新冠肺炎疫情防控和农村经济社会发展快速调查并完成上报。完成对80户农户、5个新型经营主体开展2020年收入支出情况常规性调查，并全部录入系统上报。开展全国农村固定观察点连木沁镇汉墩坎村80户农户固定观察及各项统计数据上报。

**【机电井年审】** 2020年，按照自治区水利厅《关于加强取水许可管理的通知》（新水办政资〔2017〕45号）精神，开展“一井一证”“一取水口一证”工作，县、乡、村三级对需要更新的机电井共同审核监督。全年累计受理各村487眼电机井许可证审验工作，并按照要求出具证明。

（钱爱玲）

# 工　业

## 综　述

**【基本情况】** 鄯善县商务和工业信息化局2019年2月由鄯善县商务和经济信息化委员会（2012年10月由经济贸易工作委员会更名）和原招商管理局合并成立，是鄯善县人民政府组成部门，正科级单位，同时撤销鄯善县商务和经济信息化委员会党组，设立鄯善县商务和工业信息化局党组。下设2个全额事业单位：黄金局和酒类专卖局。

2020年，内设办公室、工业运行科、企业科、技术与信息化科、商贸流通科、商务运行科、招商协作科7个科室。

2020年12月鄯善县黄金局更名为鄯善县黄金服务中心，由鄯善县经济贸易委员会管理调整为鄯善县商务和工业信息化局管理，其他机构编制事宜保持不变。

2020年12月鄯善县酒类专卖局（商务综合行政执法大队）更名为鄯善县酒类专卖服务中心，不再保留商务综合行政执法大队牌子，由鄯善县经济贸易委员会调整为鄯善县商务和工业信息化局管理，其他机构编制事宜保持不变。

中共鄯善县商务和工业信息化工作委员会，为正科级单位，与鄯善县商务和工业信息化局合署办公，实行“一套人马、两个牌子”。2020年10月，撤销吉祥鸟服饰有限公司党支部和金楼兰葡萄果业有限公司党支部（因公司停产，且所有党员都已离厂）。中共鄯善县商务和工业信息化工作委员会管理16个支部，分别为商工局党支部、天马商业公司党支部、工商业联合会党支部、县震华矿业有限公司党支部、温州商会党支部、鹏达建筑工程有限责任公司党支部、二轻工业总公司党支部、民爆公司党支部、新葡王酒业有限公司党支部、通达（博强）公交有限责任公司党支部、蒲昌运输有限责任公司党支部、金滩矿业有限公司党支部、楼兰酒庄股份有限公司党支部、新昱棉麻有限责任公司党支部、众鑫贸易有限责任公司党支部、鹏博商贸中心党支部。

**【工业经济监测及运行】** 2020年，县商工局强化工业经济预警监测。通过压责任、勤调研、强分析、解难题等多项工作措施，跟踪分析宏观经济走势，准确掌握重点行业和重点企业的生产经营情况，提前预测下月及全年经济指标完成情况，强化工业经济运行预警分析，为县委、县政府决策部署提供参考依据，为重点工作开展提供理论指导，全力保障工业经济平稳运行。全年全县规上企业（主营业务收入2000万元以上）50户，石油化工及石油服务企业6户，新能源企业11户，矿产品开采加工企业13户，钢铁及装备制造企业4户，石材建材加工及生产配套企业4户，葡萄酒加工企业1户，硅基新材料及配套企业7户，其他企业4户。

2020年，全县规模以上工业企业59家。规模以上工业企业完成总产值145.72亿元，实现工业增加值53.14亿元，比2019年下降0.1%，其中地方属规模以上工业增加值28.12亿元，同比增长6.1%。

主要工业产品产量：铅锌粉1488吨，工业硅24.47万吨，轻烧氧化镁5587吨，硅橡胶8.5万吨，轻芳烃2.03万吨，重芳烃14.5万吨，铜箔2234吨，型煤13.12万吨，碱性红（1∶1）80吨，天然原油157.01万吨，铁矿石原矿263.04万吨，水泥19.65万吨，发电量54.75亿千瓦时，铜精粉7798吨，铁精粉85.35万吨，粗苯574吨，天然气31599万立方米，铜金属含量347吨，建筑用天然石料119767立方米，葡萄酒1221千升，原油加工量44.95万吨，石油沥青26.3万吨，焦炭43.27万吨，商品混凝土51324立方米，天然花岗石建筑板材27.95万平方米，石墨及碳素制品2.17万吨，生铁10.93万吨，粗钢1.68万吨，钢材9.85万吨，黄金331千克。

**【服务企业】**　2020年，县商工局加大协调服务企业力度，发挥项目建设、工业调度、财税增收等24个专班作用，推行“周例会、月调度、季分析”工作制度，加快推动企业复工复产，针对各企业生产经营状况和企业反映的具体问题，逐一列出清单，逐一明确责任部门，研究制定切实可行的办法，对景气度较高、可以形成新增长点的企业，予以扶持，保证生产，实现增产增效；对生产经营不景气、可能形成负拉动的企业，主动上门、靠前服务，指导企业适应性调整，确保企业不减产或少减产。按照“分类、分级、分区、有序、有责”的原则，坚持一企一策，精准施策，强化企业服务保障，规范落实疫情防控措施，引导全县企业安全有序复工复产。

落实优惠政策。2020年，鄯善县为2779家中小微企业、个体工商户发放应急疫情贷款17.46亿元。为全县应享受减税降费政策中小微企业和个体工商户7.47万户次减免税费累计1.76亿元，减免覆盖率达100%，做到应免尽免；阶段性减免小规模纳税人增值税1.2万户次900万元。降低电价累计1.01万户，优惠金额0.13亿元，受益率109.32%。降低天然气价累计167.27万元。为596家企业累计减免社保费6159.76万元。为8075户中小微企业和个体工商户减免租金0.26亿元。为47个项目减免市政公用基础设施配套建设费4401.87万元。减免出租车管理费14.45万元。

优化营商环境。2020年，鄯善县欠款基数32181.34万元，偿还31038.1万元，无分期欠款，清偿进度为100%，完成年度清欠任务。为488家企业发放稳岗就业补贴353万元，发放灵活就业社保补贴777人549.93万元，完成率100%。为县内1家纺织服装企业（库木塔格纺织集团），流动资金贷款贴息1.89万元。

推进企业升规入统。2020年，县商工局对县域内企业全面摸底，在突出增量的同时，盘活存量，做好企业升规挖潜，建立升规企业培育库，通过加强政策扶持、强化要素保障等措施。年内，亿日铜箔、华越型煤、洪峰燃料等9家企业纳入规上统计，全年实现工业增加值1.9亿元，拉动地方规上工业增长2.23个百分点。

**【产业结构调整】**　2020年，县商工局推动新旧动能转换，推进企业技术改造步伐，全年完成隆盛碳素煤气车间技改项目、万顺发装置扩能改造项目、华越型煤除铁车间技术改造项目、合盛硅业硫酸镁等3个单体装置4个技术改造项目备案。发挥严禁“三高”项目进鄯善县协调领导小组办公室职责，印发《鄯善县砖瓦轮窑等落后产能退出工作方案》，明确各单位职责，推进落后产能退出。印发《关于开展2020年严防“地条钢”死灰复燃排查工作的通知》，组织各乡镇、园区管委会及相关单位开展“地条钢”排查，经排查未发现“地条钢”死灰复燃现象。加强中频炉使用企业的监管力度，对顺通浩翔、新飞铸造、安鑫机械等7家中频炉使用企业开展实地检查监管，未发现违规使用情况。开展节水型企业创建，组织合盛硅业、美汇特、金汇焦化、楼兰酒庄4家企业开展创建活动，确保规上重点用水行业企业创建达标率达到50%以上。收集三人园区、水资源论证报告及自然资源局两区外找矿资源勘探报告，对鄯善县未来十五年第二产业用水量进行预测，为“引客水”提供支撑。

推进5G网络建设发展工作部署，健全鄯善县5G网络建设发展工作领导小组，制定《鄯善县推进5G网络建设发展实施方案》，推进5G站址规划编制，加快基础设施建设，全县建成5G基站15个，完成投资560万元。

落实自治区发展纺织服装产业带动就业各项政策，主动作为着力培育龙头企业。2020年，全县纺织服装产业实现工业总产值1912.4万元，其中库木塔格、迪礼互喜、康诚等5家重点企业累计实现产值1347万元，就业人数440人。

协调推进天然气供应保障工作，协调推进城燃企业供气合同签订、天然气用量及需求统计及天然气气源协调等工作，实现天然气供需动态平衡，最大程度保障民生用气。当出现天然气供应紧张的局面，要求燃气企业和各用气企业严格按照吐鲁番市2020—2021年供暖季天然气保供应预案等措施，切实保证民用气供应平稳。

## 能源产业

**【石油化工产业】** 鄯善油田是中国第一个大型株罗系油田，属中丰度、低渗透、中产量油田。立足油气资源优势，鄯善县于2003年成立石油化工园区，是自治区最早批准成立的专业化工园区，总规划面积50平方千米，园区现有吐哈油田、美汇特、万顺发、澎湃动力等一批极具发展潜力的石油化工企业。2020年，石油化工产业完成工业总产值54.19亿元，工业增加值27.96亿元，占全县工业增加值的52.63%。

**【煤炭能源产业】** 鄯善县煤炭资源十分丰富，拥有沙尔湖矿区、库木塔格矿区、七克台煤矿区、柯柯亚煤田、二塘沟煤田和迪坎煤田六大煤矿区，总面积2110.87平方千米。截至2020年底，全县已纳入国家“十三五”煤炭产能指标270万吨/年，已建成合盛电业2×350兆瓦热电联产、万顺发30万吨煤焦油加氢、泰玺实业60万吨/年捣固焦等项目。

**【光伏产业】** 鄯善县光热资源得天独厚，年日照时数2900—3300小时，是有名的“火洲”。根据1979—2008年气象资料，30年平均太阳能辐射量为5713.65兆焦耳每平方米，30年平均日照为3129.14小时，年有效利用小时约为1400小时，属太阳能辐射高值区，阴雨天气少、日照时间长、辐射强度高、大气透明度好，非常适宜建设大型光伏电站。2013年6月，委托新疆电力设计院编制完成《鄯善县红山光伏产业园规划》，规划面积40平方千米，规划建设规模970兆瓦。为满足鄯善县新能源发展要求，2013年底，委托西北电力勘探设计院编制《鄯善县七克台光伏产业园规划》，规划面积150平方千米，规划规模2000兆瓦。华能公司牵头建设的华能红山光伏产业园220千伏汇集站已于2013年底建成运营。鄯善县光伏产业园规划总装机规模达到3000兆瓦，已入驻的企业有华能、华电、中电投、中节能、三峡、海林、力诺、天利恩泽、协合、皇迈、安培琪、大唐12家企业，核准光伏项目规模390兆瓦。2020年，光伏发电量6.26亿千瓦时，比2019年增长7.4%，弃光限电率为2.9%，比2019年下降1.0%。

**【风电产业】** 鄯善县风能资源主要分布于十三间房风区西部区域的百里风区，平均风功率密度达510瓦/平方米以上，年有效风速小时数在6800小时以上，年有效利用小时数在1700—2100小时。主导风向为北风，年平均风速为5—7米/秒，其中3—11月的风速最大，属国家三类风区。2011年，委托西北勘测设计院编制完成《新疆吐鲁番百里风区鄯善楼兰风电场规划报告》，规划总装机容量500兆瓦。2013年，委托西北勘测设计院编制《新疆吐鲁番百里风区鄯善楼兰风电场扩规》报告，扩规后面积风电场面积达到376平方千米，总规模达到1300兆瓦。已入驻的企业有五凌鄯善电力、盾安集团、中电投集团、嘉泽发电、大唐清洁能源、绿洁新能源、三一新能源等7家企业，核准风电项目规模541.5兆瓦。已建成并网发电规模393兆瓦。由大唐公司牵头建设的大唐楼兰220千伏汇集站1

座，已于2014年底建成运营。2020年，风电场发电量7.27亿千瓦时，比上年增幅5.4%，弃风限电率为12.1%，比上年下降3.6%。

（刘文旭）

## 矿产资源开采加工业

【石材建材产业】 鄯善县是全国四大石材工业基地之一，花岗岩、大理石资源十分丰富，具有品种多、储量大、埋藏浅、易开发的特点，探明储量近20亿立方米，拥有世界罕见的巨型整体矿山“鄯善红”和灰色系列巨型整体矿山“雪莲花”，此外还拥有“天山绿”“麻灰”“白麻”“木纹石”等多个品种，其中“鄯善红”被评为中国名特优石材品种。同时具备矿山开采、生产加工、下游流通及石材辅助配套生产、销售一体化的石材工业体系，现有汇宁慧中、万振等石材开采及加工企业89家，已形成荒料开采80万立方米/年、板材加工2500万平方米/年、异型材加工50万件（套）/年生产规模。已建成的石材产品质量监督检验中心是中国第四家、西北第一家国家级检验中心（新疆）。鄯善已成为中国西部最大的石材开采、加工基地，被中国石材协会授予“中国西部石材中心基地”称号。2020年，石材建材产业完成工业总产值1.63亿元、工业增加值0.56亿元，占地方工业增加值的1.05%。

【钢铁及先进装备制造产业】 鄯善铁矿资源十分丰富，已发现铁矿产地145处，其中工业矿床25处（大型2处、中型6处、小型17处），矿点120处。铁矿主要分布在觉罗塔格成矿区的红云滩—铁岭—赤龙峰一带和南天山成矿区的梧桐沟—帕尔岗一带。地质普查储量3亿吨，详查储量1.1亿吨，其中富矿1.04亿吨，占全疆的12.7%，占全市的98%。目前，鄯善县已建设完成铸造（精密）产业园区，已入驻金汇铸管、金汇选冶、特玛金属、新鄯东大钢构、顺通浩翔建材、新飞铸造等企业，先后建成新鄯东大钢结构10万吨钢构生产、金汇选冶100万吨热扎型材、泰玺实业30万吨球墨铸管、华恒15万吨直接还原铁、恒昌铸造32万吨锰铁合金、特玛15万吨型材等项目，形成铁矿163万吨/年、铁精粉106万吨/年、型材115万吨/年、球磨铸管20万吨/年加工生产能力，形成矿山开采、铁精粉、牛铁冶炼、炼钢、铸造、型材、装备制造的全产业链。2020年，铁产业及先进装备制造产业完成工业总产值6.14亿元、工业增加值0.87亿元，占地方工业增加值的1.64%。

【有色金属产业】 鄯善境内的康吉尔大断裂是我国重要的有色金属成矿带，已发现的有色金属矿点有彩霞山铅锌矿、新华联凌云铜矿、大平梁铜矿。目前，鄯善县从事多金属综合加工企业15家。2020年有色金属产业完成工业总产值13.26亿元、工业增加值7.09亿元，占地方工业增加值13.35%。

【硅基新材料产业】 鄯善县境内分布有石英岩矿产地10处，其中矿床8处，矿点2处，资源储量约10亿吨。最集中区域在以卡瓦布拉克（彩石山）为中心的地带，品位较高，平均品位在95%左右，开发前景广阔。鄯善县是自治区确定的新疆两大硅基新材料产业基地之一。引进宁波合盛集团投资300亿元规划建设煤—电—硅一体化硅基新材料循环经济产业园，现已完成投资142.65亿元，建成40万吨/年工业硅、2×350兆瓦热电联产、7.5万吨/年石墨电极、2万吨/年高档电解铜箔10万吨/年硅氧烷、1.2万吨/年气相白炭黑、120万吨/年煤炭开发、14万吨/年硅橡胶等项目，硅基新材料产业链发展基本成型。2020年硅基新材料产业完成工业总产值39.36亿元、工业增加值5.31亿元，占地方工业增加值10%。

## 化工产业

【无机盐化工】 鄯善县境内有丰富的钠硝石矿产资源，形成以硝酸钠、硝酸钾为主要产品的无机盐化工产业体系，拥有万向硝石钾肥等行业龙头企业，引进国内首条、全球第二条以钠硝石为原料的硝酸钠（钾）工业试验装置，形成硝酸钠7万吨/年、硝酸钾1万吨/年的生产能力。硝酸盐产品已突破技术瓶颈，向医药、光学玻璃等高端行业所需的高纯产品及太阳能光热发电热熔盐用硝酸盐产品批量生产迈进，在国内热熔盐供应中占有重要市场份额。2020年，累计生产热熔盐用硝酸盐4万多吨，实现产值上亿元。

## 重点生产企业

**【发展现状】** 鄯善县规模以上工业实现增加值53.14亿元，比2019年下降0.1%，其中地方规模以上工业实现增加值28.11亿元，比2019年增长6.1%。在全县统计的30种主要工业产品中，产量比2019年有增长的有14类。地方属工业中有硅橡胶、石油沥青、型煤、商混、轻烧镁粉、铅锌粉、铜箔、1∶1碱性红、铁精粉、芳烃、发电量、水泥、铁矿石、工业硅，增速较2019年同期分别增长2.1倍、1.27倍、100%、100%、100%、100%、100%、100%、99.44%、44.48%、37.29%、27.45%、24.77%、11.42%。

**【新疆美汇特石化产品有限公司】** 新疆美汇特石化产品有限公司成立于2007年3月2日，公司位于吐鲁番地区鄯善工业园区，注册资本15亿元，占地面66.67公顷，公司旗下全资注册公司1个（新疆美叶油气能源储运有限公司），是一家以生产经营高等级道路沥青和改性沥青为主的民营石化企业，现有员工418人，原料罐32座，成品罐24座，燃料油罐2座，石油液化气罐4座，其他消防罐等4座。单次储油能力30万吨，沥青储存能力10万吨。一期50万吨/年高等级道路沥青及改性沥青项目、二期140万吨/年高等级道路沥青项目及改性沥青项目、三期40万吨/年煤焦油加氢项目，已全部竣工投产，企业年处理原油能力280万吨。2020年实现产值12亿5092万元、增加值1亿8817万元。

**【鄯善金汇焦化有限公司】** 鄯善金汇焦化有限公司于2011年11月注册成立，注册资本9000万元。公司位于鄯善县柯柯亚，主要产品为焦炭、粗苯、煤焦油、煤气发电，设计年产冶金焦60万吨、煤焦油2万吨、粗苯6400吨、煤气1亿立方米。公司现有员工420人。2017年10月至今由泰华集团在鄯注册公司——鄯善县泰玺实业有限公司进行托管经营，2020年实现产值5亿4088万元、增加值8070万元。

**【鄯善金汇选冶有限公司】** 鄯善金汇选冶有限公司于2008年04月21日注册成立，注册资本1亿元。规上位于鄯善县柯柯亚，经营范围包括炼钢、轧钢、型材、建材、特种钢的生产及销售等，现有1台482.07立方米高炉，配套建成100万吨/年热轧型材生产线。公司现有员工160人。2017年8月鄯善县通过招商引资引进鄯善华宏铸造有限公司（成立于2017年9月），与金汇选冶合作经营，华宏铸造负责生产流资、经营和销售，金汇选冶有限公司负责原有生产设备和生产。2020年实现产值1亿1579万元、增加值1056万元。

**【新疆科瑞石油工程技术服务有限公司】** 新疆科瑞石油工程技术服务有限公司于2014年12月注册成立，注册资本5000万元，是一家集井下作业、注氮、连续油管、酸化压裂、油田增产改造等于一体的综合油田服务性公司。公司现有员工120人。2020年实现产值5598万元、增加值2610万元。

**【鄯善工业园区惠和燃气有限公司】** 鄯善工业园区惠和燃气有限公司于2010年11月注册成立，注册资本345万元，公司位于鄯善工业园区，是集天然气供应、运输、零售等于一体的实体民营企业。2014年由1个加气站扩展到目前4个加气站（工业园区、鲁克沁镇、吐峪沟乡、七克台镇）、1个车队、1个母站、1个民用气调配中心。公司总投资近7000万元，日供气量可达12万立方米。公司现有员工38人。2020年实现产值1900万元、增加值500万元。

**【鄯善万振石材发展有限公司】** 鄯善万振石材发展有限公司于2011年5月注册成立，注册资本6000万元，是安徽万振建设集团下属全资子公司。公司位于石材工业园区，主要经营范围是花岗岩荒料开采，花岗岩板材生产加工等。2020年实现产值2500万元、增加值400万元。

【**新疆杨氏豪盛石材有限公司**】 新疆杨氏豪盛石材有限公司于2004年注册成立，注册资本1000万元，企业位于石材工业园区，是集花岗岩开采、加工、销售等为一体的民营企业。主要产品有“鄯善红”“天山灰”“菊花黄”“天山白麻”“兰宝”灰钻麻等20余个系列石材品种。公司现有员工45人。2020年实现产值1297万元、增加值408万元。

【**鄯善县特玛金属制品有限公司**】 鄯善县特玛金属制品有限公司于2004年8月在鄯善县注册成立，位于鄯善县新城石材工业园区，是一家有限责任公司。现拥有金属延压制品、金属材料加工生产线2条，集农具配件生产制造、精密设备制造为一体的经济实体。公司依托铁制品资源，大力发展铁制品加工产业，主要生产10#-25#A、B型工字钢，6.3#-22#A、B型和25#-28#A、B、C型槽钢，6.3#-20#角钢、H型钢，每个品种规格综合起来达几百种之多，可广泛用于民用、企业厂房、机械制造业。2020年，完成工业产值2亿4601万元，实现工业增加值2470万元。

【**吐鲁番金源矿冶有限责任公司**】 吐鲁番金源矿冶有限责任公司成立于1996年10月21日，注册资本6658万元，隶属新疆地矿局第一地质大队。公司主要经营铁矿石、菱镁矿、石材矿等产品。公司现有员工300人。2020年，实现产值2亿4760万元、增加值1亿1671万元。

【**中国黄金集团新疆金滩矿业有限公司**】 中国黄金集团新疆金滩矿业有限公司注册于2006年10月，注册资本3636万元，是河北中金黄金有限公司的独资公司。该公司矿山位于鄯善县南山矿区，选厂位于鄯善县七克台镇，是采、选一体的黄金生产企业。公司现有员工146人。2020年，完成工业产值1亿2134万元，实现工业增加值7982万元。

【**鄯善县厚旺铜矿有限责任公司**】 鄯善县厚旺铜矿有限责任公司于2005年在鄯善县注册成立，位于迪坎乡工业园区，是一家铜选企业。公司依托大平梁的矿山资源，大力发展铜选产业，主要产品为铜精粉。总资产1.4亿元。公司已建成铜选一体化车间，并新建一条新的铜选生产线。经营项目有矿石采选、贸易等，主要产品有铜精粉、铁精粉。公司现有员工115人。2020年，完成工业产值1亿512万元，实现工业增加值5281万元。

【**鄯善县华宇燃气供应有限责任公司**】 鄯善县华宇燃气供应有限责任公司于1992年注册成立（原鄯善县液化石油气公司于2001年1月经鄯善县人民政府经贸委批准成立的股份有限责任公司），注册资本583万元，公司依托吐哈油田资源，大力发展清洁能源推广，经营项目有液化气、天然气销售。公司现有员工90人。2020年实现产值4534万元、增加值1199万元。

【**新疆硝石钾肥有限公司**】 新疆硝石钾肥有限公司于2005年10月31日成立，注册资本5亿元。企业依托库木塔格钠硝石资源，发展化肥产业，经营项目有化肥生产与零售等，主要产品为硝酸钠、硝酸钾。2020年，实现产值1亿5200万元、增加值5998万元。

【**吐鲁番楼兰酒业股份有限公司**】 吐鲁番楼兰酒业股份有限公司是一家有着30多年葡萄酿酒历史的葡萄酒生产企业，其前身是始建于1976年的新疆鄯善县葡萄酒厂，经营范围为“楼兰”葡萄酒系列产品生产、加工及销售。2007年，吐鲁番楼兰酒业有限公司在地、县两级党委、政府的关怀下完成重组。公司注册资本12000万元。2016年12月16日吐鲁番楼兰酒业股份有限公司成功挂牌“新三板”，标志着鄯善县地方企业实现上市零的突破。2020年，完成工业产值4483万元，实现工业增加值1811万元。

【**新疆众和金源镁业有限公司**】 新疆众和金源镁业有限公司2015年1月27日注册成立，注册资本金1.2亿元。公司由新疆众和股份有限公司和新疆地矿局第一地质大队共同出资成立，其中众和股份有限公司占比65%，地质一大队占比35%，主要专注于鄯善县梧桐沟菱镁矿的全产业开发。公司新疆镁系列材料循环经济产业化项目厂区位于鄯善县迪坎镇工业园区内，受市场环境影响目前只建设完成一期氧化镁项目（4万吨产能），公司现有员工64人。2020年实现产值2012万元、增加值917万元。

**【鄯善盾安风电有限公司】**

鄯善盾安风电有限公司于2011年在鄯善县注册成立，注册资本15400万元。主要经营风力发电的生产与销售。公司现有员工17人，其中技术人员15人。2020年实现产值7430万元、增加值3238万元。

**【鄯善恒昌铸造有限公司】**

鄯善恒昌铸造有限公司于2007年在鄯善县工商局注册成立，位于鄯善县矿产品加工区北侧、柯柯亚路西侧，是一家私营企业。公司依托铁矿石等资源，发展铁产业，主要产品为面包铁。公司已形成年产28万吨产能，总资产2.1亿元，现有员工400余人，其中技术人员46人。2020年实现产值9711万元、增加值2004万元。

**【鄯善华裕选冶有限责任公司】**

鄯善华裕选冶有限责任公司成立于1995年10月，位于新疆吐鲁番地区鄯善县石材工业园区，注册资金为1000万元，经营范围：铁矿石开采、选冶、烧结及铁精粉、铁球团销售、花岗岩石材开采、加工及花岗岩荒料、板材销售、公路运输、土地开发建设。总资产2.2亿元。2020年，完成工业产值23712万元，实现工业增加值12847万元。

**【汇宇慧中石业有限公司】**

汇宇慧中石业有限公司，于2012年9月通过整合吸纳“鄯善汇宇石业有限责任公司”主要经营性资产而发起设立，注册资本6000万元。以花岗岩和大理石开采、加工、建材销售及建材、石材进出口等为主营业务的新疆石材工业骨干企业。公司拥有“鄯善红”花岗岩石材矿山两座，石材荒料储量210万立方米，年开采花岗岩石材荒料10万立方米，板材加工180万平方米，远销20多个国家，是中国石材协会总结推广公司“花岗岩开采新技术与新工艺”先进经验，推选公司矿山为“全国示范矿山”之一。公司还被新疆维吾尔自治区各级政府及主管部门评为“科技创新先进企业”。2020年，完成工业产值6555万元，实现工业增加值2675万元。

**【中节太阳能鄯善有限公司】**

中节能太阳能科技有限公司全资子公司——中节能太阳能鄯善有限公司于2011年10月11日，在新疆吐鲁番地区鄯善县注册成立，主要经营太阳能技术及发电项目的研究、开发、应用、投资等，注册资本金14760万元。中节能太阳能鄯善一期20兆瓦光伏并网发电项目投资3.6019亿元，二期20兆瓦光伏并网发电项目于2013年9月开工建设，2013年12月26日实现并网发电，项目总投资2.47亿元。2020年，完成工业产值5060万元，实现工业增加值2205万元。

**【鄯善宝地矿业有限责任公司】**

鄯善宝地矿业有限责任公司成立于2012年9月，经营范围：矿石加工、销售及运输。目前鄯善公司有员工360人，其中各类专业技术人员和管理人员34人。公司以铁矿开发与加工为主，铁矿生产已形成规模，年可处理原矿约120万吨，生产铁精粉60万吨。尤其是2009年投产的迪坎尔选矿厂，不仅可以处理磁铁矿，还能处理褐铁矿、菱铁矿、镜铁矿、赤铁矿等多种铁矿石，填补新疆乃至国内的空白，所生产的矿产品主销八钢、酒钢及鄯善、吐鲁番地区钢铁企业，为鄯善经济发展起促进作用。2020年，完成工业产值3亿193万元，实现工业增加值1亿6359万元。

**【新疆东部合盛硅业有限公司】**

新疆东部合盛硅业有限公司于2018年5月31日注册成立，注册资本4亿7800万元，主要经营石英石的加工、工业硅的生产及销售，计划建设80万吨工业硅项目（一、二期各40万吨），一期占地面积73.07公顷，32台33000千伏安硅炉，于2017年10

月18日通电试生产，2018年公司用工达2600人，2018年9月纳入规上统计。2020年，实现产值25亿4276万元、增加值2亿1715万元。

**【鄯善万顺发新能源科技有限公司】**　鄯善万顺发新能源科技有限公司注册成立于2014年4月30日，该公司30万吨/年煤焦油加氢项目位于鄯善县工业园区内，占地面积25.13公顷，计划总投资11亿元，项目分两期进行，每期15万吨/年，公司主要经营范围为生产及销售轻芳烃、重芳烃等。30万吨/年煤焦油加氢项目一期15万吨/年于2015年5月开工建设，2016年10月26日生产出合格产品。主要工艺流程为原料脱水、脱渣、脱盐、减压蒸馏，馏分油加氢精制、加氢改质过程。项目符合国家的产业政策，并符合鄯善县政府的总体规划。公司目前现有员工200余名，工程师以上人员10名，大专及以上学历人员97名。2020年，实现产值2亿6072万元、增加值5495万元。

**【鄯善隆盛碳素制造有限公司】**　鄯善隆盛碳素制造有限公司于2016年11月8日在鄯善县市场监督管理局注册成立，注册资本5000万元，法定代表人王任平，是新疆西部合盛硅业有限公司投资建设的全资子公司，主要生产各种规格的石墨化炭电极。产品广泛地应用于冶金行业的电弧炉中，是工业硅和铁合金等企业不可或缺的产品。公司现有员工430人。2020年实现产值2亿493万元、增加值7721万元。

**【合盛硅业（鄯善）有限公司】**　合盛硅业（鄯善）有限公司2015年6月在鄯善县注册，注册资本金5亿元，其投资方为合盛硅业股份有限公司。该公司投资方是宁波合盛集团有限公司旗下的核心产业之一，创立于2005年，是一家集研发、生产和销售于一体专注于硅基新材料的国家级重点高新技术企业，注重自动化程度以及高效率生产，配有国内外先进的研发、生产、检测设备以及一流的基础设施。2018年6月在石材工业园区动工建设年产10万吨硅氧烷及下游深加工项目，2019年7月中下旬完成调试后投料试产。2020年，实现产值13亿9370万元、增加值3亿1448万元。

（何嘉威　任亚香）

## 纺织服装产业

**【发展现状】**　2020年，鄯善县在自治区纺织服装就业领导小组办公室备案的纺织服装企业（合作社）76家。2020年初，根据纺织服装企业分类评估工作要求，组织税务局、市场监督管理局、人社局等单位对76家纺织服装企业开展分类评估工作。经评估，限制类企业42家（其中已注销企业27家、准备注销的6家、停产2年以上及僵尸企业9家），培育类企业33家（其中规模较大企业5家，合作社29家）。2020年，为新疆库木塔格纺织集团有限公司申请拨付年度电费补贴资金2698.66元；为库木塔格纺织发放贷款200万元；按照纺织服装资金管理办法，流动贴息资金3.70万元。

**【重点纺织服装企业】**　新疆库木塔格纺织集团有限公司　新疆库木塔格纺织集团有限公司成立于2012年10月，注册资本为1000万元。企业位于新疆吐鲁番市鄯善县石材工业园区物流西路北侧，主要从事驼绒衣服、沙疗电热毯、毛绒制品、针纺织品、地毯等产品生产，带动就业130人。2020年，累计产品产量12.92万件，实现总产值970万元。

鄯善县哈木热汗手工地毯厂　鄯善县哈木热汗手工地毯厂成立于2011年7月，项目总投资4000万元。企业位于新疆吐鲁番市鄯善县石材工业园区物流东路北侧，主要从事手工地毯、挂毯、花毯、毛线加工、针织品生产等，带动就业20人。2020年，累计生产刺绣产品200件、手工地毯260平方米，实现总产值75.5万元。

鄯善县迪礼互喜民族服饰有限公司　鄯善县迪礼互喜民族服饰有限公司成立于2014年10月，注册资金1000万元，总投资1400万元，企业位于新疆吐鲁番市鄯善县鲁克沁镇阿曼夏村5组，主要从事服装、服饰、鞋帽、针纺织品制作加工等，带动就业40人。2020年累计生产1.6万件衣服，实现产值71万元。

鄯善县康诚纺织有限责任公司　鄯善县康诚纺织有限责任公司成立于2018年11月，注册资金1000万元，总投资1000万元，企业地址位于新疆吐鲁番市鄯善县新城西路2908号万振奇石城，主要从事防静电手套、针纺织品、服装鞋帽、皮革制品、工艺品加工等，带动就业175人。2020年，累计生产防静电手套100.25万双，实现产值162.5万元。

吐鲁番浩宇纺织服饰贸易有限公司　吐鲁番浩宇纺织服饰贸易有限公司成立2019年11月，注册资金800万元，总投资90万元，企业地址位于新疆吐鲁番市鄯善县连木沁镇汗都夏村家门口就业实训基地，主要从事针织品、服装生产、加工等，带动就业75人。2020年，累计生产连体工作服6800套，实现产值68万元。

新疆吉祥鸟服饰有限公司　新疆吉祥鸟服饰有限公司成立于2014年10月，注册资金5000万元，企业地址位于新疆吐鲁番市鄯善县蒲昌路北侧、西州路西侧1栋，主要从事特种劳动防护用品的生产，服装、服饰的生产加工等，订单高峰期最多带动166人就业。

新疆滨沙毛纺制品有限公司　新疆滨沙毛纺制品有限公司成立于2014年11月，注册资本为1500万元人民币，总投资3500万元，主要从事羊毛、羊绒收购，地毯、挂毯工艺编织，民族手工艺品制作等，带动就业69人。因厂房搬迁，2018年9月至今一直停产。

（茹仙古丽）

## 电力供应

**【基本情况】**　国网鄯善县供电公司成立于1992年，是国网吐鲁番供电公司下属的县级供电企业，担负着全县城乡居民生活供电及各类企事业单位用电的任务。国网鄯善县供电公司设置有综合管理部、财务资产部、安全监察部3个职能部门和配电营销管理部、发展建设部、党建部（宣传部）3个业务支撑部门，下设城区、辟展、连木沁、七克台、火车站、迪坎、达朗坎、鲁克沁、吐峪沟9个乡镇供电所和营业班、高压供电服务班、配电运检班、带电作业班4个班组。2020年，国网鄯善县供电公司获得“自治区文明单位”荣誉称号。

截至2020年底，鄯善县辖区内有220千伏变电站3座、110千伏11座、35千伏21座，配网10千伏局属线路130条（其中在运线路113条，未投运线路17条）10千伏线路总长度2308.93千米，配电变压器7321台，总容量664.95万千伏安（其中公变1070台，总容量25.54万千伏安；专变6251台，总容量639.41万千伏安）。用户数量11.05万户。城区配电网实现“手拉手”环网供电，37条线路实现“手拉手”联络。供电营业区内贫困村电力设备改造率达100%。

**【疫情防控保供电】**　2020年，国网鄯善县供电公司应对年初全国和新疆三次疫情，做好供电服务，主动服务“六稳”“六保”，全力保障防疫点、医院、供水供气供暖等重要场所可靠供电。疫情期间完成68场次重大保电任务，处理各类设备缺陷隐患300余处，实现重要用户供电“零跳闸”；主动与社区居民对接办理购电业务2万余笔，业务办理“零差错”；主动为新能源企业和电力客户提供服务帮助，解决各类用电难题60余项。落实国家阶段性电费降价政策，为企业优惠电费1261.56万元。扩大直购电交易市场，完成34家交易企业直接交易电量4.31亿千瓦时，为用户节省开支2804万元。开展“三零”服务，减少报装客户投资110万元，助推企业快速复工复产。

**【经营管理】**　2020年，国网鄯善县供电公司，完成售电量13.63亿千瓦时，比上年下降18.74%。10千伏同期线损月均达标率为94.24%，比上年提升3.22个百分点；400伏台区线损月均达标率为96.71%，比上年提升1.19个百分点；全量采集成功率为98.81%，比上年下降0.2个百分点。完成新装、增容客户4620户，容量8.94万千伏安。不断优化营商环境，营造便利的用电环境。优化报装流程，多渠道公开业扩报装流程信息，培养全能型业扩人员，实行“一柜通”业务。增供扩销，加大电能替代推广力度，

2020年报装电采暖用户620户，容量6940千伏安，用电量5850.63万千瓦时，按照自治区发改委要求，电采暖用户均执行市场化交易电采暖电价，为用户节约开支1358.52万元。推广注册“网上国网”26685户，绑定户号21219户。完成年度指标的119.66%。按月对供电所创建情况进行检查，查漏补缺，将供电所日常工作融入星级创建中。2020年，鲁克沁镇供电所通过四星创建验收，七克台镇供电所顺利通过五星级复验。年内，查处窃电、违约用电39起，完成考核指标的104.28%。完成9个乡镇抗旱和扶贫机井线路架设和94台配电变压器安装工作；与电费回收高风险用户签订“电费保全协议”，收取电费保全金268.9万元，完成全年电费回收工作。

**电力生产、管理重点指标完成情况表**

表5

| 类别 | 指标名称 | 年度指标 | 完成指标 | 较年度指标相比 |
|---|---|---|---|---|
| 安全生产 | 设备跳闸、接地、异常 | 80条·次 | 133条·次 | 超出53条·次 |
| | 八级事件 | 11起 | 7起 | 减少4起 |
| | 供电可靠性 | 99.76% | 99.74% | 低0.02个百分点 |
| 营销管理 | 完成售电量 | 13.5亿千瓦时 | 13.63亿千瓦时 | 100.96% |
| | 电费回收率 | 100% | 100% | 100% |
| | 全量采集成功率 | 98% | 98.81% | 高0.81个百分点 |
| | 10千伏同期线 | 98% | 94.24% | 低3.76个百分点 |
| | 400伏台区线 | 98% | 96.71% | 低1.29个百分点 |

**【生产管理】** 2020年，国网鄯善县供电公司强化安全生产，结合春秋季安全大检查、配电营销管理部两集中八治理工作，开展线路集中巡视消缺工作，巡视113条10千伏线路，发现缺陷7419项，其中树障1549处，设备本体缺陷1376处，附属设施类缺陷2967处，其他类缺陷1527处。储备项目需求241项。开展线路集中检修，完成10千伏43条线路的集中检修工作，消除缺陷5323处，消缺率达71.75%，其中更换防风式跌落保险190组，清理树障9013棵，更换过桥引线41组，消除杆塔金具类缺陷258处，带电消除紧急缺陷145处。做好迎峰度夏工作，对区域内城网23条线路开展巡视和红外测温工作。完成重大节日和政府重大活动等各项保电任务。

**【安全管理】** 2020年，国网鄯善县供电公司强化安全管理，完成全员2020年年度安全生产目标考核责任书、年度消防责任书的签订工作。通过重实操、求实效，按照“缺什么、补什么”的原则，开展各类安全教育培训11期，累计参加人数353人，全员各类安全考试12次，参加考试人员353人次，通过率达100%。开展安全警示教育学习讨论会2次，参加人员103人次。开展三期岗前安全警示教育培训，利用钉钉直播平台参加线上培训8次，参加培训人数170人。通过一系列的培训教育和实际操作训练，提高全体员工的安全意识和安全生产技术水平。年内完成安全性评价及春秋季安全大检查，辖区未发生用电安全事故。

**【电网建设】** 2020年，国网鄯善县供电公司做好配网建设、线路整治工作。完成2017年至2019年各项配网建设遗留工作，解决历年遗留项目建设滞后的老大难问题；完成29个贫困村项目及玉旺坎驻村组9个配网建设项目。发挥带电作业优势，全年完成240余项故障抢修、设备缺陷处理等不停电作业，减少停电约72100时户数；配电自动化覆盖率比上年提升32.5%，较考核指标提升8.17个百分点，自动化在线率指标提升7.39个百分点。

【优质服务】 2020年，国网鄯善县供电公司发挥安全管控中心和执法记录仪作用，加大反违章查处力度；全年对128个工作现场进行安全监督检查，利用4G执法仪监督检查320项作业现场，查处违章20起，习惯性违章比上年下降50%。

常态开展供电服务明察暗访活动，重点关注窗口和一线服务，自查营业厅不规范行为4起，比上年减少20%。推广“网上国网”远程充值，开展“不见面”办电服务，深入社区、村委会解决农村、边远地区的缴费难题，提供现场购电服务2800余次。公司“网上国网”推广用户累计26685户，完成年任务2.23万户的119.66%，绑定21219户，完成年任务1.79万户的118.99%。累计开通远程充值89421户，卡表用户远程充值开通率达90.65%，线上开票率、线上办电率实现100%。2020年，公司发生投诉24起（其中13起属实），比2019年下降4起，下降率为15%。

（张勇莉）

# 工业园区 工业基地建设

## 鄯善工业园区

【园区概况】 新疆鄯善工业园区是2003年3月20日经自治区人民政府批准设立的自治区级（省级）工业园区，是吐哈油田主战场所在地，也是吐鲁番市工业经济发展的重要区域。2013年，总体修编后，规划面积131.56平方千米，规划建设用地64.72平方千米。园区主要由石油、铁路、地方三部分构成，已入驻吐哈油田、新疆美汇特、万顺发新能源、中国万向、安东石油、新疆科瑞、中直能源、新疆广汇、澎湃动力、天川石油机械、洪峰染料、碧顷环保、恒兴电子等40余家企业，其中规模以上企业11家，另拥有其他各类经济组织1500余家，初步形成石油天然气化工、无机盐化工、金属和非金属冶炼、煤电、装备制造和仓储物流等产业。

2020年，鄯善工业园区通过加大优势资源转化等方式，逐步形成“以县域煤炭、石油天然气化工产业为依托，原材料与新材料产业为支柱，先进制造业为主导，现代服务业为支撑”的综合工业体系，空间结构按“一体两翼，3+1产业园”规划布局，其中综合产业园面积29平方千米，石化产业园面积5.5平方千米，有色金属产业园面积11.9平方千米，综合物流园面积17.8平方千米。

【经济运行】 2020年，鄯善工业园区累计完成区域工业总产值58.39亿元，较上年同期下降30%。其中，吐哈油田累计完成产值37.97亿元，比上年下降34%；地方属企业完成区域工业总产值20.42亿元，比上年下降22%。

工业增加值完成情况 2020年，累计完成区域工业增加值28.49亿元，较上年同期下降35%。其中，吐哈油田完成区域工业增加值25.02亿元，较上年同期下降35%；地方属企业完成区域工业增加值3.47亿元，较上年同期下降39%。

固定资产投资完成情况 2020年，累计完成固定资产投资24.95亿元。其中，吐哈油田累计完成固定资产投资21.7亿元，地方属企业完成固定资产投资3.25亿元。

【园区招商引资】 2020年，鄯善工业园区项目到位资金14.03亿元，比上年增长3.4%，区外项目共计12个，到位资金10.46亿元，比上年下降16.98%。新洽谈项目8个，新签约项目2个（已落地项目2个，落地率达100%），签约总额1.07亿元，新动工项目8个，累计到位资金10.87亿元。园区外项目38个，投资额226.67亿元，到位资金30.89亿元。

【石油产业项目建设】 吐哈油田温吉桑储气库项目建设。温吉桑储气库群预可行性研究于2020年1月获中石油集团公司批复，温西一储气库可行性研究于6月初通过勘探与生产分公司初审，6月底报请集团公司终审；温西一储气库可行性研究已于8月19日通过集团公司终审，待集团公司批复。温西一储气库可行性研究方案完成方案编制与报审，加快项目推进，可行性研究6月底上报审查，批复后启动长周期设备采购，初步设计于8月上报审查，10月相继开展施工图设计。加快地面工程运行节奏，于12月开展集注站“三通一平”及双向输送管道建设，努力缩短建设周期。

温西一储气库先导试验。2019年启动，截至2020年3月完成全部工作量，包括新钻井、注气试验、老井检测评价、专题研究及室内实验。丘东储气库按照库群预可研专家审查意见，开展以评价直井和水平井注采能力为主的先导试验，工作内容包括新钻1口水平井、2口井注气试验和10口老井检测评价，于4月中旬全面启动。

丘东储气库先导试验。开展老井丘东22和东储1-6H井注采能力评价先导试验。开展老井检测评价，按计划实施3口井，于12月完成全年工作量。启动丘东气库可研及初步设计等工作。

**【物流产业项目建设】** 2020年，鄯善工业园区综合物流园位于鄯善火车站西部现有铁路专用线附近，是以公铁联运为主、公路中转为辅的东疆物流集疏运枢纽，服务于鄯善县及周边区域，占地总面积约为17.8平方千米，分为煤炭物流组、综合物流组、石油储备组3个组。功能分区布局：铁路北侧自西向东依次布局煤炭商贸物流仓储区、化工产品物流区和矿产品物流区，铁路南侧自西向东依次布局生产资料作业区、吐哈物流区和集装箱作业区。将鄯善工业园区物流发展规划纳入乌吐一体化，要将鄯善工业园区综合物流园建设成为1000万吨级的铁路货运站。

2020年，鄯善工业园区，推动油田经济传统产业升级、新兴产业壮大，不断延伸产业链，全力加快工业化进程，工业经济实现多元驱动转型。2020年，中直能源鄯善工业园区煤炭储运有限公司、鑫诺集装箱、亿兆华盛、哈密九洋和广汇货场5家物流企业累计完成货运量88.52万吨。其中，中直能源鄯善工业园区煤炭储运有限公司累计完成货运量67.32万吨，鑫诺集装箱完成货运量10.71万吨，广汇货场累计完成货运量8.32万吨，亿兆华盛完成货运量1.5万吨，哈密九洋完成货运量0.67万吨。

**【化工产业项目建设】** 2020年，园区化工产业累计完成产值55.31亿元，完成工业增加值27.45亿元。其中，美汇特完成产值12.51亿元，较上年同期（15.05亿元）下降16%；万顺发完成产值2.61亿元，较上年同期（4.15亿元）下降37%；硝石钾肥完成产值1.82亿元，较上年同期（1.13亿元）增长60%；洪峰染料完成产值4003.5万元。

园区科瑞石油、安东石油、玉门三抽和新源德泰4家油田服务企业累计完成产值1.24亿元。其中，科瑞石油完成5598.78万元，较上年同期下降37%；安东石油完成4490.67万元，较上年同期下降27%；玉门三抽完成2123.5万元，较上年同期下降47%；新源德泰完成183.04万元，较上年同期下降41%。

鄯善万顺发新能源科技有限公司30万吨/年煤焦油加氢装置（一期15万吨/年）改造项目　在现有30万吨/年煤焦油加氢装置（一期15万吨/年）基础上，对原料油脱水塔单元、脱重单元、加氢单元进行技术改造。项目安全预评价已通过专家评审并备案完成；项目安全设施与设计专篇已通过专家组评审，6月30日完成自治区应急管理厅办理备案手续。目前正在办理项目环评手续，委托第三方编制，完成网上公示，取得环评批复，项目基本完工。

酸性水单元技术改造项目　对酸性水汽提单元进行改造，主要新增设备为1台脱氨塔、12台换热器、5台容器、9台机泵。本项目动静设备27台，长周期订货已完成，平台钢结构建设及技改设备安装已完成，已完成所有建设工作。

鄯善德顺商贸有限公司3万立方米成品油油库建设项目　新建3万立方米成品油立式储罐及配套消防、环保、水、电、暖等相关附属设施等。8台储罐（4台5000立方柴油内浮顶罐、2台3000立方柴油内浮顶罐、2台2000立方米汽油内浮顶罐），配套建设4个卸车鹤位、4个装车鹤位及油气回收设施。于2020年4月1日开始续建，已通过项目安全预评价及安全设施与设计专篇评审并备案完成，已取得项目环评批复；施工审图工作已完成，正在进行项目的收尾。

鄯善万顺发新能源科技有限公司30万吨/年煤焦油加氢（一期15万吨/年）装置扩能改造项目　总投资4631万元对30万吨/年煤焦油加氢（一期15万吨/年）装置扩能改造，对预处理单元、脱重单元、加氢单元、分馏单元改造，使煤焦油处理能力提升至30万吨/年。完成项目技改备案。进行施工图设计，委托第三方进行安全设计专篇编制工作。

美汇特石化产品有限公司相关项目　美汇特公司目前年生产加工原油能力已达280万吨。2020年累计完成固定资产投资10046万元。环境污染治理项目：总投资1441万元新建污水处理厂，安装有机物监控设备，20吨锅炉、20吨导热油炉布袋除尘器，增加2套在线监测设施及相关附属设施建设。20吨锅炉、20吨导热油炉已完成技改，在尾气排放处增加布袋除尘，减少颗粒物排放，增加2套有组织在线监测设备。油气回收设施项目：总投资4358万元进行装卸车台及油品储罐区增加油气回收设施项目建设，4月设备开始组装，施工队焊接工艺管线、连接设备仪表，2020年10月完工。

新疆澎湃动力新能源科技有限公司年产60万吨成品油质量升级改造项目　2020年，计划投资2000万元，全面完成项目建设，主要针对旧装置的检修、维修，原有工艺流程改造，10000万储罐（5具2000立方米）建设，工业自动控制系统维护和完善，消防系统完善，锅炉供热系统扩建，供电系统完善等内容。

办理年产60万吨成品油质量升级改造项目　施工许可证（市住建局）完成《消防设计文件》审查手续。《安全设施设计专篇》9月评审通过。提交消防验收所需材料，消防验收发现消防设施老旧，更换消防设施，待消防设施更换完成后，第三方检测机构出检测报告，再申请市住建局进行消防验收，待验收合格后申请安全验收。

完成施工许可到竣工验收的所有文件，仓储项目依托技改项目，待消防验收通过，工程竣工手续完成，两个项目自控及DCS系统完成调试达到投用条件，即可投用。60万吨技改工程于11月底完工。

新疆澎湃动力新能源科技有限公司2万立方米成品油库建设项目　计划总投资0.72亿元新建2万立方米成品油库，主要建设2个汽油储罐、1个煤油储罐、1个柴油储罐及配套消防、环保、水、电、暖等相关附属设施。现两个项目自控及DCS系统完成调试达到投用条件，计划12月中旬申请试运行。

新疆澎湃动力石化有限公司成品油库服务提升配套装卸设施建设项目　总投资500万元新增8套自动化装卸鹤管、遮阳泵棚及相关配套设施等。该项目已完成备案（备案文号2020015），是新疆澎湃动力石化有限公司2万立方米成品油库建设项目的配套设施。已完成厂区围墙、路面硬化。配套吐哈溶剂油栈桥项目，待栈桥摘牌后一起设计。目前正在协调吐哈油田尽快将吐哈溶剂油栈桥项目过户摘牌。

恒兴电子级铵盐、钾盐等系列产品生产项目　该项目总投资4500万元，项目计划分两期建设，一期新建年产2500吨电子级柠檬酸、甲酸铵、已二酸铵、五硼酸铵生产线和500吨甲酸钾生产线，二期计划在一期基础上新扩建3000吨生产装置，两期项目最终实现年产6000吨电子级铵盐、钾盐等系列产品的生产规模。年产2500吨电子级柠檬酸、甲酸铵、已二酸铵、五硼酸铵生产线和500吨甲酸钾生产线项目已完工并于2019年10月试生产。一期投产后可实现工业产值3000万元，实现税收200万元。

洪峰染料纺丝染料及中间体项目　该项目计划总投资1.7亿元，项目用地面积35883平方米，劳动定员80人。2015年3月27日，取得吐鲁番市环保局吐地环监函〔2015〕6号项目环境影响报告书批复，项目于2015年9月开工建设，当年完成厂平、厂房地基建设、围墙等土建工程。因园区当时没有污水处理厂，同时项目资金不到位，项目从2015年年底开始停工。2018年上半年，企业完成股东变更，资金筹措到位，8月开始复工，2019年完成生产纺丝染料的主体车间及其配套设施，基本具备开工生产条件；优化完善消防、环保及安全设施的配套工作，环保、安全、消防设施的建设目前已按环保批复、消防已按消防图纸要求建设完成，消防设施具备消防验收条件。目前工作重心主要为消防验收，环保验收、安全验收等做相关完善工作。投资300万元做好污水处理设施，目前污水区已经基本完善，达到环保要求。2020年7月开始生产，目前生产正常。

*洪峰染料二期建设项目*　计划投资5000万新建1500吨N-乙基邻甲苯胺、2800吨高耐晒颜料等产品生产项目，已完成项目备案，目前建设用地申请已报送自治区土地局。

*碧顷环保污油泥无害化加工项目*　项目已于2016年2月完成立项，4月生产现场动工建设，2017年7月15日，该公司完成重组工作。2017年8月15日项目复工，2017年9月1日拿到危化品经营许可证。项目一期工程已完成，已完成环评批复、环境监理报告、安全预评价、安全设计专篇批复、消防竣工验收、房屋建筑竣工验收。完成设备消缺，具备生产条件。2019年11月由安全专家进行调研，应急管理局审核后，获得试生产的批准。排污许可证计划完成日期8月30日，危废经营许可证计划完成日期10月31日。2020年7月5日500吨原油进库，进行为期四天的退水进油调试，7月6日点火。目前碧顷环保公司正在进行股东重组，待重组完成厘清思路后，加快手续办理和项目建设。

达产后可生产染料油、润滑油基础油、重交道路沥青等，项目满负荷投产后，预计可实现工业产值2亿元，实现税收1200万元，解决就业75人。

*新疆广汇液化天然气发展有限公司吐鲁番市鄯善3万立方米LNG储罐项目*　总投资3亿元，年度计划投资3亿元。资金来源为国家预算资金5000万元，企业自筹2.5亿元。建设应急调峰储量1800万立方米，新建日处理150万立方米天然气工程、3万立方米天然气储罐及配套设施。厂区设备齐全，对工厂部分不合格配件重新更换。已完成备案，已到自治区应急管理厅进行前期安全设计专篇的变更。目前6家设计院走报价程序竞标对整个项目的设计。正在办理技改手续。正在协调中石油、西部管道公司加快进度解决气源问题。

**【基础设施建设】**　2020年，推进鄯善工业园区道路及配套设施项目（PPP项目）建设，完成共富路、铝业大道水道路施工；完成23千米供水管道、16千米排水管道、4千米再生水管道工程。园区的石油化工组团区基础设施建设基本完善，道路方面，主路面组网基本完成；供水方面，国家级长沙经济开发区——长鄯产业园捐赠的供水厂运行平稳，输水管网已建成并连接，供水问题得到彻底解决；排水方面，污水厂运行正常，所处理污水各项指标均处于较低数值，排水管网碰头连接，项目落地再不受影响；供电方面，主路10千伏线路已建成；通信网络方面，网络已实现全覆盖；绿化方面，主道路绿化带土、供水管道均建成；“六通一平”基本成型，为发展化工产业奠定基础。

（夏　炎）

## 鄯善石材工业园区

**【园区概况】**　鄯善石材工业园区成立于1998年，是以石材立园、逐步发展为集石材、铸造（精密）、光伏、硅基新材料、装备制造和纺织服装于一体的综合性园区。园区总体规划面积70.35平方千米，按照“一园、三区、六产业”的发展思路，园区对石材、铸造（精密）、装备制造、纺织服装、煤电硅一体化、光伏产业进行全面规划，设立石材加工区、装备制造区、光伏产业园区、纺织服装产业园和铸造（精密）产业区。其中，石材加工区14.046平方千米，铸造产业园区12.204平方千米，装备制造区3平方千米，光伏产业园40平方千米，纺织服装产业园1.1平方千米，目前已建成区域面积28.4平方千米。

园区位于县城以西北3千米处，区位优势明显。区内已建成国家石材质量监督检验中心（新疆）、中亚石材博览中心、新疆石材行业生产力促进中心、新疆第一荒料交易市场、吐鲁番市第二产业劳动技能实训基地等配套设施。自成立以来，已累计投入11.5亿元进行基础设施配套规划建设，随着水、电、路、气、绿化、通信等基础设施的不断完善，园区的集聚优势和带动作用不断凸显。2004年，园区被自治区石材工业协会授予“新疆石材中心基地”称号；2005年，被自治区人民政府批准为自治区级石材特色工业园区；2007年，中国石材工业协会授予鄯善县“中国西部石材中心基地”称号；2011年，被自治区确定为第三批工业经济领域循环经济试点单位。

园区现有入园企业118家，其中石材生产加工及配套企业76家，具备年开采荒料80万立方米，板材2500万平方米，异型材80万件（套）能力，龙头企业有汇宇石业、万振石材、天玖王石业，其中汇宇石业正在筹备上市；有色、黑色金属铸造企业9家。支柱企业有合盛硅业系列项目2×350兆瓦热电联产、40万吨工业硅、10万吨硅氧烷、7.5万吨石墨电极及下游深加工等项目，带动的有亿日1万吨电解铜箔项目，已建成煤—电—硅一体化硅基新材料循环经济产业园，以及泰玺实业、特玛金属制品、恒昌铸造等；光伏发电企业有华能、中电投等12家，余热发电1家。园区整体从业人数16500余人。

【经济运行】 2020年，鄯善石材工业园区累计完成区域工业总产值80.48亿元，完成工业增加值17.84亿元，比上年增长0.93%。其中规上企业完成产值74.97亿元，占全县地方企业产值的68.9%，实现工业增加值15.91亿元，占全县地方规上企业增加值56.8%。年内累计完成固定资产投资85828万元，完成招商引资投资83097万元。

【重点项目建设】 2020年，鄯善石材工业园区按照产业分，石材产业实现产值4.41亿元，实现增加值1.77亿元，比上年下降13.66%；铁产业（包括金汇焦化）实现产值11.91亿元，实现增加值1.76亿元，比上年下降63.97%。

硅基新材料系列项目实现工业产值56.89亿元，实现增加值11.64亿元，比上年增长42.18%；光伏产业实现产值5.4亿元，实现增加值2.35亿元，比上年增长5.86%。实现工业产值56.89亿元，占园区工业产值总量的70.69%，实现增加值11.64亿元，比上年增长42.18%，占园区工业增加值总量的65.25%。

辖区23家规上企业完成产值74.97亿元，占总产值的93.15%，实现工业增加值15.91亿元，占增加值总额的89.18%，比上年增长3.55%；实现主导产业工业增加值呈二升二降趋势，硅基新材料产业继续呈上升趋势。

【环保监管】 2020年，鄯善石材工业园区严把企业入户关，使新建项目“三同时”制度落实到位。协助生态环境局对园区企业进行环保检查，要求已建企业完善环保档案，将环保宣传教育融入日常工作中。同时，不间断对园区生产企业环保设备运行情况进行巡查，对出现问题的督促企业进行整改，确保环保设施运行正常。做好企业废旧石材垃圾清运和周边环境卫生清洁，全年清运石粉及废料25.7立方米，清运生活垃圾9600立方米，道路降尘洒水12800立方米，防疫消毒喷洒消毒液13车20立方米。

【安全生产】 2020年，鄯善石材工业园区开展安全生产监管。落实全国安全生产专项整治三年行动计划，推进园区安全生产专项整治三年行动及安全隐患大排查大整治工作。建立安全检查隐患排查台账，问题整改清单制，按时上报安全生产专项整治三年行动“一情况两清单”及阶段性总结。开展企业安全生产大宣传、隐患大排查、大检查。年内，定期深入园区企业开展安全检查97家次，发现安全问题239条，已完成整改239条。完善应急救援体系，各企业结合本行业特点和企业生产经营实际，开展火灾、气体泄漏等不同类型的安全生产应急演练。成立专项督查组对园区重点场所、重点部位以及易引发火灾事故的薄弱环节开展全面排查隐患整治。提高企业突发事件应急处置能力，加强恶劣天气安全生产预防管理，及时向企业发布大风、寒流、降温天气变化预警10余次。邀请有资质的专家和相关职能部门进行企业安全管理人员培训，帮助企业牢固树立安全生产主体责任意识，强化企业安全管理。年内，园区企业邀请安全生产、消防等方面专家开展培训9次，培训人员210人次。

**【优惠政策落实】** 2020年，鄯善石材工业园区制定推进企业复工复产工作方案，成立由园区、社区、高铁北站派出所共同参与的企业复工复产工作指导小组，分片包联抓好园区各大中小微企业的疫情防控工作和复工复产工作。将《关于国家、自治区近期出台的疫情期间支持企业优惠政策汇编》《自治区应对新冠状肺炎疫情支持中小微企业复工复产健康发展的十六条措施》等政策文件汇编成册印发至各企业，帮助企业解读文件精神，落实优惠政策。年内，园区缴纳社保的中小微企业均享受免征6个月养老、失业、工伤三项社保单位缴纳部分资金，免征金额500余万元；为5家租赁园区厂房的企业减免租金90万元；78家小规模纳税人增值税征收率由原来的3%调整至1%。协调解决企业生产用贷款300余万元。

**【服务园区企业】** 2020年，鄯善石材工业园区指导企业做好复工复产前的各项防疫措施，简化复工复产申请验收工作流程，对接联系县应急管理局、石材园社区等相关部门，对企业进行复工验收，对一些暂不影响安全生产的问题，实行边整改边完善边复工；在抓疫情防控的同时，坚持稳字当头抓增长，解决入驻企业协调存在的问题和困难。实行“园区党建+定期会商”破解发展难题，为新入园企业做好服务。引导企业履行社会责任，动员辖区企业开展扶贫帮困工作，园区8家规上企业为帮扶贫困村捐助物资约85万元，各企业认领吸纳本地和南疆籍地区工人达3000人。

深入企业开展《劳动法》宣传，督促企业按照相关规定为员工购买“三金险”，协调解决企业员工反映的问题和诉求，按时发放工人工资，保护职工权益不受侵害。妥善处理好恒昌“4·24”安全事故和合盛6·8闪爆事故善后工作。主动协调化解矛盾纠纷，年内园区协调化解各类信访纠纷7起，清欠债务73.76万元。

（李元梅）

## 工业基地

**【鄯善县迪坎工业园区】** 迪坎工业园区位处鄯善县迪坎乡，距县城65千米，园区始建于2006年5月，以黑色金属选矿、加工、冶炼为主，是鄯善县重要的矿产资源加工基地。2012年，鄯善县启动迪坎工业园区总规修编工作，新增规划面积10平方千米，总规划控制面积达到20平方千米。2016年12月，由鄯善县南山矿区管委会托管。

2020年，迪坎工业园区有矿产品加工企业32个，其中铁精粉选矿厂19个，铜矿石加工厂4个，金矿石加工厂2个，多金属选矿厂4个，菱镁矿石加工厂2个，萤石矿加工厂1个。年内，有19个矿产品加工企业开工生产，其中铁精粉选矿厂12个，铜矿石加工厂1个，金矿石加工厂2个，多金属选矿厂2个，菱镁矿加工厂1个，萤石矿加工厂1个。2020年，园区工业产值1.35亿元；园区有从业人员390人，其中管理人员24人，占比16%，本地就业人员175，占总从业人员45%，解决本地剩余劳动力就业，促进当地农民增收。

（张西林）

**【鄯东选矿基地】** 鄯东工业园区选矿基地始建于2005年，位于鄯善县东部、距县城约60千米，总体规划10平方千米，是东疆区域重要的有色金属、黑色金属选冶加工基地。基地内落户企业26家，其中有色多金属选矿5家、铁精粉13家。全部企业年处理矿石规模180万吨，日处理矿石规模6500吨，铁精粉年生产能力60万吨，有色多金属精粉产品生产能力1.8万吨/年。2020年，鄯东矿冶基地鄯善县众和矿业有限责任公司、鄯善县彩宏矿业有限责任公司、鄯善县银兴矿业有限责任公司、鄯善宝地矿业有限责任公司七克台选矿厂4家企业完成产值500万元，上缴税收445万元。

【鄯东选矿基地重点企业】

鄯善县众和矿业有限责任公司　鄯善县众和矿业有限责任公司成立于2005年3月15日，注册资本600万元，位于新疆维吾尔自治区吐鲁番地区鄯善县连木沁镇第一地质大队院内。公司主要从事矿产品收购、选冶、加工、销售［金属线材、五金交电、工矿设备及配件销售（依法须经批准的项目，经相关部门批准后方可开展经营活动）］等业务，属于采掘业。现有从业人员46人。2016年累计处理矿石41043吨，完成产值1295万元，全年应缴纳税费总额396万元。2017年铜铅锌矿代加工4.43万吨，完成产值1192.4万元。2018年全年铜矿代加工3.1万吨，完成产值724.2万元，全年缴纳税费总额228.9万元。2019年完成工业产值905.2万元。2020年因矿石原料供应问题，不能满负荷生产。全年完成产值1370万元，上缴税收93.5万元。

鄯善县彩宏矿业有限责任公司　鄯善县彩宏矿业有限责任公司成立于2004年8月25日，注册资本500万元，位于新疆维吾尔自治区吐鲁番地区鄯善县连木沁镇第一地质大队院内。公司主要从事铅锌矿开采：铅锌矿加工、销售（依法须经批准的项目，经相关部门批准后方可开展经营活动），属于采掘业。2016年累计处理矿石80002吨，完成产值1424万元，全年缴纳税费226万元。2017年铜矿代加工6.82万吨，完成产值1036.1万元。2018年彩宏矿业停产，人员已分流。2020年因矿石原料供应问题，一直做尾矿实验。

鄯善县银兴矿业有限责任公司　鄯善县银兴矿业有限责任公司成立于2003年12月18日，注册资本600万元，位于新疆维吾尔自治区吐鲁番地区鄯善县连木沁镇第一地质大队院内。公司主要从事铜、铅、锌矿石收购、加工、销售业务（依法须经批准的项目，经相关部门批准后方可开展经营活动），属于采掘业，主要产品生产银铜精粉。现有从业人员47人。2016年累计处理矿石42651吨，生产银铜精粉2973吨，完成产值11265万元，全年缴纳税费1646万元。2017年处理银铜精粉0.2874万吨，完成产值10351.7万元。2018年累计银铜精粉加工0.136万吨，完成产值4496.7万元，比上年下降56%。全年缴纳税费总额174.4万元。因原料矿石资源不足，该企业于2018年8月20日停工。2019年完成工业产值8033.7万元，上缴税收874.6万元。2020年因矿石原料供应问题，不能满负荷生产。完成产值3637万元，上缴税收583.5万元。

鄯善宝地矿业有限责任公司　鄯善宝地矿业有限责任公司成立于2012年9月，是新疆宝地矿业股份有限公司全资子公司，公司地址位于鄯善县连木沁镇312国道以北，前身是吐鲁番金源矿冶有限责任公司于1996年成立的宝地矿冶分公司。2001年，新疆地矿局第一地质大队以该分公司部分资产，外加部分现金共计4060万元，作为70%的出资份额成立新疆宝地矿业有限责任公司（2013年12月整体改制为新疆宝地矿业股份有限公司），该分公司遂于2002年12月注册为新疆宝地矿业有限责任公司鄯善分公司，2010年5月实行资产和人员彻底剥离，更名为新疆宝地矿业有限责任公司鄯善事业部，后又实施“分改子”工作后改制为鄯善宝地矿业有限责任公司。

2016年，公司累计开采铁矿石105万吨，生产铁精粉70万吨，工业总产值35000万元，上缴税费5300万元。2017年，处理矿石127.45万吨，完成产值4.17亿元。2018年，全年处理矿石70.08万吨，完成产值3.51亿元。2019年，处理矿石35.2万吨，完成工业产值20420.7万元。因矿石原料供应问题，2019年6月11日鄯善宝地矿业七克台选矿厂已停产，人员已分流。

（夏　炎）

# 商贸　旅游

## 招商引资

**【招商引资到位资金】** 2020年，鄯善县完成招商引资到位资金73.2亿元，比上年增长16.08%，完成全年任务（69.3亿元）的105.63%。其中新执行项目45个，到位资金40.68亿元，占到位资金比例55.57%，比上年增长31.67%；续建项目26个，到位资金32.52亿元，占到位资金比例44.43%，比上年增长38.13%。新签约项目35个，投资总额756.92亿元；落实执行区外项目数总计44个，引进区外到位资金总额56.17亿元，比上年增长19.56%。

**【赴外招商】** 2020年，鄯善县制定招商引资实施方案，成立由县四套班子领导任组长的招商小组。年内，组织4次赴外招商，接洽各类项目136个，通过全程跟踪服务，锁定15家企业来鄯实地考察，其中湖南黄金集团、湖南中惠旅、重庆川仪仪表、绵阳紫东农产品、浙江天洁等7家企业有明确投资计划。

**【会展平台招商】** 2020年，鄯善县借助自治区招商引资"云签约"项目1个，签约金额7.86亿元；第二十二届中国中部（湖南）农业博览会签约项目6个，签约金额18.01亿元。

**【农产品精深加工招商】** 2020年，鄯善县围绕大芸优势特色农产品，引进新疆佰草年产1万吨大芸及系列中草药加工生产项目，并与安徽亳州世纪国药、国臻堂、神草堂国等中药公司接洽大芸粉、大芸酱等深加工项目，加快打造大芸粉、甘草粉为药材成分的医药生产加工基地。同时与重庆清江、山东朗源股份、四川绵阳紫东等企业加强对接，推进葡萄粉、葡萄醋、哈密瓜酒（饮料）、玉米等农特产品深加工项目，推进特色农产品精深加工产业。

**【煤炭煤化工产业招商】** 2020年，鄯善县依托库木塔格矿区总体获批机遇，深挖煤炭资源优势，引入鄯善县煤基高端新材料多联产示范项目，合盛硅业600万吨/年煤热解、七克台矿区资源整合区二号井田120万吨/年煤矿、陕煤集团低阶煤清洁高效利用40亿立方米煤制天然气等项目。壮大石油化工产业，落地琼坎儿孜一期15万吨油砂油项目、泰鑫坤德150万吨/年煤矿项目为鄯善县发展地方石油精细化工产业链奠定基础。启动企业澎湃动力10万吨油库建设、盘活吐哈特车公司物流园区，实现年内投建。

**【镁基新材料产业招商】** 2020年，鄯善县依托菱镁资源优势，引进辽宁中镁、北京洁镁等产业龙头企业，建设集菱镁矿开采、镁砖加工、采暖装备制造、自动化控制研发于一体的新兴产业集群，全面推进"西部镁都"战略建设，力争形成50亿级镁系列产业链。

**【硅基新材料产业链招商】** 2020年，鄯善县推动合盛硅业启动二期系列项目建设，鼓励合盛硅业依托库木塔格、七克台煤矿资源，向煤炭煤化工产业方向延伸，围绕硅基下游产业链，硅橡胶、硅油、硅铝合金等项目精准招商。

【铸造及装备制造业招商】 2020年，鄯善县依托铸造及装备制造业产业前端优势，借助东部发达地区产业转移契机，对接重庆川仪仪表生产、华拓电力变压器组装、新疆华洋阀门铸件、华宏金属制品镀锌、河北宇通管业制造等项目，推动钢铁产业由资源初加工向精深加工、产业链前端向产业链中后端全面转型。引导新飞铸造、顺通浩翔等落地铸造企业不断改良、精良产品，提升产品附加值和市场竞争力。

【物流产业招商】 2020年，鄯善县以自治区重点培育创建国家级、自治区级示范物流园区为契机，以现有省级以上工业园区为依托、配载物流为基础，制定鄯善县“十四五”物流专项规划，推进中直能源9千米煤炭铁路装车专用线建成通车，集仓储、配送、信息于一体的汇宇石材物流园投入使用，年货运吞吐量超1000万吨，“通道经济”向“产业经济”加快转型。

【旅游业招商】 2020年，鄯善县依托库木塔格沙漠优势资源，探索推介“旅游+”模式，先后与新旅投、陕西旅游集团等国字号企业接洽库木塔格沙漠全域旅游开发，推进以库木塔格沙漠为带动核心的川渝商会商业综合体、焰岭春岸等一批旅游、地产、“三产”服务业项目。

【招商项目储备】 2020年，鄯善县抓住自治区大力发展经济和稳定红利释放的有利时机，发挥部门联动作用，结合产业发展方向和产业布局，围绕石油化工、煤炭煤化工、农产品深加工、硅基镁基新材料、发展钢铁及装备制造、石材及新型建材、新能源、农林畜产品加工、葡萄酒、旅游康养十大重点产业链条，把一批文旅产业融合、农产品精深加工、新材料应用，特别是能源发展类项目，作为补短板、强弱项重点项目，及时纳入招商项目库。年内，梳理项目269个，涉及总投资2131亿余元。

【招商外宣】 2020年，鄯善县委托专业机构制作《鄯善投资指南》，围绕九大产业链延伸的104个重点招引项目纳入指南，制作招商引资宣传短片、宣传折页、电子邀请函、线上APP等多种招商媒介，加大对外宣传和招商引资力度。

（王　宁）

## 商贸流通及商务运行

【基本情况】 2020年，全县消费品零售总额15.83亿元，比上年下降35.86%；完成货物进出口额173.43万美元。

【市场运行监测】 2020年，县商务局督促18家重点监测企业及时向商务部市场监测平台报送经营情况报表，保持报送率、及时率100%。做好生活必需品价格动态分析，上报价格动态分析78篇，保障全县生活必需品市场供应充足。

【对外进出口贸易】 2020年，鄯善县进出口外贸经营备案企业47家，其中培育新增外贸进出口资质备案企业2家（新疆科瑞石油工程技术服务有限公司、鄯善县果香园果业有限责任公司）。完成进出口交易金额为157.98万美元，人民币1087.58万元（其中出口交易额109.98万美元，合人民币751.58万元，进口交易额48万美元，合人民币336万元）。

【疫情防控期间物资保供】 2020年，县商务局做好疫情防控期间物资保供，加强生活物资应急储备，与蔬菜批发大户签订蔬菜储备协议承储政府应急蔬菜100吨、选定1家企业作为政府应急蔬菜储备承储企业储备蔬菜570吨；与养殖大户签订保供协议67份，储备活畜10610头（只/羽）（其中牛410头、羊6400只、鸡3600羽、猪200头）。拓展生活物资采购渠道，与其他省市生产供应商进行对接联系，建立阿克苏甘肃酒泉、张掖等地蔬菜采购供应渠道，甘肃武威、山西鸡蛋采购供应渠道，甘肃兰州牛奶采购供应渠道。建立应对突发情况紧急调运供应渠道，保障鄯善县生活物资供应充足、种类丰富。

制定《乌鲁木齐疫情影响下鄯善县生活物资车辆接送流程》规范外调物资运输车辆运行程序；定人定岗安排专人负责引导外调物资运输车辆，确保县外生活物资能够进入鄯善，本轮疫情防控期间引导各类外调车辆180余辆；为本县赴外地拉运物资车辆办理通行证，联合发改、农业部门审核发放14张通行证，保障鄯善县各类生活物资运输渠道畅通，确保生活物资进得来、出得去。

三级联动，建立生活物资保供体系。与乡镇联勤联动，建立县、乡、村三级生活物资配送机制，按照集中连片、优化组合、分区错时方式设置各类物资保供点，协调组织运力、组织人员将生活物资配送至群众手中；持续压缩生活物资保供点数量，控制保供点位数量，目前全县设置保供点位385个；优化县内保供物资车辆结构，缩减保供车辆数量，将县域内保供车辆数量压缩至211辆，做到减点减车不减服务；解决物资配送最后100米，配合组织部动员3714名志愿者、699名“市县乡”三级干部，将物资配送到群众家门口，确保群众安下心、“静”得住、共防疫。

加强源头管控，对蔬菜批发市场内批发商户的管理，结合蔬菜批发市场实际，指定海悦宾馆、龙祥宾馆和蔬菜批发市场作为批发商户和装卸工集中居住点，制定出台《集中居住期间人员管理规定》并安排3名干部具体负责集中居住点的严格管理。加强对集中居住点的检查督导，联合鄯善镇、市场监督管理局安排专人对集中居住点、批发市场进行驻点指导，强化消毒杀毒，对发现的隐患漏洞及时整改。科学调整市场营业时间，做好市场内车辆疏导和规范蔬菜装卸，重点对高风险地区蔬菜运输车辆落实无接触卸货，防止出现交叉感染。

**【商贸企业复产复工】**　2020年，县商务局坚持一手抓疫情防控，一手抓复工复产，指导商贸企业制定疫情防控方案，督促做好通风、测温、消毒工作，要求加强车辆和人员出入管理，确保各项疫情防控措施落实落细，引导企业有序复工复产。商贸流通领域74家企业，复工74家，复工率100%。

**【降本减负政策落实】**　2020年，县商务局与税务、社保、金融、三大通信运营商（电信、移动、联通）等相关部门对接，加强政策宣传解读，落实疫情防控期间中央和地方出台的支持企业降本减负、财政补助、金融优惠、用工服务、社保五金等各项政策，尽可能降低中小微企业负担，为商贸企业争取减免总金额85.52万元。

**【农产品储备调控】**　2020年，县商务局建立健全地方储备肉保障体系，做好重大节日期间储备肉菜投放工作。完成2020年春节、库尔邦节期间储备肉投放，年内“两节”投放储备鲜羊肉115.02吨，直接受益1.6万户6.3万人，保障重大节日期间鄯善县群众肉食需求。

**【商贸流通项目建设】**　2020年，县商务局合理布局县域加油站，为中石油鄯善片区解决建设用地审批问题，解决隆硕、欧菲德、澎湃石化3家公司加油站建设前期审批手续问题，全力支持中石油鄯善片区、隆硕能源、欧菲德、澎湃石化在鄯投建加油站；联合市场监督管理局、国资公司对鄯善县综合农贸（批发）市场进行选址，对接联系专业机构编制项目可行性报告；主动与援鄯办对接，申请援疆资金建设鄯善县电子商务产业园，推进项目专家论证评审。

**【电子商务建设】**　2020年，县商务局推进电商发展。采取上门服务方式指导电商服务站（点）标准化建设和运营管理，宣传《电子商务法》及相关政策的，引导电商服务站（点）合法经营。配合县人社局开展电商援疆就业培训，协助人社局组织电商企业（个体）40人赴湖南长沙进行10天的培训，开拓鄯善县电商从业人员眼界。开展电子商务发展专题调研4次，形成专题调研报告4篇。

**【步行街改造】**　2020年，县商务局按照商务厅《关于开展我区首批步行街改造提升试点工作的通知》的要求，推荐县发展比较成熟、文化底蕴深厚、知名度高、有改造提升空间的楼兰老街、百丽信步行街为改造提升试点。

【夜间经济发展】 2020年，县商务局以金马商业街、酒庄一条街、楼兰老街等“沙漠绿城”商圈和生活圈为依托，开展深夜食堂特色餐饮街创建工作，打造一批特色鲜明、业态多元、亮丽美观的地标性夜经济生活集聚区。鼓励商场、超市、购物中心通过延长营业时间、开展节日促销等活动拉动消费。

【特色馕产业化】 2020年，全县有馕品生产公司（合作社）21家，其中企业4家，合作社17家。合作社有馕坑82个，其中图馕坑71个、环保馕坑11个，馕制品日生产达19400个。馕品30余种，从业人员194人。完成注册商标9个。销售市场由周边巴扎逐渐扩大到县域及疆内外。年内，组织5家馕合作社参加“吐鲁番名馕”展示及评比活动，分获“吐鲁番名馕”二等奖和三等奖。组织3家馕合作社参加吐鲁番馕订货会，与吐鲁番市各大型商超的签订合同15份，建立长期馕品购销合作关系。

【民爆物资管理】 2020年，鄯善县仅有民爆物品销售企业1家，即鄯善县民用爆破器材专卖有限公司，有库房5个位于红山口，火工品流通途径主要是由哈密（三道岭雪峰民爆公司）运至鄯善红山库房后，再分别送至各矿山企业，但受禁止功能区矿权注销等因素影响，公司销售额大幅减少。年内，检查民爆企业16家次，发现问题18处，均完成整改。

【成品油监管】 2020年，县商务局强化成品油日常监管，维护成品油市场秩序。组织全县44座加油站开展年度成品油零售企业年审，参加年审加油站43座，1座未参加年审（蓝天石油加油站）。常态化开展加油站安全检查，年内对各加油站的成品油储存、消防安全、进油渠道、是否有超范围经营等情况检查加油站342座次，查出安全隐患45处，当场整改21处，下发整改通知书24份。做好成品油市场保供，定期监测全县加油站油品储存、销售及保供情况，确保成品油市场油品供应充足。

【汽车交易管理】 2020年，县商务局根据自治区商务厅印发《关于贯彻落实〈汽车销售管理办法〉的通知》（新商发〔2017〕108号）文件要求，以《汽车销售管理办法》颁布实施为契机，开展鄯善县汽车销售市场摸排整顿，全县经营汽车销售企业9家，完成网上备案工作。落实《关于印发吐鲁番市二手车交易管理暂行规定的通知》（吐政办〔2020〕1号）要求，打击二手车场外交易行为，杜绝二手车经销商在市场外二手车买卖。规范二手车交易经营行为，年内对海涛二手车交易市场检查23次，发现问题立查立改2处。开展报废汽车回收拆解点（大地物资回收再利用有限公司）安全防范、消防设备配备、存储及拆解场地是否符合《报废汽车回收拆解企业技术规范》（GB22128）的要求等情况检查，摸排存在的安全隐患。年内，开展检查9次，发现隐患5处，要求停业整顿。

【物流寄递行业监管】 2020年，县商务局做好物流寄递行业安全监管。制定《鄯善县物流寄递防控工作方案》《鄯善县物流寄递企业安全监管巡查制度》并组织实施。结合疫情防控各项措施落实检查，不定期核实物流寄递企业X线安检机上的过机安检记录，并对物流寄递企业每月的收寄货物量实时统计。落实好《鄯善县物流寄递行业信息员培训制度》，年内查出违禁物品信息5条。对县域内12家托运部、12家快递企业开展督察检查168家次，开展联合执法12次，出动执法检查人员369人次，下达整改通知书39份，整改完毕。

【大型商场超市监管】 2020年，县商务局对照《鄯善县人员密集场所安全防范工作规范》履行行业监管责任，从安保人员数量、监控设施布局、巡逻巡控等方面细化商场安全防范标准。强化重大节日、敏感时间节点的督查巡查工作，针对节日期间人流量增大、人员密集等情况，督促企业制定节假日期间突发事件应急预案，确保节假日期间不发生安全事故。2020年，开展督查157次，发现立查立改安全隐患65处，下发限期整改通知书22份，并全部整改。落实“不聚集、不扎堆”的疫情防控措施要求，按照“不漏一人”的工作原则，做好5家大型商场从业人员核酸检测工作。

（茹仙古丽）

## 主要商贸流通企业

【新昱棉麻有限责任公司】 新昱棉麻有限责任公司成立于2002年6月，注册资本1500万元，公司下设2个棉花加工厂，4个棉花收购站，是集棉花收购、加工、销售以及棉花副产品深加工于一体的棉花经营企业。2020年，销售收入6253万元。

【鄯善县民用爆破器材专卖有限公司】 鄯善县民用爆破器材专卖有限公司位于楼兰东路410号，公司注册资金635万元，固定资产305万元。公司主要经营：民用爆破器材，炸药、雷管及金属材料。公司在岗职工25人，其中董事会领导班子6人，退休职工2人。2020年，销售收入391万元。

【鄯善县天马商业有限责任公司】 鄯善县天马商业有限责任公司位于鄯善县新城路，成立于2001年，公司注册资金148万元，公司主要经营：房屋出租、房地产。公司在岗职工45人。2020年，主营业务收入85万元。

【鄯善县鹏博新时代商贸有限公司】 鄯善县鹏博新时代商贸有限公司位于鄯善县城区团结路，是一座集零售和批发、商住宅于一体的综合性商场，自有资产约3000万元。企业于2003年3月11日成立，商场现有商厦2栋，每栋共6层，25米高，总建筑面积62000平方米，约有450户经营户。2020年，收入252万元。

【鄯善县众鑫贸易有限责任公司】 鄯善县众鑫贸易有限责任公司成立于2002年1月28日，为自然人出资有限责任公司。公司注册资本44.8万元，目前在职职工18人。众鑫贸易有限责任公司经营供销、新正鑫两座商厦，经营使用面积5960平方米，承租经营户70余户，商业就业人员约120人，为鄯善县规模较大的购物中心。2020年，主营业务收入200万元。

【中国石油天然气股份有限公司新疆吐鲁番销售分公司鄯善经销部】 中石油新疆销售有限公司吐鲁番分公司鄯善销售片区位于鄯善县新城西路，主要从事成品油零售业务。公司下属18个加油站，分布在全县各乡镇。2020年，销售总收入4.01亿元，非油品收入2360万元。

【鄯善县佰恒商贸有限公司】 鄯善县佰恒商贸有限公司（滨沙国际购物广场）2013年4月11日注册成立，注册资金100万元，位于新疆吐鲁番鄯善县文化广场西侧滨沙国际花苑物业办公楼三层，经营范围为日用百货、针纺织品、皮革制品、日用化工品、摄影器材、文化办公用品、玩具、工艺品、场地租赁等。2020年，租金收入金额459万元。

【时代·万尚城购物广场】 时代·万尚城购物广场位于天马小区和江河农贸市场之间，北极路东侧。时代·万尚城购物广场南北长222米，东西宽66米，建筑面积61316平方米，从业人员70人。2020年，实现销售金额50万元。

（茹仙古丽）

## 烟草专卖

【基本情况】 鄯善县烟草专卖局地处鄯善县新城东路2437号，成立于2000年9月，是吐鲁番市烟草专卖局的派驻机构，隶属吐鲁番市烟草专卖局和鄯善县委、县政府的双重领导，以吐鲁番市烟草专卖局的领导为主。2020年，单位从业人数9人。主要负责鄯善县域烟草专卖零售许可证受理、卷烟市场监管和打假打私工作。

【市场管理】 2020年，县烟草专卖局与公安、市管、铁路等部门主动对接，开展“两节”“火焰”“春雷”“亮剑”等系列专项行动。查处1例非法经营莫合烟案件，为行政执法和刑事司法的有效衔接做出尝试。加强卷烟销售日常监管，开展边界区域巡查调研、定期检查大户监管台账、专销共同开展天价烟销售，年内查处违法违规卖烟大户1户，未发现天价烟管理违例。以“双随机、一公开”监管为基本手段，年内检查完成率达100%。开展“中小学周边无证户清理”、电子烟专项治理专项行动。进驻鄯善县政务服务中心，实现100%网上受理、办结烟草专卖零售许可证。受理烟草专卖零售许可证各类申请551份，推动“互联网+政务服务”，实现“网办尽办”。

2020年，全县有卷烟持证零售客户1328户；全年查处各类违法案件38起，查获各类涉案卷烟2329.9条，查处莫合烟2243.1千克，价值33.44万元。

（李　纬）

## 供销合作社商业

**【县供销合作联社领导名录】**

党支部书记、副主任：

张紫东（2020年12月10日离任）

副书记、主任：

吾买尔·沙塔尔（维吾尔族，2020年10月离任）

艾山·库尔班（维吾尔族，2020年12月任职）

**【基本情况】** 鄯善县供销合作社联合社成立于1951年4月，原为集体所有制企业。2013年10月，根据县政办发〔2013〕71号文件的规定，经县政府批准，鄯善县供销合作社联合社纳入全额事业单位，机构规格科级，内设办公室和业务科2个科室。

**【农副产品销售】** 2020年，县供销社参股的鄯善县友邦果业专业合作社和立农农产品专业合作社，通过“合作社+基地+农户”的模式，建立合作社产品生产基地，打造合作社产品销售平台，实施绿色有机农产品直供用户，内地客商直接上门收购，做好农副产品销售工作，保证农产品市场供应。县供销社参股的3家专业合作社销售西瓜、哈密瓜、鲜食葡萄、桑葚干、葡萄干、销售蔬菜等。全社完成商品购进总额2232.27万元，商品销售总额2273.97万元。

**【供销合作社建设】** 2020年供销社共完成以下指标：新建基层社3个，新建农村综合服务社2个，新建农业生产化服务中心1个，新增基层社社员数730人。截至2020年底，供销社系统领办、参股专业合作社4家，创办综合服务社16家，恢复基层供销合作社5家，新建农业生产化服务中心1个（详见附表）。

**【供销网点建设】** 新建基层供销合作社3家——鄯善县连木沁供销合作社（新疆新果汇农业有限公司）、鄯善县鲁克沁供销合作社（鄯善县绿奥买买提果业农民专业合作社）、鄯善县达朗坎供销合作社（鄯善县友邦果业专业合作社）；新建农村综合服务社2个（鄯善县宇杰商店、鄯善县金福地农资综合部）；新建农业生产化服务中心1个（鄯善县三合农资综合经销部）；新增基层社社员数754人。

（于爱忠）

**鄯善县供销合作社联合社恢复基层供销合作社一览表**

表6

| 序号 | 基层合作社 | 负责人 | 成立时间 | 地址 |
|---|---|---|---|---|
| 1 | 鄯善县木青果业专业合作社 | 武佩英 | 2018.4.25 | 鄯善县连木沁镇 |
| 2 | 鄯善县疆农疆惠农资有限责任公司 | 牛　振 | 2019.3.15 | 鄯善县八区石材工业区312国道南侧 |
| 3 | 鄯善县绿奥买买提果业农民专业合作社 | 刘文志 | 2016.6.28 | 新疆吐鲁番市鄯善县鲁克沁镇斯尔克甫村1组 |
| 4 | 鄯善县友邦果业专业合作社 | 杨　钟 | 2015.7.8 | 新疆吐鲁番市鄯善县鲁克沁镇主麻市场61号 |
| 5 | 新疆新果汇农业有限公司 | 许崇兴 | 2018.5.24 | 新疆吐鲁番市鄯善县连木沁镇平安东路南005号 |

## 鄯善县供销社参股、合作的农民专业合作社一览表

表7

| 序号 | 专业合作社 | 法人代表 | 供销社入股时间 | 入股金额（万元） |
|---|---|---|---|---|
| 1 | 鄯善县友邦果业专业合作社 | 杨　忠 | 2009.1.1—2011.12.31 | 1 |
| 2 | 鄯善县立农农产品专业合作社 | 张　立 | 2009.5.27—2014.5.26 | 1 |
| 3 | 鄯善工业园区丰利农果蔬农民专业合作社 | 胡　斌 | 2011.11.30 | 10 |
| 4 | 鄯善县民意农产品专业合作社 | 司马义·吐尔逊 | 2013.8.20—2016.8.20 | 0.5 |

## 鄯善县供销社综合服务站一览表

表8

| 序号 | 名称 | 地址 | 负责人 | 时间 |
|---|---|---|---|---|
| 1 | 辟展乡树柏沟综合服务社 | 鄯善县辟展乡树柏沟九大队二小队 | 克然木·托合地 | — |
| 2 | 辟展乡大东湖综合服务社 | 鄯善县辟展乡大东湖 | 卡得尔·尼牙孜 | 2012年5月 |
| 3 | 东巴扎兴农综合服务社 | 鄯善县东巴扎乡大十字 | 陈玉花 | — |
| 4 | 七克台二大队综合服务社 | 鄯善县七克台镇二大队 | 阿不都热合曼·尼牙孜 | — |
| 5 | 连木沁六大队综合服务社 | 鄯善县连木沁镇六大队三小队 | 帕它木汗·吐尔逊 | — |
| 6 | 鲁克沁大十字再乃普综合服务社 | 鄯善县鲁克沁镇大十字 | 再乃普·喀迪尔 | — |
| 7 | 乔克塘综合服务社 | 鄯善县辟展乡乔克塘 | 吾甫尔·尼牙孜 | 2012年5月 |
| 8 | 鄯善县东城惠明超市 | 鄯善县东巴扎乡大十字 | 周乃生 | 2013年9月 |
| 9 | 鄯善县工业园区百信生活用品综合超市 | 鄯善县七克台镇南侧四大队 | 张宪世 | 2013年11月 |
| 10 | 鄯善县百顺商店 | 鄯善县东巴扎乡东大寺旁边 | 苏家清 | 2014年9月 |
| 11 | 鄯善县工业园区巴坎村商店 | 鄯善县七克台镇巴坎村 | 哈力克·南木都 | 2015年11月 |
| 12 | 鄯善县克然木托合地百货五金商店 | 鄯善县辟展乡树泊沟九大队二小队 | 克然木·托合地 | 2016年11月 |
| 13 | 鄯善县福地农资店 | 鄯善县双水磨一队518号 | 刘新娜 | 2017年11月 |
| 14 | 鄯善县万惠农业生产资料商店 | 鄯善县楼兰东路318号 | 陆源 | 2018年10月 |
| 15 | 鄯善县宇杰商店 | 鄯善县辟展乡英牙尔大队二组1号 | 王马丽 | 2020年11月 |
| 16 | 鄯善县金福地农资综合部 | 鄯善县东巴扎乡大十字北侧001号 | 马德荣 | 2020年11月 |
| 17 | 鄯善县三合兴农资综合销售部 | 鄯善县辟殿镇小东湖四队36号 | 马德荣 | 2020年11月农业生产化服务中心 |

# 旅　游

## 综　述

**【旅游产业现状】** 2020年，鄯善县有A级景区4家，分别为库木塔格AAAA级景区、吐峪沟AAA级景区、楼兰酒庄AAA级景区、车师酒庄AAA级景区。星级酒店10家，其中三星级酒店7家，二星级酒店3家。有农家乐108家，其中鄯善镇19家、辟展镇19家、东巴扎乡12家、七克台镇4家、连木沁镇18家、鲁克沁镇13家、吐峪沟乡14家、达朗坎乡5家、迪坎镇4家。全县星级农家乐16家，其中二星2家、三星10家、四星4家。全县共有民宿259家，其中鄯善镇13家、辟展镇22家、东巴扎乡4家、园艺场1家、七克台镇3家、连木沁镇93家、鲁克沁镇3家、吐峪沟乡43家、迪坎镇77家，总床位1822张。

2020年全县接待游客579.49万人次，比上年减少38.92%；带动综合旅游消费35.87亿元，比上年减少60.98%；景区接待游客29.1万人次，其中团队游客1.14万人次，自驾游、自助游游客27.58万人次，门票收入230万元。

2020年8月，楼兰酒庄被评为新疆维吾尔自治区首批工业旅游示范基地；9月，鄯善县被自治区文旅厅命名为“新疆维吾尔自治区全域旅游示范区”、鄯善东巴扎乡篱沙庄园被评为三星级农家乐、车师酒庄被评为国家AAA级旅游景区；11月，吐峪沟乡吐峪沟村被评为自治区画家村。

**【旅游项目建设】** 2020年，鄯善县旅游续建新建项目10个（复工8个、完工2个），项目总投资2亿2663万元。2020年，完成投资6796万元。续建项目2个，即鄯善县九玖酒店建设项目复工，吐峪沟特色旅游小镇项目完工，项目总投资8300万元，2020年完成投资3490万元。新建项目8个，即鄯善县吐峪沟景区基础设施建设、鄯善县11人制足球场地建设、鄯善县7人制足球场地建设、2020年乡镇农民体育健身工程鄯善县宏润达商业街七星快捷宾馆建设、鄯善县古俪博斯坦酒店建设、鄯善县绿洲宾馆建设、吐鲁番市吐峪沟石窟文物保护利用设施建设8个项目已复工，项目总投资1亿4363万元，2020年完成投资3306万元。

2020年，鄯善县持续完善旅游基础设施建设，新建旅游厕所5座，分别是鄯善县辟展镇栏杆卡点旅游厕所、鄯善县连木沁镇田园大道1号旅游厕所、鄯善县连木沁镇田园大道2号旅游厕所、鄯善县文化广场2号旅游厕所、新疆龙门客栈越野基地旅游厕所，已全部竣工并投入使用。新建停车场3座，分别是鄯善县楼兰风情夜市停车场、鄯善县宏润达广场停车场、鄯善县万尚城购物停车场，项目已全部竣工，投入使用；新建通信基站3座，分别是鄯善县库木塔格沙漠风景名胜区室内5G基站、吐鲁番楼兰酒庄股份有限公司室内5G基站、新疆吐鲁番新葡王酒业有限公司室内5G基站，3座基站已全面建成并投入使用。

**【旅游宣传推广】** 2020年，鄯善县各旅游景点在中央电视台各频道和人民网等重要媒体上发布图片文字视频等相关信息489条。“十一”期间，鄯善县库木塔格沙漠景区连续5天被中央电视台的财经频道、中文国际频道、新闻频道和农业农村频道的《新闻直播间》《中国新闻》《新闻30分》《天下财经）《第一时间》等10余个栏目宣传报道。

2020年，旅游行业宣传推广“微笑新疆”服务，4家旅游景区、25家大中型酒店、10家大中型商超、各大广场等利用电子显示屏、803辆出租和50辆公交车利用车顶灯电子屏形式宣传播放宣传标语，各旅游企业、景区景点、宾馆酒店、车站、商场超市等开展微笑服务、仪容仪表、礼仪等方面的培训活动75次3720人次。

2020年3月20日至4月7日，鄯善县设立吐峪沟乡杏花村杏花园、吐峪沟乡克尔火焰山村杏花园、库木塔格沙漠景区内杏园3个集中观赏园。景区在兼顾疫情防控同时，开通游客线上APP预约服务，自由出行等方式到鄯善县各赏花点观赏杏花，活动期间接待游客8094人次。

**【旅游景区开发】** 2020年，鄯善县完善《鄯善县创建国家

A级景区实施方案》，以库木塔格景区开发建设为核心，推进实施库木塔格景区由AAAA级景区向AAAAA级景区创建，邀请自治区AAAAA级景区评审专家来鄯现场授课指导。完成《鄯善县库木塔格沙漠风景名胜区创建国家AAAAA级景区资源评价报告》《库木塔格沙漠风景名胜区创建国家AAAAA级旅游景区景观质量评定汇报》《库木塔格沙漠风景名胜区创建国家AAAAA级旅游景区汇报片》PPT，并按照自治区旅游规划处意见修改完毕。库木塔格景区创建国家AAAAA级旅游景区工作被纳入自治区人民政府《关于印发加快推进沙漠经济创新发展的工作通知》的工作方案中。

**【旅游景区景点】** 2020年，鄯善县主要旅游景点有库木塔格沙漠风景区（国家AAAA级旅游景区）、吐峪沟大峡谷民俗风景旅游区（国家AAA级旅游景区）、楼兰酒庄（国家AAA级旅游景区）、车师酒庄（国家AAA级旅游景区）、鲁克沁历史文化旅游区、大漠奇石旅游购物城、西域影视城、东巴扎回族清真大寺（东大寺）、吐鲁番木卡姆传承中心、赤亭遗址、洋海古墓群等。

（陈愿媛）

## 库木塔格沙漠风景名胜区

**【基本情况】** 鄯善县库木塔格沙漠风景名胜区管委会是国务院2002年5月批准的国家级风景名胜区。2003年1月成立库木塔格沙漠风景名胜区管理局，负责景区的规划、建设、管理工作。2006年7月，更名为鄯善县库木塔格沙漠风景名胜区管理委员会，隶属县人民政府管理。机构规格相当于正科级，经费实行自收自支，核定事业编制4名。景区下设行政办公室、财务室、园林工程部、门票处、环卫部、安全保卫部、市场营销部、维修保障部和项目部9个职能部门。

2020年1月，被全域旅游品牌影响力活动组织委员会评为库木塔格沙漠风景名胜区全域文旅品牌人气目的地。同月，新疆维吾尔自治区旅游协会为库木塔格星空客栈颁发2019年度新疆民宿创意年度大奖。

2020年，鄯善库木塔格沙漠风景名胜区接待游客22.22万人次，比上年同期的82.08万人次下降72.93%（其中，散客人数21.32万人次，比上年同期的51.33万人次下降58.47%；团队游客9016人次，比上年同期的30.75万人次下降97.07%），实现门票收入87.6万元，比上年同期的1664.92万元下降94.74%；观光车收入109.89万元，比上年同期的152.34万元下降92.79%。

**【景区项目建设】** 2020年，库木塔格沙漠景区投入200万元，打造精品景区，投资85万元新建200平方米的儿童水系娱乐区和200平方米的沙雕制作体验区及配套服务设施；投资35万元建设地标景观标志物“新疆鄯善”石碑7个；投资50万元新建4座纳米星空帐篷；探索“旅游+畜牧”相结合的发展道路，投资30余万购进14头牛、200只羊，建成“库木塔格牧场”。增加景区业态，丰富景区产品类别，延长旅游产业链条。

**【景区配套设施建设】** 2020年，库木塔格沙漠景区完善各类配套服务设施，投资160余万元改造景区内的道路、供电、供水、路灯、广播、监控等基础设施，更新制作景区全景图、景区介绍牌、警示牌。投资140万元改扩建180平方米欢乐沙谷游客休息长廊，扩建120平方米骆驼骑乘区休息凉棚，500米场地道路改建。投资115万元改扩建1300平方米沙湖凉棚和码头，新建购票处、商超等配套服务设施。

**【景区项目储备】** 2020年，库木塔格沙漠景区按照景区创建AAAAA级景区建设规划，强化景区软硬件设施。申报政府专项债券、中央预算内投资、自治区级旅游度假区、援疆资金、国家沙漠公园5个项目，涉及8750万元的库木塔格景区旅游服务提升建设项目、4000万元的库木塔格景区商业消费聚集区配套基础设施建设项目、1250万元的库木塔格景区旅游配套服务设施建设项目、500万元的库木塔格景区完善AAAAA创建基础设施建设项目、2000万元的库木塔格沙漠保护管理设施建设项目。完成政府专项债券、中央预算内投资项目可研报告已编写，完成项目用地、用地保护、环境影响评价等前期准备及前期规划设计。以推进库木塔格沙漠景区创建国家AAAAA级景区契机，挖掘沙漠资源优势，推进“旅游+体育”“旅游+赛事”“旅游+文化融合发展”。

【宣传营销】 2020年，库木塔格沙漠景区创新旅游宣传营销推广战略，开展上电视、上广播、上高速、上高铁站、上机场、上报纸、上微信、上网络、上抖音、上直播“十上”为主要载体的形象推介和广告宣传活动。在《湖南日报》《衡阳日报》《新疆日报》《吐鲁番日报》等报刊及CCTV2、CCTV17、CCTV13、CCTV4、山东卫视、安徽卫视等电视台新闻时段累计播放9.7分钟的关于“新疆库木塔格沙漠海市蜃楼景象”视频画面；在新疆卫视《新疆新闻联播》片尾播出库木塔格沙漠景区15秒宣传片3个月；新疆949交通广播、新疆广播电台、新疆是个好地方专栏连线10次，覆盖14个地州760万人次。在乌鲁木齐水磨沟区、天山区、沙依巴克区所在的20多家写字楼及高档住宅小区，以图文、视频的方式投放梯视广告宣传；在乌鲁木齐地窝堡国际机场T3航站楼到达厅A037广告位，以图文的形式投放为期2个月的灯箱广告宣传；在吐鲁番、鄯善、乌鲁木齐、哈密等地的高铁站候车厅中高频次滚动播出库木塔格旅游宣传广告。在新疆广播电视台《丝路视听》、今日头条、吐鲁番人民广播电视台、《衡阳新闻联播》、新广行风热线、新华社、学习强国平台播出17分钟以库木塔格沙漠雪景和沙疗为主题的宣传。做好直播宣传活动，与中央电视台国际频道对接，“十一”期间进行景区风景网络直播17小时；加大与天津航空有限责任公司、自治区文旅局“一部手机游天下”、“宅家游世界”腾讯看点直播、抖音直播等平台的合作力度，以直播和小视频的形式对库木塔格沙漠进行高频率宣传报道，直播点击率55.4万次，小视频点击率1.8万次、文章阅读量560次。多渠道开展官方微博、微信公众平台、今日头条、企鹅号、抖音等网络宣传营销，定期推送美景、美食，攻略、线路，强化网络宣传。年内，景区官方微信公众号累积推送75期，浏览量突破3.1万人次；抖音公众账号累积推送134期，浏览量突破52.6万人次。

创新区域旅游合作模式，实施“引客入鄯”精准营销。多种途径亮相各地组织的展会活动，参加“心灵四季·美丽中国”全国秋冬季旅游暨新疆是个好地方”宣传推广、上海营销推广、婚博会、旅游消费在行动·湖南人游吐鲁番等宣传推介活动6场次；发放各类宣传资料2万余份。完善3条中高端沙漠自驾游线路和2条夜游沙漠精品旅游线路。将库木塔格沙漠与火焰山景区、江布拉克景区、昌吉州推广的“环游天山线”进行串联联合推广，共同打造“新疆是个好地方”旅游黄金线。加大区域旅游合作力度，启动精准营销工程，加强同疆外等客源地合作，实施“精准营销 引客入鄯”战略，加大客源地市场宣传营销投入力度，对接客源地市场。密切与各地旅行社的联系，借助景区“新疆最早的春天”的主题优势，吸引乌鲁木齐市、贵州省贵阳市、西安市、湖南省长沙市等地旅行社踩线团来库木塔格沙漠踩线，年内邀请旅行社踩线23次170余家。举办“庆元旦迎新年”、“感恩有您·致敬最美逆行者”、“‘5·19’中国旅游日”“中秋遇上国庆”双节同庆等主题活动10余场次，参与人数1.2万余人次。

【景区管理】 2020年，库木塔格沙漠景区将2020年确定为“服务质量提升年”。推进旅游标准化工作。提升景区的接待服务水平，以训练有素的团队打造优质的旅游服务品牌。实施市场经营、安全生产、文明礼仪等为主要内容的教育培训，抓好经营管理、导服等重点从业人员职业道德、服务礼仪、服务技能培训，提升从业人员水平。年内，开展各类培训14场次，培训人数为950余人次。

完善旅游市场监管制度，建立“景区经营服务黑名单制度”，对不守诚信，欺客宰客、恶意竞价扰乱市场经营秩序等违法违规的经营企业和业主，经劝诫、处罚后仍不整改的纳入黑名单，取消其在景区内的经营资格。与景区经营网点代表签订库木塔格景区诚信经营承诺书21份，构建诚信旅游市场秩序。

以“洁化、清新、有序”为标准，打造环境优美、卫生整洁、服务优良、健康文明的旅游景区，成立环境卫生综合治理领导及督察小组，层层签订《环境卫生管理目标责任书》20份。定点、定人、定责分区域划分保洁范围，通过“3+6”的模式（3次定时清扫、6次不定时保洁）加大保洁力度。制作温馨提示牌，引导游客文明旅游。年内，集中清理景区内垃圾50余次300吨。加强景区绿化养护管理，投入3万余元对景区园林进行维护、种植，打造景区绿化新亮点。

（玛伊热）

民间赛马叼羊活动

# 财政 税务

## 财 政

【基本情况】 鄯善县财政局是县政府综合经济管理部门，肩负着资源配置、经济调控、收入分配和监督管理四项基本职能，正科级建制单位，根据《鄯善县进一步深化乡镇站所管理体制改革实施方案》和县人事领导小组会议精神，县财政局于2017年5月1日将28名乡镇财政管理局事业编制人员（包括乡镇财政所在职职工18人）编制和工资全部划拨至乡镇，隶属关系在各乡镇，乡镇财政所由各乡镇管理，不再由县财政局管理。

2019年3月根据《关于〈鄯善县机构改革方案〉的实施意见》（鄯党办〔2019〕3号）文件，将县财政局的职责、县国有资产监督管理委员会的职责整合，重新组建县财政局，作为县人民政府部门，加挂县国有资产监督管理委员会的牌子，不再保留单设的县国有资产监督管理委员会。

2020年，县财政局内设办公室、预算科、经济建设科、国库科、教育文化科、社会保障科、农业农村科、综合科、会计科、企业科、国有资产管理科、政府债务管理科、扶贫资金保障科、政府采购管理科14个职能科室。

管理鄯善县政府采购中心、鄯善县财政局国库支出中心、鄯善县中华会计函授学校、鄯善县产权交易中心、鄯善县乡镇财政管理中心5个参照公务员管理机构。

【财政收支】 2020年，县财政一般公共预算收入完成172107万元，比上年增长1.3%，增收2185万元。其中税收收入完成100548万元，比上年下降22.16%，减收28623万元；非税收收入完成71559万元，比上年增长75.60%，增收30808万元。地方政府性基金收入完成19800万元，比上年下降45.8%，减收16764万元。

财政一般公共预算支出完成322508万元，比上年增长2.4%，增支7687万元。政府性基金支出完成175068万元（含专项债券支出133000万元），比上年增长18.79%，增支27690万元。

**鄯善县财政收支汇总表**

表9　　单位：万元

| 项目 | 收入 | 项目 | 支出 |
| --- | --- | --- | --- |
| 收入总计 | 195274 | 支出总计 | 546993 |
| 一般公共财政预算收入合计 | 172107 | 一、一般公共财政预算支出合计 | 322508 |
| 1. 税收收入小计 | 100548 | 一般公共服务 | 44142 |

续表9

| 项目 | 收入 | 项目 | 支出 |
|---|---|---|---|
| 增值税 | 23857 | 国防 | 0 |
| 企业所得税 | 6792 | 公共安全 | 31719 |
| 个人所得税 | 2866 | 教育 | 68965 |
| 资源税 | 10098 | 科学技术 | 503 |
| 城市维护建设税 | 2945 | 文化体育与传媒 | 2854 |
| 房产税 | 4127 | 社会保障和就业 | 28202 |
| 印花税 | 1772 | 医疗健康 | 36987 |
| 城镇土地使用税 | 44582 | 节能环保（环境保护） | 1228 |
| 土地增值税 | 590 | 城乡社区事务 | 32303 |
| 车船税 | 1776 | 农林水事务 | 21470 |
| 耕地占用税 | 51 | 交通运输 | 3756 |
| 契税 | 1092 | 资源勘探电力信息等事务 | 3797 |
| 2. 非税收收入小计 | 71559 | 商业服务业等事务 | 203 |
| 专项收入 | 4508 | 金融监督等事务 | 39 |
| 行政性收费收入 | 1243 | 国土资源气象等事务 | 826 |
| 罚没收入 | 4622 | 住房保障支出 | 34864 |
| 国有资源有偿使用收入 | 59644 | 粮油物资储备管理事务 | 356 |
| 其他收入 | 1503 | 灾害防治及应急管理 | 1009 |
| 政府性住房基金收入 | 39 | 其他支出 | 496 |
| 捐赠收入 | 0 | 地方政府一般债务付息支出 | 8743 |
| 基金收入合计 | 23167 | 债务发行费 | 46 |
| 城市基础设施配套费收入 | 210 | 二、上解支出 | 30046 |
| 国有土地使用权出让金收入 | 22678 | 三、债务还本支出 | 19371 |
| 农业土地开发资金收入 | 279 | 四、基金预算支出合计 | 175068 |

**【税收征管】** 2020年，县财政局面对受疫情、减税降费等因素叠加影响，落实减税降费政策的同时，坚持把财政增收摆在重要位置。加大税收收入征管力度，加强对重点税源、重点企业和重点税种的征管，确保应收尽收；执行税收法律法规，严格税收政策管理，及时堵塞税收漏洞，做到应收尽收；同时定期分析税收入库情况，加大历年欠税的力度，重

点加大对土地使用税“以地控税”等措施落实力度。

加强非税收收入征缴管理。及时督促执收单位执行非税收入征缴政策，明确年度目标，发挥“快、联、动”工作机制，强化部门联动，形成合力，齐抓共管。强化财政票据监督管理。以票控费，全程动态跟踪监管，杜绝利用财政票据逃避税费的行为，避免结算票据违规收费的现象发生。利用非税收入收缴系统，动态监控非税收入的收缴情况。加快不动产证登记手续办理。加大政府性基金收入力度，尤其对往年陈欠的清缴。加快用地报批供应手续办理，促进土地出让金增收。2020年，完成税收收入100548万元，占一般公共预算收入的58.4%。

【政府采购】 2020年，县财政局继续深化政府采购管理改革。推行政府采购电子卖场。严格遵循《新疆维吾尔自治区政府采购电子卖场管理暂行办法》，推进政府采购电子卖场健康、有序运行。有223家供应商加入政采云平台，其中正式供应商167家，临时供应商56家。完善政府采购操作规程，确保招标程序的规范有序，审批采购项目公平、公正、透明。2020年，政府采购预算金额21612.39万元，实际采购金额21143.56万元，节约资金5873.58万元，有效地降低财政支出，最大限度地发挥资金使用效益。

【财政监督与管理】 2020年，县财政局充分发挥财政监督职能，加大对县域财政资金的监管力度。选取地方性金融机构开展会计信息质量检查，防范系统性和区域性风险。落实党中央、国务院关于建立特殊转移支付机制的决策部署，对直达资金进行常态化监督，建立监督机制，提高资金使用效益，保证直达资金使用合法合规，防止出现偷梁换柱、弄虚作假、虚报冒领、违规偿还地方政府债务、闲置浪费、低效无效等问题。实施扶贫资金动态监控，对10个乡镇进行扶贫资金安全检查，确保财政资金发挥效益。开展惠民惠农“一卡通”专项整治，督促整改问题27个，收回资金172.92万元，补发资金276.75万元，更正错发资金0.012万元。

【预决算执行管理】 2020年，县财政局全面推进预算绩效管理，提高财政资金使用效益。年内，将一般公共预算、政府性基金预算、国有资本经营预算和社会保险基金预算4项预算全部实施绩效管理，覆盖所有财政资金，提高项目资金的管理水平及财政资金使用效益进一步提高。落实中央八项规定和自治区十项规定，树立过“紧日子”的思想，坚持艰苦奋斗、勤俭节约、精打细算，从严控制“三公”经费。

【政府非税收入管理】 2020年，县财政局强化非税收入征管。落实党中央、国务院关于非税收收入划转改革的有关部署为契机，规范征缴管理，提高征缴效率，加强非税收入的清缴，与自然资源局密切配合，加大政府性基金的征缴力度，做到应收尽收。2020年，非税收收入累计完成71559万元，其中专项收入4508万元，行政性收费收入1243万元，罚没收入完成4622万元，国有资源有偿使用收入59644万元，其他收入1503万元，政府性住房基金收入39万元。按照非税返还标准调剂比例，做好执收单位非税收入资金的拨付。

规范各类票据的保管、发放、购领、使用、核销等日常管理。2020年，发放资金往来（机用）7525份、门诊票据、住院票据179000份、非税票据5098份等合计191623份。根据电子化票据及各类票据使用用途，对于单位票据科目不规范、票据丢失等情况对预算单位进行处罚，采取登报声明并处以经济处罚，要求责任人在单位范围内通报批评。

【国有资产登记】 2020年，县财政局摸清国有资产家底，管好用活国有资产。按照县委、县政府工作部署，财政局多次组织实施经营性、非经营性国有资产的统计、清查、评估、出让等基础管理工作。将重点工作逐步向经营管理城市基础设施和党政机关事业单位的非经营性国有资产转变，充分挖掘非经营性国有资产的商业开发价值，由财政局牵头，抽调相关部门的财务人员，分成4个清查组，分别对全县的资产进行核查登记，核查登记单位128家，其中拥有各类资产的49家，核查登记资产293处，其中房屋资产222处1787690.08平方米，出租房屋143处，租金合计2007.36万元，闲置房屋79处，面积1107669.65平方米；土地资产71处，共计面积2412.93公顷，出租土地65处，面积1244.4公顷，租金合计54.88万元，闲置土地6处，面积1168.53公顷。

**【闲置资产盘活】** 2020年，县财政局通过产权划转、顶账、出租、招商等方式，对闲置的资产进行分类处置，最大限度盘活国有资产，增加国有资产经营收益，实现国有资产价值最大化，对已梳理出来的60处资产聘请具有资质的资产评估机构、会计咨询公司、法律顾问等专业机构，根据资产的坐落位置和资产成新度进行客观公正的评估，按照“成熟一宗处置一宗”的原则，依据《中华人民共和国国有资产法》的有关规定进行资产处置，盘活资产收入2.8亿元。

**【财政体制改革】** 2020年，县财政局按照全面深化改革的总体要求，推进财政改革步伐，提高财政管理水平。强化预决算信息公开工作，完善信息公开工作机制。制定《关于做好2020年鄯善县预算公开工作的通知》，下发规范的预算公开模板，要求各预算单位按照《预算法》的要求，加强组织领导，及时安排布置，依法公开。2020年，由财政部门统一汇总全县119家一级预算单位全部在鄯善县政府网站上实现财务公开。落实中央、自治区、市、县各项惠民惠农政策，实现惠农补贴“一卡通”全覆盖。2020年纳入“一卡通”发放的惠民惠农补贴项目达31项，发放各类资金24053.59万元。2020年，鄯善县严格落实“全方位、全过程、全覆盖”决策部署，对政府收支预算、各部门单位整体预算和项目支出预算，实施全方位绩效管理，建立全过程预算管理链条，形成事前评估、事中监控、事后评价的预算绩效管理闭环。统筹推进政府和社会资本（PPP）合作项目建设。2020年，鄯善县纳入财政部PPP项目库的本级项目有4个，总投资13.68亿元，其中3个项目建设完工投入使用。鄯善县工业园区2017年道路及配套设施建设（PPP）项目于2017年5月开工建设，2019年9月根据县委批示，项目暂缓施工。截至2020年，完成投资额约1.2亿元，占计划总投资额的42.8%。2020年10月经县委同意，中止合同中缓建工程，对完工内容进行审计决算。

**【医疗和社会保障支出】** 2020年，县财政局继续加大资金投入支持完善社会保障体系，保障人民群众的民生问题。全年社会保障和就业支出28202万元。全民健康体检人数按人均100元/人标准，拨付125.48万元，城乡居民人身意外伤害保险91.39万元，全县参保人身意外伤害保险233392人；城镇职业大病保险覆盖面100%。

做好全县重大传染病、重点地方病、职业病防治救治工作，拨付54.43万元。完善全县基层卫生服务体系，提升2家公立医院和10所乡镇卫生院综合能力，拨付52.5万元；优化生育政策，提高人口质量拨付计划生育奖扶补助配套资金11920.59万元。

健全和完善社会保障体系。实施全民参保计划，完善城乡低保、养老保险、医疗保险、工伤保险、生育保险、社会救助等制度，扩大社会保险覆盖面100%。提高城乡低保、特困供养保障水平，支付城乡低保1579.54万元，拨付特困供养95.36万元。健全完善临时救助制度，支付470.14万元。落实康复救助制度，全县有3家基础设施建设为老年人、残疾人、精神障碍患者等特殊群体提供服务。有针对性地帮扶城乡无供养老年人、孤儿、残疾人等困难人群，推进有意愿“五保”老人全部集中供养、孤儿全部集中供养。支付80岁以上老年人生活补助128.98万元，孤儿生活补助54.23万元，残疾人两项补贴404.19万元，集中“五保”老人生活补助53.98万元。

**【保障性住房建设】** 2020年，县财政局落实棚户区改造、公租房、老旧小区改造建设的各项财政政策，建立完善的保障性住房财政投入体系。全年争取富民安居上级专项资金11007.85万元（5281套），其中自治区资金9354.85万元，中央资金415万元，湖南援疆资金1238万元。完成建房任务5281套，分配于鲁克沁镇、迪坎镇、吐峪沟乡、达朗坎乡、连木沁镇、辟展镇、七克台镇、东巴扎乡、园艺场9个乡（镇）。2020年，完成上级下达鄯善县城镇保障性住房建设任务，保障性住房基础设施建设中央预算内资金累计到位2873万元。

**【国库集中支付】** 2020年，县财政局核对国库收支账务，做好国库、财政专户收支业务的账务处理工作，做到日清日结。每月与人行、税务部门及相关预算单位核对收入、支出账务，对发现的问题及时做出调整，确保账证表相符。规范管理预算单位账户按照《县级预算单位银行账户管理暂行办法》文件的要求审批办理预算单位开立、变更、撤销银行账户。按照财政资金安全管理规定，加强财政专户资金管理，执行资金拨付手续，确保核算准确、资金安全，提高财政专户资金管理水平，杜绝财政资金风险。2020年，国库直接支付业务9605笔，金额45.3亿元。

**【上级财政资金补助】** 2020年，县财政局针对收支矛盾突出的现实情况，反映全县财政运行、体制机制改革等情况，围绕全县工作大局，发挥自身职能作用，争取财力性转移支付补助、特殊转移支付和抗疫特别国债资金。2020年，财力性转移支付补助到位153717万元。中央直达资金59377万元，其中抗疫特别国债26700万元。

**【园区建设投入】** 2020年，县财政局充分发挥财政职能作用，根据县委安排全力支持园区建设项目。年内，县财政拨付园区工作经费92万元，其中石材园区46万元，工业园区46万元。安排南山矿区彩石山、黑尖山、小热泉、小尖山检查保护站及迪坎园区联合执法经费项目资金40万元。

**【“三农”投入】** 2020年，县财政局根据党中央脱贫攻坚“四个不能脱”精神，全面落实全县农村贫困人口“三保障”政策，加大县级财政专项扶贫资金投入，做好财政涉农资金的筹集、管理、使用和监督工作，构建防止返贫、稳定脱贫长效机制，巩固脱贫攻坚成果。2020年，鄯善县收到上级扶贫资金5513万元，其中中央扶贫资金3330万元，自治区级财政专项扶贫资金1683万元（支持南疆建档立卡贫困劳动力转移就业195万元），市级财政专项扶贫资金500万元。县级财政专项扶贫资金配套339.23万元，扶贫专项资金收入总计5852.23万元。2020年，鄯善县根据项目建设进度支付扶贫资金5705.82万元，完成序时支付进度97.5%。

**【教育资金投入】** 2020年，县财政局争取上级专项资金，加大本级财政投入，促进鄯善县教育健康持续发展。2020年投入教育资金82057万元，实施义务教育标准化学校建设、薄弱校舍改造、运动场改建、教师周转房等项目。落实学前保障经费3014.75万元，惠及69所公办幼儿园、5所民办幼儿园13563名学前儿童，用于学生伙食费、保教费、取暖费。落实义务教育保障经费40586.22万元，惠及义务教育阶段50所中小学34964名中小学生，主要用于保障公用经费、寄宿生生活补助、公用取暖费。落实高中教育经费4952.55万元，惠及3所普通高中3095名本年在校学生，用于普通高中助学金、办公费用。落实职业高中及技校教育经费1215.35万元，惠及1所职业高中1244名学生，主要用于中职与技工学生免学费、助学金等。实现城乡“三免一补”政策全覆盖，落实“三免一补”经费1145.06万元。按照建档立卡学生“雨露计划”资金3000元/每人，拨付资金203万元。投入其他职业教育经费225.75万元，用于学生资助补助经费和现代职业教育质量提升。

**【债务化解】** 2020年，县财政局做好政府债务（隐性债务）化解工作。按照年度化解任务按时化解，按月及时报送隐性债务增减变动情况，同时根据隐性债务增减变动情况录入全口径债务系统，严控隐性债务增长。2020年，全县化解隐性债务16698万元，无新增隐性债务。做好新增债券资金使用和管理工作，全年鄯善县地方政府新增债券资金到位158300万元，其中一般债券资金25300万元，专项债券资金133000万元，用于公共安全、农村环境整治、污水处理、棚户区改造等。做好抗疫特别国债资金使用和管理工作。与发改委、国资委、卫健委、县医院、鄯善工业园区管理委员会等相关单位对接，针对公共卫生体系建设、污水处理等生态环境治理工程、交通基础设施建设、供水供电供气等市政建设等有一定收益的重点支持领域梳理核实，全县申请2020年抗疫特别国债26700万元。

【会计培训与管理】 2020年，县财政局落实《会计法》和国家相关法律法规，围绕会计管理，强化会计业务培训。培训形式采取网络教育与面授培训相结合，以网络教育为主，督促和指导全县1000余名会计人员完成2020年网上注册会计人员信息及网上继续教育学习。做好全县17家代理记账机构许可证书年审工作。5月20日至24日县财政局与县税务局将根据各涉税专业服务机构自查情况和信息共享发现的突出问题进行联合专项检查，对不符合规定的涉税专业服务机构及涉税“黑中介”由县财政局下发责令限改，督促其限期进行改正，县税务局对“黑中介”涉及代账企业进行重点核查。

（赵长云）

## 税　务

【基本情况】 2020年，国家税务总局鄯善县税务局（以下简称“鄯善县税务局”）有在职干部职工132人，其中公务员120人，参照管理的事业工作人员5人、事业编1人，工人6人。内设办公室、法制股、税政股、社会保险费和非税收入股、纳税服务股、征收管理股、收入核算股、税源管理一股、税源管理二股、风险管理股、人事教育股、机关党委、纪检组等科室13个；设第一税务分局（办税服务厅）、第二税务分局2个派出机构；设信息中心1个事业单位。

【组织收入】 2020年，县税务局累计完成各项收入170945万元，其中税收收入127860万元，比上年减收14809万元，下降10.38%；非税收收入3903万元，比上年减收312万元，下降7.40%；出口退税22万元；社保收入39182万元，比上年增收3432万元，增长9.60%。

按级次分：中央级税收收入43402万元，比上年减收1006万元，下降2.27%；地方级税收收入84458万元，比上年减收13803万元，下降14.05%，其中区县级税收收入84436万元，比上年减收12666万元，下降13.04%。完成吐鲁番市税务局年初下达任务（全口径税收收入128900万元）的99.19%；完成鄯善县政府下达任务（区县级税收收入103900万元）的81.27%。

【税收征管】 2020年，县税务局面对国内国际经济形势下行、结构性减税政策持续、疫情等因素影响，班子成员迎难而上，与县委、县政府职能部门多点对接，全体干部坚守岗位，一户一户排查，挖潜增收，确保组织收入和经济协调发展。2020年，鄯善县税务局累计完成各项收入170945万元，其中税收收入127860万元，非税收收入3903万元，社保收入39182万元。

【税费管控】 2020年，县税务局加强基础数据质量监控，税收征管质量5C评价为A档，强化综合治税机制，关注企业资金动态、定期发布欠税公告、采矿业运输管控、限供发票等措施，做到应收尽收。全年清缴欠税户338户，清理欠税5245.6万元。提高重点建设项目工程管理质效，累计入库税款1712.52万元，办理增值税增量留抵退税3102.6万元。强化各税种管理，完成首个个人所得税综合所得汇算清缴，补税50.93万元，退税398.82万元，落实资源税新政，补缴入库50.1万元。推进社会保险费和非税收入，通过加大宣传，推广多元化缴费方式、动态跟踪管理等，构筑“全覆盖”征管网络，满足缴费需求，2020年各项社会保险费累计入库39182万元。做好防空地下室易地建设费、国家重大水利工程建设、风景名胜区门票收入等征收职责划转基础工作，首次征收油价风险准备金14.98万元。

【依法治税】 2020年，县税务局落实重大执法决定法制审核制度，恪守税收法治原则，开展打击“黑中介”“黑代”专项行动，对2家机构限期责令限改。强化税收执法，全年行政处罚836件45.31万元。开展执法督察和专项整治，责任追究64人次，综合运用内部控制监督平台，核查疑点23批次，推行行政执法“三项制度”，修订重大执法决定法制审核清单和权责事项清单2个，公示税务信息19项35526条。

【纳税服务】 2020年，县税务局推进纳税缴费便利化改革，优化纳税缴费流程、精简申报资料，压缩缴费时间，召开税企座谈会问计问需纳税人，解决个性化热难点问题12个。持续推进智慧税务建设工作，电子税务局及新疆税务手机App运行良好，系统多元化办理涉税业务比例达99%，实现双向减负。“12366”纳税服务热线实现“一键咨询”“一人通答”，全年接听纳税人来电4191通。疫情期间推广“非接触式”服务，做到“非必须、不窗口”，拓宽邮局代办业务范围，通过“线上申领、线下配送”发票54098份，邮寄清卡33户，邮寄文书143户，辅导纳税人网上实名认证590余户。推行容缺办理事项406户1038笔。“银税互动”扩围增效，授信贷款3741.8万元，比上年增长465.9%。

【减税降费】 2020年，县税务局组建复工复产专班，精准对接企业需求，摸底纳税人基本信息3035户，办理税务登记信息补录2180户，清理工商注销税务正常差异户1407户。开展防疫重点行业及享受小微普惠政策纳税人核查，准确测算减税降费数据，确保减税降费政策精准落实。全年累计减免税金51970万元。其中，原有减税降费政策翘尾减免5563万元，疫情防控优惠政策减免1542万元。

【税收宣传】 2020年，县税务局开展“线上+线下”政策辅导宣传。组织第29个税收宣传月线上启动仪式，分级分类摸排中小微企业和个体工商户1267户，举办系列讲堂5期，印制宣传海报、宣传折页18000余份，政策短信21.44万条；综合运用“云讲堂”，组织腾讯会议和B站直播7场，在线培训纳税人6900余人次，调动社会资源，招募27名涉税中介志愿者，组建爱心公益宣传团队，提升宣传质效。

【税收数据服务】 2020年，县税务局组建分析工作专班，统筹推进收入核算基础工作年平均预测准确率98.48%，在两县一区排名第一；强化本地119户重点税源企业监控和税收调查，报送各类专报19期，其中获县领导批示7篇，获吐鲁番市领导批示1篇，《新疆税收数据服务大局工作专刊》采用1篇。

（吴 涛）

# 金　融

## 银行业

### 中国人民银行鄯善县支行

【基本情况】　中国人民银行鄯善县支行内设综合办公室、营业室、保卫股3个职能股室，承担着贯彻执行货币政策、提供金融服务、维护辖区金融稳定等职责。

【货币信贷】　截至2020年底，人行鄯善县支行存通过“银企对接会”、企业信贷需求大走访等方式，引导金融机构加大对实体经济领域的信贷投放，全县本外币存款余额为131.2亿元，比年初新增3.3亿元，比上年增速2.58%；本外币贷款79.69亿元，比年初新增2.06亿元，比上年增速2.65%。

人行鄯善县支行编印《2020年度鄯善县金融机构信贷政策汇编》，为企业及时全面掌握信贷政策提供参考并做好金融支持政策的解读，指导各金融机构落实各项金融优惠政策。并通过工作推进会、银企合作推介会、大走访、与企业对接等方式，开展纺织服装企业、酒庄企业和重点工业企业和重点建设项目等专题走访调研活动，确保复工复产政策的落地见效。全年累计向县域2779家中小微企业（含个体工商户、小微企业主）发放贷款17.46亿元，保障县域重要生活物资的市场供应和价格稳定。

推动金融政策落地见效。用好央行专项支农再贷款，根据法人金融机构的申请，年内累计发放2120万元的支农再贷款。落实好个体工商户财政贴息优惠贷款工作，全年发放贷款1630户8018万元，占申报金额96.21%，在两县一区位居首位。落实普惠型小微企业信贷支持计划，对符合条件的普惠型小微企业做到应延尽延，向鄯善县农村信用合作联社发放期限为1年的免息贷款737万元。

【金融稳定】　2020年，人行鄯善县支行修订《鄯善县金融重大事项及重要信息报告制度》。加强金融风险监测和排查，关注“温商贷”“原油宝”等新情况、新问题，主动排查金融系统相关风险点。推进存款保险标识启用，全县9家金融机构，41个网点全部完成标识布放。开展打击治理电信网络新型违法犯罪专项行动、打击治理“两卡”专项行动。保持对假币违法犯罪、洗钱犯罪、企业逃废债的高压打击，强化金融风险处置化解。建立完善存款保险工作组织架构和工作机制，加强信息监测沟通，建立与鄯善信用合作联社、中成村镇银行2家地方法人投保机构的沟通联系机制，掌握其经营管理状况和风险状况。做好央行评级工作，加大对报表、资料的审核力度，对报送“投保机构基本信息表”和“投保机构基本情况表”、投保机构保费归集资料做到双人审核。

【支农工作】　2020年，人行鄯善县支行引导和支持农信社加大辖区金融精准扶贫，全年存量扶贫小额信贷1238户，余额2885.91万元。

【支付结算】 2020年，人行鄯善县支行落实属地监管职责开展法人银行机构Ⅱ、Ⅲ类账户风险防控工作的指导，强化账户业务监督管理。截至2020年底，鄯善县辖区办理开户1089户，变更261户，销户512户。落实县域行政许可信息公示。根据《新疆人民银行行政执法信息公示工作规程》，对县域核准类账户报送支行法律事务办进行审批，确保公示信息的真实性、准确性、完整性，按程序做好相关信息公示。截至年底，行政许可公示103户。支行对辖内9家银行机构风险支付结算服务自查、账户实名制落实情况、特约商户管理情况等进行现场核查。按照“引领县”评价体系，召开鄯善县2020年移动支付便民工程视频推进会，细分“引领县”建设任务，启动移动支付引领县建设。截至2020年底，完成县域公交、县域医疗、校园、乡村旅游、批发市场的建设5个移动支付引领县场景建设目标。

【国库管理】 2020年，人行鄯善县支行推进国库会计标准化工作。截至年底，地方财政库款余额5526.95万元，办理收入187654笔，预算收入金额约30.51亿元；办理支出21914笔，办理直接支付16644笔，办理授权支付5176笔，实拨资金支出94笔，支出金额合计52.64亿元；办理退库17100笔，退库金额1.55亿元。疫情防疫期间，开通资金拨付“绿色通道”，全年办理疫情拨款116笔，金额15074.02万元，保障防疫资金及时拨付到位。落实个税汇算清缴退税、减税降费工作。县支库与县税务局紧密沟通，坚持当天退税数据，当天办结，使纳税人享受改革政策红利。截至年底，县支库办理14960笔个税汇算清缴退税，金额748.04万元，办理企业退税2057笔，金额1.14亿元，助力企业复工复产。

【货币金银】 2020年，人行鄯善县支行办理341笔出入库业务，出入库合计工作量金额97424.9万元，比上年同期减少91499万元。其中，发行基金入库业务232笔，合计回笼发行基金37714.7万元，比上年同期减少43436.2万元；发行基金出库业务109笔，合计出库发行基金59710.2万元，比上年同期减少48062.8万元；货币净投放21995.5万元，比上年同期减少4626.6万元，总业务量比上年同期下降。

加强对市场货币流通情况的季节性变化以及疫情防控期间市场对人民币流通的实际需要预测，及时申请调拨发行基金，按时完成调入任务，确保发行库备付发行基金券别齐全，发行基金出库搭配合理。全年完成发行基金调拨任务6次，其中调拨完整券入库业务3次，调入发行基金34831万元，比上年同期减少37567万元。

做好反假币宣传工作。金融机构利用LED屏幕上滚动播放以反假货币为内容的标语，做到24个小时不间断地对外宣传。在营业场所利用视频系统宣传反假货币知识录像资料和发放各种文字的反假货币知识宣传材料，设立咨询服务台，提高宣传效率。全年合计没收金融机构交来假币金额43785元/520张，比上年同期有所下降。

【征信服务与管理】 2020年，人行鄯善县支行做好公众征信权益保障工作，妥善安排征信查询服务和维权，引导公众通过互联网、自助查询机进行征信查询。督促辖内法人接入机构按照银发〔2020〕29号文合理调整四类群体逾期信用记录报送规则，经认定后不计入征信逾期记录，并视疫情情况设定政策宽限期，采取减免罚息、不计复利、征信保护等救助措施，保障公众征信相关权益。做好一、二代征信系统切换及正式对外服务组织工作，确保二代征信系统安全稳定运行。对鄯善中成村镇银行开展征信合规业务现场调研。

【支付体系建设】 2020年，人行鄯善县支行推进2020年鄯善县移动支付“引领县”建设。截至年底，启动移动支付引领县建设，完成5个移动支付引领县场景建设目标，县域公交、县域医疗、校园、乡村旅游、批发市场的建设。

【会计核算与统计管理】 2020年，人行鄯善县支行加强会计核算数据集中系统（ACS）业务学习和培训。组织业务人员对全疆ACS业务每日通报差错学习，减少差错率、提升ACS业务成功率。截至年底，办理728笔业务，联网取现发行基金提款业务109笔，作废0笔，成功率达100%。

【金融消费者权益保护】 2020年，人行鄯善县支行健全工作机制，完善金融消费者权益保护工作协调制度、工作评价制度、工作报告制度和投诉登记备案制度。加大金融消费保护工作的宣传力度，以“3·15”消费者权益保护日、“金融知识普及月”宣传活动契机，做好对金融消费权益保护工作的宣传。

（刘少军）

## 中国农业发展银行鄯善县支行

【基本情况】 1997年4月，中国农业发展银行鄯善县支行成立（简称农发行），业务人员及财产从农行划转，内设会计结算部、信贷业务部、办公室3个职能部门，由国家根据国民经济发展和宏观调控需要支持农业农村经济发展政策性银行。

截至2020年底，农发行鄯善县支行各项存款余额0.36亿元，占鄯善县金融机构各项存款的0.27%。全县存贷比为60.78%，农发行鄯善县支行存贷比6522.22%，是全县的107.31倍。

【贷款业务】 截至2020年底，农发行鄯善县支行各项贷款余额234767.95万元，比年初增加31215.27万元，增长15.34%。扶贫贷款余额为9277.73万元，占全部贷款的3.95%。PSL贷款余额为100043万元，占全部贷款的42.61%。农发重点建设基金余额为31871.15万元，较年初减少750万元。

按贷款期限划分：短期贷款余额31684万元，比年初增加26944万元，增加568.44%，短期贷款占比13.5%；中长期贷款余额为203083.95万元，比年初增加4271.27万元，增加2.15%，中长期贷款占比86.5%。

按贷款五级分类：正常贷款余额234767.95万元，正常类贷款占比100%，无不良贷款。

按贷款用途划分：粮棉油贷款余额为684万元，贷款占比0.29%；棚户区改造贷款余额159010万元，贷款占比67.73%；水利建设贷款余额1466.98万元，贷款占比0.62%；改善农村人居环境建设贷款余额1703.73万元，贷款占比0.73%；产业化龙头企业贷款7574万元，贷款占比3.23%；城乡一体化贷款64329.24万元，贷款占比27.4%。

2020年，累计发放各项贷款48025.27万元，累计收回各项贷款16810万元，净投放31215.27万元。按贷款期限划分：短期贷款累放34076万元，累收7132万元，净投放26944万元；中长期贷款累放13949.27万元，累收9678万元，净投放4271.27万元。

截至2020年底，账面盈利557.05万元，比上年减少846.4万元，减幅为60.31%。

【存款业务】 截至2020年底，农发行鄯善县支行各项存款余额0.36亿元，占鄯善县金融机构各项存款的0.27%。全县存贷比为60.78%，农发行鄯善县支行存贷比6522.22%，是全县的107.31倍。

【业务经营】 截至2020年底，农发行鄯善县支行服务国家粮食安全，加大粮食信贷支持。向鄯善县粮油收储公司投放100万元县级应急成品粮储备贷款，用于采购面粉和大米建立政府成品粮储备，保障重要生活物资市场供应和价格稳定。根据鄯善县人民政府《关于同意2000吨县级储备粮轮换的批复》（鄯政复〔2020〕28号）文件及《政府储备调控贷款管理办法》要求，完成县级储备粮轮换，做好贷款收回和发放工作。

做好棉花收购资金供应与管理。针对棉花目标价格改革多元化资金进入收购市场的趋势，提前与棉花企业进行对接，早谋划、早安排，按上级行要求给支行唯一一家棉花客户鄯善县新昱棉麻有限公司授信8000万元，累计投放2020棉花年度收购贷款2000万元，支持收购皮棉1649吨，并于2020年11月，提前实现贷款本息双结零。

支持县域基础设施建设项目，服务地方经济发展。根据新疆鄯善石材工业园区道路PPP建设项目建设进度累计投放贷款4笔，金额10689.27万元。新葡王葡萄酒（白兰地）质量安全保障能力提升项目投放贷款4笔，金额3260万元。

做好疫情防控，支持企业复工复产。用好复工复产绿色通道，贷款利率定价实行优惠，给新疆广汇液化天然气发展有限责任公司投放3亿元天然气加工采购贷款，助力企业复工复产同时保障民生用气。

服务民营小微企业，加大特色林果业收购支持力度。支行做好小微企业金融服务工作，围绕普惠小微企业贷款增速目标结合鄯善县实际加大特色林果业收购支持力度。向吐鲁番楼兰酒庄股份有限公司投放500万元产业化龙头企业其他流动资金短期贷款，用于葡萄收购；向吐鲁番汇川农业有限公司投放1000万元流动资金扶贫贷款，用于葡萄干及其他干鲜果收购，同时引导企业收购易地扶贫搬迁户葡萄干，助力易地扶贫搬迁后续扶持。

做好决战决胜脱贫攻坚金融服务。信贷业务部设立1名扶贫专干，主管信贷的副行长主抓胜脱贫攻坚工作。完成鄯善县交办的关于中央第六巡视组开展脱贫攻坚专项巡视“回头看”5条问题的整改销号工作。开展新疆分行给吐鲁番市分行中央脱贫攻坚专项巡视“回头看”反馈问题台账（四个方面，30条）的整改工作。根据《新疆分行夯实脱贫攻坚管理基础专项行动方案》，对支行2018年以来有余额的扶贫贷款的扶贫认定、资金支付、带贫成效、扶贫质效管理等全流程、各环节进行自查自纠，接受上级行现场和非现场检查。根据鄯善县精准扶贫档案工作安排，整理完成2015—2020年精准扶贫档案资料整理工作。

做好隐性债务化解工作。根据政府债务监测要求，配合县政府提前收回纳入隐性债务的贷款本金3400万元，其中良泉市政公司鄯善县鲁克沁镇基础设施建设项目收回贷款2000万元；诚安公司鄯善县重点水资源配置工程项目收回贷款1000万元；诚安公司鄯善县垃圾场无害化。

**【减费让利政策】** 2020年，农发行和鄯善县支行根据总行《关于减免受疫情影响地区金融服务收费的通知》《关于进一步强化政策性金融服务支持防控新型冠状病毒肺炎疫情的通知》《关于进一步做好利率优惠工作的通知》等文件内容，实施减免受疫情影响地区金融服务收费及利率优惠政策。免收客户在我行支付结算业务收费、网银工本费、网银年费，支行承担抵押物评估费、抵押登记费，减费让利于企业，降低融资成本。2020年，减费让利企业29.19万元，其中手续费、工本费让利2.17万元，降低贷款利率让利23.18万元，其他减免、让利费用3.84万元。

（马　军）

## 中国银行股份有限公司鄯善县支行

**【基本情况】** 中国银行股份有限公司鄯善县支行成立于1991年，辖内有2个营业机构，即鄯善县支行营业部、鄯善县新城东路支行。县支行内设综合管理部、业务发展部2个部门。

**【存款业务】** 截至2020年12月底，中行鄯善县支行存款余额22.18亿元，较上年上升9349万元，较上年上升0.09%。外币存款余额382.42万美元，其中公司外币存款余额296.83万美元，个人外币存款余额85.59万美元。

**【贷款业务】** 2020年，中行鄯善县支行发放普惠金融贷款211笔，金额5171.68万元，其中发放扶助个体工商户抗击疫情贴息贷款182户，金额740.8万元。截至2020年底，各项贷款余额3.58亿元，较年初增长1.8亿元。

**【银行卡业务】** 2020年，中行鄯善县支行新增信用卡1700张，较上年上升1030张；普通借记卡发卡6371张，较上年新增939张；开通手机银行6281户；较上年新增785户；新增商户91户，其中安装聚合二维码72户，中银智慧付19户，与上年相比商户客户下降70户。

**【中间业务】** 2020年，中行鄯善县支行实现非利息净收入799.67万元，较上年695.48万增加104.19万元。其中，公司业务非利息收入190.83万元，较上年的262.7万元减少71.87万元；个金板块非利息收入实现608.84万元，较上年的432.78万元增加176.06万元。

【风险管控】 2020年，中行鄯善县支行强化合规经营，健全内控和案防机制，推进合规文化建设，做好内控考核体系的落实，提高内控工作管理的能力和精细化管理水平，加强风险内控管理，确保全年零发案和无重大差错事故。

（樊 梅）

## 中国农业银行股份有限公司鄯善县支行

【基本情况】 中国农业银行股份有限公司鄯善县支行2020年全行在职员工62人，下辖营业部、木卡姆路二级支行、新城东路二级支行3个营业机构，内设风险管理部、客户部2个部门，主要经营存款、贷款、中间业务、代理业务。

【存款业务】 截至2020年底，农行鄯善县支行各项存款余额89038万元，其中储蓄存款余额65551万元，对公存款余额23203万元。

【信贷业务】 截至2020年底，农行鄯善县支行各项贷款余额25284万元，其中三农个人贷款余额9133万元，企业贷款16151万元。年内支行支持地方经济发展，为县域重点企业、小微企业、种植养殖业农户提供贷款支持，发放贷款2.04亿元，其中发放企业贷款1.72亿元、发放个人贷款3162万元（包括复工复产贷款426万元）。

【中间业务】 截至2020年底，农行鄯善县支行实现中间业务收入836万元。其中，结算业务收入92万元，理财业务收入107万元，代理业务收入147万元，信用卡业务收入327.2万元，商户收单业务收入102.5万元，电子银行业务收入153.5万元，其他业务收入60.3万元。

【风险管控】 2020年，农行鄯善县支行落实好分管条线党风廉政建设、案件防控、重大突发事件处置等工作。年内无重大操作风险及违规事件发生。

（杨培玉 姚 琦）

## 中国工商银行股份有限公司鄯善支行

【基本情况】 中国工商银行股份有限公司鄯善支行现有分支机构2个，分别是中国工商银行股份有限公司鄯善支行营业室、中国工商银行股份有限公司鄯善东大街支行，从业人员35人，2个营业机构共装有自动存、取款机12台。截至2020年底，全行实现利润1828万元，人均净利润52万元，网均净利润914万元。

【存款业务】 储蓄存款 截至2020年12月31日，工行鄯善支行储蓄存款时点余额8.41亿元，较年初增长1976万元。其中，鄯善支行营业室余额4.87亿元，较年初增长1733万元，完成年度任务5500万元的31.5%；鄯善东大街支行余额3.54亿元，较年初增长243万元，完成年度任务2200万元的11.05%。

公司存款 截至2020年12月31日，工行鄯善支行公司存款时点余额1.41亿元，较年初减少0.78万元，完成年度任务2170万元的-362.4%。其中，鄯善支行营业室余额1.21亿元，较年初减少0.9万元，完成年度任务1845万元的-488.1%；鄯善东大街支行余额0.19万元，较年初减少325万元，完成年度任务的-350.7%。

机构存款 截至2020年12月31日，工行鄯善支行机构存款时点余额5994万元，较年初减少620万元，完成度任务2169万元的-28.7%。其中，鄯善支行营业室余额384万元，较年初减少412万元，完成年度任务765万元的-53.8%；鄯善东大街支行余额5610万元，较年初减少208.13万元，完成年度任务1404万元的-14.8%。

【贷款业务】 截至2020年12月31日，工行鄯善支行各项贷款时点余额合计54004.06万元，较年初减少7681.04万元。其中，个人贷款时点余额11571万元，较年初减少856万元；法人贷款时点余额43308.39万元，较年初减少6599.76万元，主要为项目贷款进入大额还款期。全年新增小微企业贷款客户27户，累计发放法人贷款2723.95万元，办理法人经营快贷及理财质押融资，全年累计办理票据贴现0.2亿元。截至2020年12月31日，工行鄯善支行新开对公账户134户，有效账户80户，完成全年计划任务59.7%；新开机构账户1户。

【中间业务】 截至2020年12月31日，工行鄯善支行中全员营销贵金属、E支付商户、信用卡分期、基金理财等产品，累计完成中间业务收入1077万元，完成年任务92.8%。其中，代理基金销售3245万元、信用卡分期投放额4184万元。

（张新成）

## 中国建设银行股份有限公司鄯善支行

【基本情况】 中国建设银行股份有限公司鄯善支行（简称建行鄯善支行），为国有控股上市公司，位于鄯善新城东路1644号。2020年，建行鄯善支行有鄯善支行营业部、鄯善县广场支行、吐哈石油支行3个营业机构，内设综合管理部、客户部2个部门。全辖自动柜员机16台，其中城区13台、火车站3台。截至2020年底，一般性存款余额25亿元，贷款8.12亿元，中间业务收入639万元。

【存款业务】 2020年，建行鄯善支行一般性存款余额25亿元，时点新增3.36亿元。其中，对公存款余额10.22亿元，当年增长1.92亿元，个人存款余额14.79亿元，当年新增1.45亿元；日均新增1.97亿万元，其中对公存款日均余额9.01亿元，当年增长472万元，个人存款日均余额13.89亿元，当年新增1.92亿元。

【贷款业务】 2020年，建行鄯善支行以信贷业务促各项业务发展。以大资产业务为引领，加强与县政府的合作，实现5个信贷项目的投放，授信额度达5.3亿元，实现投放2.8亿元。推出全线上自助办理的贷款品种，截至12月底，新增小企业贷款客户52户，投放贷款540万元。

截至12月31日，全行对公贷款8.12亿元，比年初负增长0.82亿元，较年初负增长0.83亿元，其中公司类普惠金融业务，数量方面，全行小微企业授信客户数144户，个体工商复工复产客户数为270户。对公条线普惠金融贷款余额5317.2万元，小微企业贷款客户数144户，较年初新增57户。

【中间业务】 2020年，建行鄯善支行重点推进分期业务、代理基金销售。实现中间业务收入639万元，较上年同期多增2.08万元。

【代理业务】 截至2020年12月10日，建行鄯善支行代理基金销售基金交易额1.63亿元，创造中收169.85万元。

【银行卡和电子银行业务】 2020年，建行鄯善支行将电子银行产品与商户拓展相结合，提升移动金融替代率。拓宽支行基础客户广度，支行将商户拓展与新疆惠、龙支付、扫码付等结算渠道相结合，利用商户资源的同时，挖掘新资源。

（何小勇）

## 鄯善县农村信用合作联社

【基本情况】 2020年末，鄯善县联社内设9部1室，分别为财务信息部、会计部、信贷部、审计部、电子银行部、资产风险管理部、安全保卫部、人力资源部、纪检监察部和综合办公室。鄯善县联社下设17个营业网点，分别为新城、老城、楼兰、城镇、油城、七克台、园艺场、辟展、连木沁、汉墩、鲁克沁、鲁克沁巴扎、吐峪沟、达朗坎、迪坎、广场16个信用社和1个联社营业部。

2020年3月26日，鄯善县联社召开第四届理事会第十四次会议。4月29日召开鄯善县农村信用合作联社第四届社员代表大会第六次会议。11月1日，鄯善县农村信用合作联社存款突破40亿大关。11月6日，鄯善县农村信用合作联社召开鄯善农商银行创立大会暨第一次股东大会。12月16日，鄯善县农村信用合作联社取得鄯善农商银行开业批复。12月25日，鄯善县农村信用合作联社取得鄯善农商银行金融许可证。

【经营情况】 截至2020年底，鄯善县联社资产总额为447550.64万元，与上年末相比增加29414.35万元，增幅7.03%。负债总额410253.30万元，比上年末增加25767.88万元，增幅为6.70%。所有者权益37297.34万元与年初相比增加3646.47万元，增幅10.84%，资产负债比率91.67%。

营业收入　截至2020年底，鄯善县联社营业收入17933.40万元，比上年减少463.48万元，减幅2.52%。贷款利息收12255.57万元，比上年增加1315.23万元，增幅12.02%。其中，农户贷款利息收入5951.65万元，比上年底增加451.40万元，增幅8.21%；农村经济组织贷款利息收入37.45万元，比上年底减少46.2万元，减幅55.23%；农村企业贷款利息收入2666.87万元，比上年增加342.71万元，增幅14.75%；非农贷款利息收入3728.47万元，比上年增加746万元，增幅25.01%。金融机构往来收入5255.70万元，比上年同期减少1361.86万元，减幅20.58%；手续费及佣金收入231.36万元，比上年同期减少340.26万元，减幅59.53%；其他业务收入55.14万元，增加43.9万元，增幅390.57%。投资收益110.70万元，比上年同期相减少74.16万元，减幅40.12%。

营业支出　截至2020年末，鄯善县联社营业支出14359.13万元，比上年增加772.14万元，增幅5.68%。其中，利息支出5544.04万元，比上年增加1392.13万元，增幅33.53%。业务及管理费用5958.46万元，比上年减少430.78万元，减幅6.74%。其中，职工薪酬支出3648.60万元，比上年减少169.54万元，减幅4.44%。固定薪酬1508.87万元，比上年同期减少38.68万元，减幅3.59%。2020年费用率33.27%万元，人均费用额34.44万元。营运费用支出2309.84万元，比上年减少261.26万元，减幅10.16%。

营业外支出　截至2020年底，鄯善县联社向鄯善县红十字会捐助抗疫资金20万元，鄯善县联社向迪坎村贫困村捐款8万元，向公安部门（警务站）捐款5.3万元；向联社访惠聚驻村工作组慰问0.95万元。

利润完成情况　截至2020年底，鄯善县联社利润总额3574.26万元，比上年减少1235.63万元；拨备前利润6537.63万元，比上年减少1216.07万元，减幅15.68%。主要原因：2020年，疫情期间减费让利80万元，净利润3245.48万元，比上年同期减少905.41万元，减幅21.81%。

**【存款业务】**　截至2020年底，鄯善县联社各项存款401618万元，较年初增加39996.59万元，增幅11.06%。县域9家金融机构，占县域市场份额的30.61%，占据全县金融机构首位。其中，单位存款127713.41万元，比上年增加6101.57万元，增幅5.02%，单位存款占存款总额的31.18%；储蓄存款273904.60万元，比上年增加33900.61万元，增幅14.13%；储蓄存款占存款的68.20%；存款日均359809.22万元，比上年增加7914.87万元，增幅2.25%。其中，储蓄存款日均240234.55万元，比上年增加20484.33万元，增幅9.32%。

**【贷款业务】**　截至2020年底，鄯善县联社各项贷款322369.69万元，较年初增加17612.04万元，增幅为5.78%，贷款占县域市场份额45.45%，稳居鄯善县金融机构首位。转贴现票据88984.47万元，占贷款的27.60%，与年初相比下降33.39%，转贴现与同业余额合计97941.53万元，占总资产总额的21.80%。

截至2020年底，鄯善县联社各项贷款余额322369.69万元，其中正常类贷款297515.14万元，关注类贷款17536.08万元，次级类贷款2988.14万元，可疑类贷款4229.39万元，损失类贷款100.94万元，逾期90天以上贷款4684.58万元。实现不良贷款“双降”目标，不良贷款偏离度64.01%，较上季度下降35.76%，较年初下降34.06%。

截至2020年底，鄯善县联社涉农贷款162747.54万元，与上年末相比增加31136.03万元，增幅23.66%，占贷款总额的50.48%；不良贷款7318.47万元，不良贷款率2.27%，拨备覆盖率219.99%，贷款准备充足率485.90%，比年初减少365.53万元，减幅4.76%。

**【发卡业务】**　截至2020年底，鄯善县联社全年发卡1.48万张，历年累计发卡33.3万张。银行卡存款7.22亿元，比上年末增长2600万元，比上年末上升3.7%；卡均存款0.22万元，比上年末减少0.2万元，卡存款余额占联社存款的17.9%。实现银行卡手续费收入127.87万元，比上年减少347.6万元；银行卡手续费支出22.7万元。

【收单业务】 截至2020年底，鄯善县联社全辖在线ATM共布放32台，与上年末保持不变，其中在行式25台，离行式7台；农区ATM自助设备共17台，占53%；城区的ATM自助设备共15台，占47%。布放存取款一体机14台，其中3台为离行式。全辖ATM全年累计交易量45.85万笔，交易金额11.16亿元。

累计拓展商户529家，累计布放POS机终端614台，比上年增加51台，比上年末增长12.3%。全年拓展条码商户2456家，条码特约商户全年交易笔数120.2万笔，消费金额2.96亿元。

【网银业务】 截至2020年底，鄯善县联社发展企业网银782户，较上年末增加162户，增幅为26.2%，企业网银交易6.96万笔，交易金额43.9亿元。个人网银注册客户达2.85户，年内开户1.26万户，累计交易笔数4.5万笔，金额9.68亿元。

【利润分配】 2020年，鄯善县联社净利润3245.48万元，上年未分配利润1311.09万元，往年度利得469.90万元，弥补往年度损失28.91万元，可供分配利润4997.56万元。2020年，投资股12955.75万元，以10%股率进行配股，配股股息1295.58万元。

（杨燕妮）

## 中国邮政储蓄银行股份有限公司鄯善县支行

【基本情况】 邮政储蓄银行鄯善县支行于2008年5月28日正式挂牌成立。设有综合营业厅、信贷业务部和综合业务部。主要经营业务：人民币存款业务、人民币结算业务、人民币理财业务、西联汇款、对公业务、企业网银业务、电子银行业务、手机银行业务、代理保险业务、贵金属业务、信用卡业务、小额贷款业务、个人商务贷款和个人消费贷款业务。经营模式为自营+代理。

2020年，全县有邮政金融网点12个，其中银行自营网点1处，代理网点10处，ATM17台。有职工人数22人。全年完成收入1047万元，增长14.19%，高于全市平均水平1.17%，列全市第2位；完成市分行收入预算的95.17%，列全市第2位。全口径不良率2.1%，较年初下降1.44%，实现不良金额和不良率双降。

【存款业务】 截至12月底，邮政储蓄银行鄯善县支行储蓄存款余额11.28亿元，其中银行自营储蓄余额达2.18亿元，邮政代理储蓄余额达9.1亿元。中间业务：2020年理财新增保有量240.12万元，偏股型定投94户，基金销售404.73万元。信用卡新增发卡889张，无介信用卡发卡55张，手机银行1346户。

【信贷业务】 2020年，邮政储蓄银行鄯善县支行投放农贷通1496万元，较上年增长501万元；投放商贷通887万元，较上年减少301万元；投放消费贷款1974万元，净增622万元；投放小微易贷4户金额414万元，投放极速贷14笔，金额202万元，各类贷款投放4973万元，比上年增长1505万元，净增1271万元，结余8698万元。截至年末，全口径不良金额182.13万元，较年初下降79.71万元；不良率2.1%，较年初下降1.44个百分点。

【金融下乡服务】 2020年，邮储银行鄯善县支行建立“政府+银行+保险+农户”的风险分担机制，对24个信用村发放248笔1068万元的贷款，扶贫贷款96万元，提供金融资金支持。

【公司业务】 2020年，邮政储蓄银行鄯善县支行公司业务累计净增4406万元，年末余额达到6573万元，完成新增客户21户，完成年净增计划的100%。开发网上缴费平台2户。

【支付环境建设】 2020年，邮政储蓄银行鄯善县支行开展农村地区支付服务环境改善工作，加强对农村地区服务环境投入和改善工作。年内，全县有11处网点，其中农村网点有7处，占网点总数的63.6%。全县布放ATM12台，商易通18部，POS机32台。

【风险防控】 2020年，邮储银行鄯善县支行加强风险管控按照“谁分管，谁负责，一把手负总责”的原则，开展前后台管理、自营网点、金融代理网点常规审计、专项审计工作。加强内控制度建设，防范和化解金融风险。落实《中国邮政储蓄银行员工轻微违规积分管理办法》，从防范操作风险入手抓制度落实，管理工作规范化。全年无案件和客户有理由申告事件发生。

（马爱文）

## 昆仑银行股份有限公司吐哈分行鄯善石油支行

**【基本情况】** 昆仑银行股份有限公司吐哈分行鄯善石油支行正式成立于2011年3月，位于新疆鄯善县火车站镇吐哈石油大院内，是昆仑银行首家跨区域支行。2020年，有员工13人。主要经营业务有吸收公众存款，发放短、中期和长期贷款；办理国内结算；办理票据承兑和贴现；代理保险业务、贵金属业务、信用卡业务等经中国银保监会批准的其他业务。

**【存贷款业务】** 截至2020年底，昆仑银行鄯善石油支行各项存款余额94102.97万元，其中储蓄存款88569.68万元，对公存款5533.29万元，各项贷款15518.29万元，其中贴现11890.89万元，实现中间业务收入28.30万元。

**【特色业务】** 2020年，昆仑银行鄯善石油支行坚持产融结合，健全能源特色金融服务体系，支持实体经济发展供应链金融，开展商信通、油企通业务。为有效应对新冠疫情影响，支行利用互联网+票据业务，实现电子商业汇票贴现业务全流程线上自动化处理，推出“昆仑快贴”业务，实现企业场景与银行资方在“零接触”模式下，为石油化工能源产业链客户提供安全、高效的票据在线贴现融资服务，全流程无须人工干预，线上自动审核放款，将票据融资业务办理时间从原来5～6小时缩短为现在10余秒，提高产业链客户融资效率，降低运营成本和操作风险。

**【风险控制】** 2020年，昆仑银行鄯善石油支行“合规能力提升年”，落实稳健偏审慎的风险偏好与“强基础、严监管、零容忍”要求，完善合规管理机制，开展合规文化宣贯、合规监测与监督检查，落实合规奖惩机制，提升“五项”合规能力。通过开展“抓党建、提能力，讲合规、促发展”“忠于企业、爱岗敬业”“分行十年发展 合规创造价值”等主题活动，不断强化全员合规意识。年内，实现无重大监管处罚、未发生案件目标。

（黄卫玲）

## 鄯善中成村镇银行股份有限公司

**【基本情况】** 2020年，鄯善中成村镇银行设一个营业网点，行内设有业务发展部、财务会计部、风管合规部、综合管理部和营业部5个职能部门，有员工21人。主要业务范围包括：吸收公众存款，发放短期、中期和长期贷款，办理国内结算及电子银行，从事同业拆借，代理代收款项，经银行业监督管理机构批准的其他业务。

**【存款业务】** 截至2020年底，鄯善中成村镇银行存款余额12057.02万元，较年初增加941.1万元，增幅8.47%。

**【贷款业务】** 2020年，鄯善中成村镇银行贷款余额11702.23万元，较年初增加3027.94万元，增幅34.91%；其中涉农贷款余额7483.83万元，小微企业贷款余额5797.98万元。累计投放各类贷款12566.7万元，其中哈密瓜、葡萄种植贷款3256万元，牛羊、生猪养殖贷款1653万元，葡萄干收购贷款1517万元。

**【银行卡和电子银行业务】** 截至2020年底，鄯善中成村镇银行累计发卡5578张，电子银行交易11506笔，交易金额22277.26万元。

**【经营措施】** 2020年，鄯善中成村镇银行推出线上业务预约登记服务，采取电话营销、微信营销。制作业务产品手机海报，全员微信宣传，电话联系客户。响应政府及监管部门的要求，支持复工复产和实体经济。加大对受疫情影响的种植养殖业、农副产品生产行业的金融支持力度。坚持支农支小市场定位，开发符合当地特色的《快捷经营贷》《随心贷》《流水灵活贷》《惠小税金贷》《中成瓜果贷》《惠农时代养殖贷》等惠农、惠小产品，满足不同层次不同类型农户的需求，提高信贷支农、支小覆盖率。开展普惠金融、金融知识进万家等系列活动，坚持服务“三农”和支持小微企业，提供优质的服务。

**【内控管理】** 2020年，鄯善中成村镇银行坚持“理性、稳健、审慎”风险管理基本方针，坚持“全面性、审慎性、有效性、独立性”风险管理原则，坚持“合规创造价值”的理念，加强全面风险管理体系建设，确保安全稳健运行。

（肖　磊）

## 小额贷款

**【基本情况】** 2020年，鄯善县区域内经自治区批准，市场监管部门注册的小额贷款公司有鄯善县汇金小额贷款有限责任公司、鄯善县明宇小额贷款有限责任公司、鄯善县融鑫小额贷款有限公司3家。截至年底，鄯善县3家小额贷款公司资产总额为9843万元，贷款余额为8525万元。

**【鄯善县汇金小额贷款有限责任公司】** 经自治区金融工作办公室和鄯善县工商局审核批准，鄯善县汇金小额贷款有限责任公司于2013年5月8日正式成立，注册资金2000万元，为有限公司。公司设立业务部和财务部。业务部负责开拓客户，发展业务。财务部负责财务核算和后勤保障。根据自治区金融办和县工商局批复公司经营项目为办理各项小额贷款。贷款期限是一年期内的短期贷款，贷款对象主要为个体工商户、三农和中小企业。还款方式采取整贷整还、等额本息、按期还息、到期还本等多种形式。2020年12月引入新的股东，增资3000万元，注册资本变更为5000万元，按照《新疆维吾尔自治区小额贷款公司管理暂行办法》的有关规定，合规经营。截至2020年底，资产总额为2026.29万元，贷款余额为1917.10万元。

**【鄯善县明宇小额贷款有限责任公司】** 经自治区金融工作办公室和鄯善县工商局审核批准，鄯善县明宇小额贷款有限责任公司于2012年1月17日正式成立。鄯善县工商行政管理局注册，注册资金3000万元。公司董事会由3人组成，公司内设办公室、财务室和信贷部3个部门，公司注册经营地址在鄯善县新城路，有员工8人。根据自治区金融办和县商局的批复，公司经营项目为办理各项小额贷款。贷款期限是一年期内的短期贷款，货款对象主要为个体工商户、“三农”和中小企业。还款方式采取整贷整还、等额本息、按期还息、到期还本等。公司成立当年即开办小额贷款业务。截至2020年底，资产总额为3803.74万元，贷款余额为2648.60万元。

**【鄯善县融鑫小额贷款有限责任公司】** 经自治区金融工作办公室和鄯善县工商局审核批准，鄯善县融鑫小额贷款有限责任公司于2013年8月16日正式成立。在鄯善县注册，注册资金4000万元。公司设立业务部和财务部。根据自治区金融办和县工商局的批复，公司经营项目为办理各项小额贷款。贷款期限是一年期内的短期贷款，贷款对象主要为个体工商户、“三农”和中小企业。还款方式采取整贷整还、等额本息、按期还息、到期还本等多种形式。截至2020年底，资产总额为4013.85万元，贷款余额为3959.36万元。

（刘少军）

## 典　当

**【典当业务】** 2020年，全县有典当行2家，即鄯善县瑞信典当有限公司、鄯善县九鼎典当有限责任公司。年内，鄯善县瑞信典当有限公司发生在当续当业务9笔（不动产抵押4笔、动产质押5笔），典当金额总计1062万元，无绝当业务，息费均在法定范围内，没有预扣利息的情况，净利润62.72万元；鄯善县九鼎典当有限责任公司发生典当业务5笔（不动产抵押4笔、动产质押1笔），典当总额

371万元，绝当业务1笔（已于2021年5月10日赎当），息费均在法定范围内，没有预扣利息的情况，净利润为-11.6万元。

【典当监管】 2020年，县金融办加大对典当行业管理，防范非法融资行为。通过指定会计师事务所对2家典当经营企业2020年度账务及经营情况进行审计，未发现该公司对股东的典当行为，房地产抵押、动产抵押额度在规定范围内，当票开具真实合法，从账面上未发现存在非法集资、吸收或变相吸收存款行为。针对典当企业少的现状，建立典当行季查机制，重点对典当公司当票（续当票）使用，质押物保管，是否存在账外账，是否存在非法融资、非法吸储等事项进行检查。未发现典当企业存在非法融资和非法吸储问题。

（代永凤）

# 保险业

## 中国人民财产保险股份有限公司鄯善支公司

【基本情况】 原鄯善县人民保险公司成立于1986年5月6日，成立之初从业人员5人；内设理赔部、业务承保部、综合部及营销部，下设两个分支机构。1996年，中国人民保险公司实行财产、人寿业务分离。1998年，更名为中国人民财产保险股份有限公司鄯善支公司（简称人保财险鄯善支公司）。2011年，支公司成立连木沁营销部和鲁克沁营销部两个农村网点。截至2020年，人保财险鄯善支公司下设机构2家，即连木沁营销部和鲁克沁营销部。主要业务有机动车辆保险、企业财产保险、家庭财产保险、工程保险、货运保险、信用保证保险、农业保险以及短期健康和意外伤害保险等险种，主推险种机动车保险。

【业务经营】 截至2020年底，人保财险鄯善支公司保费收入4712.06万元。其中，车险3581.8万元、农险54万元、非车非农1076.26万元。2020年，市场份额49.66%，其中，车险57.38%、农险31.42%、非车非农35.05%。2020年，公司直接赔款2656.1万元，全险种赔付率56%。其中，车险赔付率16.3%、农险赔付率92%、非车非农赔付率17.11%。

【公司管理】 2020年，人保财险鄯善支公司继续拓展政企合作，在车辆保险、学生保险、工程保险等多维度提高公司市场份额，严抓基础管理，拓宽业务渠道，树立“诚信服务、稳健经营”的经营理念，在提升业务规模、效益、结构、质量等方面实现新突破。稳保整体保费增速，把工作重心向提高增值服务质量转移，健全客户投诉工作制度，完善与保户利益直接相关、为保户排忧解难的工作措施与规范，努力延伸保中服务。推进区域农网建设，结合地方经济发展，围绕“振兴乡村”这条主线，加大农业保险覆盖率，丰富农业保险产品，提高承保、理赔服务的质量，为乡村振兴贡献力量。

（黄先东）

## 中华联合财产保险股份有限公司鄯善县支公司

【基本情况】 2001年3月28日，根据《关于新疆兵团保险公司分业经营机构体制改革具体实施方案的批复》（保监复〔2000〕316号）文件精神，分别成立新疆兵团财产保险公司吐鲁番中心支公司、新疆兵团财产保险公司鄯善县支公司，成立之初，隶属哈密分公司。2002年2月，中华联合财产保险股份有限公司鄯善县支公司（简称中华财险鄯善县支公司）在鄯善县成立，是由原中华联合财产保险公司吐鲁番中心支公司、中华联合财产保险公司鄯善县支公司合并后分设的。2003年，由于公司内部改革，管理权由哈密分公司划归至吐鲁番分公司。2007年，公司更名为“中华联合财产保险股份有限公司鄯善县支公司”。

2020年，中华联合财产保险股份有限公司鄯善县支公司以机动车辆险为龙头，开办企业财产保险、家庭财产保险、工程保险、货运保险、信用保证保险、农业保险以及短期健康和意外伤害保险等险种。配合社会医疗保险的城镇职工补充医疗保险。

【业务经营】 截至2020年底，中华联合财产保险股份有限公司鄯善县支公司全年实现保费收入2493.03万元，年度赔款支出1658.79万元，赔付率为66.54%。支公司年承保700万余元城镇职工补充医疗保险，为鄯善县22万城镇职工和居民承担医疗保险赔付。

（路灵玲）

## 中国平安财产保险股份有限公司鄯善支公司

【基本情况】 2003年9月，成立中国平安财产保险股份有限公司鄯善营销服务部，营业地址在鄯善县火车站镇。2010年，中国平安财产保险股份有限公司鄯善营销服务部更名为“中国平安财产保险股份有限公司鄯善支公司”，在职人员5人。主要经营机动车辆保险、企业财产损失保险、家庭财产损失保险、短期健康保险、意外伤害保险、诉讼责任险、建筑工程保险、安装工程保险、货物运输保险、农业保险等经中国银保监会批准的其他业务，业务覆盖鄯善县全域。

【业务经营】 截至2020年底，平安财险鄯善支公司完成全险种保费收入1497万元，其中车险保费收入1212万元、财产险保费收入152万元、意健险保费收入133.5万元。全险种赔付支出422万元。

【公司业务】 2020年，平安财险鄯善支公司聚焦“大金融资产”与“大医疗健康”，推动智能化、数据化经营转型，运用科技助力金融业务提升服务效率。优化“一个客户、多种产品、一站式服务”的综合金融经营模式。“平安好车主”服务体系全面升级，覆盖加油、停车、年审、代驾、道路救援等多种服务，搭建涵盖“车保险、车服务、车生活”的一站式服务平台。车险“极速快赔”纯车务事故案件万元以下24小时结案，实现线上理赔、远程查勘定损、小额人伤案件现场快赔。推动“信任赔”先结案、后修车、提升服务质量。开发“乐企e生”“店家宝”“雇主安心保”等保障小微企业增强抵抗风险能力专属产品。

（张 晨）

## 永安保险吐鲁番中心支公司鄯善营销部

【基本情况】 永安财产保险股份有限公司乌鲁木齐分公司鄯善营销服务部于2004年6月成立。2008年8月，更名为永安财产保险股份有限公司吐鲁番中心支公司鄯善营销服务部。业务覆盖鄯善县城乡，经营范围包括企业财产损失保险、家庭财产损失保险、机动车辆保险、建筑工程保险、安装工程保险、货物运输保险、船舶保险、能源保险、短期健康保险、一般责任保险、保证保险、信用保险（出口信用保险除外），以及经中国银保监会批准的其他财产保险业务。

【业务经营】 2020年，永安保险鄯善营销部完成全险种保费收入332.95万元，其中车险保费收入320.02万元、财产险保费收入6.05万元、人身险保费收入6.88万元。受理案件178笔，理赔支出66.26万元。

（杨加新）

## 中国人寿财产保险股份有限公司鄯善支公司

【基本情况】 中国人寿保险财产保险股份有限公司鄯善支公司（简称中国人寿财险鄯善支公司），于2017年03月17日成立，位于新疆吐鲁番市鄯善县市区新城东路399号。开展财产损失保险、责任保险、农业保险、信用保险和保证保险，短期健康保险和意外伤害保险，经中国银保监会批准的其他业务。

【业务经营】 截至2020年底，中国人寿财产保险股份有限公司鄯善支公司累计完成总保单件数4021件，累计总保费580万元，比上年增长21%；件均保费1442元，比上年增长12.2%，退保率为0.23%。

2020年，公司受理理赔案件258件，已决赔款和赔款抵税金额140万元，案均赔款为0.54万元，综合案均赔款0.59万元，比上年增加0.37%，日历年度赔付率35.14%，比上年增加5.97%，平均出现率为11.11%，平均损失率为0.12%，金额结案率达91.46%。

【公司管理】 中国人寿财险鄯善支公司依托中国人寿集团化综合经营优势，适应2020年经济发展新常态、新形势，抢抓财产保险行业新机遇、新挑战，实施创新驱动发展战略，抓基础管理，拓宽业务渠道，树立稳健，企业担当的观念，把工作重心向提高增值服务质量转移，主动发现和查找问题，了解企业、客户需求，提高承保、理赔服务的质量水平，加强理赔各项指标的管控。

【内控管理】 2020年，中国人寿财险鄯善县支公司坚持依法合规经营，维护财产保险市场秩序，促进财产保险市场稳健运行，拓展与鄯善县国计民生密切相关的农业、畜牧业等“三农”保险业务，为惠农富农脱贫服务。

（张　昆）

## 中国人寿保险股份有限公司鄯善县支公司

【基本情况】 中国人寿保险股份有限公司鄯善县支公司（简称中国人寿保险鄯善县支公司）1999年1月，成立中国人寿保险公司鄯善县支公司是中国人寿保险股份有限公司在吐鲁番地区的分支机构，内设办公室、财务室和业务科。2002年3月，经新疆保监局批准，成立中国人寿保险公司鄯善县支公司鄯善营销服务部、火车站营销服务部、鲁克沁营销服务部和七克台营销服务部4个营销服务部。内设财务室和业务科。公司主要有人寿保险、健康保险、意外伤害保险、养老保险、分红保险、万能保险、企业年金七大类200余种险种。

【业务经营】 2020年，中国人寿保险鄯善县支公司总保费达成0.96亿元，比上年增长10.68%。新单保费达成2478万元，比上年增长28.42%。标保达成874.82万元，达成率107.47%，比上年增长11.66%。长险首年保费达成1927.85万元，达成率123.74%，比上年增长40.54%，其中十年期保费达成816万元，达成率105.43%，比上年增长7.56%；保障型产品（十年期及以上）保费达成749万元，达成率127.11%，比上年增长33.54%。2020年，累计受理理赔案件近598件，赔款达到612万元。

【团体保险】 2020年，中国人寿保险鄯善县支公司小额信贷业务保持良好发展，年内收取小额信贷保费110万元；春季开工契机，团险渠道有效承保部分厂矿企业和建筑工地的意外伤害保险；全年收取教育保险保费50万元。团险业务稳步增长。

【内控管理】 2020年，中国人寿保险鄯善县支公司做好销售人员的诚信和法律法规教育，杜绝销售误导和违规违纪事件，做好反洗钱工作。及时处理客户投诉，解决问题。开展自查自纠，落实整改。

（李智勇）

## 中国平安人寿保险股份有限公司吐鲁番中心支公司鄯善营销服务部

【基本情况】 中国平安人寿保险股份有限公司吐鲁番中心支公司鄯善营销服务部于2001年5月成立，经营各类人寿保险、健康保险、意外伤害保险等保险业务。2020年，鄯善营销服务部有内勤员工3人，从业人员95人。主要销售险种有少儿平安福、少儿福上福、平安福、守护百分百、安心百分百等险种100多个。

【业务经营】 截至2020年底，平安寿险鄯善营销服务部保费收入1695.9万元；推出“闪赔”业务，简化理赔受理流程，客户上线受理理赔，理赔支出2577.88万元。

【风险管控】 2020年，平安寿险鄯善县支公司做好销售人员的诚信和法律法规教育，杜绝销售误导和违规违纪事件，执行上级公司和银保监会做好反洗钱工作。开展自查自纠，及时处理客户投诉等问题，做好风险管控合规经营。

（秦建花）

## 泰康人寿保险股份有限公司新疆吐鲁番鄯善支公司

【基本情况】 泰康人寿保险股份有限公司新疆吐鲁番鄯善支公司于2009年12月成立，隶属泰康人寿保险股份有限公司新疆吐鲁番中心支公司，2017年1月更名泰康人寿保险有限责任公司新疆吐鲁番鄯善支公司，内设职能部门1个。主要经营的险种包括人寿保险、养老保险、健康保险、分红保险、意外伤害保险、银行保险、团体建工险等。截至2020年底，鄯善支公司有服务内勤3人，有营销代理员201人，营销员比上年增长23%。

**【业务经营】** 截至2020年底，泰康人寿鄯善县支公司整体业务发展平稳，实现承保保费232.17万元，赔付支出201.41万元。

**【特色服务】** 2020年，泰康人寿保险秉承“让保险更便捷、更实惠、更安心”理赔服务理念，推进“95522”电话、泰生活App线上服务及新生活广场线下服务。线上客户可通过泰生活App，投保、保全、理赔、生活服务、高客专区、线上问诊等手机微信自助办理服务，构建医养活力社区；线下提供活力养老、高端医疗、卓越理财、终极关怀等“一站式”医养服务。

（居文莉）

新疆鄯善农商银行推广“整村授信”激发乡村振兴活力

# 经济管理与监督

## 发展改革管理

【基本情况】　鄯善县发改委是县政府经济管理职能部门，统筹协调全县经济社会发展，涉及项目管理、全社会节能监察、全县行政事业性收费管理、价格认证、粮食流通等工作。2019年3月，因机构改革，鄯善县煤炭工业管理局、鄯善县援鄯工作办公室转隶并入鄯善县发展和改革委员会（鄯善县粮食和物资储备局）。内设办公室、国民经济运行综合科（固定资产投资科）、农村经济科、工业和交通运输科（节能监察局）、社会发展科、能源科、价格管理科（价格认证中心）、粮食和物资储备科、援疆工作科9个科室；所属1个参公事业单位鄯善县项目办公室（副科级）；差额事业单位2个：鄯善县军粮供应站、鄯善县价格认证中心。管理粮食企业鄯善县粮油收储公司、鄯善县粮油销售公司。

【国民经济计划执行情况】　2020年，全社会固定资产投资预计完成75.71亿元，比上年增长10.2%。其中，地方属预计完成51.37亿元，比上年增长48.7%，完成目标任务43.14亿元的119.08%；吐哈油田预计完成24.34亿元，比上年下降24.46%，完成目标任务42.72亿元的56.98%。

【疫情防控政策落实】　2020年，县发改委做好疫情防控期间全县生活物资保供。保障物资运输“绿色通道”，细化完善运输车辆接送流程，落实粮油批发大户防控措施，加强粮油、蔬菜政府储备规模，保持与物资供应商对接，持续加大粮油、煤炭、蔬菜、肉、蛋、奶等物资购入量，落实满仓机制。做好企业疫情防控监管，安排干部常驻煤炭、新能源等企业指导各项疫情防控措施落实，督促企业落实“八项预警机制”等防控措施，为能源企业复工复产提供条件。落实疫情期间水、电、气价格减免政策。年内执行减免气价167.27万元、水价6.67万元、电价1364.23万元，惠及企业及个体工商户12839户。

【脱贫攻坚】　2020年，县发改委做好易地扶贫搬迁工作。优先配置扶贫资金398.2万元，建设葡萄晾房51座、葡萄藤架52户，48户有劳动力全部稳定就业，搬迁户9户14人应保尽保。据统计，2020年人均收入达到13129元。

【项目建设】　2020年，建立县级领导联系推进重大项目建设制度，定期听取项目进展情况汇报，开展调查研究，发挥项目办统筹协调、落实工作职能，落实“周汇报、月调度、季分析”项目调度管理机制，集中协调解决项目推进中存在的困难问题，做到续建项目抓复工、新建项目抓开工、储备项目抓前期。年内，审批、备案投资项目70项计划总投资98.1亿元。梳理2020年固定资产投资支撑项目150项，全部开工。其中有112个储备项目，开工率100%，完工43项。

对照中央资金投向，研究吃透政策，聚焦县域经济社会发展关键领域和薄弱环节，科学谋划，创新思路跑项目争资金，及时跟踪上级政策信息，加大项目资金申报。2020年争取中央预算内资金项目15个，落实资金1.89亿元；争取地方政府专项债券项目17个，落实资金13.3亿元；抗疫国债7个，落实资金2.33亿元。推进鄯善石材园区增量配电网改革试点一期工程，完成前期政策性审批手续办理。

**【项目资金申报】** 2020年，县发改委围绕乡村振兴、生态文明、市政基础设施、公共卫生体系建设、应急物资储备、公共事业等领域，审核上报项目22个，计划总投资3.87亿元，拟申请中央预算内投资2.56亿元。储备拟申报项目45个，总投资12.46亿元，拟申请资金8.73亿元。上报申请专项债券项目49个，总投资54.71亿元。截至年底，自治区锁定项目46个，总投资51.36亿元，其中申请专项债券资金26.6亿元。

**【投资项目监管】** 2020年，县发改委对2019年下达中央资金但未完工项目，实施“一项目一方案”，督促项目单位克服困难、加快施工进度，确保年内竣工并投入使用。针对2020年新到位资金项目，紧盯项目前期手续办理情况，督促项目早日开工建设；针对2016—2019年已完工但未销项的项目，监督项目尽快完成竣工验收，完成国家重大项目库的项目销项工作。全面评估“十三五”期间中央预算投资项目实施效果，发挥中央资金的支持和保障效应。

抓好风险防控工作，坚决守住不发生系统性金融风险的底线，落实“四个一律”要求，严把项目审批关，对涉及财政投资项目，政府常务会议、县委常委会研究后审批，从源头上做好债务风险防控工作。2020年，审批、备案85个项目，总投资51.08亿元，其中备案62项，总投资40.82亿元；审批23项，总投资10.26亿元。

**【节能减排】** 2020年，县发改委推动工业绿色转型发展，大力发展清洁能源。年内，全县新能源企业发电13.53亿千瓦时，比上年增长6.3%，实现节约标准煤约39.34万吨、减少烟尘排放量约155.17吨，减少二氧化硫排放约360.17吨、二氧化碳排放108.37万吨；同时华电鄯善9万千瓦光伏发电项目实现并网发电，预计年均发电1.73亿千瓦时，节约标准煤5.18万吨，减少烟尘排放量约20.43吨，减少二氧化硫排放约47.42吨、二氧化碳排放14.27万吨。开展既有建筑节能改造，完成改造面积37.3万平方米，提升全县建筑节能效果。持续优化交通网络，在实现新能源公交车100%全覆盖的基础上，新增1条交通线路，公共交通机动化出行比例提升。开展节能宣传周活动，从工业、建筑、交通、公共机构等领域，普及节能低碳知识，覆盖全县35个企业、30个机关单位、2个大型商超，1个旅游景点，累计近万人次，提升全县各族群众的节能减排意识。

**【项目规划编制】** 2020年，县发改委以特色生鲜农产品生产流通为核心，以整合存量冷链物流资源为主线，申报鄯善县现代农业示范区骨干冷链物流基地，推进鄯善县冷链物流产业发展；完成鄯善—沙尔湖铁路运煤专用线可研编制，为畅通大宗物流货运通道奠定基础。落实外商企业投资管理办法，全力推进外商投资6000吨/年葡萄叶深加工项目建设。以自治区“一带一路”项目推介会为契机，加大招商引资项目推介，推介重点重大项目18个，总投资645.82亿元。

**【乡村振兴】** 2020年，鄯善县围绕农村基础设施、供排水、生态环境保护等领域，争取到位中央预算内资金3项，争取到位资金2.71亿元；专项债券项目1项，争取到位资金2000万元。完善建设和管护机制巩固农村人居环境整治工作成果，按照《自治区农村人居环境整治三年行动实施方案》，完善村庄规划和村规民约，推动建立农村人居环境“五有”管护长效机制，落实人居环境整治完善建设和管护机制。

**【旅游产业开发】** 2020年，鄯善县围绕滨沙大道建设，引进一批康养旅游企业、打造一批康养旅游示范基地；开发旅游新业态，推动旅游与农业、工业、健康、体育、休闲、养生、葡萄酒、馕等产业深度融合，集中优势打造“沙”系列、“康养”系列、“葡萄”系列、“哈密瓜”系列、“十二木卡姆”系列产品，开发极具鄯善特色的“必购旅游商品”；盘活酒庄一条街、木卡姆街、楼兰老街等商圈、生活圈，营造“吃住行游购娱一体”的全域旅游消费环境。

**【新型工业化】** 2020年，鄯善县贯彻新发展理念，坚持稳经济、促转型，产业结构转型升级不断加快，特色优势产业集群逐步发展壮大，工业经济稳步提升。合盛14万吨混炼硅橡胶、9.5万吨石英砂尾矿综合利用、5万吨纳米碳酸钙等项目顺利推进，硅基新材料产业不断向下游延伸。中镁年产16万吨高端镁制品及镁基蓄热新材料生产线建设项目、鄯善洁镁20万吨优质镁原料开发及配套设施建设项目等实现开工建设，镁基新材料产业集群持续发展。隆盛碳素1万吨/年特种石墨、亿日铜箔1万吨/年电解铜箔、汇鑫恒泰1亿块/年煤矸石烧结砖、洪峰染料5000吨纺丝染料及1500吨助剂项目投产增效，新型产业快速发展，规上工业企业突破60家，扩大提升工业经济规模。

**【“十四五”规划编制】** 2020年，鄯善县研究国家、自治区、吐鲁番市“十四五”规划纲要编制政策走向，完成《鄯善县国民经济和社会发展第十四个五年规划纲要》汇报稿。“十四五”期间，谋划包装项目498项，总投资2229.96亿元。其中，交通基础设施项目23项，总投资94.82亿元；水利项目36项，总投资40.65亿元；能源项目33项，总投资1065.29亿元；社会事业项目85项，总投资20.88亿元；生态环保项目36项，总投资28.02亿元；市政基础设施项目42项，总投资36.22亿元；重大产业项目125项，总投资797.13亿元；其他类项目118项，总投资146.95亿元。

**【煤炭产业发展】** 2020年，鄯善县推进“十三五”国家核准产能煤矿开发项目，泰鑫坤德150万吨/年煤矿项目，泰金矿业120万吨/年煤矿项目年内已取得国家发改委能源局核准批复。全力配合自治区发改委、吐鲁番市开展“十四五”自治区煤炭开发规划、现代煤化工产业布局方案及吐鲁番市综合能源基地规划编制，将鄯善县项目申请纳入相关发展规划，为能源产业发展奠定基础。库木塔格矿区总体规划于2020年1月30日获得国家发展改革委批复；沙尔湖矿区总规环评于2020年10月12日通过生态环境部审查；七克台矿区完成矿区设计总规模扩大至初期940万吨/年，后期720万吨/年总体规划修编（初稿编制）。

**【价格监测和市场监管】** 2020年，县发改委开展市场价格预警监测，常态化跟踪调查了解民生商品价格，保持市场价格水平基本稳定。落实国家、自治区推进价格机制改革实施意见，加快推进民办幼儿园、民办教育培训机构、社会化机动车驾驶员考试服务、机动车号牌安装服务、中介服务等政府定价项目走向市场化。按照国家降低旅游景区门票及游览项目及民生类收费项目成本价格改革要求，规范化管理企业运营投入成本，完成城镇污水处理、燃气管道输配气价格、城镇自来水阶梯水价及累进加价制、居民小区二次供水、城乡居民生活垃圾处理等项目价格成本基础调查工作；完成水利工程供水、农村自来水价格调整工作；完成2019年度行政事业性收费统计，全年新增收费单位1个，注销5个，取消收费项目1项；全县行政事业性收费金额5.27亿元，比上年下降28%，年审率力100%；完成2019年全县7个乡（镇、场）266户棉农交售籽棉250.53吨价格补贴工作，累计兑付补贴资金478.50万元；完成公检法涉案物品价格认定320起，涉案金额378.25万元。

**【粮食物资储备与流通】** 2020年，落实粮食安全县长责任制，守住粮食安全的底线。开展粮食“购、销、存”情况监测，掌握全县粮油批发人户及大型商超粮食流通情况。每日监测粮食价格，落实保供稳价措施，建立县级应急成品粮储备机制，拟定《鄯善县县级应急成品粮储备方案》《鄯善县县级应急成品粮储备管理办法》。按照城市主城区10天以上市场供应量地方成品粮油储备的要求，结合财政能力，建立县级储备成品粮规模。落实异地代储。动员粮油批发大户落实满仓库存，确保满足鄯善县居民25天的市场供应量。

开展全国政策性粮食数量和质量大清查反馈问题“回头看”，完成县级储备粮轮库工作。争取800万元，开展粮库恒温库改造。按期上报粮食流通报表及国有粮食企业财务报表及分析报告，加大军粮供应和筹措保障力度。加大救灾物资储备，落实上级安排部署，掌握可调拨使用救灾物资数量、质量情况，确保救灾物资关键时刻拿得出、调得快、用得上。加强物资应急救灾保障。年内，先后调拨帐篷、棉衣、矿泉水、方便面等物资1600件左右，应对大风、寒潮、融雪性洪水、新冠疫情等自然灾害和突发公共卫生事件。

**【援鄯工作】** 2020年，鄯善县推进援疆项目管理工作。年内，实施援疆项目24个，到位援疆资金14143万元，项目均顺利完工，有效解决基层群众的教育、卫生、就业等一批民生难题。利用援疆平台，推进援疆消费扶贫工作。开展“疆品入湘·鄯品入衡”工作，与衡阳市建立消费扶贫协作机制，组织鄯善县农产品参加衡阳市扶贫消费月活动。年内，在湘助销哈密瓜1000余吨，发动湖南援友购买农产品近50万元，帮助销售农产品3154.94万元。由衡阳市政府全额资助建设的鄯善扶贫专馆，开馆试运营。开展鄯善县“十四五”对口援疆规划编制。经过多次核实、研究、筛选后，初步确定“十四五”对口援疆项目涉及六大类别38个项目，申请援疆资金5.45亿元，与“十三五”对口援疆规划相比增加援疆资金0.24亿元，增长4.6%。完成第九批援疆干部轮换工作，选派党政干部7人、专业技术人员70人。通过加强衡鄯交流，3个乡镇与衡阳市对口的乡镇街道结缔友好乡镇；实施党员干部远程电教服务工作；衡阳祝融学院开设电商援疆就业班，首批培训学员40人，重点培训电商带货技巧，借助网络和电商“网红”效应帮助特色农产品销售；选派8名青年后备干部人才赴衡阳市相关单位跟班学习，提升鄯善县优秀青年干部的综合素质；援疆医疗专家经常性开展组团下乡义诊活动，让更多的基层群众享受专家级的优质医疗资源。

（办公室）

## 统计服务

**【常规统计】** 2020年，县统计局关注重点企业的开工、建设、投产情况，及时掌握企业生产经营情况，完成农业、工业、固定资产投资、批发零售、餐饮业、劳动工资、能源、服务业、房地产、建筑业等专业的月报、季报、年报统计任务。做好全县生产总值、工业增加值、固定资产投资等五大考核指标的分析监测、预测。

**【基本单位名录库管理】** 2020年，县统计局对基本单位的名录库系统进行动态维护管理和数据更新，保证基本单位不重复、不重码、不漏项，做好交换行政等级资料，新增单位的登记、变更、注销单位的确认工作。截至年底，名录库更新单位1663家，新增单位225家，剔除单位328家。

**【企业“一套表”网络直报】** 2020年，县统计局强化“四上”企业“一套表”直报工作。截至年底，已入名录库实行联网直报的有168家。按时完成“四上”企业“一套表”直报工作，上报率达100%，没有发生迟报、漏报的违法违规行为。年内，新申报并获得审批进入四上企业库统计的企业42家，其中规上工业13家、批发业零售业12家、住宿餐饮业1家、房地产开发经营业1家、服务业2家、固定资产投资业13家。

**【统计调查】** 2020年，县统计局要求对住户调查平台进行维护、管理，做好数据编码、录入、审核、上报工作；在持续抓好辅调员的教育、培训、管理工作的基础上，全面完成新一轮样本的摸底、确定、试记账、正式记账工作；每月完成101家规上企业的“关于企业缴纳税金情况的调查问卷”的催报、审核工作；每月完成104

家规上企业的“关于当前企业生产经营情况的调查问卷”的催报、审核工作；每季完成规下一套表48家工业企业样本调查；每季完成349家个体工业季度调查表。

【统计服务】 2020年，县统计局编辑《2019年鄯善县统计公报》，为重要会议和社会各界提供主要经济指标数据及统计服务。抓好主要经济指标目标进度分析及县域经济和社会发展的预警预测工作。截至12月底，撰发《鄯善县统计分析》11期、《统计信息》88篇、《鄯善县经济要情卡片》10期，为鄯善县的经济和社会各项事业的发展提供决策依据。

【全国第七次人口普查】 2020年，县统计局（县人口普查领导小组办公室）按照普查区及普查小区的划分要求，结合“两员”选聘标准划分普查区109个，普查小区1071个，选聘“两员”1654人，标绘建筑物53994座。从各乡镇选派43名业务骨干，参与自治区人普办组织的“两员”培训。全县开展“两员”培训42场次1500余人次，各乡镇（场）开展培训89场次，培训“两员”1700余人次。开展人口摸底调查，截至12月底，完成112495户的摸底，完成112177户315860人的正式登记，完成7387户的长表录入和14068人的行业赋码。按照普查方案的时间节点，完成全县第七次人口普查工作。

【统计宣传、统计执法】 2020年，县统计局以年度订报、年报、第七次人口普查为契机，以对普查对象的报表报送、报表填报、指标解释，《中华人民共和国统计法》和《中华人民共和国统计法实施条例》等培训为重点，召集工业企业负责人、统计、财务人员以及相关经济主管部门人员参加，组织专人对工业统计制度、工业有关报表基础知识培训。借力相关部门将企业统计业务培训与安全生产、环保等同培训、同宣传。结合自治区统计巡查和“两随机一公开”等工作，以基层调研和指导工作的形式多次对企业进行单项、专项检查指导，加大统计执法力度。在全县规模以上工业企业范围内，开展“各部门统计调查活动”清理，合法布置的企业统计报表填报，净化基层统计环境。

【乡镇统计站建设】 2020年，县统计局专人负责村卡、乡卡统计表联网直报工作完成季度粮食、畜牧业统计报表搜集、上报。健全乡镇农业统计台账，完善各项统计报表整理归档，实现统计站“统计原始记录、统计报表、统计台账”规范化、档案化管理。

（王多琴）

## 审计监督

【基本情况】 鄯善县审计局于1984年2月成立。2019年2月，鄯善县机构改革将县发展和改革委员会的重大项目稽查职责、县财政局的县预算执行情况和其他财政收支情况的监督检查职责、县国有资产监督管理委员会的国有企业领导干部经济责任审计和监事会3个职责划入县审计局。并组建县委审计委员会，作为县委议事协调机构，县委审计委员会办公室设在鄯善县审计局；内设办公室、法规科、财政金融审计科、经济责任审计科、固定资产投资审计科、行政事业审计科6个科室。

2020年，实施审计项目94个，延伸审计调查63家行政单位和乡镇、村（社区）。其中：专项资金审计3个，财政审计1个，经济责任审计4个，固定资产投资审计86个；完成并报送审计信息27期。2020年9月，审计局再获“自治区级文明单位”称号。

【专项资金审计】 2020年，县审计局完成专项资金审计3个（鄯善县疫情防控资金和捐赠款物情况专项审计，高昌区脱贫攻坚政策措施落实、扶贫资金分配管理使用及绩效情况专项审计，新增财政资金直达市县基层直接惠企利民情况进行审计）。

按照《审计署办公厅关于印发应对新冠肺炎疫情防控资金和捐赠款物专项审计工作方案的通知》（审办社发〔2020〕11号）的要求，对鄯善县疫情防控资金和捐赠款物开展专项审计，重点审计

2487.40万元财政资金、113.71万元捐赠资金、52.52万元的捐赠物资管理和使用情况；延伸审计红十字会、民政慈善机构、县人民医院和疾病控制中心等38家行政单位和乡镇、村（社区）疫情防控资金管理使用情况。

对高昌区脱贫攻坚政策落实、扶贫资金分配管理使用及绩效情况交叉专项审计。重点审计高昌区11个扶贫项目进度实施；1693.65万元扶贫资金拨付使用，4个扶贫项目及时验收，完善6个扶贫项目档案资料。

**【重大政策落实跟踪审计】** 2020年，县审计局对鄯善县开展2020年第一、二、三季度贯彻落实国家重大政策措施情况跟踪审计。重点关注各部门2019年底清偿任务完成情况，鄯善县上报拖欠民营企业账款项目179个，涉及欠款主体20家，按照“属地管理、分级负责，谁监管谁负责”原则，加大清欠力度。做好新增财政资金直达市县基层、直接惠企利民情况专项审计。

**【财政审计】** 2020年，县审计局做好2019年度本级预算执行和其他财政收支情况审计。重点审计本级预算执行和其他财政收支情况，对鄯善县4个乡镇、10个县直单位、11个国有公司涉及的援疆资金13474.73万元、政府债券资金158414.4万元的管理和使用情况延伸审计调查。对审计发现的7类问题进行处理。提高财政资金配置效益和使用效益。围绕县委、县政府中心工作，关注热点难点问题，统筹规划、整合资源、分步骤、有重点实现审计全覆盖。9月29日，县政府委托，向鄯善县人大常委会作《鄯善县2019年度本级预算执行和其他财政收支情况审计工作报告》，通过鄯善县第十七届人大常委会第27次会议审议。

**【经济责任审计】** 2020年，县审计局根据《中华人民共和国审计法》《党政主要领导干部和国有企事业单位主要领导人员经济责任审计规定》，经鄯善县委审计委员会批准，分别对鄯善县住房和城乡建设局、鄯善县民政局、鄯善县辟展镇人民政府、鄯善县人力资源和社会保障局4家单位8人任期经济责任审计，对审计发现的29类问题处理处罚，将审计结果上报中共鄯善县委员会审计委员会、组织部、纪检委。通过审计，强化对权力运行的监督制约，促进责任追究和问责机制的健全完善，揭露和查处问题，从源头上预防和治理腐败，促进完善干部管理监督和选拔任用机制，客观公正鉴定前后任的业绩和经济责任。

**【固定资产投资审计】** 2020年，县审计局坚持工程审计与项目资金审计相结合，完成固定资产投资审计86个。截至年底，完成86个工程项目的结算审计，送审价67926.89万元，审定价51977.82万元，核减价15949.07万元，核减率达30.68%。重点审计本建设程序的规范性、工程造价的真实性、扶贫专项资金使用的高效性，保障财政资金运行安全，促进建设单位加强工程项目管理。

**【援疆项目资金审计】** 2020年，县审计局配合湖南审计厅、吐鲁番市审计局审计组对湖南省2020年对口援疆鄯善县19个项目进展跟踪审计，涉及项目投资额13498万元。对审计中出现的问题，督促落整改，杜绝类似问题再次发生。

（杨　勇）

## 自然资源管理

**【基本情况】** 2019年2月，组建鄯善县自然资源局。将原县国土资源局（县测绘地理信息局、县不动产登记局）的职责，以及县发改委的组织编制并实施主体功能区规划职责，县城乡规划管理局的职责，县水务局、县畜牧兽医局、县林业局的资源调查和确权登记管理职责等整合，组建县自然资源局，作为县政府工作部门。不再保留县国土资源局（县测绘地理信息局、县不动产登记局）、县城乡规划管理局。

2020年，县自然资源局内设办公室、自然资源调查监测科、自然资源确权登记科、自然资源开发利用和所有者权益科、国土空间规划科、国土空间用途管制科、国土空间生态修复科、耕地保护监督科、矿产资源保护监督科、测绘地理信息管理科、自然资源督察执法科11个职能科室。

局属事业单位有鄯善县测绘地理信息局，副科级规格，人员职数未定；鄯善县土地勘测规划队，副科级规格，测绘资质丙级；鄯善县不动产登记中心，副科级规格；鄯善县国土资源储备交易中心，股级规格。

**【耕地保护】** 2020年，鄯善县将吐鲁番市下达的耕地保护责任目标（耕地保护面积不少于1.23万公顷，基本农田保护面积不少于2.04万公顷）层层分解落实，起草并组织乡（镇）、村签订《鄯善县2019年度耕地保护目标责任书》76份，明确县、乡、村三级保护职责，做到职责明确、责任到户。年内，按照自治区《关于对全区设施农用地开展清查整改的通知》（新国土资办函〔2018〕92号）的要求，办理设施农用地5宗，面积315.93亩收取土地租金15795元，使用期限为5年。

**【国土空间规划】** 2020年，县自然资源局推动鄯善县国土空间规划编制工作。制定印发《鄯善县国土空间总体规划（2020—2035年）编制实施方案》。按方案要求完成前期资料收集、现场调研等工作，12月底，完成《鄯善县国土空间总体规划（2020—2035年）》初稿编制。依法依规做好过渡期间土地利用总体规划调整和城乡规划修改，调整允许建设区面积229.45公顷。组织全县建设项目规划技术审查，筹备1次县项目规划会议，提交会议研究通过10个建设项目规划。

**【第三次全国土地调查】** 2020年，根据《国务院关于开展第三次全国土地调查的通知》及自治区和市政府通知要求，及时向县委、县政府主要领导汇报，县人民政府印发《关于开展鄯善县第三次全国土地调查通知》文件，成立领导小组，及时开展外业调查和内业数据库建库工作。按照《鄯善县第三次全国国土调查实施方案》，逐步开展工作。按照《鄯善县第三次全国国土调查实施方案》的要求，8月，向国家提交三调统一时点更新数据库，完成国家反馈下发485个核查图斑外业举证工作并上报自治区三调办审核，与县林草局对接完成县更新阶段的林草数据并形成专项报告上报自治区三调办审核。9月，完成库木塔格沙漠周边外业调查，对127个疑似图斑进行内业判读，为新疆库木塔格沙漠确权登记发证工作奠定数据基础。

**【全域永久基本农田划定】** 2020年，县自然资源局根据国土资源部、农业部《关于进一步做好永久基本农田划定工作的通知》精神，于2017年完成鄯善县永久基本农田划定面积2.04万公顷，2020年基本农田保护面积与2017年度对比未发生变化。按照已经确定的耕地红线不能突破，划定永久基本农田特别是城市周边永久基本农田绝不能随便占用的要求，2020年鄯善县执行吐鲁番市下达鄯善县基本农田保护面积不少于2.04万公顷的规定。

**【耕地后备资源调查、评价】** 鄯善县自2005年以来，按照县、市、自治区《关于严禁开荒打井进一步规范土地开发的通知》《鄯善县关于进一步严格土地开发管理的通知》《关于印发〈吐鲁番地区农业“四禁”工作实施办法（试行）〉的通知》《关于进一步严格规范荒地开发严厉打击非法开荒的通知》等文件的要求，加强生态文明建设和生态保护，打击非法开荒，规范荒地开发，确保水土平衡及耕地数量和质量不降低，禁止办理新土地开发审批手续。2008年12月验收鄯善县储备耕地有40宗，建设规模659.11公顷，投资1375.59万元，新增耕地面积617.51公顷。按照耕地占补平衡“占多少，补多少”的原则，将建设用地项目与补充耕地项目挂钩，确保建设用地占用耕地先补后占、占一补一、占优补优的要求，拟定补充耕地方案，明确建设用地单位补充耕地的责任和要求，严把项目审查与验收关，确保县耕地数量不减少，质量不降低。截至2020年底，全县建设用地占用耕地建设项目30.13公顷，缴纳耕地开垦费135.58万元。

【土地变更调查】 2020年，县自然资源局准确掌握土地利用实际变化情况，保持土地调查成果的现势性，对1~3季度下发等142个图斑进行外业实地核查，逐一排查，其中合法图斑36个、违法图斑23个、临时用地图斑17个、设施农用地图斑13个、未变化图斑38个、拆分图斑8个，全部按要求完成数据库变更及上报，通过自治区验收。第四季度下发图斑51个全部完成核实工作。

【农村乱占耕地建房问题整治】 2020年，鄯善县成立农村乱占耕地建房问题整治工作领导小组定期调度督导乡镇场及相关部门整治工作落实情况。完成国家、自治区下发全县疑似占耕地图斑3223个的核查工作，核查率为100%。定期不定期组织人员到各乡（镇、场）实地开展摸排巡查工作，对摸排发现的问题现及时给予现场解答，全年累计巡查检查6次24人次。

【农村地籍调查及集体建设用地使用权确权登记发证】 2020年，鄯善县农村地籍调查及集体建设用地使用权确权登记数据入库总数46342宗（户），其中农村宅基地45815户、集体建设用地527宗。按照上级部门下发的工作任务全县应发证37074宗（户），其中农村宅基地36652户、集体建设用地422宗。截至12月31日，鄯善县完成农村地籍调查及集体建设用地使用权确权登记数33521宗（户），占应发证任务总数的90.42%，其中宅基地33099户，占宅基地应登记任务总数的90.31%；集体建设用地422宗，占集体建设用地应登记任务总数的100%。

【城乡规划管理】 2020年，县自然资源局执行城乡规划法，履行规划审批程序，核发《建设项目选址意见书》19份、出具《规划设计条件通知书》33份、《建设用地规划许可证》91份、《建设工程规划许可证》38本、《乡村建设规划许可证》5本。

【测绘管理】 2020年，县自然资源局加强涉密测绘成果管理工作，建立健全管理制度，依法对外提供测绘成果，确保涉密基础测绘成果资料的安全性。开展涉密测绘成果专项排查整治，联合保密行政部门开展案件查处，完成整改。2020年，土地勘测规划队完成重点项目、公共服务、民生项目等测绘任务162宗，实现测绘收入119万元。

【建设项目用地审批】 2020年，县自然资源局对全县建设项目用地提前介入，主动跟进，完成建设用地选址、勘界。建设用地审批环节，在法律法规原则基础上做到特事特办、急事急办、按时办结用地手续。全年报批建设用地72宗165.51公顷，涉及项目58个。其中，城市批次用地5个34.22公顷，单独选址项目19个131.29公顷。

【土地出让金、租赁金、管理费收缴】 2020年，全县供应国有建设用地85宗，用地面积296.63公顷，累计收取土地基金收入2.28亿元。其中，以出让方式供应国有建设用地75宗116.98公顷，以划拨方式供应国有建设用地10宗179.65公顷。

【不动产登记】 2020年，县不动产权登记中心推进“放管服”改革和压缩不动产登记办理时间。一般登记、抵押登记办理时间在5个工作日完成。年登薄量6056件，其中不动产权证书4935本（含农村宅基地确权登记发证），不动产登记证明1091本，协助各级法院查询753件，出具无房证明552份。

【矿业权登记管理】 2020年，通过自治区公共资源交易中心完成鄯善县菱镁矿、花岗岩、石灰岩3个矿种，4个探矿权的公开出让。

【矿产资源勘查项目】 2020年，完成2个地勘基金项目的预查工作，即鄯善县恰特卡尔地区铜镍矿两个矿区（包括野骆驼保护区），两个项目均在2021年4月提交预查报告。

市级财政出资的8个二类矿产勘查项目，其中6个基本完成勘查，按计划陆续提交报告；2个找矿不理想暂停。

【国土生态保护及修复监管】 2020年9月，按照中央环保督察整改要求，完成新疆罗布泊野骆驼国家级自然保护区跨鄯善县境内的矿山地质环境恢复治理、中央环保督察第七十一项整改任务政策性关闭的砂石黏土矿矿山地质环境治理恢复整改工作。

【地质灾害防治】 2020年，县自然资源局地质灾害隐患点动态巡查80余人次，行程约6000千米，未发生因地质灾害造成人员伤亡和财产损失的情况。栏杆小学崩塌地质灾害治理项目中标单位（新疆华光地质勘察有限公司）项目资金200万元及工作人员到位施工，项目完成后将消除该区域地质灾害安全隐患。

【法律法规知识宣传】 2020年，县自然资源局以“4·22”世界地球日、“6·25”全国土地日、“8·29”测绘法宣传日、“12·9”宪法宣传日等活动为契机，悬挂宣传国土资源相关法律法规横幅50余条，宣传展板5块，发放宣传手册1000余份，宣传单4000余份，通过设立宣传咨询单、摆放宣传板报、发放宣传材料、悬挂横幅等形式，开展送法下乡宣传活动。

（柯玉环）

## 国土资源执法监察

【基本情况】 鄯善县国土资源执法监察大队成立于2006年1月，为自治区国土资源执法监察总队垂直管理机构，隶属吐鲁番市国土资源执法监察支队，参照公务员管理，副科级单位，下设办公室和业务室。

【土地、矿产违法案件查处】 2020年，县国土资源执法监察大队立案查处各类国土资源违法行为58件，其中土地违法案件37件、矿产违法案件21件。结案44件，其中土地结案31件（往年未结案13件，矿产结案13件），拆除建筑物和其他设施面积465平方米，收缴罚没款313.22万元（土地违法案件收缴罚没款161.11万元、矿产违法案件收缴罚没款152.11万元），全部上缴自治区财政。

组织执法人员对历年未结案件清理，协调县人民法院执行局，结合卫片执法、农村耕地建房清理整治，对拖欠罚没款进行催缴。清理积案3件，收缴罚没款13.90万元。

【卫片执法检查】 2020年，县国土资源执法监察大队配合县自然资源局开展土地矿产卫片执法检查工作。年内，接收自然资源局移交违法线索图斑24个，立案24件，结案20件，未结案4件，收缴罚没款133.67万元，拆除建筑物和其他设施面积465平方米。

【农村乱占耕地建房问题整治】 2020年，县国土资源执法监察大队按照县农村乱占耕地建房问题整治工作实施方案。联合区县自然资源局，结合耕地建房摸排、动态巡查、卫片执法，对2020年7月3日后占用耕地新建、续建、扩建房屋的摸排和监管，发现新增耕地建房行为3起，依法依规处理。完善联合办案机制，强化执法合力，全年接收县公安局移交违法线索2个，立案2件，结案1件，收缴罚没款5.07万元。结合耕地建房摸排、卫片执法等工作，全年动态巡查121次，出动人员294人次，发现违法行为28起，制止19起，立案9件，结案9件，收缴罚没款86.34万元。

【督办案件查处】 2020年，县国土资源执法监察大队接上级督办鄯善县西运路通石料厂无证开采玄武岩矿案，收缴罚没款6.23万元。督办无证开采石英石矿案，收缴罚没款10万元。查处非法占地修建道路案2起，收缴罚没款91.05万元。

（孙朝燕）

## 市场监督管理

【基本概况】 2017年12月，根据《关于印发鄯善县市场监督管理局主要职责内设机构和人员编制规定的通知》（鄯政办发〔2017〕186号）文件精神，鄯善县市场监督管理局由原县工商管理局、食品药品监督管理局、质量技术监督管理局合并成立。2018年1月，鄯善县市场监督管理局举行成立揭牌仪式。同月，设立鄯善县市场监督管理局党组；成立中共鄯善县市场监督管理局总支部委员会，党总支下设局机关党支部和城区所党支部。2019年3月，根据《关于印发〈鄯善县市场监督管理局（鄯善县知识产权局）职能配置、内设机构和人员编制规定〉的通知》（鄯党办〔2019〕38号）文件精神，再次整合物价和知识产权工作。新设食品生产安全监管科、网络和广告监管科、特种设备监管科；鲁克沁市场监督管理所更名山南市场监督管理所。2019年5月，原鄯善工业园区工商行政管理局、质量技术监督局职能划转鄯善县市场监督管理局。加挂鄯善县知识产权局牌子。内设办公室、政策法规科、行政审批科、市场主体信用监督管理科（商标广告监督管理科）、食品生产安全监督管理科、食品经营安全监督管理科、药品医疗器械化妆品监督管理科、质量与标准计量监管科、特种设备安全监督管理科、消费者权益保护科（消费者投诉举报中心）、知识产权保护科、价格监督检查科、网络和广告监管科13个职能科室。

鄯善县市场监督管理局是县人民政府工作部门，正科级建制。县市场监督管理局设鄯善城区市场监督管理所、山南市场监督管理所2个派出机构。

所属2个事业单位：原鄯善县质量技术监督局所属鄯善县质量与计量检测所划归鄯善县市场监督管理局，其机构规格、人员编制和职责保持不变；原鄯善县食品药品监督管理局所属鄯善县食品药品安全稽查大队更名为鄯善县市场监督稽查大队，机构规格为股级全额预算管理，隶属鄯善县市场监督管理局管理。

2020年，全县登记市场主体19910户、注册资金329.69亿元，其中企业2565户、个体16837户、农民专业合作社508户，食品经营许可证发证3827户。全县食品经营单位3648家，其中餐饮服务经营1632家、食品销售经营2061家。全县食品生产企业38户，其中水果干制品企业16户、糕点生产企业4户、饮料纯净水生产企业3户、生产酒类企业6户、豆制品生产企业2户、粮食加工企业1户、其他6户；食品加工小作坊13户，其中糕点加工小作坊4户、方便食品类加工小作坊3户、食用植物油1户、其他5户。

全县有“两品一械”监管对象416家。其中，化妆品经营使用单位110家，药品、医疗器械经营使用、批发、生产单位306家。包括药品零售企业98家，医疗器械经营企业2家，药品生产企业1家，民营医疗机构3家，县级医疗机构3家，疾控中心1家，社区服务中心1家，乡镇卫生院10家，社区服务站10家，个体诊所65家，生育服务站8家，社区卫生服务站11家。

全县辖区在册登记使用的特种设备4339台件。质计所强制和非强制检定各类计量器具检定合计5366台件，其中台案秤630台、电子汽车衡47台、燃气表812块、加油机697台、加气机76台、压力表2890块、可燃气体报警器128块（非强制检定）、血压计58台、电子天平及机械天平28台，为企业减免检定费用约53.9万余元。

**【企业、个体注册登记】** 2020年，县市场监督管理局推进网上登记和全程电子化。年内，新增市场主体2693户，其中新设立企业288户、个体工商户2386户、农民专业合作社19户，同期增长分别为0.67%、-19.04%、-36.67%，受理全程电子化2385户。新发食品经营许可证819户，食品经营登记证57户。截至年底，全县登记市场主体19910户、注册资金亿329.69元，其中企业2565户、个体16837户、农民专业合作社508户，食品经营许可证发证3827户。动产抵押登记共13户，主债权金额12.966亿元。企业电子营业执照使用率达85%以上。申请电子印章2枚，认领电子证照12个，导入历史数据2327个。

**【企业信息监管】** 2020年，县市场管理局完成自治区市场监督管理局系统分派双随机抽查企业登记事项及信息公示监管以及食品生产、药品、医疗器械、教育培训、商标广告监管、流通领域产品质量等业务20个，随机匹配执法人员49人，抽查各类市场主体216户，抽查结果通过国家企业信用信息公示系统向社会公示，公示率达68.5%。列入经营异常名录市场主体2969户。协调15个部门举办2期监管培训，协调“双随机一公开”监管13家成员单位参加自治区市场监督管理局举办的监管业务培训1场次。在国家信用信息平台公示行政许可信息661条，行政处罚信息114条。对连续两年以上未年报的企业进行核对，清理出14家僵尸农民专业合作社，620户个体依法吊销其营业执照。对经营异常名录、严重违法失信企业名单企业实行包容审慎监管。解答咨询电话160个，帮助答疑35次，办结移出经营异常名录12户。对全县2019年度企业应公示2284户，已公示2144户，年报率达93.8%；农民专业合作社应公示496户，已公示404户，年报率达81.4%；个体工商户应公示14554户，已公示10228户，年报率达81.84%。

**【食品安全监管】** 2020年，县市场监督管理局加强各农贸市场监管，严格活禽活畜交易宰杀管理、严禁野生动物及其制品交易。加强餐饮业集体聚餐管控，推进使用“公筷公勺”分餐制。以加强网络订餐的监管规范无接触配送为重点。加强学校食堂及校园周边食品经营户的全覆盖监管，保障学校复课。加强食品安全监管，督促履行进货查验、索证索票制度和规范食品销售行为。开展婴幼儿配方乳粉市场清查，重点检查涉嫌虚假宣传的“舒儿呔”“倍氨敏”等系列固体饮料。以“智慧监管”为载体，推进“互联网+明厨亮灶”监管。在餐饮行业，开展“制止餐饮浪费、厉行勤俭节约”行动。全面推行“食品安全信息码”，促使经营户诚信守法经营。2020年，检查餐饮单位4067户次，商超3527户次，农贸市场316户次，单位食堂49户次，食品生产企业56户次，小作坊36户次，学校幼儿园食堂196户次，农村食品经营户2569户次，保健食品经营户287户次，销售婴幼儿配方乳粉和固体饮料的经营户74户次，网络订餐平台6户次，入网餐饮服务经营户365户次。督促10户安装“互联网+明厨亮灶”。指导美团外卖订购10万条“食安封签”投放到入网餐饮服务单位。打击取缔“黑作坊”5家，引导升级1家食品小作坊为食品生产企业。下发疫情指导意见书775份，责令整改安全隐患682户。发放“食品经营单位疫情防控告知书”500余份、《疫情防控指导意见书》1000份、《吐鲁番市餐饮服务企业新冠肺炎疫情防护措施指南》200份、《冷藏冷冻食品质量安全管理公告》宣传资料500份。发放《制止餐饮浪费、厉行勤俭节约倡议书》500份，开展“放心食品超市、放心餐厅”自我承诺活动，与大型商超、餐饮服务单位签订承诺书21份。抽检食用农产品338批次。

**【药品、药械化安全监管】** 2020年，县市场监督管理局加强药品零售行业规范化、连锁化、规模化管理。全县药品零售企业连锁化率达90%以上，开通电子处方和远程审方系统率100%。加大药品零售企业的日常巡查力度，确保药品质量安全和价格平稳。协调上游批发企业及药品零售企业向市场投放一次性医用口罩（儿童医用口罩）50余万个。组织药品零售企业投放消毒液4万瓶、75%酒精1万余瓶、酒精喷雾剂9000余瓶。疫情期间全程监督接送药械物资保供车辆40驾次。落实药品零售企业实名登记销售感冒药类、咳嗽药类、发热类、治疗呼吸道感染的消炎药和治疗肺病药物的制度。根据县公安局开发出药品零售企业实名登记销售药品小程序，将98家药品零售企业名单推送至县公安局，10月23日起全县药品零售企业通过小程序实名登记销售感冒、咳嗽等五类药品。制作宣传挂图180张。组织执法人员针对辖区内疾病预防控制机构、接种单位执行《疫苗管理法》《疫苗储存和运输管理规范》《疫苗流通和预防接种管理条例》等法律法规情况进行全覆盖学习和监督检查。开展鄯善县医疗机构制剂室专项整治、鄯善县2020年放射性药品配制使用环节专项检查、鄯善县第二类精神药品（特殊药品）生产经营专项检查（禁毒）、鄯善县组织国家药品集中采购和使用中选药品专项检查、鄯善县药品零售企业执业药师“挂证”行为专项整治等专项检查。医疗机构成立药品、医疗器械不良反应领导小组13个，上报药品不良反应130例，完成年度药品不良反应上报100%。完成国家药监局关于不合格药械通告排查3次，查处医疗器械案件4起、药品案件3起，罚没款51699.4元，案件查办数比上年增加8%。

【保健品化妆品监管】 2020年，县市场监督管理局开展化妆品科普宣传周活动。利用辖区电子显示屏反复播放“安全用妆 伴你同行”宣传小视频6天。组织辖区化妆品经营户及群众参加“5·25”爱肤日直播50人次。开展鄯善县中药饮片专项整治及鄯善县化妆品集中交易市场批发（零售）企业专项整治工作。组织医疗机构成立药品、医疗器械和化妆品不良反应领导小组13个，上报化妆品过敏反应17例，不合格化妆品通告排查6次，查处化妆品案件6起。配合吐鲁番市药检所抽检中药饮片14批次，合格率为100%；监督抽样10批次，合格率100%。

【特种设备安全监管】 2020年，县市场监督管理局强化电站锅炉、管道、易燃易爆危化品、压力储罐等重点行业、重点领域安全隐患排查。开展大型游乐设施、非公路用旅游观光车隐患排查与治理，开展电梯质量安全提升活动。2020年，重点监督检查特种设备使用单位106家，检查特种设备312台，下发监察指令书19份，立案4起。针对压力容器和电梯使用单位及维保单位，召开2场行业培训会、参加培训人员110余人次。落实政策措施助力企业复工，与特种设备企业签订疫情防控责任书35份。组织各电梯使用单位制作宣传展板81块，两处人员密集场所播放宣传视频9个，开展应急演练9场次。

【质量计量监督管理】 2020年，县市场监督管理局实施质量强县战略，制定质量提升行动方案。开展劳动防护用品、危化品、儿童用品、农资、成品油、电线电缆、建材、3C强制认证等重点产品监督检查。开展电动车专项检查2次，检查电动车经营户60余户次，检查电动车500多辆，161辆车加贴反光标识322个。开展市场儿童玩具专项检查2次，检查经营户16余次，发放玩具安全宣传单120人次。对4家滴灌带企业和1家地膜企业抽检5批次。开展农资市场专项检查，抽查农资经营户21户，抽检的农资全部质量合格。对13家企业的安全防护计量器具和8个加油站加油机进行检查，检查安全防护计量器具156台件，检查加油机48个，保障计量器具的准确度。对6家检验检测机构按照实验室规范和检测标准开展检查，提高检验检测机构的检验能力。取缔无证加工低压电器配电柜“黑窝点”1个。投资16万余元完成部分计量标准器具更新。开展集贸市场“缺斤短两”计量器具专项检查，对乡镇集贸市场、早夜市、流动巴扎在用的计量器具免费检定。2020年，强制检定各类计量器具6068台件，为企业减免费用59.2余万元。

【市场经营秩序监管】 2020年，县市场监督管理局按照“管行业管稳定，管行业管安全”的要求，开展沿街商铺、宾馆酒店、集贸市场维稳安保和消防安全检查，查各类市场主体22300户次，整改安全隐患2200条次。

建立完善部门联席会议和行业衔接机制。加强与纪委监委、检察、公安、城管、教育、卫生健康、文化旅游、网信等部门的联系，开展联合执法。强化“三书一函”办理，推动以案促治、以案促建。根据县人民检察院下发的5份检查建议书，对反馈问题全面检查，立案6起，收缴过期食品22.5千克。

推行划分监管服务责任区工作，推动科室包社区、包乡镇工作机制。2020年，查处各类行政处罚案件130起，其中简易程序案件25起，一般程序案件105起，罚没款122.24万元，无行政诉讼或行政复议案件。

【消费者权益保护】 2020年，县市场监督管理局受理“12315”消费咨询、申诉、举报278件，争议金额17.2万元，挽回经济损失10万元。举报案件38件，诉转案5件。消费者申诉投诉举报每月办结率达100%。

【价格监管】 2020年，县市场监督管理局加强群众生活必需品价格监督检查。重点检查农贸市场、超市、小区周边商店等经营场所，严查不按规定明码标价、虚构原价等违法违规行为。提前价格告诫，发放《新型冠状病毒感染的肺炎疫情期间价格行为提醒告诫书》《关于加强市场监管维护市场正常经营秩序的通告》500余份。开展水、电、气、暖、天然气及药品、农资、饲料、涉企收费、殡葬、教育、物业服务等领域价格监督检查。规范标价，监制新的“标价签”，并印制2万份标价签免费发放给经营户使用。严肃查处不按规定明码标价、价格欺诈、哄抬涨价、假冒伪劣等扰乱市场的违法行为。2020年，受理价格投诉92件，占消费投诉总数的36.8%。查处价格违法案件14件。

**【公平竞争审查】** 2020年，县市场监督管理局根据自治区市场监督管理局等四部门联合下发的《关于开展妨碍统一市场和公平竞争的政策措施清理工作的通知》及吐鲁番市人民政府有关批示，强化竞争政策的基础性地位，落实公平竞争审查制度，确定全县2020年公平竞争审查工作的清理范围，加快清理废除妨碍统一市场和公平竞争的各种规定和做法，开展不正当竞争行为治理，形成优化营商环境长效机制。

**【知识产权保护】** 2020年，县市场监督管理局开展商标、专利侵权假冒专项检查，查处商标侵权案件2件、假冒专利案件1件，均结案。受理侵犯知识产权投诉4起、举报2起。年内全县专利申请数据774件，有效数据量发明专利41件，实用新型262件，外观设计69件，注册商标229件。开展“知识产权与健康中国”主题知识产权宣传周系列活动，发放《中华人民共和国专利法》《中华人民共和国商标法》《新疆知识产权保护与促进条例》等宣传资料200余份。加强地理标志保护，检验出疆哈密瓜1579批次360.8万件3.92万余吨。开展各类知识产权保护宣传活动52场次，参与群众15000余人次；开展“六进”宣传活动60余场次，参与干部群众、学生22000余人次；发放宣传单9000余份，悬挂横幅30余条，发放购物袋、抽纸等宣传品600余个（件）；通过官方微信公众平台宣传20余次，发送防诈骗短信6300余条，播放打击侵权假冒公益广告短片2个。统一印制鄯善县食用农产品合格证制度试行告知书、合格证等3.2万张，发放至18家种植、养殖农民专业合作社，提高食用农产品合格证制度知晓率。

**【广告监管】** 2020年，县市场监督管理局监测各媒体等发布广告550条次，其中疫情防控知识公益广告299条次。通过微信点对点开展广告发布前的行政指导，接受广告发布前的广告指导36人次，开展行政指导8次。加强网络直播行为专项整治和规范管理，网络平台监测55次，网络直播广告监测16条次，处理1起网信办转办的网络舆情。

**【疫情防控及复工复产】** 2020年，县市场监督管理局与5家大型商场、9家药械经营企业、19家食品生产企业和小作坊、17家广告经营企业、33家特种设备企业、12家大型酒店餐饮、6家大型超市签订疫情防控责任书，构建职责清晰常态化疫情防控工作责任体系。制定疫情防控工作方案和专项应急预案，建立每日情况报送、信息通报、工作会商、情况反馈、督查督办5项制度，疫情防控期间出动执法人员5563人次，检查经营户18586户次。

做好疫情防控期间服务保障，助力复工复产。受理个体、企业网上申请、变更、注销等业务1971件，食品经营许可1121件；线下受理各类企业、个体设立、变更、注销3179件。深入中小微企业和个体户中，对农贸市场、超市、商铺、餐饮、药店、其他经营户宣传复工复产优惠政策，发放宣传单10000份。倡导鼓励房东为个体户减免房租，年内民营单位和个人房主减免个体户7862户租金及物业费2132.69万元。

（努尔孜也）

## 南山矿区管理

**【基本情况】** 鄯善县南山矿区管理委员会机构为正科级，经费实行全额预算管理，内设综合办公室和安全生产监管办2个科室，主要负责迪坎工业园区的各项社会事务的管理等工作。

南山矿区位于鄯善县南部，面积约2.5万平方千米，占全县总面积的62.8%。南山矿区北与库姆塔格沙漠、艾丁湖矿区、沙尔湖矿区、钠硝石矿区相连，东与哈密毗邻，南与若羌相通，西南与尉犁相接，西与吐鲁番市接壤。南山矿区跨越哈萨克斯坦（准噶尔地块）板块和塔里木板块两个地质构造单元，区内地层发育较齐全，沉积建造多样，地质构造复杂，岩浆活动频繁，变质作用明显，成矿地质条件极为有利，是新疆重要的地质成矿构造带，资源潜力巨大。已发现有40个矿种，其中金属矿10种，非金属矿30种。鄯善县具有优势的矿产为石油、天然气、煤、钠硝石、铁矿、黄金、花岗岩等，铜、铅、锌、硫铁矿、熔剂石灰岩、铸石原料等具有较大的远景储量。

2020年，南山矿区企业到期的采矿权3个。由于功能区受限，鄯善县南部矿区矿权基本注销，剩余的矿点由于市场因素、勘察能力不够等未能正常生产运营。

**【矿区企业复工验收】** 2020年，迪坎工业园区有矿产品加工企业32家，有19家企业通过开工验收，正常生产。

做好12个规上企业服务保障工作，摸排企业存在问题16条，全力协调解决存在问题。南山矿区管委会依据《自治区应对新冠肺炎疫情支持中小微企业复工复产健康发展的十六条措施》及《吐鲁番市应对新冠肺炎疫情支持中小微企业复工复产健康发展的十一条措施》，落实对企业的优惠扶持政策工作，自2020年2月7日至6月30日，对疫情防控期间暂不能正常开工、复工的企业，放宽容（需）量电价计费方式变更周期和减容（暂停）期限；生产经营出现严重困难的企业，缓缴社会保险费，缓缴期间免收滞纳金；不能按期缴纳税款的中小微企业，可申请依法办理延期申报，延期缴纳税款；简化有关支持中小微企业的财政专项资金申报流程，加快审批拨付进度；优先清理受疫情影响较大的中小微民营企业账款；对因受疫情影响暂时失联的企业，不列入经营异常名录，无法正常生产经营的企业，不予吊销。

**【信访和矿界纠纷调解】** 2020年，南山矿区管委会跟踪、协调、解决南山矿区内企业劳资纠纷问题、疫情防控信访案件3起。协调信访局、劳动监察大队和当事人开展信访调解，妥善处置。

**【非法采矿监管】** 2020年，县南山矿区管理委员配合自然资源局、生态环境局，依法对功能区内的9个矿权（其中探矿权3个、采矿权6个）清理退出防止死灰复燃督导检查。根据《鄯善县功能区内矿点地质环境恢复治理方案》，牵头组织自然资源局、应急管理局、公安局、石材园区等相关部门开展常态化巡查工作，年内，开展常态化巡查12次。

南山矿区管委会组织相关工作人员对迪坎园区开展2次防范“地条钢”死灰复燃和严禁已化解产能复产排查，经排查园区内无“地条钢”产业、化解过剩产能。开展“打非治违”“安全生产专项行动”，检查企业42家次，排查安全生产隐患168余条。其中未履行建设项目安全设施、未取得安全生产许可证、非法投入生产运行、安全设施不完善，存在重大安全隐患问题的企业，移交执法监察部门处理，规范矿产资源的合法开采。

**【矿区环境恢复治理】** 2020年，县南山矿区管理委员执行矿山清退方案，进行矿山各项恢复治理和尾矿清运工作，责令尾矿处置中存在重大安全生产隐患的企业停止尾矿回收作业（宝地公司梧桐沟一矿、震华公司303～304矿、恒通商贸尖山南段铁矿等），整改安全隐患。年内，根据“9·30”清理退出计划，南部矿区47家企业按照恢复治理计划实施剩余矿石调运、设备拆除，完成恢复治理工作。

（付莹虹）

# 城乡建设　环境保护

## 住房和城乡建设综述

【基本情况】　鄯善县住房和城乡建设局是鄯善县人民政府住房和城乡建设工作的行政主管部门，正科级单位，内设机构6个：办公室、城乡建设管理科（村镇建设科）、建筑业管理科、住房保障与房地产监管科、建设工程质量安全监督科（抗震应急保障科）、人民防空综合管理科。下设副科级二级单位1个：鄯善县环境卫生管理处；下属事业单位8个：河坝管理处、文化广场管理办公室、建设工程安全监督站、房地产管理所、村镇规划建设管理所、建筑工程质量监督站、建筑材料试验室、房地产交易中心。下属1个企业：新洁服务公司。下属行管单位包括第一给排水公司、鄯善县供热公司、鄯善县华宇燃气供应有限责任公司、鄯善园林有限公司、新疆天拓伟业建筑安装有限责任公司。

2020年10月，鄯善县建筑材料试验室、鄯善县房地产交易中心转企改制，注销鄯善县建筑材料试验室、鄯善县房地产交易中心，注册成立鄯善县宏创建设工程检测有限公司、鄯善县至善居房地产交易有限公司。

2020年11月，根据《关于鄯善县科级事业单位调整的批复》（吐党编委〔2020〕5号），设立鄯善县城乡建设服务中心，作为县住房和城乡建设局管理的副科级事业，核定科级领导职数1名（副科级1名）；12月，根据《关于鄯善县科级事业单位更名及调整隶属关系的通知》（鄯党办〔2020〕39号），鄯善县城市环境卫生管理处更名为鄯善县城市环境卫生服务站，其他机构编制事宜维持不变。根据《关于对鄯善县股级事业单位更名及调整隶属关系的通知》（鄯党编办〔2020〕22号），鄯善县河坝管理处更名为鄯善县河坝服务站；鄯善县文化广场管理办公室更名为鄯善县文化广场服务中心；鄯善县建设工程质量监督站更名为鄯善县建设工程质量站；鄯善县建设工程安全监督站更名为鄯善县建设工程安全站；鄯善县房地产管理所（房屋征收和补偿管理办公室）更名为鄯善县房地产服务中心（房屋征收与补偿中心）；鄯善县村镇规划建设管理所更名为鄯善县村镇规划服务中心。

2020年，鄯善县城市新增绿地14.25公顷，建成区绿地面积1161.31公顷，建成区绿化覆盖面积1226.82公顷，县域有集中供热站4座，净水厂2座，污水厂2座，民用气用户所4家，液化气充装站2家，经营加气站15座。沙园路新增光源为LED（100瓦）路灯13基13盏，新增配电柜1台。安装信号灯10座，安装人行横道灯8处。新增排水管道7.51千米，新增供水管道11.46千米。改造供热管道4.1千米，供热面积8.4万平方米，新增燃气管线5.68千米，新增燃气用户7201户。2020年，城市用水普及率达到100%、燃气普及率达到96.04%，人均公园绿化面积达到12.06平方米、公园绿地服务半径覆盖率达到92.38%、人均城市道路面积为

56.78平方米，建城区路网密度为11.18千米/平方千米，建成区道路面积率15.59%、污水处理率95.31%，建成区供水管道密度为11.79千米/平方千米，建成区排水管道密度5.14千米/平方千米，生活垃圾处理率达100%、城镇化率达49.73%。

【城镇固定资产投资】 2020年，县住建局监管的固定资产投资和重点项目有44项，已完工21项，累计完成投资20.41亿元。其中，保障性安居工程完成投资0.03亿元，安居富民工程完成投资1.505亿元；城镇市政设施建设项目完成投资5.51亿元，房产开发项目完成投资13.365亿元。

【建设项目融资】 2020年，鄯善县通过多方融资到位建设资金4.87亿元，其中争取到位政府专项债券争取4.3亿元（包含滨沙大道3.3亿元，棚户区改造1亿元），争取中央预算内资金5656万元〔包含银玫瑰小区、天山路小区外棚户区改造配套基础设施建设项目2795万元、鄯善县公共租赁住房基础配套设施建设项目974万元、老旧小区新城区（二期）改造配套基础设施建设项目355万元、2020年棚户区改造1532万元〕。

【历史文化名镇名村、传统村落保护】 2020年，启动并完善鄯善县鲁克沁镇历史文化名镇及吐峪沟乡吐峪沟村历史文化名村保护规划修编工作。与乡镇对接，完成2个国家级传统村落鲁克沁镇赛尔克甫村、吐峪沟乡吐峪沟村传统村落挂牌和中国传统村落平台的基础信息填报，鄯善县两个传统村落实现挂牌保护。

【农村房屋安全隐患排查整治】 2020年，根据《自治区农村房屋安全隐患排查整治工作实施方案》《吐鲁番市农村房屋安全隐患排查整治工作实施方案》，制定《鄯善县农村房屋安全隐患排查整治工作实施方案》《鄯善县农村房屋安全隐患排查整治工作联席会议制度》，建立鄯善县农村房屋安全隐患排查整治县级核查组，有序推进全县农村房屋安全隐患排查整治工作。

【脱贫攻坚扶贫建设项目监管】 2020年，做好脱贫攻坚扶贫项目的行业部门监管。安排技术人员对吐峪沟乡葡萄晾房脱贫攻坚扶贫建设项目、迪坎镇葡萄晾房脱贫攻坚扶贫建设项目、迪坎镇鲜食葡萄交易场地项目3个脱贫攻坚扶贫建设项目进行跟踪指导检查，确保扶贫项目如期保质保量竣工。

## 市政建设

【城市绿化建设】 2020年，县住建局新建文明路、新华中路、飘香路、横一路等7条道路，种植各类乔木2939棵，新增道路绿地面积3.07万平方米。加强城市自然生态建设，规范园林管理，巩固提升“国家园林县城”成果，投入养护资金369.08万元，完成建成区127万平方米园林绿地养护工作。同时，按照市民出行“300米见绿，500米见园”的要求，推进城区绿道、绿廊建设，投资111.7万元高质量设计、规划金葡、唐韵、滨河、金玫瑰、瀚海及国家电网房产等住宅小区绿地建设。建设金葡小区二期、三期、唐韵A区、C区、滨河小区、金玫瑰小区、瀚海小区及国家电网小区7个房产住宅小区，总投资1618.4万元，新增住宅绿地11.56万平方米。年内，新增城市绿地14.25公顷，建成区绿地面积达1161.31公顷，绿地率达37.99%，建成区绿化覆盖面积为1226.82公顷，绿化覆盖率达40.23%，人均公园面积12.06平方米；公园绿地服务半径覆盖率达92.38%。实施公共绿地分级养护管理，完成约112.84万平方米，养护一级绿地约33.4公顷，二级绿地约57.12公顷，三级绿地约22.32公顷。严把园林绿化竣工验收审核关，办理建设工程园林绿化竣工8个，竣工验收面积11.55万平方米。全年扦插四季玫瑰6万株，公共绿地栽植7个品种11.5万株花卉。打造“绿树掩映、繁花点缀”的城市新街景。

【城市亮化建设】 2020年，县住建局定期对路灯设施、配电线路、控制箱等进行检查，发现问题及时处理，确保路灯设施的正常运行。年内，维修路灯1500余盏，排除电缆故障

30余处，更换损坏电缆约400米，城区亮灯率达95%以上。对城区30余处路口信号灯进行40余次调整及修理维护，确保交通信号灯正常运行。新安装沙园路安装光源为LED（100瓦）的路灯13基13盏，新增配电柜1台。安装2处十字路口，8处T形路口共计10处信号灯，安装8处人行横道灯。截至2020年底，安装路灯3196基灯杆，7997盏路灯，有31台专用变压器、69台路灯控制箱，总装灯容量约872.478千瓦，亮灯率达98%。

**【城市道路建设】** 2020年，县住建局实施老城区基础设施提升工程，建设道路23.24千米，路宽32米，给水管网24.2千米，排水管网29.1千米及沿线绿化、亮化相关基础配套设施等。给水管网开挖25.13千米，安装8.4千米，建成井室31座；排水管网开挖20.958千米，安装19.059千米，建成井室137座，电气管网开挖20.47千米，安装2.9千米；路基开挖22.421千米，路基第一层回填19.234千米，路基第二层回填12.491千米，路基第三层回填7.381千米。

**【城市基础设施建设】** 2020年，完成唐韵小区、楼兰嘉苑小区、玫瑰苑小区外棚户区改造配套基础设施建设项目，完成木卡姆西路、赤亭路、卫生路等道路6.53千米，新增排水管道6.51千米，新增供水管道6.46千米。

**【老旧小区市政设施改造】** 2020年，县住建局筛查18个老旧小区作为改造对象，争取和申报项目资金1.04亿元，实施123栋3890户居民住户室外管网、外墙保温及屋面防水改造，提升老旧小区的外在颜值，优化小区的内部设施，提升居民居住品质。

## 公用事业建设

**【基本情况】** 鄯善县城区供排水自1973年由城镇政府负责创办供水站，建有抽水井2口，供水管道3千米，年供水量约10万立方米。1985年2月14日撤销供水站成立鄯善县第一给排水公司，隶属鄯善县城乡建设环境保护局管理，为县属公用事业单位，实行企业管理独立核算，自负盈亏。1985年建设500立方米蓄水池1座、200立方米水塔1座、机井2眼，拥有供水管道6.4千米，年供水量50万立方米。截至2020年底，鄯善县有净水厂一座、城区水厂一座、加压站一座、污水处理厂一座，供水区域约80平方千米，拥有DN100以上供水主管线150余千米，排水主管线（DN200以上）40余千米，拥有水户23000余户，用水人口约7.6万人。2020年，新增加8眼备用水井，增加供水180余万立方米，新增工商业用水3户、生活办公用水10户、施工用水5户，安全供水1900万立方米。新增DN200-DN300供水管道5000余米，DN400排水管道1000余米。

鄯善县供热公司始建于1993年，隶属国有资产监督委员会下自收自支公益服务性事业单位。截至2020年底，全县有供热站3个、换热站28个，拥有1台100吨、5台20吨、3台15吨高温水锅炉及配套管网，采用连片采暖供热形式集中供热。2020年，完成鄯善县集中供热改造老旧管网4.1千米，新增供热面积8.4万平方米。

鄯善县燃气行业于2014年由鄯善县安监局职能划转鄯善县住建局进行行业管理。全县有燃气企业14家，下设燃气站点39个，包括汽车加气站25座（营业15座、停业10座）。天然气用户所4家，分别为城区华宇天然气用户管理所，现有燃气用户30920户，年供气量2320万立方米，燃气管线总长174.5千米；火车站新捷天然气用户管理所，有燃气用户2620户，年供气量329.78万立方米，燃气管线总长22.7千米；七克台力鹏天然气用户管理所，现有燃气用户96户，年供气量25万立方米，燃气管线总长20千米；鲁克沁惠和天然气用户管理所，现有燃气用户1376户，年供气量308万立方米，燃气DN110管线总长3.5千米。瓶装液化气充装站2家，分别为城区鄯善县华天然气公司，有液化气用户4000户，年供气量500吨，可用的液化气钢瓶6246个；火车站中油大洋化工有限公司液化气充装站，有液化气用户200户，年供气量96吨，可用的液化气钢瓶524个。隶属华天然气液化气代客换气点7家（4家营业、3家停业）。燃气建设公司新疆城市燃气建设发展有限公司鄯善县分公司1家（城区）。2020年，新增西环路燃气管线5.68千米，新增燃气用户7201户。

**【城镇供水】** 2020年，鄯善县新增8眼备用水井，增加供水180余万立方米；新增工商业用水3户、生活办公用水10户、施工用水5户，安全供水1900万立方米。每周对净水厂至城区的30多千米输水管线及沿线减压阀、控制井进行1次巡查；每周对原水、出厂水、末梢水开展不少于一次水质15项检测，全年采水83次，水样249份，委托第三方检测机构对出厂水、末梢水开展常规42项检测2次，106项水质检测2次，全年发现减压阀损坏、供水主管道跑水、排水主管道堵塞、井盖损坏、化粪池污物过多等情况60余处，全部及时维修，全年更换井盖55副、疏通排水管道8次、给用户下发整改通知书6份，确保供排水管网的安全运行。为保障城区消防用水安全，配合消防大队对城区29处消防栓、3处消防水鹤开展全面检查维修。为预防新冠病毒可能存在的“粪口传播”，及时、有效、无害化处置城区污水，每天定时向氧化塘投放次氯酸钠及生石灰，年内投次氯酸钠70余吨、生石灰45余吨，对氧化塘及周边喷洒杀蚊剂20次，开展粪大肠菌群检测73次。新增DN200-DN300供水管道5000余米、DN400排水管道1000余米。强化供水规范化管理，每半年一次在县政府网站上进行106项出厂水、管网水水质公示，供水企业每季度对出厂水39项常规指标进行检测，在水厂运行管理上，制定设备设施维护保养制度，确保设备完好率在98%以上。

**【城镇排水】** 2020年，鄯善县城排水改扩建二期（污水处理厂）工程，2019年11月污水处理厂在试运行期间，发现曝气池内三根非承重梁出现裂缝，2020年4月28日完成三根梁加固，将13个生物池的梁柱也进行不同程度的加固并完成验收。同年5月8日污水处理厂开始进水调试，污水在线监测的数据中除总氮超标（微生物培养时间不够），其他COD、氨氮、总磷指标均正常，但污水排放水质仍无法实现稳定达标排放，经县委第39次常委会议、县政府第15次常务会议研究，决定对污水处理厂实施提效改造。10月5日住建局给新疆浙源环境工程有限公司下达解除合同的书面通知，经多方考察论证，选定湖南湘达环保公司为鄯善县城排水改扩建二期（污水处理厂）建设项目技改工作实施单位。住建局与湖南湘达环保公司签订实施鄯善县城排水改扩建二期（污水处理厂）技改工作意向书，2021年2月污水厂实现达标排放，进入试运行。

**【城镇供暖】** 2020年，鄯善县启动新城区集中供热项目，计划新建1座2×29兆瓦燃煤热水锅炉及其配套设施，建设供热管网3859米，换热站3座。年内，完成锅炉房主体、煤渣库四周边墙和立柱、脱硫间主体、引风机房主体建设，开挖管线3859米，焊接管线3835米，砌筑9座分支井，砌筑25座补偿器井，回填3835米；完成鄯善县集中供热改造老旧管网4.1千米，新增供热面积8.4万平方米。

**【城市燃气】** 2020年，投资560万元，新增西环路燃气管线5.68千米，新增燃气用户7201户。

**【市政行业安全管理】** 2020年，县住建局加强市政公用行业安全生产管理，制定城镇燃气重点时段重点领域隐患排查方案和城镇燃气大风天火灾防控工作方案，开展定点医院、集中隔离点、城区排水主管网消毒杀毒工作，组织城区经营加气站全员定期核酸检测，下发限期整改通知书34份，停业整改通知书2份，整改合格率100%。

## 市容市貌管理

**【城市公共场所管理】** 鄯善县城市公共场所包括中心文化广场、蒲昌公园、中河坝水韵公园、儿童公园4个场所。日常加强公园环境卫生、绿化、圆灯等设施设备的检修维护，确保公园正常运行，为游人提供良好的游憩环境。

【环境卫生管理】 2020年，县住建局环卫处负责机械化清扫面积约100万平方米，人工清扫面积175万平方米。城区14座公厕24小时开放，12小时清扫保洁，落实公厕门把手、门帘、水龙头、冲水桶按钮等重点部位定时进行消毒消杀。

【城乡生活垃圾治理】 2020年，鄯善县城区有垃圾清运车辆11辆，收运遍布城区各处及住宅小区的1995垃圾容器内的生活垃圾，全年清运城区生活垃圾约2.81万吨；乡镇生活垃圾2218吨，垃圾处理量约2.62万吨，建筑垃圾5.7万吨。疫情期间对城区及各乡镇的特殊生活垃圾统一收集运输至生活垃圾处理场指定区域，收运处理特殊生活垃圾7175吨，使用消杀覆盖使用生石灰4350千克。推进生活垃圾分类工作，制定《鄯善县生活垃圾分类实施方案》《鄯善县城市生活垃圾清运试点工作方案》等，发放宣传册200份，购置生活垃圾分类收运车辆10辆，专用分类垃圾桶1600个，为垃圾分类奠定基础。督促指导各乡镇持续推动农村人居环境整治工作，检查全县各乡镇、行政村农村生活垃圾治理及乡镇临时垃圾填埋场8次，发现问题137个，整改率100%。制定非正规垃圾堆放点排查整治工作实施方案，抓好生活垃圾有效治理，开展村庄清洁行动行政村比例达到全覆盖。同时鲁克沁镇、火车站镇生活垃圾无害化处理率达到30%。在全县范围内遏制农村非正规垃圾堆放点出现，督促各乡镇对建筑垃圾、残垣断壁整治清理，消除安全隐患、美化环境，改善村容村貌。

## 保障性安居住房建设

【安居富民工程】 2020年，全县建设安居富民工程5281户，竣工5281户；电子档案录入5281户。安居富民补助资金到位11007.85万元，其中中央补助资金415万元，自治区地方政府债券资金9354.85万元，湖南援疆资金1238万元。

【城镇保障性安居工程】 2020年，鄯善县公租房建设任务396套，其中金葡小区配建公租房88套，公安局自建干部周转房80套，怡景小区配建144套，回购公租房30套；办理前期手续的有连木沁镇30公租房及鲁克沁镇24套公租房。年内，完成建设198套。2020年，棚户区改造改造任务2100套，拟改造总面积51.8万平方米，计划投资6.5亿元，根据《财政部办公厅、国家发展改革委办公厅、住房和城乡建设部办公厅关于梳理新增专项债券棚户区改造项目资金需求的通知》（财办预〔2020〕46号）文件要求，鄯善县棚户区改造采用实物安置与货币补偿相结合的方式，主要集中在鄯善镇新城区，2020年棚改专项债券资金没有完全下达，2020年完成棚改任务739套，完成投资13962万元。

加强城镇保障性住房后期运营管理。对城区公共租赁住房的动态管理，面向社配租公租房1889套，联合各社区开展核查工作，全年入户核查385余户，清退违规使用家庭5户；续签2020年公租房租住合同501份，收缴租金172.6万元；公租房信息系统录入7380套，录入率100%。

## 房地产管理

【基本情况】 2020年，鄯善县有房地产开发企业有17家，其中三级资质1家、四级资质12家、暂定资质4家。

【房地产交易管理】 2020年，县房产交易中心办理房产交易1017件，交易面积15.41万平方米，交易额约3.45亿元；办理预售备案340件，面积4.06万平方米；抵押注销579件；补证、换证314件，建筑面积8.67万平方米；房产查询2745件，协助法院查封68起，装订房产档案269份。

【房地产开发】 2020年，鄯善县有房地产开发项目15个，完成项目固定资产投资约13.37亿元。核发滨河小区、唐韵小区、学苑小区等5个房地产开发项目商品房预（销）售许可证36份，预售建筑面积约17.14万平方米。商品房销售492套，销售面积约7.17万平方米，销售额约1.97亿元，其中销售住宅421套，销售额1.35亿余元；销售非住宅71套，销售额约6265.55万元。商品房平均销售价格5213元/平方米，其中住宅平均销售价格2871元/平方米，非住宅平均销售价格8540元/平方米，受疫情影响，商品房销售价格较往年有所降低。

【住宅物业管理】 2020年，鄯善县有物业服务公司12家，物业服务住宅小区55个，非住宅小区5个，物业服务总面积382.76万平方米，其中住宅建筑面积301.41万平方米，商业建筑面积63.96万平方米，物业覆盖率87.25%；5家物业公司7个小区被命名为“鄯善县节水型居民小区”。

【物业专项整治】 2020年，县住建局成立物业行业整治专班，拟定《鄯善县物业服务行业专项整治工作方案》《鄯善县物业服务行业专项整治公告》《鄯善县物业小区月评估考核工作实施方案》《鄯善县党建引领物业工作实施方案》《鄯善县物业提升巩固工作方案》；在鄯善政府网站公示《物业专项整治工作方案》《物业公司服务项目信息公示》《物业专项整治公告》，并在各物业公司服务小区大门醒目位置张贴《物业专项整治公告》60余份，各小区悬挂《住宅物业服务标准》公示牌57个，接受业主监督。开展常态化检查，下发物业服务专项整治整改通知书130份，受理群众来电来访反映问题30件，受理群众投诉举报11件，办结率100%。

## 建筑业管理

【基本情况】 2020年，鄯善县辖区内有建筑企业6家，监管监理企业5家，混凝土搅拌站5家，建筑企业完成产值16.99亿元，搅拌站完成产值0.384亿元。

【建筑市场管理】 2020年，办理施工许可证81份；网上办理建设项目施工、监理负责人及管理人员解锁145人，项目负责人变更业务5人，实名制录入农民工1287人；协助人社局协调解决农民工欠薪4起，涉及人数15人，涉及金额2.37万元。

【工程招投标管理】 2020年，公开招投标审核备案项目64个，公开招标建筑面积63.39万平方米，中标价11.6亿元；审核企业自筹建设项目备案23个，建筑面积76.1万平方米，发包价11亿元，招标率100%。

【建筑行业基础设施配套】 2020年，鄯善县收缴城市基础设施配套费49.08万元。对符合政策减免的26家企业（单位）47个建设项目，一次性免征收城市公共基础设施配套建设费4401.87万元。

【工程质量管理】 2020年，人防办理消防备案验收164项，完成销号220项，整改率100%；监督质量安全手续69项（226个单体），建筑面积72.72万平方米，工程造价15.82亿元；报监工程受监率100%。建设单位组织竣工验收工程25项（119个单体），建筑面积29.84万平方米；通过竣工验收备案工程13项（76个单体），建筑面积26.3万平方米。消防专项整治完成整改率100%，线上整改完成214项，办结率97.27%。办理消防备案36项。

【人防工程管理】 2020年，人防审批结合建设项目9项，实际建设6项（3项在建、3项正在设计），应建未建配建至其他项目3项，面积40170平方米；收取易地建设费项目31项105.5万元。参加人防线上培训1次，开展疫情防控、安全生产专项检查4次。

【安全生产管理】 2020年，开展质量安全检查7次，约谈项目负责人14人，先后下发安全隐患整改通知书58份，查处各类质量安全隐患342条，整改342条，整改率100%。

【行政审批】 2020年，县住建局办理施工许可证81份。住建局联合社区、执法局、自来水公司、燃气公司启用联合审批制度，对城区新建餐饮业落实“六控”措施进行源头管控，联合审批办理餐饮业8家，续发城镇燃气经营许可证7份；网上办理供热报装项目

18项，供气项目26项，供排水35项。

（杨艳英）

## 城市管理

【基本情况】　鄯善县城市管理监察大队成立于1992年，隶属于原鄯善县城乡建设局，参照公务员管理事业单位，核定人员编制20人。2010年，根据鄯机编委〔2010〕7号文件要求，鄯善县城市管理监察大队机构规格由股级升格为副科级，原隶属关系、人员编制、经费形式不变，将鄯善县城市管理监察大队更名为鄯善县城市管理执法监察大队。2017年12月，成立鄯善县城市管理行政执法局，将原鄯善县城市管理执法监察大队连人带编划转至鄯善县城市管理行政执法局，正科级建制，全额预算管理，隶属鄯善县人民政府职能部门。2018年4月，从住建局分离，住建局17人划入执法局。内设办公室、行政审批室、数字城市管理指挥中心3个职能科室。设鄯善县执法监察大队、执法监察大队内设新城中队、老城中队和规划中队3个。

县执法监察大队，机构规格为股级，全额预算管理。根据县城市管理行政执法局授权，开展城市监督管理工作。所需编制“编随事走，人随编走”的原则，从住建局、环保局、水务局、食药局等职能划转部门抽调人员连人带编统一划转至执法监察大队。

【城市环境监管】　2020年，县城市管理行政执法局狠抓城市市容市貌、违章停车、违章广告牌匾、损坏道路设施等严重影响市容市貌的违法行为的综合整治力度。全年检查“门前三包”900余次，签订“门前三包责任书”362份，清理店外店500余起，清理“牛皮癣”小广告1600余处，查处违章占道停车440余起，查处违章大型车辆120余起；审批城市户外广告牌匾441件，审批城市道路挖掘25件，审批城市临时摊点摆放许可69件。同时，加强各类违法行为的处罚力度，2020年总计行政处罚54万余元，其中损坏道路设施处罚29.3万余元、违法建筑处罚8.9万余元、影响市容市貌处罚2万余元，收取道路挖掘修复费3万元、道路占用费10.8万余元。

【违法建筑查处】　2020年，县城市管理行政执法局强化违章建筑的日常排查与管控，坚持“控新增、减存量”原则，加大查处拆除力度，对违章建筑多发区域实行不间断巡查，实施重点监控，对违法建设坚持做到早发现、早制止、早处理。

2020年，查处违章建筑15处，查处总面积545平方米，其中拆除违章建筑9处、拆除面积400平方米，行政处罚5起、罚款8.9万余元。排查城区14个居民小区53处私搭乱建，违建面积2335平方米，下发限期拆除通知书53份。

【数字化城市管理平台建设】　2020年，县城市管理行政执法局数字城管指挥中心共享县政法公安专网监控管理系统，对鄯善县城区市容市貌进行视频巡查与监看，公安专网分配城区道路视频监控170路，商场、超市室外视频监控33路，指挥中心时时监控各类违反城市综合管理相关法律法规的行为，及时向各分管中队派工，中队现场处理并反馈。做好派工台账的记录整理及归档工作，按时上报工作信息，推进数字化城管建设步伐，不断提高城市精细化管理水平。2020年度，局数字化城管指挥中心派工651件、处理651件。

【城区流动摊点治理】　2020年，县城市管理行政执法局在城区范围内设置5处“跳蚤市场”约300余个摊位，免收摊位费、管理费，宣传、引导流动摊点入市售卖，减少随意摆摊设点、沿街流动售卖现象。年内，100余个流动摊点分别进入5处“跳蚤市场”内经营。对不愿进入“跳蚤市场”内摆摊的流动商贩，城管执法人员记录，为流动商贩建立台账，劝导其进入市场，不予处罚，年内劝导流动商贩600余人次。针对被查处3次以上的流动摊点，履行执法程序，依法进行行政处罚，年内处罚流动摊点100个，罚款2.05万元。

【燃煤锅炉整治】　2020年，县城管执法局按照燃煤锅炉整治要求，开展城区燃煤锅炉专项整治工作，对城区内企业及个人的10蒸吨以下燃煤小锅炉淘汰拆除，拆除燃煤锅炉13台，完成2所学校锅炉煤改电改造。

【油烟污染治理】 2020年，县城市管理行政执法局加大油烟污染治理工作力度，加强对城区店内餐饮和店外烧烤的监督检查，加强餐饮店铺油烟净化设施的监督检查。对未安装油烟净化器和隔油池的餐饮店铺不予批准营业，从源头上控制油烟污染。2020年，查处油烟污染、噪声污染42起、罚款6000元，办理餐饮店铺天然气安装审批28起。

【扬尘治理】 2020年，县城市管理行政执法局加强城区建筑工地及道路扬尘管理，打击环境污染、扬尘污染等违章行为，与城区所有建筑工地开工前签订环境卫生管理责任书，对建筑施工车辆管理。开展环境污染、扬尘污染问题集中专项整治行动，检查建筑企业6家、工程项目28个、城区施工工地9处，下发涉及扬尘治理的安全隐患停工或整改通知书8份，排查隐患扬尘治理8条，立案处罚2起，查处违章拉运渣土车辆和扬尘、抛洒车辆109起，处罚3.7万余元。建立施工扬尘治理长效机制，遏制施工扬尘对城市空气质量的影响。

【市政设施维护】 2020年，县城市管理行政执法局组织人员对城区内总长38千米的道路护栏、骑马石进行两次清洗，对城区道路上悬挂的1600余盏灯笼进行擦洗，维护市政设施的干净整洁。

【城市交通环境整治】 2020年，县城市管理行政执法局开展城市交通整治，重点整治城区主街道两侧及人行道车辆乱停乱放行为，查处违章占道停车、长期占道停放并影响市容市貌的“僵尸车”及损坏城市道路护栏、限高杆处罚。

【城区建筑工地管理】 2020年，县城市管理行政执法局在新、老城区设置3处瓜果自产自销临时场地（分别为新城片区再就业广场前的原新城夜市、老城片区的原木卡姆夜市、老城片区新楼兰小区南侧鄯善县购物城市场），将流动售卖的瓜农、果农、菜农及流动摊点引入自产自销点销售，解决农民销售农产品的困难，维护县城市容环境。

【行政执法规范化】 2020年，县城市管理行政执法局落实行政执法全过程记录制度，实现全过程留痕、可回溯管理，通过实时化、全程化、全覆盖，对行政执法人员和行政相对人实现双重监督的作用，推进执法规范化。提升执法文书和音视频资料归档规范化、电子化水平，按照行政执法案卷管理标准，规范行政处罚案件的拍摄、录入、电子档案形成的时间、编号、期限及与纸质案卷的一致性。

【网上政务服务】 2020年，县城市管理行政执法局推进“放管服”改革，落实“三集中三到位”改革，即审批职能集中到审批室，审批室集中到政务服务中心，审批事项集中到电子政务平台；审批事项进驻政务服务大厅到位、审批授权窗口到位、电子监察到位。年内，在自治区一体化平台申请6类，认领事项7项，发布7项，全部认领并发布。2020年，服务窗口受理业务量469件，办结业务量469件，咨询业务量150余件，协助其他窗口网上实名注册60余人次，新疆政务服务网网办件量270件，网办件100%。

（赵新建）

## 住房公积金管理

【基本情况】 吐鲁番市住房公积金管理中心鄯善县管理部（以下简称住房公积金鄯善县管理部），机构编制为吐鲁番市住房公积金管理中心下属科室。2020年，鄯善县正常缴纳住房公积金的单位有259家，其中行政事业单位135家、企业单位124家，公积金汇缴人数14449人。

【住房公积金归集、提取】 截至2020年底，住房公积金鄯善县管理部归集住房公积金2.41亿元，完成年度计划2.5亿元的96.45%。提取住房公积金1.23亿元，完成年度计划1.3亿元的94.81%。发放住房公积金贷款336户，金额0.75亿元，完成年度计划0.54亿元的124.92%。

【公积金贷款风险防控】　截至2020年底，住房公积金鄯善县管理部有住房公积金2期以上逾期贷款35笔，金额274890.35元。管理部对逾期在1期的借款人，指派专人电话催收，并做好台账；逾期2至3期以上的则向借款人送达催收通知书、督促履行担保责任，通过纪检委、银行、公证处、开发商、公积金管理中心联合催收。

【信息化建设】　2020年，住房公积金鄯善县管理部落实“放管服”各项政策和住建厅住房公积金网络化各项政策。坚持“让信息多跑路，让群众少跑腿”“网上办、马上办”政策落实到各缴存单位，企业宣传公积金网厅，手机公积金App，截至年底，住房公积金鄯善县管理部业务离柜率84.76%。

【政策宣传】　2020年，住房公积金鄯善县管理部新增缴存人数390人。加强与开发商的交流沟通，做好住房公积金提取贷款业务服务。宣传住房公积金疫情期间支持企业复工复产相关政策，受疫情影响延迟复工复产或停工停产的企业，可向住房公积金管理中心申请降低缴存比例或申请缓缴住房公积金，待企业复工后再恢复缴存。针对受疫情影响的企业，住房公积金鄯善县管理部配合吐鲁番市住房公积金管理中心在门户网站、“12329”服务热线、微信公众号公开阶段性优惠政策，组织干部职工在公积金缴存单位QQ群转发30余次，上门10家企业，给财务人员打电话联系280余次，企业可根据自身经营状况，自行选择是否办理缓缴公积金或降低缴存比例业务。2020年，有10家企业申请缓缴，缓缴金额77.93万元。截至年底，缴存企业均恢复正常缴存。

（佐合热古丽·奥斯曼）

## 生态环境保护

【基本情况】　鄯善县环境保护局成立于1998年3月，是县人民政府的一个重要行政执法部门，肩负着全县的环境保护工作。根据鄯善县环保局的职能，内设办公室1个职能科室，核定行政编制5名，领导职数2名。同期，成立鄯善县环境监测站、鄯善县环境监察大队，股级事业单位，列事业编制5名，核定工勤人员事业编制1名，全额预算管理。2019年2月，组建生态环境局，将县环境保护局的职责，以及县发展和改革委员会的应对气候变化和减排职责，县国土资源局的监督防止地下水污染职责，县水务局的编制水功能区划、排污口设置管理、流域水环境保护职责，县农业局的监督指导农业面源污染治理职责等整合，组建生态环境局，作为市生态环境保护局的派出机构，不计入机构限额，不再保留县环境保护局。

2020年，县生态环境局有干部职工19人。内设办公室、综合业务科，负责环境保护目标责任制的制定、做好总量控制与污染减排、申报县级环保补助资金、环评等工作；局所属事业单位环境监察大队，负责环境执法、污染防治、环境信访等工作；环境监测站负责环境空气质量监测，协助上级部门开展水质、降尘监测等工作。

【空气质量监管】　2020年，县生态环境局拆除城市建成区内小锅炉26台，退出鄯善地湖煤矿和新疆红湖煤业有限公司18万吨/年煤炭产能，分批次推进11座落后轮窑淘汰。强化建筑工地及道路扬尘管理，实行“绿色施工”，扬尘污染得到有效管控。开展秸秆、垃圾禁烧工作，强化各乡镇日常监管责任，组织相关部门开展巡查6次，向相关单位下发巡查通报4份、督办及通知13份。每月按期调度相关部门及11个乡镇落实“控烧”“控尘”情况并定期向吐鲁番市上报9份。完成高污染燃料禁燃区2.65平方千米划定，促进全县环境空气质量的改善。开展“散乱污”企业污染整治，发挥各乡镇环境监管网格化作用，对辖区内开展拉网式排查，对存在的环境违法的问题依法进行查处。

【水环境质量监管】　2020年，县生态环境局加强企业水污染防治设施监管，建立环境执法联动机制，开展环境安全隐患排查专项行动。开展“千吨万人”（供水千吨或服务万人）以上饮用水水源地排查、县级水源地评估和地下水基础环境状况调查，加强饮用水水源保护区管理。开展备用水水源地、柯克亚河水源地划分，改善饮用水条件，保障饮用水水质。取消鄯善县第一给排水公司一、二、三水厂水源地等7个饮用水水源保护区，优化水源保护区布局结构。落实疫情防控要求，定期调度城镇污水处理厂、医疗机构污水处理设施运行监测，年内全县14家医疗机构和鄯善县城镇污水处理厂运行正常。

加强水资源节约保护，控制县水资源总量，将农业用水、地下水用水量两项指标纳入实行最严格水资源管理制度考核内容。加强流域水环境管理，全面实施河（湖）长制工作，按照相关规定编制“一河（湖）一策”，定期对县域内4条河道专项执法检查，2020年，开展巡河298人次，强化地表水环境质量目标管理。

**【土壤污染防治】** 2020年，县生态环境局做好城镇人口密集区危险化学品生产企业搬迁改造中的环境管理，指导督促吐鲁番工企化工有限责任公司和鄯善县万鑫乙炔气体有限公司完成遗留场地土壤污染状况调查并经专家会评审，后续不需要开展风险评估和污染修复工作。国家审核并确定将新疆美汇特石化产品有限公司等6个重点企业用地疑似污染地块纳入重点调查，争取国家、自治区土壤污染防治专项资金157.95万元，完成采样布点方案编制工作。排查全县11家涉重金属企业，其中5家企业开展自行监测、1家安装在线监测设备、5家企业停产，实施全口径清单动态管理。执行重点污染物特别排放限值，完成重金属减排量177千克，下降8.2%，超额完成“重金属排放量要比2013年下降6%”的目标任务。

**【固体废弃物监管】** 2020年，县生态环境局强化固体废物资源化、减量化和无害化管理，鄯善县工业园区固体废物填埋场已投入运行。加大危险废物处置力度，着力解决吐哈油田油泥油脚长年临时贮存，3个危险废物处理项目已陆续建成，重点土壤环境安全隐患正在逐步消除。截至12月底，吐哈油田分公司鄯善采油管理区委托处置危废5.25万吨，完成100%；吐哈油田分公司鲁克沁采油管理区委托处置危险废物3.92万吨，完成100%；需处置危险废物总量9.17万吨，已处置危险废物量9.17万吨，总计完成100%。推进固定污染源清理整顿和2020年排污许可发证登记工作，核发排污许可证58家，完成登记管理860家，实现从单纯管企业转向对排放口的精细化管控。

**【农业面源污染监管】** 2020年，全县未发生受污染耕地，未发现因耕地土壤污染导致农产品质量超标且造成不良社会影响事件，未发现因疑似污染地块或污染地块再开发利用不当且造成不良社会影响事件。

**【建设项目环境管理】** 2020年，县生态环境局按照《关于做好统筹推进疫情防控和经济社会，发展环评审批服务保障工作的通知》的要求，畅通环评审批绿色通道，做好重大项目前期手续办理和服务工作，针对重点项目提前介入、主动服务、优化办事程序，压缩办理时限，并对相关单位下发提醒函，督促指导做好项目环保手续的办理，确保各项实施项目开工前完成环保手续办理。全年，受理建设项目173个，其中对35个项目出具初步审查意见；5个项目进行审批，其中3个项目按照疫情期间环评审批服务保障工作要求实行环评告知承诺制；完成133个项目的网上备案。

**【涉危企业环境监管】** 2020年，县生态环境局开展危险废物规范化管理督查考核。按照危险废物规范化管理要求及《关于开展鄯善县2020年危险废物规范化管理督查考核工作的通知》，将通知下发至5家经营单位、13家产废单位、4家医疗机构。督促涉危企业对照《危险废物规范化管理考核指标》开展危险废物规范化管理情况自查。对18家涉危企业开展危险废物规范化管理督查考核，填报工业危险废物产生单位规范化管理指标及抽查表22份、污染源现场检查情况表11份。做好全县涉危企业环境管理，对域内危险废物经营单位、产废单位逐一排查，完成5家危险废物经营单位、13家产废单位专项治理App录入。

【医疗机构的环境监管】　2020年，县生态环境局强化医疗废物环境监管，采取日调度等方式倒逼责任落实，在全县医疗机构设置4个医疗废物暂存点，督促做好医疗垃圾统一收集、转运、集中处置。对14家医院医疗废水、医疗垃圾处置情况专项检查，落实医疗行业医疗废物环境规范化处置。

【钢铁行业污染治理】　2020年，县生态环境局根据《新疆维吾尔自治区工业炉窑大气污染综合治理方案》要求，下发《关于上报工业窑炉综合治理方案的通知》。印发《鄯善县多家铸造企业“未验先投”问题的整改方案》，组织县域内5家钢铁企业针对工业污染源升级改造等相关问题座谈讨论。督促各钢铁企制定整改方案，依法加强污染物排放自动监控设施等建设，与吐鲁番市生态环境局联网，如实向社会公开监测信息。

【重点企业环境风险隐患排查】2020年，县生态环境局强化环境风险防控工作，对辖区危险废物产生和经营单位、污水处理厂、涉重金属企业、石油行业等企业开展大排查，出动执法人员60人次，检查各类企业31家。针对检查中存在的问题，要求企业建立问题整改台账并上报整改方案，明确问题、措施、责任人及整改时限，企业按照整改方案中时间、节点进行整改，对存在问题整改落实情况进行督察，依法查处。做好企业尾矿库环境风险隐患排查，下发《关于转发〈关于做好尾矿库环境风险隐患排查治理与环境应急准备工作的紧急通知〉的通知》及其自治区生态环境厅、吐鲁番市生态环境局相关文件41份，对20家尾矿库企业现场检查，38家尾矿库企业确定环境应急准备工作联系人、尾矿库企业环境风险隐患自查要点。

【污染源调查】　2020年，县生态环境局加强污染源监督检查，加大对各类污染防治设施的现场监督检查力度。年内，现场检查120家，勘查询问笔录累计99份、检查记录21份，拍摄现场照片1000余张，调查报告、核查报告、情况说明100份。规范执法与严惩违法结合，开展污染源监管“双随机”抽查、环境稽查执法，重点排污单位24家，一般排污单位49家。

【环境执法】　2020年，县生态环境局加大环境保护执法力度，促进企业污染治理。对在建项目和已建成项目的现场监督检查。要求企业提供建设期间环境监理报告，加大对危险废物企业、涉重企业、在线监控企业、尾矿库企业等企业建设项目环境监理检查。

【人居环境整治】　2020年，县生态环境局推进农村生活污水治理工作，梳理全县农村环境综合整治项目，向市生态环境局储备库上报2020年申报资金项目4个，项目资金1200万元，用于4个示范村的生活污水治理。为鲁克沁镇阿曼夏村配备1套地埋式污水处理设施、为县示范村配备3套地埋式污水处理设施和3辆吸粪车总计价值49万元。

【环境监测】　2020年，县环境监测站做好空气质量自动监测站数据的调取、审核报送及统计分析工作。全年空气质量优良达标率为76.7%，比上年同期上升6.1个百分点。可吸入颗粒物（$PM_{10}$）平均浓度值115微克/立方米，比上年下降15.4%，细颗粒物（$PM_{2.5}$）平均浓度值为50微克/立方米，比上年下降5.7%。县级集中式饮用水水源水质达标率和地表水水质达标率均达到100%。全县未发生各类突发环境事件，生态环境质量持续改善。

【全国第二次污染源普查】2020年，县生态环境局推进全国第二次污染源普查工作，摸清全县各类污染源数量、行业和区域分布情况以及主要污染物产生、排放和处理情况，完成697个污染源的普查工作，其中工业源509个、行政村95个、加油站42个、储油库2个、工业园区2个、集中式9个、农业源38家，占全市污染源总数（1498家）的47%，建立健全污染源信息数据库。鄯善县1个集体（鄯善县第二次全国污染源普查领导小组办公室〈鄯善县生态环境局〉）和2人表现突出被国务院第二次全国污染源普查领导小组办公室表扬，3人表现突出被自治区第二次全国污染源普查领导小组办公室表扬。

【环境信访】 2020年，县生态环境局通过“12369”平台受理投诉案件42起，处理率100%，结案率达100%，回访率达到100%。年内，查处环境违法行为9起，立案9起，行政处罚9起，征收罚款165万元。其中，征收2019年行政处罚3起罚款7万元。

【环保督察整改】 2020年，县整改办落实中央、自治区、市委、县委关于环境保护的要求，加强对整改落实的督导，落实“调度、周督察”制度，上报周报28份，开展现场督查20余次，下发督办通知及提醒函17份，下发工作通知15份。迎接自治区及市级督导组现场督导检查10次。鄯善县承担15项39条整改任务，15项反馈意见全部如期完成整改，并向吐鲁番市上报销号。

【环保宣传】 2020年，县生态环境局以“6·5”世界环境日宣传为重点，发挥鄯善县主流媒体的渠道作用，在县电视台、政府门户网、鄯善一家人、鄯善零距离等媒体和平台上大力宣传新的《中华人民共和国环保法》《中华人民共和国大气污染防治法》《党政领导干部生态环境损害责任追究办法（试行）》等法律法规和环保宣传标语，宣传环境保护知识，提高各族群众环保意识。

（田桂香　孙政红）

鄯善县吐峪沟乡道路硬化建设

# 交通　邮政　通信

## 公路交通

### 综　述

【基本情况】　鄯善县交通运输局成立于1986年10月，是鄯善县政府管理交通建设事业的职能部门。2008年3月，经县编委批准成立鄯善县路政稽查队，隶属交通局管理。2012年11月，根据县政办〔2012〕167号文件将“鄯善县交通局”更名为“鄯善县交通运输局”。2020年12月，县交通运输局与道路运输管理局合并成立，设交通运输综合执法大队；内设办公室、公路科、运政科等职能科室。

【公路建设】　2020年，鄯善县交通基础设施建设力度不断加大，开展农村公路、客运站场等项目建设，全县交通基础设施日趋完善。鄯善县被命名为“四好农村路”自治区级示范县。全县农村公路总里程达1608.67千米，11个乡（镇、场）通油路率达到100%，70个行政村通公路率、通油路率均达到100%。

全年完成农村公路建设项目11个，建设里程76.77千米，其中2020年财政专项扶贫项目7个，建设里程27.69千米；总投资6806.8万元，其中中央车购税资金补助资金1904.64万元，地方配套资金3403.26万元，财政专项扶贫资金1498.9万元，项目已全部完工，并通过工程审计验收通车。

1. 2020年场部通硬化路建设项日项目2个，建设里程30千米，上级补助资金1500万元。划分为两个合同段实施，总投资4800.9万元，于2020年10月全部完工。

项目名称：鄯善县双水磨林场—火车站镇酿酒基地，该项目由3条路线组成，路线长度14千米，公路等级为三级公路，项目总投资为1849.8万元。

双水磨林场—栏杆鲜食葡萄基地，该项目由2条路线组成，路线长度16千米，公路等级为三级公路，项目总投资为2951.1万元。

2. 2020年林下经济节点通硬化路建设项目1个，四级公路，建设里程6千米，总投资369.3万元，其中上级补助资金300万元。2020年9月全部完工。

项目名称：双水磨林场—林场5队，该项目由8条线组成，路线长度6千米，公路等级为四级公路，项目总投资为369.3万元。

3. 2020年公路安全生命防护工程项目1个，建设里程13.08千米，建设内容为路面病害处治、完善沿线安全设施等。总投资137.7万元，其中上级补助资金104.64万元，2020年9月全部完工。

项目名称：鄯善县C115线（辟展乡—七克台镇），具体路线为3条线组成，路线长度为13.08千米，公路等级为四级公路，项目总投资为137.7万元。

2020年财政专项扶贫资金贫困道路项目如下：

（1）吐峪沟乡：鄯善县2020年农村公路建设项目（鄯善县吐峪沟乡贫困村道路硬化建设项目）（第一批）建设里

程8.42千米，公路等级为四级公路，项目总投资为496.2万元，项目已完成审计工作。

鄯善县2020年农村公路建设项目（鄯善县吐峪沟乡贫困村道路硬化建设项目）（第二批）建设里程4.63千米，公路等级为四级公路，项目总投资为230万元，完成项目审计工作。

鄯善县2020年农村公路建设项目（鄯善县吐峪沟乡贫困村道路硬化建设项目）（第三批）建设里程3.485千米，公路等级为四级公路，项目总投资为183.345万元，完成项目审计工作。

（2）迪坎乡：鄯善县2020年农村公路建设项目（迪坎镇贫困村道路建设项目）建设里程3.567千米，公路等级为四级公路，项目总投资为200万元，项目已完成审计工作。

（3）达朗坎乡：鄯善县2020年农村公路建设项目（鄯善县达朗坎乡贫困村道路硬化建设项目）（第一批）建设里程2.477千米，公路等级为四级公路，项目总投资为136.2万元，项目已完成审计工作。

鄯善县2020年农村公路建设项目（鄯善县达朗坎乡贫困村道路硬化建设项目）（第二批）建设里程2.09千米，公路等级为四级公路，项目总投资为100万元，项目已完成审计工作。

鄯善县2020年农村公路建设项目（鄯善县达朗坎乡贫困村道路硬化建设项目）（第三批）建设里程3.01千米，公路等级为四级公路，项目总投资为153.159万元，项目已完成审计工作。

**【公路养护】** 2020年，县交通运输局开展道路交通安全隐患排查治理，对主要县道、乡道修补路面坑槽5101平方米，安装减速带1500米，安装标志牌15块，清理淤泥6000立方米，路容路貌整治360立方米，清扫路面堆积物50000平方米，更换警示柱192根，校正警示柱66根，警示柱刷漆134根，清理涵洞40道，清理积雪180千米，清理塌方300立方米，水毁抢修1次，戈壁料封路2000立方米，鄯善县农村公路养护全年投入226.1万元。

**【应急保障基地建设】** 2020年，鄯善县为提升公路应急保障能力，提高交通面对事故灾害的处置能力，实施鄯善东应急保障基地建设项目。鄯善东应急保障基地建设项目选址位于鄯善东养护站南侧，占地面积3.33公顷，总建筑面积4000平方米，为车库及室外道路、绿化、亮化、停车场等相关配套基础设施，总投资737.86万元。年内，已投资450万元，于2021年10月15日完工。

**【公路巡查】** 2020年，县路政稽查队负责全县农村公路1608.67千米农村公路的巡查管理，保护路产、维护路权，保障公路安全畅通。开展路政巡查和超限车辆治理工作，年内查处超限运输车辆35辆。做好安全驾驶法律法规宣传，向驾驶员发放依法驾驶和安全通行宣传单，保障过往车辆安全通行和道路安全畅通。

**【出租车运营监管】** 2020年，鄯善县有出租车服务公司4家，出租汽车801辆。出租车报废更新77辆，完成营运证换证77辆；出租车营运证二级维护1388辆，审验718辆，完成资格证注册1110个，换发出租车从业资格证242个。开展安全生产教育学习培训16次，消防安全演练活动1次，疫情防控应急演练3次。受理投诉98件，其中自治区工单系统投诉42起、电话投诉56起，信访案件11起，调节矛盾纠纷9起。联合公安局交警大队、鄯善执法大队开展执法检查134次，检查车辆11152辆（次），查处问题车辆121辆。联合县交警大队、路政局、县公路局等单位，对全县公交、出租、客运站、两客一危等重点企业、车辆进行安全生产隐患大检查，发现21处安全隐患，责令现场立即整改13处，下发整改通知书8份，均整改完毕；对4家机动车服务有限公司出租车及驾驶员进行诚信考核，完成720辆出租车和1008个出租资格证诚信考核工作。

鄯善县出租车的管理和审批事项，自2015年5月由县运管局转到县交通运输局后，出租车数量一直维持在801辆，其中大众出租汽车有限公司287辆、昌盛机动车服务有限公司210辆、吐卢帕尔出租汽车有限公司191辆、野骆驼旅游出租有限公司113辆。车辆由个人出资购买，手续办理齐备后，由出资人和公司签订车辆经营服务合同，在合同中明确规定车辆的责、权、利、关系，确定出资人和公司双方应承担的法律责任和义务。各公司与出租车主使用合作经营管理模式，按月收取管理费，各公司均收取9个月的管理费，疫情原因免收3个月的管理费。2020年，4家出租车服务公司经营收入大众公司年收入154980元，昌盛公司年收入113400元，野骆驼公司年收入61020元，吐卢帕尔公司年收入103140元。

**【旅客周转量】** 2020年，鄯善县客运站旅客周转量为8122716（人/千米）。

**【城区公交客运建设】** 鄯善县城市公交客运是为全县各族人民群众提供基本出行服务的社会公益性事业和重大民生工程，一直坚持低票价制、免费制。随着人口老龄化日益加剧，免费乘车人群不断增加，城市公交企业政策性亏损压力与日俱增。原公交公司（鄯善县通达公交有限责任公司）因经营亏损严重，无法正常经营，于2018年12月31日，正式退出鄯善县公交客运市场。为保障全县各族人民群众出行需求，为全县各族人民群众提供质优价廉的高效出行服务。经鄯善县委、县政府批准，由鄯善县博强公交公交客运有限公司全盘接纳原通达公交公司员工，全权负责全县公交事业发展运营。2019年，完成博强公交公司城乡道路客运燃料消耗信息系统录入及审核上报工作。推进城乡公交一体化进程，开通21条城乡客运营运线路。2020年，21条城乡客运营运线路运行正常。根据国家、自治区关于节能减排及加快新能源电动汽车推广应用，投入50辆新能源纯电动公交车，实现公交车辆100%新能源化。由鄯善元石新能源科技有限公司与鄯善县博远交通建设投资有限公司合作投资515万元建成充电站1座并投入使用。场站内配备14个快速充电桩，可实现28辆新能源电动公交车同时充电，2个箱式变压器、膜结构遮阳雨棚、防火彩钢房1座。

鄯善博强公交客运有限公司成立于2017年12月18日，注册资金200万元，主营城市公共客运服务和公路旅客运输服务。2018年12月1日投入运营，实行独立核算、自负盈亏、自主发展。2020年，有新能源纯电动公交车50辆，从业人员65人，运营线路7条，线路总长度约100千米，运营总里程达162万千米。年载客量300万余人次，年收入305万余元。

运营情况：

1路公交线：起点站为楼兰酒庄景区，终点站为库木塔格景区。线路总长度为12.6千米，线路站点总数为22个，在线运营的新能源电动公交车15辆。

2路公交线路：起点站为辟展镇大东湖村，终点站为鄯善县一中。线路总长度为11.1千米，线路站点总数为19个，在线运营的新能源电动公交车5辆。

3路公交线路：起点站为辟展镇英牙尔村，终点站为辟展镇小东湖行政村。线路总长度为9千米，线路站点总数为21个，在线运营的新能源电动公交车3辆。

5路公交线路：开通时间2020年4月7日，起点站为恐龙馆，终点站为库木塔格景区。线路总长度7.5千米，线路站点总数为14个，在线运营的新能源电动公交车2辆。

6路公交线路：起点站为县中国银行，终点站为辟展镇栏杆村。线路总长度为12千米，线路站点总数为27个，在线运营的新能源电动公交车5辆。

7路公交线路：起点站是鄯善县一中，终点站是鄯善北站。线路总长度是12千米，线路站点总数是15个，在线运营的新能源电动公交车3辆。

8路公交线路：起点站为蒲昌路口，终点站为鄯善县一中。线路总长度为10千米，线路站点总数为20个，在线运营的新能源电动公交车5辆。

9路公交线路：起点站是鄯善北站，终点站是库木塔格景区。线路总长度为12千米，线路站点总数为8个（此线路为旅游专线）。

10路公交车线路：起点站湘疆苑终点站下行库木塔格景区，上行通宇加气站。线路全长度为10千米。途经11个站点（此线路是长期租车），运行时间是2020年11月。

12路公交车：开通时间为2019年12月底，始发站库木塔格景区西门，终点站喜多多超市，线路总长度为12.3千米，途径17个站点。

**【城乡客运建设】** 蒲昌运输公司 鄯善县蒲昌汽车运输有限责任公司前身为鄯善县运输公司成立于1958年，2000年改制为鄯善县蒲昌汽车运输有限责任公司。公司位于鄯善县新城柳中路288号，占地面积1.33公顷，注册资金102.5万元。2020年，公司有营运车辆116辆，营运班线36条。

运营线路：

1.鄯善县至乌鲁木齐市，3辆营运车辆；

2.鄯善县至吐鲁番市，12辆营运车辆；

3.鄯善县至奇台县，1辆车营运车辆；

4.鄯善县至吐鲁番机场，2辆营运车辆；

5.鲁克沁镇至吐鲁番市，2辆营运车辆；

6.吐峪沟乡至吐鲁番市，6辆营运车辆（此线路为电话、微信预约服务）；

7.迪坎镇至吐鲁番市，2辆营运车辆（此线路为电话、微信预约服务）；

8.连木沁镇汉墩村至吐鲁番市，1辆营运车辆；

9.鄯善县城至鲁克沁镇，7辆营运车辆；

10.鄯善县城至七克台镇，8辆营运车辆；

11.鄯善县城至苏巴什，3辆营运车辆；

12.鄯善县城至迪坎镇，2辆营运车辆（此线路为电话、微信预约服务）；

13.鄯善县城至吐峪沟乡，6辆营运车辆；

14.吐峪沟乡火焰山村至鄯善县城，2辆营运车辆（此线路为电话、微信预约服务）；

15.鄯善县城至柯柯亚村，1辆营运车辆；

16.鄯善县城至柯柯亚车站；2辆车营运车辆；

17.鲁克沁镇至玉尔门村，5辆营运车辆；

18.鲁克沁镇至托特坎儿孜村，3辆营运车辆；

19.鲁克沁镇至赛尔克甫村，4辆营运车辆；

20.鲁克沁镇至连木沁镇，4辆营运车辆；

21.阿曼夏村至鲁克沁镇，2辆营运车辆；

22.鲁克沁镇至达朗坎英坎儿孜村，鲁克沁镇至迪坎村，鲁克沁镇至洋海八大队，鲁克沁镇至吐峪沟景区（以鲁克沁大十字为中心4条线路，25辆营运车辆以公交模式循环运营）；

23.市际包车客运车辆，13辆营运车辆（在鲁克沁劳务市场营运）。

吐鲁番车师汽车运输有限责任公司鄯善县分公司 吐鲁番车师汽车运输有限责任公司鄯善县分公司（简称车师鄯善县分公司）于2004年8月成立，属吐鲁番车师汽车运输有限责任公司下属单位。2020年，车师鄯善县分公司有营运车辆（大、中、小型客车）63辆，县内线路4条线路26辆车。其中15座“江铃全顺”牌5辆、14座“江铃全顺”牌2辆、14座“金龙”牌6辆、14座“九龙”牌2辆、9座“九龙”牌2辆、9座“长安”牌3辆、9座“五菱”牌6辆、7座“五菱”牌2辆客车为油、气两用。

县域内班线车辆各行政村、各小队辐射循环运行，分别是：

1.鲁克沁至达朗坎，运距8千米。平均发车时间间隔20～25分钟，单车高峰期运行4趟/日，低峰期运行2趟/日；

2.连木沁市场至5大队，运行2025千米，平均发车时间间隔25～30分钟，单车高峰期运行4趟/日，低峰期运行2趟/日；

3.连木沁市场至10大队，运行20～25千米，平均发车时间间隔30～35分钟，单车高峰期运行4趟/日，低峰期运行2趟/日；

4.鄯善至鲁克沁线路客车从事营运，对发、运距50千米，平均每车每日发车2趟。

鄯善玺龙兴旅客运输有限公司 鄯善玺龙兴公司成立于2010年4月。公司原称新疆玺龙兴商贸有限公司鄯善分公司，2017年10月更名为鄯善玺龙兴旅客运输有限公司。截至2020年，公司经营5条客运线路，投入客车189辆（客位1126位）。

线路运行情况：

1.鄯善县城至吐峪沟乡，全程70千米，每日6辆5座客车运营，滚动式发车；

2.鄯善县城至吐峪沟乡吐峪沟村，全程70千米，每日运营车辆4辆客车对开（7座2辆，8座2辆），滚动式发车；

3.火车站镇至七克台巴喀村，全程24千米，每日运营车辆88辆7座客车，滚动式发车；

4.火车站镇至七克台亚喀坎儿孜村，全程30千米，每天运营车辆87辆7座客车，滚动式发车；

5.鲁克沁镇至吐峪沟乡洋海夏村，全程25千米，每天运营车辆4辆客车对开（7座2辆，8座2辆），滚动式发车。

鄯善县飞马运输有限公司

鄯善县飞马运输有限公司成立于2014年1月，是县域内班车客运企业，于2019年7月取得市际包车客运资质。2020年，公司有营运车辆（中、小型客车）32辆，其中县域内班线车辆19辆（8座18辆，5座1辆），市际包车车辆13辆（19座11辆，29座2辆），县域内班车客运线路3条。

线路路运行情况：

1.鄯善县城至吐峪沟乡，全程70千米，每日运营车辆1辆5座客车；

2.连木沁镇至汉墩，全程20千米，每天运营车辆17辆8座客车，滚动式发车；

3.巴哥买里至连木沁镇，全程30千米，每天运营车辆1辆8座客车。

（徐文龙）

## 公路管理

**【基本情况】**　吐鲁番公路管理局鄯善分局是经自治区编委批准、自治区公路管理局进行机构与职能调整，原鄯善公路段于2011年4月19日正式更名为吐鲁番公路管理局鄯善分局（以下简称鄯善公路分局），主要职能是负责鄯善县境内辖区国道312线、高速公路G30线及省道S241线的沿线服务设施的养护管理工作，以及公路交通战备、灾害应急处置、抢险救灾工作。

2020年，鄯善公路分局管养公路总里程128.68千米。国道G312线67.27千米，桩号：K3847+228~K3914+500；省道S241线61.407千米，桩号：K34~K95+407。大桥1座，中桥5座，小桥23座，涵洞264道。

**【路基养护】**　2020年，鄯善公路分局清理杂物（路肩）1786923平方米，清扫泥沙煤粒247000平方米，清理边坡杂物2955654米，人工修剪边坡杂草（稀）232800平方米，人工修剪边坡杂草（密）252000平方米，人工整修边坡（4米以内）367116平方米，清理边沟、截水沟、排水沟（碎石土）10790米。

**【公路路面养护】**　2020年，鄯善公路分局人工清扫沥青路面192000平方米，120千米以内清扫车清扫路面14385128平方米，风力清扫14385128平方米。清捡石头48000平方米，清扫停车带771480平方米。处治轻度坑槽63.62平方米，处治中度坑槽106.04平方米，处理重度坑槽7平方米。贴缝带处治轻纵向裂缝14080米，处治重纵向裂缝（灌缝）2797米，贴缝带处治轻横向裂缝31852米，处治重横向裂缝（灌缝）10016米。维修轻度混凝土护坡破损354平方米，维修重度混凝土护坡破损151平方米。

**【桥涵养护】**　2020年，鄯善公路分局人工清洗桥面设施4667平方米，人工清理桥面96096平方米，人工清理桥面泄水孔1430个，桥面伸缩缝清除杂物1872米。清理盖板涵内淤泥（2.0米以内涵高）1094立方米，人工疏通涵洞进出口砂土134立方米。开展桥梁预防性养护工作，填充注入处治裂缝195米、桥面防水2701.2平方米，桥梁防腐（包括混凝土剥落处理）881平方米，灌封修补剂处理裂缝（壁可法）202.6米，维护桥梁橡胶支座576个。

**【沿线设施养护】**　2020年，鄯善公路分局人工清洗波形护栏污垢37680米，洗护栏钢管9420根，里程碑百米牌618块，清洗车清洗波形护栏119948米，贴百米号81块，更换百米桩81块。整修避险车道（人工整修4米以内）69887平方米；避险车道翻松集料（机械翻松）8630立方米；维修重度波形钢板（单面）408米；维修护栏立柱19根；维修防阻块17个；维修护栏板螺帽17个。

**【公路维修专项工程】**　2020年，鄯善公路分局根据G312线、S241线公路技术状况调查和实际存在的病害，通过分析病害的成因、发展趋势、制定维修方案，对于沥青路面出现单条裂缝采用压缝带处治轻裂缝45932米，使用新型材料冷灌缝胶灌封处治重度裂缝12813米。对于桥涵台身、梁板、侧墙混凝土表面裂缝、腐蚀病害，裂缝采用壁可法和防腐蚀处治，填充注入处治裂缝195米、桥面防水2701.2平方米，桥梁防腐（包括混凝土剥落处理）881平方米，灌封修补剂处理裂缝（壁可法）202.6米，维护桥梁橡胶支座576个。修复2019年水毁工程共计10座桥3座涵洞，修复内容有采用C30小石子砌片石修复破损护坡坡面，加固外露护坡基础，在出水口采用铅丝笼做台阶状跌水，顺导出口水流，确保涵洞排水顺畅。

**【设备管理】** 2020年，鄯善公路分局拥有机械车辆及动力设备102台/辆，其中运输设备51辆、筑路机械15台、小型养护设备及其他36台、机械设备原值2295.09万元。全面筑养机械设备完好率达91%，运输车辆完好率达95%，应急保交通机械完好率达100%。

**【公路灾害预防及应急保通】** 2020年，鄯善公路分局应急救援领导小组与应急抢险救援队伍35人，安全生产突发事件紧急处置预案9套，部署夏季防汛机械设备11台、冬季除雪机械设备12台，并按应急预案储备铅丝笼、编织袋、预制块、融雪剂、粗砂等相关应急物资。水毁抢险两天投入45人、机械157台班，救出被困车辆1辆、被困人员1人，清理路面淤泥2100立方米，抢险修复边坡坡脚及水毁冲沟3180立方米，抢险修复导流坝及避险车道坡脚等5880立方米，确保道路通畅。

（李亚萍）

## 路政管理

**【基本情况】** 新疆维吾尔自治区路政海事局吐鲁番路政局鄯善路政管理局（简称鄯善路政管理局）成立于2011年4月。2020年6月29日，新疆维吾尔自治区路政海事局吐鲁番路政局鄯善路政管理局更名为新疆维吾尔自治区交通运输综合行政执法局吐鲁番执法支队鄯善执法大队（简称交通运输鄯善执法大队）。主要负责吐鲁番市、鄯善县境内377.21千米高速、国省道干线公路路产路权维护和管理，其中G30线193.702千米、G312线67.268千米、省道S241线61.407千米、S202线37.732千米。管辖路段有大桥4座、中桥26座、小桥62座、涵洞692座，管辖1个鄯善东超限检测站。

**【依法行政】** 2020年，县交通运输鄯善执法大队加大公路巡查密度和频率，加强对公路、涵洞、桥梁等构筑物的安全隐患的排查力度，对沿线涵洞、桥下、路面堆积物和抛洒物及时予以清理。在公路巡查过程中公路附属设施有损坏或破坏，向辖区公路管理局送达《公路、公路附属设施修复告知单》《公路安全隐患排查告知单》，建立修复台账。对违法涉路案件做到发现一起，查处一起。做好治理超运输工作。制定治超专项整治实施方案，确保区域内公路安全畅通。依托鄯善东超限检测站固定治超，在G30、G312、S241线开展流动治超工作，做好治理超限运输，查处超限运输车辆，保障公路安全畅通，消除公路安全隐患。

2020年，交通运输鄯善执法大队依法查处、办理各类路政案件133起，比上年上升13.7%，增加16起；收缴公路赔（补）偿费74.57万元、罚款1.57万元，费用合计76.14万元，比上年下降26.7%；行政处罚案件59起，比上年上升15.7%，罚款1.57万元，比上年上升4%；办理行政许可案件15起，比上年上升7.1%；收缴公路补偿费24.2万元，比上年上升5.2%。

**【路产、路权维护】** 2020年，交通运输鄯善执法大队公路管理1114人次（含巡查、治超），418车次（含巡查、治超），巡查里程累计26659.08千米。清理路障，对管辖公路重点路段、大中型桥梁、涵洞及构造物安全隐患排查，发现的各类问题及时上报，向辖区公路养护部门送达《公路安全隐患排查告知单》，加强与公安、交警、公路局、收费站等部门的联席协作。年内，查处路产损坏赔偿案件59起，比上年上升15.7%，结案55起，72.2万元，实际收缴赔偿费50.35万元，比上年下降36.4%，路产损失回收率达69.7%。

**【路域环境整治】** 2020年，交通运输鄯善执法大队根据自治区人民政府下发的《自治区国省干线公路路域环境综合整治工作实施方案》《吐鲁番市路域环境整治实施方案》精神，报请县人民政府组织各乡镇人民政府、安监、住建、交警、运管、公路管理局等相关职能部门开展路域环境专项整治，重点清理历史遗留未办理许可手续的平交道口以及统计整理电力线、光缆线穿跨等设施。改善G312线鄯善城区的路域环境，消除公路安全隐患。

2020年，交通运输鄯善执法大队管辖路段有涉路设施1456处（块），依法办理行政许可1处（块）、已清理16处（块）、已建档1439处，依法治理涉路设施1439处（块），其中依法治理非公路标志15块、平交道口1处。

**【超限超载治理】** 2020年，交通运输鄯善执法大队根据《交通运输部、公安部关于治理车辆超限超载联合执法常态化制度化工作的实施意见》（交办公路〔2017〕173号）、《新疆维吾尔自治区货物运输车辆超限超载治理办法》（新疆维吾尔自治区人民政府令第207号）、交通运输厅、公安厅〈关于印发《自治区治理车辆超限超载联合执法常态化制度化工作的实施方案》的通知〉（新交发〔2018〕66号）开展路警联合治超工作。执行《汽车、挂车及汽车列车外廓尺寸、轴荷及质量限值》（GB 1589—2016），统一超限超载认定标准，打击货车违法超限超载行为。坚持教育与处罚相结合。年内，开展路警联合超限超载治理投入执法人员1806人次，执法车次357车次，检测车辆566674辆，查处违法超限超载运输车辆119辆，路政部门卸载、分流、转运货物3949.3吨，罚款19.2万元，交警部门积分627分。

**【大件运输车辆管护】** 2020年，交通运输鄯善执法大队保证大件运输车辆能够安全、快捷地通过吐鲁番市辖区路段，接到大件护送任务，派出护送小组，根据路况和交通状况，对沿线施工路段实施局部交通管制，指挥过往车辆安全通行。年内，护送大件运输车辆1辆，投入护送执法人员4人次，执法车辆2车次。

（艾合旦木）

## 道路运输管理

**【基本情况】** 鄯善县道路运输管理局前身为鄯善公路交通稽查站，组建于1984年3月，正科级县级局。2010年1月，经自治区机构编制委员会办公室批准《自治区道路运输管理系统机构编制方案》（新机编〔2010〕6号），在原地区公路运输市场管理总站基础上组建副县级吐鲁番地区道路运输管理局（运政执法支队）和鄯善县道路运输管理局（运政执法大队）。2010年8月经自治区交通厅统一批准，2011年10月，鄯善县运政执法支队挂牌成立。2020年12月，县道路运输管理局与县交通运输局合并，成立鄯善县交通运输综合执法大队。负责鄯善县道路运输市场管理工作，具体是道路旅客运输经营、道路货物运输经营、道路运输相关业务包括站（场）经营、机动车维修经营、机动车驾驶员培训的申请受理、行政许可、监督检查和行业统计等工作。

2020年，全县有危险品货物运输企业17家；已批准许可登记在册的5辆车以上的普通货物运输企业53家，货运车辆2354辆；物流行业12家。客运企业6家，全县有客运站2个，客运班线58条，客运车辆437辆，包括农村公交车辆65辆。全县有三级机动车驾驶员培训学校7所、摩托车驾驶员培训学校1所；机动车维修企业72家，其中二类维修企业14家、三类维修企业58家；机动车综合性能检测站4家；鄯善县道路运输从业人员从业资格培训机构1家、继续教育培训机构1家。

**【道路运输行政许可】** 2020年，县道路运输管理局按照《行政许可法》《交通行政许可程序规定》设定的条件、程序实施行政许可，落实行政会议制度。年内，办理许可事项20件次，办理道路运输证202个。

【旅客运输监管】 2020年，县道路运输管理局管辖全县客运车辆437辆，包括农村公交65辆，完成年客运量236641人次，全年发放2019年度农村客运油价补贴364辆，3004个座位，639.63万元；其中二级农村客运车辆83辆，957个座位，129.7万元；三级农村客运车辆281辆，2047个座位，509.93万元。

【货物运输监管】 2020年，县道路运输管理局管辖全县货运车辆2354辆，鄯善县道路运输管理局召开道路货物运输企业安全生产会议6次。对危险货物运输企业进行安全检查17次，下发整改通知书12次。加强物流行业（托运部）的安全监管，检查物流行业12家。针对发现的问题整改，整改率100%。加强超限超载的治理工作，对源头治超政策进行宣传，要求企业加强管理，按照车辆核载规范装载，打击车辆超限超载违法行为。

【机动车维修监管】 2020年，全县有机动车维修企业72家，其中二类维修企业14家、三类维修企业58家。机动车综合性能检测站4家，完成综合性能检测1889辆。全县道路运输从业人员从业资格培训机构1家，培训从业人员543人；继续教育培训机构1家，完成继续教育235人。对机动车维修企业开展安全生产检查15次，下发整改通知书15次。

【机动车驾驶员培训监管】 2020年，全县有三级机动车驾驶员培训学校7所，摩托车驾驶员培训学校1所。全年培训合格驾驶人员4102人次。

【运政稽查】 2020年，县道路运输管理局滚动摸排走访58余家企业，查处各类违章行为58起，查处“黑车”1辆，其他违法案件6起。通过上路稽查、摸排走访扼制非法营运行为，确保鄯善县各条城乡客运线路以及客运站的正常运行。

（姚　栋）

# 铁路交通

## 鄯善站客运

【基本情况】 鄯善火车站于1962年2月2日建成开通运营，地处鄯善县火车站镇。2013年6月，客运、货运分离。2020年，鄯善火车站主要办理旅客发送、到达、售票、退票、行包装卸，为途径哈密南环线的游车、临客、军列办理上水等业务。有1个候车厅，面积433平方米，最高旅客容量200人，属于普速中型客运站。站台2座，地道1座，连接一、二站台平交道口1个，连接一、二站台旅客到发线3条，上水线2条，1道有水井23口、46个上水栓，4道有水井22口、44个上水栓。2019年，车站有人工售票窗口2个，日常开启1个，自动售票机设备2台，设置在售票厅内。

【客运周转】 2020年，鄯善火车站旅客发送量完成39972人，直通19066人，管内20907人。完成全年计划43744人的91.38%。

【安全管理】 自2014年11月，鄯善北站、吐哈站两个高铁站开通后，形成“一县三站”的铁路交通网，鄯善火车站的客流逐步向两个高铁站转移。在集团公司实施直通列车由普速铁路向高速铁路转移战略后，鄯善火车站旅客列车办理列数由2019年以前的每日12对，减少到2020年底的每日9对，日均发送旅客109人。

年内，完善重修车站各项规章制度和管理办法，补充专用线及调车作业的防溜措施，优化货检和车号合并后的作业流程、工作标准，推行岗位作业标准化建设，提高鄯善火车站安全管理工作质量。

（张恩涛）

## 鄯善北站高铁客运

【基本情况】 鄯善北高铁车间隶属乌鲁木齐铁路局乌鲁木齐车务段管辖。2014年10月6日开始发售动车车票，2014年11月16日正式开站运营。车间本部设在鄯善北站，分管鄯善北、吐哈两个客运站及小草湖西、红层南两个越行站，管辖里程124千米。2019年1月，实行两级管理后，不再分管吐哈站及小草湖西、红层南两个越行站。鄯善北站位于吐鲁番地区鄯善县境内，中心里程位于兰新线自徐州站起3168千米+366米处。车站属小型客运站房，位于距鄯善县城东北约5千米处，距吐哈站32千米，距吐鲁番北站91千米，站房中心里程3168千米+366米，是一个以客运业务为主的车站。2020年，下设3个客运班组。

【客运周转】 2020年，鄯善北站旅客发送量191070人，客票收入242.03万元。年内，车站经历8次运行图调整，车站细化调图具体措施，紧抓变化点，强化设备设施排查，深化客运营销，开展调图宣传，使广大旅客及时了解运行车次变化、时刻调整等情况。组织营销分队，结合客流具体情况，先后26次深入周边乡镇、企事业单位，围绕调图变化开展走访式客运营销，吸引客流上线。

【安全管理】 2020年，鄯善北站自3月起开展“敬畏规章、执行标准、夯实基础”教育活动，从增强安全意识，强化安全管理、夯实基础建设，规范管理标准、吸取事故教训等方面开展警示教育，吸取经验教训，确保车站的基础管理工作不断强化。年内，落实疫情防控、安全检查、旅客乘降组织、设备设施、售票组织、旅客安全、劳动安全、食品安全、应急处置等工作。每月组织客运职工开展各种应急预案的学习演练，让工作人员明确发生各类非正常情况下的应急处置程序，提高应急处置能力。

（刘新江）

## 吐哈站高铁客运

【基本情况】 吐哈站2014年10月6日开始发售动车车票，11月16日正式开站。隶属乌鲁木齐铁路局乌鲁木齐车务段鄯善北高铁车间管辖。2019年1月1日起，隶属乌鲁木齐铁路局乌鲁木齐车务段管辖。车间本部设在吐哈站。车站位于吐鲁番地区鄯善县火车站境内，中心里程位于兰新线自徐州站起3136千米+181米处，属小型客运站房，是一个以客运业务为主的综合性车间。办理客运业务、旅客乘降、购票等业务。2020年，下设2个客运班组。

【客运周转】 2020年，吐哈站旅客发送量42109人，客票收入37.9万元。年内，车站经历8次运行图调整。车站抓变化点，细化调图具体措施，开展调图宣传，使广大旅客及时了解车次变化、时刻调整，吸引旅客选乘火车出行。

【安全管理】 2020年吐哈站自3月起开展“敬畏规章、执行标准，夯实基础”教育活动，强化车站的基础管理工作。落实车站疫情防控、安全检查、旅客乘降组织、设备设施、售票组织、旅客安全、劳动安全、食品安全、应急处置。在车站进站通道配备红外测温设备，检票口配备自动测温仪3个，设立发热旅客留观点3个。加强健康防护知识宣传，引导旅客佩戴口罩、间隔排队，把好站车防控关口；为重点旅客开辟绿色通道，提供优先购票、优先进站、优先检票服务；做好站区综合治理，及时清理站内闲杂人员，禁止与铁路作业无关的人员在站内逗留。严格车站出口管理，严禁任何人由出站口进站，出站口在列车进站停稳前不得擅自开启。每月按时组织客运职工进行各种应急预案的学习和演练，明确应急处置程序，提高应急处置能力。

（程 蕾）

## 鄯善站货运

【基本情况】 鄯善货运营业部隶属于乌鲁木齐铁路局乌鲁木齐货运中心（乌鲁木齐货运中心成立于2013年6月1日，是国家铁路货运组织改革后新组建的运输生产单位，直属乌鲁木齐铁路局管理），由原鄯善火车站货运室及人员整编划入。营业部下设3个货运班组。鄯善货运营业部货场面积39713平方米，货物线3条暂停使用，有8条专用线与火车站相接。鄯善货运营业部负责办理全路的整车到发业务。年设计吞吐量约为670万吨，主要装车货物品类有钢铁及有色金属、石油、化工、棉花、化肥、农副产品、集装箱、金矿、矿建及鲜活货物等，到达货物品类为钢铁、非金矿、矿建、水泥、化肥、化工、工机等。

【货运周转】 截至2020年底，鄯善货运营业部完成发送货物1154603.5吨，发车19645车。其中，煤炭147车9982吨，焦炭88车4777吨，金属矿石3998车275977吨，钢铁及有色金属1086车69412吨，非金属矿243车16758吨，矿物性建筑材料3车210吨，化工品144车5802吨，金属制品4车240吨，集装箱13932车771446吨。

【安全管理】 2020年，鄯善货运营业部管辖鄯善大陆桥集装箱专用线、新疆广汇液化石油气专用线、中直能源煤炭专用线。加大检查和考核力度，抓作业标准化建设，完善营业部《货细》和《岗位作业指导书》，从现场作业到台账报表均制定标准化作业考核办法。在日常检查中，无论是整车还是集装箱只要发生超载，对于责任人均给予B类以上考核，严重超载责任人营业部将报请中心，给予待岗甚至下岗的处理。

落实装载加固的要求。涉及危险货物运输，营业部按照危险货物规定规要求装车，外勤货运员检查装载，安全相关的管理人员均到现场复查，合格后放行。对于普通货物车辆的装运，按照铁路局装载加固补充规定的要求，每车均加盖规定厂家生产的篷布绳网，对于无押运人的篷布盖货物均使用绳卡，保证运输安全。2020年，危险货物车辆未发生一起整理倒装。

（朱国华）

## 邮　政

【基本情况】 2015年4月15日，鄯善县邮政局名称变更为中国邮政集团公司新疆维吾尔自治区鄯善县分公司，隶属中国邮政集团公司新疆维吾尔自治区吐鲁番市分公司主管。内设行政办公室、市场营销部。2020年5月29日，中国邮政集团公司新疆维吾尔自治区鄯善县分公司名称变更为中国邮政集团有限公司新疆维吾尔自治区鄯善县分公司，属于有限责任公司分公司（国有独资），隶属中国邮政集团有限公司新疆维吾尔自治区吐鲁番市分公司主管。内设行政办公室、市场营销部。下辖15个网点，其中4个城市网点，其中3个金融网点（新城支局、木卡姆支局、柳中路支局），1个非金融支局（新楼支局）；8个农村网点，其中6个金融支局（双水磨支局、七克台支局、油城支局、连木沁支局、达朗坎支局、鲁克沁支局），2个非金融支局（潘家坎支局、地质队支局）；3个空白乡镇网点（辟展乡邮政所、东巴扎邮政所、迪坎邮政所）。拥有以综合网为基础、绿卡和电子汇兑系统应用为主导的信息网络，以营业网点、信报箱、农资配送站为主体的社会化邮政服务网络，主营代理金融、寄递、报刊发行、机要通信、集邮、增值业务、分销等业务。

【业务经营】 2020年，县邮政分公司全年完成收入2673万元，完成年预算进度（3003万元）89%，其中代理金融业务完成1655万元，占比61.91%；包裹快递业务完成312.44万元，占比12%；分销完成353.23万元，占比13.21%；增值业务完成52.06万元，占比1.95%；集邮完成115.06万元，占比4.3%；报刊完成140.8万元，占比5.27%；函件完成24.58万元，占比0.92%。

【寄递类业务】 2020年，县邮政分公司累计实现业务收入312万元，比上年增幅6.60%。以特色农产品寄递为主战场，紧盯市场有效发挥揽收团队作用，打造特色农产品项目，利用邮政电子商务助农优势，通过线上平台新邮寄、邮乐小店、微信群等宣传，销售“西州蜜25号”1.5万余件，实现收入约35万元。同时与多家干果、服装商铺、电商签订用邮协议，对接区寄递事业部，开通到付业务，签订七克台奇石寄递用邮协议，由专门揽收员上门收取货物，实现月收入约3万元。

【集邮业务】 2020年，县邮政分公司邮务业务完成24.58万元，完成年计划的102.40%，比上年增长41.44%。新邮预订实现集邮预订收入13.24万元，完成100%。开展“盛世财富 圆梦之路”集邮专项营销活动，以微信朋友为客户群、实行点对点宣传，计销售139册，实现业务收入23万元。

【报刊业务】　2020年，县邮政分公司报刊收订2021年实现流转额516万元，其中线上订阅实现流转额6.2万元。以“党报党刊”及“政务图书”为契机，发挥团队作用、对接各政、企单位，销售图书522册，实现收入4万元。

【代理金融业务】　2020年，县邮政分公司金融总量规模9.8亿元，新增2918万元，其中储蓄余额达9.1亿元。发展保险业务，新增保费1855.91万元，其中期交完成404.1万元，占比21.77%。开展基层帮扶活动，与网点人员同吃、同住、同走访，累计揽收资金1800多万元。全年代发新增目标客户4户，意向客户6户。做实西甜瓜商贸等特色资金市场，揽收瓜农款800万元。以微邮惠项目为抓手，开展各类活动，新增微邮付商户2799户，完成99.89%。强化联动营销，中邮证券完成有效户82户，完成100%。疫情期间，推进线上营销，办理手机银行3872户，发展邮储食堂体验会员12452户，正式会员3727户。云闪付完成2257户，发展信用卡81张，快捷绑卡7988笔，完成79.8%。提升风控能力，对从事金融业务的人员进行经常性的合规和风险防控培训，确保金融网点合规经营。

【增值业务】　2020年，县邮政分公司在服务好代开客户的基础上，重点梳理部分客户群体，利用各类优惠活动，主动联系、加班办理，实现3笔千万税票代开业务，平均每月代开百万税票业务近6笔，为增值业务发展奠定基础。

【分销业务】　2020年，县邮政分公司分销业务实现收入353万元，比上年增长-9.45%。利用节日契机，开展“端午邮情”“月满中秋”等营销活动，其中“端午邮情”实现收入16万元；“月满中秋”活动，利用走访重点单位、私企客户及微信营销，实现收入40万元。

（冯琦淳）

# 通　信

## 中国电信股份有限公司鄯善分公司

【基本情况】　1998年10月，邮电体制改革将原有的邮电局划分为邮政局、电信局。2005年10月，成立中国电信股份有限公司鄯善分公司，是中国电信集团公司吐鲁番分公司下属分支机构。2008年10月1日，中国电信正式运营移动业务，实现全业务运营目标。公司下辖山南、山北2个支局，1个火车站分局，9个电信所。2020年，中国电信股份有限公司鄯善分公司是中国电信集团公司吐鲁番分公司下属分支机构，下辖城区楼兰支局、新城支局、农村山南支局、山北支局、火车站支局5个支局；划小外包电信所11个。负责鄯善县域党政军重要通信和应急通信职责，承担着县内电信普遍服务和普遍接入的责任和义务的县内的主体电信运营企业。公司主要经营移动通信业务，本地电话业务、国内长途电话业务、国际长途电话业务、IP电话业务、卫星国际专线业务、互联网数据传送业务、国际数据通信业务、国内通信设施服务业务。

【业务收入】　截至2020年12月末，鄯善分公司全业务收入完成5657万元，年度预算完成率93.2%。

【用户业务】　2020年，鄯善分公司移动用户累计新增20893户，完成年度目标的80.1%；宽带用户净增5628户，完成年度目标的72.4%；iTV（交换式电视）用户净增5691户，完成年度目标的89.7%；FTTH（光纤到户）用户净增6732户，完成年度目标的60.7%。

【营销业务拓展】　2020年，鄯善分公司以行业应用为助手，促进无感知业务及云业务发展。拓展校园业务，做好业前跟踪、宣传受理工作，迎接开学季，为县一中、二中、育才学校重新开通班班通业务更换线路、网络维修，开通网络学校进行网上教学。预约家长办理手机卡390个。拓展宾馆酒店业务，围绕酒店需要的行业应用，把云桌面智慧酒店、云会议，翼呼百应，酒店专属EPG界面等产品，通过业务捆绑、置换，做到勤上门、多沟通。截至2020年底，酒店行业发展手机342个，宽带78个，ITV（交换式电视）78个，固话78个，“4升5”融合套餐签转发展424个，其中新装5G套餐196个，全屋Wi-Fi业务23个，来电名片6个。开展智慧社区，签订城区14个社区的智慧社区协议，录入3个社区辖区资料，完成蝴蝶泉社区作为试点打造。

城市市场拓展一键报警维护及深耕业务。开展全屋Wi-Fi专项攻坚活动，发展全屋Wi-Fi400部。开展宽带测速及高清iTV质量验证，解决签转中出现的高带宽用户家庭网关速率承载不足，室内线路老化及三类网线连接问题。加装小翼管家，加大全屋Wi-Fi业务推广。加快4G融合套餐用户升级为5G融合套餐合约转签，同步发展云桌面、优品包、视频彩铃、来电名片、挂机短信等业务。

农村市场拓展围绕行业应用，开展“扫村入户”，推广信息田园业务。年内有6个村委会注册，注册成功5000余用户。开发智慧签到系统，打造智慧签到系统的试点辟展镇乔克塘村。

推广“翼呼百应”应用，分公司将该业务定位成携号转网，在农村支局和政企单位，完成一呼百应注册用户14231户，占全疆注册用户的54.26%。

**【基础设施建设与管护】** 2020年，中国电信鄯善分公司开通无感知、视联网等电路。开通综治视屏专网汇聚电路及各单位综治视屏专网。开通及安装县医院电路和C320设备。鄯善维护站对9个接入网机房标准化整治。对全县所有机房资源分析，将部分机房资源进行优化割接调配，提高PON口利用率，对部分机房进行PON口扩容。扩容130个PON口，保障广电业务需求。更换鲁克沁、达朗坎、苏巴什、火车站、双水磨、七克台、汉墩机房蓄电池，保证通信畅通。对英坎、阿曼夏、火车站、连木沁、盐场等机房C300上行扩容。做好日常维护工作，及时处理电路和设备故障，处理电路和设备故障1200余次。开通两个5G基站区域，覆盖电信公司半径直线800米。开通56条光路，扩容分光器310个，扩容光端口1240个。对管道及杆路巡检维修120余次，保障光网建设。

（胡建军）

## 中国移动通信集团新疆有限公司吐鲁番市鄯善县分公司

**【基本情况】** 中国移动通信集团新疆有限公司吐鲁番市鄯善县分公司，隶属新疆移动公司吐鲁番市分公司，成立于1999年9月18日，鄯善县分公司有2个职能部室，3个生产部门。移动客户总数11万多户，网络覆盖率100%。获全疆应急技能大比武“团体三等奖”。

**【基础管理】** 2020年，移动鄯善营业部投资向市场、网络质量、支撑转型倾斜，实施项目集管理；改善每百元固定资产维修费成本标杆；优化库房，加强管理，优化片区经理、客户经理、营业人员量化薪酬体系；加大核心人才激励，构建分公司技术专家体系，发放分公司技术专家津贴；强化政策解读，确保全员清楚，将激励化为动力，进而转化为业绩提升。

**【业务发展】** 2020年，移动鄯善营业部提升网络质量，统筹推进“5G+”计划，提高网络科技含量和管理水平。把客户感知作为检验网络运维工作成效的第一标准。围绕客户与业务，做好重点场景和区域的网络运营，做好传送网的基础维护管理工作，做好工程验收的规范性，提高资源准确率，消除故障隐患，提升传输网的安全性和业务支撑能力。培育网络数字化转型人才队伍。强化自主维护，落地网络“百千万”运维人才转型目标。精准推进“5G+”计划，让5G融入百业、服务大众。有重点的在部分场景建设5G网络。确保5G客户、业务、服务、体验4个方面的领先。创新“5G+”垂直行业应用。以5G和物联网联合实验室为平台，汇聚智能制造、智慧城市、智慧医疗、智慧教育等垂直行业资源。

**【基站建设】** 2020年，移动鄯善营业部开展“决胜TOP100”

“畅游西域”“深耕行动”三大专项行动，“清挖”网络资源，开通4G基站88个，5G基站2个，完成3个口碑场景攻坚。

【窗口服务】 2020年，移动鄯善营业部实体渠道开展关停并转实体渠道，做大电子渠道，推进扫码化集中运营。直营厅和委托加盟店的厅店盈利占比100%，手厅活跃用户数比上年提升51.37%。服务满意度明显改善，营业厅满意度明显改善，较年初提升1.4分，年均95.38分。推进服务“削峰行动”，整体投诉较年初明显压降；“阳光行动”不知情定制下半年维持0投诉，工信部行风纠风红线指标位列全疆最优。

（魏 丽）

## 中国联合网络通信有限公司鄯善县分公司

【基本情况】 2020年，中国联通鄯善县分公司设有营业厅、渠道组、政企组、网格组及城乡代理渠道。

【业务发展】 2020年，中国联通鄯善县分公司累计发展用户17437户，受疫情影响比上年减少44.3%，收入比上年增幅0.2%，完成时序预算进度的91%。低于公司整体预算完成率的平均水平，其中社会渠道比上年减少0.6%，营业厅比上年增长0.9%，网格渠道比上年增加3.3%，政企渠道比上年减少4%。年内，分公司利用无线网优势，通过查勘、调研，与新疆鼎舜工贸有限公司签订智慧矿山业务，合同金额850万元。

【网络建设】 2020年中国联通新疆LTE FDD无线网新建（第一期）工程共计建设LTE基站50个，其中LTE900M 47个，LTE1800M 3个。年内，中国联通鄯善县分公司完成宽带接入建设立项批复项目7个，累计批复投资278.93万元，其中新建城区小区数3个，覆盖住户数860户；新建乡村宽带2个。

（行政办）

鄯善北站

# 科技　气象　地震

## 科　技

【基本情况】　1959年12月，县科学技术委员会成立。2002年机构改革更名为县科学技术局。2008年7月成立股级事业单位鄯善县生产力促进中心，全额预算管理，隶属县科技局管理。2019年3月机构改革，重新组建县科学技术局。将县科学技术局的职责，县人力资源和社会保障局的外国专家管理职责整合，重新组建县科学技术局，作为县人民政府工作部门。科学技术局下属二级局鄯善县知识产权局职能划转入鄯善县市场监督管理局。机构改革后科学技术局内设办公室、发展规划科、资源配置与管理科3科室。

2020年，全县有高新技术企业2家，自治区级工程技术研究中心2个，自治区级星创天地1家，科技型中小企业10家。新疆维吾尔自治区葡萄瓜果研究所“西州蜜系列甜瓜新品种选育及冷链技术研究与示范”项目获自治区科技进步奖一等奖。

【科技项目申报与管理】　2020年，县科技局围绕助力经济复苏，帮助全县科技中小型企业客服疫情带来短暂困难。组织新疆硝石钾肥有限公司申报科技部“科技助力经济”重点专项两项，推荐申报国家、自治区各类科技计划项目14项，其中中央引导地方科技发展资，分别是《沙尔湖煤（高钠高氯）提质工艺及应用研究》和《光热发电相变储能及高端玻璃强化材料》。加强各类科技计划项目监督管理，完成1个湖南援疆科技项目和4个市级科技项目的验收。

【科技宣传与普及】　2020年，县科技局加快培育农村“户户都有科技明白人”步伐，更好地发挥“科技明白人”保稳定、谋发展、惠民生的示范引领和带动效应。结合冬季攻坚大培训，在鲁克沁三个桥、迪坎异地搬迁村、吐峪沟村、潘家坎村开展农机、葡萄标准化栽培技术、电子商务培训15场次，培训人员1023人。编印《鄯善县科技培训农业实用技术手册》捐赠给全县10个贫困村，提升贫困村农民解决生产发展中的种植技术和田间管理水平。

【企业技术创新】　2020年，县科技局加强科技创新主体培育和科技创新平台建设，为企业提高自主创新能力、培养创新人才、促进科技成果转化和产业化提供支持条件。吐鲁番楼兰酒庄股份有限公司完成新疆葡萄酒庄酒技术研究中心建设经过专家现场勘验、会议评审，通过验收，正式挂牌。

（马瑞丽）

## 气　象

【基本情况】　鄯善县气象局始建于1955年9月，站名为鄯善县气候站。先后迁站3次，建站初期位于鄯善园艺场内，海拔高度420米；1958年5月19日迁至原站西南方650米处，1968年2月5日迁至县城北400米处，

1985年10月迁至于鄯善县新城路918号，海拔高度398.6米。1960年11月更名为鄯善县中心气候站，1963年1月更名为鄯善县气象服务站，1975年4月更名为鄯善县气象站，1993年3月更名为鄯善县气象局。属于国家基本气象站，实行气象部门和地方政府双重领导，以气象部门领导为主的管理体制。

**【气象监测】** 2020年，县气象局6月20日安装雪深观测仪，10月12日安装天气现象视频智能观测仪。11月开展多温、多雨、冻土检测。全年气象观测仪器稳步运行，无使用超检仪器。

**【气象预报预警服务】** 2020年，县气象局与农技、林业等农口部门加强合作，联合开展调查、飞机飞防、病虫防治等工作，深入田间地头开展调查，了解服务需求，制作农业气象服务产品，开展点对点式的直通气象服务。向鄯善县党政部门发布《重要气象信息》4期；预警信号23期，《天气情报》72期，专题专项52期，中长期天气预报36期，2020年年景预测1期；向石油发布重要气象信息42期，预警信号22期，专题专项10期，旬月天气预报36期，发送短信上万条。

**【人工影响天气】** 2020年，县气象局争取人影作业经费10万元，全年作业人工降雨10次，解决全县2020年干旱缺水问题。

**【防灾减灾】** 2020年，县气象局做好灾害性天气的预警发布工作，第一时间进行灾情调查并统计上报。利用“3.23”世界气象日、“5·12”防灾减灾日、科技宣传周活动宣传气象法律、法规、条例以及气象灾害防御知识。

**【气候评价】** 2020年度主要气候特点：平均气温正常略偏低，降水正常略偏多，终霜期和入夏期明显偏早，开春期偏晚，入秋期偏晚，初霜期偏晚，入冬期偏早。

年平均气温为12.0℃，较历年偏低0.2℃。极端最高气温为41.3℃，出现在8月25日；极端最低气温为-21.2℃，出现在2月1日。酷热日数（日极端最高气温≥40.0℃的日数）为11天，比历年偏少4天，比2019年偏少14天；炎热日数（日极端最高气温≥35.0℃的日数）为86天，比历年同期偏多11天，比2019年偏少3天。

年降水量为28毫米，比历年偏多1.4%。年降水偏多但时空分布不均，山北偏多、山南偏少，一日最大降水量为10.5毫米，出现在1月15日。

大风、沙尘天气偏少。2020年大风日数为4天，较历年偏少0.9天，比2019年偏多2天。

四季气候特征

1.冬季：（2019年12月至2020年2月）：2020年鄯善冬季平均气温为-7.9℃，比历年同期偏低1.7℃；各月平均气温变化较大，12月平均气温比历年同期偏高1.1℃，1—2月平均气温较历年相比分别偏低1.2℃、5.1℃；2月平均气温为40年以来最低值。冬季极端最低气温为-21.2℃，出现在2月1日，极端最高气温为14.3℃，出现在2月28日；季降水量为11.4毫米，较历年偏多3.2倍，一日最大降水量为10.5毫米，出现在1月15日；1月15日至2月7日共出现24天连阴雪，积雪深度最大为10厘米。日照时数偏少。

2.春季（3—5月）：春季平均气温为17.5℃，较历年偏高1.8℃，春季极端最高气温为38.5℃，出现在4月30日；极端最低气温为-4.0℃，出现在3月1日；季降水量1.5毫米，较常年偏少73%，一日最大降水量为1.3毫米，出现在5月6日。春季日照时数偏少，终霜期、入夏期明显偏早，开春期偏晚；大风天气与历年持平，浮尘日数偏多，沙尘天气少于常年。3—4月冷空气活动少，气温异常偏高，5月冷空气活动频繁，局部地区遭受大风、沙尘等天气侵袭，对交通运输业以及农业生产有不同程度的影响。

3.夏季（6—8月）：夏季平均气温为27.9℃，比历年同期偏低0.3℃，有断续的持续性高温天气过程，但没有异常高温出现。酷热日数（≥40℃）11天，较历年同期偏少4天，夏季极端最高气温为41.3℃，出现在8月25日；极端最低气温为12.9℃，出现在6月9日；季降水量为14.8毫米，较历年偏多11%，一日最大降水量为3.8毫米，出现在7月24日、8月12日；降水时空分布不均，前期异常偏少，中期偏多，后期山南偏少，山北偏多。日照时数偏少，大风、沙尘天气总体偏少。

4.秋季（9—11月）：气温偏高，季平均气温为11.0℃，比历年同期偏低0.2℃；秋季极端最高气温为37.8℃，出现在9月3日；极端最低气温为-12.8℃，出现在11月23日；季降水量为0.5毫米，较历年偏少92%。冷空气活动弱，气温偏高，降水异常偏少，大风天气，浮尘天气偏少，日照时数偏多偏少。入秋期和初霜期均偏晚，入冬期偏早。

【气候分析】

开春期（日平均气温稳定≥0℃的初日）：鄯善县山南于2月23日开春，较常年偏晚1天；山北2月20日，较常年偏晚7天。

终霜期（日最低气温≤0℃的终日）：鄯善县山南、山北终霜期分别出现于2月23日和3月15日，较历年偏早14天、16天。

入夏期（日平均气温稳定≥20.0℃的初日）：鄯善县山南、山北入夏期分别在4月5日、4月15日，比历年偏早19天、24天。

入秋期（日平均气温稳定≤20.0℃的初日）：鄯善县山南山北分别在9月30日、9月25日入秋，与历年同期相比山南偏早3天、山北偏晚3天。

初霜期（日极端最低气温≤0℃的初日）：鄯善县山南、山北于11月20日、10月31日出现初霜冻，较历年偏晚10天、8天。

入冬期（日平均气温稳定≤0℃的初日）：鄯善县山南、山北于11月21日、11月20日进入冬季，与历年相比分别偏早7天、1天。

【重大天气气候事件及主要灾害】

主要气象灾害：春夏连旱，夏秋季大风沙尘，阶段性高温，局地暴雨，冬季连阴雪等。

1.大风、沙尘天气过程

2020年鄯善县多次出现有较大影响的大风天气过程，尤其是夏季傍晚至夜间出现的短时大风天气次数较多。

（1）5月23日午后，鄯善城区出现8级阵风（极大风速为18.0米/秒）；七克台、园艺场均出现7级阵风（极大风速分别为15.8米/秒、15.5米/秒），连木沁出现9级阵风（极大风速为21.1米/秒）；二塘沟流域阵风9级（极大风速为23.4米/秒）。

（2）5月28—29日，鄯善各地均出现大风沙尘天气。鄯善城区阵风7级，最小能见度699米，七克台、园艺场、连木沁阵风7级，鲁克沁、吐峪沟阵风9级。

（3）6月6—7日，鄯善城区阵风7级（14.3米/秒），吐峪沟、连木沁均有7级阵风（极大风速为14.9米/秒、14.6米/秒）、其余乡镇风力不大，但伴有浮尘天气。城区出现最小能见度为219米.

（4）6月20—21日，鄯善城区出现8级西北阵风（极大风速19.5米/秒）。

2.阶段性高温

8月气温山南异常偏高，山北略偏高。山南8月1—11日出现连续11天酷热天气，鄯善县城8月4—9日出现连续6天酷热天气，极端最高气温分别为45.0℃，41.1℃。

3.局地暴雨

7月23日，鄯善各地出现小雨，鲁克沁0.4毫米，吐峪沟2.2毫米，坎儿其0.5毫米，柯柯亚水库0.8毫米，巴喀村1.4毫米，二塘沟0.3毫米，鄯勒1.8毫米。鄯善县七克台镇出现局地暴雨，并出现洪涝灾害。出现暴雨区域附近无测站。

4.冬季连阴雪

2020年1月14日至2月8日鄯善县出现持续多日的阴雪天气，城区最大积雪深度10厘米。连续25天的降雪日数创新建站以来最长连续降水日数。特别是1月15日的降雪为鄯善县60年一遇的罕见强降雪，当日10.5毫米降雪量，突破建站以来同期单日降水量及月降水量极值。

【气候对农业生产的影响】

2020年度鄯善县农牧业气象年景为偏丰。≥0℃、10℃、15℃、20℃积温均多于常年。气象条件总体对本县作物、特色林果的生长及牧事活动的开展较为有利，对天然牧草生长不利。主要农业气象灾害有：5月的大风沙尘、高温天气，对处于开花期的葡萄影响较大，造成部分葡萄落花落果严重，对红枣、杏、棉花等其他农作物和设施农业均有一定影响；

2020年，全县大部分葡萄长势一般，部分乡镇6月以前出现旱情，进入7月以后旱情明显缓解，对作物及天然牧草生长不利；秋季大风对棉花采摘、葡萄晾晒影响不大，对处于采摘期的红枣落果有一定影响，但整体影响不大。

葡萄

2020年葡萄年景为偏丰，在整个生育期，平均气温比历年平均值偏高，光热条件好于历年，山北葡萄各发育期均较去年偏晚1～3天，山南葡萄发育前期偏晚1～5天，开花期后发育提前2～3天，葡萄成熟偏早10天左右，葡萄产量较上年明显增加。

3—4月气温偏高，热量条件较好，葡萄3月10日～20日陆续开墩，开墩后各发育较常年偏晚1～3天。6月份葡萄进入着色和成长的关键时段，≥35℃的高温天数比历年偏少，对葡萄幼果膨大、着色有利，7—8月是葡萄成熟期和采摘期，气温偏高，≥40℃的高温天气比历年偏少，对干物质积累和糖分转化有利，气温偏高有利于葡萄糖分积累，且葡萄成熟期没有出现类似于2017年的异常高温，年内葡萄产量高，品质稳中有升。

秋季热量条件好于历年，农业气象条件有利于葡萄新枝的生长与成熟，为来年的结果奠定基础。9—10月降水偏少，对葡萄的挂晾、制干、分拣和销售十分有利，也有利于预备枝条的健壮生长和成熟。

2020年葡萄全生长发育期≥10℃、≥15℃、≥20℃积温，均较历年偏多。葡萄病虫害属轻度发生年，前期有机肥、生长素的使用情况和较好的管理措施，为葡萄后期的增产增收提供良好的基础。

综上所述，2020年的农业气象条件对葡萄特色林果业生产较为有利。

棉花

播种期：棉花播种时段多集中在4月中旬到下旬，4月中旬、下旬分别较历年同期偏高3.1℃、3.4℃。棉花生育前期气温高，降水少，热量条件有利于棉花的早播，适宜棉花的出苗和生长。

苗期：5月平均气温24.5℃，与历年同期相比偏高1.4℃，其中：上旬平均气温偏高0.7℃，中旬偏高3.7℃，下旬偏高0.6℃。5月各旬气温较历年偏高，苗期各项积温较历年同期偏高，降水偏少。4—5月大风天气过程较多，气温高，对棉株的生长略有不利。

现蕾、开花期：6月平均气温为27.3℃，与历年同期相比偏低0.6℃。热量条件较好，大风日数少于历年同期，有利于棉花的现蕾、开花。各项积温较历年同期偏多。降水偏少，对棉花的生长影响不大。

裂铃、吐絮期：7月平均气温为28.8℃，与历年同期相比偏低0.6℃。酷热日数（日最高气温≥40.0℃的日数）为4天，比历年同期偏少3天；极热日数（日最高气温≥45℃的日数）为0天。降水量较历年偏多。

8月平均气温为27.6℃，较历年同期偏高0.2℃；热量条件好于历年，降水偏多25%，热量条件有利于棉花的生长，对棉絮的产量和品质有利。棉花全生育期各项积温较历年同期偏多，有利于棉花的生长和吐絮。

（倪　伟）

## 地　震

**【基本情况】**　鄯善县地震局成立于1998年，具有行政职能的参照公务员管理的正科级事业单位。落实国家防震减灾方针、政策，建立健全地震监测预报、地震灾害防御、地震应急与救助三大工作体系，最大限度地减轻地震灾害损失。承担鄯善县防震减灾领导小组办公室职责。内设行政办（震害防御科）、监测预报科。2019年，机构改革将县地震局应急救助职能划转至县应急管理局。2020年12月，根据机构改革需要，县地震局隶属关系划转到县应急管理局，单位名称变更为鄯善县自然灾害综合监测预警中心。

**【区域震况】**　2020年，县域内未发生破坏性地震。

**【地震监测预报】**　2020年，县地震局加强地震台站日常管理，年监测设备正常运行率达98%以上。迪坎地震台和南湖地震台、鄯善新41号井、鄯善新42号井运行稳定、与自治区地震台网中心联网，实现监测数据资源共享。纳入自治区宏观哨点网络内的8个哨点均能按照群防群测工作要求进行有效管理，每月及时向上级业务部门报送相关资料。年内维护维修地震台站2次，按规范做好测震台网运行自检，确保台网整体高质量运行。

**【防震减灾宣传】** 2020年，县地震局参与“5·12”防灾减灾宣传周、科技宣传周等宣传，通过发放科普读物、现场咨询等形式开展宣教活动。完成“12345”政务服务平台和新疆政务服务平台上涉及地震工作职能方面基础信息的收集、整理、上传，平台日常维护等各项工作。

**【地震应急救助】** 2020年，县地震局修订完善《鄯善县地震应急预案》，保障应急需要。

（李　云）

文化、科技、卫生“三下乡”宣传活动

# 教　育

## 综　述

**【教育概况】**　鄯善县有各级各类学校52所（包括1个教学点），其中完全中学3所、职业高中1所、初级中学3所、九年一贯制学校16所、完全小学28所；教学点1所。现有教学班1089个（小学706个、初中258个、高中83个、职业高中42个），在校生40445名（小学24670名、初中10294名、高中3905名、职业高中1576名）。全县幼儿园74所（其中公办幼儿园69所、民办幼儿园5所），班级数430个，幼儿12454名。全县教职工总数6024名，其中幼儿园教职工1887名、中小学教职工4017名、职业高中教职工120名。

**【学前教育】**　2020年，组织鄯善县74所幼儿园幼儿教师“眼中有光 心中有爱”为主题的演讲比赛，并推荐4名选手参加吐鲁番市幼儿教师演讲比赛，二等奖1人、三等奖3人。完成鄯善县幼儿园优秀语言活动案例录像课比赛，推荐7名教师参加吐鲁番市级决赛，一等奖1人、二等奖3人、三等奖3人。鄯善县中心幼儿园、蒲昌幼儿园和惠康幼儿园成功申报国家级游戏推广项目“安吉游戏”（全市只申报成功3所）。2020年，全县申报19所幼儿园进行市级等级评估，已完成县级评估19所，完成17所幼儿园办园行为督导评估工作。

**【校园疫情防控】**　2020年，鄯善县全面落实校园疫情防控工作，专门成立县教育系统疫情防控工作领导小组，建立“三级包联”工作机制，由15名县领导、68名乡镇领导、23名县教育局领导干部全覆盖包联52所学校和74所幼儿园。制定教育系统“八项预警机制”，制定“属地、行业、学校、个人”四方责任制度，特别是行业监管责任、学校主体责任、干部岗位责任，做到“两个全覆盖”即所有单位、点位、行业领域、区域都有人负责，所有干部职工都有防控责任。实行校园封闭式管理，常态化落实校园疫情防控工作。

全面实行健康识别卡制度，无卡不得出入校园。协调疾控部门专业人员对所有学校按照“全覆盖、无死角”的要求进行消杀、采样监测和评估。坚持实行师生健康检测日报告制度，及时掌握师生健康状况和行程动态。统筹做好师生每周1次全员核酸检测和防疫物资储备工作，每月提前向疫情指挥部申请口罩等消耗性防疫物资并足量发放到各学校、幼儿园，确保额温枪、测温仪等设施设备正常使用。全县所有学校、幼儿园均安装紫外线消毒灯。各学校、幼儿园通过线上、线下相结合的方式及时向师生及家长宣传疫情防控知识，加强宣传教育，强化防控意识。

**【教育组织建设】**　2020年，县教育系统推进党建工作，常态化开展党委中心组学习12次，各党组织书记上党课累计213次。开展线上线下培训10余次，党组织书记参加各类培训54人次，建立后备干部信息库326人。开展“厉行勤俭节约 杜绝铺张浪费”主题教育活动，宣传教育252场次，师生受教3万余人次。确定发展对象76人，预备党员70人，预备党员转正33人。火车站镇学校被确定为自治区级党建示范校。县中心小学等4所学校、2所幼儿园确定为市级党建示范校。全县教育系统各党支部开展“党旗映天山”系列活动106场次，1268名党员参与。疫情期间，县教育系统1100余名党员参加疫情防控，党员干部、教职工捐款捐物22.7万元。

【德育教育】 2020年，鄯善县教育系统推进思想道德建设工作，夯实德育工作基础。推进“民族团结一家亲”和“三进两联一交友”活动常态化、制度化、长效化。开展宪法宣传日、“学宪法 讲宪法”演讲比赛、打造县育才学校法治教育示范点。召开专题视频会议、利用网络媒介宣传、印发《给家长的一封信》，定期电话、微信等线上走访，加强家校间的沟通与交流，年内召开视频会议260余场，线上走访33650次。制定下发《鄯善县中小学生心理健康和疏导工作方案》，组织全县师生、家长参与市级线上心理健康科普讲座10余次，组织53名教师参加为期一年的心理健康教师培训。开展“两红两优”先进团（总）支部及先进个人评选，推选教师和学生团员36人，团支部7个，其中2人获自治区级表彰，1人获市级表彰，21人获县级表彰。开展青年大学习、团课、少先队活动课活动，每周开展“听英雄的故事”“五四精神 传承有我”“清明祭英烈”等主题活动，年内开展活动300余场，覆盖师生3万余人。开展少先队“让红领巾更加鲜艳”主题系列活动190余场。配合团县委做好鄯善县第六次少代会前期筹备工作，推选少先队队员、辅导员、家长代表60人。

【教师队伍建设】 2020年，县教育局不断加强教师队伍建设，新招聘幼儿园教师191人。为贫困村学校、幼儿园分配19名实习支教大学生。根据扶贫工作计划，安排125名新聘特岗支教教师、10名双向挂职园长和8名区域内协作扶贫支教教师于赴阿克苏地区开展支教工作。开展各级各类培训，组织2979名中小学和幼儿园教师开展为期13天的暑期继续教育线上培训，185名高中教师通过教师信息化平台自主报名并完成线上同步学习；实施中小学教师暑期培训项目，全县小学骨干教师专业能力提升培训367人，少数民族教师、农村教师国家通用语言文字应用能力培训826人。组织小学58名专兼职科学教师参加全国小学科学新教材远程直播培训，推荐4名少数民族骨干教师参加自治区农村教师国家通用语言文字能力提升线上培训，选派2名骨干教师参加2020年新疆少数民族教师、农村教师普通话线上培训，选派3名优秀骨干教师参加全国中小学班主任、德育骨干、心理健康网络培训示范班，推荐3名骨干教师参加民族地区中小学教师国家通用语言文字教学能力提升在线示范培训项目，推荐上报7名书记、校（园）长参加“关于推荐遴选全国校长国培示范性项目培训班”，选派2名中小学校长、2名初中骨干教师参加教育部科技司关于开展2020年“网络学习空间人人通”专项培训。

【教育教学】 2020年，县教育局组织中小学语文、数学、英语等各学段的录像课及教研成果比赛、中小学思政网课比赛等教研活动，获得市级、自治区级、国家级荣誉95项。督促、指导全县51所学校的1080个钉钉教学班级线上授课，完成县12所学校900名学生、123名教师和16名校长参加2020年新疆维吾尔自治区义务教育质量和民族教育质量监测。利用“互联网+教育”的方式，确保延期开学期间“停课不停教、不停学”，组织中小学语文、数学、英语、化学等科目112名教师线上培训调研，组织31所学校81名教师参加上线上小学语、数、外教师比武大赛。获一等奖4人、二等奖8人、三等奖8人。

【教育经费投入】 2020年，落实财政对教育系统各级投入资金79755.12万元，其中学前教育投入3014.75万元、小学教育投入27092.59万元、初中教育投入13493.63万元、高中教育投入4952.55万元、其他普通教育投入1145.06万元、职业教育投入1441.09万元、其他教育费附加安排的投入6100.37万元、行政运行投入9376.37万元、住房公积金4128.35万元、行政事业医疗保险2706.91万元、机关事业单位基本养老保险缴费支出5744.01万元、彩票公益金16万元、其他教育投入543.44万元。

**【安全教育】** 2020年，县教育系统联合市场监督管理局、消防大队、卫健委等单位对各学校、幼儿园交通、消防、实验室管理、食品、学生校舍、教师公寓及学生活动场所开展安全生产大检查150余次，发现问题417个，并督促相关负责人全部整改完毕。开展疫情防控、消防、交通、食品禁毒等校园安全教育活动，做好全民国家安全教育日宣传工作。组织3000余名教师和10000余名学生开展校园消防安全网络视频专题培训活动，安排5000余名教职工收听《新广行风热线》“4·15”安全日里话平安专题节目，收看中央电视台《生命线》栏目《汇聚人民力量维护国家安全》，通过校园广播开展“全民国家安全教育日”主题宣传教育活动36次，制作“全民国家安全教育日”主题黑板报210幅，营造国家安全教育活动的良好氛围。

**【基础设施建设】** 2020年，县教育局持续加大校园基础设施建设，申请到中央、自治区、援疆项目资金6131万元，建筑面积19515平方米，三合土运动场总面积22500平方米，其中鄯善县城镇台台尔中心小学教学楼建筑面积4500平方米、65平方米警卫室，总投资1276万元（全额援疆资金）；鄯善县城镇台台尔中心小学综合教学楼建筑面积4000平方米，总投资1036万元（全额中央资金）；鄯善县城镇台台尔中心小学水冲式厕所建筑面积600平方米，总投资164万元（全额中央资金）；七克台中学教学楼建筑面积2300平方米，总投资621万元（全额中央资金）；辟展镇中心校教学楼建筑面积1250平方米，总投资305万元（全额中央资金）；吐峪沟乡苏巴什学校食堂建筑面积800平方米，总投资210万元（全额中央资金）；鄯善县第二中学综合教学楼建筑面积6000平方米，总投资1472万元（全额援疆资金）。

2020年，争取到农村义务教育学校校舍安全保障资金289万元，对七克镇台中学、巴喀小学、辟展镇中心校等8学校的三合土运动场进行维修改造提升；2020年下半年争取到义务教育校舍安全保障长效机制资金429万元（地方政府债券资金）对吐峪沟乡火焰山小学、连木沁镇第二中学、鲁克沁镇第二中学、吐峪沟乡中心校等17所中小学基础设施进行维修改造提升；2020年下半年争取到学前幼儿园维修资金329万元，对惠泽幼儿园、七克台镇中心幼儿园、鲁克沁镇木卡姆幼儿园、吐峪沟乡吐峪沟夏村幼儿园、迪坎镇中心幼儿园等26所幼儿园基础设施进行维修改造提升；协调国家电网公司完成辟展镇马场学校、库尔干学校、双水磨学校、连木沁镇第一中学、第三中学、汉墩坎小学、鲁克沁镇第一中学、达朗坎乡第一中学煤改电项目建设。

申请到中央资金300万元，采购班班通66套、学生课桌椅7734套；申请到中央、自治区项目资金414.69万元，为43所中小学采购藏图书41.02万册。做好“百企联百校”“机关联学校”活动，全县各类企业、机关共捐赠图书18837册，捐赠的大理石、桌椅等其他物资总价值合计77012元。

**【教育资助】** 2020年，鄯善县落实义务教育阶段寄宿生生活补助、非寄宿生生活补助782.30万元，落实普通高中国家助学金春季学期123.892万元、秋季学期110.168万元，落实普通高中建档立卡等免学费春季学期20.306万元、秋季学期15.015万元，落实湖南援疆助学金44.4万元，落实家庭经济困难大学新生入学资金4.75万元，落实中高职“雨露计划”项目106.5万元，落实中高考营养餐补助229150元。

**【招生工作】** 2020年，全县招生13369名，其中幼儿园入园3684名、小学招生4562名、初中招生3484名、普通高中招生

1254名、职业高中招生385名。全县毕业生共有13982名，其中幼儿园离园4598人、小学毕业人数3778名、升学3778名，升学率达100%。初中毕业人数3063名，升学3017名，初中升高中升学率98.4%。高中毕业人数1728名，职业高中毕业人数363名。

2020年，全国普通高考鄯善县报考考生2058人（本地户籍高考应届生1545人、往届生196人、外来务工子女188人、三校高职129人），高考考试完成1724人，高考录取1364人，录取率达79.12%（本科录取率26.68%，专科录取率52.44%），其中本科提前批次录取37人，本科一批次录取96人，本科二批次录取327人，专科提前批次录取50人，专科批次录取809人，三校高职录取45人。

学前、义务阶段招生工作。制定2020年鄯善县义务教育阶段、学前阶段招生工作方案，督促学校、幼儿园开展网上报名招生，学前招生3684人、一年级招生4562人、初一年级招生3484人。

普通高中招生工作。建立2813名初中毕业生实名制信息台账，分批次组织普通高中录取工作，全县三所普通高中录取1254名。

2020年，完成自治区普通高中学业水平1次，新疆区内初中班招生考试、鄯善县各初级中学毕业生六合一考试（其他省市高中班、高中、周南中学、中专、技校、内职班招生）、全国普通高考等五项大型招生考试工作，考生5558名，招生考试工作人员近4000人。

2020年，全县区内初中上线204人。在鄯善县本地学校中考其他省市高中班上线42人，录取36人，鄯善县户籍在鄯善县县外就读区内初中班学生中考其他省市高中班录取66人。全县中考600分以上的42人。

**【青少年活动中心建设】** 2020年，鄯善县青少年活动中心是第一批获得国家级扶持青少年学生校外活动场所建设的项目，总投资5069万元，兴建于2004年1月，中心占地面积8200平方米，建筑面积6030.5平方米，2005年5月竣工，是鄯善县唯一一所公办的青少年学生校外活动场所。开设钢琴、舞蹈、美术、声乐、萨克斯、古筝、跆拳道、武术、少儿科技、趣味英语等多个培训项目，以“艺术、体育、文化”为主要活动内容，构建以促进学生全面发展为目标的校外教育格局。

（热孜万古丽）

# 重点学校

## 鄯善县中心幼儿园

**【基本情况】** 鄯善县中心幼儿园于2000年9月在原县第一幼儿园的基础上成立，位于克其克路，占地0.4公顷，建筑面积3770平方米。2012年11月，由湖南援建位于鄯善县新楼兰街区内幸福路北侧的新园投入使用，形成一园两址。2015年9月，中心幼儿园老园改为蒲昌幼儿园。现中心幼儿园是2012年11月由湖南省出资1900万元、鄯善县配套1000万元建成的新园，占地面积1.17公顷，建筑面积9759.8平方米。2020年，中心幼儿园招收3～6岁各族幼儿627人，开设16个班级（其中小班6个、中班5个、大班5个），教职工82人，是鄯善县一所功能齐全、设施先进的综合性民、汉合园的公办幼儿园。

2020年，县中心幼儿园获吐鲁番市青少年民族团结进步教育“大手拉小手”先进集体荣誉称号；12月获国家“公共机构能效领跑者”荣誉称号。

**【德育教育】** 2020年，县中心幼儿园利用网络平台开展“停课不停学”居家课程。紧紧围绕“立德树人”总目标，秉承“种子文化”精髓，通过播撒“红、黄、绿”三色幸福种子（红色代表爱国感恩、黄色代表文明礼仪、绿色代表节能环保），保教部制定每月、每周教学计划和教育内容，以亲子阅读、亲子游戏、儿歌学习、做家务、美工等活动为主，让孩子居家培养好的学习生活习惯，让孩子感受幼儿园、教师们的关心关爱。引导家长正确安排幼儿有序学习和生活，减少居家负担，促进亲子感情。

（史培艳）

## 鄯善县中心小学

【基本情况】 鄯善县中心小学始建于1903年，学校位于鄯善县庭子路297号，是一所民汉合校的完全小学。总占地面积2.24公顷，校舍建筑面积13856平方米，绿化面积3050平方米。2020年，学校有学生2701人，现有教职工187人（其中在编教师115人、特岗42人、编制外聘用25人、临聘人用5人），学校开设教学班级67个，陶艺室、阅读室、美术室、舞蹈室、书法室、劳技室、实验室、计算机室等功能室23个。

【师资队伍建设】 2020年，县中心小学完善学校制度建设，试行《鄯善县中心小学教师考核办法》《教职工考勤管理办法》《教师专业技术岗位晋级兑现办法》《教学质量发展性增量评价办法》《丧事慰问管理办法》《中心小学年级组及优秀组长考核办法》《鄯善县中心小学奖惩条例》等各种激励制度。实施教师素质提升工程，制定实施教师素质提升方案和教师培训计划，线上线下培训相结合，做细做实校本培训，组织41名老师参加吐鲁番市骨干教师培训，73名青年教师教师参加新入职教师培训，2名老师参加心理健康培训，1名老师参加思政骨干教师培训，1名老师参加市级优秀辅导员培训，8名老师参加“国培”，通过各级各类培训。从骨干教师中选拔出各学科优秀教师，聘任为教研员，充实学校教研队伍，开展教研工作。年内，聘任语文教研员6名，数学教研员5名，英语教研员1名，道德与法治教研员1名，综合艺术学科教研员1名。

【德育建设】 2020年，县中心小学强化立德树人根本任务，以宣传教育为德育活动为载体，以学生行为规范养成教育为主要内容，以学校少先队活动为载体，以重大节日、纪念日为契机，开展德育教育活动，加强对学生进行爱国主义、生命教育和道德规范教育。开展红领巾，心向党学生征文活动，开展勤俭节约反对铺张浪费等手抄报作品展活动。利用“开学第一课”、课前5分钟、主题班会、校园广播等，系统化、持续化地对师生开展“生命主题教育”，培养学生认识生命、敬畏生命、珍惜生命，加深师生对生命的价值和意义的体会。成立心理健康疏导小组，建立学校、年级、班级、家长四级防控工作联系网络，及时收集和报送相关信息。教师每日与2～3名学生开展电话谈心谈话，了解学生心理动态，帮助他们减轻心理负担。贯彻党和国家的资助政策，调查审核1～6年级贫困学生家庭困难状况，对714贫困学生进行资助，资助金额37.3万元。

【教学教研】 2020年，县中心小学抓好教学管理，做到防控和教学“两不误、两促进”。按照免试就近入学原则招收新生，采取网上报名模式，招收一年级适龄儿童383人，开设9个教学班级。根据疫情防控制定开学教学方案和计划，教学常规计划、制定分工安排和课程表和错峰时间表。抓教学常规，每月对检查教师的教案和作业、巡课。做好控辍保学工作，确保辖区内适龄儿童入学率100%，对6名残疾儿童送教上门，随迁子女入学率达100%。开展一年级新生的拼音大赛，二、三、四年级学生的写字比赛，五年级学生的现场作文大赛，以及数学学科的口算比赛、计算题比赛、应用题比赛，加强各学科教学质量的管理，跟踪指导薄弱的班级和学生，促进学生学业水平提高。

【教研活动】 2020年，县中心小学围绕“教研促教改，教研提质量”开展校本教研、教师培养和课堂教学研究等活动，调整教研思路，改进教研模式，强化教研工作向科学化、规范化和精细化管理，推动基础课程的教学。发挥骨干教师示范作用，分年级、分批次开展“同课异构”课堂教学优质课竞赛活动，指导青年教师钻研教材、教法、提高教育教学能力。校领导上展示课1场次，指导教研活动4场次。开办国家通用语言学习提升培训班，采取集中授课的形式，为13名维吾尔族教师围绕普通话水平测试内容，对普通话发音方法和规律进行指导，对语音、词汇进行强化训练。每周二开展教研活动，各学科教研员带领各组教师集体备课，组织教师之间的教学经验交流，优化课堂教学。获准立项开展湖南省教育科学“十三五”规划2020年援疆立项课题1个、自治区及市级“以校为本”小课题1个、吐鲁番市级“以校为本”小课题3个。

（蔡晓娟）

## 鄯善县育才学校

【基本情况】 鄯善县育才学校位于育才东路325号，学校于2000年9月建成投入使用，属九年义务教育公立性事业科级单位。学校总占地面积45263平方米，其中建筑面积13170.33平方米，绿化面积22920平方米，学校办公场地912平方米。2020年，有教职员工213名，其中事业编150人，湖南援疆教师8人。实际在校教职员工184人。有教学班60个，中小学生2823人。学校内设党政办、教务处、德育处、教研室、总务处5个机构。

【师资队伍建设】 2020年，县育才学校加强教师队伍建设，注重专业发展，着重师德建设，提升师德素养。组织教职工学习党的十九大精神、习近平新时代中国特色社会主义思想及《中华人民共和国教育法》、《中华人民共和国教师法》等教育法律法规，促进教职工讲职业道德、尽职业责任、精职业技能、守职业纪律、看职业实效，落实育人工作。

【德育工作】 2020年，县育才学校开展每周升降国旗、勿忘国耻，追怀革命先烈等主题教育活动。通过宣传栏、板报、校园广播等宣传国内外大事，加强爱国主义、集体主义教育。利用班会课开展“反分裂、反渗透”教育活动；强化社会主义核心价值观教育。开展“我们的节日——中秋节”“敬老月”重阳节“敬老爱老”等体现中华传统文化主题教育。加强民族团结教育，召开民族团结一家亲主题班会。开展疫情防控教育，网络安全教育、交通安全教育、消防安全教育、突发灾害预警教育、食品安全教育、预防电信诈骗等各类安全教育活动，把每节课前三分钟安全教育纳入日常教学中。组织2860余名学生观看消防教育视频。增强师生消防安全意识，加强学生法制教育、心理健康教育，做好学生教育防范工作。

【教学教研】 2020年，县育才学校通过“钉钉智慧教育平台”“奥鹏校本研修管理平台”师训宝App、小鱼易连App，开展线上教学教研工作。成立学校“网络教研团队”及线上教学钉钉平台与线上奥鹏研修平台运行技术指导团队，开展线上教研培训，组织教师线上培训“基础教育改革热点分析教育信息化2.0解读及教学平台的使用”相关内容。组织8名援疆教师讲授示范公开课，发挥援疆教师示范作用。

【中考成绩】 2020年，县育才学校何颖洁同学以总分673.5夺得全市冠军。在学科成绩中语文、数学平均分比上年分别提高8.14分、5.36分。参加考试的223名同学中，600分以上的同学12名，176名学生被普高录取，38名学生就读职业学校。

（陈　艳）

## 鄯善县第一中学

【基本情况】 鄯善县第一中学始建于1956年，是一所集初、高中一体的财政全额拨款的公立完全中学。校园占地面积3.6公顷，校舍建筑面积20234平方米，绿化面积10291平方米。有行政楼1栋，学校食堂、学生公寓3栋，初中、高中教学楼2幢，多媒体教室55间，标准物理、化学、生物实验室6间，计算机教室3间，多功能阶梯教室1间，图书阅览室藏书8万余册、阅览室可供300人同时阅读，音体美活动室、信息技术教室、通用技术教室、劳技活动室等功能室设施齐全，有400米塑胶跑道、足球场、篮球场等运动场地。

2020年，学校有教职工321名，其中在编教师233名、特岗教师54名、地方性事业编教师21名、临聘教师8名、援疆教师9名。有教学班54个2579人，其中高中30个班级1457人，初中24个班级1122人。

【师资队伍建设】 2020年，县一中学校有在编教师233名，特岗教师54名，地方性事业编教师21名，临聘教师8名，援疆教师9名。年内，有6名教师参加新疆师范大学参加骨干教师培训，初中线上继续教育培训103人，高中线上继续教育培训66人，参加吐鲁番市网络研修活动22名教师，参加“国培计划（2019）”—自治区教师信息技术应用与学科融合能力提升项目网络研修（远程）培训项目183人。开展“奥鹏校本研修”平台注册学习221人，开展网上活动15次，年度学习任务合格69人，参加平台学习教师187人，组织参加吐鲁番市新入职教师培训77人。有13名教师参与县级录像课授课比赛，其中4名教师获得一等奖、4名教师获得二等奖、3名教师获得三等奖。

**【德育工作】** 2020年，县一中落实立德树人根本任务，践行社会主义核心价值观，开展德育教育教学活动。年内，组织年轻班主任培训会3次，开展班主任公开课2节；全校54个班级每周组织主题班会1次，开展疫情防控主题班会16次，交通安全教育3次，爱国主义教育4次，民族团结教育2次，禁毒教育2次，国家惠民政策、感恩国家资助主题班会2次，并对主题班会形成记录留档；以年级为单位开展线上家长会暨家长培训会2次；组织学生学做“新时代好少年”覆盖2500余人，微信转发400余条，撰写学习心得200余份；组织心理教师对23名学生心理辅导；全校2006名学生完成网上禁毒学习，组织2589名学生“学法网”的注册学习；组织学生“学宪法·讲宪法”的演讲比赛和知识竞赛。

**【中、高考成绩】** 2020年，县一中有321名学生参加中考，其中140名学生考入普通高中，181名学生考入职业高中；有419名学生参加高考，其中本科零批次上线4名、本科一批上线23名、本科二批上线98名学生。本科上线率为29.83%。

**【“阳光”招生】** 2020年，县一中大力宣传“阳光”招生，做好学生教育惠民工作，共招880名新生。初一年级开8个班385名新生，高一年级开设10个班495名新生。

**【援疆支教】** 2020年，湖南邵阳援疆教职工联合鄯善县第一中学教职工以“畅叙湘吐情，民族一家亲”为主题开展听评课、图书捐赠、专题讲座及内地教职工座谈交流会等活动。援疆教职工向学校捐赠11863元的图书，并与学校年轻教职工举行师徒结对活动。

**【基础建设】** 2019年，学校改善改善办学环境，投入30余万元改造女生公寓水房、浴室、厕所等并投入使用。安装食堂隔断并更换防火门3个。

（海丽其汗·卡德尔）

## 鄯善县第二中学

**【基本情况】** 鄯善县第二中学创建于1976年，是一所完全中学。2020年，有教职工319人，其中在编教职工252人（含外借调26人）、特岗教师21人、地方编教师4人、援疆教师9人、临聘12人、临时工21人；专任教师238人（初中114人、高中124人），高级教师68人、一级教师129人、初级教师93人。学校有教学班56个，其中高中31个、初中25个；在校学生2487人，其中初中947人、高中1540人。住宿生901人。学校有3个党支部，有党员103人。学校校园面积9公顷，校舍建筑面积38622平方米，绿化面积36063平方米。学校多媒体教室、实验室、录播室、音美教室、计算机教室、图书馆、阅览室、社团活动室等功能室。初中教室安装“班班通”一体机，高中教室配有多媒体设施，光纤网络进班。有标准化的运动场、篮球馆、乒乓球室等活动场所。2020年，由湖南省政府出资援建初中综合教学楼1栋，总建筑面积为6000平方米，含277.2平方米消防水池和水、电、暖、硬化等附属配套设施，总投资为1472万元。

**【德育工作】** 2020年，县二中贯彻“以德立校，依法治校，质量强校，科研兴校”的办学理念，把学生的养成教育贯彻学校工作始终，建设以“爱国守法”“传统文化”“民族团结”“文明礼貌”“书画艺术”为主题的校园文化，开设篮球、乒乓球、羽毛球等球队和音乐舞蹈、书画剪纸、手工科技等第二课堂，开展经典诵读、演讲比赛、国旗下系列教育活动、主题班会等，寓德育教育于各项活动之中。

2020年，组织学生观看《开学第一课》，通过主题班会、校园广播、手抄报、黑板报、班班通等媒介，对学生进行疫情防控、爱国、法制、安全、禁毒、文明节约等方面的教育。开展抗疫精神宣传教育活动，引导学生树立团结奋进，刻苦求知，激发担当民族复兴大任的责任意识。建设食堂餐饮文化，落实“少加勤加”服务措施，制止学生餐饮浪费行为。组织线上同步学习北京知行合一阳明教育研究院传统文化课程，以中华传统文化，润泽学生心灵。

**【教学教研】** 2020年，学校实现国语教学全覆盖。为降低新冠肺炎疫情对教学工作的影响，延期开学期间，制订“停课不停学”教学计划，建立班级钉钉群，提供网络教学技术培训和服务，组织师生开展网络教学工作。复课后，恢复正常线下教学，做到线上线下无缝衔接，教学内容系统连贯。

年内，学校落实教学常规检查、集体备课、公开周等教研工作，按月组织考试、阅卷、成绩分析工作。发挥校本研修平台作用，组织教师进行网络培训，鼓励教师参加各级各类线上教学、教研比赛活动，提高教师业务能力。年内教师受训179人次，参加大赛活动15项，获奖55人次。

**【中、高考成绩】** 2020年，高考，本科上线294人，上线率50.5%，其中腾飞班37人，本科上线率100%，一本上线率91.89%。初中学业水平考试，最高分653.5分，4人位列全县前十名，41人进入全县前一百名，25人达到内高体检线，普通高中升学率为82.6%。

**【校园安全】** 2020年，县二中贯彻执行关于疫情防控工作的各项部署，成立疫情防控领导小组及工作专班，制定疫情防控工作相关方案、制度、预警机制，明确宣传教育、信息统计、日报上传、风险研判等工作职责。投入8万余元，购置和储备口罩、消毒液、洗手液、体温枪等防疫物资，按防控工作要求开展校园值班、体温监测、通风消杀、错峰上下学、错时就餐、核酸检测等具体防疫工作。

学校实行封闭管理，落实24小时值班制度。加强学生安全教育，定期开展消防、地震、发热人员等安全应急演练。开展环境卫生专项整治活动，做到环境卫生无死角。开展校舍、消防、危险化学品、冷链食品、校园周边环境等安全大排查，防范化解重大安全风险，年内校园未发生安全事故。

（吴　玲）

## 鄯善县职业高中（技工学校）

**【基本情况】** 鄯善县职业高中系湖南援疆项目，是集学制教育、短期培训和技能鉴定于一体的公办综合性寄宿制职业学校。前身为1999年5月成立的鄯善县农业职业高中，2013年9月，更名为鄯善县职业高中，与技工学校，实行两块牌子、一套人马。2020年，与吐鲁番市中等职业技术学校鄯善县分校、技工学校，实行三块牌子、一套人马。

学校占地面积12.33公顷，绿化面积15604平方米，建筑面积32818平方米（在大学生创业培训基地5150平方米），拥有校舍建筑面积23499平方米。其中，教学楼1栋、宿舍楼1栋、食堂2栋、有、实训厂房3间2815平方米（实训设备价值500多万元）、室外学生公厕、办公用房、电锅炉房、有学术报告厅、400米塑胶跑道及运动场。

主要开设的专业有幼儿教育、中餐烹饪与营养膳食、汽车维修、计算机应用、供用电技术、饭店（酒店）服务、建筑装饰、服装设计与制作8个专业。

2020年，鄯善县职业高中将转设中等职业学校工作放到首位，按照设置标准进行自查评估，报送吐鲁番市教育工委，接受初步验收和专家评估。并根据市政府及市教育局的反馈意见，对反馈问题进行整改，等待再次验收。申报通过县级文明校园创建。

**【师资队伍建设】** 2020年，学校现有教职工133人，其中在编教师90人（核定编制59人），校外聘用教师15人，党支书记1人、副书记、校长1人、副校长4人、会计1人。其中研究生1人，本科学历93人，大专学历38名，副县级1人，正科级2人，副科级2人；高级（高级讲师）职称4人，一级（讲师）教师38人，二级（助理讲师）教师65人，未评职称的教师6人；专任教师99人（其中地方编教师27人、外聘教师15人），其他单位借出的11人；专业教师45人、双师型教师40人，另外有11名湖南援疆教师。

**【班级结构】** 2020年，职业高中有教学班级29个，学生1095人（其中中餐烹饪与营养膳食开设7个班，275名学生；计算机应用开设9个班，385名学生；建筑装饰开设3个班，70名学生；供用电技术开设7个班，277名学生；服装设计与工艺开设3个班，88名学生）。技工学校有教学班级13个，学生484人（其中汽车维修开设8个班，295名学生；酒店管理开设3个班，103名学生；幼儿教育开设2个班，86名学生）。

**【德育工作】** 2020年，县职业高中从转变学生的思想意识抓起，采取有针对性的教育教学。根据学生的特点，安排“三进两联一交友”活动，负责教师每个月与结对学生谈心谈话，一起进食堂、进班级、进宿舍，和学生交朋友，建立良好的师生关系。参加教师83名，进班级1104次，进宿舍435次，联系学生1593次，达到全覆盖。定期开展各项文体活动。每学期开展技能文化节活动、演讲比赛、教室设计大奖赛活动；每周开展篮球竞赛、足球比赛、各专业的兴趣小组活动，丰富学生课余生活，陶冶学生的情操。加强励志教育，帮助学生建立自信，塑造良好的性格特征。为学生提供心理咨询，年内心理疏导80名学生。开展网上祭英烈活动，参加师生1500人次。

**【职业技能教育】** 2020年，县职业高中开展cad绘图竞赛、烹调技术竞赛、计算机技能竞赛等活动。根据学校专业调整方案，设置专业8个，开设课程80多种。开办各类等兴趣社团。实行“1∶1”课堂教学和实习实训。投入500多万元配备汽车维修、计算机应用、建筑装饰、用供电技术等专业的设备；新增120多台电子计算机、30台电子琴；新建舞蹈排练厅、服装裁剪实习车间。抓好各专业的职业资格考证工作。组织72人参加烹调技术专业的职业资格证考试，27人取得烹调技师中级职业资格证；组织23人参加供用电技术专业考试，10人取得电工技师职业资格证。

**【技能培训】** 2020年，县职业高中（技工学校），依托全县辖区8个乡（镇、场）和技工学校培训基地，开设9个工种（保安员、中式烹饪、基本素质培训、砌筑工、焊工、服装缝纫、装载机、手绣制作、美容师），职业技能培训班7期，培训学员225人（已鉴定139人，因疫情影响未鉴定86人）。

**【实训教学】** 2020年，县职业高中秋季招收632人。按照中等职业学校培养人才的计划，毕业班级中有316名学生到县相关行业进行顶岗实习，109名学生选择参加高考。

6月，学校毕业453名学生，其中中职毕业生总数353人、技工毕业生100人。就业人数231人，升入大中专类学校33人。年内，学校根据实施性教学计划，安排实训教学内容与顶岗实习任务，产教对接完成实训教学任务。与西游酒店、新疆诚必达餐饮管理有限公司、尕努海手抓肉餐厅等10所单位签订实习、校企合作协议。

**【基础设施建设】** 2020年，县职业高中投入600多万元改造橡胶灯光球场，更换液压篮球架，改造校园整体环境，硬化路面，粉刷及改造教学楼、宿舍楼、实训车间。购买200套床、500套桌椅，安装净水器，规范班级的文化建设，配备幼儿教育专业教学设备，改建舞蹈室、音乐室，购买30台电钢琴。年内，争取自治区专项资金500万元，建设1800平方米的中餐烹饪与营养膳食及酒店服务专业的实训楼。

（石雅萍）

# 文化 体育 传媒

## 文化 体育

**【基本情况】** 原鄯善县广播电视文化体育局于2012年10月更名为鄯善县文化体育广播影视局（新闻出版〈版权〉局）以下简称鄯善县文广局。局党总支于2017年9月改为局党组。2019年3月，原鄯善县旅游文物局整体划入原鄯善县文化体育广播影视局，成立鄯善县文化体育广播电视和旅游局，加挂鄯善县文物局牌子，全称鄯善县文化体育广播电视和旅游局（鄯善县文物局），以下简称文旅局。原鄯善县文化体育广播影视局新闻宣传报道职能单独划出成立广播电视台。机构改革后，文旅局内设办公室、规划产业科、宣传推广科、体育运动科、文化艺术科、市场管理科、传媒科技管理科、文物管理科等8个科室。2019年，机构改革鄯党办〔2019〕33号文件规定行政编制9名，工勤事业编制3名；其他所属事业单位设置、职责和编制事项另行规定。全局有工作人员80人。2020年，根据《关于组建鄯善县文化市场综合执法队的通知》（鄯党编委〔2020〕5号）文件要求组建鄯善县文化市场综合执法队，负责鄯善县文化、体育、广播电视、旅游、文物、新闻出版市场执法监管工作。文化市场综合执法队核定编制10人，将县文化市场稽查大队5名参公事业编制、8名工作人员（含1名工勤人员），县旅游执法监察大队5名事业编制、4名工作人员（含1名工勤人员）连人带编划入鄯善县文化市场综合执法队。

2018年5月，成立鄯善县广电网络中心，为鄯善县文化体育广播电视和旅游局下属自收自支事业单位，有职工13名，其中事业编制人员9名，编外聘用4名。2020年12月，根据《关于印发〈自治区从事生产经营活动事业单位改革工作方案〉的通知》（新事改办〔2020〕1号）文件精神，鄯善县广电网络中心改制转为企业方式经营。

**【文化旅游市场监管】** 2020年，全县具有合法经营资格的各类文化旅游市场162家，从业人员约830余人。其中，网吧8家，电子游戏动漫（儿童娱乐城）经营场所2家，文体休闲娱乐场所（棋牌室42家、台球厅6家、健身房3家、游泳馆4家）55家，歌舞娱乐场所（KTV）22家，电影放映场所1家、文艺表演团体1家、景区4个、旅行社7家、星级酒店10家、星级农家乐15家、民宿37家。

2020年，文化市场综合执法队梳理出文化类、体育类、广播电视类、旅游类、文物类五大类业务，梳理出权责清单事项34项，其中行政许可17项、行政给付1项、行政确认9项、行政奖励2项、行政征收1项、行政检查2项、其他行政权力2项。根据所办理事项业务流程，梳理出文化类6项事项在全国文化市场平台办理外，其他事项均在自治区政务服务平台实现网上办理，已全面测试完成业务网上咨询、网上受理、网上办理流程。

2020年，文化市场综合执法队共检查文化旅游市场885家次，其中网吧108家次、游艺娱乐场所24家次、KTV110家次、棋牌室51家次、健身房18家次、台球厅34家次、游泳池6家次、农家乐民宿68家次、宾馆酒店144家次、景区景点191家次、博物馆8家次，旅行社45家次、书店12家、打字复印店54家、印刷厂12家。责令现场整改51条，下发整改通知书8份，全部已整改完毕，出动执法人员549人次，执法车辆160辆次。

**【广播电视网络管理】** 2020年，鄯善县广播电视台电视安全播出11521小时，调频广播安全播出12170小时，全年重大安全事故零发生。

2020年，鄯善县广电网络中心发展普网新用户82户，收缴收视费1127户52.5万元，收入76.8万元，维修2952户。3月两会播出期间，广电网络中心在二堡乡—鲁克沁广播站—鄯善县城、克其克到二堡乡、鲁克沁沙坎村—吐峪沟路段巡线值机，确保用户正常收看两会。

2020年疫情防控期间，鄯善县广电网络中心实行不计收视费用、欠费不停机的工作措施，帮助居民度过居家生活。

**【图书阅览】** 鄯善县图书馆是国家二级图书馆馆、自治区一级图书馆，位于鄯善县市民文化活动中心，场馆面积共计3100平方米，分为两层，其中书库面积2600平方米，阅览室面积400平方米，图书阅览室座席数72个。图书馆内馆藏各类图书共计100315册，电子书共计10000册。

2020年，图书馆投资5万元更新图书借阅系统、扩充电子借阅机图书收藏量，馆藏电子图书总量达到10万册。公共借阅服务方面，图书馆借还书3204册，办理读书借阅证56个，退证23个。开展公益交流活动26场次，参加人数5630人次，重点开展以下活动：1月在连木沁镇汉墩坎村举行“春节写对联、选对联、送对联”活动送出对联2000余副，2月在网络平台举行“诗歌朗诵征文活动”，3月举行中小学生书法比赛活动，4月开展“4·23”让我们一起读书吧，6月组织在校生参观图书馆内禁毒警示教育基地。

2020年，图书馆多次开展图书下乡活动，向吐峪沟乡捐书600册，价值11679.2元；向鄯善镇捐书500册，价值12105.6元；向双水磨捐书400册，价值11120.7元；向迪坎镇捐书300册，价值6620.94元；向七克台镇捐书300册，价值7047.4元；向迪坎新村捐书300册，价值4690.17元。累计共捐书2400册，总价值53264.01元。

**【图书馆文化馆分馆建设】** 2020年11月30日，鄯善县举行图书馆、文化馆分馆授牌仪式，对鄯善镇图书馆分馆、鄯善镇文化馆分馆、辟展镇图书馆分馆、辟展镇文化馆分馆、连木沁镇图书馆分馆、连木沁镇文化馆分馆、七克台镇图书馆分馆、七克台镇文化馆分馆、鲁克沁镇图书馆分馆、鲁克沁镇文化馆分馆、吐峪沟乡图书馆分馆、吐峪沟乡文化馆分馆、达朗坎乡图书馆分馆、达朗坎乡文化馆分馆、迪坎镇图书馆分馆、迪坎镇文化馆分馆、东巴扎乡图书馆分馆、东巴扎乡文化馆分馆、鄯善镇育才社区图书服务点、鄯善镇育才社区文化服务点、鄯善镇楼兰社区图书服务点、鄯善镇楼兰社区文化服务点、辟展镇田园社区图书服务点、辟展镇田园社区文化服务点、火车站镇金桥社区图书服务点、火车站镇金桥社区文化服务点等18个乡镇图书馆、文化馆分馆及8个社区图书、文化服务点计26家公共文化服务单位进行授牌，建成资源共享、覆盖城乡的公共文化服务体系。

**【群众文化体育活动】** 2020年，鄯善县文化馆是国家级二级文化馆，位于鄯善县市民文化活动中心，场馆面积500平方米，内有活动室2个，面积各60平方米；剪纸展览室1个，面积30平方米；活动大厅1个，面积350平方米。

2020年，文化馆接待群众3279人次，其中老年活动室接待娱乐人数860人次，青少年活动室接待娱乐人数683人次，乒乓球活动室接待娱乐人数1736人次。

2020年3月，发起鄯善县“战疫情，展风采”居家文化活动征集行动，借助融媒体中心抖音平台发布居家抗疫活动作品13个，主题涉及居家刺绣、扇子舞、传统舞蹈、弹唱等内容，点击转发量近2000人次。

2020年7月19日至8月22日，

发动鄯善群众参加新疆第四季“居家云健身运动汇”暨“我要上全运”选拔赛，各级社会体育指导员带动群众参加人数2805人。经自治区体育局审核通过鄯善县健身视频140人，其中广场舞71人、太极拳69人（锻炼内容含健身气功）。

**【文艺创演】** 2020年，鄯善县楼兰歌舞剧团组织惠民演出15次，其中在乡村演出12次3837人次，乡村观众观看3430人次。楼兰歌舞剧团完成国家级“非物质文化遗产”吐鲁番“潘吉尕”木卡姆的挖掘、整理录制，并将“潘吉尕”木卡姆进行舞台化演艺。

**【非物质文化遗产传承】** 2020年，鄯善县国家级非物质文化遗产代表性项目1项，被公布为自治区级代表性项目3项，非物质文化遗产传承基地1个，1名县级传承人已申报升级为市级传承人。6月13日，文化馆组织20多名非物质遗产传承人赴吐鲁番市参加2020年“文化和自然遗产日”暨第八届新疆非物质文化遗产周活动，参展展品包括烙画、木雕、刺绣等手工作品。

**【文物保护】** 2020年12月，援疆资金投入340万元的鄯善县辟展乡柯柯村古堡项目完成竣工验收。

**【考古发掘】** 鄯善县有文物遗址150处，按照第三次全国不可移动文物普查资料统计，有国家级重点文物5处，自治区级重点文物19处，县级重点文物126处。

2020年6月至8月，经新疆维吾尔自治区文物考古研究所报请国家局同意，对东巴扎乡后梁村杨家沟“杨家沟墓地”进行抢救性发掘工作。截至年底，已发掘墓葬9座，墓葬均存在不同程度盗扰。墓葬形制均为斜坡墓道洞室墓，发现有少量陶器、铜器遗物出土。

（陈愿媛　吴海波）

## 广播　电视

**【基本情况】** 2019年2月，原鄯善县文化体育广播影视局［新闻出版局（版权局）］机构改革更名为鄯善县文化体育广播电视和旅游局，下设鄯善县广播电视台（鄯善县融媒体中心），进行人、财、物转隶分配工作。5月31日，鄯善县广播电视台（鄯善县融媒体中心）正式挂牌成立，为公益一类事业单位，全额预算管理。核定事业编制53人（管理岗位4人，专业技术岗位47人，工勤岗位2人）。内设办公室、策划部、总编室、采编部、技术部、播出部、广告部7个机构。鄯善县融媒体中心是自治区首批挂牌成立的31个县级融媒体中心之一。

**【“两微一端”和广播电视宣传】** 2020年，鄯善广电微信公众平台发布《鄯善新闻》240期、公益广告15部；鄯善广电官方微博发布短视频15条，图文新闻185条，粉丝量1324人；“鄯善县融媒体中心”抖音号粉丝量9.5万人，发布疫情防控措施脱贫攻坚、农民丰收、旅游等各行各业工作正能量短视频738条。利用新媒体创新宣传形式，制作图文2篇、海报50张、MG动画21部、延时手绘4部。

2020年，新冠肺炎疫情防控期间，中心充分发挥融合效应，挖掘疫情期间联防联控、群防群治中出现的先进典型、爱心行动和感人瞬间，制作《他是儿子心中的“超级英雄”》《为战“疫”推迟披婚纱的“葡萄姑娘”》《疫情防控不添乱宅家日子也精彩》《火焰山下志愿服务彩旗飘》等500余篇全媒体系列报道，为全县众志成城打赢疫情防控战传递正能量。其中无人机硬核喊话（维吾尔语版）抖音作品浏览量284.1万人次，点赞量5.7万人次。

2020年，电视《鄯善新闻》播出259期，稿件1153篇，《一周要闻》48期。围绕学习贯彻十九届五中全会精神开设《学习贯彻党的十九届五中全会》专栏，播出稿件15篇；围绕学习贯彻第三次中央新疆工作座谈会精神开设《学习贯彻第三次中央新疆工作座谈会精神努力建设新时代中国特色社会主义新疆》专栏，播出稿件7篇；为全面报道“十三五”时期鄯善县经济社会各领域取得的辉煌成就，开设《十三五成就巡礼》专栏，播出4期。

广播《鄯善新闻》维吾尔语、汉语各首播259期，重播3次1554期。《一周要闻》维吾尔语、汉语各首播48期，重播3次共288期。《天气预报》维吾尔语、汉语各首播365期，重播1460期。录制各类公益广告52条，播出2572条。维吾尔语栏目《早安》首播48期，重播365期；《农牧民之友》栏目首播48期，重播336期；《一起学普通话》栏目首播48期，重播336期；《少儿乐园》栏目首播48期，重播336期。汉语栏目《乐游鄯善》栏目首播48期，重播144期。

**【外宣发稿】** 2020年，县融媒体中心记者采访稿件1153条，各媒体平台上报外宣稿件668篇，其中国家级142篇、省级97篇、自治区级218篇、市级146篇。

**【数字电视网络工程建设】** 2020年，全县有数字网络覆盖范围17395余户，实际入网6500户。开通高清互动电视及百兆宽带数据业务，传输中央台、新疆台、各省卫视及吐鲁番（市、县）电视节目221套。中央投资项目无线数字机房建设工程建设完工，投入使用。

**【广播电视覆盖工程】** 2020年6月，建成广播电视智慧平台工程投入使用。7月安装一套价值13万元的消防气体灭火系统；采购2台价值43万元的数字电视发射机，投入使用，解决地面无线数字电视发射机设备老化、发射功率低、覆盖面小、农牧民收看节目质量差的问题。全年电视安全播出11521小时，调频广播安全播出12170小时，未发生重大安全责任事故。年内，中心加大对基层台站设施设备巡检和基层技术维护力量的宣传培训，开展“户户通”“大喇叭”设备维护培训15次，培训人员351人。对3个广播站、6个电视转发站每月开展1次巡检。全年修复户户通381台、大喇叭25套。

（郭桂花）

## 图书发行

**【吐鲁番新华书店鄯善县连锁分店领导名录】**

党支部书记、经理：邱　健

**【基本情况】** 鄯善县新华书店成立于1957年，隶属吐鲁番市新华书店，主要经营图书、音像制品、电子出版物。2020年，全店实现销售2058.16万元，其中一般图书286.88万元。

**【重点图书发行】** 2020年，鄯善县新华书店发行《习近平谈治国理政》（第三卷）4527册、《中国制度面对面》280套、《中国共产党的十九届五中全会学习辅导百问》127册、《轮党的宣传思想工作》220册，合计码洋35.35万元。

**【教材征订发行】** 2020年，严格按教育厅教材目录做好全县中小学教材的征订发行工作，确保“课前到书　人手一册”的政治任务落到实处。

**【文化惠民工程】** 2020年，全县“东风工程”图书发行2批次15579册。“农家书屋”补充图书4550册，送至全县65个捐赠点。

（田文晶）

# 卫生与健康

## 综　述

【基本概况】　2020年，全县有医疗机构161个，公立医疗机构88所，其中县级公立医院2个（县人民医院、县维吾尔医院），妇幼保健机构1家、疾控中心1所，乡（镇）卫生院10个（含2个中心卫生院），村卫生室60个；社区卫生服务中心1所（火车站卫生院加挂社区卫生服务中心），社区卫生服务站14个（其中社会力量举办社区卫生服务站6所）。企业医疗机构2个（吐哈石油医院、合盛硅业医务室）。社会民办医疗机构71家，其中民营医院5家、门诊部1家、个体诊所65家。全县医疗机构有职工总数1546人，其中卫生技术人员1222人［执业医师325人、执业助理医师183人、注册护士503人、药师（士）46人、技师（士）70人、其他人员95人］。全县医疗机构拥有病床915张，其中公立医疗机构750张（二级医疗机构445张、基层医疗机构305张），个体及民办营利性医院165张。有120救护车25辆。每千人拥有床位数3.86张，每千人口执业（助理）医师2.13人，千人口注册护士2.77人。已基本形成县、乡（镇）、村（社区）三级医疗卫生保健网。

【疫情防控】　2020年，鄯善县把自治区“防、治、控、保、稳”五大措施落到实处，抓“3+2”工作任务。发挥基层医疗机构、发热门诊在新冠疫情防控中的“哨点”作用。落实发热门诊预警机制，规范发热留观医院、发热门诊和留观室对发热人员的登记上报工作。做好预检分诊和门诊登记，落实首诊负责制。落实环境消杀预警机制。规范公共场所、公共交通工具等重点区域消毒消杀程序、消毒液配比方法等，落实各个场所终末消毒，做好医疗废物、特殊垃圾、医疗废水的安全处置工作。做好新冠疫情防控培训工作，按照分片包干、逐级覆盖的工作原则开展专业技术培训。抽调全县医疗机构检验工作人员28人进行培训，配合县人民医院核酸实验室（PCR）、县疾控中心核酸实验室（PCR）完成核酸检测；完成全县各医疗机构核酸采样医务人员培训238人，各医疗机构消杀医护人员培训47人。对教育系统、培训机构、环鄯外围公安检查站、高铁站、火车站、客运站、乡镇村社区，各行政企事业单位，人员密集场所（农集贸市场、宾馆旅店、景区、商超、金融网点、文化娱乐场所、宗教活动场所、屠宰、冷库、体育〈图书、展览、文化〉场馆、地下街〈步行街〉等）、公交站等重点场所700余人进行培训。

安排疾控中心、卫生监督所8人对全县52所中小学校、74所幼儿园开展疫情防控督导，开学开园前评估检查，发现4所学校、6所幼儿园存在疫情防控隐患，指导完成整改。为全县52所中小学校、74所幼儿园派出临时校医，对学校、幼儿园日常疫情防控、通风、消杀监督指导。组织各级医疗卫生机构为60所幼儿园917名教师健康体检，办理健康证。

做好疫情期间医疗保障工作。对全县医疗物资的采购、供应、发放、存储、登记工作，确保医疗物资保障及时、到位。完成全县各乡镇、学校、重点场所、各级医疗机构的医疗物资的保供任务。按照新冠疫情防控期间保障群众就医需求，组建移动式医疗服务队伍22组，涉及医务人员74人。出诊医疗队574人次，医务人员1071人次，服务人数640人次，其中收住院人数27人次，服务村（社区）524人次。家庭医生团队出勤12043队次，医务人员23761人次，面对面服务86685人次，信息化服务77774人次，电话问诊咨询4793人次，慢病药品服务102221人次，送药254次。

【医药卫生体制改革】 2020年，县卫健委召开紧密型医共体沟通协调会，做好各项基础工作。统筹医疗资源开展疾病分级分类救治。县医院根据服务能力自评，确定408个不轻易外转的病种，同时协助各乡镇分院确定50个病种，在县域内根据各级医院的诊疗能力，分级分类开展医疗救治工作。落实检验检查结果互认工作。建立医共体成员单位间统一的质量管理体系，统一质控标准，确保医共体间检验检查结果的同质化。发挥药联体牵头作用。加强对各分院慢性病、特殊疾病用药的配备。根据各分院报送来的慢性病等药品需求计划单，及时在自治区药品采购平台上进行采购，以保障慢性病患者用药需求。

【医疗机构的监管】 2020年，县卫健委按照《医疗机构管理条例》和《医疗机构管理条例实施细则》，做好鄯善县医疗机构审批管理和医疗机构设置审批、变更、注销等业务的审议、决定工作。规范辖区内医疗机构依法执业行为，加强对医疗机构的监管。做好医疗纠纷和信访投诉处理工作，年内受理医疗纠纷2起，移交吐鲁番市卫健委医学会2起。

【医政服务】 2020年，全县办理老年优待证643个，办理卫生许可证69个，办理医师注册、变更、注销、备案35件，办理护士注册（变更、延续、注销）119件，办理医疗机构校验（注册、变更）19件。受理2020年初、中级卫生专业技术资格考试报名材料366人，受理2020年医师资格考试报名材料253人，受理2020年护士执业证书考试报名175人，受理2019年度通过新疆分数线医师执业资格办证材料17人，受理2020年高级卫生专业技术资格考试报名68人，新疆政务服务网网办件量47件。

【医疗人才队伍建设】 2020年，县卫健委按照自治区《关于印发2019年基层卫生人才能力提升培训项目方案的通知》文件要求和吐鲁番市卫健委工作安排，完成15名基层卫生人员培训，其中基层医疗机构护士3名，管理人员12名。开展基层卫生人才能力提升培训项目线上培训及乡村医生集中培训。

【医疗废物集中处置】 2020年，县卫健委按照自治区党委、市委、县委关于做好疫情防控工作的决策部署，全县14个医疗机构（包括10所乡镇卫生院、2家县级医疗医疗机构、1家妇幼保健机构、1家县级疾控中心），县级集中隔离点（包括医学观察点）按照要求进行收集，启动鄯善县医疗垃圾处置应急预案，部分垃圾消毒消杀集中焚烧处理，做好台账记录。4家县级医疗机构和4家乡镇卫生院（鲁克沁镇中心卫生院、连木沁镇中心卫生院、七克台镇卫生院、火车站镇卫生院）安装污水处理系统，其余6家乡镇卫生院产生的医疗废水排放至化粪池，使用含氯消毒剂进行消毒处理。确保各级医疗机构医疗污水处置合规排放达标。

【卫生工程项目建设】 2020年，建设卫生工程项目有：鄯善县人民医院分院门诊综合楼工程项目。总建筑面积34044.15平方米，地下一层，地上十层，框架结构。建设门诊、住院病房及给排水、消防、采暖等配套设施。总投资1.0366亿元，年度计划投资0.4亿元。资金来源为专项债券及自筹资金，下达投资计划4000万元。年内，完成主体认证，工程量92%。

鄯善县人民医院分院附属工程一标段项目（消防水池、泵房、值班室、围墙、消防管网，给水、排水管网）。总建筑面积2130平方米，其中值班室350平方米、洗衣房650平方米、医疗垃圾暂存处200平方米、消防水池及泵房700平方米、污水处理池230平方米；排水管网1400米、供水及消防给水管网3660米、围墙700米、院内道路绿化60000平方米等配套设施。总投资0.15亿元，年度计划投资0.15亿元。

吐鲁番市鄯善县人民医院传染病楼建设项目（鄯善县人民医院传染病楼建设项目）。项目建设6820平方米的病区、负压病房，购置安装净化装置、可视对讲系统、呼吸机、心电监护等医疗装备等。总投资0.401亿元，年度计划投资0.15亿元。资金来源为中央预算内投资及自筹，年内下达投资计划1120万元，完成二层框架，三层顶板钢筋绑扎。

鄯善县人民医院分院门诊医技综合楼建设项目。项目建筑面积2.9万平方米，建设门诊医技综合楼及配套基础设施。总投资1.5亿元，年度计划投资0.3亿元。资金来源为申请抗疫国债5000万元，其余自筹，目前，已下达投资计划3000万元，已到县财政3000万元。

乡镇卫生院配套附属设施投资建设项目。吐浴沟乡卫生院整体搬迁项目：建设6000平方米业务用房及水电暖、室外消防、医疗污水、硬化绿化等配套附属设施，工程预算使用项目资金2200万元，完成项目的选址意见、蓝线图、环评、业务用房平面图设计；火车站镇卫生院整体搬迁项目：建设4000平方米业务用房及水电暖、室外消防、医疗污水、硬化绿化等配套附属设施，工程预算使用项目资金1700万元，完成项目的选址、环评、设计已委托相关单位；鄯善县社区卫生服务中心建设项目：项目建设3000平方米业务用房及水电暖、室外消防、医疗污水、硬化绿化等附属配套设施，工程预算项目资金1200万元，完成可研、选址。连木沁镇卫生院建设300立方米室外消防水池及配套设施项目：工程预算使用项目资金250万元，2020年6月完成项目施工并投入使用；达朗坎乡卫生院建设40立方米一体化医疗污水处理配套设施项目：工程预算使用项目资金45万元，2020年10月完成项目施工并投入使用；东巴扎乡卫生院建设附属设施及室外消防、医疗污水、硬化绿化等附属设施项目：工程预算使用项目资金180万元，完成附属设施及室外消防、医疗污水、硬化绿化等附属设施施工；双水磨卫生院建设40立方米一体化医疗污水处理配套设施项目：工程预算使用项目资金45万元，年内做好项目施工前期的准备工作；迪坎镇卫生院建设40立方米一体化医疗污水处理配套设施及煤改电供暖设施项目：工程预算使用项目资金100万元，年内做好项目施工前期准备工作。七克台镇卫生院对现有卫生院门诊（550平方米）升级改造，建设室外消防、下水管网等附属设施项目：工程预算使用项目资金100万元，年内做好项目施工前期准备工作。

**【卫生监督检查】** 2020年，监督检查医疗机构62次、GL场所59次，出动卫生监督员282人次、针对检查中发现的问题，下发监督意见书30份，新型冠状病毒感染的肺炎疫情防控检查表26份；对个体诊所和宾馆的营业情况进行监督检查，监督检查70家个体诊所和44家宾馆均暂停营业；联合环保局对医疗污水处置情况进行监督检查，监督检查13家医疗机构，针对发现的问题，要求立即整改；联合检察院对城区消毒杀菌进行监督检查。监督检查居民小区120户次、超市和商店20户次，针对发现的问题，要求立即整改。联合教育局、疾控中心、市场监督管理局、消防、电力对学校复课期间新冠疫情防控措施落实情况监督检查。监督检查指导学校123场次，其中中小学73场次，幼儿园50场次，出动监督员172人次，下发监督意见书96份，新型冠状病毒肺炎疫情防控学校春季开学卫生监督检查表10份。开展公共场所疫情防控卫生监督检查工作，监督检查美容美发153场次，下发监督意见书131份，新冠疫情防控公共场所卫生安全检查表78份，派出卫生监督员442人次。监督检查酒店宾馆98场次，下发监督意见书69份、新冠疫情防控公共场所卫生安全检查表45份，派出卫生监督员288人次。开展集中医学观察点督导培训集中医学观察点50场次，下发培训反馈单25份，出动卫生监督员122人次。

【柔性援疆医疗】 2020年，县卫健委加强与衡阳市结对帮扶工作，着力把援疆工作打造成促进民族团结情感沟通和思想认同的惠民工程、融情工程、民心工程。21名衡阳市医疗专家开展第三批次衡部医学柔性援疆工作。

（张志兴）

## 卫生健康服务

【健康扶贫】 2020年，县卫健委坚持做好健康扶贫专项组认领的中央和自治区专项巡视反馈的个性及共性整改销号任务6项问题持续整改任务。将全县建档立卡贫困户全部纳入城乡居民基本医疗保险，2020年建档立卡贫困户门诊总金额78万元，统筹支付45万元，政策享受18681人次。住院总金额1151万元，统筹支付570万元，1839人次。大病保险报销155万。累计医疗救助2230人次，救助金额300.37万元，其中市域外实施手工医疗救助522人次，救助金额120.32万元；实施“一站式”结算医疗救助1708人次，救助金额180.05万元。建档立卡贫困人口中已办理慢性病人员1106人，慢性病门诊总金额50万元，统筹支付29万元，1679人次。落实各项健康扶贫惠民政策。2020年1—12月，大病集中救治共10种168人次，其中终末期肾病31人次、白内障41人次、急性心肌梗死6人次、慢性阻塞性肺气肿11人次、脑出血10人次、脑梗死43人次、乳腺癌12人次、结核病7人次、风湿性心脏病6人次、儿童白血病1人，总费用1588724.13元，自费费用145936.17元，统筹支付1003424.23元，大病基金129342.49元，白内障补助24819.34元，医疗救助270667.18元，报销小计1442787.96元，报销比例90.81%。乡镇卫生院和村卫生室全部达到标准化建设要求，基层服务能力有效提升，实现国家基本药物制度实施全覆盖，县域内村卫生室配备基本药物不低于80种。

【老年人健康管理】 2020年，县卫健委对辖区65岁及以上老年人进行登记管理，进行健康危险因素调查和一般体格检查。将老年人居民健康建档重点管理。截至年底，全县各医疗机构为辖区内65岁以上13335位老年人建立健康档案，规范管理11027人，规范管理率82.69%。通过健康知识宣传，65岁以上老年人都能免费接受年度体格检查。

【慢性病管理】 2020年，县各医疗机构对35岁以上人群实行门诊首诊测血压。对确诊高血压和糖尿病的患者进行登记管理，定期进行随访，并进行体格检查及用药、饮食、运动、心理等健康指导。截至年底，全县各医疗机构登记管理高血压患者12683人，纳入系统管理11028人，规范管理率86.95%；登记管理糖尿病患者3237人，纳入系统管理2862人，规范管理率88.42%，每季度进行随访病情、体格检查及用药、饮食、运动、心理健康指导。

【全民健康体检工程】 2020年，县卫健委切实保障自治区全民健康体检专项资金、地方配套资金到位。通过开展全民健康体检，建立完善城乡居民的健康档案，摸清基层群众的健康状况，利用健康体检成果，有针对性地采取干预措施，对危害各族群众健康的各类疾病切实做到“早发现，早诊断，早治疗”。2020年，预计体检162769人，实际完成体检163498人，体检完成率100.04%。其中0～6岁体检18913人，7～14岁学生体检40033人，15～64岁体检91565人，65～79岁体检11605人，80岁以上体检1382人。建档立卡贫困户体检7340人，体检率100%。

【健康促进项目】 2020年，县卫健委实施健康促进项目。完善居民健康档案建立，组织各级医疗卫生机构以妇女、儿童、老年人、慢性病人、精神病、结核病等人群为重点，通过上门随访服务等形式，为辖区常住人口建立统一、规范的居民健康档案。鄯善县户籍人员221407人，建立居民健康档案206617人，建档率93.32%。在全县设置健康教育专栏378块，版面更新2290次，又设立活动性宣传板35块。开展公众健康咨询活动30705余人次，举办健康知识讲座505余次。

【家庭医生签约服务】 截至2020年底，鄯善县组建家庭医生签约服务团队90个，一般人群签约132725人，贫困户签约9353人，低保户签约3786人，残疾人签约4337人，高血压签约10470人，糖尿病签约2593人，结核病签约72人。总体签约率59.67%。

【社会心理服务体系建设】 2020年，县卫健委确定10个乡（镇）、58个村（社区）为社会心理服务体系建设示范点，年内完成40个示范点建设。在鄯善县青少年宫建设未成年人心理健康教育辅导中心，并投入使用。

教育系统社会心理服务体系建设。全县中小学校（含职业高中）有心理咨询室32个，覆盖率达到62.7%。年内，鲁克沁镇第一中学、吐峪沟乡苏巴什学校、辟展镇树柏沟学校、辟展镇东湖小学4所学校心理咨询室正在建设中，2020年心理咨询室覆盖率达到70%。县教育系统现有持国家心理健康证书教师78人，其中二级12人、三级66人。持有心理健康辅导员证书18人。

医疗机构社会心理服务体系建设。鄯善县卫健系统有心理咨询资质人员6人，有二级医疗机构2家，县人民医院、维吾尔医医院在2019年均已建成心理科门诊，实现鄯善县二级医疗机构100%覆盖。至2020年底，心理门诊就诊3970人，免费下乡心理健康义诊患者122人（免费义诊3天），开具精神病药物303706.02元，免费服药患者627人，住院患者12人。

重点场所社会心理服务体系建设。在公安局、司法局、看守所、拘留所等重点场所分别建有心理健康教育咨询室1间，配备心理沙盘等设施。

2020年，县卫健委通过县电视台及融媒体中心、鄯善零距离等主要媒体，把社会心理健康服务和县委重点工作有机结合，开展普及心理健康基础知识。年内，融媒体中心播出正能量信息4980条次，“鄯善零距离”发布2160条；通过播放宣传片、教师讲解的多种方式，开展专题活动约200场，覆盖学生3万余人。组织“访惠聚”工作队、入户走访干部和村组干部、志愿者等力量深入群众家中开展面对面宣传，引导全民心理健康。疫情期间干部入户宣传与引导共878518余户次；组织73名专业心理医生和心理咨询师，做好各族群众的心理疏导防护和心理危机干预工作。全县开通272部24小时便民服务热线电话，及时回应社会关切，便民服务和心理健康咨询疏导，倾听并解答群众诉求。2020年，提供心理咨询援助263次182人，心理危机干预123人次，接到便民服务热线4946次；56名残疾儿童家长5400余人次接受网上康复指导，及时回应残疾人需求105个，办结率100%，满意率100%。

【重性精神疾病患者管理】 2020年，全县各医疗机构对辖区内重性精神疾病患者登记，对在家居住的重性精神疾病患者在专业机构指导下进行治疗随访和康复指导。截至年底，全县各医疗机构已登记管理重性精神病患者810人，纳入系统管理810人，管理率100%，每季度对精神病患者进行随访和健康指导。

【爱国卫生】 2020年，鄯善县建立健全长效机制，开展每周五“爱国卫生日”运动。协调全县各单位、发动各族广大群众参与城乡环境卫生整治。加大城乡环境卫生整治力度。加强对全县各级各部门、各单位、服务行业、企业等各个领域环境卫生的督察检查，查处乱倒建筑垃圾、生活垃圾以及乱扔死亡牲畜的行为，发现问题30余项，下发整改通知书30余份。

推进农村“厕所革命”工作。落实农村改厕模式、标准、技术规范每个环节，邀请自治区卫健委改厕专家到鄯善县现场讲解农村厕所模式，进行厕所改造技术标准培训。利用“农牧民夜校”“周一升国旗”“入户住户”“集中培训”等平台，开展农村改厕宣传、技术培训。通过开展示范创建，现场技术培训、现场答疑解惑，互观互学，分别在辟展镇、连木沁镇、七克台镇等乡镇召开农村改厕场观摩推进会2次，市领导督查指导农村改厕工作5次，各乡（镇、场）累计召开农村改厕现场观摩活动20余次，发放宣传资料25232份，张贴宣传标语数量2118条。

（张志兴）

## 人口生育服务

**【人口信息化管理】** 2020年，全县已婚育龄妇女46596人，出生人口2045人（其中一孩838人、二孩890人、三孩及以上317人）。出生人口比上年增加153人，死亡人数1062人，死亡率4.25‰，出生性别比为115，在正常范围值内。

**【生育服务】** 2020年，开展国家免费孕前优生健康检测项目，完成1326对农村怀孕夫妇健康体检，完成任务的95%。农牧民免费生育服务完成32453人次，咨询服务群众38601人次。

**【生育宣传教育】** 2020年，各乡（镇、场）、村、组干部在入户时面对面宣传生育政策、优惠奖励政策、生育药具知识，提高群众对生育政策和药具等保健知识的知晓率。做到送《优生优育宣传手册》和《优生优育技术服务登记手册》上门、送生殖健康知识上门、送避孕药具上门。年内，组织业务骨干巡回各乡镇开展业务知识培训11期600多人。开展青少年青春期教育进校园活动，邀请心理咨询专家对县一中、县二中、鲁克沁镇一中、县职高4所初、高中部1万余名学生专项培训。

**【生育优惠政策】** 2020年，国家少生快富工程项目发放奖励金213户106.5万元、国家奖励扶助政策发放奖励金1017人122.04万元、国家特别扶助项目发放奖励金152人79.2万元、发放自治区特别扶助申报录入9人3.252万元、自治区少生快富项目实际发放奖励金3人0.9万元、城镇居民一次性奖励金发放55人16.2万元、发放南疆扩面县政策申报录入6111户832.896万元、独生子女死亡家庭一次性扶助金发放12人6万元，共计发放资金1170.156万元。

制定《鄯善县关于开展落实计划生育特殊家庭联系人制度等“三个全覆盖”专项行动的实施方案》，落实特殊家庭联系人制度，家庭医生签约制度、优先便利医疗服务“三个全覆盖”为重点实现100%落实双岗联系人，100%落实协议医院，家庭医生应签尽签。

**【载体活动】** 2020年，县卫健委开展“幸福工程——救助贫困母亲行动”公益项目面对面宣传。在母亲节来临之际，县生育协会牵头，开展为“幸福工程——救助贫困母亲”项目募捐活动，筹集善款1913.66元。投入资金4.5万元资金，对生育特殊家庭、优秀会员、生育困难家庭走访慰问。开展国庆节、中秋节主题走访慰问帮扶活动，为148人112户家庭送去“双节”的美好祝福和慰问品2000余元。完成国寿计划生育家庭意外伤害保险2883户7166人，收缴保费28.7万元。

（张志兴）

## 卫生监督

**【基本情况】** 鄯善县卫生局卫生监督所属参照公务员管理单位，承担九大卫生执法监督工作任务，包括公共场所卫生443家、医疗机构154家、职业卫生112家、放射卫生16家、学校卫生125所、生活饮用水及涉及饮用水安全单位13家、餐具集中消毒服务机构1家、传染病防治报告、生产经营消毒产品等1000多家相对监督户及企业1780余家执法监督工作。

**【疫情防控】** 2020年，县卫生监督所自新冠疫情发生以来将疫情防控摆在卫生健康监督执法首位，建立疫情防控常态化工作机制，强化监督检查。成立疫情防控工作领导小组，以疫情防控为中心，打破科室分工，发挥职能科室和医疗专业监督人员优势，成立医疗机构监督执法组、公共场所监督执法组和后勤保障组，对各级医疗机构、公共场所开展巡回监督检查。

加强医疗机构、集中观察点监督检查。监督检查医疗机构76场次、集中医学观察点59场次，出动卫生监督员318人次，下发监督意见书35份、新型冠状病毒感染的肺炎疫情防控检查表26份、医疗废物监督检查表10份，派出车辆102车次。开展集中医学观察点培训50场次，下发培训反馈单25份，出动卫生监督员122人次。联合环保局加强对医疗废物和医疗污水处置情况督查，监督检查13家医疗机构，对发现的问题，要求立即整改。联合检察院对城区消毒杀菌进行监督检查。监督检查居民小区120户次、超市和商店20户次，针对发现的问题，要求立即整改。由教育部门牵头，联合卫生监督所、疾控中心、市场监督管理局、消防、电力对125所学校托幼机构新冠疫情防控措施落实情况督查指导123场次，出动监督员172人次、下发监督意见书96份、新冠疫情防控学校春季开学卫生监督检查表10份。9月对全县学校托幼机构进行监督检查。监督检查学校66场次，发放监督意见书43份，出动监督员198人次，派出车辆6车次。开展公共场所疫情防控卫生监督检查美容美发109场次，下发监督意见书99份、新冠疫情防控公共场所卫生安全检查表78份、派出卫生监督员329人次；监督检查酒店（宾馆）90场次，下发监督意见书63份、新冠疫情防控公共场所卫生安全检查表45份、派出卫生监督员266人次。开展生物实验室监督检查医疗机构2场次，下发生物安全监督检查表2份、卫生监督意见书1份，出动卫生监督员4人次，派出车辆1车次。组织58家非星级宾馆酒店工作人员及场所进行核酸检测12场次，累积3066人进行核酸检测。

**【卫生执法队伍建设】** 2020年，县卫生监督所加强监督员培训，提高卫生监督人员业务能力。开展业务培训3次，其中参加自治区培训1次、鄯善县培训2次。对全县10个乡镇卫生院的卫生协管员22人就公共场所、企业、学校落实疫情防控各项措施卫生监督检查培训。开展“国家卫生监督平台”培训学习，每名监督员学习不少于20个学时。

**【公共卫生监督】** 2020年，县卫生监督所将疫情防控摆在卫生健康监督执法首位，全面落实传染病防控职能，对公共场所疫情防控开展巡回监督检查。监督检查美容美发店109场次、酒店（宾馆）90场次，开展环境消杀监督检查443家。日常监督覆盖率达到100%。重点查看卫生许可证、健康证持证情况，消毒效果、消毒记录、消毒药物有效期、采购记录、客用物品更换记录、自查记录、专用消毒间、消毒设施、公共用具配备比例、公共用品保洁柜、机械通风装置运转等。开展非星级宾馆酒店从业人员核酸检测3066人次。

**【“双随机一公开”监督检查】** 2020年，县卫生监督所根据国家、自治区重点卫生监督工作抽检工作要求，制定《鄯善县卫生监督抽检工作方案》，开展专项抽检。完成监督检查和监测信息及时录入并上报国家信息报告系统。完成国家双随机卫生监督抽检任务。2020年，抽检62家，其中公共场所29家、生活饮用水3家、放射卫生1家、学校卫生9家、医疗卫生8家、传染病防治7家、消毒餐具1家、计划生育4家。截至年底，监督检查61家，监督抽检19家，完成率98%。

**【医疗卫生监督】** 2020年，县卫生监督所以强化医疗机构院感为防控核心，以加强发热门诊、预检分诊点、消毒隔离、病原微生物实验室安全管理等工作为重点，开展医疗卫生监督检查医疗机构76场次、集中医学观察点59场次，生物实验室监督检查医疗机构2场次，医疗废物和医疗污水处置监督检查13家，督导培训集中医学观察点50场次，下发培训反馈单25份，针对发现的问题，要求立即整改。

**【学校卫生监督】** 2020年，县卫生监督所在学校卫生检查中，重点检查传染病管理档案、学校卫生（保健）室建设、学校突发公共卫生事件应急预案的建立，教室、图书馆、宿舍等人群密集场所的通风及消毒工作，小学及托幼机构预防接种证的查验工作以及健康教育等。年内，对125所学校托幼机构进行监督检查，监督检查指导189场次。

【职业卫生监督】 2020年，县卫生监督所为深入贯彻和宣传《中华人民共和国职业病防治法》，提高用人单位及劳动者职业病防治法律意识，实现预防和控制职业病危害的目标，切实保障劳动者职业健康权益，对全县企业的工人健康体检，职业病危害项目申报，职业场所危害因素监测工作进行督查。同时开展《职业病防治法》宣传周，发放职业病防治宣传资料100余份。

【生活饮用水监督】 2020年，县卫生监督所为保障生活饮用水安全，保证生活饮用水质量，根据《生活饮用水卫生监督管理办法》《生活饮用水集中式供水单位卫生规范》，加强生活饮用水单位的卫生监督执法力度，对供水单位实行日常监督、专项检查、水质检测。年内，对已办理卫生许可证的7家水厂和6家二次供水单位开展定期监督检测，采集水样7份，合格7份，水质合格率100%。

【卫生行政许可】 2020年，县卫生监督所推进一体化政务服务平台，在政务大厅集中进行线上线下受理审查、审批结办、现场出证。年内，受理公共场所卫生行政许可申请76户，“卫生许可证”76份。

（胡 洁）

## 疾病防控

【基本情况】 鄯善县疾控中心属鄯善县人民政府卫计委直接领导的正科级卫生事业单位，是运用预防医学理论、科学技术进行疾病监测、科研、培训相结合的机构，是全县疾病预防控制工作的业务技术指导中心。中心设行政办公室、财务科、疾控科、结防科、性艾科、地方病防治科、检验科、社区服务站8个职能科室。承担着全县人口的疾病预防工作。中心拥有原子吸收仪、半自动生化分析仪、溶出分析仪、测汞仪、酸度计、洗板机、电导率仪、X光机、显微镜、生物安全柜、微机等较先进的使用仪器设备50余种。

【传染病预防与控制】 2020年1—12月，全县报告法定传染性疾病290例，其中乙类传染病225例，新冠病毒感染肺炎确诊病例2例，丙类传染病65例。年发病率108.54/10万，比上年同期下降212.60/10万。中心对所有传染病病例按国家求规范上报，及时开展疫情信息收集，对传染病预警及时处理，做好疫情的调查、核实和处理以及疫情报告，审核疫情报告的及时性、信息完整性。

【艾滋病防治】 2020年，县疾控中心向全县提供自愿咨询、艾滋病抗体初筛检测服务。开展免费HIV抗体检测、梅毒检测咨询服务。对居住在县域艾滋病患者和感染者定期随访，提供艾滋病防治咨询、医学指导。建立3个艾滋病自愿咨询检测门诊，开展高危人群干预工作及检测工作及哨点检测工作。落实艾滋病“四免一关怀”政策，全县农村享受生活补助79家（人数156人），城市13家（人数29人），每月金额3.45万元。年内，累计发放艾滋病感染者病人生活补助金28.09万元。

【结核病防治】 2020年，全县各定点医院结核病门诊接诊肺结核可疑症状者524例，初诊查痰人数522例，查痰率达99.61%，其中病原学阳性是11例、病原学阴性是398例。2020年，接受免费治疗的结核病患者71例；病原学阳性患者32例，病原学阴性患者28例，结核性胸膜炎患者11例，要求对所有纳入治疗结核病患者的密切接触者进行拍片。结核患者HIV筛查率100%。

*转诊与追踪*。2020年，各级医疗机构在传染病监测信息系统上报疑似结核病患者94例，通过鄯善县疾控中心追踪到位，定点医院结核病专家诊断组讨论，最后纳入治疗的有71例，追踪总体到位率是98.8%。专项行动要求，传染病监测信息系统和结核病专报系统所报的结核病病例数是一致的。

*治疗管理*。2020年，全县初诊患者是524例，免费摄胸片386人，对符合免费治疗的

71例病人全部提供免费抗结核药品。

【免疫规划】 2020年，县疾控中心开展常规免疫接种。鄯善县0～6岁儿童各疫苗接种率已经达到国家规定的95%以上。0～6岁儿童疫苗接种卡介苗99.7%，乙肝98.85%，首针及时接种率为98.36%，脊灰97.8%，百白破97.99%，白破88.95%，麻腮风95.47%，流脑A群99.02%，流脑A+C群91.08%，甲肝94.21%。

全县第一轮第一剂次新冠病毒灭活疫苗3359支，第一剂次从2020年11月15日开始接种，实际接种3359支，接种率100%。第一轮第二剂次新冠病毒灭活疫苗3359支，第二剂次从12月15日开始接种，实际接种3291人，接种率97.97%。

【职业病防治】 2020年，县疾控中心收到上级推送职业病患者143人，通过电话、入户等形式开展回顾性随访，调查掌握有关企业信息、工伤保险待遇落实等情况。通过调查：正常生活29人，死亡67人，信息重复18人，失访29人。正常生活29人全部随访，其中2名患者享受单位一次性赔付2000元、2名疆外居住人员享受过工伤保险保障、1人享受低保，每月300余元生活保障金。

【地方病防治】 2020年，县疾控中心包虫病筛查6000人年内新发包虫病人3例，2例病人已经手术治疗，1例未手术治疗，免费服药1830片阿苯达唑片剂。学生包虫病血清抽血160份，均阴性；完成学生肝脏包虫病筛查1500人，无阳性病例。做好传染源家犬管理，年内驱虫犬数8099只。做好碘缺乏病的监测。全县抽取5个乡（镇），每乡（镇）抽取40名8～12岁儿童尿碘检测和家里食用盐的碘含量采样，合计200名；每乡（镇）抽取20名孕妇尿碘、盐碘检测，合计100名。完成200名学生B超甲状腺检测。检测均合格。

【农村安全饮用水监测】 2020年，县疾控中心完成枯水期、丰水期城乡饮用水水质采样工作，丰水期及枯水期采集各29份出厂水及末梢水，完成化验室水质监测。农村生活饮用水检测枯水期29份，达标率96.5%；丰水期29份，微生物3项，感官性状和一般化学指标5项，消毒剂常规2项。

【检验工作】 鄯善县新型冠状病毒核酸检测实验室于2020年7月15日正式启用，截至2020年12月31日检测环境标本及人咽拭子标本63458管。采集鼻、咽拭子送检1589人次、双抗检测5636人次，其中外送5104人份、复查532人次，抗体异常178人次。哨点FSW检测302人；外送血44人份，送检确认14人；监管场所检测HIV627人；CD4共检测267人份；结核病人痰培养阳性送样菌株8份，送市医院8例；尿碘检测项目共检测300人份，其中学生尿碘220人份、孕妇尿碘100人份；碘盐检测300份，其中孕妇100人份、学生200人份。布病检测4人份，检测阳性2人份；手足口送检7份，麻疹送检1份，风疹送检1份；寄生虫涂片25人份，全部阴性。

【突如其来的新冠疫情防控】 2020年，突如其来的新冠疫情发生以来，鄯善县成立疫情指挥部，县疾控中心按照县疫情指挥部的统一部署，把确保全县人民群众的生命安全和身心健康作为第一要务，及时传达中央、自治区、市委、县委和指挥部部署要求，立即召开紧急会议，组织全体人员学习防控指南。评估鄯善县风险点，并提出可行性的意见和建议，助力打好全县疫情防控的阻击战。

建立组织体系，成立领导小组。按照自治区新冠肺炎防控措施和制度，制定完善细节流程，明确专家组、流调组、检测组、消杀组、环境监测组的成员及责任。做到分工明确、职责清晰、落实到人。开展专业培训处置流程，安排人员到各乡镇卫生院规范预检分诊点的设置，培训和查找薄弱环节并给予整改，开展演练，做到全程跟进，研判疫情动态。加强物资储备，做好后勤保障。在新冠肺炎防控前期，及时订购防护服、口罩、消毒液、体温计和体温枪等防护用品，实行应急物资出入库专人管理，保障中心疫情处置的需要。加强疫情监测，应急值守。指挥部的统一安排，采取严格的措施，严密值守，强化疫情监测应对，密切关注疫情信息，做到早发现、早报告、早处置。

根据《关于自治区新冠肺炎疫情流行病学调查工作方案》《鄯善县新冠肺炎疫情流行病学调查工作方案》《鄯善县疫情防控流行病学调查指挥作战图》，县疾病控制中心制定并落实新冠肺炎流行病学调查工作方案，结合实际，逐条细化完善，确保流调工作科学可行、措施具体、精准流调、快速处置，有效控制传染源、切断传播途径。

建立专班，成立专业流调队伍。为弥补专业疾控人员数量不足，有效统筹全县资源力量，以全县之力做好流行病学调查，成立流行病学调查专班，由县委常委、组织部部长、常务副指挥长担任组长，4名副县级干部任副组长，疾控、卫健、政法等部门为成员单位的流调工作专班。从全县各单位及各乡（镇、场）抽调58名业务精、能力强的干部组建6个流调组和1个综合协调组，覆盖全县11个乡（镇、场），排查确诊病例和密接接触者，第一时间追踪、第一时间管控，将疫情造成的影响降低到最低程度。

压实责任，细化工作流程。规范流调工作程序，提升流调工作效率，明确各专项工作小组对接、反馈等环节的职责任务，确保工作衔接有序、高效运行；形成责任倒查机制，确保流调工作每个环节、每个细节都有人负责、有人管、可追溯。

加强培训，提升疫情防控能力。从疾控中心、医疗机构抽调业务骨干组建流调业务培训师资队伍，完成上级业务培训任务并通过考核。同时，在自治区专家组的指导下，发挥援鄯疫情防控专家、县师资专家作用，由自治区专家对流调专班等人员进行流行病学调查、实验室生物安全、环境清洁消毒、病毒传播途径及预防指南等业务培训10场次370余人。

建设PCR实验室，提升检测能力。县疾控中心核酸实验室2020年7月6日审核通过建筑面积100平方米。实验室分三区。2020年9月10日进行改扩建，将核心区增加24平方米，共有面积124平方米。9月17日通过审核。实验室购置设备有检测设备扩增仪10台（96孔）、提取仪7台（96孔）、微型振荡仪3台、微型离心仪3台、-80度超低温冰箱1台、-25度冰箱1台、常温冰箱1台、A2型生物安全柜4台、洁净柜2台、高压灭菌器2台。培训核酸实验室检测人员，取得上岗证的7人，正高职称1人，副高1人，中级职称3人；中心PCR实验室培训维吾尔医医院检验人员4人、乡镇卫生院检验人员2人，经理论、实操及生物安全培训合格上岗。

县疾控中心PCR实验室有实验室、仪器设备、人员能够满足5000管/日的检测能力。年内，核酸检测实验室检测各类标本共计63458管，其中环境监测20806管103959点位，重点人员检测213260人。

组建队伍，分类检测。从全县各级医疗卫生机构抽调142人组建71支核酸采样队伍。制定《鄯善县环境监测核酸样本采集方案》，统筹推进环境监测预警机制，细化落实台账，抓好点位核实，动态摸排、动态调整，摸排登记全县重点行业17类13823个监测点，进行核酸检测20806管103959点位。科学合理、有序安排好点位的环境监测工作，对17个行业部门进行核酸检测，行业覆盖率为100%，确保高密集人群场所做到全方位覆盖，完成环境监测检测工作。

精准识别，提高重点人群核酸检测。制定《鄯善县重点人群核酸检测预警机制工作方案》《鄯善县重点人群核酸采样流程图》，制定每轮核酸采样检测周计划表、月计划表、时间表、流程图，明确单位职责，把核酸检测工作落实落细。针对重点人群开展核酸检测摸排，由行业部门、乡（镇、场）按行业分类建立台账，并按照属地原则由行业部门推送到各乡（镇、场）复核登记，做到无遗漏、全覆盖。

年内，县疾控中心和县人民医院合理分配检测任务，协同配合，完成重点人群核酸采样检测九轮825149人，按计划有序完成应检尽检，完善分类台账。

（赵红军）

## 妇幼保健

**【基本情况】** 鄯善县妇幼保健机构于1987年成立，1998年创建爱婴医院，2001年更名为鄯善县妇幼保健院。2002年，1956平方米的爱婴病房综合楼投入使用，设有49张床位，另有2张急诊床位，共51张。2003年，通过二级甲等医院评审。2015年，申请中央资金440万元、湖南援疆资金1560万元，修建鄯善县妇幼保健院综合业务楼项目，项目于2019年1月投入使用。2019年5月，妇幼保健院与计划生育指导站机构合并，组建鄯善县妇幼保健计划生育服务中心，加挂鄯善县妇幼保健院牌子，属于公益一类事业单位，副科级建制，隶属鄯善县卫生健康委员会管理，核定事业编制54名。

2020年，鄯善县妇幼保健计划生育服务中心内设办公室（总务科）、财务科、医务部（护理部）、预防保健科（妇幼保健、围产期保健）、计划生育技术服务科（计划生育药具管理科）、住院部（妇产科、儿科、计划生育技术）、检验科、功能科、药剂科、婚检等职能科室。有床位51张。

**【主要业务】** 2020年，县妇幼保健计划生育服务中心1—12月门诊就诊18808人次，住院人数369人（其中儿科146人、产科121人、妇科102人）。针对新冠疫情防控，开展儿童保健工作工作线上线下服务，及时预防指导。9月全面复工复产复学，启动入学入托《儿童体检防范人员聚集应急预案》，做好常态化疫情防控工作，优化体检流程，实行分时段、分幼儿园进行预约儿童健康体检，控制体检家长陪护1人。利用掌上医院缴费系统，做到“非接触式”医疗服务，落实人员不聚集预警检测机制，儿童体检5816人，按照妇幼卫生工作要求，将体检儿童录入妇幼健康云平台数据库。接受儿童保健体检201人。规范“出生医学证明”管理，年内办理“出生医学证明”167份，合格100%；病例质控341份，甲级病例341份，病例合格率100%。

**【妇幼健康系统管理】** 2020年，县妇幼保健生育服务中心利用每月例会对全县11个乡（镇）的妇幼专干进行培训，加强对孕产妇的五色卡管理，利用云平台进行各级合作管理，加大覆盖面，确保不留死角全方位保健管理。1—12月孕产妇管理人数1801人，管理率75.39%。

**【妇幼卫生监测】** 2020年，县妇幼保健计划生育服务中心对全县儿童营养与健康监测项目任务数2000人，完成2220人，完成率111%（原东巴扎乡人群基数过小，向国家检测办申请调整至辟展镇）。

**【儿童健康系统管理】** 2020年，县妇幼保健计划生育服务中心对7岁以下儿童健康管理17218人，管理率87.97%。

**【婚前医学检查】** 2020年，县妇幼保健计划生育服务中心做好婚前保健服务，年内婚检1400对夫妻，对查出的各类疾病均给予科学指导及治疗。

**【孕产妇增补叶酸预防神经管畸形项目】** 2020年，县妇幼保健计划生育服务中心规范叶酸发放，发放1500人次，叶酸发放率93.75%。

**【新生儿疾病筛查项目】** 2020年，县妇幼保健计划生育服务中心对新生儿进行疾病筛查，筛查数1637人，筛查率98.91%。

**【国家孕前优生检查项目】** 2020年，县妇幼保健计划生育服务中心开展国家免费孕前优生健康检测项目，完成4103对农村计划怀孕夫妇健康体检工作，已完成全年任务的100.2%。其中，高风险人群105人，高风险率为7.5%，咨询群众人员9000人次。

**【农村妇女“宫颈癌、乳腺癌”筛查项目】** 2020年，县妇幼保健计划生育服务中心做好农村妇女“两癌”筛查。全年完成宫颈癌、乳腺癌筛查任务3000人份，完成率达100%，对筛查出存在问题的患者均及时进行跟踪服务。

**【其他项目】** 2020年，县妇幼保健计划生育服务中心按照上级要求，做好艾滋病、梅毒和乙肝母婴阻断工作，落实孕期检测、阳性孕产妇及所生婴儿管理，检测率100%。

【居民健康服务】 2020年，县妇幼保健计划生育服务中心负责百丽、木卡姆、庭子路社区内7000多名居民的十二项基本公共卫生服务，及辖区内511名0～6岁儿童的计划免疫和儿童保健。1—12月辖区内常规计划免疫接种1283人次；二类疫苗接种9131人剂次；按时完成春晖幼儿园、丝路幼儿园、中心小学934名儿童预防接种查验。做好辖区内慢性病及糖尿病患者，妇幼人群管理；做好全民体检工作体检11196人次。其中居民体检4573人次，学生体检6623人次，均完成录入上传工。截至12月31日为全县高危重点人群接种新冠疫苗4669剂次。

（赵冬梅）

## 社区卫生服务

【基本情况】 鄯善县社区卫生服务中心于2008年9月成立，位于鄯善县新城路907号，是在原传染病医院生活区房屋的基础上改造而成的，于2019年7月搬迁至鄯善县新城路3027号，隶属鄯善县卫健委直接领导的副科级卫生事业单位。主要开展集预防、保健、健康教育、计划生育指导于一体的服务。

2020年，在岗职工31人，其中编职工18名，借调人员7名，聘用职工6名；管理岗1名，专业技术岗30名。设行政办公室、财务办公室、免疫规划科妇幼保健科、体检科（体格检查室、B超室、心电图室、检验室、放射室）等职能科室。辖太阳岛社区卫生服务站、木卡姆社区卫生服务站、鸿雁社区卫生服务站、滨沙社区卫生服务站、育才路社区卫生服务站、蒲昌社区卫生服务站、蝴蝶泉社区卫生服务站、石材园社区卫生服务站、新楼兰社区卫生服务站、巴扎村卫生服务站、沙园路社区卫生服务站和台台尔社区卫生服务站12个社区卫生服务站。

【健康管理】 2020年，以0～7岁儿童、孕产妇、65岁以上老年人、慢性病患者、糖尿病、重性精神病为主要建档对象，重点人群优先。截至年底，为38067人建立健康档案管理，建档率达95%。

【健康教育】 2020年，社区卫生服务中心开展各类疾病的健康宣教活动。利用高血压日、结核病防治宣传日、艾滋病防治宣传日、计划免疫宣传日等深入社区居委会、人口密集处、学校、托幼机构等举办健康教育讲座，采取现场咨询、发放宣传资料、发放健康教育处方、发放纪念品、制作宣传板报等方式开展健康知识讲座91余次，累计发放宣传册18457余本，发放纸杯、手提袋等纪念品3000份。

【免疫规划】 2020年，辖区0～6岁儿童建卡率达100%、建证率100%，免疫规划各针次均达到接种率≥90%。完成两轮四岁以下儿童被脊髓灰质炎疫苗补充免疫接种活动以及学校托幼机构（小学3所、托幼机构8所）进行两次查验接种证工作，接种率达100%以上，通过上级督导组的评估验收。

【传染病建档管理】 2020年，社区卫生服务中心对鄯善镇辖区内艾滋病人管理，建立家庭档案并定期跟踪随访，随访达170余次，发放艾滋病人最低生活保障金12.32万元；管理肺结核患者18例，为其提供全疗程6个月的免费药物治疗和营养早餐，管理率100%。定期督导访视，了解病人的病情、服药情况以及药物毒副反应。

【慢性病管理】 2020年，社区卫生服务中心管理鄯善镇城镇高血压1570人，每季度进行面对面或电话随访一次，随访高血压病人6000余人次（4个季度）；管理糖尿病560人，每季度进行面对面或电话随访一次，随访200余人次（4个季度）。利用电话咨询、预约、进家庭等多种形式进行健康宣传、行为干预等慢病管理服务，其中高血压管理率达到91%，控制率达到65%；糖尿病管理率达到91%，控制率达到61%。

【妇幼保健】 2020年，社区卫生服务中心对城镇辖区6岁以下儿童保健管理3980人，管理率达到97%的目标要求；孕产妇系统管理545人，管理率达到98%目标要求。孕妇早孕建册率96%，产后访视率98%。

【精神疾病管理】 2020年，社区卫生服务中心辖区内登记在册的确诊严重精神障碍患者人数90人，管理90人，管理率达100%。对重性精神疾病患者及家属进行“关注精神健康”为主题的宣教，指导家属监督患者按时按量服药，防止意外发生。

（张 华）

## 重点医疗机构

### 鄯善县人民医院

【基本情况】 鄯善县人民医院是国家二级甲等医院。系差额拨款事业单位（非营利性医疗机构），占地面积9.2万平方米，业务用房12.6万平方米，固定资产原值8亿元，编制床位299张，实际开放床位580张。设18个临床科室、6个医技科室及12个行政后勤科室。拥有远程会诊互联系统，与北京301医院、新疆医科大学一附院、自治区人民医院、胸科医院等建立远程医疗会诊关系，开通与自治区人民医院病理科的远程会诊。

主要设备有1.5T核磁共振、乳腺钼靶、美国GE16排螺旋CT、美国GE 500mA数字胃肠机、高频移动式X线机、奥林巴斯骨密度仪、德国西门子DR系统、C型臂检查仪、奥地利超高档思维彩色多普勒超声诊断仪、20人高压氧舱、奥林巴斯AU640、800测速全自动生化分析仪等设备，口腔X射线计算机摄影设备（3D）、主动脉内球囊反搏泵、便携式彩超、电生理仪等。

【医院管理及改革】 2020年，县人民医院推进紧密型医共体建设，完善体制机制建设，完成《医共体章程》草案、医共体组织架构图、各职能管理制度90余项。探索分级诊疗形成三大模式：互联网+医疗模式。通过远程互联，减少病人上转，主要途径是覆盖乡镇的远程医疗平台、微医群、云平台影像阅片，以及与三级医院互联的远程会诊中心。“上下联动”协同救治模式。建立医共体内上下联动机制，提高城区及乡镇急危重症患者救治成功率。诊疗同质化模式。推行临床路径管理、组建技术帮扶团队下沉传授经验及技能、协助人才培养三项措施实现诊疗同质化。2020年，组织联盟结对科室及援疆专家开展技术下乡巡回服务活动，深入全县各乡镇卫生院，通过义诊、手术、带教查房、小讲课等组合拳，手把手带教乡镇医护人员，全年开展巡回活动31批次93人次，接诊患者1019人次，手术3台，家访13人次，开展培训24场次，428人次。开展远程心电会诊78例；微信问诊1000余例；远程视频培训89场次，5216人次。全年下转病人1647人次，上转病人1896人次。初步实现医共体内“小病不出村，常见病不出乡，大病不出县，疑难危重病再转诊”的紧密型医共体模式雏形。

【学科建设】 2020年，县人民医院在严守疫情防控底线的前提下，推进五大中心学科建设。6月12日，县人民医院被中国胸痛中心总部授予全国首批“县域模式胸痛中心”，系统性地完善县域急性胸痛救治基本建设，标志着鄯善县人民医院胸痛医学领域与国家接轨。8月19日，医院心衰中心喜获中国心血管健康联盟、中国心衰中心联盟、心衰中心总部联合认证通过单位。10月28日被中国房颤中心认证通过。全年通过绿色通道救治的胸痛患者达396例，行急诊造影96例，完成急诊PCI手术64例。

筹建卒中中心、创伤中心。其中，卒中中心开展急性脑梗死静脉溶栓85例，脑动脉溶栓35例，急性脑梗死脑动脉取栓6例，动脉瘤栓塞术9例。四大中心建设，改善心脑血管疾病患者的就医环境和愈后生命质量，发展医院心脑血管专科。

【医疗援鄯与技术、项目创新】 2020年，县人民医院医院在12位援鄯专家帮扶下，学科建设、人才培养、技术水平等方面取得成效，提升综合服务能力。援鄯专家在心脑血管、胃肠镜、普外、肿瘤、眼科、儿科、病理等领域发挥学科带头人的作用，援疆专家携手专家引入左室造影、复杂冠脉介入治疗、心脏起搏器植入，冠脉裤裙支架的植入、无痛胃镜检查、内镜下多发息肉黏膜下切除术、阴茎癌阴茎部分切除术、阴茎折断重建术、尿道旁腺囊肿切除术、肾脏恶性淋巴瘤切除术、腹膜后嗜铬细胞瘤切除术、外伤性肾切除术等新技术20余项。实施眼整形手术100余例，填补医院改良park法重睑成形术、皮肤重置法矫正内眦赘皮、Z瓣成形矫正内眦赘皮、提上睑肌缩短矫正重度上睑下垂等眼科医疗技术空白多项。

实现儿科24小时无间断照看新生儿的全封闭式管理。开展新生儿无创呼吸支持技术、肠外营养在新生儿中的应用、枸橼酸咖啡因治疗早产儿呼吸暂停、胸腔闭式引流联合持续负压吸引治疗新生儿气胸、新生儿鸟巢式护理等技术新项目。

**【药品及设备采购】** 2020年，县人民医院实施县域医共体（县医院+10家乡镇卫生院）统一药品目录、统一配送公司，统一药品采购通过远程视频会议形式开展对医共体分院关于优先合理使用国家基本药物的培训工作。做好抗菌药物临床应用管理，严格处方点评。完成第一批第一周期国家组织药品集中采购中选品种任务，及时执行第二批、第三批、第一批第二周期国家组织药品集中采购中选品种的采购使用。成为新疆维吾尔自治区临床药学专科联盟首批成员单位。2020年，购进医疗设施设备258台件886万元，其中高清成像系统，价值113万元，X射线计算机体层摄像设备2台，价值258万元。超高端彩色多普勒超声诊断系统，价值258万元等。

**【培训与科研】** 2020年，县人民医院在疫情防控期间，采取线上、线下等多种方式培训，内容主要是自治区第六人民医院组织的新冠肺炎相关知识视频培训（新冠肺炎诊疗方案第六、七、八版）；防控方案第五、六、七版；核酸检测技术；核酸标本采集方法、穿脱防护服等、秋冬季新冠肺炎防控大培训和医共体成员单位医护人员培训等，对全县医疗机构及乡镇卫生院总计培训175场次，合计10288人次，远程心电78例。通过开展《通过穿脱防护服》《床单元终末消毒》视频比赛，显著提升医护人对新冠肺炎的诊疗及防护能力，为防疫工作全面落实奠定坚实的基础。2020年晋升高级职称12人，发表医学论文8片。

**【基础设施建设】** 2020年，县人民医院新址项目工程建设有序开展，妇产儿科综合大楼竣工后改建为鄯善县发热留观医院，发热留观医院已投入使用。门诊综合楼及地下人防工程建设项目：建设总规模34044.15平方米，其中门诊综合楼为29714.15平方米，该项目竣工。2020年申请中央预算内投资项目有吐鲁番市鄯善县人民医院分院门诊医技建设项目总建筑面积29100平方米，其中申请中央预算内投资建筑面积为26000平方米，申请中央预算内投资9348万元、地方配套2337万元，自筹资金建设面积3100平方米，完成部分地基建设；传染病楼及传染病楼（二期）两个建设项目统一设计，总面积6542平方米，总投资4010万元，其中申请中央预算投资3208万元、地方配套802万，完成主体框架。

**【健康体检】** 2020年，受疫情影响，全民健康体检点分设天山医院，针对社区居民及离退休人员，县人民医院院内针对行政事业单位及学生。根据自治区体检各种疾病或异常结果分布情况：全年检出高血压44人，占体检总人数0.69%（其中一级高血压2人、二级高血压16人、三级高血压26人）；肥胖235人，占体检总人数3.72%；贫血20人，占体检总人数0.32%；肝功能异常73人，占体检总人数1.16%；糖尿病21人，占体检总人数0.33%；冠心病14人，占体检总人数0.22%；支气管炎79人，占体检总人数1.25%；血脂异常286人，占体检总人数4.53%；脂肪肝62人，占体检总人数0.98%；胆囊息肉2人，占体检总人数0.03%；肝血管瘤3人，占体检总人数0.04%；胆结石6人，占体检总人数0.09%。心电图异常162人，其中心动过缓144人、心动过速13人、心律失常5人，占体检总人数2.56%；肺部感染1人，占体检总人数0.01%；视力不良512人，占体检总人数5.83%；龋齿134人，占体检总人数1.53%。做到疾病早发现，早治疗，落实惠民工程。

**【传染病防治】** 2020年2月12日，县人民医院发现第一例新型冠状病毒感染的肺炎疑似病例，第一时间逐级上报。2月13日，县疫情指挥部对医院实施封控，医院及时成立应急处理领导小组，下设医疗救治专家组、心理危机干预专家组、院感防控组等8个组。设立预检分诊、发热门诊、鄯善高铁北站监测点、发热患者转运、隔离病区5个工作队，每个队都设有后备梯队若干人。改建全市首个符合国家标准的核酸实验室。新建1座10间留观病房的方舱发热门诊，改造完成具有52张床位的发热留观医院。

突如其来的疫情初期，鄯善县人民医院隔离病区、鄯善县新冠病毒医学观察点（维吾尔医院）完善流程，建立预警机制，制定应急预案和工作流程，完善修订《穿脱防护用品流程图》《发热门诊消毒隔离制度》等各项流程50多个、制度20多个、消毒规范要求等30多个。强化分区管理，严格疫情防控。医院发热门诊、隔离病区，医学观察点，综合过度病区进行流程再造和区域规范划分，各区域张贴各类标识及流程图1000多个。强调正确选择和佩戴口罩、手卫生是感染防控的关键措施，实施消杀。对医疗废物及污水处理实施精细化分类规范管理。对全县发热患者集中研判6443例，做好新冠病毒感染病例康复管理。落实预警机制，发挥哨点作用，成立鄯善县人民医院发热预警机制工作领导小组，制定《鄯善县人民医院发热预警机制实施细则》，从预检分诊到发热病人的转运、诊疗、检查、留观，实施闭环式管理。

2020年，开展覆盖县域医疗机构及乡镇卫生院的新冠肺炎相关知识视频培训213批次11205人次。赴乡镇卫生院开展核酸采样及穿脱防护服巡回培训27场次427人次，开展巡回督导检查20批次，反馈问题501条，考核120消杀7批次19人次。

医院核酸检测实验室肩负着全县核酸检测任务，24小时轮转超负荷工作，6月22日至12月17日核酸检测累计达187万人次，日检测能力由180管提升到8500管。7月26日，全县实施二次封控期间成立核酸采样队，全年派遣社区采样队1247批次3399人次，核酸采集46.6万人次。

（杨　霞）

## 鄯善县维吾尔医医院

**【基本情况】** 鄯善县维吾尔医医院成立于1983年，是一所集医疗、教学、科研、预防、保健于一体的综合性二级甲等维吾尔医医院。占地面积3.07公顷，可扩建建设用地面积2.27公顷，建筑面积11158平方米（含新建业务综合楼），床位编制95张，实际开放床位200张。2020年，县维吾尔医医院在传统的维吾尔医学的基础上结合西医先进诊疗技术，开展多种主治项目。另设有党办、院办、绩效办、人事科、宣传科、医务部、护理部、感染办、财务科等职能科室。

主要医疗设备有彩色多普勒超声诊断仪、X射线摄影机（DR机）、C型臂X线机、全自动生化仪、血球分析仪；中药熏蒸治疗机、药泡洗设备，肛周熏洗仪、远红外按摩床、脑疼痛治疗仪、脑循环功能治疗仪、电脑骨伤愈合治疗仪等；数字化医用500毫安X光机；腹腔镜、低温等离子灭菌器、麻醉机、无影灯、熏蒸仪、手术床等。

根据全县疫情防控需要，自2020年2月8日起县维吾尔医医院实行封控管理，作为备点医院。医院进出专人负责安全保卫和车辆进出消毒、登记、人员体温测量、货物环境采样等工作。年内，先后为县域内各隔离观察点派遣医护人员120余人。

**【院感管控】** 2020年，县维吾尔医医院落实标准预防，引导院内人员正确佩戴口罩，合理使用防护物资，做好院内消毒及屋内通风工作。落实分片区管理要求，合理划分清洁区、潜在污染区和污染区，区别医护人员和患者通道，配备相应的设施设备做好环境通风和物表消毒。增强医护人员疫情防控工作能力，提高医护人员疫情防控意识，防止院内交叉感染。

【医务人员关爱】 2020年，县维吾尔医医院按照疫情防控期间《关于全面落实进一步保护关心爱护医务人员若干措施的通知》的要求，重视医护人员心理疏导，定期对医务人员思想和心理状况、生活状况等摸排了解，通过心理干预、谈心谈话、关心关爱、定期慰问，减轻一线医护人员心理压力。年内，开展慰问9次，慰问金额55000元，慰问人员200余人次。做好医护人员家庭困难帮扶，帮助解决困难职工30余人次，解决问题数30次。做好一线医护人员衣、食、住、行等生活保障工作。

【疫情物资储备】 2020年，县维吾尔医医院遵循“宁可备而不用、不可用而不备”的原则，有效应对突如其来的新冠肺炎疫情。按照县疫情工作总体安排部署，制定《疫情期间应急处置保障工作方案》，明确责任分工。每天统计汇报物资投放量、储备量和采购等物资使用情况，按照疫情期间需要情况及时调整采购计划。建立健全物资储备、保管、发放工作规程和台账。

医院储备主要疫情物资医用二级防护服2285件、隔离衣（含一次性无菌手术衣）8652件、医用N95口罩2285片、一次性外科口罩26689片、一次性医用口罩31200片、医用护目镜94副、医用防护帽12370个、医用橡胶手套17350双、医用鞋套6050双、额温枪48把、消毒片（瓶）974瓶、手消凝胶（500毫升）178瓶。全县清肺排毒汤所需草药库存量为25.48吨（自制药剂104160袋，按照一人一副可满足52080人服用；配方颗粒可熬制80235袋，按照一人一袋可满足80235人服用），合计可满足13万人次。截至年底，疫情物资投入4011.08万元。

【特色医疗】 2020年，县维吾尔医医院发挥医院特色，按照县疫情防控总体部署及“县清肺排毒汤煎制及药物服用督导”工作要求，医院院承担清肺排毒汤煎制、派送。医院增加煎药设备、增派药剂人员，加大草药熬制力度，确保全县一线工作人员、需服草药人员按时按量服用。截至年底，医院草药汤剂发放受益人次81.93万人次，连花清瘟发放33.09万盒。

（李坤峰）

# 社会 生活

## 人事管理

【基本情况】 2019年3月机构改革，优化县人力资源和社会保障局职责。将县社会保险管理局承担的行政职能划入县人力资源和社会保障局。2020年，鄯善县人力资源和社会保障局有在职干部职工29人，内设办公室（信访科）、事业管理科、劳动关系科、养老失业保险科、工资福利退休科（工资改革领导小组办公室）、工伤保险科、劳动监察大队（社会保险基金监督科）、就业促进与职业能力建设科（网络管理科）8个科室。

2020年，全县有事业单位干部9276人（含特岗教师1185人、编外聘用人员2063人），年人均工资86528元。

【机关事业单位人事管理】 2020年，县人社局办理政府系统事业单位调动手续20人，其中调入8人，调出12人；19人为本市内调动，1人调至其他地州。全县招聘事业单位工作人员535人，其中管理岗8人，均为县直事业单位工作人员；专业技术岗527人，其中县直事业单位工作人员6人；“天池计划”服务期满人员中招聘到乡镇站所11人；卫生系统：援鄂医务人员聘用到县医院的3人、县医院8人、乡镇卫生院8人、农村订单定向免费医学毕业生分配13人；教育系统：幼儿教师193人、免费师范生3人、“特岗教师”服务期满入编282人。年内，招聘编外聘用工作人员281人，其中消防救援大队10人；社区民选干部转编外聘用工作人员10人；鲁克沁人民政府高层次人才转编外聘用工作人员1人；住建局8人；公安局200人；卫生系统检测工作人员52人。根据上级文件精神，上报鄯善县参与疫情防护一线人员情况，其中在编12人，劳动合同制26人（含入编聘用至县医院工作的3名援鄂护士）。

2020年，全县政府系统事业单位工作人员应参加考核人数5397人，实际参加考核人数5361人，其中优秀702人、合格4581人、基本合格3人、不合格22人、不定等53人、未参加考核人数36人。全县政府系统编外聘用工作人员应参加考核人数1863人，实际参加考核人数1861人，未参加考核人数2人。其中优秀221人、合格1320人、基本合格1人、不定等319人。全县非在编工作人员应参加考核人数2639人，实际参加考核人数2625人，未参加考核人数14人。其中优秀235人、合格1803人、未定等587人。

【专业技术人员管理】 2020年，全县事业单位工作人员岗位变动（晋升或降级），办理岗位晋升659人，其中管理岗189人（含187名编外聘用）；专业技术岗409人（含编外聘用4人。正高21人，副高169人，中级118人，初级101人）；工勤61人（高级技师8人，技师3人，高级工29人，中级工17人，初级工4人）。办理岗位降级12人，管理岗2人，专业技术岗6人，工勤4人。

【事业干部统计】 2020年，统计全县事业干部基本信息，做好事业干部信息系统维护、更新工作。全县事业单位干部9276人（含特岗教师1185人、编外聘用人员2063人）。管理人员2588人（编外聘用人员1495人），专业技术人员6375人（特岗教师1185人、编外聘用人员568人），高级职称432人、中级职称1973人、初级职称3402人；工勤人员316人（不含行政工勤）。统计全县机关事业单位442名工勤人员，其中高级技师14人、技师66人、高级工93人、中级工107人、初级工104人、普通工58人。

【人事档案管理】　2020年，县人社局接收人事档案319卷，其中事业编制工作人员档案46卷，编外聘用人员档案273卷；办理人事档案转出114卷，其中转入组织部11卷，转入人力资源市场73卷，转入自然资源局25卷，转出本县5卷。办理查阅干部人事档案776人次；接收入库2019年度干部考核表3630份，接收入库散材料5431份；开展干部人事档案专项审核21家单位，人事档案208卷。

【工资福利和退休】　2020年，工资年报统计，全县事业单位有在职人员8834人，其中全额事业8255人，差额事业417人，自收自支事业162人；特岗教师1091人，编外聘用1842人。年人均工资86528元。完成2020年度全县事业单位调整2019年考核正常晋升工资，人均月增75.36元，完成2020年工资变动业务981个，完善工资系统更新。

按照《关于建立传染病疫情防治人员临时性工作补助的通知》（人社部规〔2016〕4号）、《自治区人力资源和社会保障厅 财政厅关于建立传染病疫情防治人员临时性工作补助的通知》（新人社发〔2017〕34号）及《关于新型冠状病毒感染肺炎疫情防控有关经费保障政策的通知》（财社〔2020〕2号）、自治区新冠肺炎疫情防控工作领导小组《关于印发全面落实进一步保护关心爱护医务人员若干措施的通知》（新机4903号）有关要求，落实临时性补助政策。

在疫情防控期间，对于直接接触待排查病例或确诊病例，进行诊断、治疗、护理、医院感染控制、病例标本采集和病源检测、污染物无害化处理等工作相关人员，中央财政按照每人每天300元予以补助。对于在定点救治医院和发热门诊、集中隔离观察点等一线直接参加疫情防控的其他医务人员和防疫工作者，中央财政按照每人每天200元予以补助。在此基础上，疫情防控期间，援鄂医疗队医务人员临时性工作补助相应标准提高一倍，并确保发放到位。工作人员当日累计工作超过4小时，按一天计算；在4小时及以下，按半天计算。发放时间界定为突发公共卫生事件响应启动至响应终止之间的响应期内。截至2020年3月17日，审核防疫一线工作人员临时性工作补助3家单位，一线医务人员29人，发放127.5天金额36550元；防疫工作者7人，发放6.5天金额1950元；赴鄂医疗队3人，人均43天，发放金额77400元，共计发放115900元。

落实核增一次性绩效工资总量。疫情防控期间，对承担防控任务重、风险程度高的医疗卫生机构（疫情期间医疗卫生机构上班的人员）核增一次性绩效工资总量，不作为绩效工资总量基数，所需经费原渠道解决。医疗机构在内部分配时，对敢于担当、勇挑重担、加班加点参加疫情防控的一线工作人员核增一次性绩效工资，可将薪酬水平提高1倍。援鄂医疗队医务人员核增一次性绩效工资，将薪酬水平提高2倍。截至2020年3月27日，据统计，15家医疗卫生机构有编制700人，在岗人数1937人，享受一次性绩效工资人数1784人，申报一次性绩效工资总量6138315元。援鄂医疗卫生机构核增一次性绩效3人，人均43天，申报一次性绩效工资总计88005元。

调整卫生防疫津贴标准。按照《自治区人力资源和社会保障厅 财政厅关于调整卫生防疫津贴标准的通知》（新人社发〔2020〕4号）文件精神，一类津贴：每人每月560元，按30天/月计算每天19元，累计不能超过560元标准；二类津贴：每人每月450元，落实卫生防疫人员卫生防疫津贴标准。扩大卫生防疫津贴发放范围，参与疫情防控确诊病例救治工作的医护人员可按一类标准执行卫生防疫津贴。将援鄂的医疗队医务人员全部纳入一类津贴发放范围。截至2020年3月27日，赴鄂医疗队员3人129日，发放金额2451元，有确诊病例的县人民医院享受防疫津贴人数22人99日，发放金额1881元。鄯善县疾病预防控制中心从2020年4月起享受防疫津贴28名，月增11820元。

按照干部管理权限，审批退休76人，其中正常退休65人，因病退休9人，因病退职2人。审核一次性抚恤金和丧葬费40名260.13万元，新增符合遗属生活困难补助人员18人。

**【社会保障】** 2020年，县人社局办理201名各类企业职工、“五七工”、家属工、农村代课教师退休事宜，并为54名退休人员办理退休证；办理105名各类企业职工视同缴费年限认定，机关事业单位81名达到法定退休年龄的职工出具机关事业单位视同缴费年限审核单。

根据《2019年吐鲁番市推进失业保险支持企业稳定就业岗位实施方案》吐市人社发〔2019〕19号文件精神的通知要求，加大援企稳岗“护航行动”宣传力度，扩大政策知晓率，建立审核审批流程，减少企业申报证明材料和企业跑腿次数，有力有序推动政策落实，489家企业354.05万元稳岗补贴已全部落实到位。

根据新人社发〔2019〕24号文件精神，对全县3317名符合条件的建档立卡贫困户、低保对象、五保对象、代缴城乡居民养老保险。年内，组织两批35名（其中机关事业单位22人、企业单位13人）机关、企事业单位人员赴吐鲁番市人民医院进行劳动能力鉴定。

（史淑婷）

## 劳动就业

**【城乡劳动力就业创业】** 2020年，全县累计实现城镇新增就业3252人，完成目标任务3200人的101.63%，其中就业困难人员实现就业377人，完成目标任务350人的107.71%，稳定就业2734人，灵活就业518人；新增创业人员615人，完成目标任务450人的136.67%，带动就业5355人，完成目标任务1350人的396.67%；农村富余劳动力转移就业19036人次，完成目标任务18000人次的105.76%；城镇登记失业率为4.5%；零就业家庭实现动态清零。

**【职业技能培训】** 2020年，县人社局以建档立卡贫困家庭劳动力为重点，以扶贫培训和就业国语为主要培训内容，以全覆盖基础素质培训和企业岗前培训、师带徒等个性化培训为主要方式，输出1人、培训1人、就业1人，实现稳定就业和素质就业。全年，组织各类职业技能培训15710人，完成全年目标任务11580人的135.66%。城乡劳动力就业技能培训5387人、创业培训195人、基本素质培训（就业扶贫职业培训促进计划）603人、劳动密集型培训626人、企业在岗职工培训2077人、职业资格培训6677人、专项职业能力培训145人。

**【就业扶贫专项行动】** 2020年，县人社局根据《关于印发〈2017年吐鲁番市促进贫困家庭劳动力就业创业工作实施方案〉的通知》（吐市人社发〔2018〕36号）文件精神，结合鄯善县实际，制定印发促进贫困家庭劳动力就业创业工作实施方案，加大宣传力度，明确工作职责，下狠力、用足劲，确保完成就业扶贫工作任务。建档立卡贫困户就业3029人，实现有劳动能力、有就业意愿的建档立卡贫困户全覆盖；开展建档立卡贫困劳动力培训3023人。

**【城乡富余劳动力转移就业】** 2020年，县人社局按照自治区党委《喀什、和田地区城乡富余劳动力有组织转移就业三年规划（2017—2019年）的通知》（新党厅字〔2017〕49号）文件精神，履行接收地职责，做好岗位对接、劳动力输送、接收上岗和管理服务等工作。截至年底，全县接收的南疆四地州城乡富余劳动力有组织转移就业在岗291人。

**【就业创业补贴】** 2020年，县人社局核实全县享受就业创业政策13761人次，就业专项资金支出2093.87万元。其中，公益性岗位补贴2908人次517.05万元、公益性岗位社保补贴1956人次430.16万元、灵活就业社保补贴777人549.93万元、企业社保补贴281人23.27万元、就业见习补贴35人13.42万元、培训补贴6768人327.83万元、鉴定补贴185人2.64万元、"三支一扶"社保补贴227人次34.32万元、就业援助38人13万元、喀什和田地区公岗岗位补贴23人13.8万元、求职创业补贴121人9.68万元、以工代训补贴59人7.08万元、个体工商户社保补贴16人6.38万元、自主创业补贴71人115.7万元、企业一次性吸纳就业补贴296人29.6万元。

**【公益性岗位管理安置】** 2020年，县人社局认定安置就业困难人员到公益性岗位304人，其中男性116人、女性188人；非农业户101人、农业户203人；建档立卡贫困户202人、失业一年以上102人；解除劳动关系46人、在岗258人。

（史淑婷）

## 劳动监察

**【劳动执法检查】** 2020年，县人社局检查企业226户，接待群众来电1334余人/次，来访761余人/次，对存在劳动保障法律法规违法行为8家用人单位，责令限期改正，下达询问通知书53份，限期改正指令书8份，涉及员工133人，补签劳动合同书1040人；联合住建局对辖区32个新建、续建项目进行执法监察，重点对总包代发工资制度、劳动用工实名制管理、农民工工资专用账户开设、维权信息公示制度落实情况进行检查。协同市场监督管理局开展清理整顿人力资源市场秩序"双随机、一公开"专项行动。从名录库筛选具有劳务派遣资质的公司8家，随机抽取2家公司，与市场监督管理局执法人员共同组成执法检查组进行执法检查，经检查未发现有违反检查事项内容。

**【劳动关系调处】** 截至2020年底，县人社局劳动监察大队协调处理纠纷21起，协调支付43名农民工工资42.8万元。立案调查8件，结案案件8件，追发78名农民工工资74.25万元。落实自治区重大监督案件17起，其中办结4起、未办结4起、其余不属于劳动监察范畴9起、重复反映3起。办理信访转办案件15起，其中不予受理2起，已办结6起，不属于劳动监察范畴3起，办理中4起。受理举报、投诉案件2起，结案2件，涉及51人11.15万元。协调解决7件，涉及17人14.93万元。为68名农民工，追发工资26.08万元。疫情期间投诉、电话投诉11起，办结4起，未办结1起，不属于劳动监察范畴6起；追发68名劳动者工资26.08万元。

**【劳动保障监察"两网化"建设】** 2020年，县人社局推进两网化系统正常运转，网上劳动用工备案企业128户，两网化系统年审通过128户；根据《关于落实新冠肺炎疫情防控期间暂缓缴存农民工工资保证金政策等有关事项的通知》精神，对17个工程项目实行缓交农民工工资保证金878.85万元（差异化缴存农民工工资保证金3个项目）；返还历年农民工工资保证金8个项目，退还金额132.23万元。

**【工伤认定】** 2020年，县人社局受理工伤认定申请122人，认定工伤117人，不予认定5人，下达不予认定工伤（亡）决定书5份，下达认定工伤（亡）决定书117份。做好工伤认定系统录入，实现工伤认定和待遇支付的数据共享，提高待遇支付的审核办结时效。

（史淑婷）

## 就业服务

**【基本情况】** 2005年鄯善县就业培训中心成立，2014年7月，根据《关于鄯善县就业培训中心更名的批复》（鄯党编办〔2014〕21号）文件精神，鄯善县就业培训中心更名为鄯善县公共就业服务局；2020年12月，根据《关于鄯善县科级事业单位更名及调整隶属关系的通知》（鄯党办〔2020〕39号），鄯善县公共就业服务局更名为鄯善县公共就业服务中心，属鄯善县人力资源和社会保障局下属机构。主要承担高校毕业生报到及就业指导、求职登记、职业介绍，流动人员人事档案收集、鉴别和整理，小额担保贷款的日常管理，职业技能鉴定等工作。

【就业政策宣传与服务】 2020年，县公共就业服务中心确保各类用工企业和求职者在疫情期间足不出户也能及时发布和查询用工需求及求职信息，引导企业和求职者有效对接，发挥“鄯善就业服务直通车”作用，做好线上求职招聘，减少人员流动和面对面接触的机会，开展网上送政策、送服务、送岗位活动，搭建高效安全的线上招聘平台，实现“就业服务不打烊，线上招聘不停歇”的服务宗旨。为各类用工单位和劳动者牵线搭桥，举办2020年鄯善县“千校万岗”“金秋招聘月”“贫穷劳动力和未就业大学生”家门口招聘会、鄯善县2020年民营企业网络招聘会等29场次，搜集各类用工企业累计204家，提供就业岗位8005个，实现就业1210人。失业动态监测15家，按时上报失业动态监测数据，为县失业动态监测工作做好保障。

县公共就业服务中心与企业（用工单位）对接，开展企业“直播带岗”活动，通过“单位展示+直播带岗”的方式，从工作环境、薪酬福利、发展路径等方面将招聘职位推荐给求职者，让求职者了解用工单位和招聘职位，对职位现场解读，帮助求职者做出选择。完成5家企业“直播带岗”专题视频短片。指导14家企业参见第四届“中国创翼”创业创新大赛，有10家企业获得市级奖，7家企业进入自治区复赛，2家企业入围自治区复赛110强。

年内，人力资源市场接洽用工企业345家，收集并发布包括销售、操作工、电工、财务、文职等799个工种，就业岗位1542个；接待来访人员511人，办理失业登记187人，求职登记 324人，用工单位现场筛选符合本企业用工要求的信息238条。做好每月汇总需求企业月报表和求职人员月报表、每季末汇总求职人员季报表，需求企业季报表。每月20日前电话回访求职人员的就业情况，全年登记求职人员324人，就业283人。

【高校毕业生报到就业指导】 2020年，全县高校毕业生应报到总人数1464人，实际返乡报到1464人，报到率100%；实现就业总数1422人，就业率97.1%，未就业人数42人。年内，疆内院校应报到人数826人，已报到人数826人，报到率100%；就业人数796人，就业率96.3%。疆外院校应报到人数638人，已报到人数638人，报到率100%；就业人数619人，就业率97.0%。

【创业担保贷款】 2020年，县公共就业服务局做好创业担保贷款工作，加强创业担保贷款财政贴息资金的管理。年内，发放创业担保贷款14笔312万元，扶持创业人员14人，带动就业81人。

【人力资源档案管理】 2020年，县人力资源市场档案专人负责管理，年内办理存档1111份，提档380份，核档2365份，整档357份，现存档案13641份。完善国有企业退休人员社会化管理服务，年内企业移交档案786份。

【职业技能鉴定】 2020年，县公共就业服务局做好职业技能鉴定工作，组织有资质的评审员，按照流程，执行防疫要求、鉴定考核规程和考场规则，严格审核，确保鉴定质量。2020年完成鉴定59批次，鉴定人员2206人次，合格1641人次，其中电焊工4批次71人、电工8批次205人、中式烹调37批次1069人、中式面点10批次296人。

（侯圣宏）

## 社会保障

【基本情况】 鄯善县社会保险管理局为副科级建制，参照公务员管理的事业单位，有8个职能科室。主要负责贯彻国家、自治区、市社会保险经办工作的政策、法律、法规，负责养老、失业、医疗（暂时未完成医疗保险结算业务移交手续，因此社保局继续代办）、工伤、生育保险基金的筹集、管理和支付等社保经办业务。2019年3月根据鄯党办〔2019〕3号文件《关于印发〈关于（鄯善县机构改革方案）的实施意见〉》的通知》精神，鄯善县社会保险管理局将承担的行政职能划入县人力资源和社会保障局。2020年12月，根据鄯党办〔2020〕39号文件《关于鄯善县科级事业单位更名及调整隶属关系的通知》的通知，鄯善县社会保险管理局更名为鄯善县社会保险中心，其他机构编制事宜维持不变。

截至2020年12月底，全县参加社会保险人数373741人次。其中，企业养老保险参保人数20510人，完成全年目标任务的99%；机关事业养老保险参保人数10993人，完成全年目标任务的96%；失业保险参保人数23014人，完成全年目标任务的103%；基本医疗保险参保人数32840人；工伤保险参保人数29520人，完成全年目标任务的121%；城乡居民基本养老保险续保人数60217人，续保率为76%；城乡居民基本医疗保险参保缴费人数182830人；公务员医疗补助基金参保缴费人数2824人；职业年金参保缴费人数10993人。

**【社会保险基金征缴】** 2020年，社保基金收入6.26亿元，其中企业养老保险基金收入14013万元、机关事业养老保险基金收入18622万元、失业保险基金收入1098万元、基本医疗保险基金收入15359万元、基本医疗保险大病基金收入797万元、工伤保险基金收入873万元、城乡居民基本养老保险基金收入1695万元、城乡居民基本医疗保险基金收入5651万元、公务员医疗补助基金收入430万元、职业年金收入4066万元。

**【社会保险基金支出】** 截至2020年12月底，社会保险基金支出5.8628亿元，其中企业养老基金支出17495万元、机关事业养老基金支出18917万元、失业保险基金支出1141万元、基本医疗保险基金支出7388万元、基本医疗保险大病基金支出831万元、工伤保险基金支出1038万元、城乡居民基本养老保险基金支出3141万元、城乡居民基本医疗保险基金支出8297元、公务员医疗补助基金支出375万元、职业年金支出5万元。

**【减免社会保险费政策宣传】** 2020年，县社会保险管理局做好减免社会保险费政策宣传，制定阶段性各项减免社会保险费办理流程，以人社服务网、政务服务网及电话方式宣传345家企业，通过社区、银行、企业等面对面进行宣传15000人次，利用服务窗口为各类工商户、企业前来办事的人员发放宣传单10000余份宣传资料，并将宣传资料发送至各乡镇社保所，让全县各类企业，参保群众了解社保减免等政策。

**【社会保险费减、免、缓、稳岗补贴落实】** 2020年2—12月，全县落实减免社保费6159.76万元。

1.落实大型企业减半征收5个月社保费。截至年底，完成合计减半金额210.29万元。其中，城镇企业职工基本养老保险9家企业1398人，减半金额168.99万元；失业保险22家企业1973人，减半金额12.48万元；工伤保险22家企业1980人，减半金额28.82万元。

2.中小微企业免征社保费。落实中小微企业和按单位参保的个体工商户养老、失业、工伤三项社会保险单位缴费部分免征12个月，完成合计免征金额5949.47万元。其中，城镇企业职工基本养老保险587家企业8260人，免征金额5100.42万元；失业保险610家企业8276人，免征金额160.33万元；工伤保险607家企业9642人，免征金额688.72万元。

3.困难企业缓缴社会保险费。截至年底，有10家单位申请缓缴社会保险费，计金额167.8万元，其中养老保险93万元、失业保险4.8万元、医疗保险70万元。

4.实施稳岗补贴返还政策。对中小微企业裁员率不高于5.5%、员工人数30人（含）以下的参保企业裁员率不超过参保职工总数的20%的，稳岗补贴标准按上年度实际缴纳失业保险的100%返还。全县有488家企业符合援企稳岗条件，截至年底累计补贴资金353万元分别打入各企业账户。

5.落实失业人员领取失业待遇。年内，享受失业保险待遇3276人，发放失业金341万元，医疗补助金182万元；物价补贴1321人，补贴资金7.29万元；失业补助金509人，共计发放129万元。大龄失业人员3人，失业金1.05万元。

**【建档贫困户社会保障】** 2020年，县社会保险管理局归集整理出全县“建档立卡”贫困户人员的台账，确保贫困户100%参加基本医疗保险、符合条件的建档立卡贫困户100%参加养老保险。有9281户贫困户中1106名建档贫困户慢性病得到待遇维护，并及时享受待遇。建档立卡贫困户门诊总金额56.34万元，统筹支付33.38万元，报销14374人次。住院总金额986万元，统筹支付532万元，报销1594人次。大病报销134万元，报销301人次。建档立卡贫困人口中已办理慢性病人员1106人，慢性病门诊总金额21.61万元，统筹支付12.69万元691人次。

（吴翠燕）

## 医疗保障

**【基本情况】** 鄯善县医疗保障局于2019年3月挂牌成立，内设办公室（医药价格和招标采购科）、医药服务待遇保障科、财务基金监管科3个科室，设1个鄯善县打击欺诈骗保警示教育基地。按照机构改革要求，县医保局与人社、社保、发改和民政等部门实施业务移交，保证参保人员正常就医和待遇报销。

**【医保基金监管】** 截至2020年12月底，县医保局全县“两定”医药机构检查实现全覆盖，处理违规定点医疗机构14家，追回医保基金23.66万元，并处罚款11.33万元，解除2家定点医疗机构服务协议；处理违规定点零售药店11家，拒付违规使用的医保基金882元，暂停2家定点零售药店医保服务协议，解除9家定点零售药店医保服务协议。开展两轮“两类”机构自查自纠活动，有1家定点医疗机构自查出21条问题，主动上缴违规使用的医保基金18.34万元。

**【医疗救助】** 2020年，县医保局对11个乡（镇、场）贫困群众累计救助2230人次，救助金额300.37万元，其中建档立卡手工医疗救助1087人次110.61万元。区域外手工救助522人次120.32万元。贫困群众在定点医疗机构就医时，实施“一单式”结算医疗救助1708人次180.06万元。低收入家庭人员医疗救助和因病医疗救助106人次41.74万元。

**【医保惠民政策】** 2020年，县医保局实施企事业职工缓征基本医疗保险政策，缓征期5个月，缓缴期间免收滞纳金，有效减轻企业负担，支持企业复工复产。应享受缓征政策单位769家，其中企业364家，社会团体及机关事业单位405家，涉及人员30451人。退还企事业单位职工基本医疗保险费利息，切实让企业享受到优惠政策。截至年底，退170家单位职工基本医疗保险费利息2907人，返还利息金额7524元。其中，返还164家企业职工基本医疗保险费2020年2月利息6069.37元，涉及职工2401人；退还6家机关事业单位职工基本医疗保险费2020年2月利息1454.64元，涉及职工506人。

年内，全县有吐鲁番天马家园超市有限公司等20家单位提出城镇职工基本医疗保险费缓征申请，涉及2312人职工，缓征期为2020年2—6月，测算缓征城镇职工基本医疗保险费共计306.4万元；其他未提出职工基本医疗保险费缓征申请的企事业单位，在缓征期内均正常享受城镇职工基本医疗保险相关待遇。

**【异地就医管理】** 2020年，县医疗保障局健全完善异地就医各项制度，统一制作“异地就医经办流程”，摆放至全县20家定点医疗机构，实现10家乡镇卫生院异地就医直接结算系统正常。2020年，全县直接结算异地就医80人次，备案人员信息上传国家异地就医结算系统比率100%。

**【肺结核患者医保报销】** 2020年，县医疗保障局按照自治区、市级文件要求，将结核病免费治疗之外的治疗费用及耐多药肺结核患者门诊就医检查、治疗费用纳入城乡居民基本医保支付范围；肺结核治疗费用超过大病保险起付线的，纳入大病保险予以保障，确保肺结核患者门诊就医检查费用实际报销100%、住院费用实际报销90%，减轻肺结核患者医疗费用负担。

**【慢性病报销】** 2020年，县医疗保障局宣传慢性病相关惠民政策，发放《慢性病办理流程》《鄯善县城乡居民慢性病报销政策及申办流程》宣传单。协助集中办理城乡居民慢性病并审核城镇职工慢病。

【医保电子凭证激活】　2020年，县医保局在办事大厅、各医院及药店摆放宣传资料，安排人员指引参保人激活使用医保电子凭证。利用税务平台发动企事业单位参保人员，通过新疆医保App、新疆医保小程序、合作媒体着力扩大宣传覆盖面，提高群众知晓率。发动各乡（镇、场）、各参保单位人员通过日常走访入户和村大喇叭进行宣传医保电子凭证激活。截至年底，有68607人下载激活医保电子凭证。

（陶　欣）

## 民政事务

【基本情况】　2019年，根据鄯党办〔2019〕3号《关于印发鄯善县机构改革方案的实施意见》的通知，将县民政局的退役军人优抚安置职责组建县退役军人事务局；县民政局的救灾职责划归县应急管理局；县民政局的老龄工作委员会办公室的老龄工作职责划归县卫生健康委员会。鄯善县民政局下设行政办、社会救助和养老服务科、社会事务和儿童福利科、地名区划科（社会组织管理和慈善事业促进基层政权）4个职能科室。下属鄯善县婚姻登记处、鄯善县儿童福利院、鄯善县中心敬老院、鄯善县连木沁镇敬老院、鄯善县鲁克沁中心敬老院、鄯善县七克台镇敬老院、鄯善县居民家庭经济状况核对中心、鄯善县救助站、鄯善县殡葬管理所9个事业单位。

【精准扶贫】　2020年，鄯善县民政局定期开展入户走访，掌握未脱贫人口和收入不稳定、持续增收能力较弱、返贫风险较高的已脱贫人口以及建档立卡边缘人口中，尚未纳入农村低保、特困救助供养范围人员的相关信息，分析返贫致贫风险，做好兜底保障工作。截至2020年12月，全县享受低保政策的建档立卡贫困户共计554户1554人，分别占22.7%、16.74%，实现“应保尽保”。

全县有贫困边缘户28户、贫困监测户13户，为确保贫困边缘户和贫困监测户基本生活有所保障，防止出现返贫现象，对全县41户贫困边缘户和监测户逐一进行入户走访，对其家庭收入进行再次核查，将符合低保条件的及时纳入最低生活保障范围，确保贫困边缘户和监测户应保尽保、应兜尽兜。年内，有24户贫困边缘户纳入低保，12户监测户纳入低保。督促指导各乡（镇、场）严格按照兜底保障要求，将建档立卡贫困户中的重病、重残人员以单人单户的形式给予全额保障。

截至年底，全县2444户9353名建档立卡贫困中有132名重残人员、103名重病人员以单人户的形式纳入低保并给予全额保障。通过与县扶贫办对接，督促指导各乡（镇、场）将建档立卡贫困户中的非低保户作为近期入户走访的重点，再次核对家庭收入，将符合低保条件的建档立卡贫困户及时纳入兜底保障，确保不漏一户、不漏一人。

【养老机构疫情防控】　2020年，县民政局做好县域内2所敬老院药品、消毒物品、防护用品等防控物资以及米、面、油、菜、肉等生活物资的储备供应工作，建立《防疫物资储备发放台账》，做到底数清、情况明，确保敬老院内防控物资和生活物资不缺、不断。2所敬老院执行县疫情防控指挥部和市民政局关于养老机构疫情防控工作的各项要求，落实好敬老院内个人防护、体温检测、消毒消杀、预案演练、安全生产和心理疏导各项防控措施，全院集中供养老人及工作人员实现“零感染”。

【城乡低保】　2020年，鄯善县民政局根据吐市民〔2020〕37号文件要求，从2019年城市低保标准为不低于456元/月，2020年在2019年的基础上提高44元，城市低保标准不低于500元/月；2019年农村低保标准为不低于3732元/年，2020年在2019年的基础上提高368元，农村低保标准不低于4100元/年。2020年，全县清退城市低保35户81人；农村低保369户1074人；新增城市114户142人；农村低保877户1905人。2020年，为全县城乡低保2507户6144人发放生活补助1839.39万元。其中发放城市低保208户290人，发放生活补助129.14万元。农村低保2299户5854人发放生活补助1647.99万元。

【特困供养】 2020年，鄯善县特困供养、老人供养标准随着经济社会的发展逐步提高，做到供养经费专款专用，对全县符合条件人员及时纳入特困供养范围。自2019年7月1日起根据吐市民〔2019〕38号文件要求，将城市特困人员基本生活标准由原来的集中660元/月、分散470元/月，统一提高到800元/月；农村特困人员基本生活标准由原来的集中520元/月提高到700元/月，分散由343元/月提高到500元/月。2020年，为全县分散特困供养99户106人发放生活补助73.9548万元。其中，城市特困25户26人，发放生活补助23.5708万元；农村特困74户80人，发放生活补助50.384万元；集中特困供养58户60人，发放生活补助54.08万元。

【残疾人双项补贴】 2020年，鄯善县民政局按照新民发〔2019〕43号文件要求，由2019年困难残疾人生活补贴标准不低于80元/月/人，2020年在2019年基础上提高20元，不低于100元/月/人，从2020年1月1日起执行。2020年，为2703名残疾人发放双项补贴404.14万元。

【社会救助】 2020年，县民政局简化优化临时救助审核审批程序，全面落实乡镇临时救助备用金制度，落实“先行救助”“一事一议”等政策规定，适当提高贫困人口救助标准，提升救助实效性。加强临时救助与低保政策衔接，对边缘户先行给与临时救助，确保解决困难群众“两不愁”。2020年，为全县11243人发放临时救助金360.69万元；为全县2466户6287名城乡低保户、123户140名特困户、49名孤儿以及2644户低收入家庭发放煤炭5855吨价值258.88万元。

【临时低保】 2020年，县民政局用好临时低保，帮助临时遇困群众度过难关。按照自治区疫情防控指挥部（新机传〔2020〕1277号）文件精神，全县因疫情影响不能外出务工，无收入、无生活来源、基本生活陷入困境的城镇本地户籍家庭及时纳入临时低保范围，按照每人每月450元标准予以及时补助。疫情期间，为45人发放临时低保2.03万元。

【临时储备金使用】 2020年，县民政局充分发挥乡镇临时救助备用金作用。疫情期间，加强与各乡（镇、场）的联系，及时掌握因疫情造成群众困难情况，根据乡镇实际需求及时拨付临时救助备用金，为乡镇救助提供资金保障。疫情期间，下拨临时救助备用金267万元。

【流浪乞讨救助】 2020年，县民政局通过加快信息技术在救助工作中的推广运用，完善基础数据、基础资料和各类统计台账，建立救助人员数据库，构建信息平台，实现救助工作信息系统网络化。配合相关部门持续开展街面巡查，妥善安置生活无着的流浪乞讨人员。年内，救助流浪乞讨人员35人。

【困境儿童生活保障】 2020年，县民政局根据吐市民〔2019〕38号文件要求，福利机构供养孤儿每人每月不低于1100元、社会散居孤儿每人每月不低于800元的标准，落实孤儿、事实无人抚养儿童生活保障政策。规范“孤儿助学”和“明天计划”项目工作，给予困境儿童关爱帮扶，按照补贴标准，为45名孤儿发放生活补贴54.23万元。

【婚姻登记管理】 2020年，县民政局推进婚姻登记标准化建设，按照法律法规办理婚姻登记。完善内部管理，强化岗位责任制，实行实名制签名，不办人情证，不办不合法证，登记合格率100%。年内，县民政局婚姻登记所办理结婚登记1006对，离婚登记462对。开展婚前教育和婚姻调解服务200余次，证件准确率及登记合格率100%。

【收养登记管理】 2020年，县民政局严格按照《中华人民共和国收养法》办理收养登记，年内办理收养业务6人次。未出现违法登记现象，登记合格率100%。

【老年人社会保障】 2020年，县民政局根据《新疆维吾尔自治区80岁以上老年人基本生活津贴》政策要求，年内为全县2013名80岁以上老年人发放生活津贴106.22万元。

【健全村规民约】 2020年，县民政局规范加强村规民约、居民公约工作，确保2020年底全县100个行政村（社区）健全规范务实管用的村规民约、居民公约。

【社会组织登记管理】 2020年，县民政局推进社会组织发展，根据《社会团体登记管理条例》和《民办非企业单位登记管理暂行条例》规定以及相关政策，按照“政务公开，优质服务”要求，做好社会组织日常登记管理。全县依法登记的社会组织有62家，其中社会团体43家、民办非企业单位19家。年内，办理社会团体变更登记3家、注销登记2家。

【墓地专项治理】 2020年，县民政局检查整治公墓建设运用中违法违建行为，依法整治违建“住宅式”墓地。结合清明祭扫，引导各族群众疏散、不聚集等方式表达哀思，倡导文明、节俭、健康祭祀。

（朱红英）

## 退役军人事务

【概况】 根据自治区党委办公厅、自治区人民政府办公厅《印发〈关于加快建立健全自治区退役军人服务保障体系的实施意见〉的通知》（新党办发〔2019〕15号）、自治区党委编办《关于地县乡退役军人服务保障机构编制事宜的通知》（新党编办〔2019〕26号）精神，鄯善县按照中央和自治区党委、市、县委及县人民政府安排部署，于2018年12月1日正式挂牌成立鄯善县退役军人事务局，属县人民政府行政正科级工作部门。有干部职工9人，其中行政编制6名，事业编制3名。内设机构有办公室、拥军优抚和权益维护科、移交安置和就业创业科、退役军人服务中心（公益一类事业单位）、军供站（公益一类参公单位）。2019年4月，成立鄯善县退役军人事务局党支部。2019年5月，成立鄯善县退役军人服务中心及11个乡（镇、场）退役军人服务站。村（社区）退役军人服务站96个。

【退役军人服务保障体系建设】 2020年，县退役军人事务局根据在基层退役军人服务中心（站）打造“退役军人之家”示范点与工作规范相关要求，牵头召开镇、村两站建设推进会、现场会，联动推进工作。率先在辟展镇、鸿雁社区、乔克糖村、鲁克沁镇、县退役军人服务中心开展打造“退役军人之家”示范点，建设规范的阵地、健全的制度框架、详实的工作台账登记，把中心（站）建成“退役军人之家”作为目标。年内，全县11个乡镇、96个村、社区退役军人服务站全面启动，按照工作目标，落实退役军人服务保障政策。

【退役军人安置】 2020年，在做好移交安置退役军人工作的同时，宣传退役军人职业教育和技能培训政策，并对退役士兵培训意愿、就业意向进行调查汇总，为后期教育培训奠定基础。搭建就业平台，联合公共就业服务局为退役军人举办专场招聘会，为用人单位和退役军人提供“双向选择”搭建平台，通过县就业信息公众号发送招聘信息。实施后续扶持，动态掌握就业情况，审慎指导退役军人理性创业、成功创业，以创业带动就业。依托退役军人服务中心，为军人及其家属进行答疑解惑、政策解读、心理疏导。做好对退役军人就业需求的摸底调查工作及退役军人培训机构认定。发放2019年度退役士兵一次性经济补助金58人231.80万元。

【退役军人社会保障】 2020年，县退役军人事务局为全县年满60岁以上农村籍退役士兵，实施月发放生活补助制，发放生活补助金和2020年物价补贴。为重点优抚对象发放抚恤、生活补助金和2020年物价补贴。发放军休干部工资和农村籍60岁以上退役士兵去世后丧葬补助金及部分优抚对象死亡补助。做好退役军人社会保险接续工作。

**【退役军人及优抚对象关心关爱】** 2020年，县四套班子领导分别分组慰问全县重点优抚对象9.8万元，慰问全县农村籍60岁以上老军人20.3万元；慰问全县现役军人家属4.38万元，慰问全县1954年至2020年城乡无固定职业退伍军人27.77万元；22家单位慰问单位退役军人，发放慰问物资约2.04万元；慰问自主择业干部3.54万元，慰问荣立二等功以上的现役及退役军人3500元，慰问困难退役军人6200元，慰问复员干部3000元，慰问二级英模500元，发放全县退役军人慰问金44.96万元。为重点优抚对象发放口罩、药箱，帮扶援助困难退役军人5000元。组织参战伤残退役军人赴河北省优抚医院疗养，体现党和政府对退役军人和优抚对象的关心关爱。发挥好镇、村两级退役军人服务站作用。

**【退役军人服务管理】** 2020年，县退役军人事务局核实退役军人党员身份信息，排查党员组织关系转接情况，重点对失联党员和退役军人党员信息摸底排查。截至年底，基层党组织全部建立退役军人管理台账，并为退役军人党员建立档案。规范退役军人进行组织关系接转，增强退役军人的党性观念，对组织关系介绍信丢失或过期的，督促与原部队联系重新办理，加强对流动党员构建双向联系、双向管理机制。

**【双拥共建】** 2020年，县退役军人事务局配合吐鲁番市创建全国双拥模范城，与辟展镇、鄯善镇鸿雁社区、鲁克沁镇协力打造“双拥文化广场”等，拨付共建资金9万元。

（胡志鑫）

鄯善县人力资源和社会保障局联合衡阳祝融学院举办第二期“政企营销定制班（电商援疆就业班）”

# 乡（镇、场）建设

## 鄯善镇

【基本情况】 鄯善镇地处鄯善县城区，是鄯善县政治、经济、文化交流中心。东接辟展镇、园艺场、东巴扎乡，西接辟展镇、连木沁镇，属于城关镇。辖区有15个社区1个行政村，即：鸿雁社区、百丽社区、蝴蝶泉社区、苗园路社区、木卡姆社区、薄昌路社区、沙园路社区、石材社区、双水磨社区、铁提尔社区、新楼兰社区、育才路社区、庭子路社区、滨沙社区、太阳路社区、巴扎村（3个村民小组）。截至2020年底，全镇总人口14186户37397人，其中男性18276人、女性19121人。人口出生率9.72‰，自然增长率3.54‰。全镇行政区划面积2764.04平方千米，有耕地面积410.87公顷。

【产业发展】 2020年，鄯善镇葡萄种植251.67公顷，总产量为6040吨；累计开墩243.33公顷、上架243.33公顷，打药213.33公顷，清园246.67公顷；大棚蔬菜种植152座。西甜瓜种植7公顷，总产量为21000千克；棉花种植56公顷，总产量为269379千克。全镇完成免疫牛口蹄疫180头，羊口蹄疫1615只，小反刍兽疫1040只，新禽二联苗356羽，鸽子356只，骆驼75头，产地检疫牛216头、羊4918只。全年完成生产总值15307.24万元，比上年增长8.5%。其中，第一产业完成11255.69万元，增长11.2%；第二产业完成1772.22万元，增长1.2%；第三产业完成2279.33万元，增长1.07%。农民人均纯收入16523元，比上年增加1335元。持续加大农村人居环境整治，抓好房前屋后、院内院外、屋内屋外卫生整治，完成改厕625座，完成创建最美家庭970户、美丽庭院90户，“美丽庭院示范一条街”2条60户。

【社会民生】 教育方面。2020年，鄯善镇有学校6所，其中中学3所、小学2所、职高1所，有教师1200人、学生13429人，其中小学5882人、初中2810人、高中3006人、职高1731人。幼儿园6个，在园幼儿2461人。卫生方面。有医疗机构8个，医疗工作人员897人、床位901个。截至年底，发放城市低保金15.99万元，农村低保金4.15万元，“五保”“三无”金额4.82万元；发放大病医疗救助0.7万元、临时救助3.07万元；发放残疾人“两项补贴”22.35万元；为80岁老人发放补贴121.81万元，为14名残疾人配发轮椅、助听器等辅助器具。春节期间和疫情防控期间，慰问贫困户175户、农村“四老”人员22人、困难党员27人、烈士家属6人、弱势群体243人，慰问金额共计91610元。完善就业保障体系。新增劳动力转移就业900人，新增劳动力563人。召开全民健康体检工作部署会，持续推进全民健康体检，完成体检10423人。推进计划生育工作，为433户奖扶对象兑现奖扶资金68.78万元。全镇有建档立卡贫困3户11人建档立卡贫困人口全面脱贫，人均纯收入超过6000元。

**【脱贫攻坚】** 2020年，鄯善镇持续做好3户建档立卡贫困户帮扶，对3户10人建档立卡贫困户生产、生活状况、扶贫措施落实和可能导致返贫的风险进行动态分析评估，帮助3户建档立卡贫困户实现稳定就业2户3人，走访慰问、政策宣传26次，确保扶贫有效、不返贫。帮助贫困户点对点就业帮扶26次，贫困人口中转移就业2户4人，稳定就业2户3人，灵活2人。

做好困难群众的生活保障。在疫情防控期间对建档立卡贫困户、鳏寡孤独、老弱病残、低保对象、特困人员等困难群体施行一对一“包联”责任制，制定一户一方案，及时对因疫情影响收入在低保线边缘的群众，快速纳入临时低保，帮助群众改善生活，做到应帮尽帮，疫情期间纳入临时低保5人。累计摸排弱势群体119户，在疫情期间送去米面油、蔬菜、防疫物资等生活必需品价值6000元。

**【人居环境整治】** 2020年，鄯善镇坚持每周开展环境卫生大扫除，重点对道路两侧、背街小巷各种生活垃圾、废弃物彻底清理、清运，并联合住建、城管部门抓门前“三包”。抓好房前屋后、院内院外、屋内屋外卫生整治，完成改厕625座，其中铁台尔社区138座（水冲式），巴扎村487座（31座三格式、54座水冲式、402座旱厕），创建“最美家庭”970户、“美丽庭院”90户，“美丽庭院示范一条街”2条60户。

**【疫情防控】** 2020年，鄯善镇面对新冠疫情，鄯善镇构建“党委领导、镇疫情防控工作指挥部主导、专班各司其职、社区（村）守土有责”的防控体系。16个基层党组织、528名干部职工、2981名志愿者投身疫情防控一线，保障发放新冠预防及治疗方剂29万盒（副），转运接送发热、重病等就诊群众1000余人次。保障群众用水用电用气10521人次，配送生活物资23万人次，解决群众困难诉求1076件。为中小微企业和个体工商户协助办理贷款3013.64万元、减免房租687.89万元，促进复工复产。

**【基层治理】** 平安建设工作。2020年，鄯善镇履行平安建设领导责任制，全镇有16个社区（村），2020年复验1个平安村、15个平安社区，创建率100%；景区1个，复验1个，创建率100%；121家企事业单位、5个宗教场所、12个学校、4个医院、2905个店铺、15013个家庭成功创建（复验），创建率达到97.48%，鄯善镇成功复验自治区优秀平安镇。2020年，鄯善镇辖区刑事案件发案率比上年下降20%、治安案件发案率比上年下降16%。

矛盾纠纷化解。2020年，鄯善镇设立群众便民服务热线、通过信息员入户排查等方式多渠道排查矛盾纠纷和上访隐患，发挥社区（村）矛盾调解室职能，排查收集和解决上访隐患和矛盾纠纷139件，接待办理信访案件5起。

安全生产。履行安全生产监督管理责任，结合疫情期间定期大排查工作开展安全生产排查整治活动，对企事业单位、居民小区、地下室、出租房屋、“三合一”场所等地常态化开展火灾隐患问题排查工作，清理辖区73个小区消防通道。

**【基层组织建设】** 2020年，鄯善镇全镇有党（总）支部30个，其中，社区、村党支部16个、“访惠聚”工作队党支部12个、机关党支部1个、武装部党支部1个，有党员884名，“四老”人员35人，其中老干部2人、老党员17人、老模范3人、老军人13人。对应调整16个社区（村）党组织内设机构，建立在党组织的引领下，第一书记统筹各支力量工作机制，设置党建综合、政法综治、群众工作、社会事务4个职能工作小组，选优配强社区（村）书记、第一书记、副职42人，补充社区（村）“两委”队伍46人，培养后备干部74人，凝聚抓党建、抓治理、抓服务工作合力，提高镇党委、政府统筹协调能力。开展支部大会64场次，支部委员会193场次。妇联组织17个，创建最美家庭970户、美丽庭院90户、挂牌71户、美丽庭院示范一条街2条60户；调解家庭婚姻矛盾65期，慰问困难妇女40余名。

年内，提供办理医保卡、

缴纳社保等“一站式”服务2763件，调解家庭邻里矛盾105件，提供志愿服务22358次，解决困难问题1319件、实事好事4172件，排查各类风险隐患286个，开展入户排查195626户次，实现信息在网格收集、问题在网格解决、服务在网格落实。

（雷丽君）

## 辟展镇

【基本情况】　辟展镇环抱鄯善县城，东接七克台镇，南靠国家AAAA级名胜库木塔格沙漠，西连火焰山，北接天山，属于城郊镇。辖区有12个行政村（社区），即乔克塔木村、马场村、小东湖村、东湖村、库尔干村、卡格托尔村、柯柯亚村、英也尔村、克其克村、树柏沟村、兰干村和田园社区，共有40个村民小组（乔克塔木村3个，马场村4个，小东湖村3个，东湖村7个、库尔干村4个、卡格托尔村1个、柯柯亚村3个、英也尔村3个、克其克村3个、树柏沟村3个、兰干村4个、田园社区2个）。截至2020年底，全镇总人口8704户27765人，其中男性14095人、女性13670人。人口出生率为9.37‰，自然增长率2.48‰。全镇行政区划面积1800.86平方千米，有耕地面积2544公顷；拥有草场35678公顷，可利用草场面积8560公顷。

2020年，辟展镇获自治区“民族团结进步模范集体”，并在吐鲁番市2020年农村安居富民工程建设竞赛活动中获二档“一等奖”；辟展镇退役军人服务站被评为“全国示范型退役军人服务站”；辟展镇乔克塔木村先后被中央文明办评为“全国文明村”，被自治区司法厅评为“第一批‘自治区民主法治示范村’”；辟展镇乔克塔木村团支部获吐鲁番市“五四红旗团支部”称号。

【产业发展】　2020年，辟展镇农业种植包括葡萄、西甜瓜等作物，其中葡萄2144.33公顷、棉花83公顷、其他317公顷，全年完成鲜食葡萄销售14659吨；畜牧业方面，养殖牛562头、羊23380只、驴244头、鸡3.4万羽、猪13800头，年末牲畜存栏64000余头（只），出栏13500余头（只）。特色产品有大东湖油桃、柯克亚薄皮核桃、东湖贡瓜、小东湖沙漠水稻、柯柯亚野薄荷等。全年完成生产总值62670.63万元，比上年增长6.49%。其中，第一产业完成52502.54万元，增长7.85%；第二产业完成2530.2万元，增长1%；第三产业完成7637.7万元，增长0.02%。劳务收入8947.13万元，增长51.9%，各项惠民补贴收入1291.38万元。农民人均纯收入17732.79元，比上年增加1428元。投入347.6万元，新打应急机电井17眼。

【社会民生】　2020年，辟展镇有学校8所，其中中学2所、小学6所，有教师490人、学生3730人；幼儿园9个，在园幼儿1138人。有乡镇卫生院1个，村级卫生室11个，医疗工作人员116名，床位42个。全年完成全民免费健康体检12528人。城乡居民医疗保险参保22384人，参保率100%；城乡居民养老保险参保9618人，满60岁享受养老待遇人员204人。全年开展技能培训2场次，培训95人次；转移农村劳动力8040人，实现稳定就业5976人，灵活就业2064人，城镇新增就业509人。有低保户200户398人、“五保”户14户14人、残疾人784人，全年发放低保金129.99万元、发放临时救助44.98万元、医疗救助9.3万元、发放计划生育奖励金189.5万。新建安居富民房480户，总户数3225户。发放农村户厕改造补助资金180.3万元，完成3005户的厕改任务，累计建成卫生厕所6017户。有建档立卡贫困户12户38人，全年建档立卡贫困户人均收入达到1万元。

【脱贫攻坚】　2020年，辟展镇有建档立卡贫困户12户38人，其中维吾尔族10户32人，汉族2户6人。截至年底，12户建档立卡贫困户均享受安居富民建房政策，享受低保补助9人，残疾补助4人，慢性病补助2人，享受低保政策5户9人，12户38人全部由县财政全额代缴城乡居民基本医疗保险费用，参保率100%。有针对性开展帮扶，帮助有劳动能力21人全部实现就业，实现“人人有活干、持续有收入”目标。全年建档立卡贫困户人均收入达到1万元。

【人居环境整治】 2020年，辟展镇创建“美丽庭院示范一条街”11个，创建“美丽庭院”2865户，完成通渠引水75千米，庭院整治5340户，房前院内种植花卉55.32千米，村庄绿化新植树木21610棵，清运处理垃圾3552吨。发放农村户厕改造补助资金180.3万元，完成3005户的厕改任务，累计建成卫生厕所6017户。实施“门前三包”，开展环境卫生整治工作，开展美丽庭院创建，实施户户通渠引水工程，对房前屋后院内林带水渠清淤、种花植树，道路巷道两边硬化，打造“小三园”围栏，利用旧轮胎等旧物件设置创意景观，形成“清水环绕、绿树成荫”的美丽宜居村庄。

【疫情防控】 2020年，辟展镇面对突发新冠疫情，开展强化群众宣传教育，常态化做好群众健康监测管理，实现全镇零感染、零发病。年内，镇、村两级为辖区群众全覆盖发放口罩30000个、温度计7500支、消毒液8200瓶，免费为群众发放鸡蛋35000余个。组织360名小组干部、党员、联户长组建志愿者服务队，帮助解决问题困难诉求432件。

【基层治理】 平安建设方面。2020年，辟展镇平安家庭达标7480户，其中复验3296户，新创建720户，复验优秀平安家庭331户，新创优秀平安家庭3133户，达标比例97.85%，完成11个村、8个学校、9所幼儿园、10个清真寺复验和1个基督教点复验，复验率100%；店铺复验223户，新创建83户，创建率98.44%；单位复验2家，复验率100%；复验医院1个，复验率100%。发放平安建设宣传单9000余份，做到入户率100%。镇、村两级人民调解委员会协调化解矛盾纠纷627件，成功率100%。

安全生产方面。2020年，辟展镇开展道路交通安全和农村消防安全隐患专项排查整治活动，排查整改安全隐患79个，发放整改通知书14份，监督整改安全隐患问题16个。

【基层组织建设】 2020年，辟展镇有34个党组织、40个党小组，2020年新发展党员31人，吸收预备党员27名，在册党员1012人，其中农牧民有744人；6家非公企业和12家合作社全部纳入6个党支部联合管理，实现非公有制企业和合作社党组织建设全覆盖。全年新申报农村“四老”人员15名，调整村党支部书记1名，培养村级后备干部38名。团支部27个团支部，有团员471名。开展“民族团结一家亲”和民族团结联谊活动，累计举办联谊活动32场次，参与群众18000人次，为结亲户送4700余份党报、36张课桌、258张餐桌，慰问各类物品12.9万元。投入8万元新增加30套农村大喇叭，为22辆便民服务车安装宣传喇叭，组建72支1535名文明实践志愿者的志愿服务队，开展志愿者服务活动432场次。

（陶　凯）

## 连木沁镇

【基本情况】 连木沁镇位于鄯善县城西部，东接辟展镇，北接兰新铁路，西接吐峪沟乡，属于以种植葡萄为主导产业的农业乡镇，距离县城21.8千米。辖区有12个行政村和2个社区，即阿克墩村、苏克协尔村、艾斯力汗都村、汗都坎村、布拉克阿勒迪村、汗都夏村、尤库日买里村、曲旺坎村、库木买里村、连木沁巴扎村、连木沁坎村、连木沁阿斯塔纳村、连心社区和同心社区，有67个村民小组（其中阿克墩村3个、苏克协尔村4个、艾斯力汗都村3个、汗都坎村5个、布拉克阿勒迪村3个、汗都夏村9个、尤库日买里村6个、曲旺坎村7个、库木买里村6个、巴扎村9个，连木沁坎村6个）。截至2020年底，全镇总人口11188户36107人，其中男性18234人、女性17873人。人口出生率为8.11‰，自然增长率0.25‰。全镇行政区划面积1037.16平方千米，有耕地面积2952.4公顷；拥有草场500公顷，可利用草场面积450公顷。

【产业发展】 2020年，连木沁镇农业主要经济作物为葡萄，葡萄种植2933.33公顷，产量23850吨，销售鲜食葡萄3.6吨，畜牧业包括羊、牛、鸡等，年末牲畜存栏61079头（只），出栏126616头（只）。葡萄干合作社23家，养殖合作社13家，特色产品有嘉伟兰营养馕。有19家企业，分别是13家光伏电站、3家加油（气）站、1家选矿企业、1家采油企业、1家果品交易企业。年内完成生产值115937.34万元，比上年增长51.89%。其中，第一产业完成51826.34万元，比上年降低9.4%；第二产业完成64111万元，比上年增长10.4%。2020年，全镇各村分别建立3.33公顷镇级葡萄示范田，在阿克墩村建立13.33公顷县级葡萄示范园；完成全镇葡萄架式改造2266.67公顷，全镇建设葡萄标准化生产示范基地50公顷。新打机电井11眼、更新井12眼；兴修渠道8.25千米，农田水利渠道总里程112.3千米，新修防渗渠道33千米，维修小型节水闸56座，新建小型桥12座，坎儿井淘捞3条4.1千米。植树造林。年内，种植片林2.73公顷，种植防护林25条，累计种植林果树38840棵、花卉10987棵；开展畜禽养殖防疫，完成8725羽鸡禽流感免疫，对全镇养殖18251只羊、60头牛进行口蹄疫免疫，对776户养殖户进行小反刍防疫6693头（只）。农机总动力7429千瓦，大型农机具3台。安居富民工程建设任务1201套，开工率100%，竣工903套，入住720套，入住率80%。累计发放安居富民资金2481.85万元。完成改厕所任务1142座。转移输出劳动力14990人次，总创收180.08万元。农民人均纯收入18284元，比上年增加1446元。

**【社会民生】** 教育方面。2020年，连木沁镇有学校7所，幼儿园12所，学校在职教师共有768名，学生共有5154名，幼儿园在职教师有213名，学龄前儿童1700名。卫生方面。有1个乡镇医院，镇卫生院医疗工作者112人，床位40张。截至年底，全镇城乡医疗保险收取30676人，参合率100%。参加新型农村养老保险收取养老金13967人，完成率96.11%。全镇60岁以上人员有3602人，符合享受城乡居民养老保险待遇的人员3125人。发放农村低保211户521人低保金134万元，城市低保63户74人城市低保金29.2万元，农村五保户13户13人补助13.3万元，17户特困人员亲属照料护理补贴5.9万元。发放残疾人“两项补贴”417人57.3万元。在疫情期间为21位残疾人发放21套米、面、油；为自主创业的24位残疾人发放补助7.2万元；给无自理能力残疾人发放轮椅6个。发放43名60岁以上农村籍退役士兵生活补助金46.5万元，11名重点优抚对象抚恤金13.5万元，69名优抚对象发放春节慰问金3.54万元。做好计生服务工作，发放154户163人计划生育家庭奖励补贴19.68万元，38户76人国家西部地区计划生育“少生快富”工程补贴19万元，28户35人国家计划生育家庭特别补助资金18.66万元。有建档立卡贫困18户68人均脱贫，30名普通劳动力找到就业岗位，实现就业增收。转移劳动力就业，举办农村劳动力技能培训24期，培训学员953人。新增转移农村富余劳动力205人，农村转移劳动力系统录入1414人。

**【脱贫攻坚】** 2020年，连木沁镇有建档立卡贫困18户68人，聚焦“两不愁三保障”，推进脱贫攻坚政策，实施18名干部一对一包联贫困户、18家企业合作社一对一帮扶的机制。对农户进行“点对点”“面对面”“全流程”葡萄种植技术培训和牛羊育肥培训，免费发放树苗和优良葡萄苗，引导贫困户发展庭院经济，种植蔬菜、果树和葡萄。截至2020年，18户贫困户累计享受生态补偿金5次8.24万元。累计解决贫困户困难诉求258件，累计投入各类资金32.2万元。建档立卡贫困户中30名普通劳动力均找就业岗位，实现就业增收。

**【基层治理】** 平安建设。2020年，连木沁镇平安家庭复验4101户，新申报优秀平安家庭4527户，不达标114户，平安家庭创建率98.69%；有平安村（社区）14个，复验率100%；平安站所8个，复验率100%；平安学校17所，复验率100%；平安店铺658家，复验率100%。

矛盾纠纷化解。2020年，连木沁镇受理各类群众来信来访161起，化解办结161起，化解率为100%，解答法律咨询33人次。

安全生产。2020年，连木沁镇年内开展隐患排查个公共场所2375个次，覆盖率266%，发现问题1039个，整改1039个，整改率100%。

【人居环境整治】 2020年，连木沁镇推进人居环境整治示范建设，每周五“爱国卫生日”活动形成常态，年内开展“爱国卫生日”大扫除活动143次，整治清除垃圾堆45个。建立健全镇村生活垃圾收运处置体系，按照每100户设置一名保洁员，配备保洁员84名，定期清理、转运农村生产生活垃圾，清运垃圾3200余吨。完成厕所革命任务1142座。建设布拉克阿勒迪村为院落治理示范点。

【基层组织建设】 2020年，连木沁镇有42个党组织，其中党委1个，党支部41个。党员921人，其中农牧民党员711人，“四老”人员164人，团组织31个，团员1075名。年内镇党委增加、调整村干部1名、小组干部27名，增、补选村“两委”成员1名。优化村级后备人才库，累计储备43名后备干部。发展新党员36名，确定发展对象47名，开展专题党课32场次。推进基层党建示范点建设，培育和选树2个村（社区）党建示范点。收集解决群众反映热难点问题1146件，协调解决群众反映困难诉求1128件。全镇1178名结亲干部参加结亲走访1649户，累计办好事2695件，捐款15.22万元。运用监督执纪“四种形态”加强党风廉政建设和反腐败工作，立案18件，结案7件，运用第一种形态处理64人，提醒谈话2人，约谈3人。

（苏欢欢）

## 七克台镇

【基本情况】 鄯善县七克台镇位于鄯善县城以东31.5千米，东接哈密七角井，北通鄯善火车站，西南与鄯善县辟展镇三十里大墩接壤，东西宽79千米，南北长148千米，G30高速、312国道、兰新高铁、鄯木公路横贯全镇。辖区有8个行政村、2个社区，即彩云社区、彩玉社区、巴喀村、台孜村、库木坎儿孜村、七克台村、亚喀坎儿孜村、南湖村、黄家坎村、热阿运村，有34个村民小组（其中巴喀村5个、台孜村6个、库木坎儿孜村6个、七克台村6个、亚喀坎儿孜村3个、南湖村2个、黄家坎村3个、热阿运村3个）。有14个站所。截至2020年底，七克台镇总人口5891户17129人，其中男性8555人、女性8574人。人口出生率为9.84‰，自然增长率3.67‰。全镇行政区划面积13797.38平方千米，有耕地面积2766.67公顷；拥有草场29763.06公顷，可利用草场面积29763.06公顷。

【产业发展】 2020年，七克台镇种植葡萄2081.67公顷、设施农业大棚65座、棉花123.33公顷。畜牧业。全镇养殖羊16480只、牛475头、鸡63000羽，年末牲畜存栏14500头（只），出栏42280头（只）。全年完成生产总值43030.49万元，比上年增长9.59%。其中，第一产业完成35883.85万元，增长11.59%；第二产业完成3729.24万元，增长1%；第三产业完成3417.4万元，增长0.02%。农民人均纯收入18238.13元。新建防渗渠9.95千米、支渠5.5千米，斗渠0.3千米、农渠4.15千米；新修闸门91座，新修桥涵22座，更新机电井8眼，新打备用井10眼，改造农电线路1.8千米，加固零时防洪坝7千米，完成退地节水任务54公顷，完成率100.8%，同时完成农业“一卡通”工作，全镇总种植棉花、瓜套棉191.27公顷，补贴118.18万元、耕地力补贴42.85万元、退耕还林补助29.01万元、草原奖补资金231.96万元、农业机械购置补贴购置8.78万元，全部发放到位。新建安居富民房369户。加大环境治理，完成新建户厕2619座，完成率100%，拆除废旧厕所1895座，发放奖补资金146万元。争取“千村示范”项目资金50万元，购买垃圾桶350个，垃圾车1辆，新建一体化污水处理项目1个，自筹资金50万元修建4千米水泥路面。全镇自土地确权工作启动以来，摸底调查3370户，二轮家庭承包面积2299.44公顷，将摸底调查情况以自然村为单位公示。年内，全镇完成指界地块14359块，实测面积2299.44公顷。

【社会民生】 教育方面。2020年，七克台镇有4所学校（含完全小学2所、九年一贯制学校1所、完全中学1所），有学生1511人。幼儿园5个，在园幼儿学生522人。卫生方面。有医疗机构1个，医疗工作人员46人、床位20张实际开放30张。全镇有“四老”人员81人、低保户61户128人、“五保”户11人。年内发放残疾人就业创业及生活困难补助金4.8万元；发放农村（城市）最低生活保障金补贴34.65万元，特困供养人员生活补贴9.63万元，80岁以上老人补助金13.39万元，残疾人两项补贴27.57万元。受疫情影响对全镇低保户、特困户困难家庭、60岁以上退役军人发放冬季取暖煤513吨；给88名“四老”人员发放价值8800元的慰问品，对1555名65岁以上老年人、糖尿病、冠心病、建档立卡贫困户人员进行免费体检。年内，新增就业300人，完成率100%，农村富余劳动力转移就业任务2200人，完成2239人，完成率102%。组织8批职业技能培训，参加人数356人。全年，发放60岁以上农村籍退役士兵补贴31.2万元；重点优抚对象生活补贴12.4万元；现役军人家属13人发放0.39万元；“五一”慰问老军人、老战士、优抚对象35人，慰问金2.2万元；“八一”慰问退役军人，发放价值6.4万元慰问品。对7岁以下儿童分批次错时接种常规疫苗309人，发放国家“少生快富”工程奖励金24人，补贴资金12万元；发放自治区“少生快富”工程奖励金1人、补贴资金3000元；发放独生子女死亡伤残家庭补助9人，补贴资金4.86万元；发放农村计划生育家庭奖励金85人，补贴资金10.2万元。

【脱贫攻坚】 2020年，七克台镇建档立卡贫困户7户14人，有4户享受4.32万安居富民补贴，3户享受2.85万元安居富民补贴，有2人享受慢性病救助政策，1名职业高中学生享受教育扶贫3000元“雨露计划”补贴。推进健康扶贫，遏制因病返贫致贫，开展全民体检10363人。

【人居环境整治】 2020年，七克台镇召开市、县、乡人居环境整治观摩会17场次，完成新建户厕2619座，完成率100%，拆除废旧厕所1895座，发放奖补资金146万元。庭院卫生和发展庭院经济完成“三区分离”1902户，发展庭院经济2535户，种植蔬菜21.73公顷，种植果树15586棵。创建“美丽庭院示范一条街”巷道9条、“最美家庭”630户、“美丽庭院”1218户；安装木头栅栏示范巷道5条8千米，清理残垣断壁455处、清理林带6.6千米、清理垃圾2600余吨、拆除老旧房屋398间、平整硬化道路6.85千米，投入帮扶资金38万元。争取“千村示范”项目资金50万元，购买垃圾桶350个、垃圾车1辆，新建一体化污水处理项目1个，自筹资金50万元修建4千米水泥路面。

【基层治理】 群众工作。2020年，七克台镇、村（社区）两级都设立便民服务电话，并选派善于做群众工作的干部负责解答，做好服务群众工作。收集各类困难诉求254条，并按照属地管理要求第一时间发函反馈给各村（社区）协调解决。

矛盾纠纷化解。2020年，七克台镇收集群众反映的各类问题诉求946条，已解决894条，占94.5%，正在解决52条，占5.5%。接待登记群众信访案件48件，已成功调解35件，正在调解13件。协调解决婚姻矛盾纠纷27起。

平安建设。2020年，七克台镇推进平安家庭、村（社区）、学校（幼儿园）、站所、企业、宗教场所等平安细胞创建。全镇应复验平安家庭3723户（其中新创建15户）、10个平安村（社区）、9所平安校园（学校4个、幼儿园5所）、7座平安宗教场所、8个平安站所、402加平安店铺（新创建10家）均已完成复验（申报）。辖区治安形势持续向好。

安全生产。2020年，七克台镇对本辖区25家企业及18家加油加气站进行安全生产大排查，发现问题74个，现场整改问题27个，限期整改问题47个，停业整改5家，消防专项检查2次，检查企业、商铺19家，检查灭火器压力不足7个，灭火器配备不足4处，下发整改通知书34份。

【基层组织建设】 2020年，七克台镇下设29个党组织，其中党支部20个，党员695名；有16个团支部，团员386名。年内，选优配强村（社区）党组织书记、村“两委”班子，加强村级后备力量储备。培养村级年轻储备干部59人，调整村党支部书记1人、代理主任1名、副书记2人、代理副主任1人，村（社区）干部23人。落实“三会一课”制度，全年累计召开专题党建工作会议15次。全镇递交入党申请书114人，入党积极分子81人，发展对象60人，预备党员31人，发展党员30人。年内，以村（社区）文化活动阵地、文化大院为平台，举办“中华民族一家亲 同心共筑中国梦”好舞蹈大赛、“巧媳妇”烤馕大赛、“新时代、新技能、新梦想”美容师技能大赛、迎新春民族团结巡演活动、“舞动青春 礼赞新时代”迎新春文艺会演等各类文化活动30余场。

（钱祥飞）

## 火车站镇

【基本情况】　火车站镇位于鄯善县城北部，东、南接七克台镇，西接鄯善镇，北与昌吉回族自治州木垒哈萨克自治县接壤，是亚欧大陆桥进入新疆第二大站，兰新铁路的枢纽，吐哈油田生产基地，鄯善县化工产业聚集区。距离县城38千米。辖区有4个社区，即金桥社区、振兴社区、兴业社区、友好社区。3家加气、加油站，2个火车站（鄯善站、吐哈站）。截至2020年底，火车站镇总人口1998户4347人，其中男性2120人、女性2227人。人口出生率为3.28‰，自然增长率-5.03‰。全镇行政区面积882.45平方千米，规划面积50平方千米。

【产业发展】　2020年，火车站镇落实“十三五”项目建设。投入资金近1亿元，完成铁路小区“三供一业”改造主体工程，新建的锅炉房、管网投入运行；投资1700万元，完成县道64道路改造工程并投入使用。在镇吐鲁番西路道路两侧安装30盏太阳能路灯；修建兴新路西二巷柏油道路300米；修建物探路640米。全镇有中小微企业、个体户663家，为中小微企业、个体户办理小额贷款87户546.03万元，个体工商户房屋减租170户42万余元。

【社会民生】　教育方面。2020年，火车站镇有九年一贯制学校1所，有教师97人、学生1032人；幼儿园2所，在园职工41人，在园幼儿252人；适龄儿童入学率100%。卫生方面。有医疗机构2个，其中镇卫生院有医护人员20名，床位10张；吐哈油田医院有医护人员15名，床位50张。社会保障全面落实。参加城乡医疗保险3328人办理城镇居民养老保险375人。有城乡低保户7户11人，年内为7户11人发放低保金、物价补贴2.98万元，40名残疾人享受两项补贴2.23万元。每月按时为2名“四老”人员发放生活补贴1025元。为4名公益性人员及11名莎车县来鄯务工人员申报各项补贴50.6万余元。办理灵活就业补贴101人，发放金额60.05万余元。发放招聘岗位信息261条，新增就业246人，受理解决劳资纠纷11宗，涉及务工人员30人50余万元。办理就业创业登记28人，求职登记21人，退休人员年审177人。组织转移剩余劳动力313人就业。全民健康体检居民1371人，免费接种脊髓灰质炎疫苗461人次，全镇保持无脊髓灰质炎状态。全镇新生儿45人，办理生育服务证13人，为3户居民办理光荣证。对15人符合计划生育奖扶家庭发放奖励金4.5万元。对8户12人独生子女伤残死亡家庭发放扶助金6.04万元。发挥退伍军人工作站作用，做好退伍军人管理工作，在春节、“八一”等节日为退伍军人发放多功能锅161件，为现役军属、重点优抚对象、退役老兵发放慰问金1.08万元。为重点优抚对象、农村退役士兵发放半年生活补贴5.46万元，为60岁以上退役老军人发放生活补贴1195元。为中小微企业、个体户663家，办理小额贷款24户164.8万元，个体工商户房屋减租41户约10.6万元。

【脱贫攻坚】　2020年，火车站镇对7户贫困户实施“一帮一”帮扶机制。春节前期，为11户困难家庭及低保户发放慰问金3300元。为2名困难家庭申请大病救助4976.39元。疫情防控期间开展困难群众帮扶救助，对54名困难人员进行慰问，发放米、面、油、牛奶等，合计1.89万元；对3名个体自主创业残疾人发放困难补助9000元。

**【人居环境整治】** 2020年，火车站镇开展人居环境整治工作，抓好“门前三包”，签订责任书560份，清理店外店8户，流动摊点20户，乱堆乱放10家，“牛皮癣”、广告240余处，没收非法广告200余份，下发整改通知书3份，清运生活垃圾5800余立方米。打造绿色火车站镇，维修绿化灌水管线18千米，整修清理林带33千米，施肥135余立方米，春灌林带57千米，补植灌木600棵，秋季林带树木刷白57千米。对平房区住户居民进行厕改，完成厕改142座，厕改完成率100%。

**【基础设施建设】** 2020年，火车站镇建设完毕铁路小区“三供一业”项目改造供电、供热工程，推进供水、排水工程。跟进2020年申报中央环保专项债券项目（生活垃圾场升级改造项目、垃圾转运系统工程项目、全民节能工程项目）。安装吐鲁番西路道路两侧30盏太阳能路灯；修建兴新路西二巷道路300米；修建物探路640米；完成县道64建设，已通车。安装吐鲁番西路道路两侧太阳能路灯30盏；修建兴新路西二巷道路300米；修建物探路640米。对平房区住户居民进行厕改，完成厕改142座，厕改完成率100%。

**【基层治理】** 平安乡镇创建。2020年，火车站镇创建复验平安家庭959户，创建率97.6%；创建平安店铺626间，创建率98.%；创建平安单位8家，平安校园2所，平安医院1家，创建率100%。加强流动人口管理。合理划分50个网格、优化整合联户长443人，建立动态考核制度，按月按季足额发放补助、绩效。

矛盾纠纷化解。2020年，火车站镇为居民办实事好事320件，解决群众困难诉求55件，解决群众反映的热难点问题9件，排查化解矛盾纠纷6起（建档），确保辖区社会和谐稳定。

安全生产。2020年，火车站镇按照“一岗双责、党政同责”的工作要求，召开安全生产联席会议3场次，应急演练4场次。开展“三年专项整治行动”，推动企业对重点场所、关键环节和安全风险隐患排查整治。完善各类应急预案，确保全年无重特大安全生产事故发生。

**【基层组织建设】** 2020年，火车站镇有12个党支部226名党员，6个团支部87名团员。落实“三会一课”制度及主题党日活动，每月28日开展主题党日活动，年内召开支部党员大会32次、支部委员会80次，支部书记讲党课20次，开展“党日主题”活动64场次。做好发展党员、干部培养、落实党内关怀机制。2020年，有24人向党组织递交入党申请书，培养入党积极分子13人，发展对象9人，发展预备党员7人，按期转正10人。开展网上正面宣传、舆论引导工作，转发、传播正能量文章10045篇。利用社区文化阵地发挥火车站镇民俗才艺表演特色。利用各社区阅览室，开展全民阅读活动，引导干部群众“远离有害出版物，多读书，读好书”。开展阅读活动32次，受众1146人。

（张金龙）

## 东巴扎回族乡

**【基本情况】** 东巴扎回族民族乡（简称东巴扎乡）位于鄯善县城以东，东、北接辟展镇，西连柳中路、南临国家名胜风景库木塔格沙漠区域，属于城郊乡，距离县城1.5千米。辖区有4个行政村，即前街村、艾孜拉村、后梁村和塔乌村，共有8个村民小组（前街村2个、艾孜拉村2个、后梁村2个、塔乌村2个）。截至2020年底，东巴乡回族乡总人口1738户4341人，其中男性2135人、女性2206人。人口出生率为7.10‰，自然增长率-2.06‰。全镇行政区划面积143.68平方千米，有耕地面积311.8公顷；拥有草场4259.33公顷，可利用草场面积1889.2公顷。

**【产业发展】** 2020年，东巴扎乡农业包括葡萄种植251.33公顷，产量8113.23吨，设施农业16.33公顷，产量1580.25吨，西甜瓜3.6公顷，产量135吨，棉花18.47公顷，产量69.25吨；畜牧业养殖羊9759只，牛4641头，养殖户160户。出栏羊肉209吨，4600头，出栏牛肉557吨。2020年完成生产总值1.19亿元，比上年增长6.67%。其中，第一产业完成11548.55万元，增长8.54%；第二产业完成1555.6万元，增长1%；第三产业完成472.73万元，增长0.2%。农民人均纯收入18178.5元，比上年增加12.3%元。农田水利渠道总里程12.68千米。农机总动力106千瓦时，大型农机具5台。乡村道路总里程19千米。新建安居富民房11户。集体自筹5.6万元维护维修机电井10眼；投入资金3.82万元，保障扶桑绵粉蚧疫情防控工作，出动人员418人次，普查花盆3860盆，处置花卉2027株（盆），防止扶桑绵粉蚧疫情蔓延。做好春秋两季动物防疫，完成牛羊口蹄疫、羊痘、鸡禽流感、牛气肿疽病疫疫苗接种任务，应免畜禽免疫密度100%。建立鲜食葡萄示范园3.33公顷，制干葡萄标准示范园13.33公顷。推进落实农村农业各项政策。开展农户宅基地、土地确权和集体产权制度改革试点工作，完成后梁村和塔乌村平房区宅基地确权工作，发放《不动产权证书》223户；完成农村土地确权面积测绘1020户，农户土地确权信息核对完成93.14%，完成农村集体产权制度改革试点工作清产核资；核实享受耕地地力保护补贴政策的农户126户，补贴金额7.07万元；核实并发放2019年度15户棉花价格改革试点补贴资金21.2万元。围绕全县重点项目建设工作，完成滨沙大道15.95公顷、赤亭路1.88公顷、建设路0.134公顷、前进路0.13公顷共18.11公顷的土地征收工作，发放土地征收补偿款1922.9万元；新建安居房11户，发放安居富民政策补贴资金31.35万元；完成总投资5569.5万元2019年二期棚改项目玫瑰苑银区建设项目；依托棚户区改造项目优势，优化营商环境，打造望沙巴扎，开业商铺65家，实现村民家门口创业就业。

【社会民生】 教育方面。2020年，东巴扎乡有学校1所，有教师53人、学生550人。幼儿园1个，在园幼儿133人。卫生方面。有医疗机构1个，医疗工作人员30人、床位4个。截至年底，参加城乡医疗保险3432人，参合率103%；参加城乡居民养老保险1433人。完善就业保障体系。全年为低保户、五保户、退役军人等困难群体发放各类政策补助资金11.87万元。救助城乡五保户、低保户、贫困户和优抚对象52人次，发放大病救助款4.98万元，临时救助39人次，发放金额2.93万元。为42名残疾人发放两项补贴5.37万元，80岁以上42名老人发放老人生活津贴2.714万元。全乡116名乡村干部购买扶贫产品2.39万元，助推贫困群众增收。实现农村富余劳动力转移就业940人；新增转移就业109人，发放灵活就业补贴45人31.8余万元，落实各项计划生育奖励金61.28万元。完成改厕任务237个，落实补贴资金14.22万元，完成率100%。

【脱贫攻坚】 2020年，东巴扎乡把脱贫攻坚作为重大政治任务、第一民生工程纳入全乡重要议事日程，召开党政班子会议和调度会议12场次。召开脱贫攻坚专项巡视“回头看”反馈问题整改专题民主生活会，抓好问题整改。开展“两不愁三保障”摸底核查工作。对全乡931名农户收入进行“回头看”，逐人逐户，再次核查，按照标准精准测算，确保准确。全乡未发现收入低于5000元以下的边缘户。

【人居环境整治】 2020年，全县人居环境综合整治现场推进观摩会在东巴扎乡召开。东巴扎乡抓好后梁村人居环境综合整治示范村创建，实施村容村貌提升项目1个，投入资金50万元，对后梁村保留区2.89千米巷道种植杏树、梨树、海棠、合欢等果树和景观树800余株。硬化8条巷道人行道，铺设混凝土地坪4000余平方米，铺设低压管道3千米，安装路灯80盏。全乡创建“美丽庭院一条街”1条，“美丽庭院”创建并挂牌153户；完成改厕任务237个，落实补贴资金14.22万元，完成率100%。

每周五常态化开展爱国卫

生日活动，开展“清洁庭院我行动”环境卫生整治活动，每个村成立巾帼青年志愿者服务队，对白色垃圾、杂草清理清除，对院落死角清理。年内，全乡开展志愿服务活动24余场次240人次。

【基层治理】 平安创建。2020年，东巴扎乡创建平安店铺45个，平安家庭915户，创建率98%。

矛盾纠纷化解。2020年，东巴扎乡调解群众矛盾纠纷37起，协调解决群众反映的热难点问题、困难诉求260余件。

安全生产。2020年，东巴扎乡修改《东巴扎乡安全生产工作实施方案》《东巴扎乡疫情期间安全生产应急预案》等。年内，全乡没有发生重特大安全生产和食品安全事故。拆除设施农业2户蔬菜大棚种植户看护房；开展农村乱占耕地建房问题专项整治，现场逐个摸排图斑42处；开展平房区危房鉴定及整治工作，加固整改C级房有4户4间；完成机动车、机动车驾驶员和报废车、“僵尸”车、黑车精准摸排，建立2处村级道路交通劝导站；完成小区消防通道划线工作。

【基层组织建设】 2020年，东巴扎乡有党（总）支部4个，党支部6个，党员258人。年内，新发展党员13人，转正10人。优化村干部队伍，辞退村干部4名，培养村级优秀年轻储备干部20名。落实“三会一课”制度和党员主题党日活动。166名党员自愿交纳特殊党费2.35万元支持抗击新冠肺炎疫情；慰问村级常态化力量5次，慰问生活困难党员、“四老人员”30人次，兑现村干部激励报酬8650元。组织党委中心组学习26场次，党政班子成员以普通党员身份参加支部活动12余次，上《微课堂》12场次，受教干部600人次。召开党委会议研究疫情防控、脱贫攻坚、基层党建以及经济发展等工作150余次，配合市委、县委巡察组顺利完成乡党委及4个村的巡察问题整改工作。落实党风廉政建设“一岗双责”。开展集体廉政谈话2场次，警示教育会议3场次，开展廉政谈话12人，开展村级以案促改会议4场次，包村领导廉政党课8场次；各级督导组反馈问题立查立改40条；用好“四种形态”，提醒谈话7人，通报批评1人，立案7人，下发通报35期，问责处理54名干部，经济处罚11930元。

2020年，东巴扎乡有基层团组织5个，有团员73人。健全完善党建带团建工作机制，抓好基层团组织工作，开展团员青年开展主题团日活动6场次120余人次。通过团日活动形式开展学习脱贫攻坚决策部署和惠民政策3场次66人次。

2020年，东巴扎乡有妇联组织5个。开展“美丽庭院”“最美家庭”“美丽庭院示范一条街”创建活动。

【新时代文明实践活动】 2020年，东巴扎乡建立志愿者服务群，开展党员志愿者代购代送志愿服务活动3万余次。年内，组织各级干部开展培训600余人次；开展志愿服务活动40余场次；发动各级党员干部转发正能量文章4万余条次。建设移动大喇叭6个，播放疫情防控、防范电信诈骗、消防安全、党的十九届四中、五中全会精神解读等各类音频资源1500余条次。弘扬和践行社会主义核心价值观，推进全乡精神文明建设各项工作。2020年，全乡4个行政村被评为自治区级“精神文明单位”。

（杨昊章）

## 鲁克沁镇

【基本情况】 鲁克沁镇位于鄯善县西南部，火焰山南麓，东接辟展镇，北接连木沁镇，南接迪坎镇，西接吐峪沟乡、西南接达朗坎乡，属于农业乡镇，距离县城45千米。辖区有13个行政村社区，即柳城社区、阿凡提社区、阔纳夏村、英夏买里村、迪汗苏村、吐格曼博依村、赛尔克甫夏村、赛尔克甫村、阿曼夏村、三个桥村、其那尔巴格村、木卡姆村和沙坎村，共有65个村民小组（其中阔纳夏村7个、英夏买里村9个、迪汗苏村10个、吐格曼博依村5个、赛尔克甫夏村4个、赛尔克甫村4个、阿曼夏村7个、三个桥村6个、其那巴格村5个、木卡姆村6个、沙坎村3个）。截至2020年底，鲁克沁镇总人口10562户36784人，其中男性18613人、女性18171人。人口出生率为6.97‰，自然增长率-0.62‰。全镇行政区划面积7575.58平方千米，有耕地面积5000公顷；拥有草场30754.5公顷，可利用草场面积6402.5公顷。

**【经济发展】** 2020年，鲁克沁镇种植葡萄面积3333.33公顷，总产量23945.12吨，其中：鲜葡萄11265.12吨、葡萄干11610吨；西甜瓜面积71.33公顷，总产量34226吨；设施农业大棚1530座，总产量17079.9吨。畜牧业包括羊、牛、鸡等，年末牲畜存栏牛674头、羊27948只、鸡4353羽，出栏牛905头、羊8511只、鸡4000羽。全年完成生产总值74466.49万元，比上年增长6.44%。其中，第一产业完成66824万元，增长6.40%；第二产业完成6976.58万元，增长6.8%；第三产业完成3948.02万元，增长0.79%。农民人均纯收入17742元，比上年增加1460元。实施项目1个，投入资金50万元。新修渠道18.22千米，农田水利渠道总里程366.82千米。农机总动力10604.6千瓦时，大型农机具193台。新修道路17千米简易道路。新建安居富民房1559户，总户数7954户。加大环境治理，新建卫生厕所3500座。实施脱贫攻坚项目10个，投入资金1316.55万元；有建档立卡贫困户4226人，收入达到11987.9元。完成葡萄架式改造1800公顷（其中建档立卡贫困户307.4公顷全部改造完毕）；建设鲜食葡萄销售场地57个，建设烘干房25座、冷库80座，储量达4400吨；引进葡萄初加工龙头企业2个。

**【社会民生】** 教育方面。2020年，鲁克沁镇有学校8所，其中中学4所、小学4所，有教师790人、学生7263人；幼儿园13所，在园幼儿2281人。卫生方面。有医疗机构1个，医疗工作人员144人、床位99个。完善社会保障体系。参加城乡医疗保险目标任务33158人，实际参加城乡医疗保险33668人，参合率101.5%，参加新型农村养老保险11894人。开展各类技能培训27次，培训1170人次，转移农村劳动力3853人。城乡低保791人。全年发放城市低保金19.95万元、农村低保金555.72万元，“五保”供养金9.85万元。

**【脱贫攻坚】** 鲁克沁镇有建档立卡贫困人口1132户4226人。1129户4215人已分别于2015年、2016年脱贫，3户11人2019年脱贫。2020年，全镇建档立卡贫困户人均纯收入11987.9元，贫困发生率为零。建档立卡贫困户完成葡萄架式改造307.4公顷。扶贫项目资金发放鸡苗23.7万羽（斗鸡3.34万羽）、扶贫羊6575只，建设规范化养殖棚圈164座，年内开展畜禽养殖培训1000余人次。支持贫困户经营类小产业致富增收，有129户建档立卡贫困家庭通过打馕、开商店等方式实现自主创业。全镇36家企业和合作社，解决贫困户就业330余人。

**【人居环境整治】** 2020年，鲁克沁镇强化人居环境整治宣传，利用入户走访、大宣讲、“民族团结一家亲”联谊活动、包户住户等活动，动员群众参与环境整治与厕所改造工作。开展集中宣传127场109000余人次，入户走访宣传7494余户，发放宣传资料7494余份，张挂横幅30条，书写宣传标语156条。

利用周一、周五开展环境卫生大扫除，集中开展环境卫生整治。动员群众384500余人次，出动车辆16450余辆次，清理生活生产垃圾981余吨。按照完成一户、验收一户的标准，持续推动厕改工作。2020年，全镇累计完成改建任务7494户，超额完成厕改任务。推进全镇生活污水治理，引导农户规范排污，提高农民生活污水综合利用和处理能力。发动群众50000余人次，清除淤泥、杂物500余吨。以赛尔克甫村饮用水水源保护区治理工作为抓手，划定镇级水源保护区范围，落实禁养区、限养区规模养殖场的“关停搬迁”工作，改善全镇饮用水品质。开展农村公共空间和农村庭院环境整治，清理私搭乱建、乱堆乱放现象，合理拆除危房。改造农户门前、路口、桥涵管道1680余处，拆除私搭乱建122处，11465平方米，新植补植杏树、桑树、石榴树等苗木8950棵，新增花草苗种14500余棵，种植花草88500棵。完善《鲁克沁镇垃圾清运制度》《环境卫生监督制度》《奖惩制度》等建设和管护机制，全镇有环保队伍1支，各村设环境卫生监督员1人，成立环境卫生与厕改检查组3支。

【基层治理】 2020年，鲁克沁镇应创建平安家庭8703户，已创8370户，创建率96.17%；应创平安店铺1020家，已创947家，创建率92.8%；应创平安行政企事业单位24个，已创24个，创建率100%；应创平安村（社区）13个，已创13个，创建率100%；应创平安学校（幼儿园）21所，已创21所，创建率100%。

矛盾纠纷化解。2020年，鲁克沁镇调委会与各村、社区调委会受理各种民间矛盾纠纷38起，调解成功38起。其中，镇人民调解委员会受理矛盾纠纷案件10起；各村、调解委员会受理矛盾纠纷28起，纠纷调解成功率100%，挽回经济损失40万元。开展矛盾纠纷排查8次，排查调处8起，全镇无因调解不及时和调解不当而发生民转刑案件和群体性事件。

安全生产。2020年，鲁克沁镇组建6个专项检查组持续开展全覆盖、全方位、拉网式安全生产风险隐患大排查，年内开展安全生产检查20余次，查出风险隐患110处，均整改完成，全年未发生重特大生产安全事故。

【基层组织建设】 2020年，鲁克沁镇有28个党支部，有党员870人。年内，调整村第一书记4人，调换村党支部书记6人，优化村“两委”干部37人，培养村后备干部78人。同时对疫情防控第一线表现特别优秀的1名干部发展入党。全镇提交入党申请书441人，入党积极分子155人，发展对象76人，新发展党员35人。成立15支党员志愿服务队，党员组成或主导的党员先锋队和志愿者服务队68支，全镇党员疫情防控主动捐款8.62万元，792名非党员捐款13.43万元。

2020年，鲁克沁镇有团委2个（鲁克沁镇团委、鲁克沁镇一中团委），辖团支部61个有团员1525人，其中鲁克沁镇团委辖34个团支部，有团员945人，鲁克沁镇一中团委辖27个团支部有团员580人。年内，镇团委组织63场次志愿者活动，参加1000人次。

2020年，鲁克沁镇妇联组织16个。年内，组织1200余名妇女抗击疫情，捐款捐物17124.23元；走访慰问一线医护人员，送上慰问品、口罩、消毒液、慰问金额475元。镇妇联牵头动员村、社区干部，对孩子两癌患者的单亲困难家庭捐款36943元。关心关爱贫困妇女户、身患重病妇女39人。慰问走访妇女40余人，金额8000余元。创建“最美家庭”34户、“美丽庭院”3450户，挂牌3450户；“美丽庭院示范一条街”6条。调解婚姻矛盾纠纷63起。

（汤晓庆）

## 吐峪沟乡

【基本情况】 吐峪沟乡位于鄯善县西南边缘，地处火焰山的中段，距县城60千米。东与鲁克沁镇、连木沁镇相邻，西与吐鲁番市胜金乡、二堡乡、三堡乡毗邻，北以兰新铁路相连。辖区有12个行政村（社区），即苏贝希夏村、吐峪沟村、杏花村、幸福村、洋海村、洋海夏村、团结村、潘家坎儿孜村、碱滩坎村、泽日甫坎儿孜村、克尔火焰山村和洋海湾社区，共有64个村民小组（其中苏贝希夏村10个、吐峪沟村3个、杏花村4个、幸福村5个、洋海村5个、洋海夏村6个、团结村8个、潘家坎村7个、碱滩坎村7个、泽日甫村6个、克尔火焰山村3个）。截至2020年底，吐峪沟乡总人口7614户27839人，其中男性14052人、女性13787人。人口出生率为7.57‰，自然增长率为0.22‰。全乡行政区划面积2632.36平方千米，可耕地面积8266.67公顷。

【产业发展】 2020年，吐峪沟乡可耕地面积8266.67公顷，其中葡萄2668.67公顷、温室1600余座；设施农业205公顷，棉花185.33公顷，林地1200公顷，国有储备地620公顷。畜牧业包括羊25200只、牛682头、鸡3569羽等，年末牲畜存栏26812头（只），出栏1612头（只）；生产经营单位9家。2020年全乡实现农村经济总收入5.18亿元，比上年增长5.28%。第一产业收入4.88亿元，第二产业实现收入109.75万元，第三产业实现收入2975.75万元。农牧民人均纯收入达17078元，较上年同期增加1345元。争取资金708万元，修建防渗渠、农渠等35千米，修建葡萄晾房30座、更新机电井30眼，葡萄产量增加，销售鲜食葡萄2万吨，4.5万余吨鲜食葡萄被晒制成葡萄干销售，农牧民人均纯收入达17078元，较上年同期增加1345元。实施11个项目，投入资金2678万元，用于改善民生、基础设施、农田水利、特色种植业、林果业建设。全乡对41户41人发放草原补贴5.299万元，对332户发放退耕还林补贴23.25万元。投入资金200.88万元，对72户实施庭院经济。新建安居富民房850户，享受安居富民补贴2422.5万元。全乡改造厕所5105座，补助资金270.9万元。

**【社会民生】** 教育方面。2020年，吐峪沟乡辖区内现有学校7所，其中九年一贯制4所、完全小学2所、教学点1个，有教师683人，在校生5870人。幼儿园10个，在园幼儿1599人。卫生方面。有医疗机构1个，医疗工作人员100人、床位30个。截至年底，参加城乡医疗保险24750人，参合率100%，参加新型农村养老保险9305人。免费全面健康体检实现全覆盖。加大培训、提升技能、转移就业，年内开展各类技能培训41场次，培训1572人次，转移农村劳动力2250人。利用“就业援助月”“春风行动”“就业扶贫日”“贫困劳动力和未就业高校毕业生”家门口等专项活动，新增就业1500人，农村富余劳动力转移就业2250人次，“一户一工人”整建制转移就业1500人，“零就业”家庭保持24小时动态清零。持续加大社会保障力度，城镇低保户21户37人，发放低保金10.68万元，农村低保户数565户1451人，发放农村低保金176.61万元；特困“五保”26户30人，发放资金12万元。发放残疾人两项补贴66.06万元、大病医疗救助人数728人，发放救助金57.02万元。争取中央救助资金72万元，向贫困户等发放冬季燃煤、米面油等生活物资。有116名在校贫困生享受58万元教育资金帮扶。

**【脱贫攻坚】** 2020年，吐峪沟乡11个扶贫项目，投入资金2678万元，改善村容村貌、贫困户生产生活，增加收入。落实教育扶贫政策，1036名建档立卡贫困家庭学生教育资助政策实现全覆盖，对116名贫困户、边缘户大学生发放资助金58万元，121名高职中职学生发放资助金36.3万元，643人二次报销实现应报尽报，560人享受慢病惠民政策。对接企业就业岗位220余个，实现贫困人口就业1269人，累计落实贫困劳动力技能培训、公益性岗位、创业补贴等各项补贴资金240.36万元，贫困户务工收入817.08万元。

**【服务群众】** 2020年，吐峪沟乡12支志愿者服务队420人，开展大型志愿服务24场次（每个村、社区进行2次核酸检测）8600人次，体温测量16404人次（主要测量居家隔离人员），生活垃圾清运42吨。代办生活事项1.8万件、消杀区域162万平方米，文明劝导4300人次。

**【基层治理】** 平安建设。2020年，吐峪沟乡获自治区级平安乡镇，吐峪沟乡11个行政村（社区），命名平安村社区11个。平安村社区创建100%；总户数6591户，创建平安家庭5795户，创建率84.11%；创建平安商铺371个，创建率84.1%；平安单位11家、平安学校17所、平安宗教场所11座，创建率均为100%。

矛盾纠纷排查化解。2020年，吐峪沟乡抓好155人专兼职调解队伍的人员调整和培训，全年受理登记各类纠纷82起，调解成功78起，建议上诉4起，调解成功率达95%。

**【基层组织建设】** 2020年，吐峪沟乡有基层党组织26个，12个党支部。有党员894名，其中农牧民党员848人，机关、农经站、卫生院党员46人；2020年新发展党员59人。抓好村级储备年轻村级干部培训工作。选拔村级储备年轻干部36人。抓好村级党建基础建设，争取54万元，配备滚动播放宣传大屏，补充大喇叭60个，发放户户通200套。抓好党风廉政教育建设。开展日常监督检查193次，发现问题287个，其中涉及扶贫领域、疫情防控工作155件，立查立改169条，谈话函询6条，立案审查18件，给予党内警告处分6人，运用监督执纪“第一种形态”处置31人。下发督办通知书12份，确保督办问题全部整改完毕。共完成自治区、市、县督导反馈问题整改165件，并适时开展“回头看”工作，确保每个问题均整改到位不反弹。

（柯文忠）

## 迪坎镇

**【基本情况】** 迪坎镇位于鄯善县西南部，北临鲁克沁镇，西与达朗坎接壤，东临库木塔格沙漠，是全县最偏远、最贫困，环境最恶劣的镇之一，距县城65千米，以种植葡萄为主。辖区有6个行政村，即坎儿孜库勒村、塔什塔盘村、也扎坎儿孜村、托特坎村、玉尔门村和迪坎村，共有24个村民小组（其中坎儿孜库勒村5个、塔什塔盘村4个、也扎坎儿孜村3个、托特坎村4个、玉尔门村4个和迪坎村4个）。截至2020年底，总人口2459户8479人，其中男性4283人、女性4196人。人口出生率为5.88‰，自然增长率-0.71‰。全镇行政区划面积4821.18平方千米，有耕地面积2160公顷；拥有草场10666.67公顷，可利用草场面积9333.34公顷。

**【产业发展】** 2020年，迪坎镇种植葡萄1345.1公顷、哈密瓜342公顷、杏树62.33公顷、红枣22.93公顷、特色产品梭梭套大芸850.13公顷。养殖羊13443只、牛486头、鸡480羽等，年末牲畜存栏15650头（只），出栏1132头（只）。有23家选矿企业、14家生产类企业。全年完成生产总值22069.64万元，比上年增长36.5%。其中，第一产业完成21234.23万元，增长36.4%；第二产业完成382.09万元，增长4.9%；第三产业完成453.32万元，增长0.7%。农民人均纯收入14253元，比上年增加1228元。全镇转移就业人数972人，24名劳务经纪人带头转移就业人数31125人次，就业增收334.6万元。实施项目3个、投入资金230万元。夯实新老村产业发展基础，投入资金1200万，建设鲜食葡萄交易场所3处，修建田间道路9.2千米，修建柏油路3.57千米，硬化道路1.3千米，建设葡萄晾房51座，搭建葡萄架52户，更新机电井5眼，修建灌溉管网3.3千米，改造升级自来水管网38户，修建防渗渠4.5千米。实施脱贫攻坚项目7个。

**【民生事业】** 教育方面。2020年，迪坎镇辖区内有九年一贯制学校1所，在校学生1089人，教师130人；教学分点1所，在校学生122人，教师19人；7所幼儿园入园幼儿537人，幼儿教师98人。医疗卫生方面。全镇有医疗机构1个，医疗工作人员41人、床位15张。完善社会保障体系。养老保险参保人数3208人，医疗保险参保人数7145人。全民免费健康体检全覆盖，适龄儿童疫苗接种达到100%。围绕优生优育落实避孕节育措施，建立单月访视、双月查孕和人户随访工作机制，新生儿政策符合率达到100%，卫生健康知识普及率100%。全镇建设安居富民房241套。残疾人两项补贴105人14.37万元，“五保”分散供养保障金1人9700元，低保64户169人51.81万元，困难群众大病救助11.02万元，临时救助16.57万元。发放现役军人家属慰问金4户4.04万元，发放60岁以上退役军人生活补助3人4.92元，发放带兵回乡退伍军人生活补助1人8710元。完成厕所改新建1500户。选定绿化示范村2个，投资40万元建设绿化带6.3千米，投入资金88万元，购置垃圾车2辆、吸粪车2辆、电动垃圾车20辆、拖拉机1辆、大型粉碎机3台、垃圾桶20个、垃圾箱10个；投入资金20万元，新建日处理能力10立方米的一体化污水处理设施1座，铺设污水排水管网900米，建设排水井17座。

**【脱贫攻坚】** 2020年，迪坎镇建档立卡贫困户就学子女129名，幼儿免费入园、寄宿生补助、中职学生“雨露计划”、大学生教育补助等资助政策应享尽享，适龄儿童义务教育阶段无失学辍学现象，城乡居民医疗保险、大病保险覆盖率100%，家庭医生签约率

100%，全镇居民安全住房保障率100%，安全饮水保障率100%。

【基层治理】 平安建设。2020年，迪坎镇全镇有6个行政村，命名平安村6个，平安村创建率100%；总户数1909户，实际应创建平安家庭1807户、命名平安家庭1807户，创建率100%；卫生院1所，命名平安卫生院1所，创建率100%；单位1个（镇派出所），命名平安单位1家，创建率100%；学校8所（幼儿园7所），命名平安学校8所，创建率100%；店铺179家，命名平安商铺179家，创建率100%；宗教场所6个，命名平安宗教场所6个，创建率100%；辖区企业15家，命名平安企业15家，创建率100%，创建“自治区优秀平安乡镇”。

矛盾纠纷化解。2020年，迪坎镇落实领导信访接待日制度和领导包案制，定人、定责、定时限，全力做好矛盾纠纷化解，无越级上访的现象发生。充分发挥镇法律援助工作站的作用，为群众提供法律方面的建议，引导群众通过法律途径解决实际问题。年内，化解各类矛盾纠纷83起。

安全生产。2020年，迪坎镇对园区25家工矿企业开展环保检查6次，开展地膜污染整治2次，开展黑臭水体排查1次，开展铅蓄电池和废弃机油非法储存排查2次，阻止焚烧秸秆行为14起，帮助企业综合处理尾砂10万立方米，排查影响生态环境问题隐患15个，处理环保问题线索2条。

【人居环境整治】 2020年，迪坎镇开展环境卫生整治459场次，清理卫生死角45个，拆除废旧房屋125座，集中清理居民房前屋后卫生区444户，完善治理基础，完成厕所改新建1500户，选定绿化示范村2个，投资40万元建设绿化带6.3千米；投入资金88万元，购置垃圾车2辆、吸粪车2辆、电动垃圾车20辆、拖拉机1辆，大型粉碎机3台，垃圾桶20个，垃圾箱10个；投入资金20万元，新建日处理能力10立方米的一体化污水处理设施1座，铺设污水排水管网900米，建设排水井17座。

【基层组织建设】 2020年，迪坎镇有基层党组织18个，其中党委1个、党支部17个。有党员378名，其中农牧民党员288人，机关、武装部、卫生院、企业、“访惠聚”工作队党员90人；新发展党员13名，确定入党积极分子14名。组织党支部规范化培训3场次、检查指导2次，党委书记、支部书记讲党课12场次，参加党员640人次。团组织建设。团组织有11个，团员368名，新发展团员12人，开展团员队伍建设、志愿服务活动、返乡学生管理、青年管理等工作。妇女组织建设。有乡镇妇联1个，村妇代会组织有6个，开展6次妇女儿童安全知识讲座，1名妇女享受“两癌”救助资金，2名妇女享受“爱心一元捐”临时救助，1名女学生享受“春蕾计划项目”。贫困户妇女就业164人。提高“美丽庭院”知晓率，“美丽庭院”创建233户。

（依尼哈木·阿卜杜艾拉）

## 达朗坎乡

【基本情况】 达朗坎乡位于鄯善县西南部，东接迪坎镇，北接鲁克沁镇，西接吐峪沟乡，属于农业乡镇，距离县城60千米。辖区有6个行政村，即央布拉克村、拜什塔木村、乔亚村、阿扎提村、玉旺坎村和英坎村，共有44个村民小组（其中央布拉克村7个、拜什塔木村8个、乔亚村9个、阿扎提村7个、玉旺坎村8个、英坎村5个）。截至2020年底，总人口5508户16892人，其中男性8598人、女性8294人。劳动力9085人，其中男劳动力3989人、女劳动力5096人。人口出生率7.09‰，自然增长率-0.41‰。全乡行政区划面积4304.76平方千米，耕地面积3353.32公顷；拥有草场29333.3公顷，其中可利用草场面积7333.3公顷在木垒县，10000公顷草场在鄯善县山北草场。

【产业发展】 2020年，达朗坎乡有葡萄面积1866.67公顷、产量50400吨；设施农业（大棚）106.73公顷、西甜瓜461.87公顷、产量13856吨。畜牧业养殖有羊31218只、牛403头、家禽12200等，年末牲畜存栏44200头（只），出栏35000头（只）。特色农产品大芸。

全年完成生产总值52777.49万元，比上年增长9%。其中，第一产业完成46666.76万元，增长9%；第二产业完成3233.6万元，增长0.96%；第三产业完成2877万元，增长0.9%。农民人均纯收入17909元，比上年增加1425元。实施项目1个、投入资金2000万元。新修渠道0.163千米，农田水利渠道总里程0.5千米。农机总动力5326千瓦时，大型农机具34台。新修道路7.5千米，乡村道路总里程150千米。新建安居富民房555户，总户数4230户。加大环境治理，新建卫生厕所840座。实施脱贫攻坚项目3个、投入资金3891590元，有建档立卡贫困户17户55人，收入达到8022元。争取中央第二批扶贫资金项目2个（阿扎提村和英坎村乡村道路建共7.5千米），资金总额389.36万元（其中100万元县级扶贫资金），项目如期完工。

【社会民生】 教育方面。2020年，达朗坎乡有学校有7所，其中中学2所、小学5所，有教师342人、学生2090人。幼儿园6所，在园幼儿872人。卫生方面。有医疗机构1个，医疗工作人员70人、床位35个。参加城乡医疗保险13688人，参合率94.53%，参加新型农村养老保险4680人。完善就业保障体系。全年开展各类技能培训5次，培训229人次，转移农村劳动力1025人。城乡低保1000人。全年发放城市低保金1.29万元、农村低保金189.85万元；“五保”10人，“五保”供养金3.36万元。

【脱贫攻坚】 2020年，达朗坎乡识别建档立卡贫困户17户55人，其中因病致贫7户20人，因缺乏技术致贫5户15人，因缺土地致贫3户13人，因残疾致贫2户9人。17户55人建档立卡贫困户已于2018年10月全部稳步脱贫，人均收入5623元，2020年贫困户人均纯收入达到14897元。

2020年，达朗坎乡建设安居富民房555套，已全部完工并入住。对所有家庭进行住房安全等级鉴定，全面消除C、D级危房，17户建档立卡贫困户安居房安全等级均达标。

健康扶贫。2020年，达朗坎乡实现城乡居民医疗、养老保险参保率100%，累计办理慢性病121人（其中建档立卡贫困户10户11人），建档立卡贫困户家庭医生服务签约率实现100%，未发生新的因病致贫和因病返贫情况。为17户建档立卡贫困户发放医药箱、购买健康扶贫补充医疗保险，医疗费用基本实现全报销，解决因病返贫问题。

教育扶贫。2020年，达朗坎乡有4岁以上适龄在校学生人4270（其中贫困户9户15人），无失学辍学现象；大学生578人（其中贫困户大学生2人），职业高中237人（贫困户2户2人），全部实现应助尽助。2018年以来贫困户大学生10人次享受6万元；6名建档立卡贫困户职业高中学生申请“雨露计划”助学金1.8万元。对全乡因残无法就学7人，其中贫困户1人因残不能入学儿童送教上门，保障贫困家庭中适龄学生有学上、上好学。

扶贫项目和基础设施建设。2020年，达朗坎乡争取中央第二批扶贫资金项目2个（阿扎提村和英坎村乡村道路建共7.5千米），资金总额389.36万元（其中100万元县级扶贫资金），项目如期完工。

【基层治理】 平安建设。2020年，达朗坎乡制作平安宣传栏12个，悬挂宣传横幅88幅，发放宣传资料1.5万余份，全乡总户数4660户16818人，创建平安家庭3776户。复验平安家庭3048户，优秀平安家庭711户，创建率97.34%，站所复验4个，复验率100%；村复验6个，复验率100%；学校复验13所，复验率100%；宗教场所7座，复验率100%；复验医院1座，复验率100%；创建平安店铺283户，创建率100%。全乡共有乡民小组44个，划分网格44个，现有联户长404名。

矛盾纠纷调解。2020年，达朗坎乡开展矛盾纠纷排查23次，排查发现纠纷3起、预防纠纷11起，调委会与各村委会受理各种民间矛盾纠纷41起，调解成功41起。其中，乡人民调解委员会受理矛盾纠纷案件9起，各村调解委员会受理矛盾纠纷32起，纠纷调解成功率96.5%，挽回经济损失31.95万元。

安全生产。2020年，达朗坎乡开展“安全生产综合整治”“安全稳定保卫战”“安全生产月”“非法储存成品油专项整治”“环保督查”“打非治违”各类安全检查行动。全年检查砖厂4次、加油加气站6次、葡萄干加工企业和冷库4次、建筑施工安全4次、宴会厅及农家乐各2次。年内，开展安全检查20余次，受检单位200余家次，共查出安全隐患60处，下发整改通知书5份，已全部整改完毕。全年安全生产形势总体平稳，未发生重特大安全生产事故。

**【基层组织建设】** 2020年，达朗坎乡有15个党组织，其中党委1个、党支部14个。新发展党员21人，有党员667人。注重党员发展质量。注重从脱贫攻坚一线、青年农牧民、致富能手等人群中发展党员，有256人递交入党申请书，发展入党积极分子82名，发展对象31名，预备党员23名。落实主题党日活动。开展“人居环境整治助力脱贫攻坚”“建设美丽庭院，党员带头模范”等主题党日活动42次，参加2367人次。建设标准化党组织。规范“三会一课”流程，按照民主生活会程序召开脱贫攻坚专项巡视“回头看”专题民主生活会，发放征求意见表40份，收集反馈问题22个，开展谈心谈话5场次。个人查摆问题15个，全部立查立改。全年自治区、市县级反馈问题92条，全部督促整改完毕，开展全体机关干部开展警示教育3场次，受教育1500余人。

团委工作。2020年，达朗坎乡有团支部14个，其中村团支部6个、学校幼儿园学团支部7个、卫生院团支部1个。年内新发展团员5人，现有团员487人。开展“法治之冬”宣讲9场次，覆盖青年617余人次。开展青少年喜爱的文化体育活动，乡“农牧民趣味运动会”2056余名青年参加、健美操比赛，纳格尔比赛319余名青年参加。乡团委联合政府社保所组织乡农村青年富余劳动力、未就业大中专毕业生开展各种技能培训29班次，参加人数218人；开展爱心生日会活动6场次、参加人数119人。

妇联工作。2020年，达朗坎乡有妇联组织7个，其中乡级妇联组织1个、村级妇联组织6个，妇女干部进村级支委40人。全乡有妇女8367名，其中“80后”“90后”“00后”妇女2853名、育龄妇女4316名、已婚育龄妇女3150名，儿童总数1177人。2020年，乡各级妇联干部投入疫情防控一线，入户走访、通电话等方式宣传疫情防控知识22574户次。为县医院第一线医务人员捐款7542元；开展收集爱心一元捐8471元。开展宣讲12场次，参加1800人次，开展“美丽庭院”集中宣讲6场次，参加915人数；入户宣传5000户；观摩活动3场次，参加113人。规范验收创建“美丽庭院”890户，已挂牌472户。调解家庭纠纷38件、村级家庭矛盾纠纷51件。3名贫困“两癌”妇女享受10000元的“贫困母亲”两癌补助金。

（刘　博）

## 园艺场

**【基本情况】** 鄯善县园艺场位于区县新疆维吾尔自治区天山东段南麓吐鲁番盆地东缘部，东临七克台镇，南接辟展镇，西到鄯善镇，北与石化园区接壤，属于园艺场乡镇，距离县城8千米。辖区有4个行政村，即一队、二队、三队和四队。截至2019年底，园艺场总人口1595户4327人，其中男性2101人、女性2226人。人口出生率为5.72‰，自然增长率0.44‰。全场行政区划面积10.92平方千米，有耕地面积591.73公顷；拥有草场4416.59公顷，可利用草场面积4416.59公顷。

**【产业发展】** 2020年，园艺场年末牲畜存栏1200头（只），出栏1028头（只）。全年完成生产总值4214.48万元，比上年减少33.82万元。其中，第一产业完成3603.48万元，减少32.09%；第二产业完成30万元；第三产业完成579万元，比上年减少173万元。农民人均纯收入8308.6元，比上年减少66.71元。年内牲畜1028头（只），年末牲畜存栏1200头（只）。实施项目8个，投入资金137.1893万元。兴修渠道1.89千米，农田水利渠道总里程74.19千米。乡村道路总里程69.16千米。新建安居富民房15

户，总户数681户。加大环境治理，新建卫生厕所25座。

【社会民生】 教育方面。2020年，园艺场有小学1所，有教师45人、学生305人；幼儿园1个，在园教师25人，幼儿121人。卫生方面。有医疗机构1个，医疗工作人员18人、床位8个。截至年底，参加城乡医疗保险2150人，参合率85%；参加新型农村养老保险384人参合率82%。完善就业保障体系。转移农村劳动力69人。城乡低保9户13人。全年发放城镇低保金2.29万元、农村低保金3.66万元。落实自治区扩面县奖励政策。年内对127户发放扩面县奖励16.27万元。发放自治区城镇奖励9人27000元。发放国家特别扶助家庭奖励金独生子女死亡家庭3户6人，每人5400元；独生子女伤残家庭1户2人，每人享受4200元，合计4.08万元。发放自治区特别扶助家庭1户2人8160元，发放奖励扶助家庭奖励扶助享受人员2人2400元。

【基层治理】 2020年，园艺场“平安家庭”创建589户、“优秀平安家庭”创建524户，完成创建率96%；“平安连队”2个、“平安单位”2个、“平安企业”3家、“平安校园”2所、“平安卫生院”1所、“平安宗教场所”1所，创建率分别为100%；全场店铺93家，完成平安店铺90家，创建率为96%。

【基层组织建设】 2020年，园艺场有5个党支部，有党员200名。年内，新发展党员5名，发展对象13名。落实民主集中制。坚持重大事项集体研究决定，党委书记末位表态。召开党委会议7次、党建工作例会和群众工作例会14次。为3个党支部划拨党建工作经费6000元。疫情期间对战斗在抗疫一线的医务人员、连队干部、派出所民警、志愿者慰问5万元。年内慰问基层组织6个，一线党员干部15人，发放慰问金3万元、各类慰问品价值2万元。发挥党组织核心作用和党员先锋模范作用，动员广大党员参与疫情防控、经济发展、维护社会稳定等工作，组织辖区158名党员为武汉抗疫工作捐款14070元。

（吴姗姗）

葡萄采摘

# 驻鄯单位

## 中国石油吐哈油田公司

【基本情况】 中国石油天然气股份有限公司吐哈油田分公司（以下简称吐哈油田公司）是集油气勘探与生产、石油工程技术服务、矿区后勤服务等多种业务于一体，跨国、跨地区经营的大型石油企业，主要从事油气勘探开发、科研服务、油田建设、水电讯保障、机械制造、物资采购等业务。吐哈油田勘探领域包括吐哈、三塘湖、准噶尔、民和、银额、总口子6个中小盆地，分布在新疆、内蒙古、甘肃和青海四地，登记17个探矿权区块，探矿权面积4.14万平方千米。

2020年，吐哈油田公司生产原油157万吨、天然气3.16亿立方米；准东页岩油勘探突破、天然气勘探发现分获集团公司勘探重要成果奖一等奖和二等奖；上市业务实现收入39.93亿元、利润-27.61亿元，完成考核指标；未上市业务实现收入19.35亿元、利润-1.66亿元，较考核指标减亏0.18亿元。

【油气勘探】 2020年，吐哈油田公司石油及天然气预探完成二维地震272千米、时频电磁260千米、Walkaway-VSP1口、VSP勘探1口；三维地震38.04平方千米。完成预探井19口，完成进尺7.42万米；油藏评价完成钻井16口，完成进尺5.03万米；石油及天然气预探试油交井20口26层，新获工业油气井数8口，综合探井成功率达30.77%；油藏评价试油交井10口，新获工业油气井数9口，综合评价井成功率90.91%。强化地质认识创新与工程技术进步，推进勘探开发一体化与提质增效工程，油气勘探在多个领域获新发现。地质工程一体化攻关发现胜北凹陷136亿立方米侏罗系岩性气藏勘探有利区；吐哈盆地玉探1井、连30井揭示台北凹陷二叠系成熟烃源岩并发现稀油油藏，明确吐哈盆地稀油高效勘探的主攻领域和方向。

【油气开发】 2020年，吐哈油田公司生产原油157万吨、天然气3.16亿立方米，分别完成计划的100%和126.2%。油田开发在评价建产一体化、精细注水专项治理、非常规油藏转变开发方式等方面取得明显成效，新建原油产能17.8万吨，平均单井日产10.2吨，比上年增加2.4吨，自然递减率控制到21.6%，比上年下降0.7个百分点。胜北503H、505H井获高产油气流，致密气评价取得关键突破；落实井位三级审查、建立一井一策单井优化模板，红南9块、鲁克沁二叠系加密调整等产能建设方案符合率提升到83.9%，百万吨产能建设投资52.5亿元，比上年降低6.1亿元，实现投资效益正向拉动。持续推进精细注水专项治理，油田分注率、欠注率、水质达标率等关键指标优于方案。创新开展天然气重力混相驱和战略储气库协同建设，葡北开发试验见到增产效果；鲁克沁减氧空气泡沫驱腐蚀、气窜治理技术进一步完善，采收率由15%提高到25%。温吉桑储气库群设计库容量55.9亿立方米、工作气量20.5亿立方米，完成丘东气库先导试验，温西一气库开工建设。

【管理改革创新】 2020年，吐哈油田公司遵循“四化”（专业化发展、市场化运作、精益化管理、一体化统筹）治企准则，持续深化改革，强化经营管理，提升效率效益，高质量发展内生动力不断增强。党的领导有机融入油田公司治理各环节，QHSE、内控、廉政建设等体系实现融合，完成“油公司”模式改革，吐鲁番、鲁克沁、鄯善和三塘湖4个新型采油管理区基本建成，成立油气生产服务中心，实现生产模式变革和用工方式转型；准东新区“管理+技术+第三方用工”试点效果显著，形成以甲方为主导的管理、研究、工程、现场“四位一体”管理模式；运输、机械制造等未上市业务专业化重组纵深推进，企业和领导人员岗位分级分类管理稳步实施。

【产业提质增效】 2020年，吐哈油田公司强化全员效益意识，建立长效机制，细化责任落实，围绕勘探走出低谷、低成本开发、深化改革、降本增效等重点工作，制定10个方面43条措施，细化分解133项具体任务，对主要成本要素分类制定压降措施，“一井一策”优化产能建设方案设计，推进轻烃装置参数优化、老油田简化，开展大宗物资降价谈判，动态优化区块储量与资产，从紧控制管理费用，科学筹划财税政策，建立周碰头会、月度工作例会机制，全方位、全要素、全员、全过程挖掘生产经营潜力，实现提质增效6.08亿元。

【安全生产】 2020年，吐哈油田公司深化QHSE体系建设，推进基层队站标准化建设、全员HSE履职能力评估考核、风险识别培训，增强员工“懂标准、知风险、会操作”的综合能力。启动安全生产专项整治三年行动计划，落实高危作业区域安全生产“区长”制、全员安全生产记分管理等制度，推进“大反思、大排查、大整改”活动，建立健全隐患问题和制度措施“两个清单”，持续开展井控安全、大型压裂施工等5个专业领域风险整治，多方位联合推进风险隐患排查治理，强化重大风险领域应急实战演练，颁布油田HSE禁令，落实承包商考核末位淘汰，生产形势平稳受控，连续17年实现安全环保生产。

推进绿色矿山建设，推广地面和井筒清洁生产作业技术，完成历史遗留的低含油危险废弃物治理，吐鲁番采油管理区所属4个油田通过自治区绿色矿山验收，进入国家绿色矿山名录。开展质量计量和节能节水工作，能源消耗总量逐年下降，实现节能0.41万吨标准煤、节水9.1万立方米，分别完成年计划的102.5%和101.1%。推进疫情防控和复工复产，与地方政府建立联防联控机制，压紧压实“属地、行业、单位、个人”四方责任，将疫情对生产经营的影响降到最低，油区实现“零疫情、零感染”。

【科技攻关】 2020年，吐哈油田公司投入科研经费6860万元，实施科技攻关项目42项，获集团公司科技进步奖2项、省部级成果4项，获国家发明专利3件、实用新型专利66件。叠合型盆地油气成藏勘探理论研究进一步深化，老区稀油以注气为主的提高采收率技术路线基本明确，吐鲁番玉果油田、鲁克沁玉东204区块实现集中监控、无人值守、故障巡检，有效减少用工总量，降低劳动强度，提高生产效率；集团公司A1、A2等统建系统实现互联互通、数据共享，以ERP应用集成、完善共享财务为核心的经营管理信息系统，提升工作效率。

【支援地方建设】 2020年，吐哈油田公司捐赠130万元用于吐鲁番高昌区疫情防控、鄯善县火车站镇公共卫生设施建设、鄯善县迪坎镇迪坎村坎儿井维修等项目；捐赠原特种车辆工程公司大院和原油建公司综合楼、物资保障中心制冷中心等资产合计金额104.78万元；为托克逊县及鄯善县七克台镇、火车站镇、连木沁镇捐赠野营房、水泥等物资合计金额11.7万元。

（朱晓龙　李艳蓉）

## 新疆维吾尔自治区葡萄瓜果研究所

【基本情况】 新疆维吾尔自治区葡萄瓜果研究所隶属自治区农业农村厅，是自治区属科研院所。所属公益一类事业单位，机构规格相当于县（处）级，实行经费全额预算管理。主要职责是开展葡萄、西甜瓜等特色农业的重大科研与推广示范；承担葡萄种苗和甜瓜、西瓜良种繁育及采后处理的研究与示范推广等工作；承担自治区葡萄、瓜果新品种选育、新技术的试验、示范和人才培养等任务。

2020年，下设行政办公室、瓜类研究室、葡萄研究室、综合研究室、设施农业研究室、试验场、培训中心7个部门，综合试验站2个。在职职工享受国家特殊津贴专家1人、国家突出贡献的中青年专家1人、新中国成立60周年突出贡献先进个人1人、国家现代农业产业体系岗位科学家2人；硕士研究生16人，研究员5人，高级农艺师（副研究员）16人。

【科研项目申报】 2020年，葡萄瓜果研究所申请新项目9项，申请项目经费324万元。实际到账项目经费216万元。

【西甜瓜、葡萄选育】 2020年，葡萄瓜果研究所实施春季露地进行甜瓜抗白粉病选育和老汉瓜的提纯复壮和抗病转育工作；西瓜主要利用抗源PI482246、PI482283和野西瓜资源进行籽瓜的抗病选育、利用短蔓久比利和短蔓查理斯顿不断回交进行短蔓及短蔓抗病选育，播种西瓜121份，甜瓜457份（其中包括公益项目130份收集品种材料），入选温室内甜瓜组合3个、露地甜瓜组合2个、露地西瓜组合2个，新配组合26个，收集种质资源7份；引进葡萄品种资源19份，在新建资源圃嫁接保存品种资源549份；开展5个葡萄品系的基本性状鉴定工作和28个葡萄品种的果实鉴定工作；对新引进的15个葡萄砧木品种进行栽培适应性观察研究，完成各项指标的测定和初步分析评价工作；配制葡萄杂交组合20个，其中常规杂交组合10个，胚挽救杂交组合10个。

【科研成果】 2020年，葡萄瓜果研究所申报的“西州密系列甜瓜新品种选育及冷链技术研究与示范”获2019年度自治区科技进步奖一等奖。发表论文17篇，申报实用新型专利6项，获得软件著作权2项。

【栽培技术及示范推广】 甜瓜方面。2020年，葡萄瓜果研究引进甜瓜新品种32个，其中温室品种12个，露地品种20个；对温室甜瓜栽培技术进行示范；在大田进行甜瓜种子果斑病防控示范233.33公顷；与机械岗位科学家协作，进行3.33公顷机械化有机肥深施的试验与示范；完成集约化栽培与水肥一体化技术的示范6.67公顷，培训人员120人次；新品种（黄梦脆）技术示范13.33公顷，培训人员30人次；开展甜瓜老品种的栽培研究，在温室进行甜瓜老品种扩繁和嫁接试验；完成40万株的健康甜瓜种苗试验与示范；开展“2020年自治区甜瓜登记品种展示示范”项目，形成年终报告1份；进行老品种深冬生产项目，采用嫁接苗方式在温室种植伯些克辛（老汉瓜）品种。

葡萄方面。开展温室1080株葡萄胚挽救杂交单株果实鉴定，筛选葡萄优株7个；开展露地葡萄杂交单株果实性状鉴定与优株筛选，筛选出葡萄优株6个，复选葡萄优株10个；开展4个葡萄品种（系）植物学性状鉴定工作，完善葡萄自育品种（系）的数据采集与品种申报材料。完成3.33公顷核心技术示范园的核心技术示范工作，进行以“火焰无核”“新郁”“无核白鸡心”等为代表的鲜食品种新模式轻简化栽培管理技术示范；开展以“赤霞珠”葡萄为代表的酿酒葡萄高效、绿色、优质栽培技术示范。

【技术培训】 2020年，葡萄瓜果研究在和田、喀什、克州及吐鲁番当地开展葡萄、甜瓜技术培训15次，培训农业技术人员及农民929人次；解决甜瓜生产中存在问题1次；在南疆地区开展的甜瓜品种示范工作，因疫情管控，后期栽培管理主要通过电话、微信方式进行，未能完成成熟期的管理；

同时为加强和提高南疆贫困地区葡萄种植户的种植管理水平，组织葡萄专家，编写《新疆南疆地区葡萄主要病虫害防治手册》，免费发放给南疆贫困地区葡萄技术推广服务人员及农户。

（汪志伟）

## 新疆地矿局地质一大队

【基本情况】 新疆地矿局第一地质大队于1964年在四川建队，转战湘、川、滇，前身是国家地质部第一地质大队。1976年响应地质部号召奉调进疆，1982年划归新疆地矿局。1996年，成立吐鲁番金源矿冶有限责任公司，实行“一套机构、两块牌子”经营至今。大队主要承担基础地质调查和矿产地质调查评价及水文、工程、环境地质调查评价；地质调查信息系统建设；地质科技研究及矿产资源开发；地质环境调查、评价和地质灾害防治工程的勘察；地质工程施工；岩石、矿物分析、鉴定等。大队下设总工办、办公室、人力资源部等14个职能部室，下属彩宏矿业公司、众源矿业公司等14个二级单位。

2020年，参加首届全国地质勘查行业地质调查员（地质灾害方向）职业技能竞赛自治区地矿局选拔赛，获团体第三名和技能人才培育突出贡献奖。通过第六次全国文明单位复查验收并保持荣誉称号。落实安全生产责任制，完善安全风险分级管控和隐患排查治理双重预防机制，开展安全生产专项整治三年行动，全年未发生安全生产事故。实现总收入4.17亿元，对外创收3.92亿元，完成年度对外创收计划的103.70%；实现利润1.18亿元，完成年度计划的105.31%。

【地质勘查项目成果】 2020年，大队承揽各类地质项目53个，总经费7180万元。民丰县硝尔库勒锑矿详查区外新发现锑矿体，探矿权内累计探求资源量12.57万吨，达大型规模。吐鲁番市境内新探求大理岩荒料366万立方米、花岗岩荒料352万立方米提交可供开发非金属矿产基地10处。新发现尖峰山铜多金属矿等8处具有工作价值的矿化线索。承揽各类市场项目，主要完成高昌区孔雀沟金矿详查和湖南醴陵潘家冲萤石矿普查工作，成功申报自治区重大科技专项“丝路沿线造山带大型矿产资源系统和地质大数据工程”项目。

【矿业开发】 2020年，大队全面完成调运石材荒料8.8万立方米，回收矿石11.4万吨，创历史新高。推进工艺革新，优化矿石配比，重点针对难选氧化矿石进行选矿试验研究，取得优异成果，保持矿业经济发展过渡期的平稳运行，全年处理原矿11.9万吨、银尾矿16万吨，生产银泥11.7吨（银金属量6585千克），销售精粉3965吨。拓展矿产品贸易市场，实现收入780万元。成立哈密鑫源、新疆聚源及新疆中镁金源矿业公司，完成白鑫滩铜镍矿探矿权转让，成功竞拍高昌区2个大理岩采矿权、鄯善县2个菱镁矿探矿权。

【地勘服务市场】 2020年，大队推进与地方政府、兵团全方位合作，中标乌鲁木齐、墨玉、柯坪、玛纳斯、托克逊等县市地灾防治和生态修复项目7个，承担兵团第五师、第六师、吐鲁番市及一区两县“十四五”矿产资源、灾害治理、生态修复等规划编制工作。深度推进与中科院新疆生态与地理研究所战略融合，成功申报玛纳斯河山水林田湖草生态修复工程项目并上报中央重点生态保护修复资金项目储备库，项目总预算32亿元。承揽吐鲁番市连木沁—鲁克沁一带特色林果业土壤地球化学调查示范项目，圈定富硒土地51.74平方千米。推进鄯善县地质文旅小镇建设项目，完成总体规划和可研报告编制。

【境外勘查】 2020年，大队重点收集研究中亚、西亚、西非等地矿业权信息15处，编写综合研究报告2份，实地考察几内亚矿权4处、矿山2座。与西安地调中心境外地质室、几内亚金矿勘查公司签订战略合作协议，完成塔吉克斯坦东帕米尔地区铅锌锰等矿产的靶区优选及查证项目资料收集和设计编写，承揽几内亚金矿勘查公司在几内亚所属矿权地质勘查工作。

【深化改革】 2020年，大队贯彻中央、自治区关于推进全面深化改革会议精神，做好金源公司组实前期各项准备工作。召开改革领导小组会议6次，研究制定金源公司组实方案，完善公司组织架构及法人治理结构。梳理金源公司管理制度，重点讨论修订薪酬管理办法、财务收支审批管理办法、简政授权方案等制度。在核实大队资产分类基础上，推进鄯善县石英滩金矿一厂、兴辰矿业公司、哈密昌茂公司等7家合作公司清算注销、退出工作。成立专班编写大队和金源公司"十四五"发展规划，细化明确近中远期发展目标和实施计划。

（穆志莲）

万亩哈密瓜基地

# 机构负责人名录

【中共鄯善县委员会】
县委书记：
孙　忠
县委副书记：
尼加提·尼牙孜（维吾尔族）
尹立鑫（湖南援疆，2020年1月离任）
戴敬锋
代新宏
蒋长富（湖南援疆，2020年1月任职）
县委常委：
韩贤海
赛福丁·艾则孜（维吾尔族）
胡元凯
孙　洁
杨　林（回族）
聂　艳（女）
李建伟
刘春晖（湖南援疆，2020年1月离任）
邹燕娇（女，湖南援疆，2020年4月任职）

【鄯善县人大常务委员会】
党组书记：
孙　忠
党组副书记、主任：
阿不都·依明尼亚孜（维吾尔族）
党组成员、副主任：
热比娅·吾斯曼（女，维吾尔族，2020年2月离任）
马千里（回族）
周金龙
朱建江（2020年1月任职）
党组成员：
苏　涛

【鄯善县人民政府】
县　长：尼加提·尼亚孜（维吾尔族，2020年10月工信部挂职）
常务副县长：
聂　艳（女）
李建伟
邹燕娇（女，湖南援疆干部，2020年4月任职）
副县长：吾斯曼·艾力尼牙孜（维吾尔族）
穆拉提·艾买尔（维吾尔族）
刘　斌（挂职）

【政协鄯善县委员会】
党组副书记、主席：
艾乃斯·努尔（维吾尔族）
党组副书记、副主席：
苏　莉（女）
党组成员、副主席：
马春军（回族）
龚贤发
副主席：白克力·马木提（维吾尔族）
党组成员、秘书长：
谭玉军

【鄯善县纪委、监委】
县委常委、纪委书记、监委主任：
孙　洁（2020年1月任监委主任）
纪委副书记、监委副主任：
张　志
纪委副书记、监委副主任、派驻第三纪检监察组组长：
吴香慧
纪委副书记、监委副主任：
张　伟
纪委常委、县委巡察办主任：
刘志军（2020年1月任纪委常委）
纪委常委、派出纪检监察工委

书记：
买买提·吾买尔（维吾尔族）
纪委常委、监委委员：
库尔班·多克买提（维吾尔族）
纪委常委、监委委员、案件审理室主任：
周保龙（2020年1月离任）
纪委常委、监委委员：
时　丹（2020年9月任监委委员）
监委委员：
胡　杨（2020年9月离任）
周　宏（女，2020年9月任职）

**【鄯善县人民法院】**
党组书记、副院长：
方向明
党组副书记、院长：
艾尔肯·帕塔尔（维吾尔族）
党组成员、副院长：
李　芳（女）
阿达来提·阿不都热合曼（女，维吾尔族）
仝振华（兼执行局局长）
刘晶晶（女，挂职）
买热坦·吾盖都（维吾尔族，挂职）
审判委员会专职委员：
艾合买提·吾拉音（维吾尔族，2020年1月退休）

**【鄯善县人民检察院】**
党组书记、副检察长：
马瑞雪（回族）
党组副书记、检察长：
龙文斌
党组成员、副检察长：
杨　芳（女）
阿不力提甫·依沙克（维吾尔族）
陈新明

**【鄯善县委直属机构】**
县委办公室
主　任：王永录
副主任：齐文婷（女，县委保密委专职副主任〈科长级〉）
邹国钦（科长级）
樊　伟
阿力木·阿卜力孜（维吾尔族）

县委机要保密局
局　长：齐文婷（女，2020年9月离任）
刘军平（2020年9月任职）
副局长：侯雪芹（女）

县委专用通信局
局　长：吴国强

县委信息化管理办公室
主　任：刘　亮

县档案局（档案馆）
档案馆副馆长：
邱小翠（女，科长级）
张茂启

县委组织部
部　长：胡元凯
常务副部长：
段国斌（2020年9月离任）
副部长：王　勇
高海洋
赵辉球
调研室主任：
许承智
干部科科长：
赵　丽（女）
组织二科（基层办）科长：
张昭泽
老干部工作科科长：
罗　娟（女）

县委巡察办（组）
巡察办主任：
刘志军（纪委常委兼）
巡察办副主任：
戚玉兰（女）
巡察专员：
孙瑞栋（科长级）
陆福良（科长级）
张　静（女，回族）
宋　强

县委宣传部
部　长：杨　林（回族）
常务副部长：
郭学文
副部长：阿里木·尤努斯（维吾尔族）
副部长、县委外宣办主任：
彭　艳（女）

县委统战部（民族宗教事务局）
部　长：赛福丁·艾则孜（维吾尔族）
常务副部长：
邱　建
副部长、侨联主席、伊协党支部书记：高　军
副部长：张建军
斯地克·吾买尔（维

吾尔族）
童　欣（回族）
伊协常务副会长：
帕热提·司依提（维吾尔族）

县委政法委员会
书　记：戴敬锋
副书记：赛福丁·艾则孜（维吾尔族）
朱建江
周金龙
郭炳强
鲁运良
艾力·玉素甫（维吾尔族）
金达虎

县委网络安全和信息化委员会办公室（网信工委）
网信工委书记：戴敬锋
主　任：帕尔哈提·依买尔（维吾尔族）
副主任：闫　军（主持工作）
吴　娟（女）

县直机关工作委员会
工委书记：
金锡联
工委副书记：
武小榆（女）
买合木提·毛沙（维吾尔族）

县委机构编制委员会
主　任：肖东平
副主任：艾尼瓦尔·尼牙孜（维吾尔族）
周保龙

县委党校、吐鲁番市委党校鄯善县分校（吐鲁番市行政学院鄯善分院）
校　长：胡元凯（县委常委、组织部部长兼）
党支部书记、常务副校长（副院长）：李逢明
副校长（副院长）：
卡特·阿不力米提（维吾尔族）
陈华君（女）

县委党史研究室（地方志编纂委员会编辑室）
主　任：邹国钦
副主任：陈　楣（女）

县关心下一代工作委员会
名誉主任：
孙　忠（县委书记、人大常委会党组书记、人武部党委第一书记）
尼加提·尼亚孜（县委副书记、县长）
主　任：胡元凯（县委常委、组织部部长、县离退休工委书记）
县关心下一代服务中心主任：
罗　娟（女）
关爱团常务副团长、讲师团团长：
苏哲民（回族）

**【鄯善县人大常委会机构】**
县人大常委会办公室
机关党组（党支部）书记、主任：
苏　涛

县人大常委会代表人事工作委员会
副主任：杨学金
县人大常委会法制工作委员会
法制委主任：
艾乃斯·艾力（维吾尔族）

县人大常委会财政经济工作委员会
主　任：顾永华

县人大常委会科学文化卫生工作委员会
教科文卫委主任：戚静涛

**【鄯善县人民政府机构】**
县政府办公室（扶贫开发办）
党组书记：
周宏宇
主　任：戴继奎
副主任：李　军
斯迪克·喀迪尔（维吾尔族）
张军生
张　涛（挂职）
电子信息化办公室主任：
郭光军
扶贫开发办副主任：
房胜飞
刘响音（女）
加米拉·热合木吐拉（女，维吾尔族）

县政务服务中心
主　任：李　军

县机关事务管理中心
党支部书记、主任：
张瑞国
副主任：王路琰

县发展与改革委员会
党组书记、副主任：
郭新慧（女）
党组副书记、主任：
李　静（女）
党组成员、副主任：
马富强（回族）

宋　涛
闫冬松
董戈亮
党组成员、项目中心主任：
刘春霞（女）
副主任：徐湘湘（湖南援疆）
赵　晖（挂职）

县教育局
党委书记、副局长：
王梅林（女）
党委副书记、局长：
艾尼瓦尔·海木都（维吾尔族）
党委副书记、副局长：
张　虎
周奋斗
王　涛（2020年1月任职，援疆干部）
党委委员、招生办主任：
汤　华（女）

县中心幼儿园
党支部书记、园长：
吕　琴（女）
副园长：阿瓦古丽·阿不都热合曼（女，维吾尔族）
李友梅（女，挂职）

县中心小学
党支部书记、校长：
史衍丽（女）
副校长：张　涛
阿合买提·依明（维吾尔族）
孙晓艳（女）
祖力菲娅·依布拉(女，维吾尔族）
美克来·吐尔逊(女，维吾尔族，挂职）
刘　建（挂职）

县育才学校
党支部书记：
周奋斗
校　长：印强国
副校长：贾　宝
李　荣（女，回族）
李　艳（女，2020年6月挂职）

县第一中学
党总支书记：
胡　军
常务副校长：
艾尼瓦尔·买提尼亚孜（维吾尔族）
副校长：牙森·艾坦木（男，维吾尔族）
米克丽班·阿不力米提（女，维吾尔族、挂职）
何应德（挂职）
付红梅（女，2020年10月离任，援疆干部）

县第二中学
党总支书记、副校长：
付永胜
常务副校长：
唐卫国
副校长：焦建国
赵朝伟
刘晓金（援疆干部，2020年7月离任）

县职业高中（技工学校）
党支部书记：
张建军
党支部副书记、校长：
吾甫尔·艾比布（维吾尔族）
副校长：雷艳红（女，2020年11月离任）
阿瓦古丽·热扎克(女，维吾尔族）
阿力木·买买提（维吾尔族）
玉素甫·买买提（维吾尔族）
周小峰（湖南援疆）

县科技局
党组书记：
阿布力提甫·阿不力米提（维吾尔族）
党组副书记、局长：
王　辉
党组成员、副局长：
吾斯曼·艾合买提(维吾尔族）
娄　杰（挂职）

县商务和工业信息化局（县商务和工业信息化工作委员会）
党组(党工委)书记、副局长：
李东民
党组(党工委)副书记、局长：
李　伟
党组（党工委）成员（委员）、副局长：谢　亮
杨　旭（女）
刘　军(2020年12月离任）
副局长：钱　玲（女，挂职）
陈晋忠（挂职）

县公安局
党委书记、局长：
郭炳强
党委副书记、政委：
帕尔哈提·依买尔(维吾尔族）
党委委员、鲁克沁公安分局党委书记、局长：
梁东钧

党委委员、副局长：
李常青
韩高峰
肖运林
朱　晨
阿里木·哈木提（维吾尔族）

党委委员、政工科科长：
陈艳红（女）

党委委员、副局长（挂职）：
申访桥
徐贵斌
时　鹏（2020年4月任职）

县民政局

党组书记、副局长：
王泉虎

党组副书记、局长：
艾合买提·阿不都热合曼（维吾尔族）

党组成员、副局长：
周保安

党组成员：
夏　斌（女）

县司法局

党组书记、副局长：
王永刚

党组副书记、局长：
买买提·赛甫（维吾尔族）

党组成员、副局长：
万继刚

党组成员、挂职副局长：
伊力多斯·吐尔干（维吾尔族）

县财政局

党委书记、副局长：
朱　涛

党委副书记、局长：
郭　谨（2020年8月离任）
刘　苑（女，2020年11月任职）

党委委员、副局长：
刘　苑（女，2020年11月离任）
胡玉良（2020年4月任职，湖南援疆）
周　翔（科长级）
张　飞
海　宝

党委委员、乡镇财政管理中心主任：
顾　军

县人力资源和社会保障局

党组书记、副局长：
王　勇

副书记、局长：
阿依努尔·艾麦提（女，维吾尔族）

党组成员、副局长：
王　荣

副局长：李素彬（挂职）

县公共就业服务局

局　长：林宪峰

副局长：马元娟（女，回族）

县社会保险管理局

局　长：石　晖（女）

副局长：胡锦峰

县自然资源局

党组书记、副局长：
姚远升

党组副书记、局长：
李岩龙

党组成员、纪检组组长：
吾斯曼·吾守尔（维吾尔族）

党组成员、副局长：
王　强
李宗娟（女）
杨文超（挂职）
丁　波

党组成员：
陈国美（女）

县国土资源监察大队

党支部书记：
袁明富

县生态环境局

党组副书记、局长：
高　举

党组成员、副局长：
宋咏梅

挂职副局长：
孙建新

县住房和城乡建设局（人防办）

县住建局（人民防空办公室）

党委委员、党委书记：
苏　莉（女，2020年4月任职，5月再任副局长〈副主任〉）

党委副书记（挂职）：
司马义·尼亚孜（维吾尔族）

党委委员、副局长：
李　理
何计周
纪　翔（挂职）
李金山（2020年6月挂职）

党委委员、环卫处主任：
钱　兵（挂职）

县城市管理行政执法局
党组书记、副局长：
陈安红
党组成员、副局长：
阿不力孜·阿不都热合曼（维吾尔族）
张士健

县交通运输局
党支部书记：
胡居亮
局　长：艾海提·努尔（维吾尔族）
副局长：李　宇
白道全

县水利局
党组书记、副局长：
吐尔逊·热西提（维吾尔族）
党组副书记、局长、水管总站站长：
沙俊刚
党组成员、县世行办主任：
常浩东（科长级）
党组成员、副局长：
王福生
水管总站副站长：
赵边防
马立强（回族）
木合买提·沙塔尔（维吾尔族）
水管总站副站长、坎尔其流域运行调度中心主任：
钟　东
县计划节约用水办公室主任：
左日古丽·吾斯曼（女，维吾尔族）
坎尔其流域调度中心党支部书记：
艾买提·买买提（维吾尔族）
柯柯亚流域调度中心党支部书记、副主任：
吾甫·尼亚孜（维吾尔族）
柯柯亚流域行调度中心主任：
尔西丁·海比布（维吾尔族）
县农村饮水安全工程保障站站长：
张帮思
水管总站副站长：
张　磊（挂职）

县农业农村局
党工委书记、局党组书记、副局长：
詹德阳
党工委副书记、局党组副书记、局长：
艾尔肯·力提甫（维吾尔族）
党工委委员、第五纪检监察组组长：
阿不力克木·穆库尤提（维吾尔族）
局党组成员、副局长、农业综合行政执法大队大队长：
丁　毅
局党组成员、副局长：
吴建辉
李世伟
朱建新（达朗坎乡拜什塔木村“访惠聚”工作队队长）
赵　伟
李　佳（女，挂职）
县农业综合行政执法大队副大队长：
顾　建（辟展镇大东湖村第一书记、“访惠聚”工作队队长）
阿不力米提·买合木提（维吾尔族）

县农村合作经济发展中心
党支部书记：
亚森·依明尼牙孜（维吾尔族）
党支部副书记、主任：
吴　旋（女）
副主任：阿不热依木·巴拉提（维吾尔族，2020年12月任职）

县林业和草原局
党组书记、副局长：
阿不都卡德尔·艾沙（维吾尔族）
党组副书记、局长：
崔永占
党组成员、副局长：
钟明路
党组成员、林果中心主任：
马　玲（女，回族）
党组成员、林业站书记：
那曼·阿不都热合曼（维吾尔族）

县林业站
党支部书记：
那曼·阿不都热合曼（维吾尔族）
站　长：卓芝刚
副站长：单金红（女，回族）

县农牧业机械管理局（更名为县农业农村机械化发展中心）
党支部书记、副主任：
吾斯曼·汗木都（维吾尔族）
副主任：李桂华
买买提·达吾提（维吾尔族，2020年1月任职）

县农业技术推广中心
党支部书记、副主任：
阿力木·甫拉提（维吾尔族）
党支部副书记、主任：
朱小江
副主任：乔富永

县畜牧兽医站
党支部书记：
买买提·卡日（维吾尔族）
站　长：高朝峰

县农业广播电视学校
党支部书记：
李军福
党支部副书记、校长：
加米拉·热合木吐拉（女，维吾尔族）

县文化体育广播电视和旅游局
党组书记、副局长：
邹　燕（女）
党组副书记、局长：
阿不都热合曼·吾甫尔（维吾尔族）
党组成员、副局长：
史立刚
孔　娟（女）
刘智元
古丽努尔·晓热提(女，维吾尔族）
董大巍
柴　宾
李盂炎（2020年4月任职）

县广播电视台（融媒体中心）
党组书记、副台长、副主任：
邹　燕（女）
党组副书记、台长、主任：
古丽努尔·晓热提（女，维吾尔族）
党组成员、副台长、副主任：
赵树强
党组成员、副台长：
郭桂花（女，挂职）

县库木塔格沙漠风景名胜区管委会
主　任：高　原
副主任：温　静（女，回族）

县卫生健康委员会
党委书记、副主任：
朱景忠
党委副书记、主任：
阿米娜·买买提（女，维吾尔族）
党委副书记、委员：
王　平（2020年10月任职）
党委委员、副主任：
刘响音（女）
阿布都热木·阿不力米提（维吾尔族）
阴鲁萍（女）
李　鑫（挂职）
买合木提·买买提（维吾尔族，挂职）

县医疗保障局
党组书记、副局长：
吴文芳（女）
党组副书记、局长：
阿不来提·尼牙孜（维吾尔族）
党组成员、副局长：
申　兵

县卫生监督所
所　长：伍爱国（2020年9月离任）
段　松（2020年9月任职）

县疾病控制中心
党支部副书记、副主任：
伍爱国（2020年9月任职）
党支部委员、副主任：
袁宝勇
张　伟

县妇幼保健计划生育服务中心
党支部书记：
饶　红（女，2020年3月任职）
副主任：热西旦·阿不都艾力木（女，维吾尔族）
殷　红（女）
张荣霞（女）

社区卫生服务中心
主　任：左拉汗·阿不力孜（女，维吾尔族）
副主任：艾比布拉·阿吾提（维吾尔族）

县人民医院
党总支书记：
塔吉古丽·尼亚孜(女，维吾尔族）
院　长：王　平
副院长：陈宝明
吴永明
挂职副院长：
阿依古力·阿不都热合曼（女，维吾尔族，挂职）
杨　霞（女，挂职）

县维吾尔医医院
党支部书记、副院长：
王　挺

党支部副书记、院长：
吐尔洪·热西提（维吾尔族）
副院长：热扎克·热合曼（维吾尔族）
挂职副院长：
吾甫尔·司马义（维吾尔族）
依马尔·买合木提（维吾尔族）

县退役军人事务局
党组书记、副局长：
吕国民
党组副书记、局长：
阿布都热依木·尼亚孜（维吾尔族）
党组成员、副局长：
单　品（女，回族）

县应急管理局
党组书记、副局长：
杨永军
党组副书记、局长：
张　华
党组成员、副局长、矿山救护队队长：黄　明
党组成员、副局长：
阿不力克木·阿不力米提（维吾尔族）
阿吉·尼亚孜（维吾尔族）
王虎军
刘　超（2020年6月挂职）

县地震局
副局长：唐智玲（女）

县统计局
党组书记：
郭新慧（女，2020年12月离任）
局长、副书记：
夏　伟（2020年12月任职）
副局长：吾斯曼·巴吾东（维吾尔族，2020年12月任职）

县审计局
党组书记、副局长：
依马尔·阿不都（维吾尔族）
党组副书记、局长：
张应斌
副局长：徐海英（女）
苏建红（挂职）

县市场监督管理局
党组书记、副局长：
刘江涛
党组副书记、局长：
吐尔逊·赛买提（维吾尔族）
党组成员、副局长：
申佳兰（女）
戴永根
马志刚（回族）

县供销合作联社
党支部书记、副主任：
张紫东（2020年12月10日离任）
副书记、主任：
吾买尔·沙塔尔（维吾尔族，2020年10月离任）
艾山·库尔班（维吾尔族，2020年12月任职）

**【政协鄯善县委员会机构】**

县政协办公室
主　任：谭玉军
副主任：胡居刚
艾尼·沙依都力（维吾尔族）

县政协专门工作委员会
专委会工作科科长：
陈国杰
专委会工作科副科长：
美丽开·米如丽（女，维吾尔族）

**【纪委（监委）机关及派驻纪检监察机构】**

纪委（监委）机关
办公室主任：
刘　勇
组宣部部长：
冯　虎（回族，2020年1月任职）
党风政风监督室主任：
文　喜
信访室主任：
张　炜（女）
案件监督管理室主任：
刘　域
纪检监察干部监督室主任：
崔贝云（女，2020年7月离任）
第一纪检监察室主任：
吾买尔·力提甫（维吾尔族）
第二纪检监察室主任：
张　强
第三纪检监察室主任：
马　林（回族，2020年12月任职）
第四纪检监察室主任：
玛合木提·买买提（维吾尔族）

派驻纪检监察机构
派出县直属机关纪检监察工委书记：
买买提·吾买尔（维

吾尔族）
派驻第一纪检监察组副组长：
武恒雷
派驻第二纪检监察组组长：
贾碧波
派驻第三纪检监察组副组长：
王　琴（女）
派驻第四纪检监察组组长：
胡　玲（女）
派驻第五纪检监察组组长：
阿不力克木·穆库尤提（维吾尔族）
派驻第六纪检监察组组长：
殷继报

**【群众团体】**

县总工会
党组书记、副主席：
钱存新
党组成员、副主席：
李咏红（女，回族）

共青团鄯善县委员会
团县委书记：
李桂峰

县妇女联合会
党组书记、副主席：
刘　婧（女）
党组副书记、主席：
热孜万古丽·卡哈尔曼（女，维吾尔族）
副主席：谢　燕（女，挂职）

县科学技术协会
党组书记、副主席：
李　岩
党组副书记、主席：
哈木提·沙吾提（维吾尔族）

县工商业联合会
党组副书记、常务副主席、常务副会长：
李东民
党组成员、副主席、副会长：
张坚志
艾尼瓦尔·热依木（维吾尔族）

县残疾人联合会
党组书记、副理事长：
丁文刚
党组副书记、理事长：
邢民艳（女，满族）

县红十字会
党组书记、会长：
伍　英
党组成员、副会长：
刘　丽（女）

县文学艺术界联合会
文联主席：
郎玖发
文联副主席：
李　荔（女，挂职）
县社科联
主　席：何　涛

**【工业园区、矿区】**

鄯善工业园区管理委员会
党工委副书记、管委会主任：
王海龙
党工委委员、管委会副主任：
田　亮
王　强
王新强
热依汗·司马义（女，维吾尔族）
办公室主任：
郑双成（2020年11月离任）
夏　炎（2020年11月任职）
经贸发展局副局长：
王义海（2020年11月任职）
艾尼瓦尔·海必布（维吾尔族，2020年11月任职）
王虎军（挂职）
招商局副局长：
蔡曼其
规划建设环保局局长：
朱祥瑞
规划建设环保局副局长：
段光鹏
宋咏梅（女，挂职）
财政局副局长：
孙苏新
张　飞
社会事务局局长：
雷雪云
徐　涛（2020年11月任职）
国土资源分局局长：
丁　波

鄯善石材工业园区管理委员会
党工委书记、副主任：
李吉新
党工委副书记、主任：
倪子孝（女）
党工委副书记、副主任、安全生产部部长：
陈　帅
副主任：唐振胜
高　举
阿不力米提·艾力（维吾尔族）
黄　明
办公室主任：
崔永国

县南山矿区管理委员会
党支部副书记、主任：
李　杰
副主任：张西林（挂职）

【乡（镇、场）】

鄯善镇
县委常委、常务副县长：
聂　艳（女，2020年8月兼任鄯善镇党委书记）
党委书记：
李保强（2020年8月离任）
党委副书记、镇长：
阿合买提·艾买提（维吾尔族）
党委副书记、政法书记：
张革勇
党委副书记、组织干事：
吴明军
党委委员、人大主席：
热扎克·阿布都（维吾尔族）
党委委员、常务副镇长：
徐　涛（2020年12月离任）
王　金（2020年12月任职）
党委委员、纪检书记：
陈　鑫
党委委员、派出所所长：
赵　权
党委委员、宣传干事：
袁咏鹤（女，2020年12月离任）
雷艳红（女，2020年12月任职）
党委委员、统战干事、武装部部长：
邢瑞江（2020年5月免职）
艾合买提·阿不力米提（2020年12月任职）
副镇长：梁　新
阿迪力·吾拉音（维吾尔族，2020年9月免职）
艾克帕尔·买买提（2020年12月任职）
海丽齐古丽·约麦尔（女，2020年12月任职）
挂职副镇长：
马晓龙
麦麦提·约麦尔（维吾尔族）
左拉汗·阿不力孜（女，维吾尔族，2020年6月离任）

辟展镇
党委书记：
高　歌
党委副书记、镇长：
白克力·吾斯曼（维吾尔族）
党委副书记、政法书记：
刘玉山
党委副书记、常务副镇长：
杜治荣
党委委员、人大主席：
尤努斯努尔（维吾尔族，2020年11月离任）
库尔班·吾甫尔（维吾尔族，2020年11月任职）
党委委员、纪检书记：
库尔班·卡德尔（维吾尔族）
党委委员、组织干事：
白　莹（女，回族，2020年11月离任）
柯玉红（女，回族，2020年11月任职）
党委委员、宣传干事：
邓文尧
党委委员、武装部部长、统战干事：
吴　强
副镇长：努斯来提·库尔班（女，维吾尔族）
库尔班·吾甫尔（维吾尔族，2020年11月离任）
阿不都艾尼江·吾甫尔（维吾尔族）
阿力木·买买提（维吾尔族，2020年11月任职）
挂职副镇长：
热孜万古丽·阿不力米提（女，维吾尔族）
付振敏（女）

连木沁镇
党委书记：
吉宏伟（2020年9月离任）
郭　谨（2020年9月任职）
党委副书记、镇长：
吾斯曼·力提甫（维吾尔族）
人大主席：
艾克拜尔·斯依提（维吾尔族，2020年9月离任）
党委副书记、政法书记：
陈　博
党委委员、纪委书记、监察办主任：
赵亚斌
党委委员、常务副镇长：
仝　杰（2020年12月离任）

刘　军（2020年12月任职）

党委委员、统战干事、宣传干事：

亚森·吾普尔（维吾尔族，2020年10月离任）

吾买尔·尼亚孜（维吾尔族，2020年12月任职）

党委委员、组织干事：

黄　明

党委委员、武装部部长：

杨　旭

党委委员、派出所所长：

罗军涛（2020年12月任职）

副镇长：吕　凯

刘雪松

木娜瓦尔·尼亚孜(女，维吾尔族）

挂职副镇长：

阿帕尔·沙迪克（维吾尔族）

苏莱曼·尼亚孜（维吾尔族，2020年11月离任）

七克台镇

党委书记：

尹晓巍

党委副书记、镇长：

吾买尔·买合木提（维吾尔族）

党委副书记、政法书记、武装部部长：李红彪

党委委员、人大主席：

吴铁梁

党委委员、纪委书记、监察办主任：

肖　炜（2020年1月离任）

吴瑞瑞（2020年1月任职）

党委委员、宣传干事：

热依汗·卡德尔（女，维吾尔族）

党委委员、常务副镇长：

马晓瑞（回族）

党委委员、派出所所长：

朱雪峰

党委委员、组织干事：

姚正攀

党委委员、统战干事：

李　龙（蒙古族）

副镇长：蔡同利

杨　杰

童国俊（回族）

阿孜古丽·吾守尔(女，维吾尔族）

火车站镇

党委书记：

刘富安

党委副书记、镇长：

何　鑫

党委副书记（政法书记）、人大主席：

仲青伟

党委委员、常务副镇长：

尹克明

党委委员、组织干事、宣传干事：

杨家青

党委委员、纪检书记、监察办主任：

曲立文

党委委员、武装部部长、统战干事：

彭　磊

副镇长：马善江

马星野（回族）

挂职副镇长：

陈会云（女）

东巴扎回族乡

党委书记、人大主席：

申云轩（女）

党委副书记、乡长：

马国栋（回族）

党委委员、政法书记、宣传干事：

耿明鸣

党委委员、统战干事、武装部部长：

丁　强（回族）

党委委员、纪委书记、监察办主任：

阿合买提·木合买提（维吾尔族）

党委委员、常务副乡长：

薛　峰

党委委员、派出所所长：

蒋　勇

党委委员、组织干事：

吴　媛（女，回族，2020年9月任职）

乡人大专职副主席：

马兰峰（回族）

副乡长：依孜布·斯来曼（维吾尔族）

挂职副乡长：

金　祥

鲁克沁镇

吐鲁番市委政法委副书记、镇党委书记：

李光耀

党委副书记、镇长：

热介甫·力提甫（维吾尔族）

党委副书记、政法书记：

张爱平

党委副书记、统战干事：

阿合买提·依明（维吾尔族）

挂职党委副书记：

汪鹏庭

党委委员、人大主席：
阿同古丽·阿不力米提（女，维吾尔族）
党委委员、武装部部长：
李　曦
党委委员、纪委书记：
张　纲
党委委员、常务副镇长：
尹志欣
党委委员、组织干事：
齐　忠
党委委员、宣传干事：
阿里木·阿不都热合曼（维吾尔族）
党委委员：
徐　强
党委委员、派出所所长：
刘　柱
副镇长：艾尼瓦尔·海比布（维吾尔族，2020年11月离任）
艾合买提·阿不力米提（维吾尔族，2020年11月离任）
丁　杰
刘　文（土家族，2020年11月任职）

吐峪沟乡
党委书记、人大主席：
倪　辉
党委副书记、乡长：
艾尼瓦尔·尼亚孜（维吾尔族）
党委副书记、政法书记：
张　强
党委副书记：
艾尼瓦尔·吾斯曼（维吾尔族）
党委委员、纪检书记：
刘新钰
党委委员、统战干事：
吾斯曼·沙德力（维吾尔族）
党委委员、常务副乡长：
高　帅
党委委员、组织干事：
钱晓东
党委委员、派出所所长：
艾克拜尔·海比布（维吾尔族）
党委委员：
艾克然木江·艾尼（维吾尔族）
党委委员、宣传干事：
柯文忠
党委委员、武装部部长：
王　波
人大主席团专职副主席：
阿卜力克木·柯尤木（维吾尔族）
副乡长：吾买尔·尼亚孜（维吾尔族，2020年12月离任）
约麦尔·玉苏甫（维吾尔族，2020年12月份任职）
徐　强
阿米娜·买尼克（女，维吾尔族）
挂职副乡长：
朱　超（2020年11月离任）
许崇国（2020年6月任职）

迪坎镇
党委书记：
胡洋平
党委副书记、镇长：
吾买尔·依不拉音（维吾尔族）
党委副书记、政法书记：
侯立甫
党委委员、人大主席：
开丽木汗·海比布（女，维吾尔族）
党委委员、纪检书记：
依买尔·阿不都热合曼（维吾尔族）
党委委员、常务副镇长：
赵亚伟
党委委员、武装部部长：
王　金（2020年11月离任）
马　亮（2020年11月任职）
党委委员、组织干事：
于　斌（2020年11月离任）
王孝国（2020年11月任职）
党委委员、统战干事、宣传委员：
艾克帕尔·买买提（维吾尔族，2020年11月离任）
苏莱曼·尼亚孜（维吾尔族，2020年11月任职）
党委委员、派出所所长：
吾斯曼·古力（维吾尔族）
副镇长：王黎亮
萨力·依力（维吾尔族，2020年11月任职）
挂职副镇长：
叶俊枝（女）

达朗坎乡
党委书记：
吉　军
党委副书记、乡长：
阿不力提甫·艾力（维

吾尔族）
党委副书记、政法书记：
马文涛（回族）
党委委员、人大主席：
热扎克·木合买提（维吾尔族）
党委委员、纪委书记、县监察委员会派出达朗坎乡监察办公室主任：
王　勇
党委委员、常务副乡长：
朱振声
党委委员、组织干事：
刘　博
党委委员、统战干事、宣传干事：
塔依尔·吾买尔（维吾尔族）
党委委员、武装部部长：
梅银辉
党委委员、派出所所长：
瓦日斯·尼亚孜（维吾尔族）
挂职党委委员：
阿依加玛丽·赛迪力（女，维吾尔族，2020年12月离任）
副乡长：尔西丁·海比布（维吾尔族，2020年9月离任）
海丽齐古丽·约麦尔（女，维吾尔族，2020年11月离任）
马肖驰
阿力木·海比布（维吾尔族、2020年9月任职）
阿依加玛丽·赛迪力（女、维吾尔，2020年12月任职）
夏文天（挂职）

园艺场
党委书记：
段勇广
党委副书记、场长：
吾买尔·沙塔尔（维吾尔族，2020年9月任职）
党委副书记、政法书记：
马洪涛（回族）
党委委员、副书记、组织干事：
陈　鑫
党委委员、纪检书记：
古丽尼沙·司马义（女，维吾尔族）
党委副书记：
陈茂金（挂职）
党委委员：
阿不力孜·汗木都（维吾尔族）
党委委员、宣传干事：
早然古丽·吾买尔（女，维吾尔族）
党委委员、副场长：
王利军
党委委员、双水磨派出所所长：
许传光
副场长：斯拉吉丁·马木提（维吾尔族）
胡续武
马建忠（挂职，2020年6月任职）

**【中央、自治区、吐鲁番驻鄯单位（企业）】**

中国石油吐哈油田公司
执行董事、党委书记：
支东明
党委副书记、总经理：
梁世君

新疆维吾尔自治区葡萄瓜果研究所
党委书记、副所长：
木拉提·马木提（维吾尔族，2020年11月离任）
党委副书记、所长：
廖新福
副所长：陈洪冰
艾斯卡尔·塔依尔（维吾尔族）
伍国红（2020年11月任职）

新疆地矿局地质一大队
党委书记、副大队长：
王小兵
党委副书记、大队长：
邹艳平（2020年9月离任）
党委委员、纪委书记：
王永辉
党委委员、副大队长：
孙江华
马小平
李文辉
党委委员、总工程师：
陈　俊

国家税务总局鄯善县税务局
党委书记、局长：
王晓峰
党委成员、纪检组组长：
池新涛
党委成员、副局长：
吴春江（女）
赵士强
张　华（女）
高卫东
玉山·吾买尔（维吾尔族）

吐鲁番市公安局吐哈分局
市公安局党委委员、政治部主任：
权春玉（主持工作）

党委委员、副局长：
曾兆军
吴龙彬
赵兴启
党委委员、政治部主任：
李天山

县消防救援大队
大队长：马　哲
政治教导员：
吾买尔·阿不都拉（维吾尔族）
副大队长：
热合曼·买买提（维吾尔族，2020年7月任职）

县气象局
党支部书记、局长：
李元军（2020年7月离任）
党支部副书记、副局长：
倪　伟（2020年7月主持工作）
副局长：魏　巍

国网鄯善县供电公司
党总支副书记、经理：
王伟华
党总支书记、副经理：
高　峰
副经理：朱　洪
张海龙（2020年12月任职）

吐鲁番公路管理局鄯善分局
党组书记、副局长：
秦　镇
党组副书记、局长：
艾合买提·艾则孜（维吾尔族）
党组成员、副局长：
吴生贵

吐鲁番公路管理局鄯善分局
党组书记、副局长：
秦　镇
党组副书记、局长：
艾合买提·艾则孜（维吾尔族）
党组成员、副局长：
吴生贵

鄯善路政管理局（交通运输鄯善执法大队）
党组成员、副局长：
袁红军
时　栋
执法大队党务临时负责人：
时　栋（2020年10月任职）
执法大队行政临时负责人：
袁红军（2020年10月任职）

县道路运输管理局
党组临时负责人：
许　超
行政临时负责人：
王鸿年

鄯善火站领导名录
党总支书记：
张永强
站　长：刘忠勇（2020年1月离任）
张　阔（2020年1月任职）
客运副站长：
吴瑞峰（2020年10月离任）
王志伟（2020年1月任职）
张　亮（2020年9月任职）
邓安彦（2020年10月任职）
客运值班站站长：
张国斌（2020年10月任职）

乌鲁木齐车务段鄯善北站
书　记：刘新江
站　长：杨　琦（2020年6月离任）
毛念峰（2020年7月任职）
副站长：贾联华（2020年1月任职）
值班站长：
徐　莹

乌鲁木齐车务段吐哈站
站　长：李　飚（2020年1月离任）
许海蓉（2020年1月任职）
副站长：袁　泉（2020年1月离任）
刘宝军（2020年4月任职）

乌鲁木齐货运中心鄯善货运营业部
党支部书记：
吴江生（2020年10月离任）
朱国华（2020年10月任职）
经　理：杨昆达（2020年6月任职）

邮政集团有限公司新疆维吾尔自治区鄯善县分公司
党支部书记、副总经理（主持

工作）：陆永青（2020年7月任职）
副总经理：
申英杰
玛依努尔·艾山（女，维吾尔族）

中国电信股份有限公司鄯善分公司
党支部书记、总经理：
闫新军（2020年10月离任总经理职务，11月离任党支部书记）
汤　腾（2020年10月任职总经理，11月任党支部书记）
副总经理：
徐建军（2020年1月离任）
刘　刚（2020年1月任职）
哈力克·阿布力孜（维吾尔族）
李　宗（2020年5月离任）
阿不力克木·艾比布（维吾尔族，2020年12月任职）

中国移动通信集团新疆有限公司吐鲁番市鄯善县分公司
党支部书记、经理：
杨　帆
副经理：赵　霞（女）
姬鹏辉

中国联合网络通信有限公司鄯善县分公司
党支部书记、总经理：
胡海进
总经理助理：
李　成
王　幸（女）

中国人民银行鄯善县支行
党组书记、行长：
朱新明
党组成员、纪检组组长：
陈永忠
党组成员、副行长、党支部书记：
蔡新权

中国农业发展银行鄯善县支行
党支部书记、行长：
吴新征（2020年9月离任）
史志丽（女，2020年9月任职）
党支部委员、副行长：
杨克明（回族）
胡克新（回族）

中国银行股份有限公司鄯善县支行
党总支书记、行长：
李　文
副行长：徐红云（女，回族）
杜　鑫

中国农业银行股份有限公司鄯善县支行
党总支书记、行长：
蒋　强
副行长：卡买尔丁·依明（维吾尔族）
袁　丹（女）
王　莲（女）

中国工商银行股份有限公司鄯善支行
党支部书记、行长：
马登红（女）
副行长：宗彦梅（女）
梁　英（女，2020年7月任职）
色迪克·托乎提尼亚孜（维吾尔族，2020年11月任职）

中国建设银行股份有限公司鄯善支行
行　长：赵海军
副行长：牛春梅（女）
刘　昭

鄯善县农村信用合作联社
党委书记、理事长：
陈志峰
党委委员、主任：
何玉刚
党委委员、副主任：
丁秀霞（女，回族）
贾　锋
亚力昆江·牙合甫（维吾尔族）
党委委员、监事长：
玉素甫·买买提（维吾尔族）

中国邮政储蓄银行股份有限公司鄯善县支行
党支部书记、行长：
马湘涛

昆仑银行股份有限公司吐哈分行鄯善石油支行
党支部书记：
韩　哲
行　长：黄卫玲（女）

鄯善中成村镇银行股份有限公司
党支部书记、董事长、行长：
刘亚明
监事长：陈　爽

中国人民财产保险股份有限公司鄯善支公司
经　理：何桂勇
副经理：黄先东

中华联合财产保险股份有限公司鄯善县支公司
经　理：路灵玲（女）

中国平安财产保险股份有限公司鄯善支公司
经　理：薛江涛

永安保险吐鲁番中心支公司鄯善营销部
经　理：张　英（女）

中国人寿财产保险股份有限公司鄯善支公司
经　理：王鹏晟

中国人寿保险股份有限公司鄯善县支公司
经　理：赵　强

中国平安人寿保险股份有限公司吐鲁番中心支公司鄯善营销服务部
经　理：秦建花（女）

泰康人寿保险股份有限公司新疆吐鲁番鄯善支公司
负责人：胡小花（女）

县烟草专卖局（营销部）
局长（主任）：
杨多斌
副局长：党　刚

吐鲁番市住房公积金管理中心鄯善县管理部
主　任：陶　虹

吐鲁番新华书店鄯善县连锁分店
党支部书记、经理：
邱　健

“乔迁新居颂党恩”富民安居入住仪式

# 人物　荣誉

## 人　物

【新任县级领导】

**蒋长富**　男，汉族，湖南衡阳人，1980年12月出生，2003年7月参加工作，2001年12月入党，在职硕士研究生学历。2003年7月，任湖南省湖南科技学院外语系团总支书记、学生辅导员；2005年8月，任湖南省湖南科技学院团委办公室副主任；2007年4月，任湖南省湖南科技学院学生公寓管理办副主任；2009年2月，任湖南平江县工业园区管委会副主任（正科）；2011年6月，任湖南城陵矶临港新区招商联络部副部长（正科）；2012年3月，任湖南城陵矶临港新区开发投资公司副总经理（正科）；2013年10月，任湖南衡阳市体育局副局长、党委委员；2015年4月，任湖南衡阳市文体广电新闻出版局（版权局）副局长、工会主席、党委委员；2016年8月，任湖南衡南县政府副县长候选人提名人选；2016年11月，任湖南衡南县政府副县长、衡南工业集中区党工委第一书记；2019年4月，任中共衡阳市委副处级督查专员；2020年1月，任中共衡阳市委副处级督查专员、鄯善县委副书记。

**邹燕娇**　女，汉族，湖南衡阳人，1981年7月出生，2004年7月参加工作，2001年12月入党，湖南衡阳师范学院思想政治教育专业毕业，在职大学学历。2000年9月至2004年7月，湖南衡阳师范学院思想政治教育专业学生；2004年7月至2007年10月，湖南衡阳师范学院中文系辅导员；2007年12月至2010年12年，湖南衡阳师范学院中文系辅导员（副科级）（2008年6月获武汉大学法学硕士学位）；2009年9月至2012年6月，在武汉大学思想政治教育专业在职博士研究生班就读，获法学博士学位；2010年12月至2011年7月，湖南衡阳师范学院生命科学辅导员（正科级）；2011年7月至2011年9月，湖南衡阳师范学院正科级干部；2011年7月至2012年12月，湖南衡阳师范学院宣传统战部宣传科科长；2012年12月至2013年10月，湖南衡阳师范学院人文社会科学系讲师；2017年6月至2019年7月，湖南衡东县人民政府副县长（挂职）；2013年10月至今，湖南衡阳市社科联副主席、党组成员；2020年4月，鄯善县委常委、副县长。

## 荣　誉

### 国家（部委）级

**2020年 鄯善县获国家（部委）级集体荣誉：**

1. 2020年1月，库木塔格沙漠风景名胜区管委会被全域旅游品牌影响力活动组评为“全域旅游优质人气100景”。

2. 2020年3月10日，鄯善县被中央农办、农业农村部评为“全国村庄清洁行动先进县”。

3. 2020年3月25日，鄯善县公安局“‘9·5’铁路爆炸案专案组”被公安部记“集体一等功”。

4. 2020年6月13日，鄯善县

6800公顷哈密瓜和11333.33公顷无核白鲜葡萄全国绿色食品原料标准化生产基地续展工作初步通过农业农村部的现场考核验收。

5. 2020年7月13日，中国园艺学会西甜瓜专业委员会授予新疆鄯善县“中国哈密瓜之乡”。

6. 2020年8月，鄯善县中心小学获全国“新时代好少年”主题教育读书活动“美好生活劳动创造”先进集体。

7. 2020年9月27日，鄯善县第二次全国污染源普查领导小组办公室在第二次全国污染源普查工作中被国务院第二次全国污染源普查领导小组办公室评选为“表现突出集体”。

8. 2020年10月29日，鄯善县辟展镇乔克塔木村评选为第六届全国文明村镇。

9. 2020年11月，鄯善县育才路社区育才儿童之家获全国优秀儿童之家。

10. 2020年11月16日，鄯善县辟展镇乔克塔木村被自治区拟推荐为第八批“全国民主法治示范村（社区）”。

11. 2020年12月，连木沁镇汉都坎村被中共中央政策研究室农业部农村固定观察点办公室评为“全国农村固定观察点先进观察点村”。

12. 2020年12月15日，鄯善县中心幼儿园被国家机关事务管理局、国家发展改革委、财政部颁发“国家能效领跑者”称号。

**2020年鄯善县获国家（部委）级表彰的先进个人一览表**

表10

| 获奖人 | 工作单位 | 荣誉称号 | 授予机关 |
|---|---|---|---|
| 吐尔尼沙汗·艾力 | 鄯善镇育才路社区 | 抗击新冠肺炎优秀城乡社区工作者 | 民政部 |
| 申访桥 | 县公安局 | 个人一等功 | 公安部 |
| 艾尼瓦尔·热依木 | 县司法局 | 全国模范人民调解员 | 司法部 |

## 自治区级

**2020年鄯善县获自治区级集体荣誉：**

1. 鄯善县两届获自治区“双拥模范县”。

2. 鄯善县获自治区脱贫攻坚成效考核优秀等次。

3. 鄯善县获自治区扶贫开发工作成效考核综合评价结果。

4. 2020年1月，鄯善县库木塔格沙漠风景名胜区被全域旅游品牌影响力活动组委会评为“全域旅游优质人气目的地”。

5. 2020年1月6日，鄯善县库木塔格沙漠风景名胜区管委会被新疆维吾尔自治区旅游协会评为“2019新疆景区品质服务年度大奖”。

6. 2020年1月6日，鄯善县库木塔格星空客栈被新疆维吾尔自治区旅游协会、新疆生产建设兵团旅游协会、自治区导游协会、新疆自驾旅游协会评为“2019新疆民宿创意年度大奖”。

7. 2020年1月12日，鄯善县妇女联合会被自治区评为“人民满意的公务员集体”。

8. 鲁克沁镇木卡姆村第二网格第2双联户被新疆维吾尔自治区平安建设领导小组评选为自治区“维稳双联户”先进集体。

9. 2020年3月，鄯善县交通枢纽及交通建设指挥部获得自治区总工会、自治区交通运输厅颁发的“丝路交通杯 砥砺奋进 攻坚克难 践行新理念 建功‘十三五’”主题劳动竞赛优胜单位称号。

10. 2020年3月，鄯善县疾控中心被自治区“访民情惠民生聚民心”驻村工作领导小组授予“优秀组织单位”荣誉。

11. 2020年3月，吐鲁番公路管理局鄯善分局获自治区交通运输厅颁发的公路养护与服务评级竞赛“优胜单位奖”。

12. 2020年3月21日，鄯善县农产品质量安全检验检测站2020年获自治区农业农村厅颁发的“新疆维吾尔自治区农产品质量安全检测机构考核合格证书”。

13. 2020年3月23日，自治区人民政府印发《关于表彰2019年度自治区农田水利基本建设“天山杯”竞赛获奖地（州、市）、县（市）的通报》，鄯善县获“先进县市综合奖”，全疆共10个，鄯善县排名第七；同时，获“水资源管理奖”，全疆共3个，鄯善县排名第二。

14. 2020年3月25日，辟展镇、吐峪沟乡被自治区党委、政府评为“自治区优秀平安乡镇”。

15. 2020年3月26日，自治区党委办公厅、政府办公厅印发《关于2019年地州市党委政府和县市区党委政府脱贫攻坚成效考核的通报》，鄯善县考核为优秀等次，在43个有扶贫任务的非贫困县综合评价第10位。

16. 2020年4月，鄯善县委组织部被自治区党委组织部《党员之友》杂志社评为“先进组稿单位”。

17. 2020年4月3日，县委办公室《鄯善县着力打造丝绸之路经济带旅游目的地》被自治区党委政研室《新疆工作》采编印发全疆学习。

18. 2020年5月6日，鄯善镇滨沙社区团支部被自治区团委评为“自治区五四红旗团支部”。

19. 2020年5月8日，鄯善县农产品质量安全检验检测站获得自治区市场监督管理局颁发的“检验检测机构资质认定证书”。

20. 2020年5月28日，鄯善县司法局被自治区司法厅评为“自治区刑罚执行一体化建设工作先进集体”。

21. 2020年6月，鄯善县关心下一代工作委员会被自治区关心下一代工作委员会授予“自治区关心下一代工作先进集体”称号。

22. 2020年7月，鄯善县获自治区“四好农村公路示范县”荣誉称号。

23. 2020年7月，鄯善县中心小学获自治区“新时代好少年”主题教育读书活动“美好生活　劳动创造”先进集体。

24. 2020年9月，鄯善县网信办被中共湖南省委网络安全和信息化委员会办公室评为“网络安全公益微视频征集评选活动”三等奖。

25. 2020年9月，鄯善县被自治区文化和旅游厅命名为“新疆维吾尔自治区全域旅游示范区”。

26. 2020年9月，鄯善县被自治区民族事务委员会命名为自治区民族团结进步示范县。

27. 2020年9月，县委政法委被自治区精神文明建设指导委员会授予“自治区文明单位”称号。

28. 2020年9月12日，鄯善县火车站镇、七克台镇、东巴扎乡后梁村、艾孜拉村、前街村、塔乌村、辟展镇树柏沟村、鲁克沁镇阔纳夏村、吐格曼博依村、七克台镇阿运村被自治区文明精神建设指导委员会命名为2017—2019年度文明村镇。

29. 2020年9月12日，鄯善县委办公室、县人大常委会（机关）、人民政府办公室、政协（机关）、纪委监委、县委政法委、国家税务局鄯善县税务局、水利局、国网鄯善县供电公司、人民法院、市场监督管理局、农业农村局、人民医院、山河水务开发投资有限责任公司、应急管理局、宝地矿业有限责任公司、审计局、生态环境局、人民银行鄯善县支行、财政局、人民检察院、总工会、鄯善镇育才路社区被自治区精神文明建设指导委员会命名为2017—2019年度文明单位。

30. 2020年9月12日，鄯善县第二中学、七克台镇中心学校、育才学校、火车站镇学校、鄯善县中心小学、鲁克沁镇中心小学、东巴扎乡学校、鄯善县中心幼儿园、蒲昌幼儿园被自治区精神文明建设指导委员会命名为第一届自治区文明校园名单。

31. 2020年10月，在2019年自治区园区（开发区）综合发展水平评价中，新疆鄯善工业园区、鄯善石材工业园区被自治区评为“自治区级优秀工作园区”。

32. 2020年11月，鄯善县公安局辟展镇派出所成功创建自治区级“枫桥式公安派出所”。

33. 2020年11月22日，鄯善县委组织部拍摄的《春天的日记》被自治区党委组织部授予2020年自治区党员教育电视展播片“奋进新时代”系列展播片“优秀作品”奖。

34. 2020年11月22日，鄯善

县委组织部拍摄的《达朗坎儿子娃娃》被自治区党委组织部授予“2020年自治区党员教育电视展播片‘我是一棵石榴子’系列微视频‘好作品’奖”。

35. 2020年11月22日，鄯善县委组织部拍摄的《老骥伏枥》被自治区党委组织部授予2020年自治区党员教育电视展播片“做新时代合格共产党员”系列公益片“十佳作品”奖。

36. 2020年11月，鄯善县辟展镇政府被自治区民族事务委员会评选为“新疆维吾尔自治区第八次民族团结进步模范集体”。

37. 2020年12月，鄯善县人民法院被新疆维吾尔自治区“访民情惠民生聚民心”驻村工作领导小组授予先进集体。

38. 2020年12月14日，鄯善县人民医院被自治区评为“节约型公共机构示范单位”。

39. 2020年12月22日，鄯善县人民医院、县水利局被自治区“访惠聚”办公室评为自治区“访惠聚”驻村工作优秀组织单位。

40. 2020年12月22日，县人民医院、火车站镇友好社区居民委员会、吐峪沟乡人民政府获“抗击新冠肺炎疫情先进集体”。

41. 县公安局交警大队党支部获“新疆维吾尔自治区先进基层党组织”。

42. 辟展镇树柏沟村获自治区“扫黄打非”进基层示范点。

## 2020年鄯善县获自治区级表彰的先进个人一览表

表11

| 获奖人 | 工作单位 | 荣誉称号 | 授予机关 |
|---|---|---|---|
| 马力克·吾买尔 | 东巴扎乡艾孜拉村 | 新疆维吾尔自治区劳动模范 | 新疆维吾尔自治区人民政府 |
| 陶国峰 | 鄯善华裕选冶有限责任公司 | 新疆维吾尔自治区劳动模范 | 新疆维吾尔自治区人民政府 |
| 张海军 | 吐鲁番楼兰酒庄股份有限公司 | 新疆维吾尔自治区劳动模范 | 新疆维吾尔自治区人民政府 |
| 帕尔哈提·依买尔 | 县公安局 | 新疆维吾尔自治区“人民满意的公务员” | 中共新疆维吾尔自治区委员会、新疆维吾尔自治区人民政府 |
| 雷　龙 | 县看守所 | 新疆维吾尔全区监管工作成绩突出个人 | 新疆维吾尔自治区公安厅 |
| 吴晓娟 | 县委网信办 | 新疆维吾尔自治区网络宣传工作优秀领队 | 中共新疆维吾尔自治区委员会网信办 |
| 阿依努尔·司来曼 | 吐峪沟乡人民政府宣传办 | 新疆维吾尔自治区优秀网评员 | 中共新疆维吾尔自治区委员会网信办 |
| 苏哲民 | 退休干部 | 新疆维吾尔自治区离退休干部先进个人 | 中共新疆维吾尔自治区委员会组织部、中共新疆维吾尔自治区委员会老干部局 |
| 黄成梅 | 退休干部 | 新疆维吾尔自治区离退休干部先进个人 | 中共新疆维吾尔自治区委员会组织部、中共新疆维吾尔自治区委员会老干部局 |
| 周宏宇 | 县人民政府办公室 | 新疆维吾尔自治区2020年脱贫攻坚贡献奖 | 新疆维吾尔自治区扶贫开发领导小组 |
| 杨旭洲 | 新疆美汇特石化产品有限公司 | 新疆维吾尔自治区优秀共产党员 | 中共新疆维吾尔自治区委员会 |

续表11

| 获奖人 | 工作单位 | 荣誉称号 | 授予机关 |
| --- | --- | --- | --- |
| 胡艳平 | 县人民医院 | 新疆维吾尔自治区抗击新冠肺炎疫情先进个人 | 中共新疆维吾尔自治区委员会、新疆维吾尔自治区人民政府 |
| 热扎克·热合曼 | 县维吾尔医医院 | 新疆维吾尔自治区抗击新冠肺炎疫情先进个人 | 中共新疆维吾尔自治区委员会、新疆维吾尔自治区人民政府 |
| 王祥柱 | 鄯善镇新楼兰社区 | 新疆维吾尔自治区抗击新冠肺炎疫情先进个人 | 中共新疆维吾尔自治区委员会、新疆维吾尔自治区人民政府 |
| 许　强 | 县辟展镇乔克塔木村 | 新疆维吾尔自治区抗击新冠肺炎疫情先进个人 | 中共新疆维吾尔自治区委员会、新疆维吾尔自治区人民政府 |
| 康　斌 | 县公安局高铁北站派出所 | 新疆维吾尔自治区抗击新冠肺炎疫情先进个人 | 中共新疆维吾尔自治区委员会、新疆维吾尔自治区人民政府 |
| 马晓瑞 | 七克台镇党委委员 | 新疆维吾尔自治区抗击新冠肺炎疫情先进个人 | 中共新疆维吾尔自治区委员会、新疆维吾尔自治区人民政府 |
| 王　伟 | 吐鲁番市住房和城乡建设局驻鲁克沁镇英夏买里村“访惠聚”工作队 | 新疆维吾尔自治区抗击新冠肺炎疫情先进个人 | 中共新疆维吾尔自治区委员会、新疆维吾尔自治区人民政府 |

## 市　级

**2020年鄯善县获市级集体荣誉：**

1. 2020年1月，吐鲁番公路管理局鄯善分局获吐鲁番公路管理局工会委员会颁发的“放飞中国梦”迎新春联谊活动“三等奖”。

2. 2020年1月，鄯善县惠康幼儿园被吐鲁番市教育局评为“吐鲁番市级示范园”。

3. 2020年1月20日，吐鲁番市委员会组织部、吐鲁番市委员会政法委员会下发的《关于表彰奖励2019年度吐鲁番市“先进维稳双联户”“先进联户长”“创建工作先进集体”的决定》中，鄯善县委、县政府作为全市唯一一个获“维稳双联户创建工作先进集体”的县级单位，获“维稳双联户创建工作先进集体”乡镇级单位共5个，鄯善县占1个（鄯善县七克台镇党委、人民政府），获“维稳双联户创建工作先进集体”村级单位共8个，鄯善县占2个（鄯善镇新楼兰社区、鲁克沁镇木卡姆村）。

4. 2020年3月24日，鄯善县委、县政府获市委管理领导班子2019年度绩效考核评定等次“优秀班子”荣誉称号。

5. 2020年4月1日，鄯善县税务局被吐鲁番市税务局授予“吐鲁番市税务系统绩效管理先进单位”荣誉称号。

6. 2020年4月22日，吐鲁番公路管理局授予鄯善分局“安全生产先进单位”奖；鄯善分局养护二队获“先进班组”奖。

7. 2020年4月26日，团县委、鄯善县中心小学被吐鲁番市关心下一代委员会、中共吐鲁番市委员会老干局、吐鲁番市精神文明建设委员会办公室、吐鲁番市教育局、吐鲁番市民族宗教事务局、共青团吐鲁番市委员会、吐鲁番市妇女联合会、中国少先队吐鲁番市工作委员会被评为“吐鲁番市青少年民族团结进步教育‘大手拉小手’活动先进集体”。

8. 2020年4月30日，县人民法院被吐鲁番中级人民法院授予2019年度优秀法院。

9. 2020年5月，鄯善县火车站镇学校被共青团吐鲁番市委员会评为“吐鲁番市五四红旗团支部”。

10. 2020年5月，鄯善县人民医院团总支部委员会、辟展镇乔克塔木村团支部被共青团吐鲁番市委员会评为吐鲁番市“五四红旗团（总）支部”。

11. 2020年5月，鄯善县育才学校被吐鲁番市评为“平安校园”。

12. 2020年5月，鄯善县委宣传部获吐鲁番市理论“云宣讲”比赛最佳组织奖。

13. 2020年9月，鄯善县车师酒庄被吐鲁番市国家A级旅游景区评定小组评为国家AAA级景区。

14. 2020年11月，县公安局在全市公安机关全警实战大练兵中获2020年度科信系统专业技能比武竞赛团体二等奖。

15. 鄯善县关工委宣讲团获吐鲁番市关心下一代工作先进集体。

16. 2020年12月，鄯善县育才学校被吐鲁番市教育局在2020年“国寿杯”吐鲁番市教育系统第四局校园文化艺术节活动中授予（颁发）“优秀组织奖”荣誉。

**2020年鄯善县获市级表彰的先进个人一览表**

表12

| 获奖人 | 工作单位 | 荣誉称号 | 授予机关 |
| --- | --- | --- | --- |
| 何雅娟 | 县公安局禁毒大队 | 2018—2019年度吐鲁番市优秀共青团员 | 共青团吐鲁番市委员会 |
| 刘新钰 | 吐峪沟乡人民政府 | 纪检监察新闻宣传工作优秀新闻信息员 | 中共吐鲁番纪律委员会、监察委员会 |
| 吾茹叶特古丽·库尔班 | 县纪委监委 | “清风满天山”讲故事电视大赛第二名 | 吐鲁番市纪委监委 |
| 费莉娜 | 县融媒体中心 | “云宣讲”二等奖 | 中共吐鲁番市委宣传部、中共吐鲁番市委教育工委 |
| 米娜娃尔·海比布 | 县融媒体中心 | 作品《海比布：养驴走向致富路》获得“同奔小康·幸福新疆”新媒体传播竞赛人气奖 | 中共吐鲁番市委宣传部、中共吐鲁番市委教育工委 |

# 附 录

## 2020年鄯善县“访惠聚”驻村工作总结

2020年以来，鄯善县贯彻落实新时代党的治疆方略、第三次中央新疆工作座谈会精神，特别是社会稳定和长治久安总目标，紧紧围绕自治区“访惠聚”驻村工作“1+2+5”八项任务和“1+3”工作部署，精准谋划、狠抓落实，不断推进“访惠聚”驻村工作取得新成效。

**一、基本情况**

全县2020年派驻工作队99个，较2019年增加工作队4个，派出工作队员530人，其中市派176人，县派354人；县处级干部18人，乡科级干部99人；维吾尔族261人，汉族235人，回族31人，其他民族3人；男性382人，女性148人；单独选派第一书记28名；派出单位137个，其中市派单位42个，县派单位95个。

**二、工作开展情况**

（一）加强组织领导，不断深化“访惠聚”驻村工作

一是压实各级工作责任。县委落实主体责任，坚持把“访惠聚”驻村工作作为维护社会稳定和长治久安的一项治本之策，将“访惠聚”驻村工作与全县工作同谋划、同部署，定期听取汇报、研究工作、解决问题。县委书记带头深入基层调研指导，做到重大任务亲自安排，关键环节协调，工作落实跟踪督导，持续推动“访惠聚”驻村工作。42名县处级领导履行包联责任，带头包联维稳复杂村、扶贫重点村，每2个月最少一次到联系乡村蹲点指导工作，帮助厘清工作思路，协调解决驻村工作中遇到的问题。乡镇党委履行直接责任，抓好驻村工作队日常服务管理，强化日常工作督促落实。各部门单位按照“队员当代表、单位作后盾、一把手负总责”的要求，严格落实“周末书记”职责，发挥部门优势，集中力量和资源全力支持工作队工作。全县上下步调一致、齐心协力，形成全面推进“访惠聚”驻村工作扎实有效开展的强大合力。

二是选优配强驻村工作队伍。坚持选派政治素质高、工作能力强、善于做群众工作的优秀干部驻村开展工作。按照“先进后出、压茬轮换、做好工作衔接”的原则，有序开展“访惠聚”工作队员轮换。2020年，全县99个“访惠聚”驻村工作队分2批次对驻村干部有序进行优化调整，共核减126人，老队员留任211人，新选派210人。后盾单位主要领导与即将轮换返回的驻村工作队成员逐一谈话，对愿意继续驻村的优秀驻村干部，鼓励继续驻村工作。根据部分村（社区）维护稳定、脱贫攻坚等工作需要，在自治区统一选派工作队员的基础上，后盾单位增派16名干部纳入驻村工作统一管理，协助开展工作。同时，结合“访惠聚”驻村干部调整轮换工作实际，围绕社会稳定、脱贫攻坚、群众工作、疫情防控以及基层党建等内容，对所有新任工作队员进行为期4天的培训，确保新任工作队员迅速进入工作

角色，工作衔接有序，增强驻村干部服务基层、服务群众的能力和水平。

三是强化驻村工作队服务管理。严格落实“四管模式”（村〈社区〉直接管、乡〈镇、场〉全面管、派出单位远程管、县“访惠聚”办公室跟踪管），加大驻村干部的工作纪律、生活纪律及各项管理制度的落实力度，确保市、县两级工作队员以严格的纪律、良好的作风服务基层工作。同时，狠抓驻村工作队自身安全管理，各工作队对照自治区《关于进一步加强“访惠聚”驻村工作队员安全防范工作的通知》的要求，举一反三，对照日常工作、生活、驾车等方面存在的问题，在严禁驻村干部驾车驻村，严禁酒驾、醉驾的同时，督促各乡镇集中组织逐项排查清除风险隐患，提高安全防范意识，掌握安全防范技能，特别是针对交通安全方面，严格控制会议数量和规模，原则上都以视频形式召开，各级发文由乡镇统一送达，坚决防止交通事故发生，确保干部驻村安全。

四是全力落实激励关爱机制。树立鲜明选人用人导向，落实优秀驻村干部优先选拔使用、优先晋升职级。2020年以来，符合职级晋升条件的76名驻村干部予以晋升职级。注重加强对工作队员的关心关爱。慰问因家庭变故或有重大疾病的工作队员10名，发放慰问金3000元。督促协调各派出单位配备标准化村级食堂，为驻村干部和基层干部打造温馨舒适的工作环境，确保思想不乱、工作不断、干劲不减。

五是充分发挥后盾单位作用。各部门单位落实后盾职责，选优配强工作队员，优先把后备干部派到村（社区）接受锻炼，并在每周安排一名领导班子成员到村（社区）履行“周末书记”职责，指导工作、解决问题，与驻村工作队谈心谈话，鼓劲加油，带动常态化驻村各支力量抓实抓细各项工作。充分利用部门的资源优势，通过广泛动员各方面力量，想方设法为包联村（社区）争取资金、项目、技术、培训等方面支持，帮助改善基础设施、解决群众实际困难、增强农民致富本领。如：鄯善县税务局投入22万余元资金，支持包联的碱滩坎村开展疫情防控、人居环境整治和脱贫攻坚等重点工作。吐鲁番市住建局协调资金80余万元对包联的英夏买里村共建路长1千米，宽7米的砂石路进行混凝土硬化改造，安装隔离墩，实现机动车道和人行车道硬隔离，保障群众出行安全；协调资金30余万元，建造占地1000平方米的夜市和巴扎，提供200多个就业岗位，有效提高村集体收入，拓宽群众创业致富门路。

六是持续抓好宣传工作。始终高度重视“访惠聚”宣传工作，特别是在疫情期间，利用“鄯善最远一家人”微信平台，不间断地开展疫情防控知识、脱贫攻坚、典型人物事迹等一系列正能量的宣传，营造良好的舆论氛围。完成自治区“访惠聚”办公室各类信息约稿、“五个100”典型材料和抖音微视频等任务。截至年底，全县共上报各类信息2635篇，报送脱贫攻坚微视频4个，其中被新疆“访惠聚”“最远一家人”等自治区、市级媒体报道鄯善“访惠聚”工作936篇。

（二）带强基层组织，切实筑牢战斗堡垒

一是发挥好村党组织领导下的第一书记统筹村级各支力量工作机制作用。由第一书记牵头抓总，将常态化驻村各支力量混合编组、定岗定责、分片包户，将村“两委”、“访惠聚”驻村干部、驻村管寺干部、警务室民警及乡镇下派干部等各支力量整合，成立5个职能小组，每个职能工作组至少有1名国家公职人员牵头负责，每个小组都包联一块工作、一个片区（村民小组），实行定块分工、定组包片、定点包户，每名小组成员包联若干“双联户”，实现每户群众都有干部包联，各项工作落实到片、到户、到人，有效实现村级各支力量、各类资源的高效统筹。

二是加强基层干部队伍建设。着眼于打造一支永不走的工作队，切实为村（社区）选好人、培养好人。选优配强“领头雁”，按照提拔使用干部标准、程序，市县统一选派14名县处级干部、63名科级干部及22名表现优秀的后备干部担任村（社区）第一书记。在通过本土人才回引、县乡统筹招聘，以及村民小组长、“双联户长”、返乡大中专毕业生、复转退伍军人、致富带头人等人员中优选等方式，加强村级后备力量储备的同时，组织“访惠聚”驻村干部开展“一对一”“一对多”帮扶，发挥驻村干部“传帮带”作用，培养村级后备力量253人，为基层组织注入新鲜“血液”，进一步提升基层队伍水平。

三是不断强化基层保障。由自治区“访惠聚”办统一安排，为所有驻村工作队员购买人身意外保险，督促乡镇和后盾单位为工作队改善工作和生活环境，按时发放工作队员驻村生活补助835万元，确保队员安心驻村。拨付工作队为民办实事经费230万元，确保工作队有钱办事。

（三）突出工作重点，全力抓好八项任务落实

一是全力夯实维稳基础。坚持把发现、收集问题隐患作为维稳工作中的一项重点任务，各级“访惠聚”驻村工作队与基层各支力量落实包片包户职责，严格落实“早派工、晚研判”工作机制，每天对发现的问题线索、安全隐患进行分析研判，对当日工作进行安排部署，高效解决各类问题隐患。坚持常态化入户走访制度，驻村干部重点围绕政策宣传、掌握社情民意、排查风险隐患、协调解决问题四项任务，扎实开展走访工作，做到“八个一”“八必问”“八必讲”。通过全面走访，深入了解掌握各族群众思想、社情民意以及生产生活情况，广泛宣传党的各项政策，做好思想沟通、教育引导、困难帮扶、矛盾化解，及时把各类风险隐患化解在基层一线。年内，全县“访惠聚”驻村工作队走访群众58.9万余户次，发现问题线索2924件，化解矛盾纠纷2851件，排查消除安全隐患4414件，为维护基层稳定发挥积极的作用。

二是持续巩固脱贫攻坚成果。履行驻村工作队抓脱贫攻坚包村“五项责任”和工作队员联户“五项职责”，切实发挥决战决胜攻坚主力军作用。深入推进抓党建促脱贫，充分发挥党的政治优势、组织优势、密切联系群众优势，进一步夯实脱贫攻坚的基层基础，为决战决胜脱贫攻坚提供坚强的组织保证。按照“四个不摘”“八个不变”的要求，贫困村“访惠聚”驻村力量不减、第一书记保持稳定。充分发挥“访惠聚”驻村干部的作用，落实脱贫攻坚帮扶责任，通过入户走访向贫困户讲政策、出主意、解难题，主动引导群众学国语、学法律、学技能，增强贫困群众发展生产和务工经商本领，引导和支持贫困群众用自己辛勤劳动实现脱贫致富。开展实用技能和劳动技能培训446场次，实现转移就业32010人，其中贫困人口转移就业3080人。扎实推进产业扶贫，为贫困户致富增收拓思路、出点子、打销路，村第一书记、工作队长亲自上阵，为农特产品代言。如：七克台镇巴喀村第一书记、工作队长热西丹·吐尔地为本村设施农业基地45座大棚种植的有机蔬菜进行代言；东湖村第一书记、工作队长顾健为本村12公顷油桃进行代言；工作队成员纷纷通过在微信朋友圈、微博和抖音短视频等网络平台中宣传、促销本村的农特产品，帮助村民销售瓜果以及农产品。年内，各工作队累计帮助群众销售瓜果蔬菜1000余吨，销售额1000余万元。

三是扎实做好群众工作。压实压紧“访惠聚”驻村干部包联责任，全力解决群众困难问题。加强群众思想教育引导，深入宣传党的惠民政策。广泛宣传现代文明新风尚，倡导文明生活方式，由乡村干部、党员带头示范，引导群众“四上”（吃饭上桌、做饭上灶、睡觉上床、学习上桌），养成良好的文明生活习惯。用劲用情办好实事好事，补齐农村基础设施和基本公共服务短板，各族群众的获得感、幸福感显著提升，基层党组织凝聚力不断增强。实行解决群众困难诉求“闭环”机制和首问责任制，乡村坚持每月召开群众工作例会，每天对群众困难诉求进行研判，确保第一时间报告、第一时间办理、第一时间反馈、第一时间督办，实现解决群众困难问题常态化、长效化。今年以来，全县收集困难诉求5615件，已解决5369件，办结率达95.6%。

四是积极拓宽群众致富增收门路。发挥“访惠聚”工作队在发展壮大村级集体经济中的作用。坚持因村制宜、统筹发展，县、乡、村三级联动，发挥派出单位部门优势，精准施策，采取争取项目支持、村企合作、盘活现有资源等方式，实施一批见效快、收益高的集体项目，增强基层党组织服务群众的保障能力。如：吐峪沟乡

潘家坎儿孜村农副产品销售中心、鲁克沁镇赛尔克甫夏村就业创业服务基地的建立，实现村集体经济收入20万元以上。通过入户走访，驻村干部广泛开展创业就业宣讲，主动为农村富余劳动力搭建就业创业平台，拓宽外出就业渠道，鼓励乡村开办企业。如：辟展镇乔克塔木村面包加工厂，连木沁镇汉都夏村服装加工厂等村办企业，实现农村青年家门口就业，帮助农村富余劳动力转移就业。壮大致富增收先锋队，把致富带头人培养成党员、把党员培养成致富带头人、把党员致富带头人培养成村干部，选树脱贫攻坚领域中的产业增收、经商创业、技术推广、劳务经济致富带头人262名，带领群众发展产业增产增收，激发群众脱贫致富的内生动力。

五是全力做好疫情防控工作。在今年新冠肺炎疫情防控工作中，驻村工作队冲锋在前，面对困难不退缩，为鄯善县疫情防控形势稳定发挥重要作用，特别是在流动人口相对集中的鄯善镇和火车站镇，石材园社区工作队、金桥社区工作队主动请缨，在高铁北站、老火车站疫情卡点值班值守，做好体温检测、人员摸排和分流工作，把好疫情防控的第一关。各工作队还加强走访力度，对生活困难群众进行摸排，并帮助解决困难诉求，协调县乡解决救助资金41195元，对存在生活困难的104户群众进行帮扶救助，确保顺利渡过难关。

2020年12月20日，鄯善镇铁提尔村工作队给环卫工人送保暖物品

# 索　引

## 说　明

一、本索引采用主题分析方法，款目按首字汉语拼音字母（同音字按声调）顺序排列。

二、文中的部类（类目）、分目用黑体字标明，其余用宋体字排印。

三、索引款目后的数字表示内容所在的页码，数字后的英文字母（a、b、c）表示栏别（即版面的1、2、3栏）。

### A



### B

## C

## F



## G

## H

## J

## K



## L

## M



## N

## P



## Q

## R



## S

## T

## W

## X

## Y

## Z

## 非音标